"双一流"高校建设"十四五"规划系列教材

水运工程施工技术与管理

肖　忠　编著

天津大学出版社
TIANJIN UNIVERSITY PRESS

内 容 简 介

水路运输是我国综合交通体系的重要组成部分，具有运量大、成本低、能耗少、污染轻的优势，已成为不可替代的重要运输方式，是关系国计民生的关键性行业，对带动区域经济快速发展等具有重要作用。港口和航道是水路运输的基础性、枢纽性设施，是畅通国内国际双循环的重要支撑，是服务构建新发展格局的主要通道和关键节点，在"交通强国"和"一带一路"建设中发挥着重要作用。党的十八大以来，习近平总书记多次深入国内主要港区，查看港口码头建设和经营状况，听取关于现代化港口群布局、铁路公路水路联运等情况介绍，在更广阔的视野上指引港口发展，擘画航运强国建设蓝图。我国水运货物吞吐量和基础设施数量已连续多年保持世界第一，同时数字化技术在水运工程施工与管理方面逐步得到越来越多的应用，相关专业需在教学中融入课程思政，培养具有大国工匠精神的新一代水运工程建设和管理者。

本书在现有水运工程施工技术与管理相关教材的基础上，结合典型工程和最新规范，新增数字化素材和水运工程施工技术与管理课程思政建设章节，尝试编写第一本融入课程思政的水运工程施工技术与管理的数字化教材。本书为"双一流"高校建设"十四五"规划系列教材，可作为高等院校港口航道与海岸工程专业的本科生教材，也可作为相关专业高校师生和从事相关工程领域技术和管理人员的参考书。

图书在版编目（CIP）数据

水运工程施工技术与管理 / 肖忠编著. -- 天津 :
天津大学出版社, 2024. 12. -- （"双一流"高校建设"
十四五"规划系列教材）. -- ISBN 978-7-5618-7901-6
Ⅰ. U615
中国国家版本馆CIP数据核字第2024JY6624号

出版发行　天津大学出版社
地　　址　天津市卫津路92号天津大学内（邮编：300 072）
电　　话　发行部：022-27 403 647
网　　址　www.tjupress.com.cn
印　　刷　北京虎彩文化传播有限公司
经　　销　全国各地新华书店
开　　本　787 mm×1092 mm　1/16
印　　张　23.25
字　　数　595千
版　　次　2024年12月第1版
印　　次　2024年12月第1次
定　　价　68.00元

前　言

近年来我国水运工程施工技术和施工管理发生了巨大的变化。作为高等学校本科生核心教材应及时反映国家重大工程使用的最新施工技术和管理方法，本教材结合最新的水运工程施工技术和施工管理进展进行编写，并融入数字化素材和课程思政教学实践。

本书编写团队在现有水运工程施工技术与管理相关教材的基础上，结合典型工程、最新规范和相关资料，尝试编写第一本融入课程思政的水运工程施工技术与管理的数字化教材。由于编者学识水平有限，本书难免存在不足之处，敬请专家学者和广大读者批评指正。

天津大学研究生侯晨、王翔、刘海经、赵致远、高振国、侯昀廷、王瑞谦协助完成本书部分文字校对、编辑，插图绘制等工作。天津大学刘大馨、柴珍等老师对本书的编辑、校核工作也提供了很多帮助，另外中交第四航务工程勘察设计院有限公司陈良志、钱原铭提供了部分 BIM 数字化模型。肖忠教授指导天津大学 2019 级至 2023 级港口航道与海岸工程本科生构建了水运工程领域大国工程、大国重器和大国工匠库，并在本书中给出了数字化的示范作品。

在此，对参加本书编写工作、审查工作以及为本书编写提供各方面支持和帮助的所有人，一并表示感谢！

目　　录

第 1 章　绪　论

交通是经济的脉络和文明的纽带，是人类文明的重要标志，是现代社会不可缺少的组成部分，是兴国之要、强国之基。其中水路运输是我国综合交通体系的重要组成部分，具有运量大、成本低、能耗少、污染轻的优势，已成为不可替代的运输方式，是关系国计民生的关键性行业，对带动区域经济快速发展等具有重要作用。港口和航道是水路运输的基础性、枢纽性设施，是畅通国内国际双循环的重要支撑，是服务构建新发展格局的主要通道和关键节点，在“交通强国”和“一带一路”建设中发挥着重要作用。党的十八大以来，习近平总书记多次深入国内主要港区，查看港口码头建设和经营状况，听取关于现代化港口群布局、铁路公路水路联运等情况介绍，在更广阔的视野上指引港口发展，擘画航运强国建设蓝图。我国水运货物吞吐量和基础设施数量已连续多年位居世界第一。

水运工程施工技术与管理课程是介绍水运工程先进施工技术和管理方法的一门专业课程。为使学生掌握水运工程施工领域内的专业知识，了解近年来我国在水运工程施工中积累的实践经验以及取得的主要成果，本教材系统介绍水运工程施工的专业理论知识、成熟技术和先进管理方法，并引入理论学习、数字化材料、思政学习素材及其他实践教学环节，加深学生对水运工程施工的理解，为其将来从事水运工程施工等相关工作打下扎实的基础，为国家培养具有“大国工匠”精神的水运工程卓越人才。

1.1　水运工程的基本概念

水运工程是指与水上运输业相关的建设、相关设备的购置和安装，及为了建设项目所进行的可行性研究、规划布置、勘察设计、施工组织等工作的总和，按工程种类分为港口工程、航道工程、通航建筑物及其辅助标志工程、修造船水工建筑物工程、安装工程及其他附属工程等。

水运工程基本建设程序如图 1-1 所示，主要包括决策阶段（项目建议书、可行性研究）、项目勘察设计、施工准备、组织施工、竣工验收及项目评价。

水运工程决策阶段主要是对项目的建设必要性、技术可行性、经济合理性等进行论证，给出项目的具体建设内容、建设方案等。决策阶段后，设计主体会对项目进行初步设计，对建设内容进行更为详尽的安排和规划，编制详尽的设计文件。初步设计获得批准后，进行施工图设计，绘制出完整的图纸，为下一步项目施工提供依据。

水运工程施工是水运工程由施工图方案转变为实体工程的重要阶段，施工质量直接关系到水运工程结构安全和运营效益。施工完成且竣工验收后，相关的部门还应对工程后续运营情况进行评价。

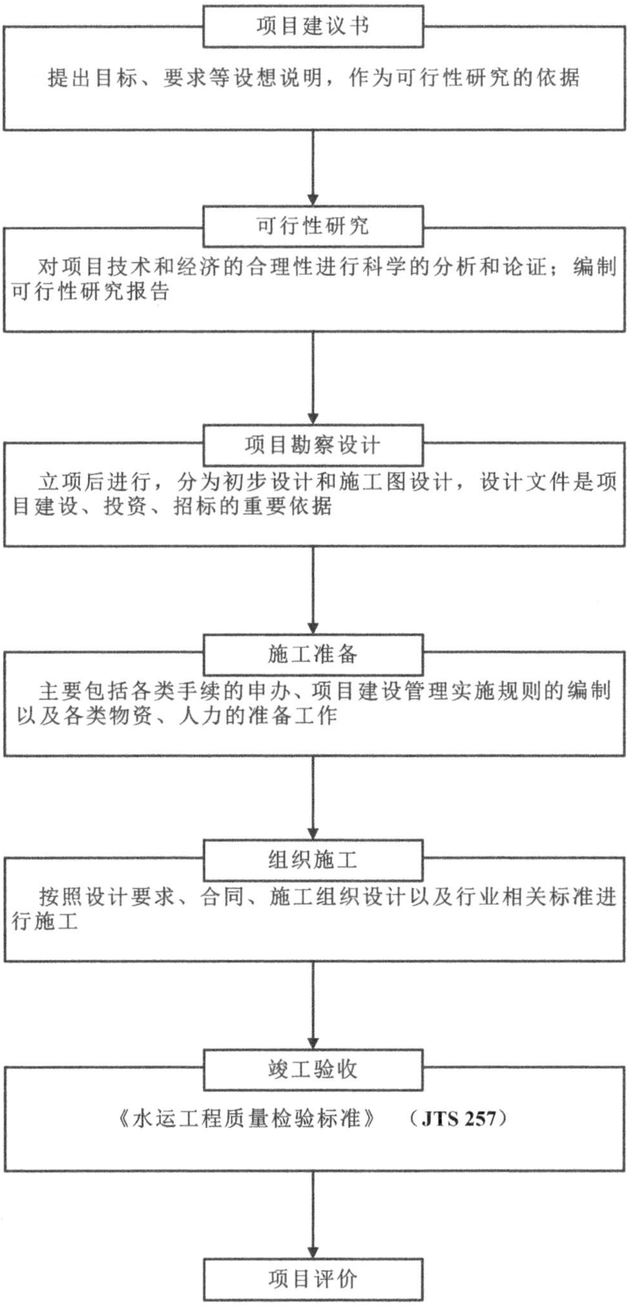

图 1-1 水运工程基本建设程序

1.2 水运工程施工特点

水运工程作为人类基础设施工程的一个分支，其施工技术、步骤及基础理论知识与其他土木工程施工大致相同，其建设地点大多临水或在远离陆地的水中。水运工程施工包含内容较多,与其他工程相比,具有以下特点。

1. 施工环境复杂,施工条件恶劣

水运工程施工受自然条件的制约,潮位、泥沙、波浪、水流、台风等对工程建设都有重要的影响。同一地点,不同时间,自然条件也会发生较大的变化。因此,在施工期内应充分考虑自然条件的变化和影响范围,采取有针对性的计划和措施来克服施工过程中可能遇到的各种困难。

2. 隐蔽工程多,协调工作量大

水运工程施工涉及诸多隐蔽工程,如码头基槽、基床及其他下部结构等。隐蔽工程对质量控制的要求高,施工工序连接紧密,同一时间在不同作业平面存在施工重叠,因此必须重视施工组织的空间布置和施工时间安排,实现各工序的有序衔接,保障每一道工序的施工质量。

3. 施工覆盖面广,针对性强

水运工程施工除常见的水工结构、水域疏浚和填海造陆外,还涉及机电设备、给排水、电气、消防、通信等,施工覆盖面广,施工方法针对性强,不同分项工程的施工方案和施工工艺也有很大差别,这些都需要进行详细的论证和设计。

4. 涉及众多大型设备,技术及管理要求高

水运工程施工需要船舶和大型起重运输机械的协助,对于施工技术及组织管理要求高,施工人员要熟悉专业设备的工作原理,能够根据施工实际情况进行设备的选择。

1.3　水运工程施工要求

水运工程施工是以水运工程设计文件和合同为依据、遵循《水运工程施工通则》(JTS 201)等行业相关标准,应用材料、设备及各种理论知识和技能,按计划进行水运工程建造,将设计方案转变为实际工程的过程。水运工程施工必须严格遵守水运工程标准体系中强制性标准的规定。水运工程标准体系是水运工程标准发展的规划蓝图,标准代码采用英文字母和阿拉伯数字表示,强制性标准表示为“JTS* * *—n—* * * *”,推荐性标准表示为“JTS/T* * *—n—* * * *”,其中“JT”表示“交通运输行业标准”,“S”表示“水运工程标准”,“T”表示“推荐性标准”,“* * *”表示标准顺序号,“n”表示分序号,“* * * *”表示发布年。考虑本教材在使用过程中行业标准可能进行修订和完善,书中所涉及标准仅标出标准顺序号及分序号,未列出发布年,使用中应遵循当期施行规范。

水运工程施工应严格遵守国家关于工程建设管理、工程质量、安全生产、节能减排、环境保护和职业健康等方面的法律、法规和规定,贯彻可持续发展的方针;应建立健全质量、安全、职业健康和环境保护管理体系及相应的组织机构;应制定技术先进、安全可靠和低能高效的施工方案,并应鼓励开展科学研究、技术创新,积极采用新技术、新材料、新工艺和新设备;应结合工程特点和施工条件采取施工安全防护措施和环境保护措施,对可能发生的危害与灾害制定应急预案;施工装备应满足施工条件、施工强度和施工质量控制要求,并应符合国家安全生产、环境保护和节能减排等有关规定。

第 2 章　土石方工程

2.1　概述

土石方工程包括土或石的开挖、运输和填筑三个基本施工过程。水运工程中的土石方工程包括场地平整、基坑和基槽开挖、基床抛石、水域疏浚、码头（或坞墙、闸墙）后方回填、基坑回填等。在土石方工程施工前，应完成场地清理、测量放线等辅助工作，并根据施工需要进行排水和边坡支护。土石方开挖或填筑工程量常以万立方米为单位计。施工的各道工序需由多种工程机械相互配合完成，因此在工程中应按综合机械化原理组织施工，进行全面合理的平衡调配，从而提高工效、降低工程造价。水运工程中石方爆破施工应符合现行行业标准《水运工程爆破技术规范》（JTS 204）的规定。

2.1.1　土石方开挖及填筑基本方法

土石方开挖分为土方开挖和石方开挖两大类。土方开挖前应根据土壤的物理性质、工程量、工期等因素，选择适当的开挖方法，主要有人工和半机械开挖法、机械开挖法、水力开挖法等；石方一般质地坚硬，开挖难度较大，石方开挖主要采用机械开挖与炸药爆破的方法。

土石方填筑工程要求达到一定的密实度，以满足工程对稳定、防渗和沉降的要求。填筑方法可分为两类：一类是填方不采取压实措施，依靠自然沉降，全高程一次填筑；另一类是水平分层铺筑、逐层压实。

2.1.2　土石的分级及工程性质

2.1.2.1　土石的分级

在土石方开挖施工中，为估计施工的难易程度，正确选择施工方法及机具，计算工料消耗和工程费用，需将土石按开挖的难易程度进行分级。表 2-1 按坚硬程度、开挖方法及工具将土石分为八类 16 级。通常，Ⅰ~Ⅳ级称为土，Ⅴ~ⅩⅥ级称为岩石。

表 2-1　土石的分类、分级

分类	级别	土方的名称	坚实系数 f	密度（kg/m³）	开挖方法及工具
一类土（松软土）	Ⅰ	略有黏性的砂土；粉土、腐殖土及疏松的种植土；泥炭（淤泥）	0.5~0.6	600~1 500	能用锹、锄头、铲挖掘
二类土（普通土）	Ⅱ	潮湿的黏性土和黄土；软的盐土和碱土；含有建筑材料碎屑、碎石、卵石的堆积土和种植土	0.6~0.8	1 100~1 600	能用锹、锄头挖掘，少许用镐翻松
三类土（坚土）	Ⅲ	中等密实的黏性土或黄土；含有碎石、卵石或建筑材料碎屑的潮湿的黏性土或黄土	0.8~1.0	1 800~1 900	主要用镐，少许用锹、锄头挖掘，部分用撬棍

续表

分类	级别	土方的名称	坚实系数 f	密度(kg/m³)	开挖方法及工具
四类土（砂砾坚土）	Ⅳ	坚硬密实的黏性土或黄土；含有碎石、砾石的中等密实黏性土或黄土；硬化的重盐土；软泥灰岩	1.0~1.5	1 900	整个用撬棍、镐，然后用锹挖掘，部分用楔子及大锤
五类土（软石）	Ⅴ~Ⅵ	硬的石炭纪黏土；胶结不紧的砾岩；软的、节理多的石灰岩及贝壳石灰岩；坚实的白垩；中等坚实的页岩、石灰岩	1.5~4.0	1 200~2 700	用镐、撬棍、大锤挖掘，部分使用爆破方法
六类土（次坚石）	Ⅶ~Ⅷ	坚硬的泥质页岩；坚实的泥灰岩；角砾状花岗岩；泥灰质石灰岩；黏土质砂岩；云母页岩及砂质页岩；风化的花岗岩、片麻岩及正长岩；滑石质的蛇纹岩；密实的石灰岩；硅质胶结的砾岩；砂岩；砂质石灰质页岩	4.0~10.0	2 200~2 900	用爆破方法开挖，部分用风镐
七类土（坚石）	Ⅸ~Ⅻ	白云石；大理石；坚硬的石灰岩、石灰质及石英质的砂岩；坚硬的砂质页岩；蛇纹岩；粗粒正长岩；有风化痕迹的安山岩及玄武岩；片麻岩、粗面岩；辉绿岩；玢岩；中粗正长岩	10.0~18.0	2 500~2 900	用爆破法开挖
八类土（特坚石）	XIII~XVI	坚硬的细粒花岗岩；花岗片麻岩；闪长岩；坚实的玢岩、角闪岩、辉长岩、石英岩；安山岩、玄武岩；最坚实的辉绿岩、石灰岩及闪长岩；橄榄石质玄武岩；特别坚实的辉长岩、石英岩及玢岩	18.0~25.0	2 700~3 300	用爆破法开挖

注：坚实系数 f 相当于普氏岩石强度系数。

2.1.2.2　土石的工程性质

1. 重度 γ

单位体积土的重量，是表示土壤密实程度的主要参数。土的重度为 16~22 kN/m³，大于 20 kN/m³ 的土是比较密实的，小于 18 kN/m³ 的土是比较松软的。

2. 含水率 ω

含水率是土中水的质量与土颗粒质量的比值，以百分数表示。ω 反映了土的物理力学性状，对工程地基的施工、土方的开挖与填筑、土方的密实有直接的影响。不同土的天然含水率可以在很大范围内变动，砂性土为 0%~40%，黏性土为 3%~100% 或以上。土的含水率随气候条件、季节和地下水的变化而变化。

$$\omega = \frac{m_1 - m_2}{m_2} \times 100\% = \frac{m_w}{m_s} \tag{2-1}$$

式中　m_1——含水状态时土的质量（kg）；

m_2——烘干后土的质量（kg）；

m_w——土中水的质量（kg）；

m_s——土颗粒的质量（kg）。

3. 可松性系数

自然状态下的土经开挖后内部结构被破坏，其体积因松散而增加，以后虽经回填压实，仍不能恢复其原来的体积，土的这种性质称为土的可松性。土的可松性一般用最初可松性系数 K_s 与最终可松性系数 K_s' 表示。

$$K_s = \frac{V_2}{V_1};\ K_s' = \frac{V_3}{V_1} \tag{2-2}$$

式中 K_s、K_s'——最初可松性系数和最终可松性系数；

V_1——开挖前土的自然体积（m^3）；

V_2——开挖后松散状态下土的体积（m^3）；

V_3——回填压实后土的体积（m^3）。

各类土的可松性系数可参考表 2-2。在土石方工程中，K_s 是计算挖方装运车辆及挖土机械的重要参数，K_s' 是计算填方时所需挖土工程量的重要参数。

表 2-2 各类土的可松性系数参考值

土的类别		体积增加百分比（%）		可松性系数	
		最初	最终	K_s	K_s'
一类土	种植土除外	8~17	1~2.5	1.08~1.17	1.01~1.03
	植物性土、泥炭	20~30	3~4	1.20~1.30	1.03~1.04
二类土		14~28	1.5~5	1.14~1.28	1.02~1.05
三类土		24~30	4~7	1.24~1.30	1.04~1.07
四类土	泥灰岩除外	26~32	6~9	1.26~1.32	1.06~1.09
	泥灰岩	33~37	11~15	1.33~1.37	1.11~1.15
五～七类土		30~45	10~20	1.30~1.45	1.10~1.20
八类土		45~50	20~30	1.45~1.50	1.20~1.30

4. 土体抗剪强度指标内摩擦角 φ 和黏聚力 c

内摩擦角是颗粒间发生互相滑动产生的，黏聚力则表示颗粒间的凝聚能力，二者被统称为土的抗剪强度指标，属于岩土强度参数，其数值由土的性质、粒径和含水率决定。

2.2 土石方工程量计算与调配

在土石方工程施工前，必须计算土石方的工程量，主要包括开挖和填筑的工程量以及土方的运输量。为此，传统方法多将工程区域划分成一定的几何形状，并采用具有一定精度而又和实际情况近似的方法进行计算，目前随着建筑信息技术的发展，很多软件可以根据初始泥面与目标开挖面直接自动计算出土石方的开挖工程量。

2.3 土方开挖工艺与组织

土方开挖方法有机械开挖、水力开挖、爆破开挖等。在确定开挖工艺时，应考虑土壤的物理力学性质、工程量、工期以及开挖层内地下水情况、施工机具性能条件等因素，综合比选进行确定。

2.3.1 土方开挖一般要求

陆上基坑开挖前应根据开挖范围、开挖深度、地质条件、地面荷载、施工环境和施工条件等确定施工以及环境保护措施的监测方案。深基坑支护结构应根据实际工程情况进行设计。开挖的顺序和方法应与设计工况相一致，应遵循开槽支撑、先撑后挖、分层开挖、严禁超挖的原则。施工过程中应对基坑、支护结构和周边环境进行观察和监测，当出现异常情况时，应立即停止开挖，查清原因并采取相应措施。

岸坡开挖顺序和开挖工艺应满足岸坡稳定的要求。岸坡开挖前应测量开挖区的地形和水深断面，开挖过程中应对岸坡稳定进行观察和监测，开挖工作完成后还应对岸坡断面进行测量。

水下基槽开挖的分段长度和分层厚度应根据施工工况、土质条件、回淤情况和施工能力确定。当基槽开挖至设计深度时，应对土质进行核对。

2.3.2 土方机械开挖工艺

土方开挖机械的选择，应根据工程规模（开挖断面、范围和工程量）、工程对象、土质、开挖机械的技术性能以及施工现场条件等确定。土方开挖常用机械主要有挖掘机、铲运机、推土机和装载机等。

2.3.2.1 挖掘机械及其施工

挖掘机械一般用带有齿和刀刃的土斗挖取土料后直接抛置在机械旁或用运输工具运走，可分为单斗式和多斗式两类。单斗式挖掘机属于循环式挖土机械，每个循环包括铲土、升高、旋转至卸土地点卸土和回转土斗至开挖位置四个步骤。多斗式挖掘机属于连续式挖土机械，适用于挖掘软或较软的Ⅰ~Ⅳ级均质土壤，有较高的生产率，常用来开挖狭长的土方和修正边坡等作业。

1. 单斗式挖掘机

单斗式挖掘机通常由行驶装置、动力装置和工作装置三个主要部分组成。行驶装置有履带式、轮胎式等类型。履带式行走方便，对土的单位面积压力小。轮胎式行动敏捷灵活，但斗容量较小，对道路的要求较高。单斗式挖掘机一般以土斗容量为标志。产品说明书标明的标准斗容量，通常按开挖Ⅳ级土确定。按挖土方式的不同，单斗式挖掘机分为正铲挖掘机、反铲挖掘机、拉铲挖掘机和抓斗式挖掘机等。

1）正铲挖掘机

前进行驶，铲斗由下向上强制切土（图 2-1），适用于开挖停机面以上的土方，且需与汽车配合完成整个挖运工作。可开挖含水率不大于 27% 的一～四类土以及爆破后的岩石块、冻土块（块的粒径应小于斗口宽度的 1/3）。一般用于大型场地整平土方，开挖大型管沟和基槽、独立基坑及边坡等。其优点是装车轻便灵活,回转移位控制方便,能挖掘坚硬土层,易控制开挖尺寸,工作效率高。

2)反铲挖掘机

反铲挖掘机是水运工程施工中最常用的挖土机械(图2-2),适用于开挖一~三类土壤。可装土和甩土,土方外运应配备自卸汽车,工作面应有推土机配合。主要用于开挖停机面以下深度不大的基坑(槽)或管沟及含水率较大的土,最大挖土深度为4~6 m,经济合理的挖土深度为1.5~3.0 m。其优点是操作灵活,挖土、卸土均在地面作业,可减少修筑临时道路的数量,但生产效率较低。

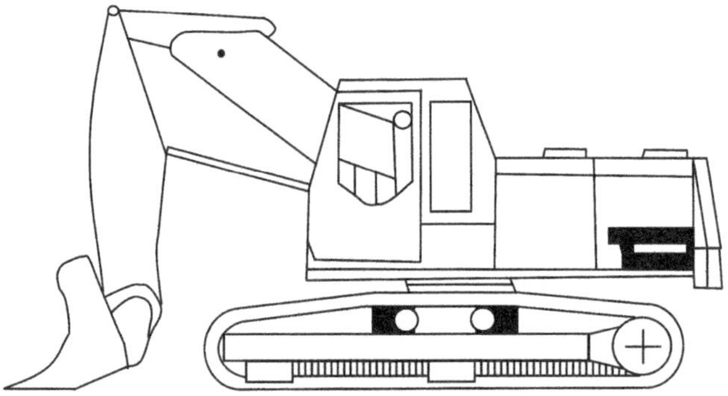

图2-1 正铲挖掘机

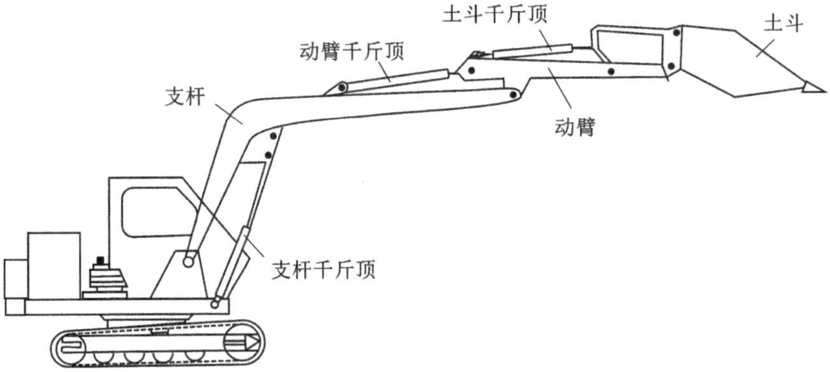

图2-2 反铲挖掘机

3)拉铲挖掘机

拉铲挖掘机利用惯性,把铲斗甩出后靠收紧和放松钢丝绳进行挖土或卸土,铲斗由上而下,靠自重切土(图2-3),适用于开挖一~三类土,主要用于开挖停机面以下深度较大的基坑(槽)、沟渠以及挖取水中土,土方外运应配备自卸汽车,并配备推土机创造施工条件。其优点是挖掘半径及卸载半径大,但操作灵活性差。开挖方法与反铲挖掘机相同,可采用沟端、沟侧和沟角的开挖方法。

4)抓斗式挖掘机

抓斗式挖掘机又称合瓣式挖掘机(图2-4)。土斗由两个或多个抓瓣组成,工作时靠土斗自重下坠切入土壤,提升时土斗合拢将土抓起。抓斗式挖掘机挖土能力小,效率低,主要用于开挖一、二类土壤的窄而深的基坑、沟槽、河泥等土方工程。

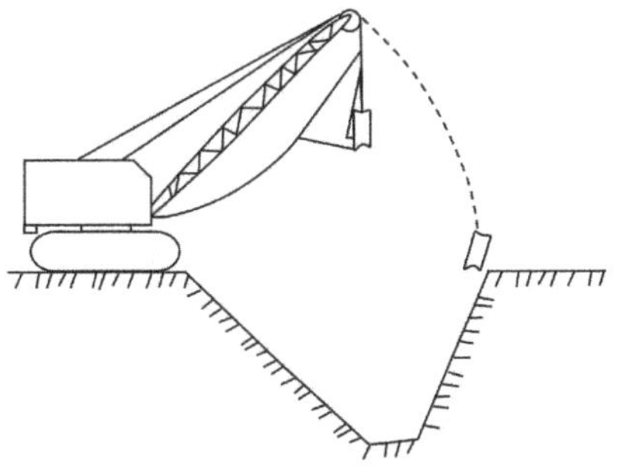

图 2-3　拉铲挖掘机

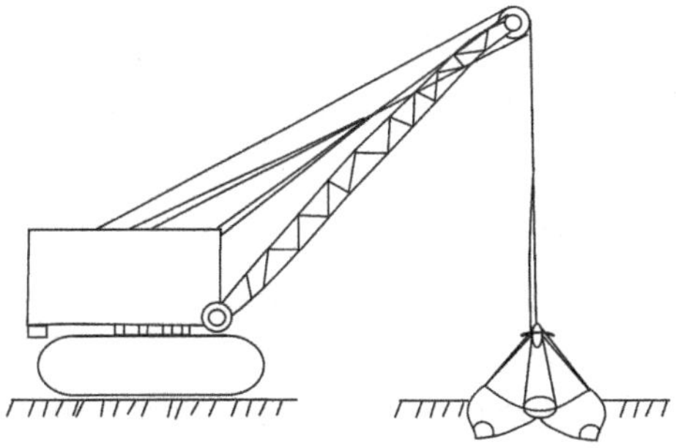

图 2-4　抓斗式挖掘机

2. 多斗式挖掘机

多斗式挖掘机属于连续式的挖土机械，生产效率较高。多斗式挖掘机有斗轮式和链斗式两类，前者将土斗装在刚性转轮上，后者将土斗装在传动链条上。它适用于一、二类均质土壤，常用于大型渠道、基坑的开挖和土料的开采。

2.3.2.2　铲运机械及其施工

铲运机工作原理是将切土刀切入土中，边开行边将土铲入土斗并送到弃土堆或填土区进行卸土（图 2-5），综合完成铲、装、运、卸、平的工作，适用于开挖一～三类土，常用于倾角在 20° 以内的大面积整平、开挖、回填、压实土方以及运距在 800 m 以内的挖运土、填筑路基堤坝等，不适用于砾石层、冻土地带和沼泽地区。其优点是操作简单灵活，不受地形限制，无须特设道路，能独立完成工作，无须其他机械配合能完成铲土、运土、卸土、压实等作业，行驶速度快，生产效率高。

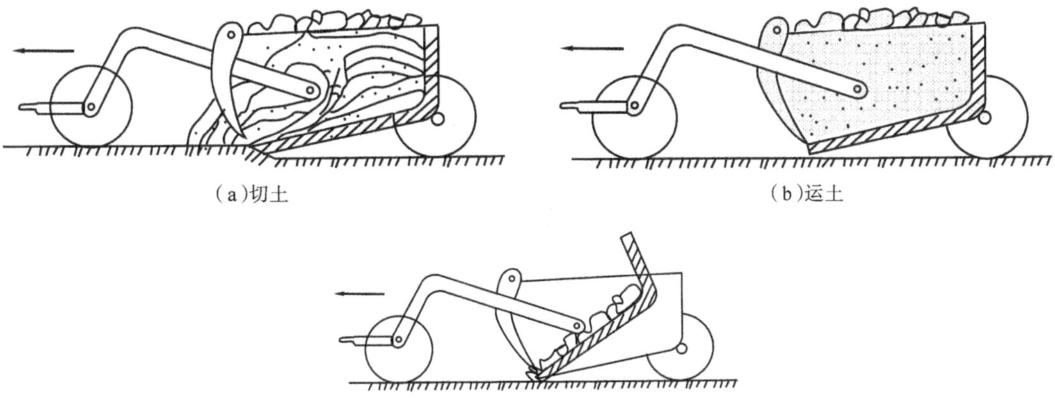

（a）切土　（b）运土　（c）卸土

图 2-5　铲运机工作过程

铲运机按行走装置可分为自行式和拖带式两类。自行式铲运机由牵引车和铲运斗两部分组成，运行速度快，适宜运距为 800~3 500 m 的大型土方工程作业，最经济运距为 800~1 500 m。拖带式铲运机多由履带式拖拉机牵引，适宜于作业运距为 80~800 m 的土方工程，一般经济运距为 600 m。

在使用铲运机组织施工时，应根据工作性质、工程量、运距、土壤性质和地形条件等因素，采用适当的开行方式和施工方法。铲运机的开行方式主要有环形、“8”字形和连续式等。

2.3.2.3 推土机械及其施工

推土机一般以拖拉机为原动机械，在前缘上装上带切土刀片的推土板。运行时，有刀刃的推土板切入土中，土随着机械的运行而被切下，并堆积在推土板前推送一段距离。推土机除能进行推土外，还可进行铺平土壤的工作。用于开挖一～三类土，经济运距不宜超过100 m，效率最高运距为60 m，挖深为1.5~2.0 m，填高为2.0~3.0 m。常用于平整场地、开挖深度在1.5 m以内的坑（槽）、移挖作填、回填坑（槽）及管沟、堆筑高度在1.5 m以内的堤埂，以及配合其他挖掘机平整场地、清理场地、集中土方和修路开道等。

在使用推土机时，应根据施工地点的地形、工程量、施工条件等，合理地组织施工和布置开行路线，以提高生产率。常用的施工方法有槽形推土、多台推土机并列推土及斜角沟边推土等。

2.3.2.4 装载机械及其施工

装载机械是一种短程装运结合的机械，按行走装置分为履带式和轮胎式两种，既可用于装卸土方和散料，也可用于松软土的表层剥离、平整地面和清理场地等工作。其优点是操作轻便灵活，回转移位方便，行驶速度快，工作平稳，安全可靠，生产效率高。

2.3.3 土方运输

土方运输的方式主要有汽车运输和带式运输等，其中汽车运输是基本的运输方式。

2.3.3.1 汽车运输

水运工程土方运输多使用自卸汽车，其优点是车厢自动向后或向侧面倾翻，可加速卸料，节省人力和时间，另外汽车运输无须中转、适应性强，缺点是单次运输量较小，成本较高。自卸汽车的载重量应根据运距和土方量综合选用，常用的为3~8 t。

汽车运输对道路有一定要求。工地运输道路应尽可能采用现有运输路线，或将施工道路与永久道路相结合，以减少临时道路修建费用。运输道路一般采用碎石路面或水泥路面，应结合工地具体情况，采用适当的技术指标。

2.3.3.2 带式运输

带式运输属于连续运输，分为移动式和固定式两种。移动式带运机机架置于车轮上，移动方便，多用于短程运输和散体材料的装卸堆存；固定式带运机没有移动行走装置，多用于长距离运输，常采用分段布置。

2.3.4 机械工作效率及数量的确定

2.3.4.1 挖掘机工作效率的确定

单斗式挖土机属于循环式挖土机械，每一循环包括挖土、重车回转、卸车、空车回转四个工序，其理论生产率P_0（m^3/h）按下式计算：

$$P_0 = 60q\frac{1}{K_s}K_H n \tag{2-3}$$

$$n = \frac{60}{t_1+t_2+t_3+t_4}\cdot\frac{1}{0.4K_{sc}+0.6\beta} \tag{2-4}$$

式中 q——土斗的标准几何容积（m^3）；

K_s——土壤可松性系数，为未扰动原状土开挖后体积增大比例，见表 2-2；

K_H——土斗充盈性系数，与挖土机械类型有关，一般为 0.8~1.0；

n——每分钟循环工作次数；

t_1、t_2、t_3、t_4——挖土机挖土、重车回转、卸土、空车回转的时间（s）；

K_{sc}——土壤级别修正系数，常取 1.1~1.2；

β——相对转角系数，随转角增大而增大，转角为 90° 时取 1，转角为 100° ~135° 时取 1.08~1.37。

理论生产率为挖土机在理想的情况下技术上能达到的最高生产率。实际挖土时，还有许多难以预测和估算的因素影响其效率的发挥。因此，计算实际生产率要考虑有关因素的可能影响，引入相应的影响系数。实际生产率 P（m^3/h）可按下式计算：

$$P = P_0 K_B K_1 \tag{2-5}$$

式中　P_0——理论生产率（m^3/h）；

K_B——时间利用系数，考虑必需的检修、加油等非直接生产时间后的有效时间利用，一般取 0.7~0.9；

K_1——时间利用系数，考虑与运输工具联合作业时，相互配合可能延误生产时间，有运输工具配合时取 0.9，无运输工具配合时取 1.0。

2.3.4.2　推土机工作效率的确定

推土机铲挖土料并运送的实用生产率 P（m^3/ 班）可按下式计算：

$$P = \frac{3\,600 V t_d K_e}{T K_s} \tag{2-6}$$

$$V = \frac{l H^2 K_B}{2\tan\varphi} \tag{2-7}$$

式中　t_d——每班工作时数，一般为 8（h）；

K_B——时间利用系数，一般为 0.8~0.9；

T——一个工作循环的所需时间平均值（s）；

K_s——土壤可松性系数，见表 2-2；

V——推土机每个周期推送土方量（m^3）；

l、H——推土刀的长度和垂直高度（m）；

φ——土料的内摩擦角（°）；

K_e——土料运送损失系数。

推土机平整场地实用生产率 P（m^3/d）可按下式计算：

$$P = \frac{3\,600(l\sin\alpha - b) L K_B}{n\left(\dfrac{L}{v} + t_n\right)} \tag{2-8}$$

式中　α——推土刀水平面回转角度（°）；

b——相邻两次平整的重叠宽度（m），一般为 0.2~0.5 m；

L——工作段长度（m）；

n——推土机工作时通过同一地点的次数，一般为 1~2；

v、t_n——推土机运行速度（m/s）和转向时间（s）。

2.3.4.3 运输机械工作效率的确定

1. 循环式运输机械

一辆运输汽车的生产率取决于车辆载重量、行驶速度、开行路线和距离、装卸条件等因素，其每班的运输生产率 P_a（m^3/ 班）按下式计算：

$$P_a = \frac{q(T_1 - T_2)}{t} \tag{2-9}$$

$$t = t_1 + t_2 + \frac{2L}{v} \times 60 \tag{2-10}$$

式中 q——运输工具一次运载的有效方量（m^3）；

T_1、T_2——每班时间和每班运输工具的非工作时间（min）；

t——运输工具每一循环所需时间（min），包括装车、卸车、途中运行时间；

t_1、t_2——装车和卸车时间（min）；

L——运距（km）；

v——平均行驶速度（km/h），一般工地上开行的汽车取 15~20 km/h。

2. 带式运输机械

连续带式运输机械的生产率与带宽、带速和运输机械布置的倾角等因素有关，其实际生产率 P_s（m^3/h）按下式计算：

$$P_s = 3\,600KB^2vK_s \tag{2-11}$$

式中 K——带形系数，平面带可取 200，槽形带可取 400；

B——带宽（m）；

v——带的运行速度（m/s），可取 1~2 m/s；

K_s——各种影响的综合系数，包括时间利用系数、带的充盈系数、土的松散系数、土料粒径系数和倾角影响系数等。

2.3.4.4 挖运强度和机械数量的确定

1. 挖运强度的确定

在土方施工组织设计中，应全面综合考虑开挖、运输和填筑过程，一般根据施工进度计划中各阶段的土方填筑强度来确定开挖强度和运输强度。但当工程施工受开挖限制时，则以开挖强度进行设计。

填筑强度 Q_D（m^3/d）取决于工程所在地的水文和气象条件、工期、施工工作面、劳动力、机械设备、材料供应情况等因素；运输强度 Q_T（m^3/d）和开挖强度 Q_C（m^3/d）均取决于填筑强度，填筑强度、运输强度、开挖强度分别按下列公式计算：

$$Q_D = \frac{V}{T} K_1 K_a K \tag{2-12}$$

$$Q_T = Q_D K_2 K_c \tag{2-13}$$

$$Q_C = Q_D K_2 K_3 K_c' \tag{2-14}$$

式中 V——压实后土体体积（m^3）；

T——有效工作日数（d），扣除节假日及气候等因素影响；

K_1——填筑过程中土料的损失系数，可取 1.05~1.10；

K_a——土体沉实影响系数，可取 1.03~1.05；

K——施工不均衡系数，可取 1.2~1.3；

K_2——运输过程中的土料损失系数，可取 1.01~1.05；

K_c——压实影响系数，为压实土体干重度与松散土料重度的比值；

K_3——开挖过程中的土料损失系数，与土料特性和开挖方式有关，可取 1.03~1.08；

K_c'——压实系数，为压实土体干重度与料场土料天然重度的比值。

2. 挖土机及汽车数量的确定

所需挖土机的数量 N_c（台）可按下式计算：

$$N_c = \frac{Q_c}{P_c} \tag{2-15}$$

式中　Q_c——挖土机开挖强度（m^3/h）；

P_c——挖土机的实际生产率（m^3/h）。

所需运输汽车的数量 N_a（台）可按下式计算：

$$N_a = \frac{Q_T}{P_a} \tag{2-16}$$

式中　Q_T——汽车的运输强度（m^3/h）；

P_a——汽车的实际运输率（m^3/h）。

在确定满足运输强度所需的汽车数量后，应以满足挖土机连续工作为条件进行校核，可按下式校核：

$$n \geqslant \frac{P_c}{P_a} \tag{2-17}$$

$$N_a \geqslant nN_c \tag{2-18}$$

式中　n——一台挖土机连续工作时的装车数，即配给一台挖土机的汽车数。

2.4　石方开挖工艺与组织

石方为Ⅴ级以上的土，质地坚硬，通常采用机械开挖与炸药爆破相结合的开挖方法。其中炸药爆破是石方开挖的主要手段，即利用炸药爆破时产生的能量进行石方开挖，危险性较大，如处置不当极易造成巨大的危害。施工必须严格遵守操作规程，确保施工安全。本节主要介绍爆破法开挖石方。水运工程石方爆破施工前应编制专项施工方案、爆破方案。爆破方案应根据工程特点、岩石性质、炸药性能和施工环境要求进行设计。每次爆破前应对爆破器材、药包制作、药包布设、起爆网络、起爆信号和安全警戒措施等进行检查，符合要求方准起爆。爆破施工后应对爆破区进行检查，发现盲炮应立即报告并及时处理。

2.4.1　爆破基本知识

2.4.1.1　爆破原理

爆破可分为化学爆破和物理爆破。化学爆破是炸药在介质内爆炸的瞬间，由于激烈的化学反应，产生强烈的冲击波和大量的高热气体，冲击波作用于周围的介质，使介质产生应力波，若应力波的压应力或拉应力超过介质的抗拉或抗压极限强度，介质就破裂，产生径向破裂,高热气体膨胀挤压介质,扩大裂缝,使介质破碎。物理爆破是指发生爆炸物质的化学成分和性质都不发生变化,只有状态或压力突变而形成的爆破过程。工程中常用的是化学爆破,以下介绍化学爆破。

当爆破在无限均匀的介质中进行时,冲击波将以药包为中心,呈球形沿介质径向逐步向外扩展。由于各向同性介质的阻尼作用,随距球心距离的增大,冲击压力波逐渐衰减,直至全部消失,介质受到破坏的程度随着与中心距离的增加而减少。如图 2-6(a)所示,爆破作用的影响范围大致划分为压缩圈、破碎圈、松动圈和震动圈。在这些圈内,介质受到冲击波作用的程度和效果见表 2-3。

表 2-3 不同爆破作用影响范围冲击波作用的程度和效果

部位	冲击波作用的程度和效果
压缩圈	冲击波作用最大。介质若为塑性体,将受到严重压缩,形成一个空腔;介质若为脆性体,如坚硬的岩石,将遭粉碎,形成粉碎圈
破碎圈	冲击波作用较弱,介质破碎成碎块。除了使介质破碎外,介质中尚有一定的抛掷能量。如果在这一圈外面没有介质,则碎块将被抛掷出一定的距离
松动圈	冲击波作用更弱,不能将介质碎块抛掷出去,可使介质的联结受到破坏、开裂、松动
震动圈	冲击波作用进一步衰减,导致松动圈外部的介质产生震动,结构不会被破坏

上述四个圈是为了说明爆破作用而建立的理想化的概念模型。实际上,圈之间没有严格的界限。由于在松动圈之内的介质都遭到破坏作用,故压缩圈、破碎圈和松动圈一般统称为破坏圈,其半径称为破坏半径。

当爆破作用受到临空面的影响,即在有临空面的有限介质内进行爆破(工程爆破多属于这类爆破)时,爆破示意图如图 2-16(b)所示。冲击波由岩石介质到空气介质,越过临空面时将产生反射,形成拉力波。此拉力波形成的拉应力与由药包传来的压力波的压应力之差超过岩石的动抗拉强度时,便从临空面向药包反射,形成弧状裂缝。于是,环向和径向裂缝将岩石切割成碎块,加之天然岩体本身存在不规则的节理和裂缝,且与药包距离不等,能量分布不均匀,使实际爆破后的岩石成为形状各异、大小不等的块体。

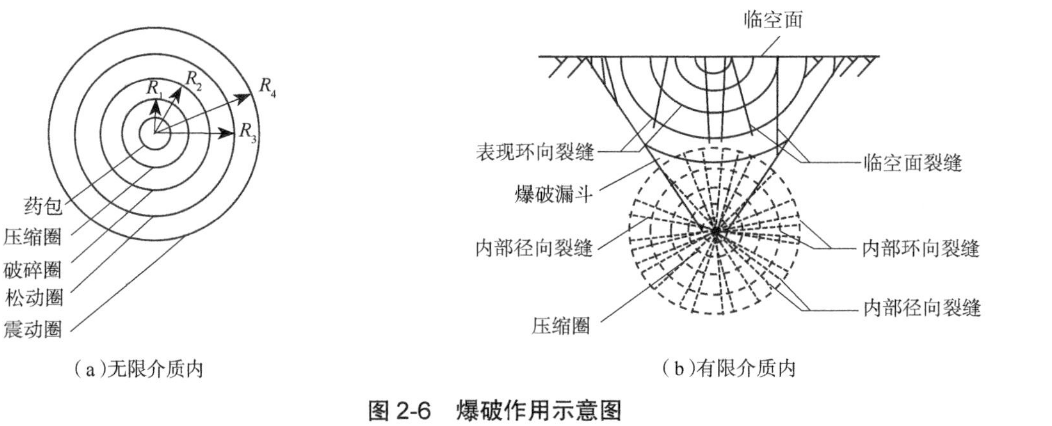

图 2-6 爆破作用示意图

2.4.1.2 炸药

炸药是一种受一定外力作用就能引起高速化学分解反应、产生高热气体并能将能量瞬间释放出来的物质。炸药的能量主要由其中所含碳氢可燃物和助燃物质（一般为氧气）化合产生。主要的状态有固态、液态和胶体三种类型，其主要性能指标有敏感度、爆速、爆力、猛度和殉爆距离等。

敏感度是指炸药在火花、摩擦、撞击和光等外界的能量作用下，引起爆炸的难易程度。每种炸药需要的起爆能量是不同的，需要起爆能量大的，其敏感度低、不易起爆。

爆速是指爆炸时炸药的分解速度，通常在 200~8 000 m/s 之间。爆速越高，炸药爆炸压力越大，粉碎能力越强。爆速越低，炸药分解时间越长，抛掷能力越强。

爆力是表征炸药炸胀介质的能力，取决于爆炸时生成气体的多少和温度的高低，用定量炸药炸开规定尺寸铅柱体内空腔的容积（mL）来表示。爆力越大，破坏力越大。

猛度是表征炸药破坏周围介质的能力，取决于爆速和爆炸生成热量，用定量炸药炸塌规定尺寸铅柱体的高度（mm）来表示，猛度越大，爆破的岩石越破碎。

殉爆距离（诱爆度）是指炸药药包爆炸引起相邻药包爆炸的最大距离（以 cm 计）。

除以上这些性能外，炸药的性能还有氧平衡（炸药自身含氧量与氧化反应需氧量的度量指标）、稳定性（炸药爆炸时爆速是否发生变化的性能）、安全性（爆炸后有害气体的生成情况）、安定性（炸药储运过程中的变质情况）等。

炸药按用途可分为起爆炸药和主爆炸药。起爆炸药敏感度高，用于起爆其他敏感度低的炸药。主爆炸药敏感度低，是爆破作业的主要材料，爆炸后生成大量高热高压气体。

常见的主爆炸药有黑色炸药、硝铵炸药、TNT 炸药、胶质炸药等，对其共同的要求主要有：爆炸性能良好，具有足够的威力；制造、运输和使用时安全可靠、容易加工；爆炸后产生有毒气体少；性能稳定，在规定储存期内不变质失效；成本低等。

常见的起爆炸药有雷管、叠氮铅和二硝基重氮酚等。

2.4.1.3　药包与爆破漏斗

药包是置于被爆破体内部或表面、进行爆破的一定数量的炸药。

当药包放在被爆破体的内部时，爆破作用具有使部分介质抛向临空面的能量，往往形成一个倒置的圆锥形的爆破坑，称为爆破漏斗，如图 2-7 所示。

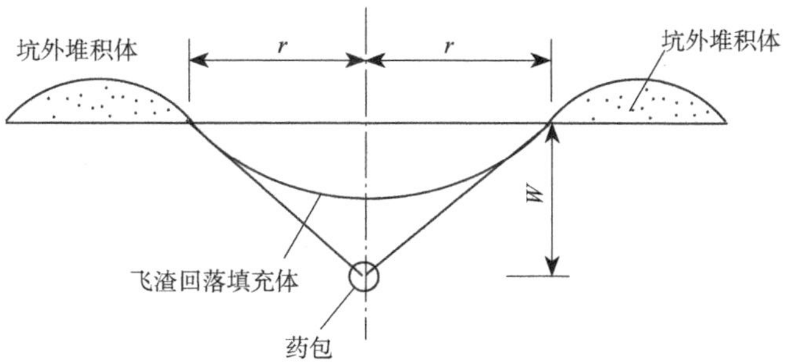

图 2-7　爆破漏斗示意图

爆破漏斗的几何特征参数有：药包中心到临空面（自由面）的最短距离（称为最小抵抗线 W）；爆破漏斗上口半径 r。漏斗形状及大小，以爆破作用指数 n 表示：

$$n=\frac{r}{W} \tag{2-19}$$

爆破作用指数 n 是描述漏斗大小、爆破性质、抛掷堆积的重要参数，其数值与爆破时土石的性质、炸药性能、装药量有关，故可用 n 值对药包进行分类。药包按其形状、爆破作用的分类见表 2-4 和图 2-8。

表 2-4 药包分类

分类	名称	药包形状及放置位置		效果及作用
按形状分	集中药包	球形、高度不超过直径 4 倍的圆柱或长边不超过短边 4 倍的直角六面体		爆破效率高、省炸药和减少钻孔工作量；破碎岩石块度不够均匀
	延长药包	条形、高度超过直径 4 倍的圆柱或长边超过短边 4 倍的直角六面体		在土石中可均匀分布炸药，破碎岩石块度较均匀
按爆破作用分	裸露药包	药包放在被爆破体的表面		爆破作用仅使岩石破碎或飞移
	抛掷药包	药包放在被爆破体的内部	n=1 称标准抛掷爆破药包；0.75<n<1 称减弱抛掷爆破药包；n>1 称加强抛掷爆破药包	地面上形成一抛掷漏斗，见图 2-8(a)；n=1、n<1 和 n>1 三种类型的抛掷爆破漏斗见图 2-8(d)~(f)
	松动药包		0.2<n≤0.75 称松动药包，将不形成抛掷而称为松动爆破	破坏作用只从内部破坏到临空面，并不产生抛掷运动，仅在临空面有一定的松动和突起，见图 2-8(b)
	内部作用药包		n≤0.2，如破坏范围刚好达到临空面时称最大内部作用药包	破坏作用仅限于被爆破体内部的压缩而不是露到被爆破体表面(临空面)上，见图 2-8(c)，一般用于扩大药室

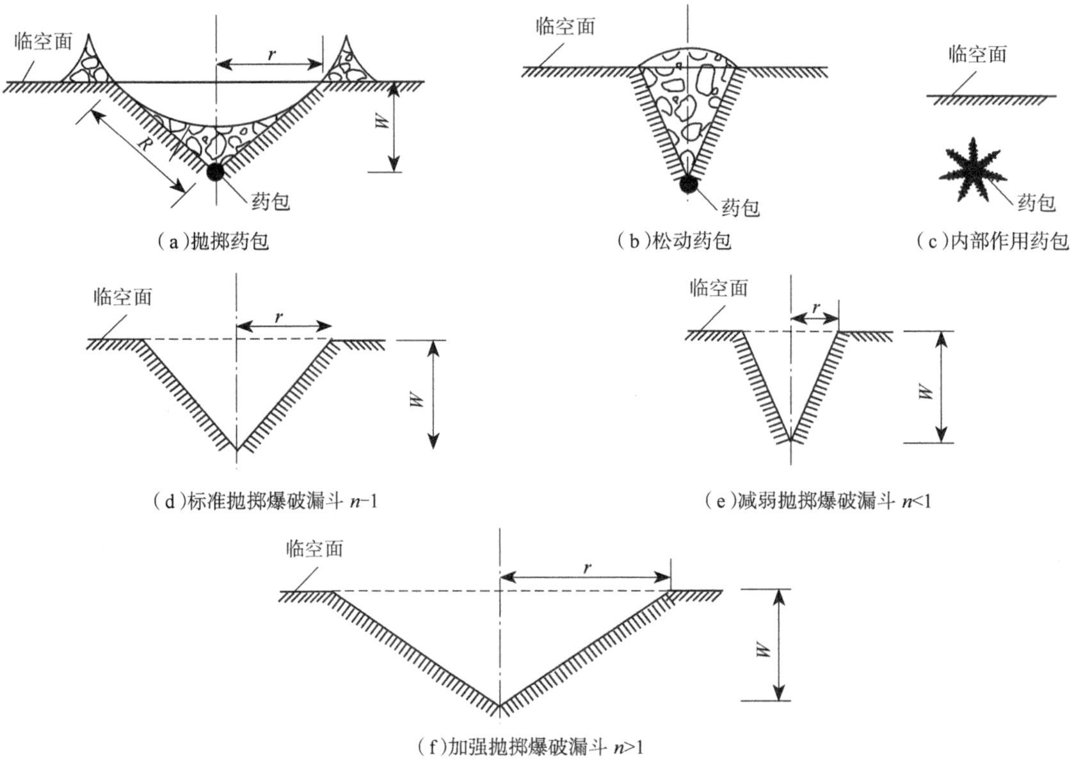

图 2-8 药包分类及爆破漏斗示意图

W—最小抵抗线；R—破坏作用半径；r—漏斗半径

2.4.1.4　药包量计算

影响药包药量的因素较多,如岩石性质、炸药和雷管的品种、自由面的数目、药室的大小及堵塞情况、爆破方法等。一般来说,爆落的介质体积与所用的药量成正比。以下公式可用于求集中药包量的近似值,具体工程作业时用药量需要通过现场试验测定当地工程的钻爆参数。

1. 集中药包

对于单个集中药包。其药包量可按下式计算:

$$Q = eqV \tag{2-20}$$

当 n=1 时:

$$V = \frac{1}{3}\pi W^3 \approx W^3 \tag{2-21}$$

式中　Q——药包量(kg);

e——炸药换算系数,取值见表 2-5;

q——爆落单位体积介质所需药包量(kg/m^3),取值见表 2-6;

V——爆落介质体积(m^3);

W——最小抵抗线长度(m)。

表 2-5　炸药换算系数 e 取值表

炸药名称	型号	换算系数	炸药名称	型号	换算系数
露天硝铵炸药	1.2 号	1.00	铵萘炸药	—	0.86
煤矿铵梯	1 号	0.97		粒状	0.90
	2 号	1.12	62% 胶质炸药	普通	0.78
	3 号	1.16		耐冻	0.78
岩石铵梯	1 号	0.80	35% 胶质炸药	普通	0.93
	2 号	0.88	混合胶质炸药	普通	0.88
露天铵梯	1.2 号	1.00	苦味酸	—	0.90
胶质炸药	1.2 号	0.78	黑火药	—	1.00~1.25
硝酸铵	—	1.35	TNT	—	0.92~1.00

表 2-6　标准抛掷爆破的炸药单位消耗量 q 值

土的类别	一、二	三、四	五、六	七	八
q(kg/m^3)	0.95	1.1	1.25~1.5	1.6~1.9	2.0~2.2

如果是非标准抛掷爆破,药包量是爆破作用指数 n 的函数 $f(n)$,药包量计算式如下:

$$Q = f(n)qW^3e \tag{2-22}$$

$$f(n) = 0.4 + 0.6n^3 \quad \text{加强抛掷爆破} \tag{2-23}$$

$$f(n) = \left[(4+3n)/7\right]^3 \quad \text{减弱抛掷爆破} \tag{2-24}$$

式中 $f(n)$——爆破作用指数函数。

其他符号意义同前。

当地面倾斜的角度 $\alpha>25°$ 且 $W>25$ m 时,需对上式分别乘以 $\cos\alpha$、$\sqrt{\frac{W}{25}}$、$\sqrt{\frac{W\cos\alpha}{25}}$ 予以修正。

对松动爆破,其药包量计算一般用下列公式计算:

$$Q=0.33qW^3e \tag{2-25}$$

但在实际爆破施工中,尤其是在斜坡(或阶梯)地形或平坦地面拉槽的爆破时,用此式算出的药包量偏小,炸后的石块大,出渣不方便。为了提高松动爆破的破碎效果和便于出渣,可参考以下公式计算药包量:

$$Q=0.36qW^3e \quad 斜坡(或阶梯)地形 \tag{2-26}$$

$$Q=0.44qW^3e \quad 平坦地面拉槽 \tag{2-27}$$

对内部作用爆破,其药包量计算公式如下:

$$Q=0.2qW^3e \tag{2-28}$$

2. 延长药包

延长药包有两种布置形式:一种是延长药包平行于临空面,爆破坑呈三角柱体,当三角柱体底边长 $2r$ 等于 2 倍最小抵抗线长度 W 时,爆落三角柱体积为 W^2L;另一种是延长药包垂直于临空面,爆破坑与集中药包相同,呈正圆锥形漏斗。如图 2-9 所示,l 为药包长度。

(a)延长药包平行于临空面 (b)延长药包垂直于临空面

图 2-9 延长药包的布置形式

延长药包平行于临空面布置时,其药包量可按下式计算:

$$Q=f(n)qW^3Le \tag{2-29}$$

$$f(n)=0.4+0.6n^2 \tag{2-30}$$

式中 L——钻孔深度(m)。

其他符号意义同前。

延长药包垂直于临空面布置时,药包量计算公式与集中药包相同,最小抵抗线长度 W 应取延长药包中心至临空面的垂直距离。

2.4.2 钻孔方法与爆破器材

爆破工程的施工过程:钻孔→装药→封堵→起爆→检查及拒爆处理→出渣。

2.4.2.1 钻孔方法

爆破时,除了裸露爆破外都要通过钻孔在爆破物体内部设置装放炸药的孔穴(药室)。

钻孔的基本方法有冲击式、回转式及冲击 - 回转结合式。

1. 冲击式

冲击式钻孔法是将钻机安放在可移动履带轮上，工作时只能钻垂直向下的孔，不能钻斜孔。钻孔时，钻具悬挂在钢索上，借助偏心的传动机构完成向上提升及向下冲击，达到冲碎岩石的目的。

2. 回转式

回转式钻孔法是利用钻头的旋转切削作用切割岩石使之成孔，既可钻直孔也可钻斜孔。钻进速度快，能量损失小，但钻头磨损快。当钻一般硬度的岩石时，可用普通工具钢钻头；当钻中等硬度的岩石时，可用嵌有合金刀片的钻头；当钻坚硬岩石时，则宜用钻石钻头。

3. 冲击 - 回转结合式

冲击 - 回转结合式钻孔法是借助冲击力来弥补回转钻孔机推力的不足，先冲击使岩石初步破裂，再用回转使岩石加速破碎，加快钻进速度。此方法既有冲击又有回转，既可钻垂直孔又可钻斜孔，较以上两种钻孔方法有进一步改进，钻孔效率很高。

2.4.2.2　爆破器材及起爆方法

1. 爆破器材

爆破器材包括点火器材和起爆器材。

1）点火器材

点火器材包括导火索以及点燃导火索的器材和电力点火装置。

（1）导火索又称药线、引线，用于传递火焰起爆火雷管和起爆黑火药包，也可连接在电气发火装置上，作为电气导火索，使用时具有电雷管和导火索的共同特点。

（2）点燃导火索器材有导火绳、点火筒和电力点火装置。

2）起爆器材

起爆器材有雷管和导爆索。

（1）雷管分为火雷管、电雷管、继爆管和非电毫秒雷管，其中火雷管和电雷管还可引爆导爆索、导爆管。火雷管即普通雷管。电雷管分即发电雷管和迟发电雷管，不同之处是迟发电雷管另在点火装置与正起爆炸药之间加有一段延期药芯（缓燃剂）。迟发电雷管的延期爆炸时间由缓燃剂的长短决定。继爆管是一种专门和导爆索配套延期起爆而实现微差爆破的器材，使用时将其串联接到导爆索爆破网络中。非电毫秒雷管是与导爆管配套而实现微差爆破的起爆器材，实质上也是有延期药的火雷管。非电毫秒雷管有抗水型和不抗水型两种。为适应巷道挖掘、拆除爆破等特殊需要，还有非电秒差、半秒差雷管等。

（2）导爆索的外表虽与导火索相似，但其性质、作用截然不同。导爆索由爆速快的烈性炸药为药芯制成，具有良好的传爆、起爆性能。其直径为 4.8~6.2 mm，一般保证使用期为 1.5 年，适用于深孔、硐室和水下爆破。

2. 起爆方法

起爆方法有火花起爆、电力起爆、导爆索起爆和导爆管起爆（又称非电起爆）等。其基本起爆过程如图 2-10 所示。

（1）火花起爆是利用导火索在燃烧时的火焰引爆火雷管，使药包爆炸。由于每根导火索的燃烧速度不可能均匀一致，故火花起爆只适用于单个爆炸，至多把若干条导火索簇合在一起点火，不应构成网络。

(2)电力起爆是用电力通过电雷管中电力点火装置引爆电雷管后,使药包爆炸,适用于大、中型爆破,可同时起爆多个药包。

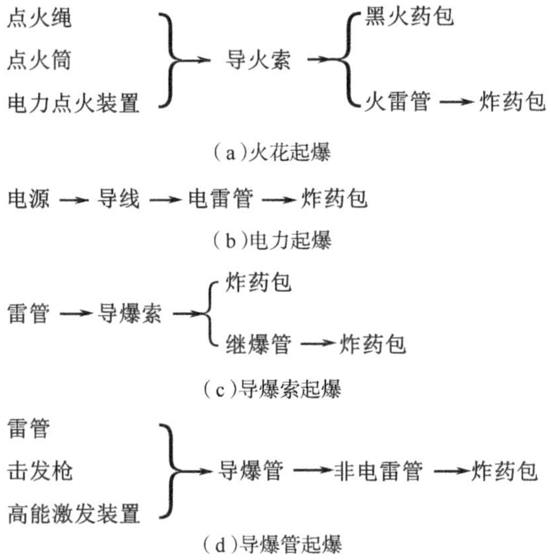

图 2-10 基本起爆过程

(3)导爆索可直接起爆药包,但其本身须用雷管起爆。导爆索成本较高,一般仅用于深孔和硐室的爆破,但因连接简单,又有一定的耐水性,故常用于水下爆破。

(4)导爆管起爆是用击发枪或导火线引燃火雷管或电雷管起爆导爆管,引起导爆管传爆,通过连接块再传爆到各个起爆雷管,促使炸药爆炸。

2.4.3 基本爆破方法

基本爆破方法有裸露药包法、浅孔法、深孔法、药壶法和硐室法。

2.4.3.1 裸露药包法

裸露药包法是将药包直接放在被爆体表面进行爆破的方法,主要用于炸礁、炸或抛掷孤石和大块石的二次爆破。其优点是准备工作少,不需钻孔设备,操作简单;缺点是爆炸后高压气体很容易逸散,耗药量比浅孔法多 3~5 倍,破碎石飞散较远。

用药量根据爆破目的确定。破碎时,根据石质坚硬程度,用 0.6~1 kg/m^3;抛掷时,根据药包放置位置以及抛掷距离,用 1~2 kg/m^3。

药包宜放在礁石或孤石中部有凹槽或裂缝处。当礁石或孤石体积大于 1 m^3 时,药包可分数处放置(或采用浅孔法爆破)。为提高爆破效果,药包底部宜做成穴状(爆力集中);药包上覆以草皮、黏土(厚度大于药包高度)或粉状炸药(厚 30~40 cm)。

2.4.3.2 浅孔法

浅孔法是在被爆破体内钻直径为 25~50 mm、深度为 0.5~5.0 m 的炮孔,内装延长药包进行爆破的方法。这种方法一般用于开挖基槽和沟槽、开凿导硐和药室、开创临空面、平整场地和边坡、松动冻土以及小型开采石方,是一种最常用的爆破方法。其优点是钻孔设备简单,相对裸露药包法而言,耗药量少,破碎块粒度均匀,开挖面的形状和尺寸易于控制;缺点是钻孔工作量大，不宜用于大方量的爆破。

装药量需根据炮孔与临空面的位置关系，以及抛掷爆破或松动爆破的不同，采用前述的延长药包计算公式进行计算。在实际爆破施工中，装药量还要根据岩石坚硬程度、裂隙情况和临空面的多少进行调整。坚硬岩石、中硬岩石、松软岩石的装药长度分别为炮孔深度的 1/2~2/3、1/3~1/2、1/3 或稍多。

2.4.3.3　深孔法

深孔法是在被爆体内钻直径为 75~270 mm、深度为 5~30 m 的炮孔，内装延长药包进行爆破的方法（图 2-11）。

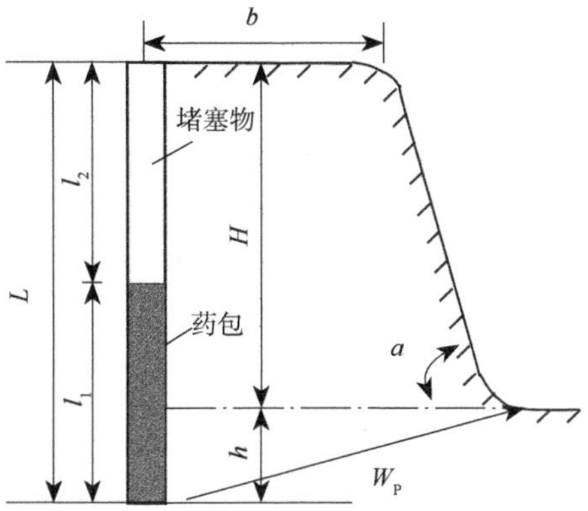

图 2-11　深孔法

深孔法一般用于高阶梯爆破以及深基坑的松动爆破。其优点是钻孔工作量少，耗药量少，一次爆破的石方量大，效率高；缺点是钻孔需要凿岩机、穿孔机，设备复杂，费用高，破碎块度不够均匀，有 10%~25% 的大块石需二次破碎。深孔爆破用药量按下式计算：

抛掷爆破时

$$Q = eqW_P aH \tag{2-31}$$

松动爆破时

$$Q = 0.36eqW_P aH \tag{2-32}$$

$$W_P = \sqrt{\frac{gL\tau}{qemH}} \tag{2-33}$$

$$L = H + h \tag{2-34}$$

式中　Q——深孔法爆破的用药量（kg）；

e——炸药的换算系数，见表 2-5；

q——岩石单位体积耗药量（kg/m^3），见表 2-6；

W_P——最小抵抗线长度（m）；

a——炮眼间距（m）；

H——阶梯高度（m）；

h——炮眼钻孔超深（m），一般为（0.1~0.3）H，或（0.1~0.3）W_P；

L——孔深（m）；

g——每米炸药的质量（kg），根据炮眼直径不同按表 2-7 选用；

τ——装药长度系数，$H<10$ m 时取 0.6，10 m$<H<$15 m 时取 0.5，15 m$<H<$20 m 时取 0.4，$H>20$ m 时取 0.35；

m——炮眼密度（m），即孔邻近系数，一般采用（0.8~1.2）H。

表 2-7 不同炮眼直径中每米长度硝铵炸药质量表

炮孔直径（mm）	75	90	100	110	120	140	150	160	180	200	250	270
炸药质量（kg/m）	3.96	5.66	7.05	8.60	10.1	13.8	15.8	18.1	22.8	28.2	43.2	51.2

2.4.3.4 药壶法

药壶法是在炮孔钻成后，先用少量炸药将孔底扩大成壶形，然后装药包进行爆炸的方法。它是在缺乏大型钻孔设备时，开采石料的常用方法。药壶形成过程如图 2-12 所示。它属于集中药包的中等爆破，适用于阶梯高 3~8 m 的六类以下的岩石，阶梯过高扩壶工作量大，排出壶内石渣所需的炸药量大，顶层易出现大石块，岩石过硬则炸扩药壶困难，不适用于坚硬或节理发育的岩石。其优点是可以多装药，把延长药包变为集中药包，提高爆破效果，减少钻孔工作量；缺点是扩大药壶费时费工，出渣困难，岩石破碎的块度不均匀，爆后的大块尚需进行二次爆破。

炸扩药壶用药量 Q'（kg）可按下式估算：

$$Q'=\frac{Q}{\rho} \tag{2-35}$$

式中 Q——用松动爆破用药量计算公式算得的用药量（kg）；

ρ——炸胀系数，Ⅳ~Ⅴ级岩石为 10~25，Ⅴ~Ⅶ级岩石为 5~10，Ⅶ~ⅩⅥ级岩石为 1~5。

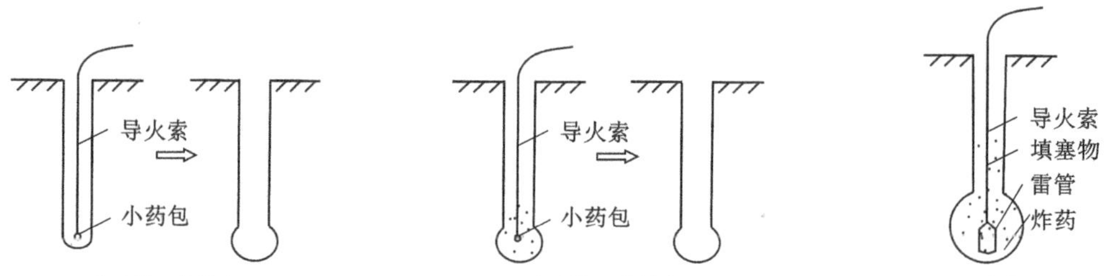

（a）第一次扩壶 （b）第二次扩壶 （c）形成药壶、爆破

图 2-12 药壶形成过程

药壶一般分多次扩成，次数和每次装药量均与岩石坚硬程度有关。炸扩次数可参考表 2-8。每次炸扩的用药量，按炸扩次数将 Q' 按一定比例进行分配，先少量后大量，参考表 2-9。

表 2-8 炸扩次数

坚硬程度	黏土	风化岩	Ⅴ~Ⅶ级	Ⅶ~Ⅸ级	Ⅹ~Ⅺ级
炸扩次数	2	2~3	2~4	3~5	5~7

表 2-9　每次炸扩用药量分配比例

炸扩次数	2	3	4
分配比例	1∶2	2∶3∶5	1∶2∶4∶7

药壶法每一孔用药量 Q(kg)可按下式计算：

$$Q = KW^3e \tag{2-36}$$

式中　e——炸药换算系数，见表 2-5；

K——系数，见表 2-10。

表 2-10　K 值

土石类别	V～VI	VII～VIII	IX	X	XI
松动炮孔	0.262	0.284	0.304	0.336	0.350
拉槽炮孔	0.5	0.6	0.7		

2.4.3.5　硐室法

硐室法是在被爆破体内开导硐和药室，室内装炸药进行爆破的方法，可分为大硐室爆破和小硐室爆破两类。小硐室爆破适用于六类以上坚硬岩石且开炸方量较大的爆破，其优点是不受炸药品种限制，凿孔工作量小，工效高，工期短；缺点是开导硐工作量大，排水、堵孔比较困难，进度慢，不能均匀爆碎岩石，常需要进行二次爆破，炸药用量大等。大硐室爆破与小硐室爆破类似，但其药室更大，一个药室装药量可达几吨或几十吨甚至更多，适用于松碎或抛掷大量土石方，工效高，是大规模爆破常用的方法。

药室的容积 V(m^3)可按下式计算：

$$V = K_V \frac{Q}{\Delta} \tag{2-37}$$

式中　Q——炸药量(t)；

Δ——炸药的密度(t/m^3)；

K_V——装药系数，与药室装药条件和支撑方法有关，见表 2-11。

表 2-11　装药系数 K_V 值

硐室的支撑方法	装药方法	K_V
不加支撑	以粉状炸药松散装填	1.1
	把炸药装在隔绝袋中装填	1.3
用无底梁的棚子间隔支撑	以粉状炸药松散装填	1.3
	把炸药装在隔绝袋中装填	1.6
全面支撑	以粉状炸药松散装填	1.45
	把炸药装在隔绝袋中装填	1.8

2.4.4 控制爆破

广义上,凡经孔位设计和装药计量的爆破都属于控制爆破,前述的基本爆破方法也是控制爆破;狭义上,预期达到特定目的的爆破称为控制爆破,如控制飞石远近、震动程度、周边形状和破碎体散落位置等。

2.4.4.1 定向爆破

定向爆破即利用炸药在土石中爆破时,土石总是沿着最小抵抗线的方向抛出的特性,使开挖的土石方抛掷到指定地点。定向爆破多用于在斜坡地面处移挖作填,在水平地面处开挖沟槽,爆出岩埂、岩围埝等。

2.4.4.2 控制边线爆破

控制边线爆破是按设计边线和断面形状,为减轻对非开挖部分周围的岩石或建筑物的破坏作用,以及避免超挖、欠挖的控制爆破,有密孔法、护层法和预裂法,如图 2-13 所示。

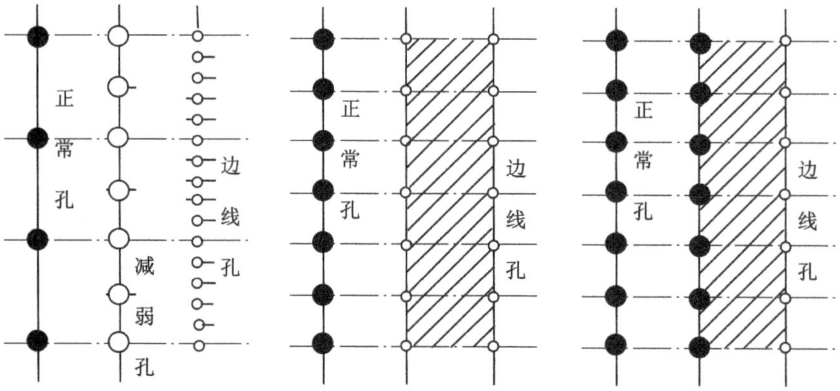

(a)密孔法　(b)护层法　(c)预裂法

图 2-13　控制边线爆破

1. *密孔法*

密孔法也称防震法,是沿设计边线钻一排孔距很密的边线孔,在边线孔外侧钻一排减弱孔,其余为正常孔。边线孔内不装药,孔距为孔径的 2~4 倍。减弱孔内装正常药量的 50%,孔距为正常孔孔距的 50%~70%。孔深一般不超过 10 m。过深,孔易偏斜,爆破后的破裂面不规整。

爆破时,先正常孔,后减弱孔,在边线孔形成一个薄弱面,反射一部分冲击波,以减轻对非开挖部分岩石的破坏,控制开挖轮廓。这种方法适用于均质层面的破碎带少或结合面少的岩层中。其缺点是速度慢、费用高,效果也不完全可靠。

2. *护层法*

护层法也称光面爆破法,是沿设计边线钻一排孔距较密、孔径较大的边线孔,其余为正常孔。边线孔装低猛度炸药;装药量控制为孔深的 40%~50%;孔底药量为总药量的 2/3~3/4(保证底部能充分炸开),剩下的沿孔深间断装(用细绳、导火索或导爆索系住)。

爆破时,各排正常孔应以最小间隔时间起爆,边线孔宜迟 25~50 ms 起爆,最后爆除边线孔与正常孔之间预留的“保护层”。

3. 预裂法

预裂法，除边线孔先于正常孔起爆外，其他和护层法爆破是一样的。其目的是沿设计线预先炸开一条缝，利用这条缝反射正常孔爆破时的振动波，从而既减轻对非开挖部分岩石的破坏，又控制开挖轮廓面，避免超、欠挖。

爆破时，边线孔先于正常孔起爆的时差，对坚硬岩石、中等坚硬岩石、松软岩石应分别不小于 50~80 ms、80~150 ms、150~200 ms。

护层法和预裂法同密孔法一样，只对破碎带少的匀质岩石才可能取得良好的效果，而且都要求边线孔的孔轴线应相互平行，并在一个平面内，否则会因为边线孔的孔底间距不一、里进外出，难以控制爆破后的轮廓线。

2.4.5　水下爆破

在岩基上加深或拓宽航道和开挖港口水工建筑物基础时，为炸除岩石，需采用水下爆破。爆破的方法主要采用裸露药包法和浅孔法。爆除面积大、厚度大于 1 m 时，宜采用浅孔法；爆除个别高点、孤石和礁石，或爆破面积小、厚度小时，一般因水上钻孔困难、效率低，常采用裸露法，如遇水深、流急、浪大，则更应如此。

2.4.5.1　水下爆破器材

水下爆破一般选用防水类炸药，如胶质炸药；当温度在 10 ℃以下时，尚需选用防水、防冻的胶质炸药。对其他不防水的炸药，选用时要进行严格的防水处理。所用到的雷管、导火索、导爆索、电线等起爆器材，均需具有防水能力，相应接口也应做防水处理。裸露爆破时，药包的相对密度应大于 1.5，或另加配重，以保证药包能沉下而不浮起。

2.4.5.2　用药量

水下裸露爆破和浅孔爆破用药量 Q(kg)可按下式计算：

$$Q = KW^3 \tag{2-38}$$

式中　W——爆破深度(m)；

K——爆除单位体积岩石的耗药量(kg/m³)，其值可参考表 2-12。

表 2-12　装药水下爆除单位体积岩石的耗药量 K(kg/m³)

土石类别	含砾石的岩石	坚硬致密的砂	致密的砂质黏土	松石	石灰岩或中等硬度岩石	花岗岩或其他坚硬岩石
浅孔法	0.7	1.1	1.35	1.53	1.86	2.2
裸露药包法	3.5	7.0	8.7	13.5	27.0	40.0

浅孔爆破孔内用药量 Q(kg)也可按下式计算：

$$Q = Q_{岩} + Q_{水} \tag{2-39}$$

$$Q_{岩} = K'abHe \tag{2-40}$$

$$Q_{水} = (0.05 \sim 0.10)abD \tag{2-41}$$

式中　$Q_{岩}$、$Q_{水}$——爆破岩石和克服水压的需用药量(kg)；

K'——水下松动爆破单位耗药量系数，一般取 0.4~0.5；

a、b——孔的间距和排距(m)；

H——孔深度(m),超钻值一般取5~10倍孔径;

D——爆破点的水深(m);

e——炸药换算系数。

2.4.5.3 钻孔

水上钻孔除用专用钻孔船外,也可用400~600 t方驳,在甲板上安设轨道,供钻机移动、钻孔用,或用两艘小方驳组装,钻机固定在两方驳之间,每钻完一孔,移动一次船。钻孔船的定位可以采用GPS、全站仪和纵横标交会。

2.5 土石方填筑

水运工程中的填筑工程均要达到一定的密实度,以满足不同工程对稳定、防渗和沉降的不同要求。土石方回填的顺序、方向和加载速率应满足结构和岸坡稳定的要求。陆上回填的施工机械设备、分层厚度和密实方法应根据设计要求和回填土质确定。水下回填前应对回填区域进行检查,当发现塌坡和回淤沉积厚度超过设计要求时应进行清理。

2.5.1 填筑方法

土方的填筑方法,依据土石料的种类、填方质量要求、投入使用的期限以及施工条件和经济要求等决定,主要可分为如下两类。

1. 填方不加任何压实措施,全高程一次填筑,任其自然沉降

沿填方全高程一次填足,自填方的一端向另一端逐步扩展,适合固结沉降时间较短的砂性土,一般用于工期不紧张的场地和路基的填方,或水下无法进行压实的填方。

2. 水平分层铺筑、逐层压实

压实效果好,压实度可以人为控制,但施工比较复杂,需要设备及费用较多,除特殊原因外,一般的水运工程填方均采用此方法。需要注意的是,各土层应接近水平地分层填土、压实;每层厚度由土的种类及压实机械而定;填方应采用同类土,当采用两种透水性不同的填料时,上层宜填筑透水性较小的填料;当填方位于倾斜的地面时,应先将斜坡挖成阶梯状,然后分层填筑,以防填土横向滑移。

2.5.2 土料选用

为保证填方的强度和稳定性,填方土料应符合设计要求;如设计无要求时,应符合下列规定。

(1)碎石类土、砂土和爆破石渣(粒径不大于每层铺厚的2/3)可用于表层下的填料。

(2)含水率符合压实要求的黏性土,可用作各层填料。

(3)碎块草皮和有机质含量大于8%的土,仅可用于无压实要求的填方。

(4)淤泥和淤泥质土一般不能用作填料,但在软土或沼泽地区,经过处理,含水率符合压实要求时,可用于填方中的次要部位,同时因其渗透系数低,也可以作为防渗芯墙填料。

(5)水溶性硫酸含量大于5%的土不能用作填料;冻土、膨胀性土不应作为填方土料。

2.5.3 填筑的密实方法、机具及压实参数

土壤的密实方法按作用原理可分为机械力、水力和爆炸力作用三种。

(1)机械力作用主要包括利用平碾、轮胎碾、羊足碾等机械的重力作用压实土壤,或利用夯锤、夯板、蛙式打夯机等机械的冲击力作用夯实土壤,或利用振动平碾、振动夯等机械的动态重力作用压实土壤。

(2)水力作用主要是利用水体的渗流作用排除土壤颗粒间的空气,并带动土粒下沉,使土壤颗粒重新组合,达到密实土壤的效果,适合于砂性土。

(3)爆炸力作用是利用炸药爆炸时产生的震动力使土壤液化达到密实的效果。

2.5.3.1 碾压密实法

专用的碾压机具有平碾、羊足碾和轮胎碾等,应根据不同的工程条件,选用适当的碾压机具。

1. 平碾

平碾是利用圆筒状滚轮的重力压实土砂料的施工设备;适用于压实砂性土和黏性土;分层碾压时,表层需要拉毛处理。

2. 羊足碾

羊足碾是在碾压滚筒表面设有交错排列的截头圆锥体,形如羊足;工作时将羊足部分插入土中,压实羊足端部的土壤,同时挤压侧向土料,密实均匀;在压实过程中,羊足对表层土有翻松作用,无须拉毛就可实现土料良好的层间结合;压实黏性土有最大的压实效果。

3. 轮胎碾

轮胎碾是用充气轮胎靠重力作用压实土和砂砾料的施工设备;在碾压土料时,轮胎随土体的变形而变形,随着土体密实度的增加,轮胎的变形也相应增加,从而使轮胎与土体的接触面积增大,始终能保持较为均匀的压实效果;与刚性碾相比,轮胎对土体的接触压力分布均匀,作用时间较长,压实效果较好,压实土料的厚度较大,生产效率较高;适用于各类土壤。

影响压实的碾压参数主要有碾子对土壤的单位压力、铺土厚度及碾压遍数。增加单位压力和碾压遍数,可以增加土壤的密实度,但是单位压力不能超过土壤的极限强度,过大将使土壤发生破坏或产生无体积变化的塑性流动,通常采用土壤极限强度的80%~90%效果最好。碾压遍数过多会使坚硬的表层土与下层土体脱离,在碾子前面使表层土鼓起并破碎,破坏土壤。碾压时应根据机具控制铺土厚度,铺土厚度过大,土壤表层土与下部的密实度相差过大而难以密实,厚度过小则不经济。通常应选用把土体压实到设计密实度,同时耗费在单位土体上的压实能以最小的碾压参数进行碾压。

2.5.3.2 夯实法

夯实法是利用夯锤自由下落的冲击力来夯实土壤,土体空隙被压缩,土粒排列得更加紧密。夯实机具有机械夯板、蛙式打夯机和夯锤等。

1. 夯板

夯板可夯实各种土壤,生产效率高,但是机械台班费用大。

2. 蛙式打夯机

蛙式打夯机是由电动机带动偏心块旋转,在离心力的作用下带动夯头上下跳动而夯击土层,属于小型打夯机械。优点是轻便灵活,适用于小型土方工程,多用于施工场地狭窄、碾

压机械难以施工的部位。

3. 夯锤

夯锤是借助起重机悬挂重锤进行夯土的工具，适用于砂性土、湿陷性黄土、杂填土以及含有石块的土。优点是可使用工地常备简单设备，如起重机等；加固效果显著，可取得较高的承载力，一般地基强度可提高 2~5 倍；工效高，施工速度快（一般设备每月可加固 5 000~10 000 m^2 地基）。

2.5.3.3 振动密实法

振动密实法是一种振动和碾压相结合的压实方法。碳碾带动土体产生高频振动，非黏性土在振动作用下，土粒间的摩擦力迅速降低，同时由于颗粒大小不均匀，质量有差异，导致惯性力存在差异，从而产生相对位移，使细颗粒填入粗颗粒间的空隙而达到密实。黏性土颗粒间的黏结力起主要作用，土粒相对均匀，振动密实效果相对不明显。

采用振动碾压，可使非黏性土达到很高的密实度，大幅度降低土体沉降量，稳定性明显增加，改善建筑物的抗震性能。振动压实砂砾或堆石体时，常和水枪冲射配合使用，以取得良好的压实效果。由于振动碾生产效率高，结构简单，制作容易，成本低廉，在压实机械中应用最为广泛。

通常振动碾的振动力为静重的 1.5~2.5 倍，碾子越重振动力越大。由于振动力影响深度较大，面积较广，所以压实土层厚度一般高达 1 m 以上，其生产率高于一般碾压机械。振动碾的激振频率与被压实土壤产生共振时，压实效果最好。碾压的允许速度与土料种类、土层厚度和振动碾性能有关，可通过现场试验确定。

2.5.4 影响土壤密实的主要因素

影响土壤密实的主要因素有土壤本身的物理力学特性和施工过程两个方面。

2.5.4.1 土壤的种类

土壤大体可分为砂性土和黏性土。砂性土颗粒较粗（除粉砂土外），渗透系数较大，排水较容易，较易压实；黏性土黏性指数高，经外力压实时，应力在土体内的传递速度和土体受压变形速度、排水固结速度均较缓慢，需加荷时间长、碾压遍数多、排水较困难，且土的黏聚力越大，压实越困难。

2.5.4.2 颗粒级配

颗粒越细小，孔隙比越大，渗透系数越小，在压实过程中，水分不易排出，影响压实效果；颗粒级配越不均匀的土料，在压实后密实度越大。

2.5.4.3 土壤含水率

土壤的空隙由水分和空气占据，土壤的压实就是减小这些空隙。对于同种类型的土壤，含水率是影响压实最重要的因素。较为干燥的土，由于土粒之间的摩擦阻力较大，因而不易压实；当含水率超过一定限度时，土粒空隙会由水填充而呈饱和状态，压实机械所施加的外力有一部分由水所承受，也不能得到较好的压实效果；在一定外力的作用下，含水率过高或过低，都达不到最优的压实效果，使填土压实时能获得最大干重度的含水率称为“最优含水率”。

填土进行压实之前，应严格控制含水率。当含水率大于最优含水率时，夯实时易产生橡皮土，应采用翻松、晾晒、风干、均匀掺入干土或其他吸水材料等措施，降至最优含水率时再回填夯实。当含水率偏低时，可预先洒水润湿，每立方米填土需补充的水量 V(kg/m³)可由下式确定：

$$V = \frac{\rho_u}{1+\omega}(\omega_{op} - \omega) \tag{2-42}$$

式中　ω、ω_{op}——土的天然含水率和最优含水率(%)；

ρ_u——土在碾压前的密度(kg/m³)。

各种土的最优含水率和最大干重度的参考值见表 2-13。

表 2-13　各种土的最优含水率和最大干重度参考值

土的种类	砂土	亚砂土	粉土	粉质黏土	重粉质黏土	黏土
最优含水率(%)	8~12	9~15	16~22	12~15	16~20	19~23
最大干重度(kN/m³)	18.0~18.8	18.5~20.8	16.1~18.0	18.5~19.5	16.7~17.9	15.8~17.0

2.5.4.4　施工过程

在土石料的铺筑、碾压过程中，铺土厚度、碾重、碾压遍数等都对土壤密实度有影响，如同样的土质，薄层铺筑容易密实。现场施工时，要通过现场试验，确定土料压实的铺土厚度、碾重和碾压遍数。

2.5.5　土石方填筑的现场质量检验

在土方填筑过程中，应在工地建立中心试验室和必要的现场试验站，及时提供压实质量试验数据，以判断施工质量，保证填筑质量满足相关规定和要求。试验任务包括现场压实试验、大型剪切试验及土料的物理力学性能试验。现场试验站一般根据需要设置。料场试验站的任务是负责料场土料开采、土料的加水与翻晒、存储、发料等日常质量控制。填筑现场试验站的任务主要负责进场土料质量检查及场地填筑质量的抽样检查。

在施工过程中，依靠现场检验人员的经验或一些简单的量测仪器，检测铺土厚度是否符合设计要求、土料含水率是否满足要求以及压实度是否达到设计指标，以控制施工质量。此外，还应进行密度和含水率的现场试验以及控制碾压速度等工作。填土压实后，其密实度按设计规定的控制干重度作为检查标准。干重度的现场测定方法应方便易行，在工地现场一般采用环刀法和灌砂法，可参照有关规范执行。还可采用同位素湿度密度测定仪(以 γ 射线测密度，以慢中子测湿度)快速检验施工质量。

第3章 混凝土结构工程

混凝土结构包括素混凝土结构、钢筋混凝土结构和预应力混凝土结构等，在水运工程中得到广泛应用，其施工工艺一般分为现场浇筑和预制装配两种。现场浇筑混凝土结构的整体性好，抗震、防渗透性强，但模板支架材料消耗较多，工期较长，现场运输量大，劳动强度高，特别是水运工程施工受水文、气象等自然条件影响较大，常需要采取许多额外的技术措施，从而增加工程造价。预制装配式混凝土结构，采用预制构件，实现工厂化、机械化施工，减轻劳动强度，造价低，简化现场施工组织管理。

混凝土结构工程的基本施工过程如图3-1所示，主要包括钢筋工程、模板工程、混凝土工程等。混凝土和钢筋混凝土工程施工应符合现行行业标准《水运工程混凝土施工规范》（JTS 202）和《水运工程大体积混凝土温度裂缝控制技术规程》（JTS 202—1）的规定。

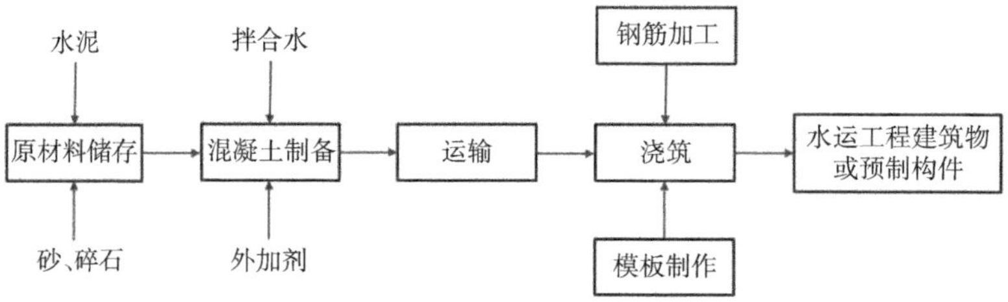

图3-1 混凝土工程施工过程

3.1 钢筋工程

钢筋混凝土结构所用钢筋主要为热轧钢筋，是经热轧成型并自然冷却的成品钢筋，按外形可分为带肋钢筋和光圆钢筋两种。热轧带肋钢筋强度高，塑性和焊接性能好，广泛用作大、中型钢筋混凝土结构中的主要受力钢筋。热轧光圆钢筋强度较低，但塑性及焊接性能好，便于各种冷加工，因而广泛用于小型钢筋混凝土结构中的主要受力钢筋以及各种钢筋混凝土结构中的构造筋。目前常用的热轧钢筋有HPB300、HRB335、HRB400和HRB500，钢筋级别越高，其强度和硬度越高，但塑性则相应降低。

预应力混凝土结构主要采用钢绞线，钢绞线与混凝土的黏结力较好，根据钢丝的股数分为1×2、1×3、1×7三种结构类型。1×7结构钢绞线是指以一根钢丝为芯，6根钢丝围绕其周围捻制而成。

钢筋工程，是钢筋进场检验、加工、连接、安装等一系列技术工作和完成实体的总称。施工流程主要由钢筋进场检验、钢筋放样配料、钢筋加工和钢筋安装与检查四部分构成。其中钢筋进场检验包括拉力试验和冷弯试验；钢筋放样配料包括下料长度计算和配料单的确定；钢筋加工包括调直、冷拉、冷拔、剪切、镦头、弯曲、连接、螺纹加工等；钢筋安装与检查包括钢筋绑扎安装、焊接或机械连接等冷弯试验。钢筋应按照原材料待检区、检验合格区、钢筋加工区、半成品堆放区四个区域存放。

3.1.1　钢筋进场检验和存放

钢筋进场后，应经检查验收合格后才能使用。钢筋进场时，应检查其产品质量证明文件，并按炉号、批次及直径分批验收。验收时，应查明标牌（注明生产厂、生产日期、钢号、炉罐号、钢筋级别、直径等标记）及进行外观检查，并应在使用之前按国家现行有关标准的规定进行力学、工艺性能检验。在加工过程中，如果发生脆断等特殊情况，还需做化学性能的检验。

工程中采用的钢材有钢筋和钢丝。钢丝和小于 $\phi 10$ 的钢筋，一般卷成圆盘运至工地；大于 $\phi 12$ 的钢筋，都轧成 6~12 m 长一根的直条筋。钢筋进场，应分品种、牌号、等级、规格及生产厂家等堆存整齐，不得混杂，且应设立识别标志。

存放钢筋的场地必须硬化，并设有排水坡度。堆放时，钢筋下用枕木或混凝土墩，垫离地面不得小于 20 cm，以防钢筋锈蚀和污染。钢筋室外存放时应采取防雨覆盖措施；钢筋半成品标明分部、分层、分段和构件名称，同一部位或同一构件的钢筋要放在一起，并有明显标识，注明构件名称、部位、尺寸、直径、根数；钢筋的外观应平直、无损伤，表面不得有裂纹、油污、颗粒状或片状老锈。

3.1.2　钢筋放样

钢筋放样应在详细了解所有有关图纸、设计交底、设计洽商等要求基础上，结合现行行业标准《水运工程混凝土结构设计规范》（JTS 151）中的构造要求及《水运工程质量检验标准》（JTS 257）统一考虑；放样时必须考虑钢筋的叠放位置和穿插顺序，考虑钢筋穿过预留洞口时的避让关系以确定加工尺寸；应重点注意钢筋接头形式、接头位置、搭接长度、锚固长度等质量控制重点；钢筋放样单必须经过审核（互审）签字后才能下发钢筋加工房配料制作，并保留原始放样单以便备查。

3.1.3　钢筋加工

钢筋加工包括调直、除锈、配料（切断、焊接）和弯曲等内容。有时还对钢筋进行冷加工，以改善钢筋性能。应根据加工量、加工内容、设备条件、原材料供应方式、成品出运方式，确定钢筋加工车间的规模及其平面布置方案。

3.1.3.1　调直

钢筋在使用前应先进行调直，未经调直的钢筋会影响结构正常受力，造成混凝土开裂。钢筋调直宜采用机械方法，也可以采用冷拉的方法。机械调直设备主要有钢筋调直机、数控钢筋调直切断机和卷扬机拉直设备等，采用机械能将调直、去锈和剪切等工序一次完成。单纯为了调直的冷拉，其冷拉率应控制在一定范围内，或拉到表面铁锈开始脱落为止。

3.1.3.2　除锈

钢筋除锈工作应在钢筋调直后、弯曲成型前进行。表面上附着的油渍、泥污、漆污和锤击能剥落的浮皮、铁锈应清除干净，并应尽量利用冷拉和调直工序进行除锈。常用的除锈方法有人工除锈和机械除锈。

人工除锈是用钢丝刷、砂盘、麻袋布等擦拭或将钢筋在砂堆上来回拉动除锈。

机械除锈方法分为除锈机除锈和喷砂法除锈。对直径较细的盘条钢筋，通过冷拉和调直过程自动除锈；粗钢筋采用圆盘钢丝刷除锈机除锈。钢筋除锈机有固定式和移动式两种，一般由钢筋加工单位自制，是由动力带动圆盘钢丝刷高速旋转，清刷钢筋上的锈。喷砂法除锈主要是用空压机、储砂罐、喷头等设备，利用空压机产生的强大气流形成高压砂流除锈，适用于大量除锈工作，除锈效果好。

在除锈过程中发现钢筋表面的氧化铁皮鳞落现象严重并已损伤钢筋截面，或在除锈后钢筋表面有严重的麻坑、斑点伤蚀截面时，应降级使用或剔除不用。

3.1.3.3 切断

钢筋经调直后进行配料切断。钢筋切断可用钢筋切断机（直径 40 mm 以内）或手动液压切断机（直径 16 mm 以内）。直径大于 40 mm 的钢筋常用电弧和氧割的方法剪切。

钢筋切断的注意事项如下。

（1）将同规格钢筋根据不同长度长短搭配，统筹排料；一般先断长料，后断短料，减少短头，减少损耗。

（2）断料时应避免用短尺量长料，防止在量料中产生累积误差。为此，宜在工作平台上标出尺寸刻度线并设置控制断料尺寸用的挡板。

（3）在切断过程中，如发现钢筋有劈裂、缩头或严重的弯头等必须切除；如发现钢筋的硬度与该钢种有较大的出入，应及时向有关技术负责人反映，查明情况。

（4）钢筋的切断口处，不得有马蹄形或起弯等现象。

3.1.3.4 弯曲成型

钢筋弯曲成型是保证钢筋成型的形状、几何尺寸准确的决定性环节，必须符合相关规范和设计要求，确保钢筋成型质量。钢筋的弯曲成型宜用机械进行，只在缺乏机械设备或少量的钢筋加工时，才用人工弯曲成型。

3.1.3.5 绑扎与焊接

钢筋的接长、钢筋骨架或网片的成型宜采用焊接的方法，但目前在现场施工时，由于各种原因仍大量采用人工绑扎的方法。人工绑扎一般用 20~22 号铁丝或镀锌铁丝，其中 22 号铁丝只用于绑扎直径 12 mm 以下的钢筋。绑扎时应注意钢筋位置是否准确、绑扎是否牢靠，搭接长度及绑扎点位置是否符合规范要求。

钢筋焊接是节约钢材、提高钢筋混凝土构件质量、加快工程进度的重要措施。常用的焊接方法有闪光对焊、电弧焊、电渣压力焊、气压焊和电阻点焊等。

1. 闪光对焊

闪光对焊是指将两钢筋安放成对接形式，利用电阻热使接触点金属熔化，产生强烈飞溅，形成闪光，迅速施加顶锻力完成的一种压焊方法。闪光对焊不需要焊药，施工工艺简单，工作效率高，造价较低，应用广泛。

2. 电弧焊

电弧焊的工作原理是利用电弧焊机使焊条与焊件之间产生 6 000 ℃左右的高温电弧，将焊条与电弧燃烧范围内的焊件金属熔化形成焊缝或者焊接接头使两焊件合成整体。

3. 电渣压力焊

电渣压力焊是将两根钢筋安放成竖向对接形式，利用焊接电流通过两根钢筋端面间隙，在焊剂层下形成电弧过程和电渣过程，产生电弧热和电阻热，熔化钢筋，加压完成的一种焊接方法。

4. 气压焊

气压焊是用氧 - 乙炔火焰对钢筋端部加热到塑性状态，并施加一定的压力使两根钢筋焊合的一种焊接方法。这种焊接工艺具有设备简单、操作简便、质量好、成本低等优点，近年来发展较快，适用于各种位置的钢筋焊接；但对焊工要求高，焊前对钢筋端面处理要求高。

5. 电阻点焊

电阻点焊是指将两根钢筋安放成交叉叠接形式，压紧于两电极之间，利用电阻热熔化母材金属，加压形成焊点的一种压焊方法。混凝土结构中钢筋焊接骨架和钢筋焊接网，宜采用电阻点焊制作。

钢筋焊接质量检验，应符合《钢筋焊接及验收规程》（JGJ 18）和《钢筋焊接接头试验方法标准》（JGJ/T 27）的规定。

3.1.3.6　钢筋机械连接

钢筋机械连接是一项新型钢筋连接工艺，是指通过连接件的机械咬合作用或钢筋端面的承压作用，将一根钢筋中的力传递至另一根钢筋的连接方法，是继绑扎、电焊之后的“第三代钢筋接头”。其优点是接头质量稳定可靠，不受钢筋化学成分的影响，人为因素影响小；操作简便，施工速度快（比电焊快 5 倍），不受气候条件影响；无污染，无火灾隐患，施工安全，节省钢材等。钢筋机械连接在工程建设中得到广泛应用，特别是在粗直径钢筋连接中，更体现出显著的优越性和广阔的发展前景。钢筋机械连接接头类型包括套筒挤压连接接头、锥螺纹连接接头和直螺纹连接接头，如图 3-2 所示。对于机械连接接头质量检查，应按照《钢筋机械连接技术规程》（JGJ 107）等相关规定执行。除检查外观质量外，还必须进行拉伸试验。对每一个验收批（同一施工条件下采用同一批材料的同等级、同形式、同规格接头，以 500 个接头为一个检验批进行检验和验收，不足 500 个也作为一个验收批），必须在工程结构中随机截取 3 个试件做单向拉伸试验，按设计要求的接头性能等级进行检验与评定。钢筋机械连接接头试件实测抗拉强度应不小于被连接钢筋抗拉强度标准值，且具有高延性及反复拉压性能。

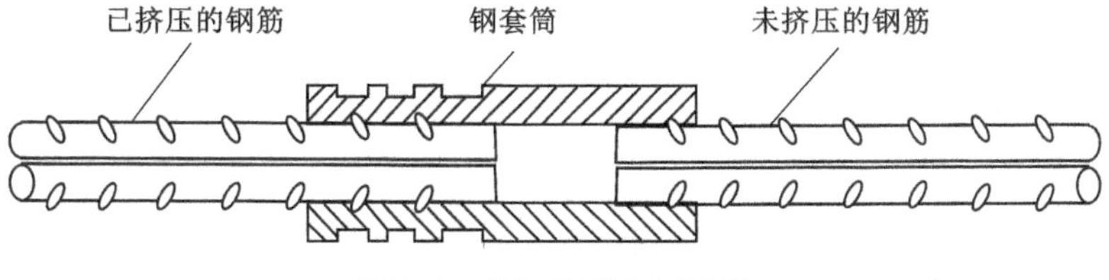

图 3-2　钢筋套筒挤压连接

3.1.3.7　钢筋冷加工

钢筋冷加工的方法有冷拉、冷拔和冷压三种，其中冷拉应用最多。钢筋冷拉是在常温下，以超过钢筋屈服强度的拉应力拉伸钢筋，使其发生塑性变形，改变了内部晶体排列。经过冷拉后的钢筋，长度增加 4%~6%，截面稍许减小，屈服强度提高 20%~25%，从而达到节约钢材的目的。但冷拉后的钢筋，塑性降低，材质变脆。钢筋冷拉的目的：为钢筋调直和除锈，或为作为预应力筋而提高屈服强度。

冷拉的方法有单控法和双控法两种。单控法是指用冷拉率控制,这种方法施工简便,但当钢材质量不匀时不能保证冷拉质量,一般很少使用。双控法是指同时用冷拉率和冷拉应力控制,当达到冷拉应力而冷拉率未超过允许值时,表示合格;当达到允许冷拉率而冷拉应力小于控制应力时,应降低强度使用。

3.1.4 钢筋安装

钢筋安装包括现场绑扎或焊接以及成型骨架或网片的架立。钢筋安装时受力钢筋的品种、级别、规格和数量必须符合设计要求。此外,钢筋位置要准确,固定要牢靠,接头要符合规定。

3.1.4.1 加工现场绑扎或焊接

将加工好的单根钢筋运至现场,应按施工图进行绑扎或焊接。安装时先在模板底部按施工详图进行画线,然后装设主钢筋、加混凝土保护层垫块,再进行横筋、弯曲筋的架立。双层钢筋之间,可绑扎短钢筋支撑,使其不发生变形变位。

3.1.4.2 成型骨架或网片的架立

在工厂中将钢筋焊接成成型骨架或网片,然后运到现场用起重机吊装就位。为防止钢筋骨架或网片变形,在运输和安装过程中要根据相应的受力状态采取临时加固措施。起吊时吊点设在骨架重心,着力部分均要使用加强筋。

3.1.5 钢筋代换

钢筋的类别和直径应按设计规定采用,如果遇到供应的钢筋品种和规格与设计图纸不符的情况,在征得设计单位同意后,可以进行代换。以另一种类别或直径代换时,应了解设计意图、设计规范有关条款和代换钢材的材料性能。一般情况下,受力钢筋按等强度代替;非受力钢筋按等截面代替,并应特别注意下列要点。

3.1.5.1 强度

预应力筋的换算比较复杂,换算时须根据构件受力情况,按相应设计规范中有关强度和抗裂的计算公式进行验算,要注意其对称性和不改变其合力中心。非预应力筋按受拉钢筋设计强度进行换算。纵向受力钢筋和弯起抗剪切钢筋要分别进行换算。

非预应力筋按等强代换方法进行计算:

$$n_2 \geqslant \frac{n_1 d_1^2 f_{y_1}}{d_2^2 f_{y2}} \tag{3-1}$$

式中 n_1、n_2——原设计钢筋和代换钢筋根数;

d_1、d_2——原设计钢筋和代换钢筋直径(mm);

f_{y_1}、f_{y_2}——原设计钢筋和代换钢筋抗拉强度设计值(MPa)。

3.1.5.2 锚固长度

锚固长度与钢筋的类别和直径、结构和构件的截面高度、受拉或受压钢筋及钢筋末端有无弯钩等有关。代换后,应相应调整其锚固长度和制作长度。

3.1.5.3 配筋百分率

用强度等级高的钢筋代换强度等级低的钢筋时,要核算配筋百分率。钢筋混凝土纵向受力钢筋的最小配筋率见表 3-1。

表 3-1 钢筋混凝土纵向受力钢筋的最小配筋百分率(%)

项次	分类	混凝土强度等级		
		<C20	C25~C40	C50~C60
1	轴心受压构件的受压钢筋	0.4	0.4	0.4
2	偏心受压及偏心受拉构件的受压钢筋	0.2	0.2	0.2
3	受弯、偏心受压及偏心受拉构件的受拉钢筋	0.1	0.15	0.2

3.1.5.4 间距和根数

用强度等级高的或直径大的钢筋代换强度等级低的或直径小的钢筋时,要符合最大间距、每米宽度内的最少根数和面积数、伸入支座内的最少根数的要求;相反,要符合最小间距的要求。

3.2 模板工程

模板结构是保证混凝土浇筑后达到规定的形状、尺寸和相互位置的结构物,一般包括由面板、肋(或围图)组成的单块模板及其支撑结构和锚固件等。随着施工技术的日新月异,混凝土构件的模板形式也呈现出多样化的发展趋势。为了适应不同施工条件,出现了不同形状、不同尺寸、不同使用要求、不同材质的模板结构形式。

3.2.1 模板的作用和要求

模板是浇筑混凝土构件的模型,在浇筑混凝土过程中及混凝土未能受力的一段时间内,模板承受混凝土和钢筋的重量、侧压力、振捣力及浇筑工人的作用力等各种荷载。

在模板制作和使用安装过程中,需满足以下要求。

(1)模板尺寸、位置和高程必须准确,以保证混凝土结构和构件各部分的形状、尺寸和相互位置正确。

(2)模板必须有足够的强度、刚度和稳定性,并可靠地承受新浇混凝土的自重力、侧压力和施工中产生的荷载,模板变形在允许范围内。

(3)与钢筋和混凝土施工工艺相适应,便于钢筋绑扎及安装、混凝土浇筑和养护。

(4)与浇筑混凝土接触的表面应平整、光洁,接缝严密、不漏浆。

(5)结构简单、装拆方便,保证施工安全。

(6)尽量采用标准模板,通用性要好,标准模板的尺寸和种类的数目应尽量减少。

3.2.2 模板的分类

按模板的使用方式,分为现场浇筑混凝土模板和预制构件模板两类;按模板的制作材料,分为木模板、钢模板和混合结构模板等;按模板的支拆工艺,分为散拼式模板、工具式模板、滑模和滑框倒模、内应力模板等。

还有一些特种模板，如充气胶囊芯模板、整体弹性钢模板、人工块体模板和永久性模板等。

3.2.2.1 模板的制作材料分类

1. 钢结构模板

钢结构模板用钢板（组合钢模板）和型钢焊接或通过螺栓连接而成。其优点是具有较好的强度、刚度、表面光洁度，耐周转性能强，可重复使用 100 多次；缺点是加工周期较长、成本较高。

2. 木结构模板

木结构模板用木板（竹胶合板、木胶合板）和木方通过螺栓或钉子连接而成。其优点是加工周期较短、成本较低、改造方便。缺点是强度、刚度、表面光洁度和耐周转性能较差，一般可重复使用 5~10 次，会消耗大量木材。

3. 混合结构模板

混合结构模板用木板（竹胶合板、木胶合板）或玻璃钢板、塑料板等材料，与型钢通过螺栓连接而成。其优点是加工周期较短、表面光洁度较好、改造方便。缺点是成本较高、耐周转性能不及钢模板。

3.2.2.2 按模板的支拆工艺分类

1. 散拼式模板

散拼式模板由若干个小片组成，经过现场拼装连接成为整体，多用定型组合钢模板。适用于构件的周转次数较少、结构尺寸变化较多或缺乏大型起重机械的施工条件。具有灵活、一次性投入少、节省机械费用等特点，但施工效率较低。

2. 工具式模板

工具式模板也称整装式模板，由装配式的侧板、端板和底板组成，用工具式夹具或斜撑安装固定。一般来说，混凝土浇筑 1~2 d 后侧板和端板便可拆卸周转，底板须等构件混凝土达到起吊强度后，方能拆卸周转。适用于构件的周转次数较多、结构尺寸变化不大或具备大型起重机械的施工条件。具有施工效率高、质量保证能力强等特点，但一次性投入较大。适合于在固定预制场工厂化生产条件下的大小构件。

常见的预制构件模板有工具式模板和台模。台模以混凝土平台为底板，并在平台上面装配侧板和端板，固定后便可浇筑混凝土，因此台模也称无底的工具式模板。要注意的是台面要平整，浇筑前须打扫干净，最好涂一层隔离剂以利脱模。

3. 滑模和滑框倒模

滑模和滑框倒模的主要工艺原理是，用液压千斤顶通过埋在混凝土内的支撑杆，提升整体模板结构，随着混凝土浇筑面的上升不断向上滑动。其中滑模是模板与支架体系连为一体，同时向上滑动；而滑框倒模是模板与支架体系相分离，支架体系单独向上滑动，而模板附着在混凝土表面，采用人工自下而上倒运、安装。其优点是节省模板材料、节省施工场地，在一定条件下具有较高的施工效率；其缺点是人员投入较多、混凝土观感质量较差，滑模还容易引起混凝土开裂。滑框倒模由于避免了模板与混凝土表面之间的相对滑动摩擦，在很大程度上克服了滑模易造成混凝土表面被拉裂的弊病，多用于陆上、水平断面变化不大的高耸构筑物。

4. 内应力模板

内应力模板也称弹性模板，就是在模板安装过程中，人为地对模板结构施加一个预应力，拆模时，残存的应力被释放，达到有效脱模的目的。其多用于小型预制构件和预留孔洞的处理。

3.2.3 模板设计

模板设计应符合现行行业标准的要求。一般来说，定型模板和常用的小型构件模板常根据经验确定模板断面尺寸；重要结构的模板和特种形式的模板及其支架系统应该进行必要的设计及强度验算，以确定安全经济的断面尺寸。

下面主要介绍模板设计与一般结构设计相比的特殊之处。

3.2.3.1 荷载

1. 荷载分类

模板承受的荷载按荷载作用时间可分为永久荷载和可变荷载，按荷载作用方向可分为垂直荷载和水平荷载，详见表 3-2。

表 3-2　模板承受荷载

<table>
<tr><th>划分</th><th>荷载类型</th><th>内容</th><th>划分</th><th>荷载类型</th><th>内容</th></tr>
<tr><td rowspan="2">按作用时间</td><td>永久荷载</td><td>模板和支架的自身重力
新浇混凝土的重力
钢筋和预埋件的重力
新浇混凝土的侧压力</td><td rowspan="2">按作用方向</td><td>垂直荷载</td><td>模板和支架的自身重力
新浇混凝土的重力
钢筋和预埋件的重力
施工人员和施工设备的重力
振捣混凝土时产生的荷载</td></tr>
<tr><td>可变荷载</td><td>施工人员和施工设备的重力
振捣混凝土时产生的荷载
倾倒混凝土时产生的荷载</td><td>水平荷载</td><td>新浇混凝土的侧压力
倾倒混凝土时产生的荷载</td></tr>
</table>

2. 荷载标准值

（1）模板和支架的自身重力。按设计图纸或实物计算。

（2）新浇混凝土的重力。对于普通混凝土，通常采用 24 kN/m^2；设计水下模板时，混凝土重度按浮重度计算，且须考虑模板内外水位差及波浪作用。

（3）钢筋和预埋件的重力。根据设计图纸确定。

（4）施工人员和施工设备的重力。计算模板及直接支撑模板的楞木时，模板或铺板为 2.5 kN/m^2，并以集中荷载 2.5 kN 进行验算，取弯矩大值；计算支撑小楞的梁和楞木构件时，均布荷载可取 1.5 kN/m^2；计算支架立柱和支撑架构件时，均布荷载可取 1.0 kN/m^2；大型浇筑设备自重按实际情况计算；模板单块宽度小于 150 mm 时，集中荷载可分布在相邻的两块模板上。

（5）振捣混凝土时产生的荷载。对水平面模板取 2 kN/m^2；对垂直面模板取 4 kN/m^2。

（6）新浇混凝土的侧压力。影响这一侧压力的因素很多，如混凝土重度、浇筑速度、振捣时的“触变”作用、凝结速度以及钢筋的疏密、骨料尺寸、模板尺寸、模板变形性能等。但是只有一部分因素可以较准确地测定，而较多的因素在浇筑过程中会不断变化，因此，只能采用经验公式进行计算。混凝土振捣方法等不同，计算方法略有不同。

使用插入式振捣器时，计算图示如图 3-3 所示，可参考下式计算：

$$P_{max} = 8K_s + 2.4K_1V^{1/2} \tag{3-2}$$

式中 P_{max}——使用插入式振捣器时混凝土对模板的最大侧压力（kN/m²）；

K_1——温度校正系数，见表 3-3；

K_s——外加剂影响系数，掺用具有缓凝作用的外加剂时取 1.2；

V——混凝土浇筑速度（m/h）。

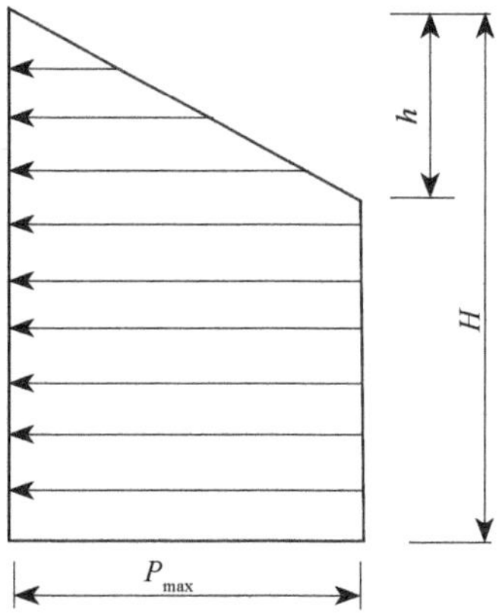

图 3-3 混凝土对模板侧压力计算图示

注：$h = P_{max} / \gamma$

式中 γ——混凝土重度，取 24 kN/m³。

表 3-3 温度校正系数

温度（℃）	5	10	15	20	25	30	35
K_1	1.53	1.33	1.16	1.00	0.85	0.74	0.55

注：温度系指混凝土的温度，在一般情况下，可采用浇筑混凝土时的大气温度。

使用外部振捣器时，可参考下式计算：

$$P_{max} = \gamma H \tag{3-3}$$

式中 P_{max}——使用外部振捣器时混凝土对模板的最大侧压力（kN/m²）；

H——外部振动器的作用高度（m），一般取 4 h 所浇筑混凝土的高度；

γ——混凝土的重度，取 24 kN/m³。

采用导管法浇筑混凝土时，可参考下式计算：

$$P_{max} = 14fV \tag{3-4}$$

式中 P_{max}——使用导管法时混凝土对模板的最大侧压力（kN/m²）；

f——混凝土能保持坍落度不低于 150 mm 的时间（h）；

V——混凝土的浇筑速度（m/h）。

（7）倾倒混凝土时产生的水平动力荷载，按表 3-4 采用。

表 3-4 倾倒混凝土产生的水平动力荷载

项次	向模板中供料方法	作用于侧面模板的水平荷载（kN/m²）
1	用溜槽、串筒或直接由混凝土导管流出	2.0
2	用容量小于 0.2 m³ 的运输器具倾倒	
3	用容量 0.2~0.8 m³ 的运输器具倾倒	4.0
4	用容量大于 0.8 m³ 的运输器具倾倒	6.0

3. 荷载组合及分项系数

设计模板和支撑系统时，应选择最不利的荷载组合，对于处在波浪和水流作用水域的模板及支撑在稳定性验算时尚应考虑波浪和水流的作用。同时，模板和支撑结构在自重和风荷载等作用下，也应满足稳定性要求。

计算模板和支撑系统时的荷载设计值，应由荷载标准值乘以相应的分项系数求得，荷载分项系数按表 3-5 采用。

表 3-5 计算模板和支撑系统时荷载分项系数

项次	1	2	3	4	5	6	7
荷载类别	模板自重	新浇混凝土自重	钢筋自重	施工人员及设备荷载	振捣混凝土时产生的荷载	新浇混凝土对模板侧压力	倾倒混凝土时产生的荷载
分项系数	1.2	1.2	1.2	1.4	1.4	1.2	1.4

3.2.3.2 模板和支架的允许挠度值

模板除满足强度要求外，还应满足刚度要求。对于结构外露表面的模板，其挠度不得超过模板构件跨度的 1/400，且满足表面平整度要求；对于结构隐蔽表面模板，其挠度不得超过模板构件跨度的 1/250。比如跨度不小于 4 m 的梁、板，其模板起拱高度宜为梁、板跨度的 1/1 000~3/1 000；钢模板面板的变形，不大于 1.5 mm；支架的压缩变形或弹性挠度，不大于相应结构计算跨度的 1/1 000。

3.2.4 模板工程组织

模板工程内容有制作、运输、安装、拆除以及修理。

模板制作应在模板加工厂（或车间）进行。对不同类型的模板，要根据其特点和要求拟定生产工艺流程，力求实现机械化生产。制成的模板应按使用部位进行分类编号，妥善保管。

模板的安装是一项繁重复杂的工作，必须按照设计图纸进行，保证混凝土建筑物各部位形状准确无误。立模误差须在规范允许范围内。立模方法因模板类型和安装部位而不同。安装模板一般用起重机吊装就位，对于较高的建筑物，立模时须先立脚手架，然后在脚手台上进行有关安装工作。

模板的拆除对工程质量和模板周转率有直接影响。拆模时间应根据结构特性、设计要求、气候和混凝土强度增长情况确定。不承重的侧面模板应在混凝土强度能保证其表面和棱角不因拆除模板而受损坏时,方可拆除;钢筋混凝土的承重模板应在混凝土有足够的强度能承受自重及其他可能的叠加荷载时,或在混凝土达到表3-6所示强度(按设计强度标准值的百分数计)后方准拆除;水下和水位变动区现场浇筑混凝土的拆模时间应适当延长。拆下的模板及其配件,应将表面灰浆、污垢清除干净,并应维修整理、分类存放、注意养护、防止变形开裂,以提高模板使用次数。大型承重模板安装和拆除过程必须保持足够的临时固定措施,并应设置必要的安全警戒区。

表3-6 承重模板拆除时的混凝土强度要求

构件类型	板			梁		悬臂梁、板	
构件跨度(m)	≤2	2~8	>8	≤8	>8	≤2	>2
达到设计抗压强度标准值的百分率(%)	50	75	100	75	100	75	100

3.3 混凝土工程

混凝土工程包括制备、运输、浇筑、养护等施工过程。混凝土的质量直接影响后续的施工,混凝土的运输、浇筑和养护等过程则需要严格按照相关规范实施,以确保混凝土工程的质量。

3.3.1 混凝土制备

混凝土制备是将水泥、骨料、水和外加材料等多种配料按设计配合比称量后,拌制成质地均匀、颜色一致、具有一定流动性的混凝土混合物,以供现场施工或构件预制的需要。它包括原材料贮存、供料、配料计量和搅拌等生产过程。各生产过程均采用相应的机械设备进行生产,以保证混凝土拌合物均匀、级配准确和供应及时。

大中型混凝土工程都设有专门的机械化和自动化混凝土制备工厂,而小型工程则设置临时的机械搅拌站,根据工程规模配以相应的设备。

3.3.1.1 原材料贮存

贮存的作用在于调节来料和用料之间的不协调,以保证混凝土工厂能均衡连续地生产。

1. 骨料贮存

砂石骨料进厂后,除按现行行业标准《水运工程质量检验标准》(JTS 257)进行验收外,还应按品种规格妥善贮备。对开采的天然砂石骨料,要组织破碎、筛分和冲洗等工序的加工,最后按品种规格贮存。

骨料贮存多用堆场堆存的形式如图3-4所示,骨料堆场装卸设备有拉铲、皮带运输机、推土机、抓斗起重机及斗式提升机等,选择的设备应能互相配合,组成一条上料、存料和供料的流水线。骨料的贮存量应根据混凝土工厂的生产能力、材料供应情况及场地条件等确定。

2. 水泥贮存

袋装水泥须按不同厂家、不同标号分开堆放,一定要存放在专设的水泥仓库。水泥仓库应设在地势较高、排水顺畅、离使用地点不远、安全可靠的地点。袋装水泥一般用皮带机或人工在水泥仓库中进行堆垛，堆高不超过 10 袋；堆放时，地面需设置离地 30 cm 以上的垫板，水泥袋距四周墙壁应大于 30 cm。此外，水泥的存放时间不能超过 3 个月，特别是在雨季，因受潮结块而影响胶结力的水泥应重新测定标号，否则不能使用。散装水泥一般存放在散装水泥罐、水泥筒仓中，水泥在进厂后，由压缩空气送入罐或筒仓中。

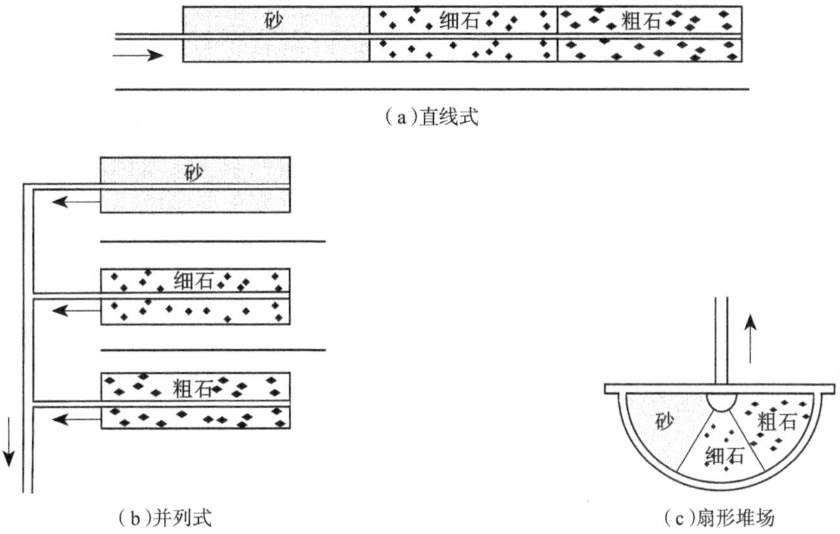

图 3-4　骨料堆场几种形式平面图

3.3.1.2　配合比设计

配合比设计的目标是确定水灰比、最佳砂率、用水量、水泥用量等。水运工程混凝土配合比设计应满足设计强度、耐久性和施工要求，并应经济合理。混凝土配合比设计应采用试验 - 计算法，并按下述顺序进行。

1. 计算混凝土施工配制强度

由于混凝土是非均匀材料，强度会有波动。为保证混凝土实际施工强度大于等于设计强度标准值，施工配制强度比设计强度标准值要提高一个等级，并具有 95% 保证率。混凝土施工配制强度按下式计算：

$$f_{\mathrm{cu,v}} = f_{\mathrm{cu,k}} + 1.645\sigma \tag{3-5}$$

式中：$f_{\mathrm{cu,v}}$——混凝土施工配制强度（MPa）；

$f_{\mathrm{cu,k}}$——设计要求的混凝土立方体抗压强度标准值（MPa）；

σ——实际统计的混凝土立方体抗压强度值标准差（MPa），按下列规定选取。

（1）当施工单位有近期混凝土强度统计资料时，σ 按下式计算：

$$\sigma = \sqrt{\frac{\sum_{i=1}^{N} f_{\mathrm{cu},i}^2 - N\mu_{f_{\mathrm{cu}}}^2}{N-1}} \tag{3-6}$$

式中　$f_{\mathrm{cu},i}$——第 i 组混凝土立方体抗压强度（MPa）；

$\mu_{f_{\mathrm{cu}}}$——N 组混凝土立方体抗压强度平均值（MPa）；

N——统计批次内的试件组数，$N \geqslant 25$。

（2）如果没有近期混凝土强度统计资料，按表 3-7 中混凝土强度标准差的平均水平 σ_0

选取。开工后应尽快积累统计资料，对 σ 值进行修正。

表 3-7 混凝土强度标准差的平均水平 σ_0

强度等级	<C20	C20~C40	>C40
σ_0（MPa）	3.5	4.5	5.5

2. 选择水胶比

用建立强度与水灰（胶）比关系曲线的方法求水灰（胶）比。按指定的坍落度，用实际施工应用的材料，拌制数种不同水灰（胶）比的混凝土拌合物，并根据 28 d 龄期的混凝土立方体的极限抗压强度绘制强度与水灰（胶）比的关系曲线，从曲线上查出与混凝土施工配制强度相应的水灰（胶）比。按强度要求得出的水灰（胶）比应与按耐久性要求规定的水灰（胶）比最大允许值相比较，取较小值作为配合比的设计依据。

3. 选择用水量

根据所用的砂石情况和确定的坍落度值，按各地区经验或参照表 3-8 选择用水量。

表 3-8 混凝土强度标准用水量选用值（kg/m^3）

坍落度（mm）	碎石最大粒径（mm）			
	20	40	63	80
10~30	185	170	160	150
30~50	195	180	170	160
50~70	210	195	185	175

4. 确定最佳砂率

按选定的水灰（胶）比和用水量计算近似的水泥（胶凝材料）用量，并按各地区经验或参照表 3-9 选取数种不同砂率，在保持胶凝材料用量和其他条件相同的情况下，拌制混凝土拌合物，并测定其坍落度，其中坍落度最大的一种拌合物所用的砂率，即为最佳砂率。

表 3-9 砂率选用值（%）

碎石最大粒径（mm）	近似水泥用量（kg/m^3）							
	200	225	250	275	300	350	400	450
20	38~44	37~43	36~42	35~41	34~40	32~38	30~36	28~34
40	36~42	35~41	34~40	33~39	32~38	30~36	28~34	26~32
63	33~39	32~38	31~37	30~36	29~35	27~33	26~32	25~31
80	32~38	31~37	30~36	29~35	28~34	26~32	25~31	24~30

注：采用卵石时，砂率可减少 2%~4%；采用细砂时，砂率可减少 3%；采用粗砂时，砂率可增加 3%；采用引气剂时，空气含量每增 1%，砂率减 0.5%~1.0%。

5. 确定水泥（胶凝材料）用量

按选定的水灰（胶）比和已确定的最佳砂率，拌制数种水泥（胶凝材料）用量不同的混凝土拌合物，测定其坍落度，并绘制坍落度与水泥（胶凝材料）用量的关系曲线，从曲线上查出与施工要求坍落度相应的水泥（胶凝材料）用量，上述确定的水泥（胶凝材料）用量不得低于现行行业标准《水运工程混凝土结构设计规范》（JTS 151）规定的混凝土按耐久性要求的最低胶凝材料用量。

6. 确定砂石用量

计算每立方米混凝土中的砂石用量宜采用绝对体积法：

$$V = 1\,000(1-0.01A) - \frac{W_w}{\rho_w} - \frac{W_e}{\rho_e} \tag{3-7}$$

式中　V——每立方米混凝土中砂石料的绝对体积（L）；

A——混凝土拌合物中的空气含量，以占混凝土体积的百分数表示，对于普通混凝土取 A=1；

W_w、W_e——每立方米混凝土的用水量和水泥用量（kg）；

ρ_w、ρ_e——水密度和水泥密度（kg/L）。

每立方米混凝土中所需砂、石料的质量：

$$W_{fa} = V\gamma_{\rho_{fs}} \tag{3-8}$$

$$W_{ca} = V(1-\gamma)\rho_{ca} \tag{3-9}$$

式中　W_{fa}、W_{ca}——每立方米混凝土中砂的质量和碎石的质量（kg）；

γ——砂率（按体积计）；

ρ_{fs}、ρ_{ca}——砂和碎石表观密度（kg/L）。

7. 配合比的确定和校核

按以上确定的配合比和施工要求的坍落度（或坍落扩展度）、坍落度损失、凝结时间和含气量等，经试拌校正，得出经济合理的配合比。其中有抗冻要求的混凝土，其拌合物的含气量应控制在现行行业标准《水运工程结构耐久性设计标准》（JTS 153）规定的范围内。

配合比设计一般会产生一定的误差，其原因：施工方面为了流动性好，浇筑方便易多加水；经济方面易偷工减料。因此配合比设计应满足一定的精度要求，以保证混凝土品质、性能的稳定。混凝土的原材料必须称重，称量允许偏差不得超过现行行业标准规定的数值。

按确定的配合比制作试件，根据指定的要求，对混凝土强度、抗冻性和抗渗性等进行试验校核。

3.3.1.3 混凝土拌制

混凝土拌制就是将水泥、水、粗细骨料和外加剂等原材料混合在一起进行均匀拌合的过程。搅拌后的混凝土要求匀质、达到设计要求的和易性和强度。水运工程混凝土的拌合宜由专设的混凝土搅拌站（点）或搅拌船集中搅拌。拌制方式可以分为机械搅拌和人工搅拌，除工程量很小且分散的零星工程用人工搅拌外，均采用机械搅拌。

1. 搅拌机

目前普遍使用的搅拌机根据搅拌机理可分为自落式搅拌机和强制式搅拌机两大类。

1)自落式搅拌机

自落式搅拌机的搅拌筒内壁焊有弧形搅拌叶，当搅拌筒绕水平轴旋转时，叶片不断将拌合料升高，拌合料靠自重落下，颗粒间相互穿插、翻拌、混合而搅拌均匀，如图 3-5(a)所示。由于材料黏着力和摩擦力的影响，只适用于搅拌塑性混凝土和低流动性混凝土。由于搅拌过程对混凝土骨料有较大的磨损，从而对混凝土质量产生不良影响，故自落式正逐渐被强制式搅拌机所替代。

2)强制式搅拌机

强制式搅拌机是利用拌筒内运动着的叶片强迫物料朝着各个方向运动，由于各物料颗粒的运动方向、速度各不相同，相互之间产生剪切滑移而相互穿插、扩散，从而在很短的时间内，使物料拌合均匀，其搅拌机理被称为剪切搅拌机理，如图 3-5(b)所示。

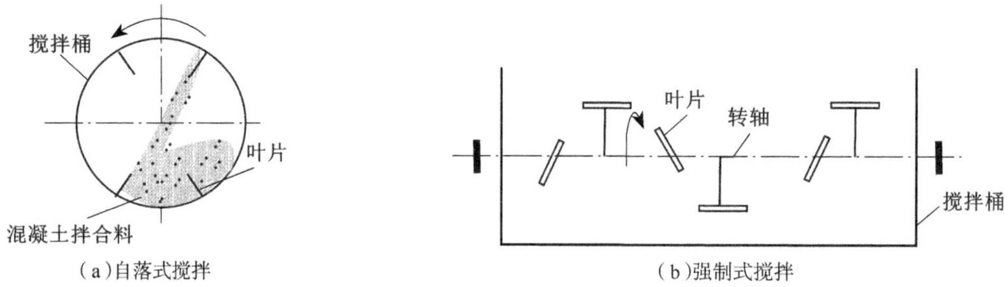

图 3-5 混凝土拌制原理图

2. 搅拌制度

为获得均匀优质的混凝土拌合物，除合理选择搅拌机的型号外，还必须合理确定搅拌制度。具体内容包括搅拌机的转速、搅拌时间、装料容积和投料顺序等。

(1)搅拌机转速。对于自落式，转速 n(r/min)须满足：

$$n \leqslant \frac{13}{\sqrt{R}} \sim \frac{16}{\sqrt{R}} \tag{3-10}$$

式中 R——搅拌筒半径(m)。

对于强制式搅拌机，转速须满足：叶片转轴式为 30 r/min；鼓筒式为 6~7 r/min。

(2)装、出料容积。装料容积指的是拌制一罐混凝土所需各种原材料的松散体积之和。一般为搅拌筒几何容积的 1/3~1/2，强制式搅拌机可取上限，自落式搅拌机可取下限；出料容积指的是拌制完毕混凝土的体积，为装料容积的 0.55~0.75 倍，可取 0.625 倍。目前，搅拌机上标明的容积一般为出料容积。

(3)投料顺序。在确定投料顺序时，应从保证混凝土的搅拌质量、减少机械磨损和水泥飞扬、减少混凝土的粘罐现象、降低能耗和提高劳动生产率等方面综合考虑。目前采用的投料方法有一次投料法、二次投料法等。

一次投料法是在上料斗中先装碎石、再加水泥和砂，一次投入搅拌机，同时加入全部的拌合水进行搅拌。这种方法工艺简单、操作方便。对于自落式搅拌机，要先加入部分拌合水。投料时，以砂压住水泥，以免搅拌中水泥飞扬。

二次投料法分为两种，一种是将全部砂、水泥和 1/3 的拌合水投入，搅拌 20~30 s 后再投入碎石和剩余的 2/3 拌合水进行搅拌至出罐。另一种是先将水泥和部分拌合水加入搅拌成水泥净浆，然后再投入全部的砂石和剩余的拌合水进行搅拌。二次投料法可使水泥和水较充分地拌合；水泥砂浆较为均匀且能较好地包裹石子。

掺有外加剂时，外加剂宜配成溶液，加入拌合水中，并搅拌均匀。掺有几种外加剂时，一般应分别配成溶液后，再加入拌合水中。

（4）搅拌时间。搅拌时间是指从砂、石、水泥和水等全部材料投入搅拌筒起，到开始卸料为止所经历的时间。搅拌时间应适中，其长短直接影响混凝土质量和混凝土生产效率的高低，在一定限度内，搅拌质量随拌制时间的延长而提高。但搅拌时间过短，易造成混凝土不均匀，降低混凝土强度和工作性；搅拌时间过长，则较差的骨料可能破碎，会降低混凝土强度、工作性及生产率等。

混凝土的搅拌时间应考虑混凝土坍落度、搅拌机型、骨料粒径及气温等因素，其连续搅拌的最短时间应按搅拌设备出厂说明书的规定，并经试验确定，当缺乏资料时，可按表 3-10 采用。混凝土搅拌时每一工作班至少检查 2 次。

表 3-10　混凝土搅拌的最短时间

混凝土坍落度（mm）	搅拌机出料量（L）			搅拌机机型
	500	750~1 000	>1 000	
≤40	90 s	120 s	150 s	强制性搅拌机
40~100	60 s	90 s	120 s	
≥100	60 s	60 s	90 s	

掺加外加剂与掺合料时，其搅拌时间应适当延长。采用自落式搅拌机时，搅拌时间宜延长 30 s。

（5）混凝土拌制完毕后，应按下列要求检测拌合物的质量指标。

①混凝土拌合物的坍落度和含气量，应在搅拌地点和浇筑地点分别取样检测，每一工作班对坍落度至少检查 2 次，含气量至少检查 1 次。

②在混凝土预制构件厂，当混凝土拌合物从搅拌机出料起至浇筑入模的时间不超过 15 min 时，可仅在搅拌地点取样检测。

③当要求的坍落度为某一定值时，其检测结果的允许偏差值应符合表 3-11 的规定。当规定值为某一范围时，检测结果应满足规定范围的要求。

表 3-11　坍落度允许偏差表（mm）

坍落度	≤40	50~90	≥100
允许偏差	± 10	± 20	± 30

④当要求的含气量为某一定值时，其检查结果与要求值的允许偏差范围应为 ± 1.0%。当含气量要求值为某一范围时，检测结果应满足规定范围的要求。

⑤必要时，应检测混凝土拌合物的其他质量指标。

3. 混凝土搅拌站(厂)

设计一座混凝土搅拌站,首先应了解建设需要和供应范围以确定其规模和生产能力,然后选择搅拌机及其他各种设备,并根据地形、交通等条件在施工总平面布置图中合理安排厂址。

1)浇筑强度的确定

搅拌站(厂)的生产能力主要是指搅拌机的容量,其他机械设备都以它为准进行配套。搅拌设备的容量应以满足工程施工最大浇筑强度或所有用户最大需用量之和为依据。即混凝土的小时生产率应大于计算小时浇筑强度(m^3/h),但容量不能确定得过大,否则将有部分搅拌设备空闲而造成浪费。

设施工总进度计划确定的混凝土浇筑高峰月强度为 Q_{max}($m^3/$月),则计算浇筑强度为:

$$P = K\frac{Q_{max}}{nm} \tag{3-11}$$

式中 P——浇筑强度(m^3/h);

n——高峰月期间每天有效工作小时数;

m——高峰月内有效工作天数(d),可取 28 d;

K——浇筑强度的日不均衡系数,即高峰月内实际最高小时强度与按全月总工作小时计的平均强度之比,一般取 1.2~1.5。

2)搅拌机理论台数的确定

对于一般中小工程,常常在工地组织混凝土搅拌站,因此需要选择搅拌机型号及数量。机型的选择视设备供应情况而定,数量的确定可按以下步骤进行。

一台搅拌机的生产率由下式计算:

$$P_{机} = 3.6\frac{VK_BK}{t_1+t_2+t_3+t_4} \tag{3-12}$$

式中 $P_{机}$——搅拌机小时生产率(m^3/h);

V——搅拌机容量(装料容积)(L);

t_1、t_2、t_3——进料、搅拌、出料时间(s);

t_4——正常停歇时间(s),一般为 3~5 s;

K_B——搅拌时间利用系数,一般取 0.85~0.95;

K——出料系数,一般取 0.67~0.7。

设施工最大浇筑强度(混凝土工厂生产能力)为 P,则搅拌站(厂)的搅拌机理论计算台数 N 为:

$$N = \frac{P}{P_{机}} \tag{3-13}$$

考虑到生产的不均衡性和维修期间停车,搅拌机的台数还应有 25% 的贮备量。

3)搅拌站(厂)的工艺布置

搅拌站(厂)的工艺布置主要是指搅拌车间的设备布置及其相互位置间的关系,其中搅拌车间是工厂的中心环节,决定着工厂的工艺布置。工艺布置包括竖向布置和平面布置。

(1)竖向布置。根据搅拌站(厂)的组成部分及其物料提升情况,竖向布置一般分为单阶式布置和双阶式布置,分别如图 3-6、图 3-7 所示。

单阶式布置是指将原材料一次提升后经过搅拌机顶部的贮料斗，靠材料自重下落进入称量和搅拌工序，最后卸入搅拌机的布置过程。这种工艺流程虽然布置紧凑、占地面积小、生产效率和自动化程度高，但由于厂房高度大，基建费用高，故一般为商品混凝土工厂和混凝土预制构件厂所采用。

双阶式布置的物料需要提升两次，第一次提升至贮料斗，经称量后再提升到搅拌机。这种工艺流程的建筑结构和运输设备简单、投资小、布置灵活，所以一般在中小型工程中广为应用。

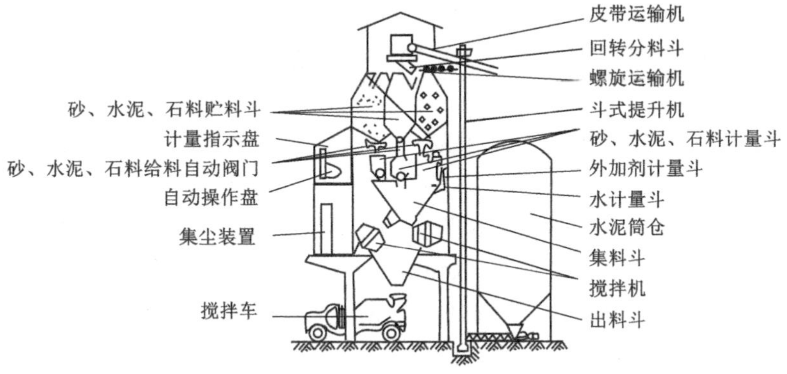

图 3-6 单阶式混凝土工厂

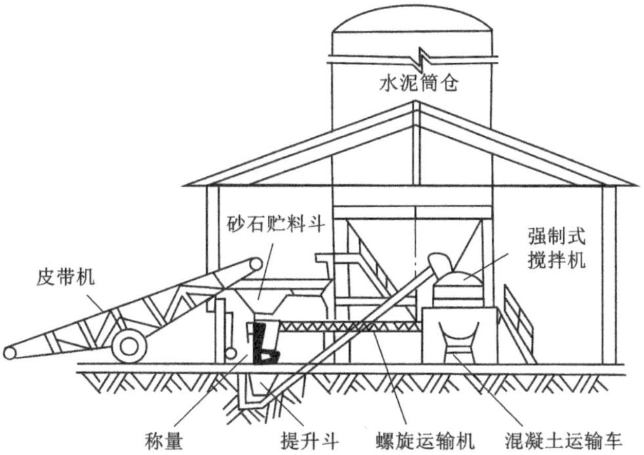

图 3-7 双阶式混凝土工厂

（2）平面布置。混凝土搅拌站（厂）按搅拌机的平面布置分为直线式和巢式两种。

直线式布置又分为单列布置和双列布置。直线式布置的每一台（或两台）搅拌机需配用一套配料装置，以便采用手动或机械化方式操纵，且可以同时生产几种不同型号的混凝土。

巢式布置的搅拌机呈星形排列，多台搅拌机只需一套配料装置，但必须是自动控制的，否则搅拌机不能得到有效利用，会大大降低生产率。

在离岸较远的海上或湖上浇筑混凝土建筑物时，如果从岸上运送混凝土拌合料在技术上有困难或不经济时，可采用浮式混凝土搅拌站（厂）。由于浮式混凝土搅拌站（厂）设置在驳船上，故常称为混凝土搅拌船，其工艺设施与陆上混凝土工厂基本相同。

3.3.2 混凝土运输

混凝土运输是指混凝土搅拌地点至工地卸料地点的运输过程。混凝土运输受到气温、道路、运距等因素的影响较大，如果组织不好，很可能会延缓工程进度并降低混凝土的施工质量。

3.3.2.1 混凝土运输要求

（1）应保持混凝土的均匀性，做到不分层、不离析、不漏浆。运至浇筑地点后，如有分层、离析现象，应进行二次拌合。

（2）应缩短运输时间，以保证混凝土运至浇筑地点时没有初凝，尚有充裕时间进行入仓和振捣作业。

（3）在运输过程中，应采取措施使混凝土入仓温度能满足要求，避免受外界气温等自然条件的影响。尽量减少转运次数，注意运输道路条件，以避免剧烈震动。

（4）运输混凝土的容器必须保证不吸水、不漏浆。在使用前应用水湿润，并及时清除附着的混凝土残渣。容器的容量要适当，以免混凝土溢出而造成污染和浪费。

（5）采用管道运送混凝土时，应选择与混凝土浇筑强度、距离和高度相匹配的泵送设备，并按泵送设备说明书的有关规定进行操作。

3.3.2.2 混凝土的运输方式

混凝土运输应根据结构与构件所在位置、特点和运距的远近、浇筑量大小，以及现有机具设备等条件，合理选择运输方式。

1. 机动翻斗车运输

机动翻斗车一般载重量 1 t，操作轻便灵活，结构简单，转弯半径小，车速较快（35 km/h），能自动卸料，操作维护简便，对道路要求低。适用于运距短、运量小（容量 0.5 m^3）、混凝土直接卸料入仓的运输。机动翻斗车的有效容积为 0.4 m^3，适宜的运距为 100~300 m，运距长会降低效率。机动翻斗车运输目前是水运工程和建筑工程中常用的混凝土运输方式。

2. 自卸汽车运输

自卸汽车型号较多，较之机动翻斗车，具有容量大、车速快的特点。适用于运距长、运量大、混凝土直接倾卸入仓的运输。

3. 装载机运输

装载机具有机动翻斗车的操作灵便、转弯半径小的特点，又具有自卸汽车车速快、爬坡能力大的特点。此外，还可以提升至一定的高度（2~3 m）。适用于运距较长、运量较大、需提升一定高度的运输。

4. 混凝土搅拌车运输

混凝土搅拌车具有边运输边拌合的特点。在运输中，混凝土不分层、不离析，在混凝土初凝时间以内，可长距离运送。若运距很远，可将全部干料装入搅拌筒，在到达浇筑地点前一定时间开动搅拌筒并注入水，搅拌车边行驶边搅拌，到达浇筑地点时已成混凝土熟料即可浇筑。

5. 混凝土泵运输

混凝土泵是利用压力来连续运送混凝土的机械。可同时进行水平、垂直运输，具备布料面大，连续、快捷、高效输送，输送的混凝土不受外界气候的影响，能保持入泵前的性能等优点。它适用于大体积、大面积和高耸的结构或构件的混凝土泵送。混凝土泵有活塞泵、气压泵和挤压泵等几种不同的构造和输送形式，目前应用较多的是活塞泵。如果将液压活塞式混凝土泵固定安装在汽车底盘上，使用时将车开至施工地点，进行混凝土泵送作业，这种汽车则称为混凝土汽车泵或移动泵车。

采用混凝土泵运输时应注意：输送管的布置宜短直，尽量减少弯管数，转弯宜缓，管段接头要严密，少用锥形管；混凝土的供料应保证混凝土泵能连续工作；正确选择骨料级配，严格控制配合比；泵送前，为减少泵送阻力，应先用适量与混凝土内成分相同的水泥砂浆润滑输送管内壁；泵送过程中，泵的受料斗内应充满混凝土，防止吸入空气形成阻塞；防止停歇时间过长，若停歇时间超过 45 min，应立即用压力或其他方法冲洗管内残留的混凝土；泵送结束后，要及时清洗泵体和管道；用混凝土泵浇筑的建筑物，要加强养护，防止龟裂。

混凝土泵车已成为一种先进高效的运输工具，在工作面狭窄和难于操作的地方采用混凝土泵运输更为有效。目前我国普遍应用三折叠式布料车，车上装有可以伸缩或弯折的“布料杆”，其末端是一软管，可将混凝土直接送至浇筑地点，使用十分方便。

6. 吊罐输送

当浇筑高度较大的结构或构件，又无混凝土泵时，可采用诸如塔吊、门式起重机或一般起重机吊罐解决混凝土的垂直运输。塔吊与门式起重机和一般的起重机相比，吊臂长，布料范围较大，但吊重小，一次吊运量少。混凝土吊罐有圆锥形、高架方形、双向出料、单口出料、双口出料形等，斗容量 0.7~1.4 m^3。

7. 皮带机运输

当浇筑高度较小的结构或构件时，为简便起见，可用皮带运输机来转运或直接运送混凝土入仓。皮带运输机构造简单，设备轻，临时设施费用少，投资较低，生产效率高，还可以运送一定的坡度。但是由于运输过程中混凝土与大气接触面积大，容易改变混凝土的坍落度及和易性；同时由于频繁扰动混凝土，容易产生离析和漏浆。因此，皮带机的倾角应适当以防止粗骨料与砂浆的分离；皮带机顶端下部应设刮浆板，以防止砂浆的流失和保证皮带机的正常运转；在皮带机顶部设串斗，可以防止离析。

3.3.3　混凝土浇筑

混凝土的浇筑成型就是将混凝土拌合料浇筑在符合设计要求的模板内，加以振捣密实，使其形成满足设计质量要求的结构或构件。

3.3.3.1　浇筑前的准备工作

在混凝土浇筑前，除按设计要求做好模板安装、钢筋绑扎、所有预埋件和观测仪器的安设以外，还必须掌握水文气象预报，做好结构缝、施工缝的处理以及浇筑前的检查。

1. 结构缝的处理

对有防渗要求的建筑物，如船坞底板和坞墙结构等，需进行止水结构缝的处理，大多是设置止水铜片并在缝中放入填料，使其既能保证相邻两结构块在发生错动时互不干扰，又能保证缝间不漏水。结构缝一般是平直的，其宽度在 1~5 cm 之间。

结构缝填料的选择通常根据缝宽而定。当缝宽为 1 cm 时，可在缝面上贴防水卷材，如油毛毡纸、防水纸等；当缝宽为 1~2 cm 时，可用粗质黄麻或亚麻等织物的沥青席填缝；当缝宽达 5 cm 时，可用沥青砂胶和流质沥青制成沥青板填缝，并在沥青板的两面粘贴浸过沥青的黄麻或防水布等织物。

2. 施工缝的处理

对于施工缝的处理，应予以高度重视，施工缝若处理不好，不仅影响建筑物的整体性，还影响施工进度。在施工缝处浇筑混凝土前，已浇的新混凝土，其抗压强度不应小于 1.2 MPa；对老混凝土，应进行凿毛处理，清除表面的薄膜、松动石子和软弱混凝土层。当采用风动机具大面积凿毛或人工凿毛时，不得使老混凝土层粗骨料松动。当垂直施工缝采用模板表面涂缓凝剂处理时，应在拆模后立即用钢丝刷和压力水除掉表面水泥浆，使粗骨料外露。经凿毛处理后的混凝土表面，应用水冲洗干净，并充分湿润，达到“饱和面干”，低洼处不得留有积水。浇筑新混凝土时，垂直缝应刷一层净水泥浆，水平缝应铺一层 1~2 cm 厚的水泥砂浆。净水泥浆和水泥砂浆的水胶比应低于混凝土的水胶比，必要时可将施工缝局部范围的混凝土强度等级提高一级。

3. 浇筑前的检查

混凝土浇筑前，除对上述结构缝、施工缝等的处理进行检查外，还应检查模板及其支架、钢筋、保护层厚度、吊点、预埋件、预留孔等；清除模板内木屑、铅丝短头、铁钉、泥水以及附着在钢筋骨架和预埋件上的油污、灰浆等；在地基上直接浇筑时，清除松散土但不能扰动原状土壤。如有流动水，应采取防水措施，以免冲刷新浇筑混凝土。对干燥的非黏性土地基，应洒水润湿，对岩石地基应用水清洗干净并排除积水。

3.3.3.2 浇筑块的划分

由于施工条件（如受混凝土浇筑强度、初凝时间、散热要求以及劳动力组织等因素）的限制，不可能将一个很大结构块的混凝土一次浇筑完毕时，必须把结构块在高度上分成数层，在平面上划分成多个小块，逐块进行浇筑，这种由于施工要求而划分的混凝土块体叫作浇筑块。一个浇筑块的混凝土应在几小时到几十小时内连续浇筑完，两个浇筑块之间一般间歇 3~7 d。划分浇筑块的缝称为施工缝（或称临时性接缝），它与设计安排的结构缝不同，但应尽可能将施工缝与结构缝相结合。施工缝应在施工过程中进行专门处理（如凿毛、冲洗等），使新旧混凝土结合紧密，以保证结构的整体性。

浇筑块的划分，应根据建筑物的结构特点、施工条件、温控要求等因素来确定，一般应遵循以下原则。

（1）施工缝的位置，一方面要照顾到施工的方便，另一方面必须满足建筑物构造上的要求，施工缝不要设在应力集中的部位。

（2）施工缝的数目应最小化，可尽量利用结构缝分隔浇筑块，以及采取完善的施工措施，尽可能加大浇筑块尺寸。

（3）浇筑块的尺寸必须保证混凝土在施工中不产生“冷缝”。一个浇筑块的浇筑工作一般是分层依次连续进行的，每一层的浇筑振捣工作必须在相邻的下层混凝土初凝之前完成，否则上层混凝土将无法再与下层混凝土结合为一体，即下层混凝土表面的乳皮无法在振捣中消失，结合面就会成为软弱带，称为冷缝。冷缝会降低结合面上的抗剪、抗拉和抗渗能力，直接影响混凝土构件的质量，是严重的质量事故。为了避免冷缝，应以混凝土的供应能力及初凝时间来控制浇筑块的平面尺寸，通常用下式表示：

$$Q(t-t_1)K \geqslant Ah \tag{3-14}$$

式中　Q——混凝土供应能力（m^3/h）；

t、t_1——混凝土初凝、运输时间（h）；

K——混凝土运输时间延误系数，一般取 0.80~0.85；

h——铺一层料厚度（m），视振捣器性能而定；

A——浇筑块平面面积（m^2）。

由式（3-14）求得 A，再根据结构块的具体情况来划分浇筑块的平面尺寸。根据混凝土的收缩变形，一般浇筑块的最大边长须满足：对于钢筋混凝土结构不超过 30 m，而对混凝土结构不超过 20 m。浇筑块的高度，主要由混凝土散热要求以及模板的尺寸决定：对于大体积混凝土工程一般为 1~3 m；对于闸墙、坞墙等薄壁结构可达 3~6 m。

3.3.3.3　混凝土浇筑

混凝土浇筑包括平仓和振捣两个工序，是混凝土施工的关键，浇筑质量对混凝土的密实性和耐久性、结构的整体性和外形尺寸准确性等起着决定性的作用。

1. 平仓

平仓是把卸入仓内成堆的混凝土料按一定顺序和厚度摊开并铺成均匀的混凝土层以便进行振捣的工序。平仓方法和操作对混凝土浇筑强度和质量有很大影响，平仓不好会造成漏浆和骨料架空事故，严重影响混凝土质量。

人工平仓一般用铁锹和铁耙进行铺筑，有的工程则采用卷扬机牵引铲平仓，但常受拉筋和内脚手架干扰因而不便施工。不允许用振捣器平仓，即不允许用振捣器插入料堆内部以借混凝土在振动作用下的液化自动摊平，因为那样容易造成分层离析等质量事故。为减少平仓工作量，防止混凝土分离，应特别注意混凝土入仓时的分料工作，尽量将混凝土投放到最终铺筑的区域。

2. 振捣

振捣是浇筑过程的关键工序，其目的在于排除混凝土所含的空气，使混凝土获得最大的密实性。水运工程中浇筑混凝土，除个别情况需要人工捣实之外，一般都采用机械振捣设备进行振动密实。机械振捣是将振捣器产生的振动力传递给混凝土，使之发生强迫振动。振捣设备按照其工作方式可以分为内部振捣器、表面振捣器、外部振捣器和振动台等。

1）内部振捣器（又称插入式振捣器）

直接插入混凝土中振实混凝土的振捣棒，是目前应用最多的一种内部振捣器，其动力有电动和风动两种，电动式最多，主要用于大体积混凝土、基础、柱、梁、墙、厚度较大的板，以及预制构件的捣实工作。但当钢筋十分密集或结构厚度较薄时，其使用会受到一定的限制。

2）表面振捣器（又称平板式振捣器）

表面振捣器固定在一块平板上，工作时平板直接搁置在混凝土表面，偏心块的振动作用通过平板传到混凝土，待混凝土不再下沉，表面出浆时便缓缓向前拖动。由于振动作用深度较小，表面振捣器仅适用于表面积大而平整的结构物，如平板、底面、屋面等构件。

3）外部振捣器（又称附着式振捣器）

外部振捣器是用螺栓或夹钳等将振捣器固定在模板的横木上，通过模板把振动力传给混凝土。要求模板有足够的刚度，要求钢筋和模板间的混凝土或砂浆垫块（形成钢筋保护层）不被振坏。由于振动作用不能深远，外部振捣器仅适用于振捣钢筋较密、厚度较小以及不宜用插入式振捣器的结构构件。

4)振动台

振动台由上部框架和下部支架、支撑弹簧、电动机、齿轮同步器、振动子组成。上部框架是振动台的台面,上面可固定放置模板,通过螺旋弹簧支承在下部的支架上,振动台只做上下方向的定向振动,适用于混凝土预制构件的振捣,生产效率高,振捣效果好。

混凝土经过振捣后,表面会有出水现象——泌水。泌出的水不宜直接引走,以免带走水泥,最好用吸水材料吸走,必要时进行二次压光。如果泌水现象严重,应考虑改变配合比。一般情况下,浇筑高度较大的混凝土构件上面部位应适当减小水灰比。

3. 水运工程混凝土浇筑要点

(1)混凝土入模时的自落高度不宜超过 2 m,如可能发生离析,应采用串筒、斜槽、溜管。

(2)分层厚度应根据气温、浇筑能力和振动设备情况综合分析确定。分层最大允许厚度应符合表 3-12 的要求,并应小于振捣棒长度的 1.25 倍或振捣棒上盖的接头处。

表 3-12 混凝土的分层最大允许厚度

振实方法	内部振捣器	表面振捣器	外部振捣器	人工振实
分层最大允许厚度(mm)	500	200	200	200

(3)连续浇筑高度较大的混凝土结构和构件,宜自下而上分层减水,而且浇筑至顶层时,宜采取二次振捣和二次抹面,以防产生松顶和表面干缩裂缝。如有泌水现象,应用吸水材料吸去其水分。

(4)在浇筑墩柱与梁、板连成整体的混凝土结构时,在墩柱浇筑完毕后,应待其初步沉实,方可继续浇筑梁、板。

(5)趁低潮位浇筑混凝土时,应采取措施保证浇筑速度大于潮水上涨速度,并保持混凝土在水位以上进行振捣。混凝土终凝前不宜受水淹没。

(6)在浇筑厚、大的混凝土结构时,应根据厚度、面积、气温、浇筑能力和振动设备情况,按一定厚度和顺序,分层分段进行浇筑。分层厚度应符合表 3-12 的要求。分段长度和浇筑顺序,应保证在混凝土初凝之前能覆盖或连接上,为满足此要求,一般应增大浇筑能力或在混凝土中掺入缓凝剂。

(7)在倾斜面上浇筑混凝土时,应从低处向高处分层进行浇筑。

(8)按分层厚度均匀下灰,严禁用振捣棒赶灰。在浇筑空心构件混凝土时,下灰、振捣要均匀、对称进行,以保持空心内膜的正确位置。在用滑动式模板浇筑混凝土时,下灰、振捣亦应均匀、对称进行,以保持模板的正确位置并能及时进行提升。

(9)混凝土浇筑应连续进行。如因故中断,其允许间歇时间(自搅拌机加水时算起)应根据混凝土初凝时间和振动设备能力,经试验确定或参考表 3-13 的规定执行。

表 3-13 浇筑混凝土的允许间歇时间

水泥品种	混凝土的入模温度(℃)			
	30~35	20~29	10~19	5~9
普通硅酸盐水泥	1.5 h	2.0 h	2.5 h	3.0 h
矿渣硅酸盐水泥、火山灰质硅酸盐水泥、粉煤灰硅酸盐水泥	2.0 h	2.5 h	3.0 h	3.5 h

(10)混凝土强度达到 2.5 MPa 以前,人员不得在已浇筑的结构上行走、运送工具或架设上层结构的支撑和模板。混凝土达到 2.5 MPa 强度的时间应经试验确定,当缺乏试验资料时,可参考表 3-14 采用。

表 3-14　混凝土强度达到 2.5 MPa 所需的时间

水泥品种	水泥强度等级	混凝土强度等级	平均环境温度(℃)					
			5	10	15	20	25	30
普通硅酸盐水泥	≥42.5	<C30	44 h	28 h	23 h	20 h	17 h	15 h
		≥C30	40 h	24 h	20 h	16 h	14 h	12 h
矿渣硅酸盐水泥、火山灰质硅酸盐水泥	32.5	<C30	82 h	60 h	48 h	36 h	24 h	20 h
	≥42.5	≥C30	64 h	48 h	38 h	30 h	22 h	18 h

3.3.4　混凝土养护

混凝土浇筑后,为保证混凝土有适宜的硬化条件和防止发生不正常的收缩,应及时进行养护,使混凝土在规定时间内保持适当的温度和足够的湿度,形成良好的硬化环境。

养护方法应根据结构和构件的外形特点确定。一般是在混凝土收面或终凝后,先用湿土工布覆盖,以防止日晒,对不与模板接触的暴露表面尤应如此。待混凝土表面结硬而不至于遇水起"皮"时,开始洒水养护。

3.3.4.1　常用的养护方法

(1)顶面平整的实心方块,用围埝蓄水养护等方法,既养护顶面,又养护侧面。

(2)扭工字块等混凝土块体,用覆盖土工布浇水、喷养护液或用喷雾装置喷水,进行养护。

(3)沉箱,在其顶部围塑料管(或钢管)扎眼喷水;喷养护液或覆盖土工布浇水,进行养护。

(4)码头面层,用覆盖塑料薄膜、土工布、喷养护液、围埝蓄水等方式进行养护。

覆盖塑料薄膜和土工布养护,是指用塑料薄膜、土工布浇水后覆盖或包裹养护,保持薄膜内始终有凝结水珠和水汽,即有足够的温度、湿度。这种养护方法操作简单,效果好,材料可重复使用,广泛应用于立柱、大面积混凝土面层等的养护。

喷养护液养护,是一种化学养护方法。在混凝土结构的表面喷涂或涂刷专用的养护剂,形成一密封的薄膜,使混凝土表面与空气隔绝,阻止混凝土内部水分蒸发,达到混凝土在不浇水养护的条件下,保持内部湿润、发展强度、减少收缩的目的。

当日平均温度低于 +5 ℃时,不宜洒水养护。

混凝土的养护时间不应少于表 3-15 的规定。

表 3-15　混凝土潮湿养护最少时间

水泥品种	普通硅酸盐水泥	矿渣硅酸盐、火山灰质硅酸盐、粉煤灰硅酸盐水泥
潮湿养护最少时间(d)	10	14

3.3.4.2 养护应遵守的规定

（1）混凝土宜采用淡水养护，在缺乏淡水的地区，可采用海水保持湿润养护。

（2）预应力混凝土构件和海上大气区、浪溅区、水位变动区的钢筋混凝土预制构件不得使用海水养护。

（3）对现浇构件，在浪溅区和水位变动区采用淡水养护确有困难时，北方地区应适当降低水胶比，南方地区可掺入适量阻锈剂，并在浇筑 2 d 后拆模，再采用养生液养护。

（4）大体积混凝土的养护，应通过热工计算，确定其保温、保湿或降温措施，并宜设置测温或埋设热电偶等方法，测定混凝土内部和表面温度，使温度控制在设计要求的温差内，当设计无要求时，温差不宜超过 25 ℃。

3.3.5 混凝土质量检查和缺陷修补

混凝土施工质量控制是一个系统的动态控制体系。

3.3.5.1 混凝土质量检查

混凝土质量检查是质量控制的主要工作，应贯穿于施工中各个环节。

1. 施工前的质量检查

施工前应对材料的品种、质量进行检查，测定水泥标号，检查砂石级配、含泥量及各种物理力学指标，检查水质和外加剂等，并根据品种的特点决定施工应采取的措施。

2. 施工过程中的质量检查

浇筑混凝土前应认真检查模板、支架、钢筋、预埋件和预留孔洞的情况，并在浇筑过程中经常注意观察，如有变形、松动，应立即停止浇筑，并在混凝土凝固前修整加固。在混凝土搅拌及浇筑过程中，每班至少应分两次在搅拌地点和浇筑地点检查骨料含水率、混凝土配合比和坍落度。

3. 施工后的质量检查

施工后的质量检查主要是对已完成混凝土的强度检查及其外观质量检查。

强度检查应使用同批次的混凝土制作试块，分别在标准条件下和与构件相同条件下进行养护。经过一段时间进行试验，以测定质量指标。然后按试块的平均强度、均方差、变异系数和强度保证率进行质量控制并作为评定混凝土质量指标的依据。混凝土构件拆模后，应从外观上检查其表面有无麻面、蜂窝、孔洞、露筋、缺棱掉角、缝隙夹层等缺陷。

3.3.5.2 混凝土的缺陷修补

当混凝土达到规定的拆模强度后应及时拆除模板，如发现缺陷，要分析其产生的原因和严重程度以避免再次出现缺陷事故，并根据缺陷部位的重要性予以修补。混凝土的缺陷情况有以下几种：裂缝，影响构件安全使用的孔洞、露筋，不影响结构使用性能的表面小蜂窝、麻面或露石等。

缺陷修补方法及施工要求应符合现行行业标准《港口工程混凝土粘接修补技术规程》（JTJ/T 271）相关规定。

3.4 混凝土预制构件制作

水运工程中，由于现场施工条件恶劣，受海水、风浪、潮汐等作用，不仅影响施工效率，工程质量也难以保证,因此"变水下为水上、变现浇为预制"是水运工程施工应尽量满足的一条原则。水运工程装配式混凝土和钢筋混凝土构件大多是在专门的混凝土构件预制场中预制的,以充分发挥工厂化生产的优势。

混凝土构件预制工艺是在工厂或工地预先加工制作建筑物或构筑物的混凝土部件的工艺。采用预制混凝土构件进行装配化施工,具有节约劳动力、克服季节影响、便于常年施工等优点。推广使用预制混凝土构件是实现水运工程建筑工业化的重要途径之一。

水运工程中常用的预制构件可以分为:板状构件(如板桩、栅栏板、码头面板、靠船构件等)、块状构件(大体积建筑物砌筑块、混凝土块体、方块、沉箱、沉井、箱涵等)、管状构件(各种管柱、管桩、涵管、圆筒等)和其他构件(方桩、异型桩、梁、柱、桁架、扶壁、箱形梁等)。构件的预制方法和所需的设备因其种类不同而有所不同,但一般都包括以下几个主要生产过程:原材料的验收及储存、混凝土制备、构件成型、构件养护、构件存放、构件出运。

3.4.1　预制构件的生产模式

根据场地条件、构件的尺寸要求、实际工程需求等情况,预制构件的生产可以采用不同的生产模式。目前比较通用的预制构件的生产模式主要包括固定模位生产模式、流水线式生产模式、移动式生产模式以及台座式生产模式。

3.4.1.1　固定模位生产模式

固定模位生产模式是在同一地点进行模板组装、钢筋布置、混凝土浇筑及加热养护。大多数固定模位生产模式采用固定式台座,也有将台座倾斜 70° ~80° 进行脱模作业的倾斜作业方式或者将台座旋转 90° 两次浇筑 T 形构件混凝土的旋转作业方式。

固定模位生产模式生产线是预制构件生产线中历史最悠久的一种生产工艺。优点是可生产构件重量大;操作应用灵活、可调整性较强;每个工序是独立的,不会因为相邻工位出现问题暂停而受到影响;而且设备投资相对较少。缺点是劳动力资源不能够充分利用,场地有限;生产效率相对较低。

3.4.1.2　流水线式生产模式

流水线式生产模式将施工人员和混凝土的浇筑位置固定,台座移动。生产线从平台清理、放线、钢筋安装、模板安装、混凝土浇筑振捣、收面整平到脱模、养护等生产工序,全部采用自动生产为主,手动为辅的控制方式进行操作。

流水线式的生产模式是一种先进工业化的生产方式,优点是能够充分利用劳动力资源,有利于大规模生产;生产效率比较高,能够得到有效调控;由于流水线作业定岗定位制,所以减少了操作时的动作浪费;产品的移动、翻身都不需要吊车的协助,提高了生产效率。缺点是不适合生产形状大小各不相同、种类各异的构件以及立体构件或大型构件;员工对全局了解不多,只是对本工位的技能比较熟练;生产订单需稳定,才能保证流水线正常生产;一次性投资相对较大,成本高。

3.4.1.3　移动式生产模式

近年来,为减小构件的尺寸或降低运输费用,移动式生产模式越来越受欢迎,这种模式是在施工现场或临近位置设置工厂及设备为一些特定工程生产预制构件。移动生产模式不需要固定的场地,构件厂可以实现跟着项目走,设厂机动性高,原则上要具有相当于固定工厂的设备，但实际上只要具有制造某种特定构件所需的设备即可。优点有：设厂机动性高，可因地制宜，只需现场有一块空地就可进行预制；不需要长距离运输，可以生产大型构件；场地硬化可采用可回收的预制板；建材使用效率高等。然而，目前此类生产线产能还比较小，自动化程度较低。考虑到运输成本等问题，移动生产模式将会是今后预制构件生产的一个主要发展方向。

3.4.1.4 台座式生产模式

台座式生产模式就是按照设计的构件线型，将所有的块件在一个台座上一块接着一块地匹配预制，使两块间形成自然匹配面。适用于生产厚度较小的构件和先张法预应力钢筋混凝土构件。

台座式生产模式的优点：占地面积小；设备简单、配套机械少、成本低、便于维修保养、投资少；生产流程简易、操作智能化、方便快捷；自动化程度高，人员配置少、效率高；合理的养护措施，有利于能源节约，是一种经济实用的生产形式。

3.4.2 预制构件的密实成型

混凝土预制构件的成型过程主要由模板支立、钢筋及预埋件安放、浇筑混凝土、密实成型及修饰表面等工序组成。其中密实成型工序对保证构件质量和加速周转起着决定性作用。预制厂常使用的密实方法有振动成型、压制成型和离心成型等，可单独使用也可以配合使用。

3.4.2.1 振动法和振动加压法

振动法是构件密实成型最简单、最有效方法。它所用的设备有插入式振捣器、表面振捣器及振动台。其中插入式和表面式适用于台座式生产的预制厂。振动台是一种机床式的振捣器，其振动频率一般为 1 500~6 000 次 /min，振幅为 0.3~3 mm，振动延续时间一般为 0.5~2 min。振动时必须将模板牢固地固定在振动台上，否则模板的振幅和频率将小于振动台的振幅和频率，而且振幅沿模板的分布也会不均匀，这样会降低振动效果，影响混凝土的密实度。

振动加压法是在构件振动成型过程中，同时在构件上面施加一定的压力，以加速混凝土的密实过程，提高混凝土硬化后的强度，使构件表面光滑。按加压方式的不同，分为静态加压和动态加压，如图 3-8 所示。静态加压，是用一块压板（钢板或钢筋混凝土板）直接加到正在振动成型的混凝土构件表面；动态加压，是在压板上装设振动器，组成振动压板，可以提高密实效果，减轻压板重量。

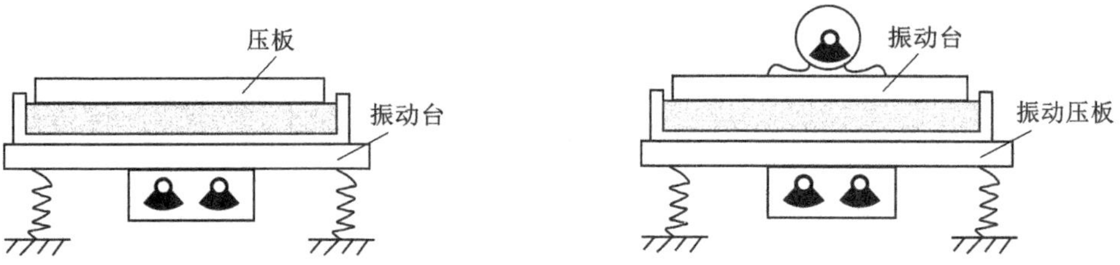

（a）静态加压　　（b）动态加压

图 3-8 振动加压法

3.4.2.2　挤压法和推压法

混凝土拌合料通过料斗由螺旋铰刀向后挤送，挤送过程中，受已成型混凝土阻力作用而被挤压密实，如图 3-9 所示。我国在台座生产中，先后试制成功混凝土挤压成型机和推压成型机，为预应力混凝土构件实现机械化连续生产开创了新途径。

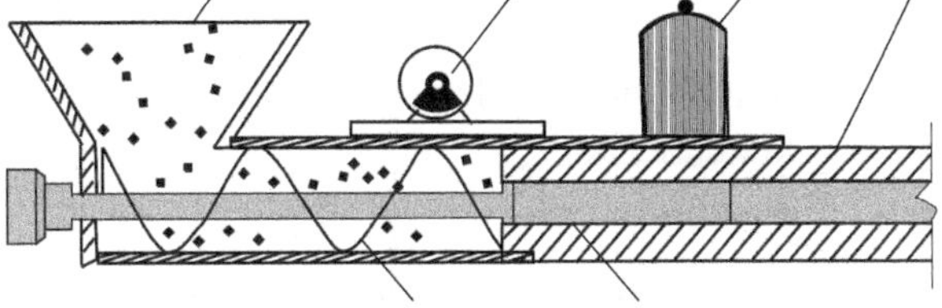

图 3-9　挤压密实成型原理

3.4.2.3　离心成型法

将装有混凝土的模板放在离心机上，使模板以一定的转速绕着本身的纵轴旋转，混凝土在离心力作用下分布于模板内壁同时挤出水分，使混凝土密实，离心后混凝土的强度可比一般混凝土提高 25%~30%。离心法制作的构件可以是圆形、方形、正多边形等形状，是具有圆形空腔的管形构件。

1. 离心成型设备

离心成型的主要设备是离心机，有滚轮式和车床式两种类型。滚轮式离心机有一个滚轮为主动轮，其他滚轮为从动轮，模板自由地支承在滚轮上，靠彼此之间的摩擦力来带动旋转。模板由上下两个半管模组成。先把下模置于操作台上，涂刷脱模剂，安放钢筋骨架，然后将根据管柱的体积计量好的混凝土均匀地浇到下模内，再将上模盖住，使其上下密实，即送至离心机离心成型。

雷蒙特桩（大直径预应力混凝土管桩），采用了离心 - 振动 - 加压成型技术，它在上述离心成型过程中增加了振动和加压工艺。在钢模外设置许多起振块，用液压起振器振击起振块，使混凝土受振密实；还在管形内壁增设一加压棒，以碾压构件内壁，使其受压密实。这种离心、振动和加压同时作用的结果，使构件的密实性、强度和生产率远高于一般构件。

2. 离心成型过程

离心成型过程分为两个阶段：第一阶段使混凝土沿模板内壁均匀分布，形成空腔，此时转速不能太高（80~150 r/min），防止混凝土中的大骨料移向构件外层而产生离析现象；第二阶段是使混凝土密实的阶段，此时可提高转速（有 260 r/min、550 r/min 和 680 r/min 三级），增大离心力，压实混凝土。一根管件的离心密实时间一般为 10~15 min，离心结束后，即可把钢模吊运到拆模专用台上脱模。构件可自然养护，也可在内腔中通入蒸汽养护。

3.4.3　预制构件混凝土的浇筑

混凝土浇筑过程中注意对钢筋网片及预埋件的保护，严格控制浇筑厚度。构件浇筑完成后进行一次收光，收光过程中应当检查外露的钢筋及预埋件，并按照要求调整。浇筑过程中，应充分有效振捣，避免出现漏振造成的蜂窝麻面现象，浇筑时按照实验室要求预留试块。

混凝土浇筑时应符合下列要求。

（1）混凝土应均匀连续浇筑，投料高度不宜大于 500 mm。

（2）混凝土浇筑时应保证模具、预埋件、连接件不发生变形或者移位，如有偏差应采取措施及时纠正。

（3）混凝土宜采用振动台，边浇筑、边振捣，同时可采用内部振捣器、平板式振动器作为辅助。

（4）混凝土从出机到浇筑的时间即间歇时间不宜超过 40 min。

3.4.4 预制构件混凝土的养护

混凝土在浇筑完之后，为了确保脱模强度，一般采用蒸汽加热方式对混凝土进行养护。同时，还需要根据构件的形状，通过帆布覆盖等方式以防止蒸汽泄漏。一般来讲，混凝土养护时间占整个生产过程总时数的 80%。

混凝土养护可采用覆盖浇水和塑料薄膜覆盖的自然养护、化学养护液养护和蒸汽养护方法。梁、柱等体积较大的预制混凝土构件宜采用自然养护方式；码头面板较薄的预制混凝土构件或冬期生产的预制混凝土构件，宜采用蒸汽养护方式。预制构件采用加热养护时，应制定相应的养护制度，预养时间宜为 1 周，升温速率应为 10~20 ℃ /h，降温速率不应大于 10 ℃ /h，梁、柱等较厚的预制构件养护温度为 40 ℃，楼板、墙板等较薄的构件养护最高温度为 60 ℃，持续养护时间应不小于 4 h。

3.4.5 水运工程混凝土构件预制场

随着装配式钢筋混凝土结构在水运工程中广泛采用，水运工程专用的混凝土构件预制场也得到快速发展。我国许多水运工程混凝土构件预制场都采用了现代化技术和设备，实行成批、连续生产，因此成本低、质量高，给设计和施工带来极大方便。

3.4.5.1 桩、梁、板的预制场

桩、梁、板构成了高桩码头的主体结构，是经常、大量使用的大型混凝土（钢筋混凝土、预应力混凝土）构件。桩、梁、板预制场具有以下特点。

（1）对于采用先张法生产预应力构件的预制场，需设置张拉台座，台座长度在 100~200 m 之间，台座的宽度、张拉力和结构形式视生产的构件类型而定。几组台座应分段平行布置。台座之间留有宽度 2 m 以上的操作通道和混凝土运输通道。

（2）混凝土拌合地点及骨料仓库应尽可能设在距预制场中心较近的地方。混凝土拌合站的出料口应位于张拉台座的一端，以减少混凝土的运输距离。

（3）预制场内应设有移行式起重机械，以便将预制好的构件转运至储存场地及出运码头，一般最常采用的是龙门式起重机。为此，在预制场内应设置起重机移行轨道，并设置横移道，使之服务于整个预制场。为方便钢筋骨架的运送工作，也应配备运送钢筋骨架的龙门式起重机和轨道。

（4）出运码头的形式，考虑到龙门式起重机吊装上驳船的出运构件方式，一般采用栈桥式码头，同时考虑水位变化对构件出运的影响。

3.4.5.2　人工块体预制场

水运工程中,混凝土人工块体主要用于斜坡式防波堤和护岸的外侧护面、直立式结构的护底、高桩码头接岸结构护面等。常用的混凝土人工块体有栅栏板、扭工字块、扭王字块、四脚空心方块和四脚锥等。其特点是外形复杂、模板制作难、预制数量大,同一工程根据使用部位不同,种类和规格也不同。预制场布置应遵循如下原则。

(1)人工块体预制场场址选择和混凝土拌合站、辅助生产区和生活区设置,尽可能选在拟建工程附近,减少块体从场内至安放现场的出运距离。

(2)根据工程量、工期、可施工天数和使用要求,确定平均每天预制人工块体的数量、底胎数和周转模板量以及混凝土的供应能力;并据此确定人工块体浇筑区、存放场以及水电和施工道路等组成部分的场地面积。并将人工块体存放场设在场内,尽量避免使用运输机械进行二次倒运,只需用起重能力适应的机械,即可将块体直接吊至存放场。

(3)根据预制场总体部署和现场场地特点以及实际施工环境条件,合理选择预制工艺。属临时预制场,使用期仅为 1~3 年,故一切设施应从简,少用大型固定设施,做到建场容易,费用低,投产快。

3.4.5.3　方块、沉箱、扶壁预制场

混凝土方块具有外形简单、预制方便、耐久性好的特点,主要用于重力式码头、防波堤和栈桥墩,以及其他一些水运工程建筑物的上部结构和护脚;沉箱结构具有整体性好、建造速度快、承载力高和技术经济效果好的特点,在水运工程中得以广泛应用;扶壁是前墙直立、墙底带有底板、墙背后均匀步距设置梯形肋板的钢筋混凝土构件,主要用于重力式码头、护岸和其他一些建筑物的上部结构和边坡护脚。

1. 方块预制场

混凝土方块由于存在自重大、件数多、吊安效率低等特点,很少为其设置专门的预制场,多在其他预制场内设一预制区,如图 3-10 所示,或就近利用现有岸壁和为码头施工船舶所建的临时停泊码头,设置临时的预制场。

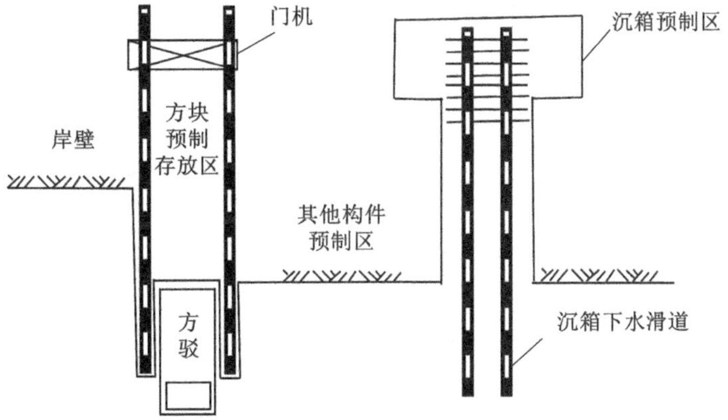

图 3-10　混凝土方块临时预制区

混凝土方块临时预制场(区),除满足一般预制场的要求外,还要求其地基有足够的承载能力,以免混凝土底模由于不均匀沉降而遭受破坏,必要时须对地基做加固处理。当利用现有码头和岸壁作为临时预制场时,不论预制或存放,均不应超过码头的承载能力和稳定性

要求，而且其前沿水深应满足起吊方块时起重船和方驳作业吃水的要求。

2. 沉箱预制场

按照预制场地的特点，沉箱预制场可以分为岸壁预制、专用台座预制、简易台座预制、干船坞预制、浮船坞或半潜驳预制、挖入式预制等。各种预制方式的优缺点及适应条件将在第8章中详细介绍。

3. 扶壁预制场

一般就近利用现有岸壁和为码头施工船舶所建的临时停泊码头设置临时预制场，也可以专门设置扶壁预制场地。在场址选择时，主要考虑地质条件、可用场地的规模、预制场的建设工期以及经济成本等。

预制场的平面布置主要包括混凝土底模的布置、钢筋加工场及料场的布置、模板拼装场的布置、搅拌站的布置和存放场的布置，布置时应验算地基或码头的承载能力及岸壁稳定性，还应考虑支拆模板、混凝土运输、浇筑和起重船吊装方法等因素。

3.5 预应力混凝土工程

预应力混凝土是指在结构或构件承受使用荷载之前，预先在混凝土受拉区施加一定的预压应力并产生一定压缩变形的混凝土。在水运工程中，钢筋混凝土桩、梁、板，大部分采用预应力混凝土结构。预应力一般通过张拉预应力筋来实现，制作的基本方法有先张法和后张法。

3.5.1 预应力混凝土的材料

3.5.1.1 预应力筋

预应力筋是指在预应力结构中用于建立预加应力的单根或成束的预应力钢丝、钢绞线或钢筋等。预应力筋的发展趋势为高强度、低松弛、粗直径、耐腐蚀。

预应力筋的下料长度应根据预应力筋的种类、张拉方式和锚固方式经计算确定，并应考虑锚夹具厚度、千斤顶长度、焊接接头和镦头或其他型号锚头的预留量、冷拉伸长值、弹性回缩值、张拉伸长值、台座长度、构件长度、构件间距和连接杆长度等因素。此外，预应力筋的下料长度的允许偏差和抽检数量应符合下列规定。

（1）采用钢丝束作预应力筋，且两端采用镦头锚具时，同一束中各根钢丝下料长度的相对差值不应大于配筋长度的1/5 000，且不应大于5 mm。

（2）采用钢筋作预应力筋时，冷拉后同一构件内各钢筋的下料长度的相对差值不应大于构件配筋长度的1/2 000，且不应大于20 mm。

（3）预应力筋每工作班应抽查总数的3%，且不得少于3根。

3.5.1.2 混凝土

在预应力结构中，混凝土的强度等级应不低于C30，当采用钢绞线、钢丝、热处理钢筋作预应力筋时不得低于C40。在一些重要的预应力混凝土结构中，已采用C50~C60的高强混凝土，并逐步向更高强度等级的混凝土发展。在预应力混凝土构件的施工中，不能掺用对钢筋有侵蚀作用的氯盐、氯化钠等。对混凝土的配制要求是高强度、低收缩、徐变小。施工采取的措施是控制水灰比、选用高标号水泥、控制水泥掺入量、注意掺合料的选择、加强振捣和养护。施加预应力时的混凝土强度要求应遵守设计规定，设计无规定时应经计算确定，并不低于设计强度的 75%。

3.5.1.3　预应力锚固体系

预应力锚固体系包括锚（夹）具和连接器。锚固体系的种类很多，且呈现配套化、系列化和工厂化生产的模式。

1. 锚（夹）具

锚具是在后张法结构或构件中，用于保持预应力筋的拉力并将其传递到混凝土上所用的夹持预应力筋的永久性锚固装置。夹具是在先张法构件施工时，用于保持预应力筋的拉力并将其固定在生产台座（或设备）上的临时性锚固装置；或是在后张法结构或构件施工时，在张拉千斤顶或设备上夹持预应力筋的临时性锚固装置（又称为工具锚）。对锚具的要求是受力安全可靠，预应力损失小，构造简单、紧凑，制作方便，用钢量少，张拉锚固方便迅速，设备简单。锚具的分类很多，按其传力锚固的受力原理，可以分支承式锚具（螺母锚具、镦头锚具）和楔紧式锚具（锥销形锚具、夹片式锚具）等，如图 3-11 所示。

（a）螺母锚具　（b）镦头锚具　（c）锥销形锚具　（d）夹片式锚具

图 3-11　锚具的几种形式

2. 连接器

连接器是用于连接预应力筋的装置。永久留在混凝土结构或构件中的连接器，应符合锚具的性能要求；用于先张法施工且在张拉后还将放张和拆卸的连接器应符合夹具的性能要求。

3.5.1.4　张拉设备

预应力张拉设备主要有电动张拉设备和液压张拉设备两大类。电动张拉设备仅用于先张法，液压张拉设备可用于先张法与后张法。张拉设备应装有测力仪器，以准确建立预应力值。张拉设备应由专人使用和保管，并定期维护和校验。常用的电动张拉设备主要有电动螺杆张拉机、电动卷扬张拉机等；液压张拉设备主要有穿心式千斤顶、拉杆式千斤顶、锥锚式千斤顶、前卡式千斤顶和扁锚整体张拉千斤顶等。预应力筋、锚具、张拉机具的配套使用见表 3-16。

3.5.1.5　制孔器

后张法混凝土构件的预留孔道是通过制孔器来制成的，常用制孔器的形式有两类。一类为抽拔式制孔器，即在预应力混凝土构件中根据设计要求预留制孔器具，待混凝土初凝后抽拔出制孔器具，形成预留孔道。抽拔制孔器常用橡胶抽拔管。另一类为埋入式制孔器，即在预应力混凝土构件中根据设计要求永久埋置制孔器，形成预留孔道。埋入式制孔器常用铁皮管或波纹管。

表 3-16　预应力筋、锚具、张拉机具配套使用表

预应力筋品种	锚具形式			张拉机械
	张拉端		固定端	
	安装在结构之外	安装在结构之内		
钢绞线及钢绞线束	夹片锚具 挤压锚具	压花锚具 挤压锚具	夹片锚具	穿心式
钢丝束	夹片锚具 镦头锚具 挤压锚具	挤压锚具 镦头锚具	夹片锚具	穿心式
			镦头锚具	穿心式
			锥销锚具	锥锚式
精轧螺纹钢筋	螺母锚具	—	螺母锚具	拉杆式

3.5.2 先张法预应力混凝土施工

先张法，即先张拉预应力筋至设计应力值，然后再浇筑混凝土的施工方法，如图 3-12 所示，一般在专用的张拉台座上进行。按设计要求张拉预应力筋后，用专用锚具临时固定在台座上（此时预应力筋的反作用力由台座承受），然后浇筑混凝土；待混凝土养护硬化到一定强度（一般应不低于混凝土设计强度的 75%，且混凝土龄期不小于 7 d，以保证具有足够的黏结力和避免徐变值过大，简称混凝土强度和龄期双控制）后，放松预应力筋，利用预应力筋的回缩力及其与混凝土之间的黏结作用使混凝土获得预压应力。水运工程中大部分预应力混凝土桩、梁、板都采用先张法进行预制。

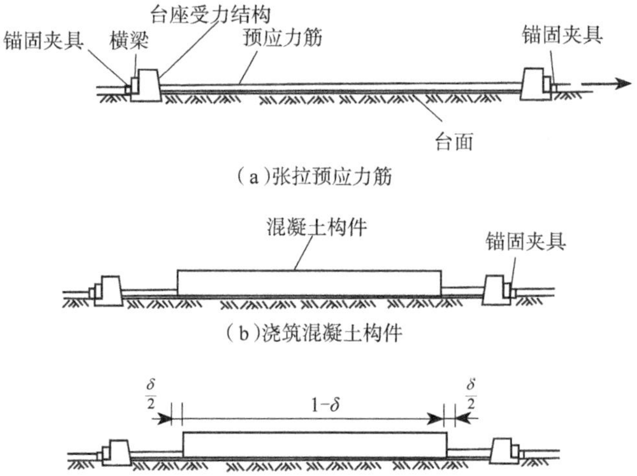

（a）张拉预应力筋
（b）浇筑混凝土构件
（c）放松预应力筋

图 3-12　先张法施工示意图

3.5.2.1 台座

台座是先张法施工中主要设备之一，台座承受预应力筋的全部拉力，故台座应具有足够的强度、刚度和稳定性，以免因台座变形、倾覆和滑移而引起预应力的损失。台座可用于成批生产预应力构件。按构造形式，可分为墩式台座、槽式台座和钢模台座等。

3.5.2.2　夹具

先张法中夹具按所处位置分为锚固夹具和张拉夹具。锚固夹具主要有偏心式夹具和楔形夹具两种，张拉夹具主要有锥销式夹具、镦头式夹具和夹片式夹具三种。其中锥销式夹具适用于夹持冷拔低碳钢丝和碳素钢丝；镦头式夹具分单根镦头夹具和镦头梳筋板夹具，适用于有镦粗头的Ⅱ级、Ⅲ级、Ⅳ级螺纹钢筋和钢丝；夹片式夹具分圆套筒三片式（ϕ12、ϕ14 单根冷拉钢筋）、方套筒二片式（ϕ8.2 热处理钢筋）、单根钢绞线夹具（ϕ12 和 ϕ15 钢绞线）。

3.5.2.3　施工工艺

先张法施工工艺流程如图 3-13 所示。

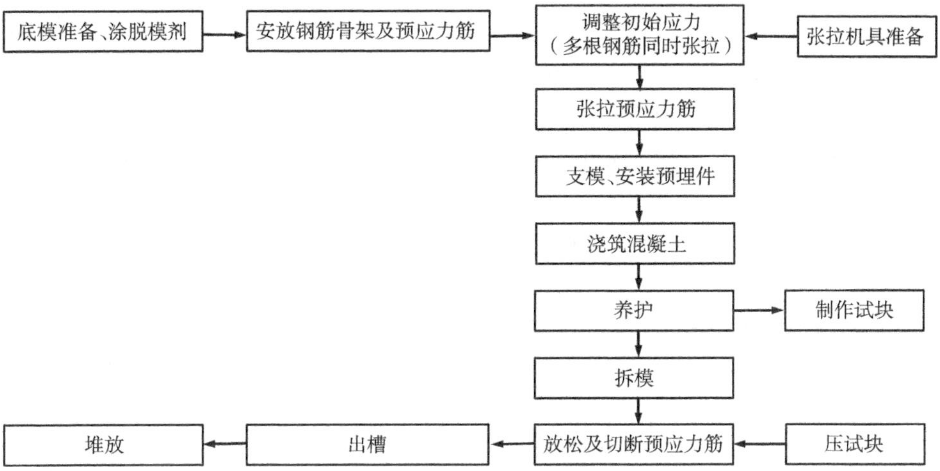

图 3-13　先张法工艺流程图

1. 预应力筋的铺设

预应力筋宜采用砂轮锯或切断机切断，不得采用电弧切割。为便于脱模，长线台座底模在铺放预应力筋前应先刷隔离剂，但应采取保护措施防止隔离剂污染预应力筋降低黏结力。预应力筋安装宜自下而上进行，先穿直线预应力筋，再通过转折器穿折线预应力筋，预应力筋与锚固梁间的连接，宜采用张拉螺杆。预应力钢丝宜采用牵引车铺设，需要接长时借助钢丝拼接器用 20~22 号铁丝密排绑扎。

2. 预应力筋的张拉

预应力筋张拉前，应对台座、横梁及各项张拉设备进行详细检查，符合要求后方可进行操作。预应力筋的张拉应按设计要求，以合适的张拉方法、张拉设备、张拉程序进行，并采取可靠的质量和安全保障措施。

3. 混凝土的浇筑与养护

预应力筋张拉完成后，应尽快进行钢筋绑扎、模板拼装和混凝土浇筑等工作。混凝土浇筑时，宜一次整体浇筑，振动器不得碰撞预应力筋；混凝土达到强度前，不允许碰撞或踩动预应力筋。当构件在台座上进行湿热养护时，应防止温差引起的预应力损失。

4. 预应力筋的放张

预应力筋的放张过程是预应力值的建立过程，是保证先张法构件质量的重要环节，应根据放张要求确定相应的放张顺序、放张方法和相应的技术措施。

当混凝土强度达到设计强度的70%时方可放松预应力筋。放松预应力筋前，应先拆除模板，以免混凝土受压缩时损伤模板。放松预应力筋应缓慢进行，防止冲击过大而损害构件。对轴心受压构件，所有预应力筋应同时放松；对偏心受压构件，应先同时放松预压应力较小区域的预应力筋，再同时放松预压应力较大区域的预应力筋；对配筋不多的中小型钢筋混凝土构件，预应力筋的放松可采用剪切、砂轮锯割或氧－乙炔焰熔断的方法，但必须分段、对称、相互交错进行，避免构件承受过大的偏心力；对配筋较多的构件，可采用滑楔放松、砂箱放松或千斤顶放松的方法。

3.5.3 后张法预应力混凝土施工

后张法施工指的是先浇筑混凝土构件，在构件中预先留出相应的孔道，待达到设计规定强度后，在孔道内穿入预应力筋，再实施张拉，并利用锚具将张拉后的预应力筋锚固在构件的端部，以形成预应力混凝土构件的施工方法。张拉的反作用力通过锚固装置直接传到构件本身，使混凝土受到预压应力，最后向预留孔道内灌浆，使预应力筋与构件连成整体并且保护预应力筋不锈蚀。水运工程中，用后张法预制的预应力混凝土构件多为T形梁、工字形梁、箱形的管沟梁和支座梁等，这些梁多为直线式，极少数为鱼腹式。后张法生产示意图如图3-14所示。

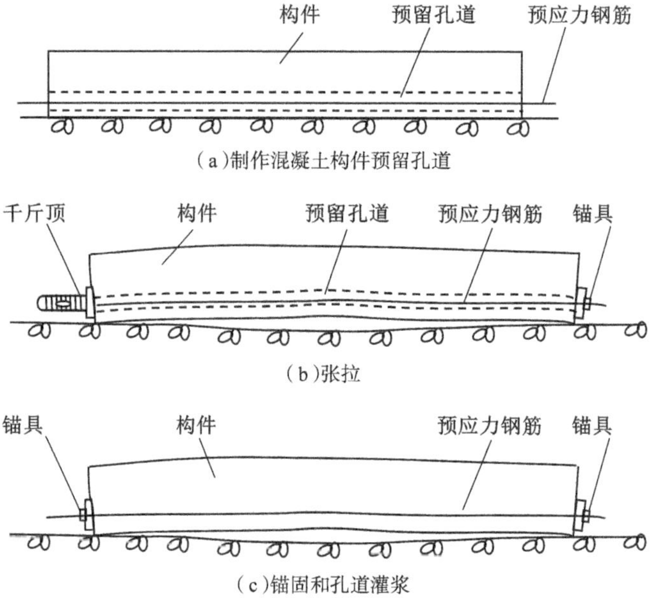

图3-14 后张法生产示意图

后张法施工工艺流程如图3-15所示。

1. 孔道留设

后张法预应力筋的孔道形状有直线、曲线和折线三种，其直径与布置根据构件的受力性能、张拉锚固体系特点及尺寸确定。孔道的布置要求：孔道规格、数量、位置和形状应符合设计要求；定位应牢固，浇筑混凝土时不应出现位移和变形；孔道应平顺，端部的预埋锚板应垂直于孔道。孔道成型方法有钢管抽芯法、胶管抽芯法和预埋管法。成型的要求：孔道的尺寸与位置正确，孔道平顺，接头不漏浆。

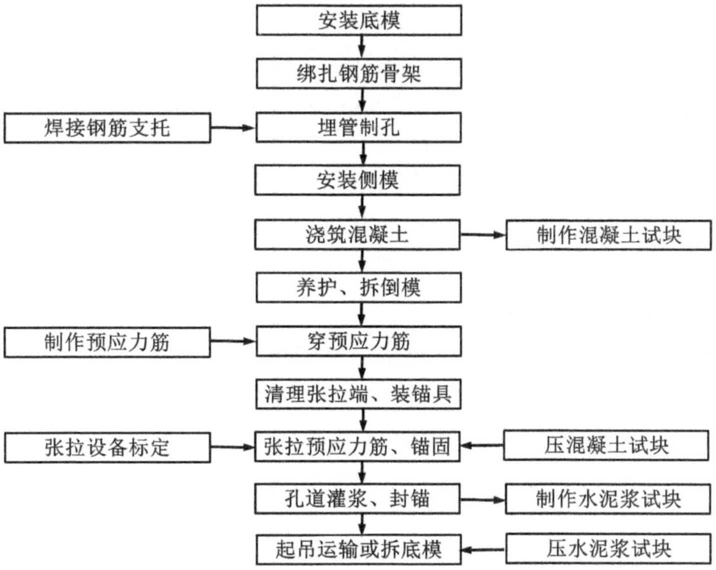

图 3-15　后张法施工工艺流程图

2. 预应力筋张拉

预应力筋的张拉应在混凝土强度满足设计要求时进行，设计无要求时应不低于设计强度的 75%。分段制作的构件在张拉前完成拼装，块体拼装立缝处的混凝土或砂浆强度不低于混凝土强度的 40%，且不低于 15 N/mm^2。

3. 孔道灌浆及锚具保护

预应力筋锚固张拉后，应进行孔道灌浆，其主要作用是保护预应力筋，防止其锈蚀，并使预应力筋与结构混凝土形成整体。因此，孔道灌浆宜在预应力筋张拉锚固后尽早进行。

预应力张拉、孔道灌浆完成后应及时对预应力锚具进行保护。锚具外的预应力筋宜用无齿锯切断，其外露长度不宜小于预应力筋直径的 1.5 倍，且不宜小于 30 mm。锚具的密封保护应符合设计要求，当设计无要求时，应采取防止锚具腐蚀和遭受机械损伤的有效措施。预应力筋及锚具通常采用混凝土保护，锚具的保护层厚度不应小于 50 mm；预应力筋的保护层，一般不得小于 20 mm，处于易受腐蚀的环境时，保护层不得小于 50 mm。

3.6　水下混凝土工程

水运工程中，经常需要在不能排水情况下浇筑混凝土，如水下基础、沉井的封底、钻孔灌注桩和地下连续墙工程以及水下修复工程等。水下浇筑混凝土不能直接将混凝土倾倒入水中，因为当混凝土穿越水层时，骨料和水泥浆将发生分离，骨料快速沉入水底，而水泥颗粒则缓慢下沉，失去胶结骨料的能力。因此，水下浇筑混凝土必须采用特殊的施工方法，消除水流和波浪冲刷等因素的影响，且应不间断地进行。

3.6.1　水下混凝土的施工要求

水下混凝土的原材料除了满足普通混凝土的一般要求之外，还应满足强度等级、骨料粒径及级配的要求。水泥采用矿渣水泥、火山灰水泥、粉煤灰水泥、普通硅酸盐水泥或硅酸盐水泥，水泥的强度等级不低于42.5。粗骨料的最大粒径不大于导管内径的1/6、混凝土输送管的1/3、钢筋最小净距的1/4，且不大于40 mm，水下不分散混凝土的粗骨料最大粒径不大于31.5 mm。细骨料采用级配良好的中砂。

水下混凝土的配合比设计应满足混凝土的设计强度、水陆强度比、水下抗分散性、水下自密实性、耐久性及施工和易性的要求，在此基础上尽量经济合理。水下混凝土水胶比的选择需同时满足强度和耐久性要求，取按强度要求得出的水胶比和按耐久性要求规定的水胶比中的较小值作为配合比的设计依据。

水下混凝土可分为水下普通混凝土及水下不分散混凝土两类。

3.6.1.1 水下普通混凝土施工要求

采用普通混凝土进行水下浇筑时，需注意以下几点。

（1）混凝土配合比的砂率取0.40~0.50、水胶比为0.50~0.60，有试验依据时砂率和水胶比可酌情增大或减小。

（2）混凝土拌合物具有良好的和易性，在运输和灌注过程中无显著离析、泌水现象，灌注时保持足够的流动性，其坍落度为160~220 mm。

（3）每立方米水下混凝土的胶凝材料用量不小于350 kg，当掺减水缓凝剂或粉煤灰时，其中水泥用量不少于300 kg。

（4）混凝土的初凝时间不早于全部混凝土灌注完成时间，当混凝土数量较大或灌注量受到限制而需灌注时间较长时，通过试验掺入适量的缓凝剂，确保混凝土的初凝时间满足需要。

3.6.1.2 水下不分散混凝土施工要求

水下不分散混凝土是一种可以在水下浇筑、不会像普通混凝土那样在水中骨料和水泥浆容易发生分离的新型混凝土。采用水下不分散混凝土进行水下浇筑时需注意以下几点。

（1）应采用强制式搅拌机进行搅拌，搅拌时间应较普通混凝土延长60 s以上，且搅拌站的生产能力应能满足在规定时间内浇筑完毕。

（2）水下不分散混凝土在水中浇筑很难进行振捣，需自流平、自密实，所以在施工时应控制好流动性，一般坍扩度应控制在35 cm以上；对于泵送法、灌注法等，坍扩度应控制在45 cm以上。

（3）水下不分散混凝土原材料中胶凝材料用量一般大于500 kg/m^3，细骨料应采用中砂，粗骨料石子最大粒径为20~40 mm，砂率一般为38%~42%，以保证混凝土有良好的自流平性和自密实性。

（4）絮凝剂是水下不分散混凝土的关键组成，其掺量对混凝土性能有很大影响。一般导管法、泵送法、模袋法等的掺量为胶凝材料质量的1.0%~2.5%；采用吊罐法、溜槽法、灌注法等，其掺量为胶凝材料质量的2.0%~3.0%。

（5）浇筑完成后，对水下不分散混凝土施工流动面、扩展状态及填充状态要进行认真检查，一般由潜水员直接观察或利用测探锤进行测量。

水下不分散混凝土的基本性能应符合表3-17的相关要求。

表 3-17　水下不分散混凝土的基本性能

工作性	扩展度（mm）		400~550
	30 min 扩展度损失（mm）		≤50
水下抗分散性	水陆成型试件抗压强度比（%）	7 d	≥65
		28 d	≥75
	悬浮物含量（mg/L）		<180
	pH 值		<12
力学性能	满足结构强度要求		

3.6.2　水下混凝土的施工方法

水下混凝土施工可按水深不同选择合适的施工方法，以方便施工并经济合理。当水深大于 1.5 m 时宜采用导管法或泵压法，水下不分散混凝土施工可采用吊罐法，当水深小于 1.5 m 时，水下普通混凝土宜采用夯击法及振捣法，临时性工程的水下普通混凝土可采用袋装法。

3.6.2.1　袋装法

袋装法常见的有袋装混凝土装填和模袋混凝土装填两种工艺。

1. 袋装混凝土装填

袋装混凝土是指把按要求配制好的混凝土拌合料装入麻袋或其他纤维编织袋内，在水下建筑部位进行安置或码砌，常用于填平基岩坑穴及临时的、次要的工程。混凝土的坍落度宜保持在 50~70 mm，且袋的装料量宜为袋容积的 2/3。袋中的混凝土在水中硬化，同时水泥浆透过袋孔溢出，把所有的袋连成整体。混凝土袋填筑时应交错重叠、相互紧靠，层与层之间宜用短钢筋插接牢靠，以加强连接。

2. 模袋混凝土装填

模袋混凝土是通过用高压泵把混凝土或水泥砂浆充灌入模袋中，混凝土或水泥砂浆的厚度通过袋内吊筋袋、吊筋绳（聚合物，如尼龙等）的长度来控制，混凝土或水泥砂浆固结后形成具有一定长度的板状结构或其他结构，以满足工程需要。土工模袋混凝土作为一种新型的建筑材料，广泛用于江、河、湖、海的堤坝护坡、护岸、港湾、码头等防护工程。模袋混凝土护岸如图 3-16 所示。

图 3-16　模袋混凝土护岸

3.6.2.2 导管法

导管法广泛用于水深 1.5~20.0 m 的水下混凝土浇筑，如图 3-17 所示。

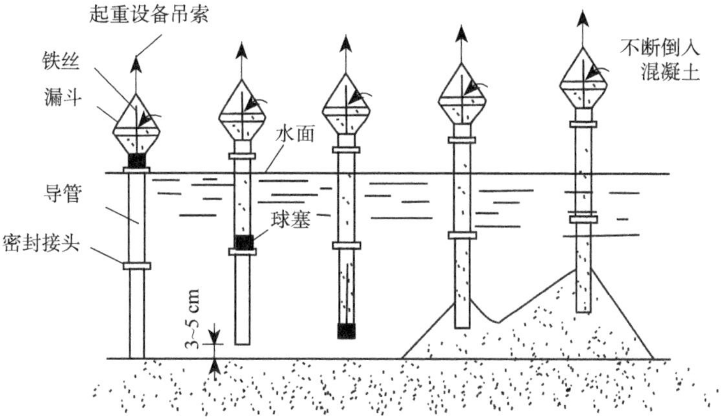

图 3-17 导管法浇筑水下混凝土示意图

导管法施工应采用刚性导管，导管内径宜为 200~350 mm，由若干段组成，每节之间用法兰盘加胶皮垫圈紧密连接。导管顶部有漏斗，其容积应能保证开始时使混凝土冲出导管后足以封住管口，以防止水从外部进入。导管用起重设备吊住，可以升降。

施工时，水下混凝土应连续浇筑，浇筑时间不得超过首批混凝土的初凝时间。首批混凝土采用专用储料斗进行储备，其储量应能确保距基底面 200~400 mm 的导管底口一次性埋入混凝土内不少于 1 m。为此，浇筑水下混凝土之前，要用球塞（木、橡皮、排球或足球制成）堵住导管漏口，并用绳或铁丝向上拉紧，漏斗内即可灌满混凝土。球塞的作用是隔开导管内的水与漏斗内的混凝土，避免接触。

浇筑开始时，剪断拉绳，漏斗内混凝土在重力作用下沿导管落下，球塞与导管内的水被混凝土挤出导管，导管口被冲出的混凝土所包围。与此同时，供料设备连续均衡地向漏斗内添加混凝土，导管口不断流出混凝土，这些混凝土从内部推着表层混凝土上升，同时逐步提升导管。这样始终只有表层混凝土与水接触，其强度较低，但内部的混凝土不与水接触，强度几乎不降低。

当水下灌注面积较小时，采用单根导管，如钻孔灌注桩的水下混凝土灌注。当灌注面积较大时，须根据混凝土的流动半径布置多根导管，若基底有难以清除的深坑陡坎或其他障碍物，应适当增加导管数量。

当混凝土进入正常浇筑阶段时，应对各导管及时、合理补料，使混凝土面同步上升。在正常浇筑过程中，应经常测探混凝土面的位置，及时调整导管埋深。导管埋深应与混凝土浇筑的总高度、深度和导管的间距相适应，宜控制在 2~6 m。混凝土面的最终浇筑高程应略高于设计高程值，可在混凝土硬化后清除超高部分，清除超高部分后的混凝土强度应达到设计强度。

3.6.2.3 泵送法

泵送混凝土就是将预先搅拌好的混凝土，利用混凝土输送泵泵压的作用，沿管道输送到预定浇筑地点。水下普通混凝土采用泵送法施工时，应满足导管法的有关规定。除此之外，泵送法施工宜采用 100~150 mm 内径的金属输送管，泵送管前端应安装滑阀，每根泵送管的浇筑面积宜为 3~5 m^2，当灌注范围较广时，可用柔性软管由潜水员移动浇筑位置。泵送水下不分散混凝土时，宜采用泵送能力较大的活塞式混凝土泵，并宜适当增大管径，减少弯头和减小输送距离。

在泵送施工前，应对混凝土泵及管路进行合理布置，在保证顺利泵送前提下，采取各种措施减少输送阻力。安装导管前应彻底清除管内污物并用压力水冲洗，各管路须连接牢固，保证混凝土输送管不漏水。泵送混凝土前，应先用水泥砂浆对导管管壁进行润滑，水泥砂浆配合比应与该泵送混凝土中水泥砂浆配合比相同。

在泵送施工时，泵送作业应连续进行，泵送管出口宜伸入混凝土内 300~400 mm，若因故中断，应使混凝土泵保持转动，防止导管堵塞，在常温下，若间歇时间过久，应将存留在导管内的混凝土排除，并加以清洗。泵送作业结束后应及时用压力水将导管冲洗干净。

第 4 章　疏浚与吹填工程

疏浚工程是指采用机械或水力的方法为拓宽、加深水域而进行的水下土石方开挖工程，主要用以疏通航道、浚深港池和锚地等，是维持航道尺度，改善船舶航行条件常用的手段，一般采用挖泥船进行施工，配以输泥设备和运泥设备等。疏浚工程按其性质和任务的不同分为基建性疏浚和维护性疏浚。前者是为新辟航道、港口等或为增加它们的尺度、改善航行条件，具有新建、改建、扩建性质的疏浚；后者是为维护或恢复水域原定尺度而清除淤积物的疏浚。

吹填工程是指将挖泥船疏浚挖取的泥沙，通过排泥设施排放到指定地点进行填筑的工程。吹填工程与疏浚工程一起进行，施工便利，且可以节省大量的人力物力。

疏浚与吹填工程施工应符合现行行业标准《疏浚与吹填工程施工规范》(JTS 207)的规定。

4.1　概述

4.1.1　疏浚岩土工程特性及分级

疏浚岩土分为岩石类和土类。根据颗粒组成及其特征、天然含水率、塑性指数及有机物含量，疏浚土类可细分为有机质土及泥炭、淤泥土类、黏性土类、粉土类、砂土类和碎石土类。

根据疏浚机具对其挖掘、提升、输送等的难易程度，对疏浚岩土进行分级，见表 4-1。

表 4-1　疏浚岩土分级及结构特征

岩土类型	级别	状态	强度及结构特征
有机质土及泥炭、淤泥土类	1	流动～极软	可能是密实的或松软的，强度和结构在水平或垂直方向上可能相差很大，并存在气体
淤泥土类	2	软	极易用手指捏成形
黏性土类	3	中等	稍用力捏可成形
	4	硬	手指需用力捏才成形
	5	坚硬	不能用手指捏成形，可用大拇指压出凹痕
砂土类	6	松散	较容易将 12 mm 钢筋插入土中
	7	中密	用 2~3 kg 重锤很容易将 12 mm 钢筋打入土中
	8	密实	用 2~3 kg 重锤可将 12 mm 钢筋打入土中 30 mm
碎石土类	9	松散～中密	骨架颗粒含量小于总质量的 70%，呈混乱或交错排列，大部分不接触或部分连续接触，充填物包裹大部分骨架颗粒，且呈疏松或中密状态
	10	密实	骨架颗粒含量大于总质量的 70%，呈交错排列，连续接触，或只有部分骨架颗粒连续接触，但充填物呈紧密状态

续表

岩土类型	级别	状态	强度及结构特征
岩石类	11	弱	锤击声哑，无回弹，有较深凹痕，手可捏碎，锨镐可挖掘，浸水后，可捏成团
	12	中等	锤击声哑，无回弹，有凹痕，锤击易碎，浸水后，手可掰开
	13	稍强	锤击不清脆，无回弹，有凹痕，锤击较易击碎，锨镐难挖掘，浸水后，指甲可刻出印痕

4.1.2 施工前准备

在疏浚与吹填工程施工前应办理施工、抛泥许可等手续，并发布航行通告，确保船舶、设施的航行和作业安全。

施工现场准备工作包括清理疏浚区、吹填区和取土区的障碍物，落实施工船舶停泊、补给码头及施工通道，准备物料堆场，选择施工船舶停泊和避风锚地，并办理相关手续，落实用水、用电、现场通信手段，配备水上交通船艇和陆地交通用车，落实施工现场管理机构、生活设施和办公用房，并进行浚前测量、施工标志设置、设立水位站及 GPS 基站等。

施工前应进行浚前测量，施工涉及的水深不明区域也应进行水深测量，目的是校核设计单位图纸中提供的水深数据是否有偏差，进而分析设计提供的工程量是否有偏差；同时，根据施工区域水深情况，计算是否满足挖泥船吃水要求，以便选择合适的挖泥船型。对于吹填工程，还应利用 RTK-GPS（RTK，Real-Time Kinematic，实时动态定位技术）等测量仪器进行吹填地形测量，估算纳泥区的容量，选择排泥管线的路由，便于泥浆的扩散和流动。

施工设备调遣时应预先制定调遣方案，各种证书须齐全、有效，满足航区安全航行的要求。自航挖泥船、自航泥驳、拖轮、工作艇在本船证书规定的适航区域内，采用自航方式调遣；非自航挖泥船和非自航泥驳等辅助船舶，采用拖轮拖带的方式调遣；对于无限航区，或不适宜在海上长途拖航的中、小型船舶，应采用装船运输的方式调遣。水路不便到达施工地点且适合陆上运输的小型船舶，也可采用陆运方式调遣。

挖泥船和辅助船舶海上调遣应按规定做好封舱、设备加固等准备工作，并经船舶检验部门检验合格后方可拖航调遣。出航前应编制拖航计划，并针对拖航途中可能遇到的恶劣海况制定预防措施。拖航途中拖轮和被拖船必须正确显示号灯、号型，严格遵守国际海上避碰规则、VTS 管理规则、船舶报告系统管理规定和有关港口规章制度。

陆上调遣时，船舶、设备的单件重量、外形尺度应符合道路运输管理部门的相关规定，并符合沿程道路、桥梁、隧道、站场的通过条件。船舶采用陆运方式调遣时，应制定船舶到场后的组装、下水方案，并落实相应的场地、岸线和机械设备。

维护性疏浚施工方案应根据维护区域、回淤规律和通航要求等确定；施工中应减少港口作业船舶、航行船舶的相互干扰。疏浚附着力较强的黏性土时，施工前应制定黏性土黏附挖掘机具、黏土球输送和管口堆积的措施；疏浚区有块石、漂石等影响施工效率、威胁施工设备安全时，应采取相应措施；施工过程中应定期进行水深测量；在生态敏感性水域施工时应采取有效的环保措施，并对施工环境进行监测；污染土的疏浚应选用环保型疏浚设备；污染底泥及排放余水应进行处理，并对施工环境进行监测。

4.2 挖泥船及其施工方法

挖泥船是开挖水下土石方的工程船舶，按照其工作原理，可分为水力式、机械式和气动式三大类。水力式挖泥船利用泥泵进行吸泥和排泥，主要有绞吸式挖泥船、耙吸式挖泥船等；机械式挖泥船依靠泥斗挖掘水下土石方，主要有链斗式挖泥船、抓斗式挖泥船、铲斗式挖泥船等；气动式挖泥船利用空气形成的压力差，将水下土层已被松动的泥沙和水的混合体，经过管道的吸入、提升和排出，达到疏浚的目的，主要有气动泵挖泥船和空气提升挖泥船等。目前应用比较广泛的是前两类挖泥船。

4.2.1 绞吸式挖泥船及其施工方法

绞吸式挖泥船是水力式挖泥船中较普遍的一种，是目前使用较广泛的挖泥船。绞吸式挖泥船属于吸扬挖泥船，船艏部开槽中的铰刀架前端安装铰刀，并配备泥泵和吸泥装置。挖泥时利用铰刀的旋转切削水底土壤，使疏浚土与水混合形成泥浆，在泥泵的作用下经过吸泥管进入泵体并经排泥管输送至排泥区。船体示意图如图 4-1 所示。

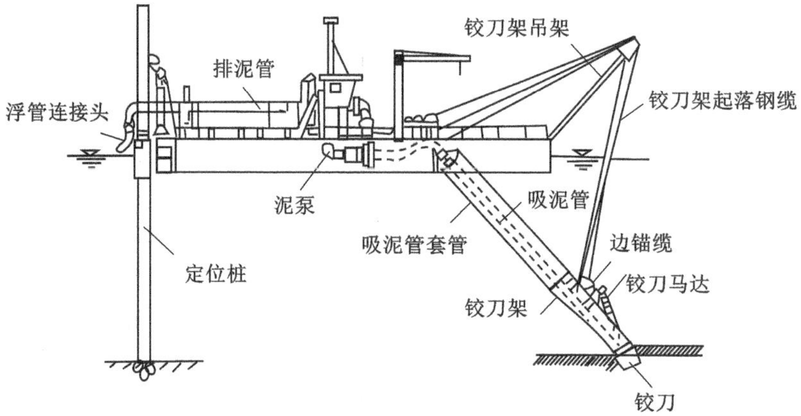

图 4-1 绞吸式挖泥船示意图

绞吸式挖泥船的挖泥、输泥、卸泥等作业都是由自身连续完成的，生产效率较高，一般为 40~6 000 m^3/h。绞吸式挖泥船根据船舶的装机总功率，分为小型、中型、大型以及特大型绞吸式挖泥船。目前国产天鲲号是亚洲最大的特大型自航绞吸船，全船长 140 m，最大挖深 35 m，总装机功率 25 843 kW，设计每小时挖泥 6 000 m^3，铰刀额定功率 6 600 kW，如图 4-2 所示。

绞吸式挖泥船适用于风浪小、流速低的内河湖区和沿海港口、航道等疏浚工程，特别适用于吹填工程，可用于开挖淤泥、黏土、砂土、砾石等土质。一些装有较大功率带齿铰刀装置的绞吸式挖泥船还可挖掘硬黏土、胶结砂、砾石、岩石和珊瑚礁等。

图 4-2　天鲲号绞吸式挖泥船

4.2.1.1　绞吸式挖泥船主要施工工艺

绞吸式挖泥船主要施工工艺有直吹施工和装驳施工两种。

1. 直吹施工工艺

进入疏浚区→船舶就位→铰刀挖泥→泥泵吸排泥→管线输泥至指定区域。

2. 装驳施工工艺

进入疏浚区→船舶就位→泥驳靠泊→铰刀挖泥→泥泵吸泥装驳→换驳。

4.2.1.2　绞吸式挖泥船施工方法

绞吸式挖泥船采用横挖法施工，分条、分段、分层、顺流或逆流挖泥。利用一根钢桩或主（艉）锚为摆动中心，左右边锚配合控制横移和前移挖泥。根据定位装置不同，挖泥方法分为对称钢桩横挖法、定位台车横挖法、三缆定位横挖法、锚缆横挖法，实际施工中，应根据设备性能和施工工况进行选择。

装有定位装置的绞吸式挖泥船，在一般的施工区域，应采用对称钢桩横挖法或钢桩台车横挖法施工；在风浪较大的地区，装有三缆定位设备的挖泥船，应采用三缆定位横挖法；在流速较大或风浪较大的地区，装有锚缆横挖设备的挖泥船，应采用锚缆横挖法。

对称钢桩横挖法是比较常用的一种方法。可采用以双桩轮流为摆动中心的双桩前移横挖法和以固定一根桩为摆动中心的单桩前移横挖法。双桩前移横挖法是利用两根钢桩轮流插入水底，作为船体的摆动中心，并利用铰刀的左右摆动，在挖泥的同时使船体前进，如图 4-3 所示。这种挖泥方法操作简单，但是船体有两个摆动中心，将导致铰刀的挖泥轨迹出现重叠和遗漏，对挖槽质量要求较高的工程不宜使用。

单桩前移横挖法即以一根钢桩为主桩，始终对准挖槽中心线，作为船体的摆动中心，另一根桩作为副桩，用于前移换桩，也叫主副桩前移横挖法，如图 4-4 所示。由于摆动中心只有一个，因此铰刀的挖泥轨迹将互相平行，只要控制好钢桩的前移距离就可避免漏挖和重挖，但是相对双桩前移横挖法而言，操作较复杂。

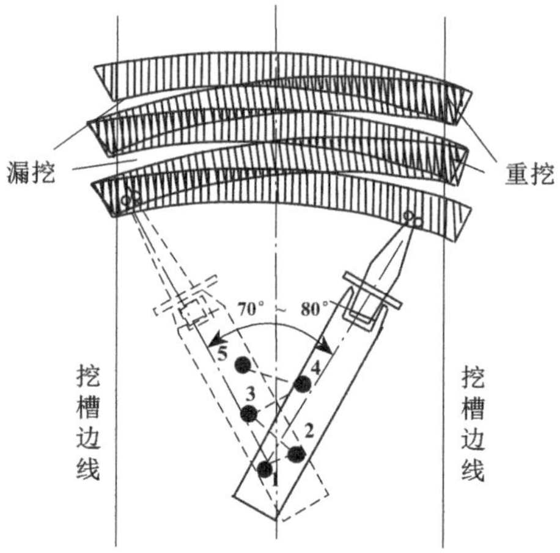

图 4-3 双桩前移横挖法施工示意图

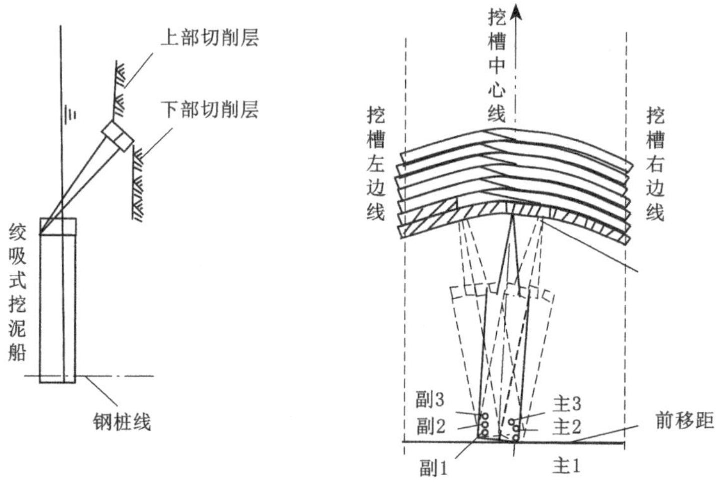

图 4-4 单桩前移横挖法施工示意图

绞吸式挖泥船施工时，挖泥方向应有利于管线布置和缩短水上管线长度，水上浮管与陆地管或水下管接头应处于挖泥船后方。缓流地区逆流施工，流速较大且土质坚硬地区顺流施工；锚缆横挖法施工应逆流施工，应避免横流施工；挖槽宽度大于挖泥船最大挖宽时分条施工；挖槽很长时，分段开挖；土层较厚时，分层开挖，每层厚度为铰刀直径的 1.2~1.5 倍。

4.2.2 耙吸式挖泥船及其施工方法

耙吸式挖泥船是一种装有泥泵、泥舱和吸泥耙头，以 GPS 定位，边航行边挖泥，集自航、自挖、自载、自卸功能于一身的挖泥船（图 4-5）。挖泥时，将耙吸管下放到水底，利用泥泵的真空作用，使泥浆自水底通过耙头和吸泥管进入挖泥船的泥舱中，泥舱装满后，船舶起耙航行至抛泥区开启泥门卸泥，或直接将挖起的泥土排出船外，有的挖泥船还可将泥舱内的泥土自行吸出进行吹填作业。

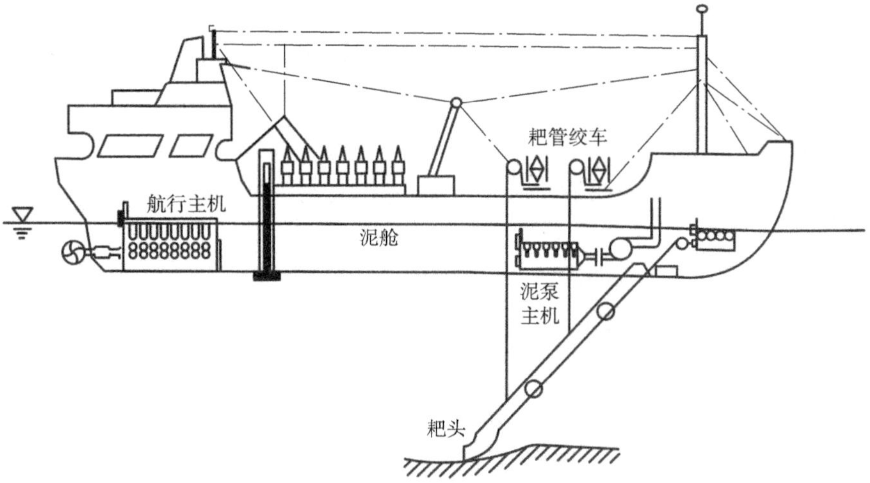

图 4-5　耙吸式挖泥船示意图

耙吸式挖泥船适用范围广、机动性高、有效装载量大，占用水域小，对其他船舶的航行影响小，船体大，抗风浪能力强，挖泥生产率高，在疏浚工程中被广泛采用，可在沿海无掩护的港口、航道和宽阔的江面、船舶锚地作业，适用于狭长和平整度要求较低航道的开挖和维护。它可开挖淤泥、软黏土和松散砂等，其中以挖淤泥效率最高。由于船体较大，不适宜在平面尺度受约束的情况下施工，如水工建筑物附近、码头端部与转角部位、挖槽长度较短等，也不宜用于开挖特别坚硬的黏性土和岩石。

根据船舶的泥舱容量，耙吸式挖泥船可分为小型、中型、大型以及特大型耙吸式挖泥船等。广州航道局浚洋 1 号特大型耙吸式挖泥船最大挖深达 90 m，每小时挖泥约 2 万 m^3。该船的航行和挖泥全过程都可采用自动化控制，驾驶台只需 3 个船员便可完成航行和挖泥任务，且能在八级风浪条件下作业，具备全球无限航区航行能力，如图 4-6 所示。

图 4-6　浚洋 1 号耙吸式挖泥船

4.2.2.1　耙吸式挖泥船主要施工工艺

1. 挖、运、抛施工工艺

进入疏浚区→上线→挖泥装舱→重载航行至抛泥地点→抛泥、掉头→空载返航→重新上线。

采用挖、运、抛工艺时，根据疏浚土的处置或利用要求，将泥舱中的疏浚土抛卸到指定的水下处置区或储泥坑。

2. 挖、运、吹施工工艺

进入疏浚区→上线→挖泥装舱→重载航行至吹填地点→艏喷或接管吹泥→拆管、空载返航→重新上线。

采用挖、运、吹工艺时，根据吹填要求，由安装艏喷装置或排岸装置的耙吸式挖泥船将舱载泥沙喷射或吹送到指定的区域。

3. 边抛或旁通施工工艺

进入疏浚区→上线→边抛或旁通挖泥→转头→重新上线。

当疏浚区具有足够的流速，能将边抛或旁通的疏浚土携带到挖槽以外时，方可采用边抛或旁通施工，边抛或旁通施工适用于淤泥类土和粉砂的疏浚。

4.2.2.2 耙吸式挖泥船挖泥处理

耙吸式挖泥船处理泥土的方式主要有：装舱法、旁通法或边抛法、吹填法三种。

1. 装舱法

装舱法是将吸起的泥浆直接装入泥舱内，当泥浆充满泥舱后，运往抛泥区抛泥。装舱法是最常用的方法，当施工水域均能满足满载吃水要求时，一般都采用这种方法。装舱施工法还有一种改进的施工方式，是装舱溢流施工方法。装舱溢流施工是在耙吸挖泥船装舱施工时，当泥浆满舱后仍继续挖泥装舱，使含细颗粒的泥浆自泥舱上侧溢流口溢出，以增加装舱土方量，泥舱内泥浆浓度达到一定值后驶至指定地点进行抛泥的施工方法。适用于溢流对施工区周边水域不会造成长期不利影响或疏浚区、掉头区、抛泥区和抛泥航行区能满足挖泥船重载航行和掉头的工程。

2. 旁通法或边抛法

旁通法和边抛法的原理类似，都是借助水流的作用将泥浆带出挖槽。旁通法是耙吸式挖泥船将吸入的泥浆直接由船舷两侧排出，再借助水流作用将其带走的施工方法；边抛法是装有边抛管的挖泥船将吸入的泥浆通过边抛管直接喷射至挖槽以外或距船舷一定距离处，再借助水流将其带走的施工方法。这两种方法可以节省抛泥的往返时间，突击疏浚航道浅段，迅速增加水深。由于泥浆不装舱，挖泥船吃水较浅，可以在水深有限制的浅滩上作业。尤其是施工区水动力条件良好，水流足以将疏浚的泥沙携带出挖槽时，采用该法工效较高。

3. 吹填法

吹填法是将装在泥舱中的泥浆，用挖泥船自身的泥泵排至填筑地点的施工方法。一般大型耙吸式挖泥船都装有自卸系统，船艏可直接进行抛泥填筑。施工时，挖泥船驶至与通向吹填区排泥管连接的自浮橡胶软管处，吊起橡胶软管与船艏的排泥管出口对接，用挖泥船上的设备直接将疏浚物吹至填筑区。耙吸式挖泥船的泥泵扬程多数不高，排泥距离较短，进行吹填施工经济性往往不如绞吸式挖泥船，也不如链斗式挖泥船配合吹泥船施工。

4.2.3 链斗式挖泥船及其施工方法

链斗式挖泥船利用安装在斗桥上的一系列旋转泥斗挖掘机进行挖泥装驳，分为自航式和非自航式。应根据挖泥船和泥斗的规格、性能配备适用的泥驳，在航运繁忙和风浪较大的区域施工时宜配备自航泥驳。链斗式挖泥船工作时将斗桥的下端放入水下一定深度，使之与疏浚土层相接触，在上导轮的驱动下斗链连续运转，进而带动斗链上的泥斗。泥斗装泥后随斗链的转动提升出水面，并传送至斗桥塔顶部，经过上导轮改变方向后，斗内的泥沙在重力作用下倒入斗桥塔的泥井中，最后泥沙通过两边的溜泥槽排出挖泥船的舷外。

链斗式挖泥船可根据其生产率分为小型和大型链斗式挖泥船，生产率不大于 500 m^3/h 为小型链斗式挖泥船，挖深一般小于 16 m；生产率大于 500 m^3/h 为大型链斗式挖泥船，挖深一般小于 25 m。链斗式挖泥船施工具有挖槽底部平整、边线顺直、施工质量好等特点，适用于开挖海港、内河等大中型疏浚工程，特别是对工程规格要求严格的码头基槽、泊位及水工建筑物基础的开挖。其疏浚构件主要有斗桥、泥斗、斗链等。链斗式挖泥船对土质适应能力较强，适用于挖掘水下各种淤泥、软黏土、砂和硬黏土、砾石、卵石等。结构较强和挖掘能力较好的重型链斗式挖泥船可以挖掘极硬黏土、砂、强风化岩，也可根据工程需要，与吹泥船或绞吸船等配备组合，联合进行吹填造陆，但不适宜在航行繁忙的港口航道施工。

4.2.3.1 链斗式挖泥船主要形式

根据卸泥方式的不同，链斗式挖泥船可分为四种形式。

1. 驳运链斗式挖泥船

驳运链斗式挖泥船挖起的泥经斗塔上的溜泥槽卸在泥驳中，再由拖轮将泥驳拖至深水抛泥区卸泥或拖至吹填区吹填造陆。链斗式挖泥船的大部分采用这种形式。

2. 高架链斗式挖泥船

高架链斗式挖泥船将泥通过高斗塔、高架溜泥槽直接卸在岸上，适用于狭窄水域无法靠傍泥驳、离岸近、挖泥量小的情况，多用于内河狭窄水域的疏浚。

3. 皮带运输链斗式挖泥船

皮带运输链斗式挖泥船又称低位链斗式挖泥船，特点是上导轮高度较低，以长皮带机输送泥沙，重心低、耐波性好，多用于采砂船。

4. 链斗自吸式挖泥船

链斗自吸式挖泥船斗塔下设有泥舱，在泥舱顶部设有碎泥刀，将从溜泥槽送来的泥块切碎并落入下边的泥舱，再经冲水、搅拌成泥浆，用泥浆泵将其排至舷外泥驳或上岸吹填造地，兼有链斗式和绞吸式挖泥船的特点。

4.2.3.2 链斗式挖泥船施工方法

链斗式挖泥船采用横挖法施工，挖泥方法有斜向横挖法、扇形横挖法、十字形横挖法、平行横挖法等，宜根据现场条件进行选择。

1. 斜向横挖法

挖泥船船身与挖槽纵向中线成较小角度（图 4-7），只有在挖到边线换边过程中才摆正船位。该方法是最常用的施工方法，其优点是水流对船身产生横向压力，有利于横移，也有利于泥斗充泥，挖边缘时规格较准，斗链不易脱缆出轨；缺点是操作复杂。该方法适用于施工水域条件好，挖泥船不受挖槽宽度和边缘水深限制，开挖质量要求较高的工程。

2. 扇形横挖法

挖泥船船艏横移而船艉基本不动，在任何情况下都需抛六口锚，利用尾锚缆和后边锚缆控制船艉，通过收放前左、右边锚缆，实现船艉固定，船艏左右横摆进行挖泥（图 4-8）。该方法适用于挖槽狭窄、挖槽边缘水域水深小于挖泥船吃水的情况。

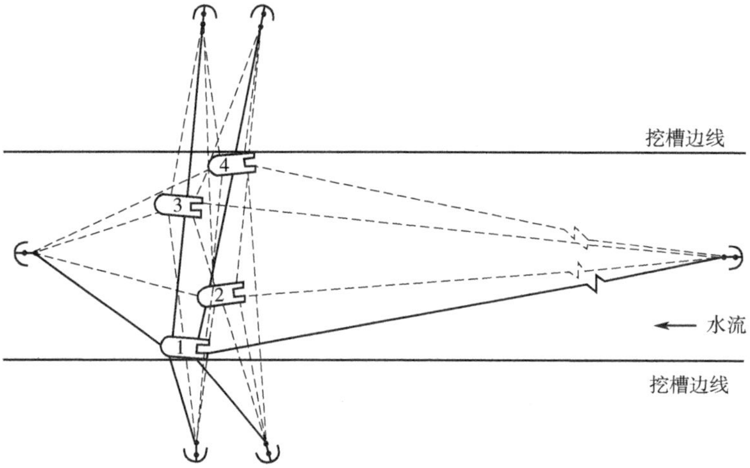

图 4-7　斜向横挖法施工示意图

1,2,3,4—船的位置

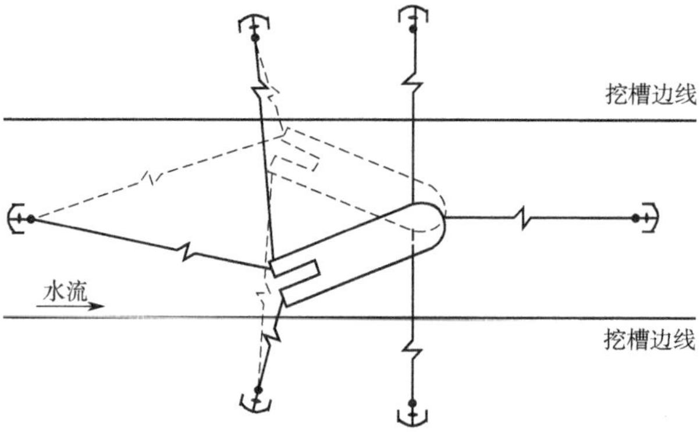

图 4-8　扇形横挖法施工示意图

3. 十字形横挖法

挖泥船中部基本在原地转动(图 4-9),船艏向一侧横移,而船艉向另一侧横移,适用于挖槽边缘水深小于挖泥船吃水,挖槽宽度小于挖泥船长度的情况。

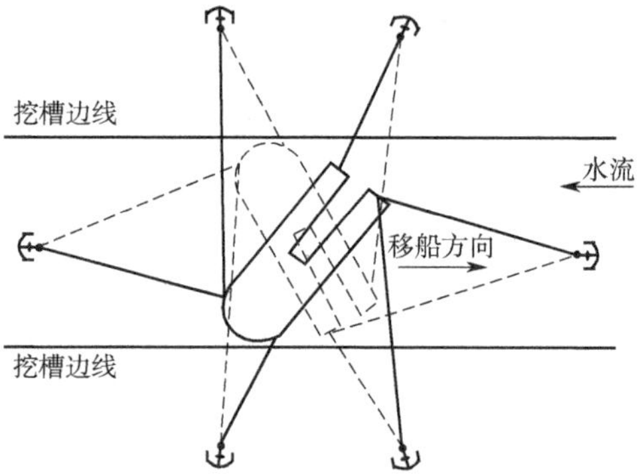

图 4-9　十字形横挖法施工示意图

4. 平行横挖法

挖泥船船身平行于挖槽中线而横移（图 4-10），适用于施工水域水流流速较大的情况，但此法泥斗充泥量少，横移阻力大。

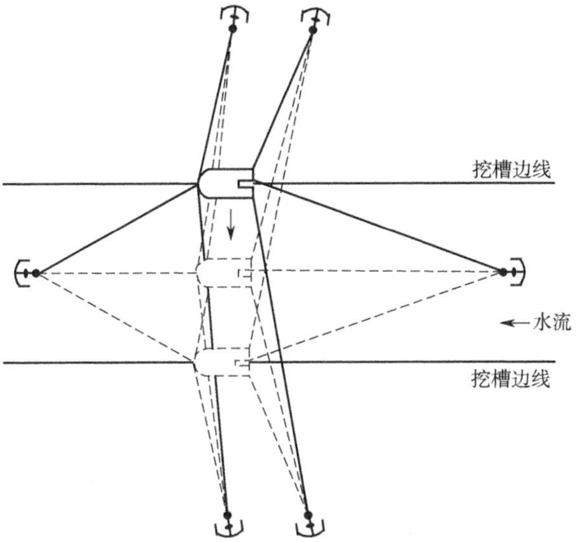

图 4-10　平行横挖法施工示意图

4.2.4　抓斗式挖泥船及其施工方法

抓斗式挖泥船利用安装在船体上的起重机和抓斗挖泥，主要构件有：抓斗、起重机、定位锚或钢桩，如图 4-11 所示。有自航式和非自航式两种，自航式一般自带泥舱，非自航式则利用泥驳装泥和卸泥。目前，工程中常用的是非自航式。挖泥时，安装在钢缆上的抓斗依靠重力作用落入水中一定深度，并插入泥层，抓斗闭合，抓取泥沙。然后通过操纵船舶上的起重机械提升抓斗出水面，回旋到预定位置将泥沙卸入泥舱或泥驳中。卸空的抓斗再回到挖泥点，开始下一循环工作。

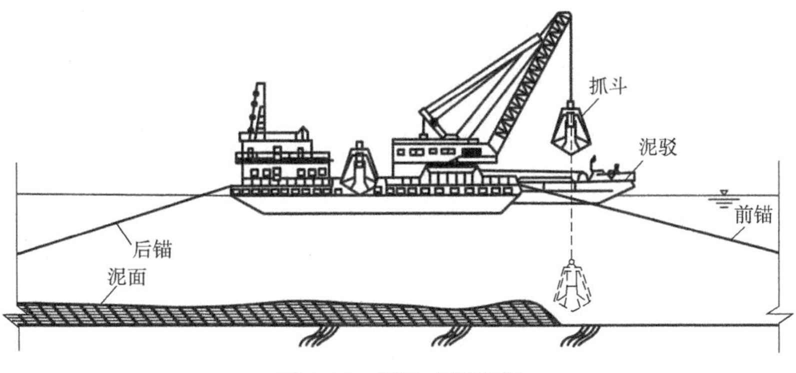

图 4-11　抓斗式挖泥船

抓斗式挖泥船适宜挖松软成块土壤或坚硬夹石质土壤，用特制抓斗可水下清除碎石、块石，是基槽、码头前沿停泊水域及港池开挖的最主要的疏浚作业船舶。抓斗式挖泥船一般都是单斗作业，可配不同类型的轻、中、重型抓斗，以适应挖掘不同硬度土质的需要。抓斗按照斗壳形状分类为蛤壳形（标准型）和橘瓣形两种。蛤壳形抓斗是抓斗式挖泥船应用最广泛的抓斗，分为板式、半齿式、全齿式三种。板式适用于开挖淤泥和松软土，半齿式适用于开挖中等密实的土，全齿式则适用于开挖硬质土。

抓斗式挖泥船宜采用顺流施工。在流速不大或有往复流的地区，可采用逆流施工。施工时抛锚布置如图 4-12 所示，流速较小时可不设尾缆。挖泥船的移动范围与船的大小、抛锚方向和长度有关，一般抛一次锚可以前移 40~50 m，横移 3 倍船宽。

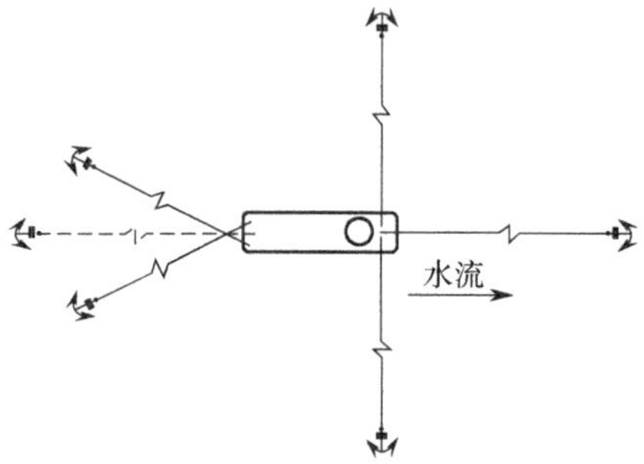

图 4-12　抓斗式挖泥船锚缆布置图

挖斗式挖泥船宜采用纵挖法施工。当挖槽宽度大于抓斗挖泥船的最大挖宽时，应分条进行施工。分条最大宽度不得超过挖泥船抓斗吊机的有效工作半径；在浅水区施工时，分条最小宽度应满足挖泥船作业和泥驳绑靠所需的水域需求；在流速大的深水挖槽施工时，分条的挖宽不得大于挖泥船的船宽。当挖槽长度超过挖泥船一次抛设主锚或边锚所能开挖的长度时，应进行分段施工。分段长度宜为 60~70 m。当疏浚区泥层厚度超过抓斗一次下斗所能开挖的最大厚度时，应分层施工。分层的厚度由抓斗一次开挖的厚度、斗重、张斗的宽度及土质等确定，对 2 m^3 抓斗宜取 1~1.3 m，8 m^3 抓斗宜取 1.5~2.0 m，硬土质可酌情减少。

4.2.5　铲斗式挖泥船及其施工方法

铲斗式挖泥船是利用安装在钢质箱形浮体上的一台旋转式铲斗挖掘机进行挖泥装驳的非自航式挖泥船。按铲斗的方向分为正铲、反铲挖泥船，工作机构分别与正铲、反铲挖土机类似。挖起的泥土卸入停靠在船旁的泥驳，泥驳满载后至卸泥区卸泥。铲斗式挖泥船的斗容为 1~30 m^3。正铲挖泥船挖深一般不超过 15 m，反铲挖泥船挖深一般不超过 25 m。应根据挖泥船和铲斗的规格、性能配备适当的泥驳，航运繁忙和风浪较大的区域宜配备自航泥驳。大型铲斗式挖泥船对海况具有较强的适应能力，施工作业采用钢桩定位，占用水域小，但挖泥作业时需配置相应的泥驳，挖深受限制。

铲斗式挖泥船挖掘能力强，施工精度高，适用于除流动性淤泥外的各种土质，包括珊瑚礁、卵石、砾石、风化岩、经碎石装置或爆破预处理后的碎岩石等坚硬土质，宜用于坚硬岩土开挖，基槽开挖，拆除围埝、清除杂物和水下障碍物等。

铲斗式挖泥船应采用纵挖法施工。坚硬的土质和风化岩，宜配备小容量带齿铲斗，并采用挖掘与提升铲斗同步挖掘法施工，同时为防止挖掘时的反向力而影响机具安全，应采用隔斗挖泥法挖掘（即在第一次挖掘时采用隔一斗铲挖一次，剩余部分第二次再挖）；软质土及平整度要求高的工程宜配备大容量铲斗，并采用挖掘制动、提升铲斗挖掘法施工；挖掘不同土质的抬船高度、回转角、铲斗回转角进量及铲斗前移距等施工参数应通过试挖确定。

4.3　疏浚设备选择及产量估算

疏浚设备是用于疏浚施工的船舶及辅助设备的总称。疏浚设备应根据工程规模、建设要求、现场水域条件、岩土的可挖性、管道输送适宜性、现场的自然与环境条件等影响因素进行选择。

4.3.1　挖泥船选择

选择挖泥船时要考虑工程土方量、施工地区自然条件、施工条件及泥土处理要求等因素。

4.3.1.1　挖泥船性能

挖泥船性能包括船舶尺度，船舶动力，航速，排泥方法，泥泵性能，最大、最小和最有效挖深，最大、最小挖宽，船的抗风浪能力和各种条件下的生产效率等。

4.3.1.2　土的可挖性

土质对挖泥船的生产效率影响很大，不同性质的土壤，应选择与之相适应的挖泥船。耙吸式和绞吸式适宜挖淤泥、砂土；链斗式除细砂、石质外，其他土质均能适用；抓斗式适宜挖松软成块土壤；铲斗式适宜挖硬土、碎石或砾石底质。参数取值参照表 4-2。

表 4-2　疏浚岩土的可挖性

岩石类别、级别规格船舶类型		耙吸挖泥船舱容（m³）			绞吸挖泥船铰刀功率（kW）		抓斗挖泥船斗容（m³）		铲斗挖泥船斗容（m³）	链斗挖泥船生产率（m³/h）	
		≥9 000	4 000~9 000	≤4 000	≥1 000	<1 000	≥8	<8	≥4	≥500	<500
有机质土	1	容易	容易	容易	容易	容易	不适合	不适合	不适合	较易	较易
淤泥质土类	2	容易	容易	容易	容易	较易	较易	较易	较易	容易	容易
黏性土类	3	较易	较易	尚可	较易	较易	较易	较易	容易	较易	较易
	4	较难	困难	困难	较易	较难	较易	尚可	较易	较易	较难
	5	困难	很难	很难	较难	困难	困难	很难	较难	困难	困难
砂土类	6	容易	容易	容易	容易	容易	容易	容易	容易	容易	容易
	7	容易	较易	尚可	较易	较难	较易	较难	容易	较易	尚可
	8	尚可	较难	困难	尚可	困难	困难	很难	尚可	尚可	困难
碎石土类	9	尚可	较难	困难	尚可	较难	较易	尚可	容易	尚可	较难
	10	较难	困难	不适合	尚可	困难	较难	很难	尚可	困难	不适合
岩石类	11	不适合			尚可	困难	很难	不适合	困难	很难	不适合
	12				较难	很难	不适合				
	13				困难	不适合					

4.3.1.3 管道输送适宜性

疏浚设备的选择应满足疏浚土水力输送的输送能力、挖掘能力等要求。采用管道输送时，绞吸式挖泥船、耙吸式挖泥船、吹泥船及接力泵站等均需对其输送能力进行计算，管道输送能力应与疏浚设备的挖掘能力相匹配。管道泥浆最小流速大于临界流速，最大流速在泥泵气蚀性能允许范围内。

4.3.1.4 现场的自然与环境条件

疏浚设备选择应与当地的水文、气象条件相适应。可作业时间及其安全性应根据挖泥船的抗风浪能力，结合现场资料分析确定；在风浪条件恶劣和避风锚地距离较远时，宜采用耙吸式挖泥船施工；装机总功率 5 000 kW 以上的大、中型绞吸式挖泥船可在沿海开敞水域施工；多雾季节应选择装有雷达和良好导航，以及通信设备的挖泥船。

4.3.2 辅助船只配备

确定挖泥船以后，结合疏浚方式可以配备其他辅助船只，组织挖泥船队。

辅助船只分为疏浚设备、供应船及其他船只。疏浚设备有泥驳、拖轮、输泥管线、吹泥船等，供应船包括供水、供煤、供油船等，另外，辅助船只还应包括抛锚艇、宿舍船、交通船和舢板等其他船只。

4.3.3 疏浚设备产量估算

疏浚设备的产量估算应根据设备的性能、疏浚与吹填土质、工程具体要求以及施工区的自然和环境条件等进行计算。首先，根据现场施工条件和土质情况，计算所选择疏浚设备的生产率；其次，根据施工现场影响疏浚作业的客观因素确定挖泥船施工期间的时间利用率，如果存在季节性变化时分段计算；然后，计算挖泥船施工期间的月产量或年产量；最后，若有类似工程施工资料，根据相应资料进行适当修正。

4.3.3.1 绞吸式挖泥船生产率

绞吸式挖泥船的生产率分为挖掘生产率和吸输生产率，产量估算时取小值。因为绞吸式挖泥船施工的特点就是挖掘与吸输同时完成，二者是相互制约的。

（1）绞吸式挖泥船的挖掘生产率按下式计算：

$$W_{绞挖}=60KDtv \tag{4-1}$$

式中 $W_{绞挖}$——铰刀挖掘生产率（m^3/h）；

K——铰刀挖掘系数，与铰刀实际绞切的泥土断面积等因素有关，可取 0.8~0.9；

D、t——铰刀的前移距和切泥厚度（m）；

v——铰刀横移速度（m/min）。

（2）绞吸式挖泥船的吸输生产率按下式计算：

$$W_{绞输}=Q\rho \tag{4-2}$$

式中 $W_{绞输}$——泥泵管路吸输生产率（m^3/h）；

Q——泥泵管路的工作流量（m^3/h）；

ρ——泥浆浓度，按原状土的体积浓度公式计算，可按式（4-7）计算。

4.3.3.2 耙吸式挖泥船挖泥量及生产率

（1）耙吸式挖泥船挖泥量按下式计算：

$$V_{耙吸}=\frac{W_1-\gamma V_0}{\gamma_1-\gamma} \quad (4\text{-}3)$$

式中 $V_{耙吸}$——泥舱中的挖泥量（m^3）；

W_1——泥舱中重载的泥浆量（t），按泥舱装泥前后挖泥船的吃水差计算；

V_0——泥舱的容积（m^3）；

γ_1——挖泥区疏浚土的平均天然密度（t/m^3）；

γ——挖泥区水的密度（t/m^3）。

（2）耙吸式挖泥船生产率。

①当耙吸式挖泥船采用挖、运、抛或挖、运、吹施工工艺时，生产率按下式计算：

$$W_{耙吸1}=\frac{q_1}{\sum t}=\frac{q_1}{\dfrac{l_1}{v_1}+\dfrac{l_2}{v_2}+\dfrac{l_3}{v_3}+t_1+t_2} \quad (4\text{-}4)$$

$$q_1=\frac{G-\gamma_w q}{\gamma_0-\gamma_w} \quad (4\text{-}5)$$

式中 $W_{耙吸1}$——耙吸挖泥船挖、运、抛施工生产率（m^3/h）；

q_1——泥舱装载土方量（m^3）；

$\sum t$——施工循环运转时间（h）；

l_1、l_2——重载航行段长度和空载航行段长度（km）；

v_1、v_2——重载航速和空载航速（km/h）；

l_3——挖泥长度（km）；

v_3——挖泥航速（km/h），根据疏浚土土质确定，对淤泥和松散的砂宜采用 2~6 km/h，对黏土和中密以上的砂宜采用 6~8 km/h；

t_1——当采用挖、运、抛施工工艺时，为抛泥及抛泥时的掉头时间（h）；当采用挖、运、吹施工工艺时，为吹泥总时间（h），由挖泥船吹泥所需时间以及挖泥船与吹泥管线连接装置的接卡、解离所需时间组成；

t_2——施工中转头及上线时间（h）；

G——泥舱中装载的泥浆总质量（t），按装舱前后的船舶吃水求得；

γ_w——现场水的密度（t/m^3）；

q——泥舱装载的泥浆体积（m^3）；

γ_0——疏浚土体的天然密度，即原状土密度（t/m^3）。

②耙吸挖泥船边抛或旁通施工生产率按下列公式计算：

$$W_{耙吸2}=Q\rho\delta\eta \quad (4\text{-}6)$$

$$\rho=\frac{V_1}{V_2}\times 100\%=\frac{\gamma_m-\gamma_w}{\gamma_0-\gamma_w}\times 100\% \quad (4\text{-}7)$$

式中 $W_{耙吸2}$——耙吸挖泥船边抛或旁通施工生产率（m^3/h）；

Q、ρ——抛出舷外的泥浆流量（m^3/h）和泥浆浓度（%）；

δ——有效出槽系数，为泥浆入水后所含泥沙实际输出槽外的比率，通过观测与分析，并参考类似工程的经验数据确定；

η——考虑转头等因素的时间系数；

V_1、V_2——原状土体积和泥浆体积（m^3）；

γ_m、γ_w、γ_0——泥浆密度、现场水的密度和原状土密度（t/m^3）。

4.3.3.3　链斗式挖泥船生产率

链斗挖泥船生产率按下式计算：

$$W_{链斗}=\frac{60ncf_m f_0}{B} \tag{4-8}$$

式中　$W_{链斗}$——链斗挖泥船生产率（m^3/h）；

n——链斗运转速度（斗/min），可采用表 4-3 中的数值；

c——泥斗容积（m^3）；

f_m——泥斗充泥系数，即泥斗中充泥体积与斗容之比，可采用表 4-4 中的数值；

f_0——斗桥的倾斜系数；

B——岩土的搅松系数，可采用表 4-5 中的数值。

表 4-3　链斗挖泥船在各相应条件下的链斗运转速度

土质类别	极软土	软土	硬土	极硬土	碎石	弱而易碎的岩石
链斗运转速度 n（斗/min）	25~28	18~32	15~18	12~15	8~12	3~5

表 4-4　各类土的链斗充泥系数

土质类别	硬黏土	中等黏土	软黏土	粗砂	中砂	细砂	爆破后的	弱而易碎的岩石
f_m	0.90	0.85	0.80	0.80	0.70	0.60	0.40	0.20

表 4-5　疏浚土的搅松系数 *B*

土质种类	搅松系数 B	土质种类	搅松系数 B
硬质岩石（R_c>30 MPa，需爆破）	1.50~2.00	砂（松散～中密）	1.05~1.15
中等岩石（15 MPa<R_c≤30 MPa，需爆破）	1.40~1.80	淤泥（新沉积）	1.00~1.10
软质岩石（R_c<15 MPa，不爆破）	1.25~1.40	淤泥（固结）	1.10~1.40
砾石（密实）	1.35	黏土（硬～坚硬）	1.15~1.25
砾石（松散）	1.10	黏土（中软～硬）	1.10~1.15
砂（密实）	1.25	黏土（软）	1.00~1.10
砂（中密～密实）	1.15~1.25	砂、砾石、黏土混合物	1.15~1.35

4.3.3.4　抓斗、铲斗式挖泥船生产率

（1）抓斗挖泥船生产率按下式计算：

$$W_{抓斗}=\frac{ncf_m}{B} \tag{4-9}$$

式中　$W_{抓斗}$——抓斗挖泥船生产率（m^3/h）；

n——每小时抓取斗数；

c——抓斗容积（m^3）；

f_m——抓斗充泥系数，淤泥取 1.2~1.5；砂或砂质黏土取 0.9~1.1；碎石类土取 0.3~0.6；

B——疏浚土的搅松系数，采用表 4-5 中的数值。

（2）铲斗挖泥船生产率可按式（4-8）进行计算，其中充泥系数采用表 4-6 中的数值，疏浚土层厚度较薄时，铲斗的充泥系数可适当减小。

表 4-6 各类土的铲斗充泥系数

土质类别	砂	中等黏土	砾石	硬黏土	预处理的 / 易碎岩石	弱石
充泥系数 f_m	0.90	0.72	0.60	0.40	0.33	0.30

4.3.3.5 产量估算

根据挖泥船生产率，同时考虑挖泥船时间利用率和工期，可估算挖泥船疏浚产量。在确定挖泥船时间利用率时可根据调查分析的客观影响时间确定，也可以计算确定。挖泥船施工的客观影响时间应包括风、浪、雾、水流、冰凌与潮汐等自然因素以及施工干扰等其他客观因素对挖泥船施工的影响。具体统计计算时，应根据挖泥船对自然环境的适应情况，对施工地点不少于近 3 年的有关统计资料进行分析计算取其平均值，并参照历史上类似工程的统计资料进行分析。也可以按下式计算：

$$S = \frac{T_1}{T_1 + T_2 + T_3} \times 100\% \tag{4-10}$$

式中 S——挖泥船施工期间的时间利用率（%）；

T_1——挖泥船的挖泥时间（h），耙吸挖泥船还包括运、抛（吹）泥等作业时间；

T_2——挖泥船的生产性停歇时间（h），指挖泥船生产过程中为保持正常施工而需要暂停的疏浚和吹填的时间，以及因人力不可克服因素产生的停歇时间；

T_3——挖泥船的非生产性停歇时间（h），指挖泥船生产过程中，因工作不当或意外原因造成的停工时间。

挖泥船产量估算：

$$E = 24WST \tag{4-11}$$

式中 E——每艘挖泥船的产量（m^3）；

W——挖泥船生产率（m^3/h）；

S——挖泥船施工期间的时间利用率（%）；

T——工期（d）。

4.3.4 作业船数量的确定

4.3.4.1 疏浚工程量

确定疏浚工程量的原则：

（1）对无回淤或回淤量很小的工程，应采用现场水深测量方法计算疏浚工程量；

（2）对土质情况变化较大的工程，应根据测图和地质剖面图计算不同土质的工程量；

(3)对有回淤的工程,应在采取水深测量计算工程量的同时,增加根据回淤强度推算的疏浚施工期的回淤量;

(4)对吹填工程,可采用吹填区设计土方计算,实际开挖土方量应考虑疏浚土的搅松、在吹填区的流失量、固结量和沉降量及预留超高;

(5)对回淤严重、需常年维护的航道和港池,其工程量可采用多年实测图计算的疏浚工程量的平均值或分析值计算。

计算方法有平均水深法、网格法、不规则三角网法和断面面积法。对于同一工程,浚前和交工宜采用同一方法计算。疏浚断面不规则,或为大面积如港池时,可采用平均水深法(即平均水深乘开挖面积)或网格法;疏浚断面规则时,如基槽和航道,按图 4-13 采用断面面积法,超深超宽可按表 4-7 确定;对任意区域均可采用不规则三角网法。

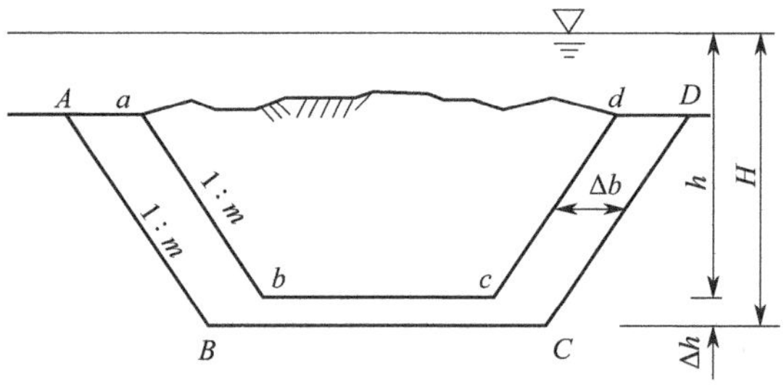

图 4-13 疏浚工程计算断面示意图

abcd—设计断面;*ABCD*—计算土方断面;Δ*b*—计算超宽;Δ*h*—计算超深;1 : *m*—设计坡比;*h*—设计疏浚深度

表 4-7 各类型挖泥船计算超深、超宽值

船型	耙吸式挖泥船舱容(m^3)		绞吸式挖泥船装机总功率(kW)		链斗式挖泥船斗容(m^3)		抓斗式挖泥船斗容(m^3)			铲斗式挖泥船斗容(m^3)	
	≥9 000	<9 000	≥5 000	<5 000	≥0.5	<0.5	>8	4~8	<4	≥4	<4
超深(m)	0.55	0.50	0.40	0.30	0.35	0.30	0.60	0.50	0.40	0.40	0.30
超宽(m)	6.0	5.0	4.0	3.0	4.0	3.0	4.0	4.0	3.0	3.0	2.0

4.3.4.2 挖泥船数量计算

根据以上产量估算的内容,结合总工程量可计算出所需挖泥船的数量:

$$N = \frac{Q}{E} \tag{4-12}$$

式中 N——所需挖泥船数量(艘);

Q——总工程量(m^3);

E——每艘挖泥船的产量(m^3)。

4.3.4.3 泥驳和拖船数量计算

选用泥驳运泥时,应根据挖泥船和泥斗的规格、性能,配备适用的泥驳,在航运繁忙和风浪较大的区域宜配备自航泥驳。

（1）每艘挖泥船所需的泥驳数量按下式计算：

$$N=\frac{\left(\frac{l_1}{v_1}+\frac{l_2}{v_2}+t_0\right)BW}{q_1}+n_B \tag{4-13}$$

式中　N——每艘挖泥船配备的泥驳数量（艘）；

l_1、l_2——挖泥区至卸泥区的航程和卸泥区至挖泥区的航程（km）；

v_1、v_2——重载航速和轻载航速（km/h）；

t_0——装泥、卸泥、转头及靠离挖泥船时间的总和（h）；

W——挖泥船生产率（m^3/h）；

q_1——泥驳装载量（m^3）；

n_B——备用泥驳数量；

B——疏浚土的搅松系数，按表 4-5 确定。

（2）每艘挖泥船所需的拖船数量按下式计算：

$$M=\frac{\left(\frac{l_1}{v_1}+\frac{l_2}{v_2}+t_0\right)BW}{q_1D} \tag{4-14}$$

式中　M——每艘挖泥船配备的拖船数量（艘）；

D——拖船一次携带的泥驳数（艘）；

其余符号意义同前。

4.4　疏浚泥土处理及吹填工程

4.4.1　疏浚泥土处理

疏浚泥土的处理是疏浚工程施工中一个极其重要的问题。疏浚泥土的处理直接关系到工程进度、挖泥效率、巩固疏浚效果、工程成本以及环境污染等，必须充分重视。

疏浚土分为清洁疏浚土、沾污疏浚土和污染疏浚土三类，其划分标准应符合国家有关规定。在对疏浚土进行处理之前应对其物理化学特性做出评价和测定，必要时应进行生物学检验。

4.4.1.1　疏浚土的利用

疏浚土可根据物理与化学特性指标用于工程建设、农业生产或改善环境。疏浚土的工程建设用途包括吹填造陆、陆地改善、海滩养护、近岸护坡、建造堤坝、覆盖防护、建筑材料和填充物；农业生产用途包括水产养殖、土壤改善；改善环境用途包括湿地、丘陵栖息地、岛屿栖息地和渔场的恢复和建立。

疏浚土利用时应考虑其物理、化学与生物特性的适宜性，根据操作可行性、环境的可接受性和成本等因素提出利用方案。对于清洁疏浚土，可直接加以利用；对于沾污疏浚土，当其物理和化学特性满足利用要求，且对敏感的自然环境产生的影响在可接受范围内时可直接利用，当其化学特性不能满足利用要求或对敏感的自然环境产生的影响不能接受时，应经处理后再加以利用；对于污染疏浚土，严禁未经处理直接利用。疏浚土利用应制定监测方案，并实施监测。

4.4.1.2 疏浚土处置

无法利用的疏浚土应采取合理的方式和必要的措施进行处置，处置方式可分为开敞水域处置和陆上圈围处置。开敞水域处置是将疏浚土置于政府部门划定的倾倒区。陆上圈围处置即采取必要的措施，将疏浚土置于在陆地上建造的圈围处置设施内。

4.4.2 吹填工程

吹填工程按其性质可分为：以挖泥为主，结合处理疏浚泥土的吹填工程；以吹填为主，专为某些建设服务的吹填工程。吹填工程现已广泛应用于扩大陆域、围垦造地、吹砂填筑路基及结合河道整治吹填整治建筑物等。吹填土的取土区应避开水下建筑物、水下障碍物、爆炸物、水产养殖区及环境敏感区等，当吹填可以与疏浚结合进行时，应利用符合吹填要求的疏浚土。吹填工程的主要程序如图 4-14 所示。

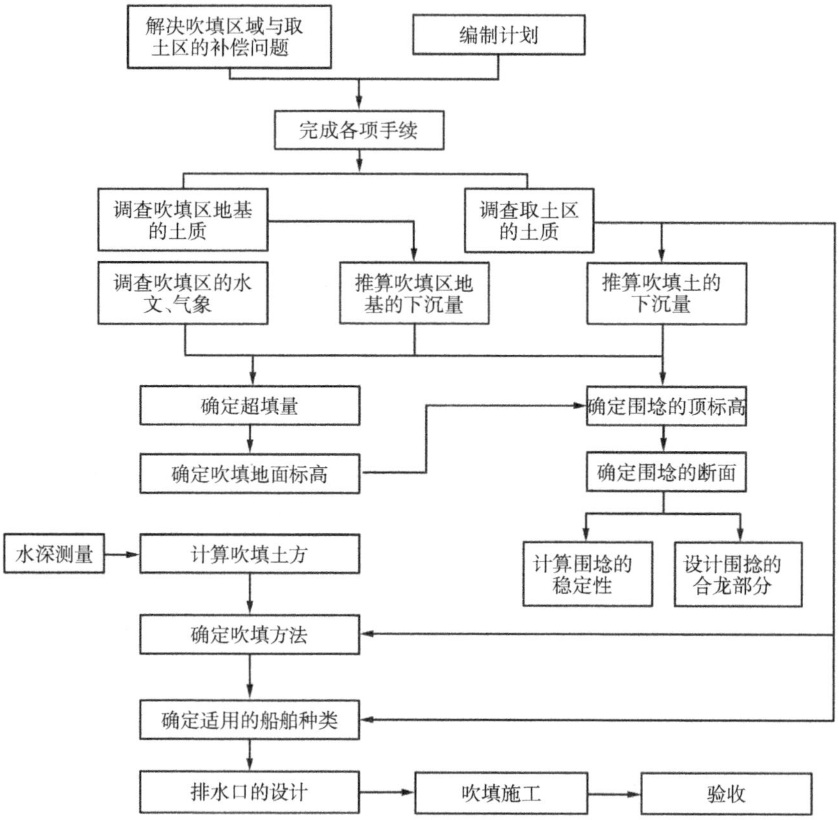

图 4-14 吹填工程的主要程序

4.4.2.1 吹填方式

吹填方式应根据工程条件、环境要求和拟选疏浚设备的性能进行选择。吹填工程应优先采用绞吸式挖泥船直接吹填的施工方式，当取土区与吹填区的距离超过绞吸式挖泥船的有效吹距时应增设接力泵；在通航繁忙的航道上疏浚并吹填，宜采用耙吸式挖泥船直接吹填的施工方式；当取土区与吹填区距离较远时，宜采用挖运吹或挖运抛吹的施工方式；斗式挖泥船取土应注意绞吸挖泥船、吹泥船二次吹填对该类土质的适应性。

4.4.2.2　吹填工程设计

吹填工程设计包括吹填区布置及尺度、吹填工程量、围埝、储泥坑(挖运抛吹)、吹填管线、吹填区排水等。

1. 吹填区布置及尺度

吹填区布置应结合吹填工期、使用的吹填设备及施工方法综合考虑,满足工程使用要求,必要时根据用地需要、吹填土料、吹填面积及现场条件等因素设置隔埝进行分区。合理利用自然条件,减少围埝工程量,降低工程造价。吹填工程量应根据现行行业标准《疏浚与吹填工程设计规范》(JTS 181)计算确定。

2. 储泥坑

采用挖运抛吹施工的吹填工程应设置储泥坑,储泥坑宜由 2 个相邻的尺度相同的矩形储泥坑组成,水域条件受限制时,可设 1 个储泥坑。储泥坑的平面尺度及深度满足抛泥船舶和吹填船舶安全作业的要求,容泥量满足抛泥船舶以及吹填船舶连续作业的要求。为保证储泥坑的边坡稳定性,当储泥坑为 2 个相邻的矩形储泥坑时,单个储泥坑长度应不小于吹填船舶船长的 3 倍且不小于抛泥船舶船长的 2 倍,宽度应不小于抛泥船舶船长的 2 倍。储泥坑的储泥厚度及设计底高程应根据现行行业标准《疏浚与吹填工程设计规范》(JTS 181)计算确定。

3. 吹填围埝

吹填围埝是筑于吹填区边界线上拦阻吹填泥浆外溢的围堤,保证泥浆在规定的范围内沉积,使其不任意漫流。

吹填围埝设计标准根据吹填区用途及使用要求确定,包括使用年限、结构安全等级、水工建筑物级别、防洪标准、道路标准、抗震设防要求等。位于永久水陆分界线的吹填围埝按永久建筑物设计;位于临时水陆分界线的吹填围埝按准永久建筑物设计,吹填区内的隔堤和陆上围埝按临时建筑物设计;有条件时吹填围埝与海塘、港口护岸、码头岸壁、人工岛岛壁等永久建筑物结合建设;分期、分区竣工的吹填区,以及为了吹填土沉淀需要分隔的吹填区,根据工程要求设计隔埝。

吹填围埝高度较大并有条件进行分层吹填、分层处理时,考虑围埝与吹填的充分结合与相互依托,优先考虑利用吹填土料修筑围埝,并按分层筑围埝、分层吹填的方式进行设计,分层吹填围埝示意图如图 4-15 所示。利用码头岸壁等水工建筑物作为吹填围埝时,按吹填要求对码头岸壁等水工建筑物稳定性进行验算。

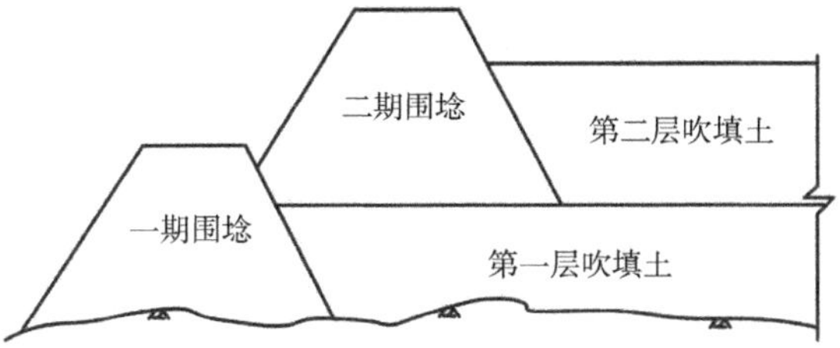

图 4-15　分层吹填围埝示意图

吹填围埝的结构形式,应根据围埝所处的位置进行选择。陆上围埝可采用黏土围埝、沙土围埝、土工织物充填袋围埝和混合材料围埝等结构形式；围海造陆工程的吹填围埝可根据现场条件采用抛石、土工织物充填袋等斜坡式结构形式，也可采用板桩等直立式结构形式。

吹填围埝的堤顶高程应按下式计算：

$$H = H_R + H_C + H_A \quad (4\text{-}15)$$

式中 H——围埝顶高程（m）；

H_R——吹填设计高程（m）；

H_C——预留沉降量（m），根据原地基及吹填土质确定；

H_A——安全超高（m），取 0.5~1.0 m。

当吹填围埝兼作其他用途时，堤顶高程应按国家现行相关规范的有关规定确定。围埝设计应进行稳定性分析与计算，必要时应提出围埝与吹填施工的进度控制要求。

围埝龙口是围埝的泄流口门，龙口的位置、数量、宽度及高程，应根据吹填区平面布置、实施顺序、排水通道、地质情况等因素综合分析后经水力计算确定，护底及左右两侧的结构形式及尺度，宜根据龙口流速及流态、波浪条件，结合围埝结构等因素确定。护底结构宜采用软体排加砂被压载、软体排加抛石压载等。

在对围埝龙口进行合龙时，合龙方式应根据龙口宽度及高度、流速、水位、合龙强度要求等条件确定，可采用平堵法、立堵法或两者结合的方法。合龙时间宜安排在非汛期小潮汛，应明确龙口合龙的开始时间、棱体合龙时间及闭气合龙时间。

4. 吹填管线

吹填管线是吹填泥浆的重要设施，其布置直接影响到挖泥船、吹泥船、泵站等的主机马力、泥泵扬程和排泥距离。吹填管线在布置时应满足吹填规模和质量的要求，易于实施且经济安全；应综合考虑吹填设备的总扬程、取土区至吹填区的地形、地貌、排距、吹填高程、水位和潮汐变化等因素，合理布置；应注意相邻工程的相互协调，避免产生干扰。

吹填管线可分为水上管线、水下管线、陆上管线及吹填区内管线。管线路由的确定应根据设备性能、取土区的区域划分、现场条件等因素确定。水上管线的布置应在满足使用要求的前提下缩短水上管线的长度。当水上管线碍航或有冰水域或水上吹距较长时，宜敷设水下管线。水下管线宜选在水下地形平坦、冲淤不大的缓流区。水陆管线相接处应设连接平台并采用柔性连接，平台位置和高程应满足水位变化的要求。陆上管线宜选择交通方便的道路、堤坝、河或海岸一侧布置，走向宜平直，避免与公路、铁路、水渠和其他建筑物交叉。

5. 吹填区排水

吹填区排水口是泥场的重要排水措施，可以排出残留在泥场中的大量清水，调节泥场内的水位以控制土方的流失和达到吹填面的平整。排水口的位置应根据吹填区的地形、几何外形、排泥管的布置、容泥量及排泥总流量等因素确定，一般布设在吹填区的死角或远离排泥管线出口的位置，泥浆流程长，泥浆沉淀充分。同时，排水口应选在具有排水条件的位置，如临近江、河、湖、海等地方。排水口的形式根据工程规模、现场条件、排水要求等因素可选用溢流堰式排水口、薄壁堰式排水闸、埋管式排水口或闸管组合式排水口等。

第 5 章　软土地基加固

5.1　概述

工程中，含水率大于液限、孔隙比大于或等于 1.0 的黏性土以及标准贯入度击数小于 4 的砂性土地基称为软土地基，其特点是地基强度低、承载力低、建筑物下沉量大，在其上建设的建筑物极易失稳，必须采取措施进行地基加固。软土地基加固方法主要有三大类：第一类是采用物理加固法，包括用挖除或其他方式将原有的软土地基替换的换填处理法和用加载或排水等物理方法使软土地基密实的密实处理法；第二类是化学加固法，即向软土地基中加入水泥、石灰等材料增加地基强度；第三类是土工聚合物法等其他方法。各种加固方法及分类见表 5-1。应根据土质条件等因素选择经济适用的软土地基加固方法。水运工程常用的有换填法、固结排水法、振冲法、强夯法、水下深层搅拌法、高压旋喷法和挤密砂桩法等。软土地基加固应符合《水运工程地基基础施工规范》（JTS 206）等国家及行业现行相关标准的规定。

表 5-1　软基加固方法及分类

类别	亚类	次亚类		具体方法
物理加固法	换填处理	挖除换填法		全部挖除换填法、部分挖除换填法
		强制换填法		重力强制换土法（如抛石挤淤法）
		爆破换填法		爆炸挤淤法
	密实处理	表层密实处理法		表层夯实法、重锤夯实法、碾压法、表层振实法
		深层密实处理法	排水固结法	排水砂垫层（最大排水距离一般<5 m）
				堆载预压法、真空预压法、真空联合堆载预压法、降水预压法（包括各类井点降水）、电渗法
			冲击密实法	强夯法、爆炸挤密振密法
			振密挤实法	振动水冲法（振冲法）、挤密砂桩法、石灰桩挤密法、灰土桩挤密法
化学加固法				水泥系列拌合法（水下深层搅拌法）、石灰系列拌合法、高压喷射注浆法（高压旋喷法）、灌浆法（包括各种灌浆材料）
其他方法				土工聚合物法等

5.2　换填法

当软土地基的承载力和变形不满足设计要求，而软土层的厚度又不是很大时，将基础底面以下处理范围内的软土层全部挖除，然后回填强度较大、性能稳定、无侵蚀性的材料，并压实至要求的密实度，这种地基处理方法称为换填法。

5.2.1 换填砂垫层法

将基础以下一定范围内的土层挖除，然后回填强度较大的砂、砂石或灰土等，并分层夯实至设计要求的密实程度，作为地基的持力层。换填砂垫层法的砂料宜采用级配良好且不含杂质的中、粗砂。对于起排水作用的换填砂垫层，其含泥量不宜大于 5%。换填法适用于换填厚度不大于 4 m 的软土地基。在饱和软土上换填砂垫层时，砂垫层具有提高地基承载力、减小沉降量、防止冻胀和加速软土排水固结的作用。

砂垫层施工时应减少对地基土的扰动。陆上施工的砂垫层宜分层填筑，分层压密；水下施工的砂垫层应均匀抛填；回淤严重的地区应控制抛砂的间歇时间，避免出现淤泥夹层；开挖的基槽应防止槽底回淤，并应采取清淤措施，对难以清除的槽底薄层淤泥，可在槽底抛一层块石；抛填砂易流失的地区可采用土工织物袋内充砂结构。砂垫层密实度达不到设计要求时，较深厚的垫层可用振冲法将其振密，表层或厚度较小的砂垫层，宜在其上抛一定厚度碎石，再进行夯实处理。

5.2.2 铺垫法

铺垫法的原理是在软基表面铺设垫层，增加抗滑稳定性，使上部荷载均匀地传到地基上，减少地基不均匀沉降，主要适用于适应变形能力强的防波堤等建筑物。铺垫法的常用材料有砂、碎石、灰土、三合土、有纺及无纺土工织物等。土工织物垫层法施工方法如图 5-1 所示。

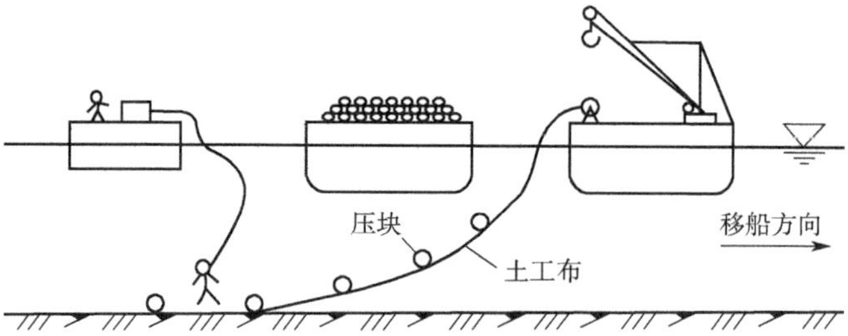

图 5-1 土工织物垫层施工方法

5.2.3 抛石挤淤法

抛石挤淤法是通过向淤泥表面大量集中抛填石料，依靠填筑体的自重挤开淤泥，置换饱和软土的地基处理方法。它的实质是用抛石置换淤泥，与一般换填方法相比，抛石挤淤既保证了地基承载力的要求，又解决了淤泥倒运和堆放问题，是一种相对简单、迅速、方便的施工方法。抛石挤淤法一般用于处理厚度小于 3 m 的淤泥质土层，适用于防波堤、护岸等建筑物。

5.2.4 爆炸排淤填石法

爆炸排淤填石法简称爆破挤淤，是软基处理的一种常见方法，通过爆破的方法清除海底的淤泥，实现淤泥和石料的置换。爆破挤淤通过爆炸冲击作用在淤泥包中形成空腔，同时利用抛石体本身的自重使爆前处于平衡状态的抛石体向已形成空腔的淤泥内滑移，达到泥石置换的目的，如图 5-2 所示。采用爆炸排淤填石法进行软土地基处理应符合现行行业标准

《水运工程爆破技术规范》(JTS 204)的有关规定。

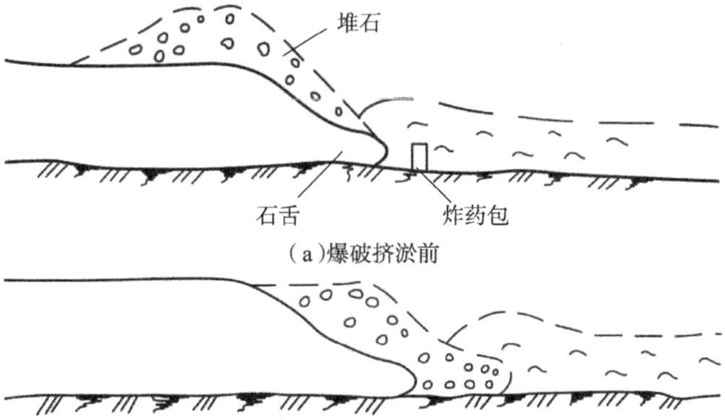

(a)爆破挤淤前

(b)爆破挤淤后

图 5-2　爆破挤淤施工前后对比图

爆破挤淤法适用于软土层较厚情况,例如在连云港海堤工程中使用爆破挤淤对软基进行处理,挤淤置换厚度达 12 m。一般置换厚度宜为 4~25 m,当置换厚度小于 4 m 或大于 25 m 时,应进行典型施工。典型施工是指为完善施工方案、检验施工配置的合理性,并为后续施工提供经验的首次或首件施工。

5.3　排水固结法

排水固结法是通过加压和排水的共同作用,使饱和软土排水固结,消除大部分沉降而提高密实度和强度的软基处理方法。常用的排水系统和加压系统如图 5-3 所示。

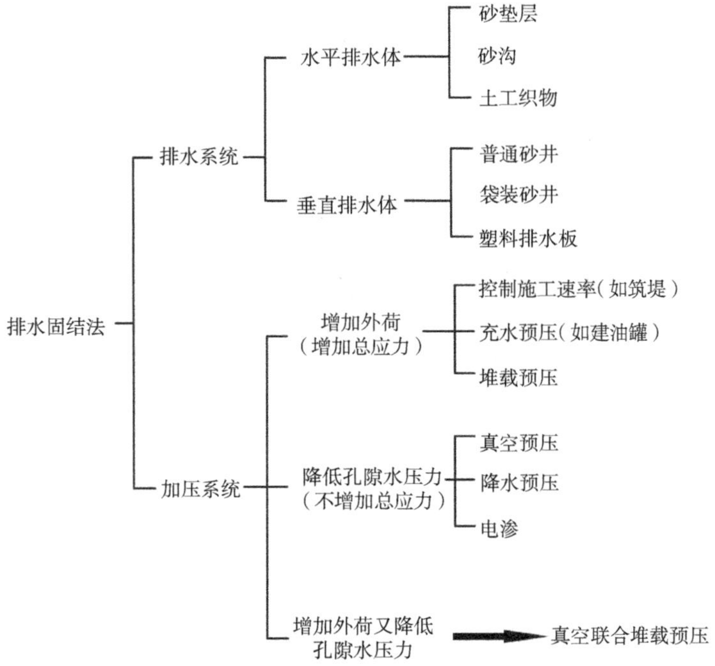

图 5-3　固结排水法常用排水系统和加压系统

堆载预压是传统的排水固结加固软土地基的方法，依靠大量堆载料的荷载达到排水的目的，如图 5-4 所示；真空预压法广泛采用塑料排水板作为竖向排水通道，以砂垫层和排水滤管作为横向排水通道，铺膜后采用真空泵将土体中的水、气混合物抽出，达到软土加固效果，密封系统如图 5-5 所示；真空联合堆载预压法是在真空预压的基础上，在密封膜上加铺堆载料，以增加外荷，加快软土固结。

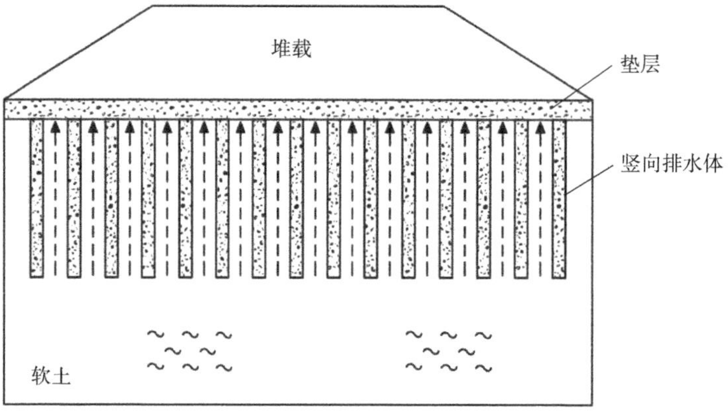

图 5-4 堆载预压法的排水原理图

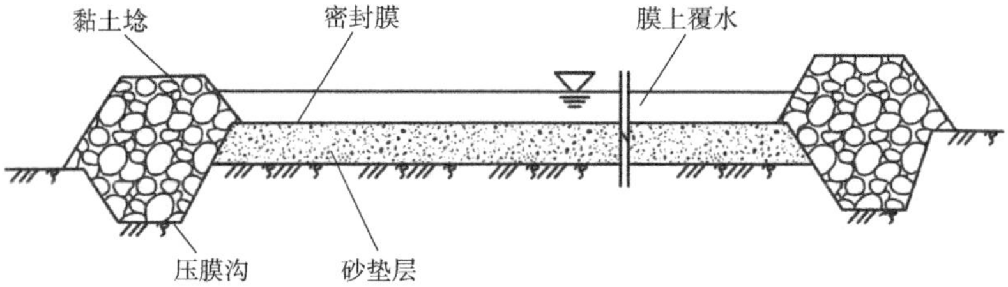

图 5-5 真空预压法密封系统

真空预压与堆载预压相比，不需要堆载料，施工简便快速，可节约工程造价、能源和加固时间。水运工程施工中，主要采用真空预压法、真空联合堆载预压法。

5.3.1 机理

排水固结法加固软土地基的机理是通过设置排水系统，改善排水边界条件，缩短排水路径，加速排水，在附加荷载的作用下，逐渐排出孔隙水，使孔隙比减小，孔隙水压力降低并转化为有效应力的增加，软土地基产生固结变形，消除大部分沉降而提高密实度和强度。卸除荷载后，虽会产生微小回弹，但大部分压缩变形为不可逆的塑性变形，土体相对加固前处于超密实状态，从而可以有效提高地基的承载能力和减少沉降量。

土体的排水固结是一个复杂的过程，其固结度和固结速度与固结压力、作用时间、排水距离、土的渗透系数等因素有关，其中土的工程性质取决于土的颗粒组成和土与水的相互作用。因土质情况、建筑物情况、预压荷载和施工条件等不同，采用的排水固结途径也各不相同。各种排水固结法的适用范围见表 5-2。

表 5-2　各种排水固结法适用范围

加固方法	固结途径	适用范围
堆载预压法	增加外荷(总应力)	适用于一般软黏土,对于一般港工建筑,如堆场、仓库、铁路、公路、工民建的地基都适用
控制施工速率法	固结途径相同,外荷是建筑物自重	适用于一般软黏土,对防波堤、重力式码头、堤坝、铁路及公路路基、填方等工程都适用
充水预压法	固结途径同上,外荷是容器充水,例如油罐内充水	适用于一般软黏土,多用于油罐地基
降水预压法	不增加外荷(不增加总应力),通过降低地下水位减小孔隙水压力	适用于饱和粉细砂地基,往往用于深基坑降水,加固边坡等。降水预压法有多种方法,如深井井点、轻型井点、喷射井点、电渗井点
真空预压法	不增加外荷(不增加总应力),通过铺膜、抽真空、降低地下水位减小孔隙水压力	适用于一般软黏土,尤其是超软黏土,堆场、仓库地基、码头边坡等都适用
电渗法	不增加外荷(不增加总应力),通过电场降低孔隙水压力	适用于一般软黏土、亚黏土、粉土、粉质黏土,对黏粒含量很高(超过 70%)的土也有明显效果,该法可与其他方法(如轻型井点)联合使用,不适用于导电性强的土
真空联合堆载预压法	既增加外荷(增加总应力),又铺膜抽真空,降低孔隙水压力,两者叠加	适用于一般软黏土、超软土,且固结压力要求较高,加固时间要求较短的工程

5.3.2　加压系统

堆载预压法通过大量堆载料的荷载加压增加土体内的总应力,使土体内产生附加应力使土固结。堆载预压法增加外荷载后,使地基产生附加剪应力,对稳定不利,需根据稳定分析,分级加载,适用于处理港工建筑物(如堆场、仓库)的一般软黏土地基。

真空预压法通过在加固土体表面及周边铺设密封膜,在与大气隔绝的情况下,经砂垫层、砂井抽取土中的空气和水,使密封膜下大气压降低,形成压力差,促使土体固结。真空预压法不增加外荷载,通过铺膜、抽真空,降低地下水位而减小孔隙水压力使土固结。真空预压法,不增加地基内总应力,可一次(甚至瞬时)抽真空至最大值,不需要堆载材料,节省加固的投资、时间和能源,适用于一般软黏土,尤其是超软地基和渗透系数较小的地基更能发挥其优越性,堆场、仓库地基等都适用。

真空预压联合堆载预压法是堆载预压法和真空预压法同时进行,或先真空预压一段时间,并在不停止抽真空的情况下加上堆载,既增加总应力,又降低土体内的孔隙水压力,适用于一般软黏土、超软土,且固结压力要求较高、加固时间要求较短的工程。

5.3.3　排水系统

对于土层较厚或埋藏较深的软土地基,单纯表面加荷载,固结时间长而且随深度的增加固结效果急剧减小。工程上采用设置竖向排水通道的方法进行排水固结。先在地基中设置竖向排水体,然后利用建筑物本身重量分级逐渐加载,使土体中的孔隙水排出,逐渐固结,地基发生沉降,同时强度逐步提高,提高了固结效果。

最早的排水固结法是砂井排水,但此法中砂井容易产生断颈和颈缩。塑料排水板法弥补了砂井的不足,使施工工艺大大简化,工效成倍增长。塑料排水板法具有以下显著特点:

①批量生产,质量均匀且易控制,具有良好的透水和排水性能;②材料具有一定的强度及延伸率,适应地基变形的能力强;③重量轻,搬运方便,施工质量易控制和检查;④断面尺寸小,插入对地基土扰动小,连续性好;⑤施工机械简单,施工速度快,劳动强度小,施工场地整洁。塑料排水板如图 5-6 和图 5-7 所示。

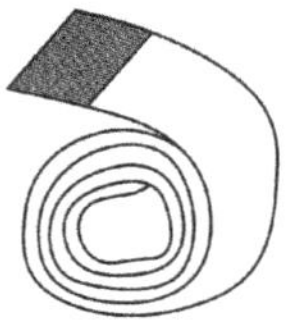

(a)塑料排水板成品

(b)梯形槽断面排水板

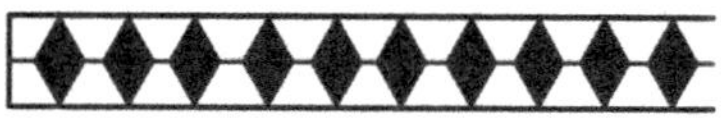

(c)槽断面塑料板

图 5-6 塑料排水板示意图

图 5-7 塑料排水板法施工现场

5.4 振冲法

振冲法是利用机械振动和水力冲击来加固土体。振冲法最早仅用来振密松散的砂性土地基,后来逐步发展到黏性土或新吹填土中成孔后填以砂砾和块石,与原地基构成复合地基。

振冲法的优点是所用设备比较少、加固速度快、振动影响范围小,缺点是需要大量给水和排水设施,冬季施工困难。依据地基土类别、加固原理、填充材料等,振冲法可分为振冲挤密法和振冲置换法。

5.4.1 振冲挤密法

振冲挤密法加固砂性土地基,一方面依靠振冲器的振动和冲水作用,使周围土体在径向的一定范围内出现瞬间的结构破坏,饱和砂层发生液化,砂颗粒重新排列,孔隙减小,强度提高;另一方面依靠振冲器的水平振动力,通过加固填料使砂层挤压密实。

5.4.1.1 适用范围

振冲挤密法适应的土质主要是砂土,从粉细砂到含砾粗砂,只要黏粒(粒径小于 0.005 mm)含量不超过 10%,都可以得到显著的挤密效果;若黏粒含量大于 30%,则挤密效果明显降低。

5.4.1.2　施工工艺

1. 施工顺序

振冲挤密法一般按照“由里向外”或“由一边向另一边”的顺序施工。这种顺序易于挤走部分软土，便于成桩，如按照“由外向里”的顺序成桩，则中心区成桩会非常困难。

2. 粉细砂振密工艺

粉细砂地基进行振冲挤密施工作业步骤可分为成孔、填料两步。

1)成孔

因粉细砂的细颗粒多，渗透系数小，成孔时水压一般采用 400~600 kPa，供水量一般采用 200~400 L/min。水量过大或压力太高必然会使孔口回水量增大、流速增高，从而将带出大量细颗粒使地面淤高，其结果是增加了填料量，并不能真正达到挤密的效果。成孔至设计深度后，应减小水量、降低水压，减至以能维持孔口有一定回水量，又很少带走颗粒料为度。为使孔周围土有足够的振密时间，成孔速率不宜太大，一般控制 1~2 m/min，必要时可沿孔深反复振冲 1~2 次。

2)填料

填料方法有连续填料法和间断填料法两种。连续填料法是振冲至设计深度后，不提出振冲器，由上而下，边振冲、边填料。随着部分填料不断挤入孔壁周围土中，挤入的阻力逐步增大，迫使振冲器输出更大的功率，电流值也逐步升高。当电流升至规定的控制值时，将振冲器向上提升一定高度，并继续边振冲边填料。如此连续振冲、填料至孔顶。振冲器每次上提高度宜为其锥头的长度(30~50 cm)，以免不能充分振密，甚至出现漏振情况。

间断填料法是振冲至设计深度后，提出振冲器，分层填料、分层振冲。分层厚度与振冲器的功率有关。振冲时，振冲器应振入下一层一定深度，以防漏振。为了方便施工和达到较好的挤密效果，一般宜采用连续填料法。

3. 中、粗砂振密工艺

中、粗砂地基振密一般不需要外加填料，振冲至设计深度 0.3~0.5 m 后减小水压，以低水压振冲至设计深度以下 0.5 m，并留振 10~15 s，然后以 1~2 m/min 的速度提升振冲器，且每提 0.3~0.5 m，留振一段时间，使电流升至控制值。如此交替上提、留振，直至孔顶。

4. 水下深层振密工艺

水下深层振冲挤密法常用于加固大面积的水下人工回填砂基。其施工工艺与陆上施工相近，其施工难点在于振冲船的水上定位。水下深层振冲施工设备全部安装在振冲船上，船的一侧为振冲架，另一侧悬吊数台振冲器，可同时施振，另配备有相应的发电机、水泵等。施工前，根据基槽开挖后的底高程、振冲范围和砂层高程，计算出不同的船位坐标和振点深度。根据计算出的每个船位测控数据按照既定施工参数进行振冲施工。

5.4.2　振冲置换法

振冲置换法又称振冲碎石桩法，主要用于黏性土地基。地基在振冲器反复水平振动和高压水流作用下边振动边成孔，孔内再分批填入碎石形成碎石桩体，桩体和原来的黏性土构成复合地基。比起原地基，复合地基的承载力高、可压缩性小、稳定性高，是一种经济、快速加固地基的措施。振冲置换法所形成的碎石桩在地基中主要起着排水作用、桩体支撑作用、垫层作用和加筋作用。

5.4.2.1 机理

1. 排水作用

黏性土结构为蜂窝状或絮状结构，孔隙比大，渗透系数小，在振动、挤密、扰动以及上部荷载作用下，软土地基中出现大量孔隙水难以排出，易形成较大的超静孔隙水压力，从而地基土强度降低而产生塑性破坏。在饱和黏性土地基中施工碎石桩后，碎石桩桩体及其上铺设的碎石垫层，都是良好的排水通道，在提高了土的渗透性的同时缩短了土体排水距离，可以加速软土中超静孔隙水压力的消散，加快土体固结，提高土体强度，避免地基的塑性破坏。

2. 桩体作用

在软弱地基中布置的振冲碎石桩与周围土体共同承担上部荷载。当上部荷载均匀传递至复合地基时，复合地基必产生相应的沉降变形，这种变形受到基础及上部结构刚度的制约，上下变形趋于一致。松软土体中碎石桩的强度和刚度要远大于周围土体，当建筑物荷载通过基础传递给复合地基后，按照桩土的压缩模量进行应力重分布，大部分荷载由碎石桩承担，而桩间土的附加应力则相应较小。

3. 垫层作用

垫层作用是指复合土层的功效相当于传统意义上换填垫层的功效。当浅层土体不能满足上部构筑物的承载力和变形要求时，常采用工程性质较好的土体进行浅层换土处理，即通常讲的换土法（亦称垫层法）。振冲碎石桩处理后的地基可视为“非完全换填”，它具备换填层的主要功能。

4. 加筋作用

振冲碎石桩的内摩擦角（通常 36°~42°）比桩间黏性土大得多，所以由碎石桩和桩间土构成的复合地基的抗剪强度要比天然黏性土地基大，其稳定性亦得到较大提高。

5.4.2.2 施工工艺

1. 施工顺序

振冲碎石桩施工顺序与振冲密实法基本一致，所不同的是在软土中施工时，为了减少成桩过程对桩间土的扰动，宜采用“隔点”或“隔排”的“跳打”方式进行。当加固区毗邻其他构筑物时，应先从邻近构筑物侧开始施工，必要时采用小功率振冲器进行，以减少对现有构筑物的振动影响。振冲碎石桩施工常用的施工顺序如图 5-8 所示。

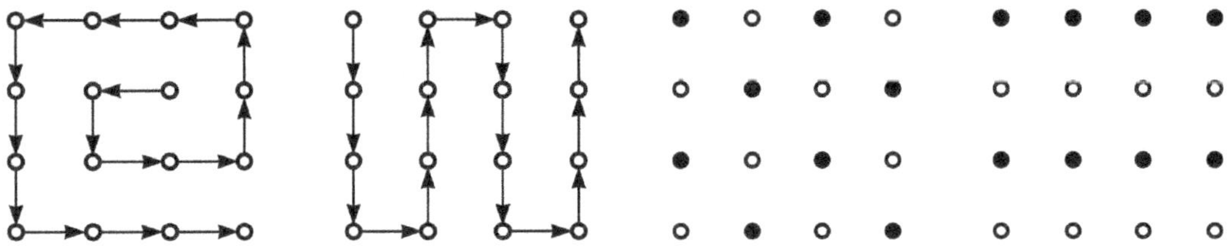

（a）由里向外　（b）由一边至另一边　（c）隔点　（d）隔排

图 5-8　振冲碎石桩常用施工顺序

2. 填料方式

振冲成孔后即向孔内填料成桩。一般填料方式有边振边填料、交替振动填料和少提升再灌入料三种。

（1）边振边填料方式，就是当振冲器贯入设计孔深后，并不将其上提至振冲孔外，而是直接向振冲孔内加填料，在整个成桩和振密过程中，加填料和振冲器的做功是同步的。由于边振边填工艺主要是振密，故该工艺主要适宜加固土质是粗砂、中砂及粉粒含量较少的细砂。对于软黏性土、粉砂和粉粒含量较多的细砂，施工效率较低，经济效益受到影响。

（2）交替振动填料方式，就是当振冲器贯入至设计孔深后，即将振冲器提至孔外，然后外添填料，填料完毕，再将振冲器贯入拟密实段进行振密。依此循环作业，一根完整的碎石桩便可制成。特别适宜加固软黏性土地基。在软黏性土中成桩，关键是使碎石填料密实，而侧向约束它的又是可塑性很大的软黏性土，故振冲器的强力挤密作用要比周期性的振密作用大得多。

（3）少提升再灌入料方式，充分发挥交替振填工艺密实机理的合理性，又基本保持边振边填工艺没有辅助密实时间的优点。该方式施工程序是：振冲器造孔至预定孔深后，减少水压并适当清孔，随即连续加填料至孔口，加填料后，振冲器开始预振 1~2 min，若该段此刻达不到密实标准，则将振冲器上提 50 cm 左右，然后再将振冲器缓慢贯入至原来位置，由于振冲器在缓慢贯入过程中，同时发挥了挤密和振密作用，故拟密实段会很快获得密实。待该段达到密实标准后，再按规定上提振冲器至新的拟密实段，如此循环上述步骤，则一根密实的碎石桩即可制成。

3. 施工作业

振冲碎石桩施工作业步骤可分为造孔、清孔、填料和振密、桩顶处理，如图 5-9 所示。现以边振边填料的方式为例进行阐述。

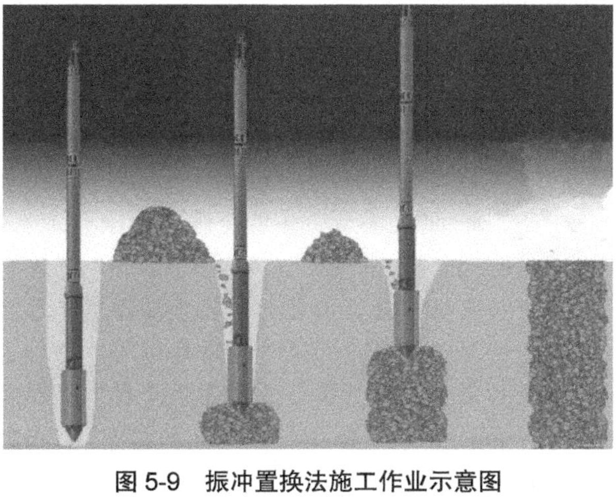

图 5-9　振冲置换法施工作业示意图

1）造孔

将振冲器缓慢提起，对准桩位缓慢下降至离地面 30 cm 以内，启动清水泵供水，待振冲器下端射水口水压、水量达到工艺要求时，启动振冲器；振冲器内偏心块达到额定转速时，以 0.5~2 m/min 的速度下沉振冲器，贯入土中造孔；若造孔过程电流值超过电机的额定电流时，应减速下沉，或上提一段距离，再下沉造孔；当孔达到设计深度时，上提振冲器。造孔过程中应及时记录各深度的水压及电流等变化及相应的时间，这些情况可定性地反映土层的强度变化。

2）清孔

当孔达到设计深度时，即将振冲器提出孔口，然后再次下沉振冲器，往复 2~3 次，使孔内泥浆变稀，进行清孔，保证填料畅通，减小桩体的含泥量。

3）填料和振密

清孔后将振冲器提离孔底30~50 cm。由装载机向孔内连续填入碎石料，依靠振冲器的水平振动力不仅将孔内的石料振密，还不断将填料挤入孔壁土中，使桩径扩大。一旦桩周土的约束力与振冲器的激振力相当，桩径就不再扩大，此时潜水电机的电流迅速提高，当电流达到规定值时，控制系统及时发出信号，这时桩体仍继续密实。当达到规定留振时间时，时间继电器又会发出信号，标志该段密实完成，可再次将振冲器向上提升30~50 cm，重复上述过程直至地表成桩后，可移至下一桩位作业。

4）桩顶处理

由于地基表层1~1.5 m处土的上覆压力小，成桩时该段的桩体密实度难以达到要求，必须进行振动碾压或顶部挖除处理。

5.5 强夯法

强夯法又称动力固结法或动力压实法，是将十几吨至上百吨的重锤，从几米至几十米的高度落下，对土体进行动力夯击，使土体产生强制压密而减少其压缩性、提高强度、改善土质振动液化条件的加固方法。该方法的优点是所用设备少，施工便捷，加固速度快；缺点是机械磨损大，震动大，加固深度相对不大，对需要加固的软弱土层较厚、施工后沉降控制要求较高的工程，应考虑与其他方法联合使用。

常用于加固碎石土、砂土、粉土、低饱和度的黏性土、素填土、杂填土和湿陷性黄土地基。当采用强夯法加固粉土、低饱和度的黏性土、素填土、杂填土和湿陷性黄土地基时，可在夯坑内回填块石、碎石、砂或其他粗颗粒材料，通过夯击排开软土，从而在地基中形成块石墩，这种方法称为强夯置换法。由于块石墩具有较高的强度，因此和周围的软土构成复合地基，其承载力和变形模量有较大的提高，而且块石墩中的空隙为软土孔隙水的排出提供了良好的通道，缩短了软土的排水固结时间。

对于非饱和土地基，强夯法对地基土的压密过程同实验室的击实试验类似，挤密振密效果是明显的；对饱和无黏性土地基，在强夯作用下，土体可能发生液化，其压密过程同爆炸和振动压密过程类似，挤密振实效果也是明显的。饱和黏性土地基在锤击作用下，夯点附近的地基土体结构破坏，在一定范围内地基土体中将产生超孔隙水压力，如果随着时间的推移，超孔隙水压力逐渐消散，地基土体固结，孔隙比减小，强度提高，加固效果才能得到实现。

强夯法施工，应根据工程的加固深度、地基土质、施工条件，并适当考虑结构类型、荷载条件，按照现场试夯或当地经验，选择并确定各项施工参数，反复将夯击重锤提到一定高度使其自由落下，给地基以冲击和振动能量，将其压密，从而提高地基的强度并降低其压缩性，改善地基性能。强夯置换法的加固深度由土质决定，除厚层饱和粉土外，石墩应穿透软土层到达较硬土层，深度不宜超过7 m。

5.6 深层水泥搅拌法

深层水泥搅拌法，是以水泥浆为固化材料，采用深层搅拌机将水泥浆注入地基中并与地基土就地强制搅拌均匀形成水泥土，利用水泥的水化及其与土粒的化学反应使原地基土的强度得到较大提高的软土地基加固方法。这种方法主要用于码头、护岸、防波堤、跨海大桥和海上人工岛等工程的地基加固，因此被称为水下深层水泥搅拌加固软土地基工法。

深层水泥搅拌法适用于处理淤泥、淤泥质土、粉土和含水率较高且地基承载力标准值不大于 120 kPa 的黏性土地基，以及海上施工环保要求高、海水养殖损失索赔高的软土地基加固工程。由于水泥搅拌体的强度高、变形小，且其强度可以根据工程需要设计控制，尤其适用于下卧硬土层上覆盖软土层厚度 12~14 m，即不宜于换填也不适用于桩基的地质条件。

适于深层水泥搅拌法加固的建筑物基础包括水上和陆上工程，如图 5-10 所示。

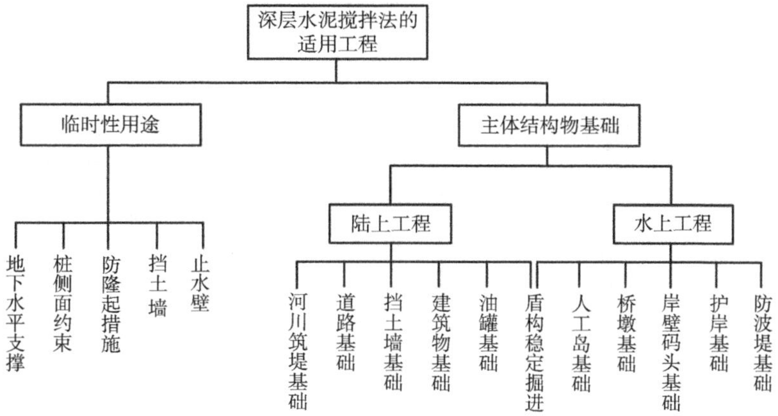

图 5-10　深层水泥搅拌法的适用工程

深层水泥搅拌法要保证水泥浆能够注入土中，通过搅拌机在土中拌合均匀。水灰比、搅拌机的转速、升降速度、输浆量等工艺参数，是保证加固土体满足设计强度的条件。施工过程如图 5-11 所示。

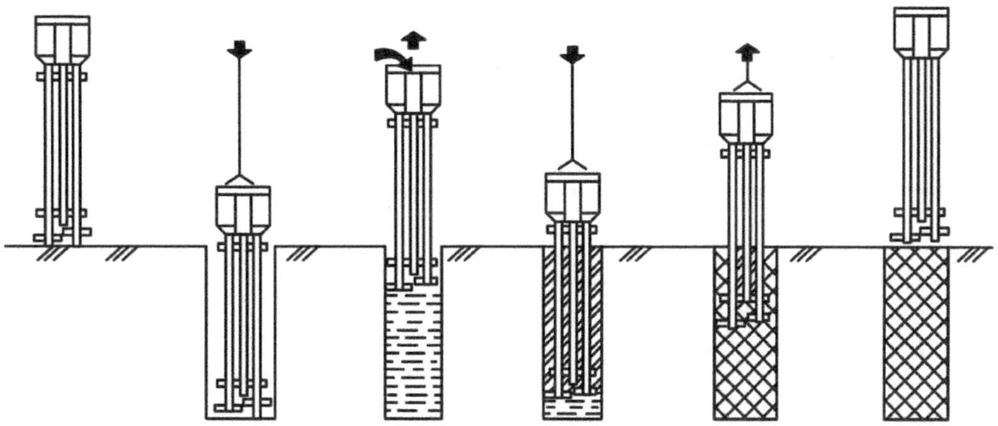

(a)定位　(b)预搅下沉　(c)喷浆搅拌上升　(d)重复搅拌下沉　(e)喷浆搅拌上升　(f)完毕

图 5-11　深层水泥搅拌法施工过程示意图

5.6.1　水泥浆喷出方式

水泥浆的喷出方式主要有两种，即贯入喷浆法和提升喷浆法。贯入喷浆法是在贯入时从搅拌叶片下方喷出水泥浆,贯入和搅拌同时进行,提升时只进行搅拌。提升喷浆法是在贯入时只搅拌钻进,提升时从搅拌叶片上方喷出水泥浆,边搅拌边提升。贯入搅拌法在搭接性和搅拌性方面要优于提升喷浆法,提升喷浆法在贯入性和稳定性方面更优。

5.6.2 加固体底端处理方法

采用提升喷浆法时,加固体底端处理方法有滑管喷浆方式和搅拌头喷浆两种方式。滑管喷浆方式是在搅拌头到达加固深度后,把滑管插入规定的深度,先喷入事先规定数量的水泥浆,然后一边喷入按配合比设计配制的水泥浆,一边提升滑管,再按规定的时间进行搅拌后,提升搅拌机,如图 5-12 所示。搅拌头下端喷浆方式是从加固深度上方某一规定的深度开始喷浆,施工方法与贯入喷浆法相同。拌合机端部构造如图 5-13 所示。

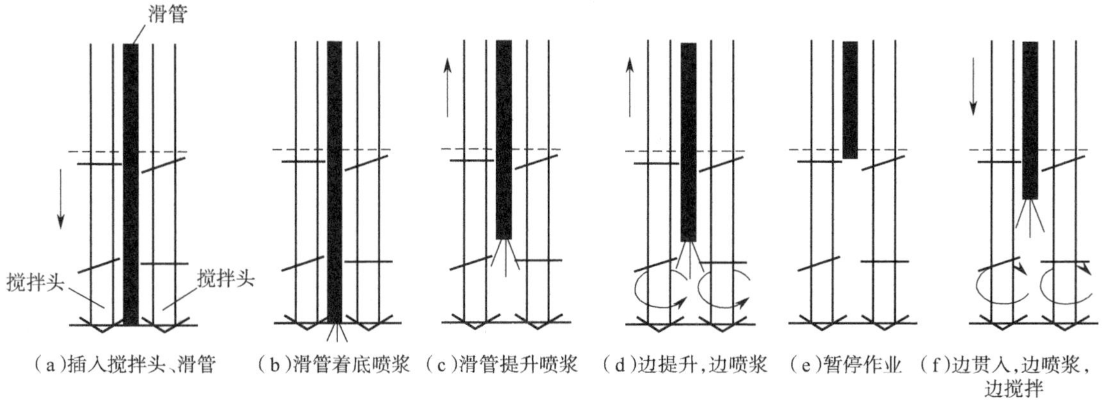

图 5-12 滑管喷浆方式

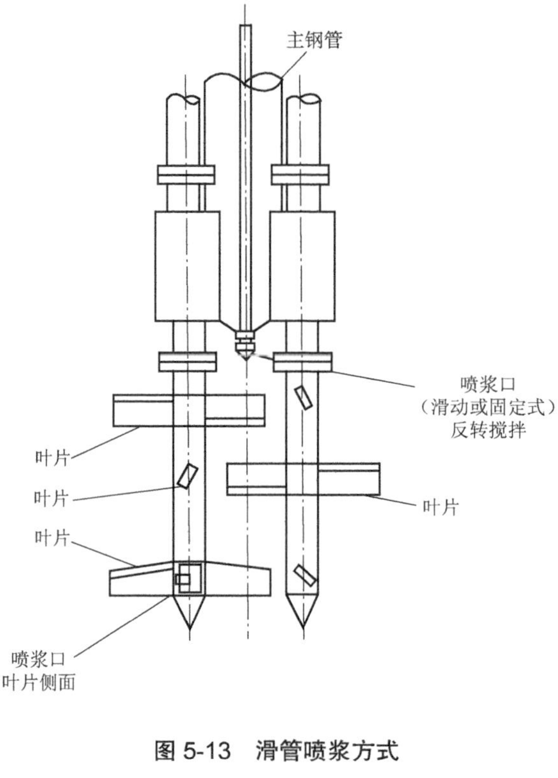

图 5-13 滑管喷浆方式

5.6.3　砂土夹层和置换砂层的贯入

施工中需要穿透中间砂层或人工置换垫层进行深层拌合加固时，要从夹层的深度、层厚、贯入度等条件和所用的施工机械能力来判断施工的可能性。穿过硬层时宜适当降低拌合机的转速和贯入（提升）速度。

5.7　高压旋喷法

高压旋喷法是利用钻机把带有喷嘴的注浆管钻进土层的预定位置后，以高压设备使浆液或水（空气）成为 20~40 MPa 的高压射流从喷嘴中喷射出来，冲切、扰动、破坏土体，同时钻杆以一定速度逐渐提升，将浆液与土粒强制搅拌混合，浆液凝固后，在土中形成一个圆柱状固结体（即旋喷桩），以达到加固地基或止水防渗的目的，主要施工程序如图 5-14 所示，施工步骤如图 5-15 所示，适用于淤泥、淤泥质土、流塑、软塑或硬塑黏性土、粉土、砂土、黄土、素填土和碎石土等地基的加固。该方法主要用于深基坑开挖，侧壁挡土、隔水，坑底加固防止管涌与隆起，船坞和桥梁基础补强，盾构工程起始和终端部位土体加固，围堰地基防渗等。常用的施工方法有单管法、二重管法和三重管法。

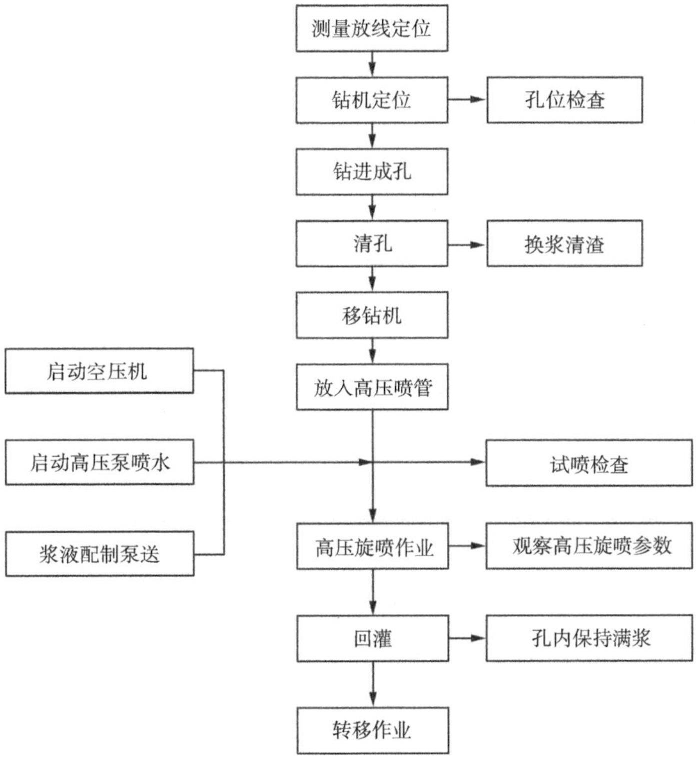

图 5-14　高压旋喷法主要施工程序

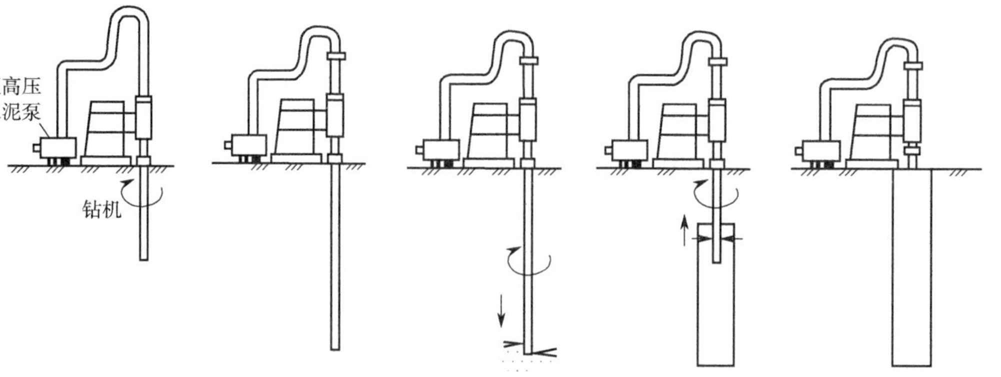

（a）低压水流成孔 （b）成孔结束 （c）高压旋喷开 （d）边旋转边上升 （e）喷射完毕，柱体成形

图 5-15 高压旋喷法施工步骤示意图

5.7.1 单管法

用一根单管喷射高压水泥作为喷射流，破碎土的射程较短，成桩直径在 0.3~0.8 m，单管旋喷桩设备如图 5-16 所示。

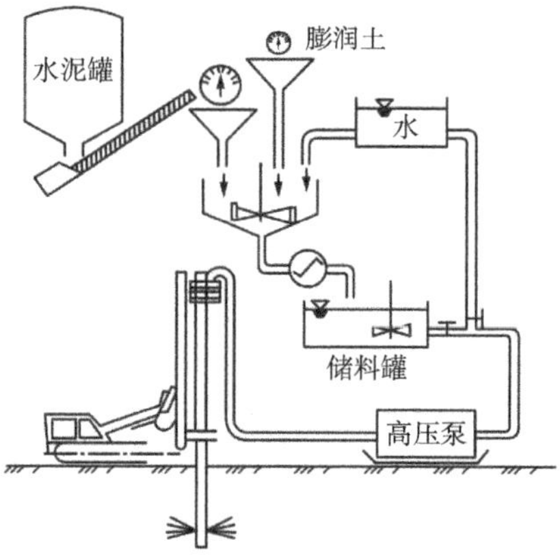

图 5-16 单管旋喷桩设备示意图

5.7.2 二重管法

二重管法又称浆液、气体喷射法，用同轴双通道二重注浆管，复合喷射高压水泥浆和压缩空气横向喷射，在水泥浆液射流外面包裹一层高压空气同时喷射，来破坏土层结构，同时完成置换、填充；成桩直径 1 m 左右，二重管旋喷桩设备如图 5-17 所示。

5.7.3 三重管法

三重管法是利用同轴三重注浆管同时喷射水、空气和浆液的方法。三重喷射管使高压水和空气同时横向喷射，冲切土体，形成较大的空隙，同时另一个喷嘴将水泥浆以较低压力喷射注入被切削、搅拌的地基中，使水泥浆与土混合，完成置换、填充作用。加固直径可达 80~200 cm。在这个系统中，设置专门的水泥仓、水箱和自动称量系统；在输送水泥浆、高压水、压缩空气过程中，采用监测装置，以保证施工质量。但成桩强度低（0.9~1.2 MPa），如图 5-18 所示。

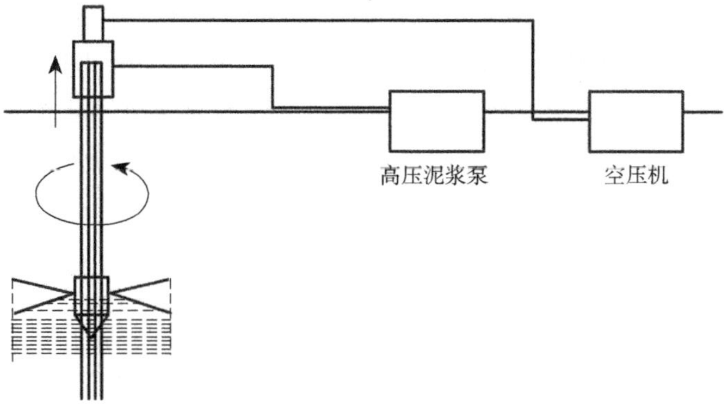

图 5-17　二重管旋喷桩设备示意图

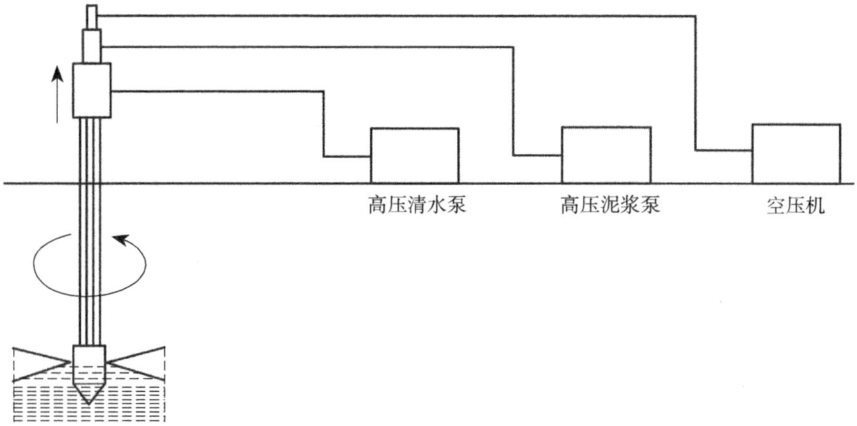

图 5-18　三重管旋喷桩设备示意图

5.8　挤密砂桩法

挤密砂桩法是采用类似沉管灌注桩的机械和方法，通过冲击和振动，把砂挤入地基中，形成扩径砂桩加固地基。挤密砂桩的主要作用是将地基挤实排水固结，从而提高地基的整体抗剪强度与承载力，减少地基的沉降量和不均匀沉降。

5.8.1　机理与适用范围

5.8.1.1　机理

1. 基本原理

挤密砂桩加固地基是利用专用的振动设备和管腔增压装置把砂料强制压入地基中，形成扩径砂桩，从而提高地基强度，加快地基固结，减小地基沉降，提高地基抗液化的能力。用它处理松散砂土和人工填土以及塑性指数不高的非饱和黏性土地基主要起挤密或振密作用；而处理饱和软黏土地基主要起置换作用，同时也起到排水作用。

2. 挤密作用

砂类土属于单粒结构，其组成单元为松散粒状体，在动力或静力作用下，单粒结构总是会重新排列并发生位移，以趋于较稳定状态，促使体积缩小，从而达到土体挤密。

振动或冲击桩管沉入地基时根据圆柱形孔洞扩张理论，沉管（即沉桩）周围的土受到挤压、扰动而产生变形和重塑，由里向外形成四个变形区，即紧贴沉管表面的压实土膜、管侧和管端的塑性变形区和弹性变形区、非影响区。土膜区土的结构遭到完全破坏，会随沉管而移动并被带出孔外。塑性和弹性变形区为挤密区，在挤压应力作用下受到不同程度的压密，挤压应力与沉管直径无关，而与土的抗剪强度有关。

3. 振密作用

沉管受振动力作用时，四周土体在受到挤压的同时，沉管振动的能量以波的形式在土体中传播，引起四周土体振动，动能逐渐破坏土的结构，土颗粒重新向着具有低势能的位置移动并重新排列，从而使土体振密。对于砂类土其振密作用比挤密作用更显著。振密作用不仅与砂土的性质（如起始密度、湿度、颗粒大小、应力状态等）有关，还与机械振动性能（如振动力、频率、振动时间等）有关。

4. 抗液化作用

挤密砂桩处理后，土体抗液化能力提高，主要来源于两方面：①挤密砂桩之间的土体受到挤密和振密作用，密实度增加，土体强度提高，从而土体抗液化能力也提高；②挤密砂桩本身是良好的排水通道，振动引起的孔隙水压力可以加速消散，并降低振动时孔隙水压力上升的幅度，因而提高了土体抗液化能力。如均质砂土地基在 250 gal（伽，重力加速度的单位）振动加速度作用下，无排水桩时相对密度 ≥0.66 不液化，而有排水桩时相对密度可降为 0.46 不液化。

砂土的液化特性不仅与相对密度和排水条件有关，而且与砂土的振动应变史有关。历史上经过多次地震的天然原状土样，比同样密度的湿击法制备土样的抗液化能力提高 45%，比干击法制备的土样提高 65%~112%。因为挤密砂桩法处理的地基土受到多次预振作用，所以抗液化能力提高了许多。

5. 置换作用

挤密砂桩施工过程中，在挤压和振动的作用下，周围饱和黏性土被强烈地扰动，并发生触变，孔隙水压力又急剧上升，因渗透系数很小，孔压消散极慢。所以，挤密砂桩施工结束后，很长时间内砂桩之间的土体不但没有挤密或振密，反而强度大大降低，这时砂桩间的土体侧限作用又很小，所以挤密砂桩对饱和黏性土起不到挤密和振密作用。

挤密砂桩与砂桩间土体形成复合地基，由于密实砂桩取代了与砂桩体积相同的软黏土，砂桩的强度或抗变形能力等均优于原来软黏土，因此在饱和黏性土中挤密砂桩起到了置换作用。所以复合地基比天然地基的承载力提高，沉降减少，地基得到了改善。

6. 排水作用

挤密砂桩在饱和黏性土地基中，也是很好的垂直排水通道，由于它的存在大大缩短了排水距离，从而也加快了地基的排水固结。所以，对提高地基强度也起到了良好作用。

5.8.1.2 适用范围

挤密砂桩应用于松散砂、粉土、人工填土以及塑性指数不高的非饱和黏性土中时，挤密和振密的加固效果十分显著，而且能够防止震动液化。应用于饱和黏性土时，主要是置换作用，可提高承载力和减少沉降，同时起到排水通道作用，加速地基土固结，但只有当置换率很高时，才可达到理想的加固效果。

5.8.2 施工

挤密砂桩的施工方法可分为返回式成桩和扩径压实成桩。返回式成桩是以外管的拔出、插入来制造砂桩，是最早的、有代表性的、利用最多的方法。扩径压实成桩是用安装在套管端部的扩径压实装置来形成砂桩。两种方法都用空心导管把砂料（或类似材料）灌入地基中，都用振动机来进行扩径和压实灌入地基的砂料。

5.8.2.1 海上挤密砂桩的形成过程

海上挤密砂桩的形成过程如下。

（1）套管定位：挤密砂桩船在 GPS 测量定位系统指挥下，进行定位。

（2）水深测定：确认海底高程，记录于拟打桩位处，启动振动锤，将套管贯入至标定深度。

（3）向套管内投入砂子，送入压缩空气将砂子排出套管的同时，将套管拔起至指定高度。

（4）驱动振动锤，并下压套管，振动压实排出套管的砂子。

（5）重复上述步骤。

（6）拔出套管，完成规定高度的砂桩，移船到下一个工作位置。

5.8.2.2 施工要点

1. 确定桩位

将砂桩的理论桩位输入砂桩船上的 GPS 定位系统，通过船上两台 GPS 全球定位仪和一台测斜仪，确定船的位置及管架系统的垂直度。根据中央控制系统显示屏实时显示的船位，由操作人员操纵船上锚车，移船至预定设计桩位，即可下套管打桩。

2. 打设前地基高程和潮位测定

打桩船上使用可记录潮位的打设深度设定仪，将套管端部位置数据在记录纸上滑动，使之能够随时将工作基准面、潮位在内的贯入长度全部记录下来。也可用测深锤测量水深。

3. 加砂方式

在打挤密砂桩船（机）旁常备储砂船，通过运输船输送砂到打桩船的砂舱，打桩作业不能中断。砂舱储存的砂根据打桩需要，经传送带运到封闭砂罐，对照砂量用升降斗投到套管上端的砂斗。现场填砂量和设计灌砂量的比例：陆地上为 1.4 左右，海上为 1.4~1.45。

4. 施打砂桩

砂桩定位完成后，套管在水中下沉，一边充气加压，一边将水排出，直至泥面；套管压入泥面下，使泥进入套管端部 1.2 m 左右，且向套管内充砂一定高度，而后继续下沉套管一部分（下沉深度视土质而定）；提升套管 1.2 m 左右，由于套管内气压的存在，故使进入套管端部的泥全部排出套管；启动振动锤振沉套管，同时不断向套管内充砂、加压，使套管端部的砂面保持不变地把套管振至设计高程；向套管内注入一定高度的砂料，并充入空气加压；一边振动拔管，一边将砂从管底端排出，把规定量的砂从套管底端排出，形成砂柱；再把套管压回去，扩径压实。

第 6 章　船闸施工

船闸是保证船舶顺利通过航道上集中水位落差的水工建筑物，多数建在河道、运河上，部分建在入海口，船闸一般由闸室、闸首、输水系统、闸门、阀门、引航道等组成。船闸施工主要分为围堰施工、基坑开挖、地基处理、船闸主体施工、导航靠船建筑物和金属结构安装 6 个部分。典型船闸如图 6-1~ 图 6-3 所示。

图 6-1　三峡双线五级船闸

图 6-2　南京秦淮河船闸

图 6-3　天津新港海河船闸

船闸总体施工工艺流程如图 6-4 所示。

6.1　船闸围堰施工

围堰是指船闸结构施工时为提供干地施工条件建造的隔水、挡水建筑物，按所用材料，可分为土围堰、土石围堰、混凝土围堰及钢板桩围堰等。按其结构特点，先施工堰体结构，在堰体形成后进行防渗墙的施工及防护施工，待其使命完成后需及时拆除。

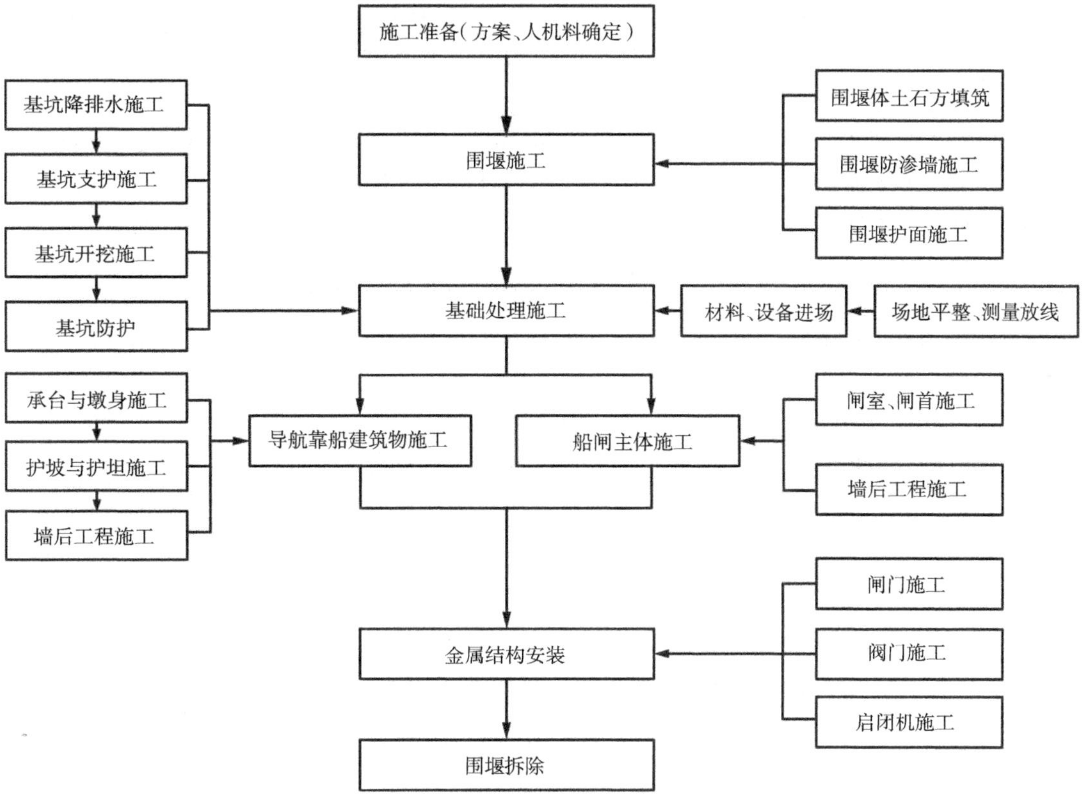

图 6-4　船闸总体施工工艺流程

围堰宜选择在地基较好、基础易于处理的位置。围堰结构形式应根据当地工程水文、地质、地形条件及材料来源、施工条件等因素,经技术经济比较确定。围堰结构应满足结构稳固、防洪、防渗漏、抗冲刷要求,并满足构造简单、方便施工、便于维护和拆除等要求。

围堰背水侧坡脚与构筑物边线的距离,应满足围堰稳定和构筑物施工要求。围堰迎水坡面防护结构应根据波浪、水深及水流流速计算分析确定,护面下应设置倒滤层。

当河流水位、流量变幅大,含砂量较少且船闸施工区允许过水时,可采用过水土石围堰。当围堰导致河流过水断面面积减小而不能满足防洪要求时,宜采用过水土石围堰。过水土石围堰应做好溢流面、堰趾下游基础和两岸接头的防冲保护。

土石围堰施工宜结合基坑开挖进行,充分利用基坑开挖的土石方。陆上围堰应分层填筑、分层压实,分层厚度应符合设计要求或由现场碾压试验确定,堰体密实度应满足设计要求。水中围堰填筑宜由岸边向水中推进,一次填筑出水并压实,填筑过程中应防止临水面坍塌。围堰宜在枯水期合龙。

6.1.1　施工工艺与流程

1. 围堰土石方填筑

围堰土石方填筑主要分为:水上土石方填筑和陆上土石方填筑。

水上土石方填筑分为砂性土吹填工艺和水上船舶抛填工艺两种。围堰吹填工艺是利用吹填设备将砂性土吹填进砂袋中。水下部分完全采用砂袋吹填,水上部分两侧采用砂袋,中间则为自然吹填。水上船舶抛填工艺是利用船舶及其他附属设备将装载在船上的砂石直接抛填、筑堤。对于块石类材料一般采用挖机、网兜吊等设备抛填;对于砂,一般采用皮带船直接抛填。

陆上土石方填筑系利用陆上设备,通过陆域运输将填筑料直接填筑成围堰的方法。一般采用自卸汽车运输土石方,采用进站法逐渐向前推进,采用压路机压实土石方。

砂石围堰结构如图 6-5 所示。

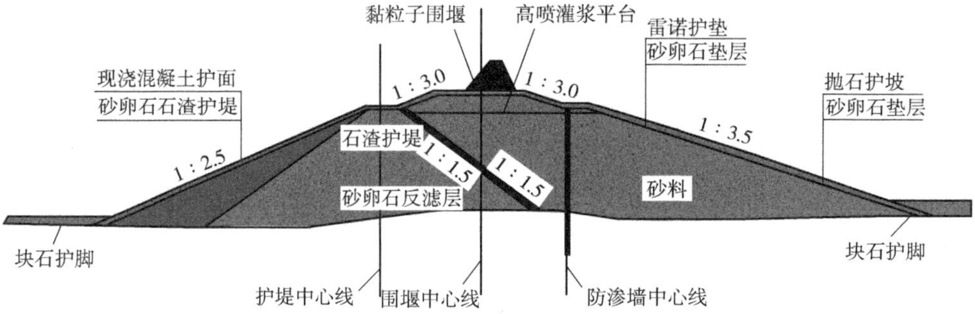

图 6-5 砂石围堰结构示意图

陆上土石方填筑工艺流程:土石方开挖→土石方运输→土石方填筑→土石方碾压。围堰吹填施工工艺流程如图 6-6 所示。

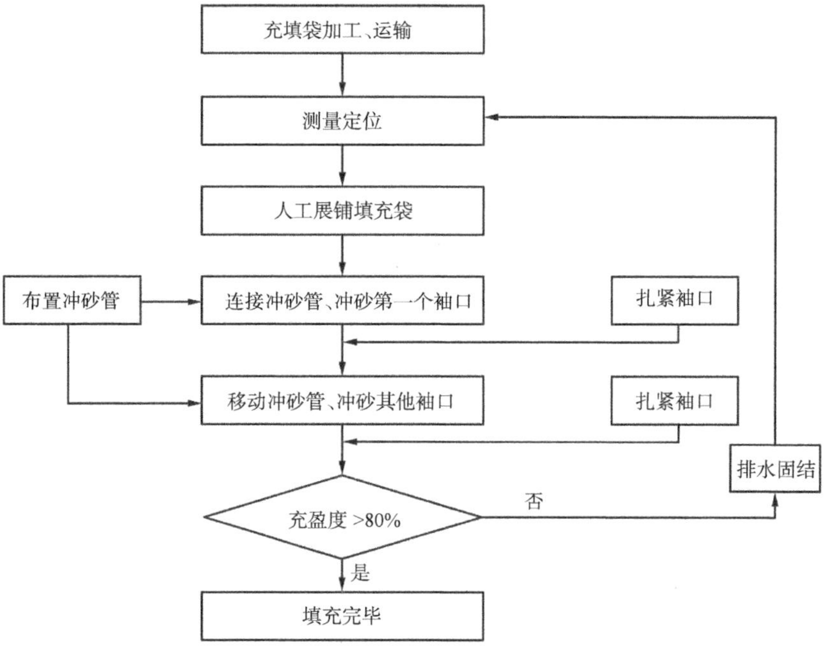

图 6-6 围堰吹填施工工艺流程图

2. 钢板桩围堰

船闸施工用钢板桩围堰一般指双排钢板桩围堰,如图 6-7 所示。钢板桩围堰主要由双排钢板桩、拉杆、导梁、中间填料等部分构成,对于易冲刷的河床,在围堰外侧河床一定范围内,应采用块石、砂袋或软体排等护底。钢板桩围堰内填料一般采用中砂、粗砂。

图 6-7　双排钢板桩围堰图

拉杆应采用钢拉杆。钢拉杆间距应取板桩宽度的偶数倍，可采用 1.5~3.0 m。导梁一般采用槽钢或其他型钢加工。导梁分段长度不宜小于 4 倍拉杆间距，分段之间可采用螺栓连接。

3. 围堰防渗施工

对于基层为透水层或岩石裂隙较为发育的地区，或者采用透水性材料填筑的围堰，为防止施工期间围堰发生渗漏，一般需对围堰进行防渗处理。围堰防渗措施主要有高喷墙止水帷幕、深搅桩止水帷幕、单层钢板桩止水帷幕（此工序造价较高，目前很少使用）。当采用防渗体时，防渗体顶部应高于设计高水位 0.5 m。

围堰防渗施工工艺流程如图 6-8 和图 6-9 所示。

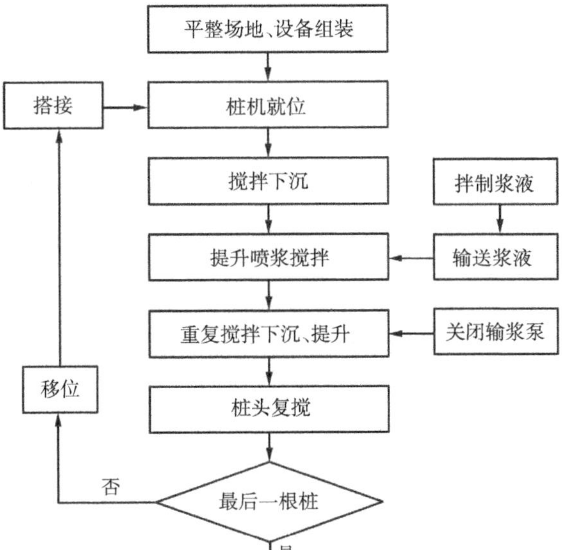

图 6-8　深搅桩止水帷幕施工工艺流程图

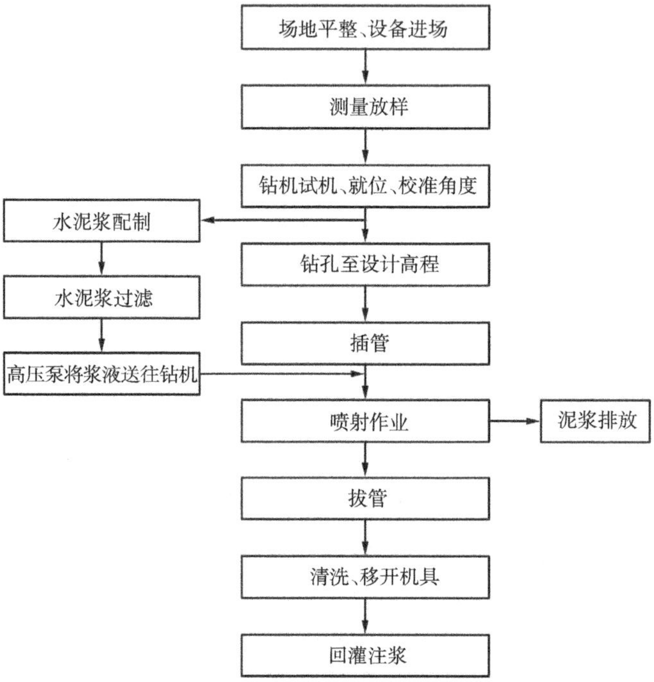

图 6-9 高喷止水帷幕施工工艺流程图

4. 围堰防护施工

围堰在其主体完成后应进行防护，主要防护措施有：模袋混凝土护坡、干砌块石护坡、浆砌块石护坡、雷诺护垫、混凝土防护面板等护坡模式。护坡的主要目的是防止围堰结构被水冲毁。

围堰防护施工工艺流程如图 6-10 所示。

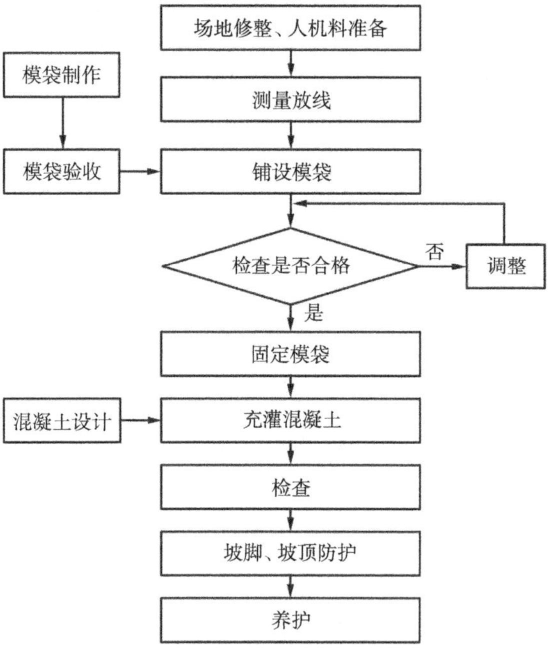

图 6-10 模袋混凝土防护施工工艺流程图

5. 围堰监测、拆除

为保证围堰在施工期及使用期的安全，应对围堰进行监测，采用目测与仪器测量相结合的方法。监测内容包括水流冲刷情况、管涌、局部失稳、渗水量、围堰内外地表地下水位、堰顶沉降及位移等，做好原始观测记录，并根据观测情况对围堰及时进行维护。洪水期间应加强对堰体的观测；过水围堰过水后应及时进行检修和加固。

围堰拆除分为三个部分：防护堤拆除、水上部分围堰拆除、水下部分围堰拆除。围堰拆除前应先向围堰内注水，使其内外水位达到平衡。

6.1.2　施工准备

围堰土石方运输主要分为陆运、水运和管道运输三种。陆运一般为自卸汽车运输，水运一般为开体驳、甲板驳运输，管道运输一般采用高压水枪将砂土吹散形成砂土水混合物，再通过管道输送。土石方运输设备选型时应根据填筑料的不同、部位不同，选择合适的运输设备，同时也应该满足施工强度和安全的要求。

防渗施工设备需根据防渗结构进行选型，防渗墙施工设备如图6-11和图6-12所示。

图6-11　深搅桩帷幕施工设备

图6-12　高喷帷幕施工设备

6.1.3　施工方法

6.1.3.1　围堰堤身施工

1. 施工步骤

1）堤身吹填施工步骤

（1）根据现场情况、设计图纸等资料确定施工方案，组织材料、机械及人员进场。

（2）吹填袋加工及铺设。吹填袋一般是采用高强尼龙土工织物材料制作而成的编织袋，采用人工或船舶将编织袋铺放到位。

（3）袋内吹填。采用高压水枪将砂土吹成泥水混合物，采用泥浆泵通过管道向袋内充灌泥沙。

（4）堤心充填。用管道向堤心内充填泥沙。

2）堤身抛填施工步骤

（1）采用采砂船采砂并采用船舶运输，用开体驳等设备将砂石料抛填到位，用皮带运输船将砂抛填到位。

(2)堤身陆上填筑一般采用自卸车等设备将土石方陆运至堤身处,然后采用压路机将填筑的土石方压实。

2. 施工技术、质量要点

1)充填袋制作

土工织物接缝应采用丁缝和包缝,缝两道锦纶线;锦纶线强度≥150 N,针脚间距≤7 mm;径向缝制采用4道涤纶线并排缝制。

2)充填施工

围堰需分段间歇施工,分层吹填,每层一次性吹填厚度不大于60 cm;袋装土层与层间应交错上升。整个砂袋达到屏浆阶段时,适当减小充填速度,防止布袋爆裂;在充填过程中如一次达不到理想高度,待砂袋稍微固结后,采用二次充填,但是必须保证每只袋体在下一潮水来临前完成;浆液浓度宜在25%~45%之间,泥浆泵出口压力宜在0.2~0.3 MPa之间;充填袋的充满度应控制在80%以上,下层充填袋固结度达到70%以上时,方可进行上层充填袋的施工;充填袋施工过程中不得长时间曝晒,若超过15 d,则进行覆盖。

3)土石方陆运

自卸汽车规格应根据土石性质、便道承载能力等因素选用。

4)土石方碾压

碾压摊铺厚度应根据土石性质确定,一般石方摊铺厚度不大于700 mm,土方摊铺厚度不大于300 mm;土石方应采用振动压路机进行碾压,黏性土应采用羊角碾碾压;堤身边缘应留有30~50 cm的富裕宽度;碾压后的密实度不应小于90%。

5)开体驳抛填

开体驳上应设置有卫星定位装置;开体驳抛填前,应确保抛填后的水深满足驳体吃水要求;抛填时应考虑水流、潮流的影响,必要时应进行试抛,确定提前量。

6)皮带机船抛填

抛填前应抛锚固定船体的位置;通过摆动船头调整抛填高差;抛填时应注意水流的影响。

6.1.3.2 围堰防渗施工

1. 施工步骤

1)搅拌桩防渗墙施工步骤

(1)搅拌桩施工。测量放线后将三轴深搅设备就位,深搅桩采用两喷四搅工艺成桩。

(2)成墙的质量检验。采用成孔钻机在已成墙体内钻孔取芯进行强度检验;进行压水试验,透水量超过规定值时可判定为不合格。

2)高喷防渗墙施工步骤

(1)高喷桩施工。钻机根据测量位置就位,钻孔前需进行射水试验;钻孔施工时应根据地层的情况采取不同的钻进速度,必要时应采用泥浆保护;浆体应搅拌均匀、过筛处理,喷浆时应根据土层状况调整压力。

(2)成墙质量检验。成墙7 d后可用地质钻机钻孔取芯进行强度试验,通过压水试验确定成墙的透水率。

3）黏土芯墙施工步骤

先在已填筑一定高度（一般不超过 2 m）的堤身上反开挖基槽，然后在挖好的基槽内分层填筑黏土并分层压实，直至此段堤身顶部，再次回填一定高度堤身，再回填黏土芯墙，以此循环施工，直至设计高程。

2. 施工技术、质量要点

1）沟槽开挖

沟槽应根据主堤的施工进度分层施工，宽度一般为 1~1.5 m；上层开挖时一定要将底层防渗墙上的杂土全部清理，并用钩机将面层进行毛面处理；水下施工时不宜采用黏土芯墙防渗工艺；主堤回填压实，每层次填筑高度不大于 2 m。

2）黏土芯墙施工

必须分层填筑、压实，分层厚度不应大于 300 mm，压实度不应小于 95%；应选择渗透系数小于 10^{-6} cm/s 的黏性土；宜采用压路机压实，也可采用夯击等措施；在进行新一层芯墙土料填筑前，应对已填筑土料表面光滑处进行凿毛处理；黏土芯墙料分别填筑时，相邻两段交接带碾压痕迹应彼此搭接，垂直碾压方向搭接带宽度应不小于 0.5 m，顺延碾压方向不小于 1.5 m。

3）搅拌桩施工

当采用吹填成堤或者采用细砂等材料构筑围堰时，可采用深层搅拌桩防渗；搅拌前，对设备的平整度和导架对地面的垂直度进行检测、校核，合格后方可开始搅拌下沉；开机后搅拌机预搅下沉，当搅拌头到达设计深度后，开启灰浆泵将水泥浆液压入地层中，开始注浆 30~60 s，不提升，并使搅拌头在桩底 1 m 范围内上下活动一次，然后按 0.8~1.0 m/min 或Ⅲ~Ⅳ挡的速度提升搅拌头，同时不断注入浆液；搅拌头提升至设计桩顶高程 0.5 m 以上，停止提升，继续搅拌数秒，使浆液完全到达桩顶；第一次搅拌完成后，停止注浆，再次将搅拌头边回转边沉入地层，至设计深度后，回转提升至地面，完成本单元水泥土防渗墙；相邻单元施工间隔时间不得超过 24 h，一般应连续施工；相邻单元搭接时间如超过 24 h，则对最后两根套接桩空钻留出榫头以待搭接；特殊情况如停电时间过长，搭接部分要采取特殊措施补救。

4）高喷桩施工

钻孔完成后，拔出套管，然后高喷台车进行试喷，检查各管路及机械是否正常，确认各参数均达到要求后方可下喷管；卷扬机起吊喷具（导流器、喷管、喷头及浆、气胶管）通过井口对准孔位中心，将喷管及喷头放入孔内直至孔底；使用高速搅拌机制浆，拌制好的浆经过滤网过滤后存入贮浆桶中，进行喷灌施工；喷杆下至孔底后，先启动泥浆泵供浆，然后开动空压机供气，静喷约 30 s，确保各参数均符合设计要求，测定返浆比重达到 1.3 g/cm³ 以上后，按设计规定的提升速度和摆动（旋转）速度，开始边摆动（旋转）边提升，当离设计墙顶高程 1.0 m 时放慢提升速度，到达墙顶后静喷 30 s，高喷灌浆结束；在喷射结束后，在喷射孔内进行静压充填注浆，且用下一孔产生的返浆进行回填，直至孔口液面不再下沉为止。

6.1.3.3 围堰防护施工

1. 施工步骤

1）围堰块石防护施工步骤

（1）采用挖掘机及人工配合进行水面以上护坡削坡施工；削坡后的坡度应符合设计要求，且表面需夯实。

（2）削坡完成后，按照设计顺序铺设土工布、砂、碎石等倒滤系统。

（3）测量确定高程，拉线人工砌筑护面块石；对于设计浆砌块石护面，应先抹浆，然后砌筑块石。

2）围堰模袋混凝土护面施工步骤

（1）削坡、倒滤层施工。参照围堰块石防护施工。

（2）模袋混凝土施工。铺设模袋时必须预留横向 20 cm 左右（顺水流方向）的收缩量；为了防止模袋顺坡下滑，在坡顶模袋上缘封顶混凝土沟槽以外适当设置定位桩；定位桩的间距视坡长、坡度、模袋厚度等条件而定。

3）围堰现浇混凝土面层护面施工步骤

（1）削坡、倒滤层施工。参照围堰块石防护施工。

（2）现浇混凝土面层施工。设置与浇筑厚度相同高度的模板作为浇筑块的模板；根据现场实际情况，采用挖机转运、吊罐混凝土法或泵车进行混凝土浇筑。

2. 施工技术、质量要点

1）倒滤层施工

宜分段、分层由坡脚向坡顶进行施工；每段、每层错开施工时，宜保持足够的安全距离；受风浪影响的区域，倒滤层施工完毕后应及时进行覆盖；分段铺设时，应使接缝层次分明，不得发生错位、缺断、混杂等现象。

2）块石护面施工

块石铺设时应从下到上，分段进行施工；块石护面施工时，每 10~15 m 留一处沉降缝，沉降缝应为通缝。

3）模袋混凝土护面施工

模袋出厂前，应详细检查模袋质量，查看有无孔洞、缺经、缺纬、蛛网、跳花等缺陷，检查并修补完好后，按编号顺序运至铺设现场；按编号顺序将模袋铺在坡面上，检查搭接布、充灌袖口和穿管布等是否缝制有误，是否破坏，如有，采用同等材料修补，确保完好；风浪较大的施工现场，可用砂袋分散压住铺好的模袋，防止风浪使模袋移位。

（1）模袋混凝土灌注要求。混凝土泵送出口需一直延伸至待浇筑模袋的中间位置，然后连接高压软管；高压软管的长度必须能满足不用移动钢管就能与所有的混凝土灌注口连通，同时在其他混凝土灌注口也事先连接好几个高压软管，用浮筒浮在水面上；混凝土泵的布置尽可能与待浇筑的模袋在同一直线上，避免弯管太多影响输送能力，降低堵管概率；输送管在灌注前，必须用水冲洗、润湿，然后灌注砂浆类润滑材料；混凝土灌注过程中潜水员必须经常观察，并在水面以下不停地踩动使混凝土能够顺畅地流动，从而保证模袋中混凝土的充盈。灌注结束后的混凝土面高程应控制在要求的范围内。

（2）混凝土的灌注施工注意事项。在下设模袋的同时，必须用细绳将每个灌注口用活结扎好，细绳的另一端悬挂浮标浮在水面，以减少潜水员在水下寻找灌注口的时间；混凝土灌注前应用清水冲洗湿润管道，然后用水泥砂浆润滑管道；灌注将近饱满时，应暂停 5~10 min，待模袋中的水分析出后，再灌注至饱满；每个灌注口灌注结束后，必须用绳子将灌注口扎死。

4）现浇混凝土面层护面施工

按照从下到上的顺序进行混凝土浇筑，同时在设计混凝土配合比时，混凝土坍落度宜最小化，确保混凝土不随意流淌；混凝土面板施工时，一般按照每 10~15 m 设置一道伸缩缝；雨雪天气，禁止护面混凝土浇筑；护面混凝土按跳块法进行施工。

6.1.3.4　围堰拆除施工

1. 施工步骤

先拆除水上部分，再拆除水下部分。水上部分拆除直接采用挖掘机进行挖取，部分护面及路面混凝土、块石类结构先采用破碎机进行破碎，然后用挖机挖运装车，用自卸车运往弃土区；水下部分则直接采用挖泥船进行挖运、装驳、运往指定抛泥区。

2. 施工技术、质量要点

水上部分拆除前，应先向围堰内注水，达到内外水位的平衡；围堰表面的混凝土面板防护、混凝土路面可采用液压破碎锤直接破碎，反铲挖掘机进行装车，自卸汽车运输；采用反铲挖掘机直接自上而下分层、分段开挖，自卸汽车运输；采用退位法开挖水上土石方；宜选择在围堰外水位较低时进行围堰临水面的土石方开挖施工，以减少水下施工工程量。

水下部分拆除可选用反铲挖泥船、抓斗船、绞吸船单机或配合开挖；应及时检测，务必使开挖面符合设计要求。

6.2　基坑开挖

作为船闸结构物施工的辅助工程，基坑开挖的主要施工内容包括基坑支护设计，基坑开挖设备的选择，开挖时间、分层开挖深度及先后顺序的确定，降排水措施以及基坑开挖对周围建筑物需采取的保护措施等。

基坑开挖顺序应符合设计要求。基坑开挖至设计高程时，应对土质情况进行核对，及时检验其尺寸、高程和基底承载力。基底顶 20~30 cm 范围内的土层，应采用人工开挖，避免机械施工时扰动基底土层。

放坡开挖的边坡，其坡度和坡高应根据土的种类、物理力学性质、水文资料等情况，综合计算确定，且不应高于设计值。

基坑顶面有动态荷载时，其边缘与动态荷载之间应留有不小于 1 m 宽的护道。

6.2.1　施工工艺与流程

基坑开挖前，必须对施工围堰进行专项检查验收；先在设计基坑位置四周进行降排水施工；采用挖机、自卸车等设备进行土石方开挖施工，及时进行相应边坡防护，开挖至设计基底高程；最后进行船闸结构物施工。

在基坑开挖施工过程中，应按照观测方案对围堰结构及基坑进行沉降、位移和变形监测和记录，发现异常情况立即停止基坑开挖施工，及时研究处理，待围堰及基坑安全稳定性得到确认后，继续基坑开挖施工。

根据施工内容或工艺的不同，基坑开挖施工分为：基坑支护施工（放坡、板桩墙支护、土钉墙支护）、基坑降排水施工、基坑爆破施工、基坑开挖施工。

放坡支护施工工艺流程：施工方案、人机料确定→排水设施施工→根据地质划分开挖高度→开挖土方并修整边坡。

典型的板桩墙支护与基坑爆破和开挖的施工工艺流程如图 6-13 至图 6-15 所示。

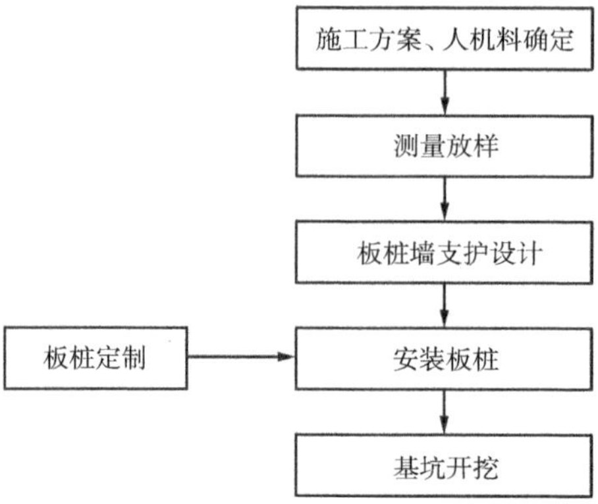

图 6-13　典型板桩墙支护施工工艺流程图

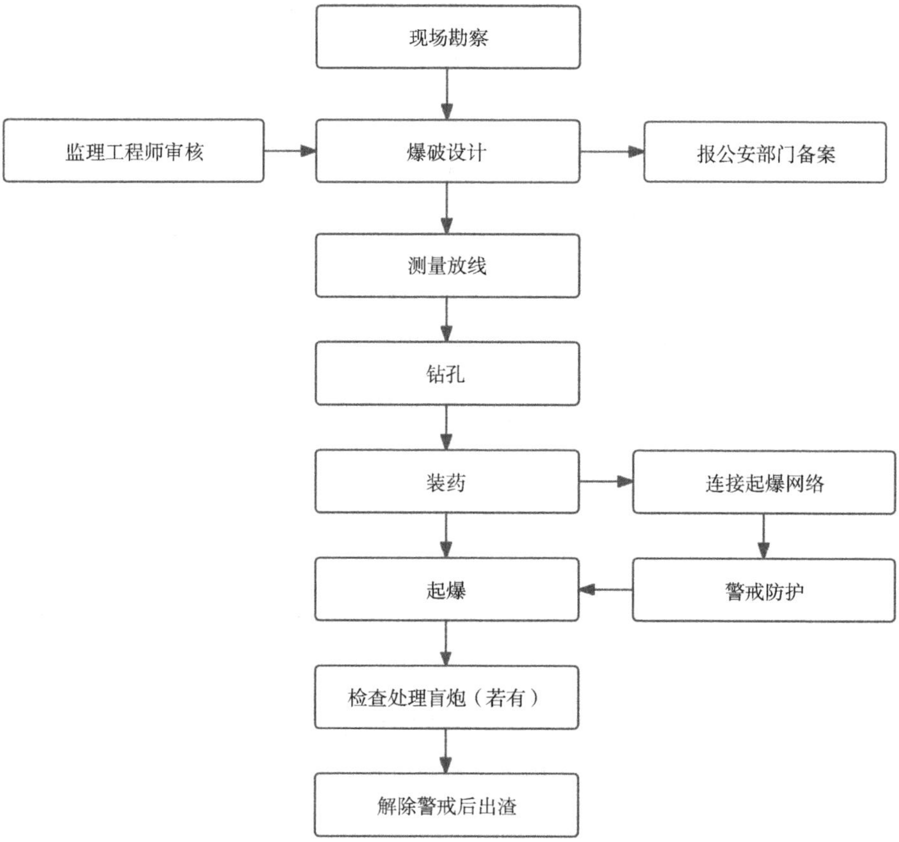

图 6-14　基坑爆破施工工艺流程图

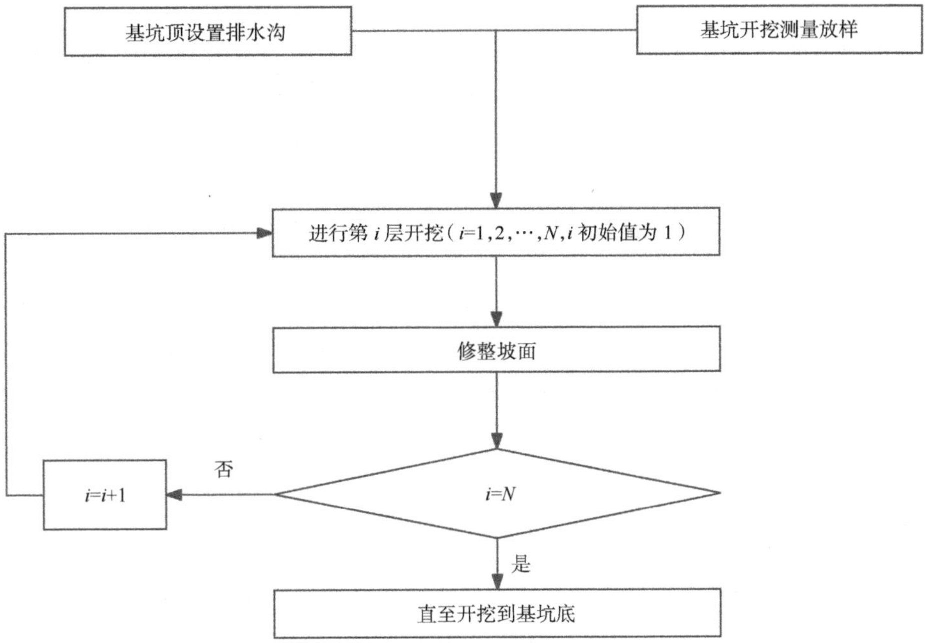

图 6-15　基坑开挖施工工艺流程图

6.2.2　施工准备

基坑开挖方案应根据基坑结构、位置、周边环境及地下水位等情况综合选定，同时也应满足施工强度和安全的要求。

基坑土石方主要采用自卸汽车运输。应根据开挖土石材料的种类、道路现状、周边环境等情况，选择合适的运输设备。

6.2.3　施工方法

6.2.3.1　基坑支护施工

1. 放坡支护施工

1)施工步骤

(1)基坑开挖前，一般提前 7~14 d 进行深井降水施工。根据施工进度、现场环境、工程造价等因素，确定抽水设备及数量；抽排基坑内地表水及地下降水时，要同步观测基坑四周，发现异常情况及时处理，确保安全施工。

(2)根据地质情况及设计图纸要求，分级放坡开挖施工。

(3)每层土方开挖到位后，及时修整边坡，确保表面压实。

2)施工技术、质量要点

(1)施工准备。绘制施工总平面布置图和基坑土方开挖图，确定开挖路线、边坡坡度、排水沟、集水井位置等；整平施工道路；搬迁或改移施工区域内树木、杆线、管道等障碍物；对于地表积水直接采用水泵抽排。

(2)排水设施施工。场地向排水沟方向做成不小于 0.2% 的坡度，必要时设置截水沟、排洪沟；基坑开挖施工前将排水设施施工完毕，一般以提前 7~14 d 为准；排水沟和集水井布置在拟建建筑基础边线 0.5 m 以外，排水沟边缘离开边坡坡脚不应小于 0.3 m；基坑顶部排水沟一般距离基坑边缘不小于 2 m，同时排水沟出水口高程以高于河道或江水历史最高水位为准；边坡台阶开挖应做成一定坡势以利排水，同时其表面应整平压实，确保排水顺畅。

（3）根据地质划分开挖高度。放坡开挖的边坡坡度和坡高应根据土的种类、物理力学性质、水文资料等计算确定；分级放坡时，应同时验算小坡和大坡的稳定性，并考虑雨季施工产生的影响。

（4）施工安全、环保。土方开挖过程中，挖机施工回转半径内及坡脚处严禁站人，同时在其作业范围内，不得进行其他作业施工；严禁在坡顶停放施工机械或堆放土方等材料；挖土应由上而下，逐层开挖，严禁先挖坡脚；夜间要有足够的照明设备，避免出现交通事故；车辆进出口及倒车时，由专人穿反光警示服，戴哨子进行交通指挥；基坑四周设警示牌，夜间设置警示红灯，禁止闲杂人员进入施工现场。

2. 土钉墙支护施工

1）施工步骤

（1）划分开挖深度及土方开挖。根据设计图纸要求，确定基坑每层土方开挖的坡脚坡顶边线，并采用醒目标记标示，以便识别；采用挖机等设备，按设计位置及坡度进行土方开挖。

（2）初喷底层混凝土。每层作业面开挖到位后，采用混凝土喷射机，人工手持喷枪，垂直于护坡喷射混凝土。

（3）根据设计图纸标示钻孔位置，进行钻孔施工；钻孔完成并验收合格后，人工配合安装土钉。

（4）注浆。土钉安装完成后，人工将注浆管插入孔内进行注浆。

（5）挂钢筋网并与土钉尾部焊牢。根据设计图纸要求将钢筋与土钉尾部连接固定并焊接。

（6）复喷表层混凝土至设计厚度。钢筋网挂设完毕后，立即进行喷射混凝土施工。

2）施工技术、质量要点

（1）根据地质划分开挖高度。基坑开挖前，确定基坑开挖的分层深度及长度、边坡开挖的裸露及时间限制等。

（2）边坡修整。要按分层深度和分段长度，按作业顺序施工；若无设计要求，则每层开挖深度一般为 1.5~2.0 m，每层开挖的水平分段长度一般多为 10~20 m；严禁边坡出现超挖或对边坡土体产生扰动；基坑的边坡应预留 100~150 mm 用于人工修坡，以确保边坡平整并符合设计坡度要求；开挖过程中如遇到土质有异常，与原设计文件不同，应及时报告监理、设计院及业主，由专业人员确认是否进行设计变更。

（3）初喷底层混凝土。土层地质条件较差时，在每段作业面开挖后，应在最短的时间内对坡壁表面喷射一层薄混凝土或砂浆；若土质较稳定，可省去该道面层；喷射所用的混凝土，应提前做好配合比比选并试喷，以检验喷射设备是否良好及混凝土的和易性是否符合要求。

（4）钻设钉孔。钻孔前，先根据设计要求测放孔位并做出标记和编号，确保钻孔位置正确；钻进时，一般以比设计深度多钻进 100~200 mm 进行控制，以防孔深不够；在易塌孔的土体中，钻孔时宜采用套管成孔或挤压成孔。

（5）土钉安装。插入土钉钢筋前进行清孔检查，若孔中出现局部渗水、塌孔或掉落松土，应立即处理；土钉钢筋入孔前，在钢筋上安装对中定位支架，一般采用 X 钢筋或塑料定位，间距一般按 2~3 m 控制，以不妨碍浆体自由流动为准。

（6）注浆。注浆管一般插至距孔底 250~500 mm，在孔口设置止浆塞及排气口，以低压（0.4~0.6 MPa）注浆。若用钢管代替钢筋杆体，应使用高压（1~2 MPa）注浆；压力注浆采用一次注浆法。注浆过程中，将注浆管匀速缓慢撤出，速度以导管的出浆口始终处于孔中浆体的表面之下为宜。向孔内注入的浆体充盈系数必须大于 1；水泥净浆的水灰比按设计要求选用，当设计无要求时一般取 0.5；水泥浆液需搅拌均匀，随拌随用，一次搅拌的水泥净浆应在初凝前用完；注浆开始或中途停止超过 30 min 时，用水或水泥浆润滑注浆管及输送管；注浆宜采用低压慢注、间歇注浆、逐渐加压的方式进行。

（7）挂钢筋网并与土钉尾部焊牢。钢筋网应在喷射一层混凝土后铺设，钢筋保护层厚度不小于 30 mm，钢筋网一般延伸至地表面，并伸出边坡线 0.5 m；钢筋网铺设时每边的搭接应不小于一个网格长度或 300 mm；钢筋网铺设完毕后及时与土钉尾部焊接。

（8）复喷表层混凝土至设计厚度。喷射混凝土的射距宜保持在 0.6~1.0 m 范围内，并使喷射方向垂直于基坑壁面；在有钢筋的地方应先喷射钢筋的后方，以防止钢筋背面出现空隙；混凝土面层搭接部分应做成 45° 倾斜面。

6.2.3.2 基坑降排水施工

1. 施工步骤

（1）基坑降排水应根据基坑开挖深度、地质勘探报告、水文地质条件及现场环境等情况设计确定。

（2）根据设计图纸及降排水施工方案，测量放线深井、排水沟、集水井等位置。

（3）开挖前，将基坑范围内地表水抽排干净；基坑开挖前提前 7~14 d 进行深井降水，确保基坑边坡稳定、安全。

2. 施工技术、质量要点

井点降水宜用于粉砂、细砂、地下水位较高、有承压水、基坑较深、坑壁不易稳定的土质基坑，在无砂的黏质土中不宜采用；井点降水曲线应低于基底设计高程或开挖高程 0.5 m；降排水过程中，应做好沉降及边坡位移监测；若发现异常情况，立即停止降水施工，采用相应补救措施，保证基坑施工安全；基坑降水主要采用深井进行降水，部分区域采用轻型井点配合降水。深井、轻型井点的井深、间距及布置等按照土层渗透系数及基底设计高程进行设计；基坑开挖过程中需 24 h 连续降水，确保土方开挖干施工；宜在基坑底基础范围之外，按 50 m 左右间距设置集水坑，并沿坑底周围开挖排水沟；排水设备的排水能力宜为基坑总渗水量的 1.5~2.0 倍。排水设备应有备用；做好深井标示及保护工作，确保现场施工人员清楚深井位置，避免损坏深井；深井顶部应设置活动式卡扣盖板，避免人员、施工杂物掉落；深井顶部高程一般比原地面高出 50 cm。

6.3 地基处理

由于地基承载力不能满足设计要求，需对地基进行加固处理，以确保基底承载力满足要求，保证结构物安全稳定性满足要求。具体处理方法有换填基础（块石混凝土或混凝土换填)、桩基础(PHC管桩、混凝土方桩、深搅桩、碎石桩、钻孔桩)等。

6.3.1 施工工艺与流程

基础换填施工:基坑开挖到位后,报请监理、设计单位及业主验槽,待验收合格后,开始进行基础换填作业。换填作业一般采取灌浆块石换填、混凝土换填、块石混凝土换填三种换填方式。灌浆块石换填,一般是根据结构物平面尺寸一次性换填到位。在块石换填施工前,先铺设一层15 cm左右厚的砂浆,然后再铺设块石,每层块石铺设厚度宜控制在30~50 cm,块石铺设完成后,用泵车浇筑砂浆。混凝土(块石混凝土)换填作业,宜一次性浇筑完毕,浇筑过程中每层按30~50 cm进行控制。由于投入较大,此工艺一般较少使用。

当采取基础桩进行加固处理时,施工主要分为PHC管桩施工、混凝土方桩施工、碎石桩施工、深搅桩施工和钻孔桩施工。PHC管桩施工主要采用履带式打桩机进行沉桩作业。碎石桩施工直接加固松散土体,以此提高复合地基的工作性能,目前主要采用振冲碎石桩、振动沉管碎石桩。深层搅拌桩施工主要适用于基础处理深度在15 m以内,且地基土质主要为砂性土、粉土、粉质黏土等的情况,同时土壤内不得存在大量的卵石、块石等粗颗粒。

当采取灌浆处理时,目前施工方法主要为固结灌浆和帷幕灌浆。固结灌浆施工主要是提高地基整体性、承载力和抗变形能力,确保满足设计要求。帷幕灌浆施工是将浆液渗入岩体或土壤的裂缝、空隙当中,形成连续的阻水帷幕,以减少渗流量和降低渗透压力。

灌浆块石换填、块石混凝土换填、碎石桩施工和钻孔灌注桩的施工工艺流程如图6-16至图6-19所示。

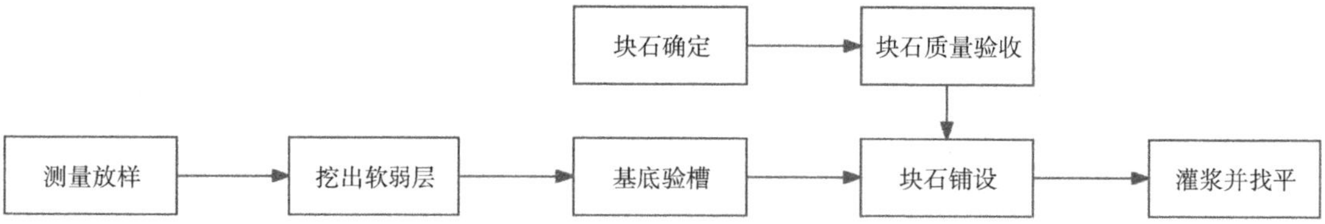

图6-16 灌浆块石换填施工工艺流程图

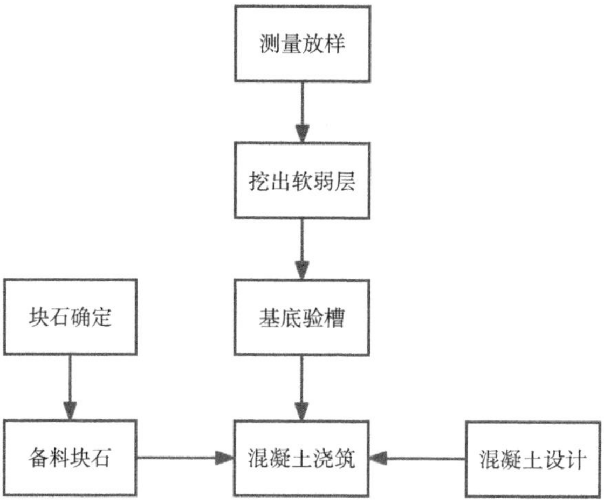

图6-17 块石混凝土换填施工工艺流程图

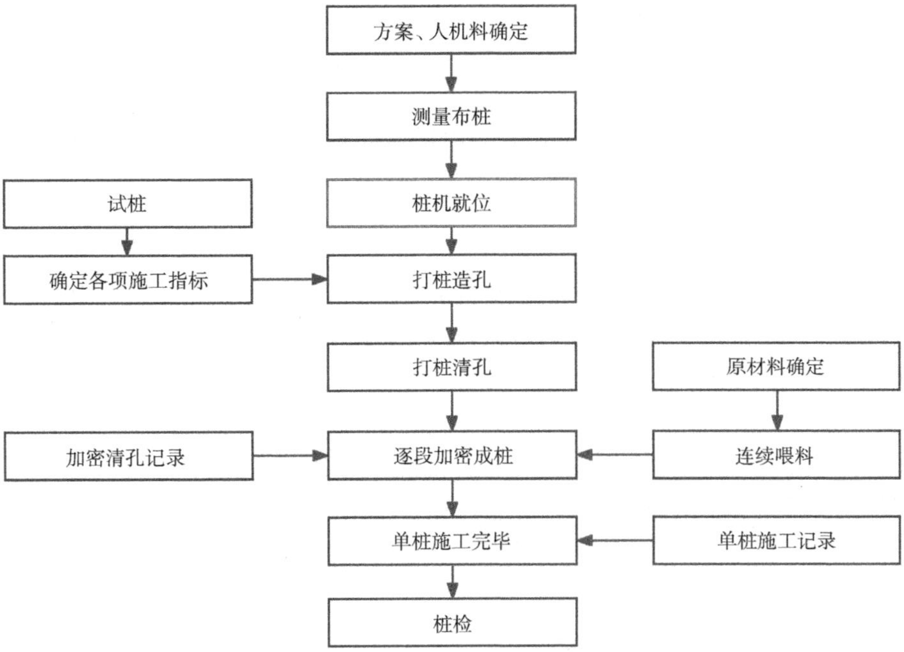

图 6-18　碎石桩施工工艺流程图

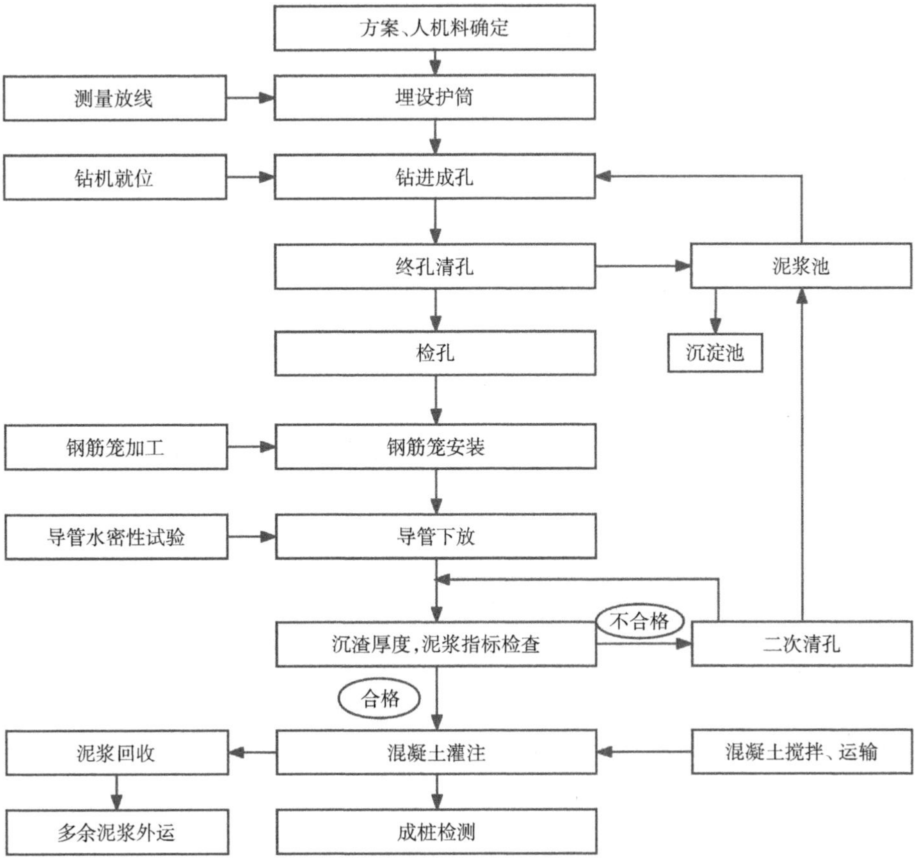

图 6-19　钻孔灌注桩施工工艺流程图

6.3.2 施工准备

6.3.2.1 材料运输方式选择

水泥、混凝土、块石、桩等原材料，主要采用罐车、自卸车、泵车、挂车等设备运输。

6.3.2.2 施工设备

泵车：常规性泵车，用于混凝土浇筑。

罐车：常规性罐车，用于混凝土运输。

挖机：一般以 1.0 m^3 常规反铲挖掘机为主，主要用于基坑开挖、排水沟开挖、便道修筑等。

吊车：起吊能力视现场起吊距离及起吊重量而定，一般以 25 t 吊车为主。主要用于块石铺设、吊装桩等。

打桩机：一般以履带式打桩机为主。

压路机：18~25 t 压路机，基础面压实之用。

振冲器：一般选择 75 kW 左右的振冲器。

6.3.3 施工方法

6.3.3.1 基础换填施工

地基换填的部位、范围应满足设计要求。换填前应对基础下地基进行检查记录，当发现溶洞、溶沟等不良地质构造时，应报送监理、业主及设计院，按设计要求进行处理。

1. 灌浆块石换填施工

1）施工步骤

（1）先测量标出基础换填边线，然后用挖机配合开挖。

（2）再用挖机、汽车吊或塔吊等设备进行块石铺设，进行灌浆施工。

2）施工技术、质量要点

（1）验槽内容包括平面位置、基底高程、地质情况，如有无孔洞、溶洞、井、墓穴等，在基底换填前处理完毕并办理隐蔽工程验收手续。

（2）块石表面不得有风化裂缝，块石色泽均匀，质地坚硬，耐磨，纹理均匀，不含铁砂，无裂纹、砂眼、缝隙及风化表皮等外观缺陷，且石料的物理力学性能满足设计及规范要求，块石的外形大致方正，上下面大致平整，中间部分厚度不小于 15 cm，规格小的石料可用于塞缝，但用量不得超过砌体重量的 10%。对外露块石，外露面人工修凿加工，保证砌体表面平整；块石材料中不得含有草根、树叶、塑料袋、泥土等杂物。

（3）砌筑砂浆试块抗压强度的平均值不得低于设计强度等级，其中最低一组试块的抗压强度不得低于设计强度的 75%。

2. 混凝土换填施工

1）施工步骤

（1）测量放样、开挖土方及基底验槽：同灌浆块石换填施工。

（2）混凝土分层浇筑，每层厚度不超过 30 cm。

2）施工技术、质量要点

（1）混凝土换填：洒水以基底表面湿润不扬尘及不粘泥为准；混凝土浇筑工作宜连续进

行，一次浇筑完毕。若混凝土浇筑过程中出现中断情况，其时间已超过混凝土初凝时间，则上下层混凝土间按施工缝处理，处理完毕后再进行混凝土浇筑。混凝土换填施工过程中所用的混凝土配合比、质量及原材料必须符合现行行业标准《水运工程混凝土施工规范》（JTS 202）和国家现行有关标准的规定。

（2）具体处理情况如下：需待前层混凝土达到一定强度（一般强度达到 2.5 MPa）后方可进行；凿毛后用水冲洗干净；对垂直施工缝应刷一层水泥净浆，水平缝铺一层厚度为 1~2 cm 的砂浆。由于换填混凝土面积大、用量大、收缩性大，因此应尽量优化混凝土配合比，降低混凝土中水泥水化产生的水化热；混凝土应振捣密实，振捣以混凝土表面不再下沉、表面出现浮浆为准；混凝土的强度应满足设计要求，并应符合现行行业标准《水运工程混凝土施工规范》（JTS 202）等的有关规定。

6.3.3.2　桩基础施工

预制桩的规格应满足设计要求，其混凝土表面不应有裂缝。钻孔灌注桩桩孔的直径、深度及清孔后的沉渣厚度应满足设计要求。灌注桩桩身完整性检测的数量和结果应满足设计要求，并应符合国家现行有关标准的规定。

1. 施工步骤

（1）桩基础施工前选取具有代表性的区域进行试桩，确定施工参数及施工工艺。

（2）清理整平施工现场，然后压实，以打桩机不明显下沉为准。

（3）根据桩位图测量放线，并在桩位处做明显标记，便于识别。

（4）桩在有资质厂家实行工业化标准生产；沉桩过程中，专人指挥施工。

2. 施工技术、质量要点

（1）场地平整。平整场地时，以中间高、四周低的原则进行，同时在施工现场四周挖排水沟，确保施工期间排水顺畅。

（2）桩运输及临时堆放。桩身混凝土需达到 100% 的设计强度并经自检合格后方可运输进场；起吊方法为两点法，吊点（支点）位置距桩端 0.21L（注：L 为桩长）。底层用垫木支垫和木楔固定，两层之间用木楔加固，桩与车身两侧间也要用垫木隔开；所有的支垫必须采用两点支垫，且桩的两端悬臂不得超过 1.5 m；桩堆高不宜超过 2 层，上、下层桩端错落长度不大于 10 cm；桩起吊运输过程中平稳轻放，以免受震动、冲撞。

（3）桩进场后质量检验。桩进场应附出厂合格证、质保书和检验报告，并做好入场登记。与合格证不符的或来历不明的桩坚决予以退场处理；逐桩仔细检查桩身质量，并做好详细记录。

（4）沉桩。沉桩顺序一般宜从中间向四周进行；沉桩过程中，同步测量管桩正、侧面，及时调节桩架使桩锤、替打、桩身处在同一垂直线，并使桩架龙口与桩身保持平行，确保桩身垂直度偏差不超过 0.5%；在打桩过程中，采用替打和桩垫（桩垫一般采用纸质）保护桩顶，减少桩头损坏，同时替打应保持平整，避免产生偏心锤击；沉桩时开、停锤必须由专人指挥，并与测量人员保持联系，且同步如实填写沉桩记录；沉桩时以贯入度控制为主，高程校核为辅；桩机行走过程中，避开已完成的管桩桩头，防止损坏桩头。

6.3.3.3　基础深搅桩施工

1. 施工步骤

开钻前，进行试验搅拌成桩，确定施工参数及施工工艺流程。

（1）根据设计图纸测放桩位后，一般在桩中心采用石灰及小木桩或竹筷标出桩位，便于识别;在孔位布置图做出标记和编号,便于过程记录及控制。

(2)钻机钻进过程中,搅拌机钻进速度一般控制在 0.4~0.7 m/min。

(3)钻机喷浆下沉过程中,缓慢进行,并严格记录时间。

(4)喷浆提升速率按设计要求进行;当设计无要求时,提升速率一般按 0.5~1.0 m/min 控制。

2. 施工技术、质量要点

1)水泥浆液

水泥浆液应进行与地层土体搅拌成混合体的物理及力学性能试验。根据设计要求选用水泥品种、型号,检验到场水泥的合格证、化验单,并将上述证件的复印件报送至监理工程师。水泥应新鲜无结块,按规范要求的批量进行检验,分批号堆放。

2)浆液配制

浆液宜采用自动制浆设备配制,搅拌灰浆按先加水,再加水泥,最后加外加剂的顺序投料,每次灰浆搅拌时间不得少于 3 min(普通搅拌机),高速搅拌机灰浆搅拌时间不得小于 30 s。放水泥浆前必须搅拌 2 min;水泥浆液随配随用,为防止水泥浆液离析,搅拌机中的水泥浆液应不断搅动。灰浆搅拌机与集料斗之间应设置过滤网,以便将水泥浆液中水泥硬块剔出。水泥浆液集料斗的容量一般以超过设计的 15% 左右控制。深搅桩施工前,提前备足不少于一根桩的浆液用量,否则不得进行下一根桩的施工。浆液存放的有效时间应符合下列规定:当气温在 10 ℃以下时,不宜超过 5 h;当气温在 10 ℃以上时,不宜超过 3 h;浆液温度应控制在 5~40 ℃。

3)钻进

搅拌机钻头提升速率应满足设计要求;当设计无要求时,则提升速率一般按 0.5~1.0 m/min 进行控制;当提升至离整平规定的高程处时停止喷浆。

4)管道、钻头

经常检查输浆管,防止泄漏及堵塞,管道长度以不大于 50 m 控制;定期检查使用的钻头,其直径磨耗量控制在不大于 1 cm。

5)施工顺序

先将四周施工完成,再逐渐往中心打设。

6)施工记录

详细记录搅拌机每米下沉或提升的时间、灌浆停浆的时间;记录时,深度误差不得大于 5 cm,时间误差不得大于 5 s。

7)断桩处理

喷浆提升时若发生断浆,则在输浆管畅通后,在断浆处往下 0.5 m 位置重新喷浆提升。

8)桩顶

桩顶高程以下 1 m 喷浆搅拌提升宜用慢速,且在桩顶高程处宜停止提升,搅拌数秒(一般控制在 10 s 左右),以保障桩的密实。

6.3.3.4 基础固结灌浆施工

1. 施工步骤

选择地质条件与实际灌浆区域相似的地段作为灌浆试验区;灌浆结束后,对试验成果进行分析,报请设计及监理工程师确定灌浆施工工艺各项参数。

施工前做好水泥、砂等原材料的配套工作，根据施工现场环境合理选择钻机及其他设备。

制浆、灌浆：宜采用自动制浆设备，送浆泵应配可调速电机并能实时自动调节送浆量；浆液材料必须搅拌均匀，且随拌随用，其拌合能力应与灌浆泵的排量相适应。

2. 施工技术、质量要点

1）施工准备

施工前对水泥、砂等原材料，按有关规定进行检验，符合要求后方可投入使用；测量放线，明确灌浆孔位置并做好标记；设备进场后进行调试，检验机械制动、油管、线路等是否完好，并对有故障的进行维修保养，确保安全施工。

2）工艺性试验

灌浆作业前 14 d，编制详细的灌浆试验大纲，报请监理工程师审核；根据灌浆工程施工图纸的要求或按监理工程师的批示选定试验孔布置方式、孔深、压力分段、灌浆压力等试验参数。

3）制浆

同基础深搅桩施工。

4）压力灌浆

灌浆前，对机械、管道线路系统进行认真检查，并进行 10~20 min 该灌注段最大灌浆压力的耐压试验；注浆时，避免水泥浆在管道内沉淀，保证输浆管道畅通；输浆管道应尽量平整、光滑，拐弯半径不能太小，过流断面不能产生突变；灌浆过程中，发生冒浆或漏浆，根据具体情况采用嵌缝、表面封堵、低压、浓浆、间歇式等方法进行处理；发生串浆时，若串浆孔具备灌浆条件，可以同时进行灌浆，否则将串浆孔用塞塞住。待灌浆孔灌浆结束后，串浆孔再扫孔清洗；灌浆结束标准为：在设计规定压力下，当注入率不大于 1 L/min 时，群孔灌浆不大于 0.8 L/min 时，继续灌注 30 min，即可结束。

6.3.3.5　基础固结灌浆施工

1. 施工步骤

施工轴线及孔位布置。根据设计底高程和实测桩位点顶面高程确定帷幕深度，编制帷幕编号及深度施工控制表，报请监理工程师批准后实施。

开钻前根据上报于监理工程师的配合比及试验资料进行搅拌成桩；根据搅拌成桩施工的实际情况确定各项施工参数。

制浆。宜采用自动制浆设备，送浆泵应配可调速电机并能实时自动调节送浆量；浆液材料必须搅拌均匀，且随拌随用，其拌合能力应与灌浆泵的排量相适应。

搅拌喷浆。采用一次钻进一次提升的方法完成单幅造墙；钻进搅拌时，通过在导杆立柱上划分标尺来量测钻进速度。

2. 施工技术、质量要点

1）制浆

同基础深搅桩施工。

2）搅拌喷浆

钻孔定位时，其桩位中心误差不得大于 2 cm；钻机架设需平稳稳固，施工前对桩机进行调平，确保垂直偏差不大于 $H/300$（注：H 表示桩长，单位 mm）；钻进过程中，钻进搅拌速度控制在 0.5~1.0 m/min，提升速度一般控制在 1.0~1.5 m/min；专人记录每桩下沉或提升时间。对黏性比较大的土层可进行必要的复搅，保证搅拌均匀；若钻进过程中，地面以下存在坚硬类障碍物，导致无法钻进，则需第一时间通知设计院，确定处理方案后方可进行后续施工。

6.4 船闸主体施工

船闸主体工程主要包括闸首及闸室墙体施工、输水廊道施工、变形缝及止水施工、墙后工程施工、钢筋工程、后浇带混凝土施工 6 个子项。

闸首是将闸室与上、下游引航道或相邻两级闸室隔开的建筑物，具有挡水过船的功能。闸室是利用灌、泄水系统控制水位升降以输送船舶的水工建筑物，如图 6-20、图 6-21 所示。输水廊道是将江河中水灌入船闸闸室内和将闸室内的水排泄至引航道外的水工建筑物。

图 6-20 闸室在建俯视图

图 6-21 闸室通航图

6.4.1 施工工艺与流程

闸首、闸室、输水廊道均为现浇混凝土结构，采用在后场将钢筋加工成半成品，然后运输至现场进行安装施工，再进行模板的安装，模板一般采用定型钢模板。

（1）闸首及闸室墙体施工主要分为悬臂爬模、整体移动式大模板、桁架模翻模施工三种施工工艺。后倾式悬臂爬模根据船闸结构尺寸设计成宽度 3 m、2.5 m、2.2 m、2 m 等模数，模板高度一般为 3.05 m 或 3.55 m，标准一次浇筑高度为 3 m 或 3.5 m。整体移动式大模板根据闸墙尺寸一般由 6 块或 8 块钢模组合而成，模板加工好后运输到现场，采用塔吊将模板吊拼至龙门架上，对称布置，此后的支拆、吊运都以大模板为单位通过轨道式门吊进行整体移位。桁架模翻模模板一般采用定型钢模板。模板利用具有一定工作强度的混凝土实体作为固定支撑体，各种材料采用起吊机械提升，不需要另行搭设脚手架。

（2）输水廊道分两层施工，第一层采用伞形模板及出水支管的定型模板施工工艺，第二层采用台车式模板施工输水廊道侧墙及顶板。下部伞形模板利用吊车收放，上部台车模板采用螺旋撑杆调整模板高程，台车下设滚轮，可将台车连同模板整体运移到新的浇筑部位。采用喉部尺寸可调节的定型钢模施工出水支孔。支管内模采用定型、三段式模板，通过调整内部支杆，达到装、拆模板的目的。

（3）变形缝及止水施工主要包括铜片止水带施工、橡胶止水带施工、伸缩缝填充料施工，均采用在专业厂家购买成品或半成品，现场再进行安装施工，如图 6-22、图 6-23 所示。

图 6-22　铜片止水带

图 6-23　橡胶止水带

（4）船闸墙后排水系统由检查井和排水管（包括闸室墙后排水软管）组成。现场一般先安装装配式预制混凝土检查井，再安装管道。

（5）钢筋采用在后方加工场下料加工完成后，由汽车运至现场，吊车或塔吊吊运到位，人工进行安装施工，钢筋绑扎时，采用短钢管临时固定，对于闸墙等竖向的钢筋，采用压力电渣焊焊接，对于平面网状钢筋则宜采用钢管作支柱，8 号铁丝作拉丝的斜拉结构。钢筋固定后，应将临时支护取出。

（6）后浇带混凝土需待闸墙混凝土的浇筑高度和墙后回填土的高度满足设计要求，方可进行浇筑施工。

船闸典型主体施工工艺流程如图 6-24 至图 6-27 所示。

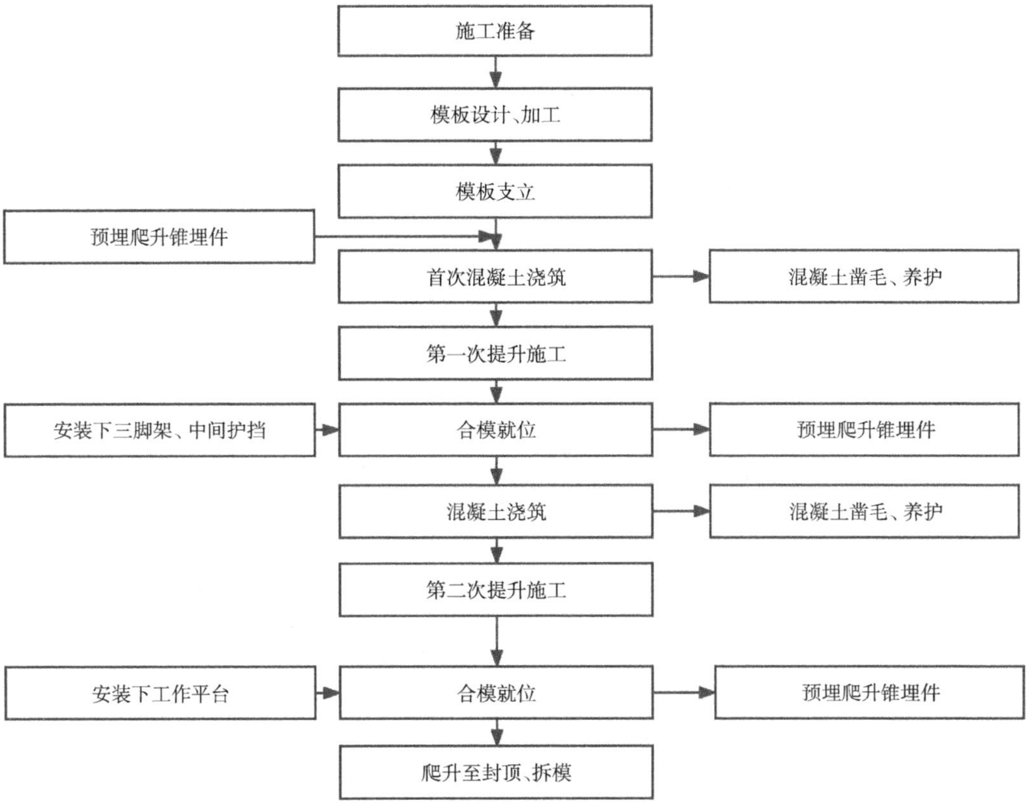

图 6-24　悬臂爬模施工工艺流程图

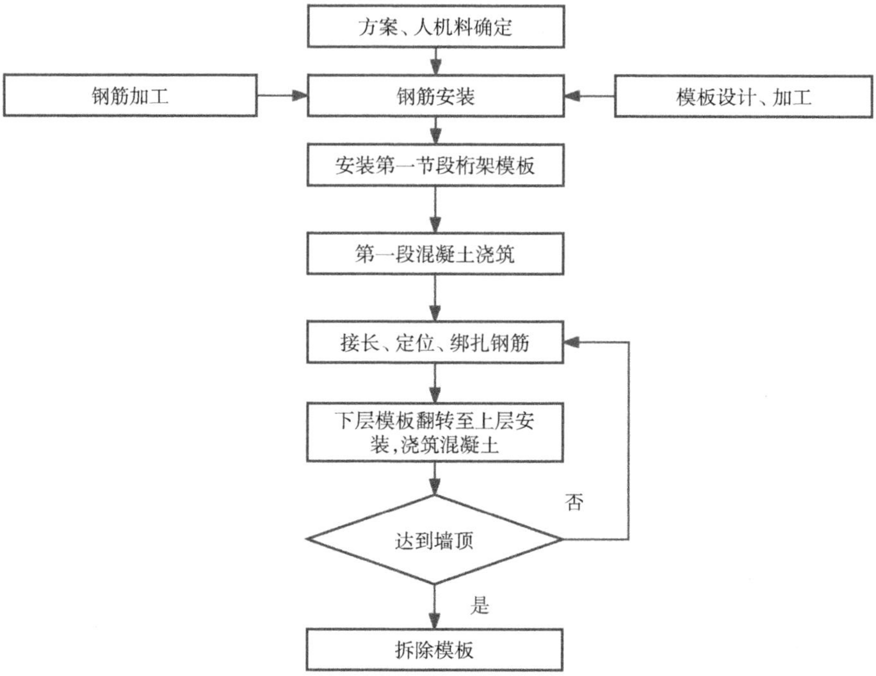

图 6-25 桁架翻模施工工艺流程图

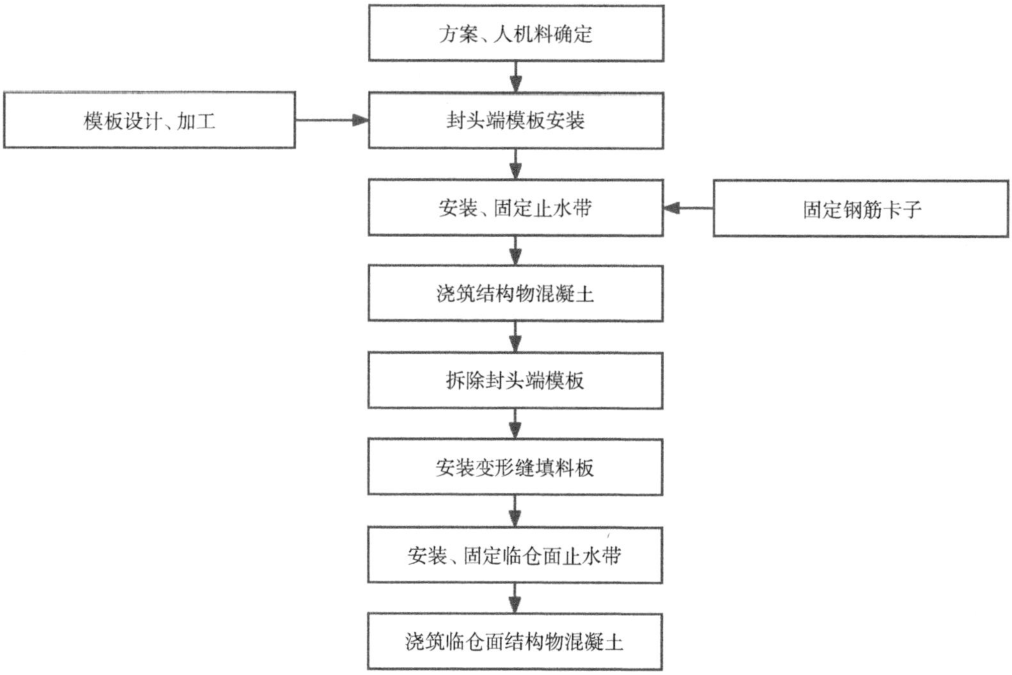

图 6-26 变形缝及止水施工工艺流程图

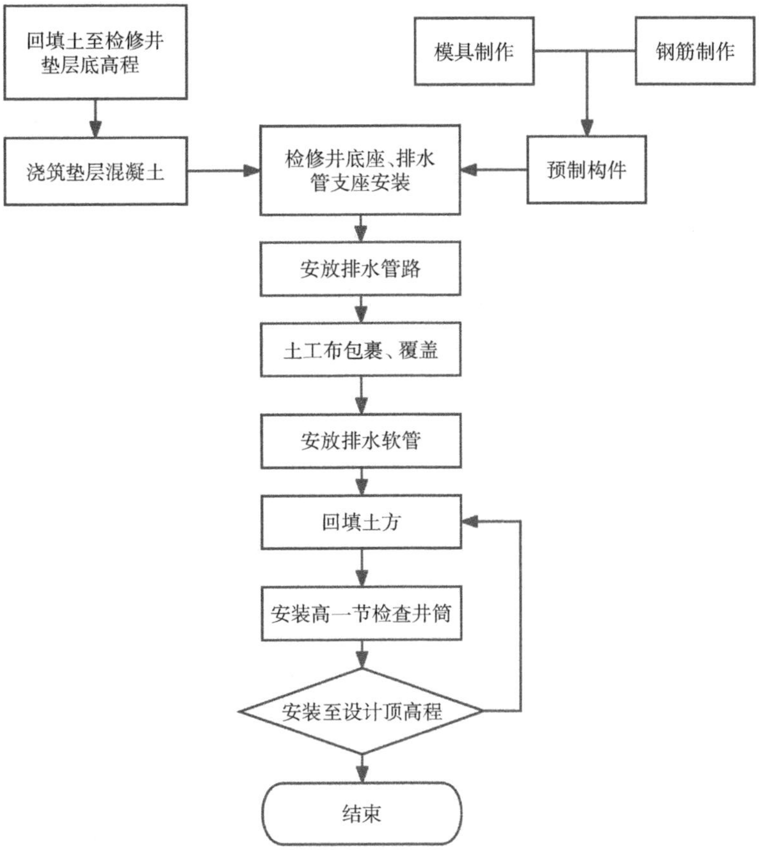

图 6-27　墙后排水系统施工工艺流程图

6.4.2　施工准备

根据闸墙、闸首设计图纸，绘制模板制作及安装设计图，并经有关技术部门审核通过，危险性较大的分部分项工程还需组织专家评审。

施工前进行详细的技术、安全交底，使施工人员掌握施工要点。

主要施工设备选型如下。

(1)移动式塔吊。主要用于起吊混凝土吊罐浇筑混凝土，兼顾模板安装，应能满足吊罐浇筑混凝土的起重能力。

(2)汽车吊。主要采用 25 t、35 t 汽车吊配合模板安拆、井筒及管节的安装施工等。

(3)履带吊。一般以 70 t 履带吊为主，主要用于混凝土浇筑，兼顾模板安装。

(4)卷扬机。主要用于牵引台车式模板及支架的整体移动。

(5)挖掘机。常规类型，用于土石方开挖。

(6)压路机。一般以 18 t 振动压路机为主，主要用于墙后工程土石方压实。

(7)橡胶止水带施工设备。平板硫化机、0~200 ℃测温仪。

(8)铜片止水带施工设备及材料。乙炔、氧气及铜焊条。

(9)推土机。铲土容量 4.5 m^3 左右推土机，用于土石方回填的摊铺。

6.4.3 施工方法

6.4.3.1 闸首及闸室墙体施工

墙体模板必须具有足够的强度、刚度和稳定性,并可靠地承受新浇混凝土的自重力、侧压力和施工中产生的荷载,模板变形在允许范围内。

1. 悬臂爬模施工

1)施工步骤

(1)模板设计经有关技术部门审核,组织专家论证,由有资质的厂家加工制作、现场拼装。

(2)首次混凝土施工。结构底板以上第一层混凝土施工,利用三脚架作为模板的支撑系统,并预埋好爬模螺栓,为上层混凝土爬模施工提供条件。

(3)模板第一次提升施工。首次混凝土浇筑完成达到一定强度后,利用预埋螺栓进行爬模施工,模板顶部预埋爬模螺栓。

(4)模板第二次提升施工。下部混凝土浇筑完成后达到设计规定强度后,利用预埋螺栓进行爬模施工。

2)施工技术、质量要点

(1)模板设计。悬臂模板系统必须经过有关技术部门审核通过,危险性较大的分部分项工程还需组织专家评审;爬升锥预埋件预埋在每层混凝土顶面以下一定高度;模板高度根据结构划分,并通过设计计算及验算;爬模采用的模板应具备质量轻、刚度较大、耐热、防火等性能。

(2)首次混凝土施工。在结构底板基础施工时预埋地脚螺栓;按模板加工时预留孔在模板上安装爬升锥预埋件;进行模板支立、加固,然后浇筑首次混凝土;混凝土浇筑过程中,严禁出料口冲击预埋件,同时在混凝土振捣过程中,振捣棒与预埋件之间距离不得小于10 cm,防止触碰致使埋件移位或脱落。

(3)模板第一次提升施工。首次混凝土浇筑完后,当混凝土强度达到5 MPa时,方可松动螺栓拆模;拆模后须清理干净模板表面附着的杂物,并在混凝土浇筑前刷脱模剂;将工作平台底梁安装并固定在支架上,保证在吊装和使用过程中不发生松动;先将高强螺栓拧入预埋的爬升锥内并预留适当间隙以方便悬臂支架的安装,将组装好的悬臂支撑单元吊装、落在预埋高强螺栓与爬升锥之间;模板整个单元往上提升时,吊钩一定要吊在模板主背楞上部,不得吊于模板上;准确固定好精轧螺纹钢及爬升锥和爬升锥外壳后准备吊装模板,务必要保证预埋件位置的准确性;通过可调斜撑调整模板的垂直度,通过后移装置微调模板下沿与上次浇筑完的混凝土结构表面顶紧,确保不漏浆、不错台。

(4)模板第二次提升施工。混凝土达到强度要求后,拆除上部模板与爬升锥之间的M33高强螺栓,将连接器上处于竖围楞外部的楔销取出插入靠近混凝土一侧长方孔中,同时调节可调撑杆使模板上部向外部倾斜,敲击楔销使模板下部与混凝土表面脱离,实现脱模;模板脱模后,将上部高强螺栓拧入爬升锥内,将模板与悬臂支撑作为一个整体吊装落到上部爬升锥上,调整悬臂支架系统高度及水平,固定;在悬臂模板系统中进行第二次的爬升施工时,拼装下工作平台,并在下工作平台上拆卸爬升锥螺母,修补孔洞及其他混凝土外观缺陷;后续施工无须再安装组件,以此循环,直至爬升至顶、拆模。

2. 整体移动式大模板施工

为了提高施工速度，闸墙采用大片整体式钢结构模板分段进行施工。整体式大模板采用门吊进行移动。

1)施工步骤

(1)对模板支架进行设计，并报请监理工程师同意，方可进行模板支架的制作；模板支架宜在专业厂家进行制作，现场进行拼装。

(2)利用汽车吊将中等规格的模板拼装成大模板，再用门吊将模板进行安装；模板加固使用对拉螺杆进行调节。

(3)混凝土施工。同第3章。

(4)混凝土达到一定强度后，利用龙门吊配合拆除、移动模板至下一段闸墙。

2)施工技术、质量要点

(1)模板加工。模板宜采用大面积定型钢模。模板板面和肋板由专业厂家加工成型后运抵施工现场，现场再焊接围檩、立柱；整块模板长为浇筑段闸墙长度，高为闸墙倒角以上至墙顶高度；为便于加工、运输及现场施工的方便，大模板视闸墙长度一般由6块或8块中等规格的模板组合而成。

(2)模板的支立和加固。模板间的连接用M20螺栓，模板连接前，在模板间加海绵条；模板拼装完成后，用吊车将模板吊拼到龙门架上，两侧需对称匀速吊装；模板支立之前清洗干净模板内表面，并且刷脱模剂；模板支立时，先在混凝土边上粘一层海绵，防止漏浆，在龙门架的中部和上部各有五个支撑，每个支撑用M36螺栓做铰性连接，并且用相应螺栓调节手柄，调节模板的垂直度，当模板调整到符合规范要求时，将支撑固定牢固；为防止人为及其他机械设备对模板垂直度和稳定性的影响，施工用的脚手架及工作平台不与模板相连，并且在混凝土浇筑过程中随时检查模板的垂直度，若有偏离及时纠正。

(3)模板拆移。模板在混凝土强度达到2.5 MPa时拆除，严禁硬砸硬撬；拆除堵头模板时，注意对止水带的保护；模板拆除后，立即将模板表面清理干净，然后涂油保养，防止锈蚀。

6.4.3.2　输水廊道施工

1. 施工步骤

(1)廊道第一层内模采用伞形收缩模板施工；伞形收缩模板系统由散拼钢模、脚手钢等组成，各节点采用铰接连接，每个断面支撑系统通过两根钢管进行固结。

(2)出水支孔采用定型钢模施工，定型钢模由专业模板厂制作；出水支管的断面由上游往下游逐渐变小，模板横断面方向分为左、中、右三部分，中间及顶部作为可调节段。

(3)廊道第二层内模采用浇筑台车式整体移动模板，通过简易导轨由卷扬机拖动行走。

(4)廊道第一层混凝土施工。廊道第一层的外模可采用后倾式悬臂爬模的面板，内模采用伞形钢模，出水支管采用定型钢模；混凝土采用小坍落度混凝土吊罐入仓工艺。

(5)廊道第二层混凝土施工。第一层混凝土施工完后，在闸室墙底板上安装整体移动式台车模板的导轨、行走装置以及支架；模板在后场加工、拼装，分节进行吊装，节之间螺栓连接；混凝土采用小坍落度混凝土吊罐入仓工艺。

2. 施工技术、质量要点

1)模板设计

模板面板的接缝处采用密封胶条密封，用腻子灰封堵刮平，防止混凝土浇筑时漏浆；支撑系统的架管间距严格按照设计间距布置；与面板相接的型材必须提前进行喷砂除锈处理，并喷涂底漆；面板非使用面位置，在相应的纵肋位置要进行刷漆处理；所有材料不得私自进行火焰切割，经允许切割的构件，需要对切割的位置进行打磨处理；对于异型构件要制作胎具，胎具要经检验合格后方可使用；焊接需要划双线，并由专人操作；焊缝长度为 50 mm，焊脚尺寸在没有特殊标明的情况下为 6~8 mm 为宜，焊缝采用 200 mm 交错焊；边框与肋或劲板相交处应满焊，边框孔相应位置需进行焊接，内部劲板位置可采用 1/2 交错焊，所用焊缝应进行包角处理。焊接完成后，需进行清渣处理，并进行报检，经检验合格后方可进入下道工序；伞形模板、整体移动式模板铰接处及行走装置使用黄油润滑。

2）廊道第一层混凝土施工

伞形模板在平整的硬化地面上展开并进行支杆锁固，吊车吊运安装；拆模时先将锁固杆拆除，然后就可直接拆除绞杆。

3）廊道第二层混凝土施工

在闸室墙底板上按照廊道内部支架设计距离，安装整体移动式模板的导轨、行走装置以及支架；模板在后场加工、试拼后运至现场，纵向为 3 m 一节，吊装后进行连接，通过支架上的可调螺栓进行调整；由于闸墙体积较大，待模板安装完后再进行顶板钢筋施工；整体移动式模板通过可调螺栓及花篮螺栓进行拆模；整体移动时需在下一段落浇筑好第一廊道混凝土并安装好导轨后，采用卷扬机移动。

6.4.3.3 变形缝及止水施工

变形缝、止水设置的位置及构造应满足设计要求。止水材料及填缝材料的品种、规格和质量应满足设计要求。同一条止水带应连续、完整，不应有割口、撕裂和钉孔。焊接或黏结的连接形式、工艺和质量应满足止水材料产品说明书的要求。

止水带与混凝土的结合应严密，且止水带处混凝土不得有蜂窝、孔洞等缺陷。变形缝的上下层位置应贯通，缝内不得夹有杂物。在现浇混凝土结构中，填料板安装后应保持接触面平整、垂直、紧贴，止水带与板的接合处不得留有间隙。

1. 施工步骤

（1）铜片止水带采用焊接连接，焊接搭接长度满足设计要求或不小于 20 mm；橡胶止水带采用平板硫化机热熔。

（2）止水带安装。使用托架、卡具对止水带进行固定，根据设计要求进行安装。

（3）变形缝填料板安装。变形缝一侧混凝土拆模后进行填料板的安装；将填料板四角用水泥钉固定，填料板严密相接。

2. 铜片止水带施工技术、质量要点

1）施工准备及接头检查

加工制作前，将铜片修平整，表面油污及浮皮等清理干净，且无砂眼和钉孔，做抗拉试验；焊条采用铜丝气焊，然后用机械冲压成型。紫铜片止水带焊接接头表面应光滑、无孔洞和缝隙、不渗水。施工中，用目测法检测紫铜片止水带焊接接头的外观质量，并采用煤油或其他液体做渗透试验，以此来确定焊缝是否合格，确保不漏水。

2）铜片止水带焊接

铜片止水带焊接采用连续双面焊，其搭接长度不小于 20 mm，为获得高度和宽度均匀的焊缝，紫铜片止水带搭接采用左焊法；起焊时，为便于形成熔池，应对焊接处进行均匀预热。

3)铜片止水带安装

止水带须按设计位置跨缝对中进行安装,并用托架、卡具定位,确保在混凝土浇筑过程中不产生变形或位移。不允许有拉筋、钢筋或其他钢结构与止水带相碰接;铜片止水的衔接根据施工图的规定,采取折叠、咬接或搭接,搭接长度不应小于 20 mm,咬接或搭接应采取双面焊;已埋入先浇混凝土块体内的止水片,应采取措施防止其变形移位和撕裂破坏,止水片必须高出已浇筑混凝土表面 20 cm 以上;大仓面浇筑中仓内伸缩缝止水片,应在混凝土浇筑前架设在预定位置上,并将其固定,不得因混凝土卸料或振捣发生移位。在浇筑混凝土时,应清除止水片周围混凝土中的大粒径骨料,并确保混凝土浇筑质量;铜止水铜鼻子内浇沥青柱前,预先放置一根在沥青里煮透的麻丝。在浇沥青柱的过程中,采取多次多层浇的方法,使沥青柱浇得比较密实,浇沥青的速度要快,缩短层与层之间的间隔时间。在止水铜片安装时应严格保证凹槽部位与伸缩缝位置一致,骑缝布置;安装好的止水带应加以固定和保护;对止水带附近的混凝土应采取可靠措施,防止形成渗漏通道。

4)施工过程中止水带的保护

混凝土振捣过程中,应人工剔除止水带周围混凝土料中的大粒径骨料,在止水带附近振捣时,可使用软轴振捣棒或其他小型振捣器振捣密实,严禁振捣过程中振捣器直接触及止水带,导致止水带移位;禁止在止水带处直接下料,防止浇筑过程中,混凝土料直接冲击止水带,导致止水带移位、变形;在施工过程中,禁止践踏水平止水带,应随时将其表面污、杂物清除;对混凝土浇筑块暂不上升的竖向止水铜片或相邻混凝土块暂不施工面外露的止水带,应采用木板夹护并加固牢靠,避免止水带在施工过程中意外损坏。

3. 橡胶止水带施工技术、质量要点

1)施工准备及接头检查

橡胶止水带接头应逐个进行检查,不得有气泡、夹渣或假焊;接头强度检查:用手轻撕接头;观察接头强度和表面打毛情况,接头外观应平整光洁。抗拉伸强度不低于母材的 80%;不合格时重新焊接或黏结。

2)橡胶止水带安装

止水带埋设位置应准确,其中心应与变形缝重合;中埋式止水带应固定在端头模板上,先安装一端,浇筑混凝土时另一端应用钢筋予以固定,固定时不得在止水带上穿孔打洞;固定止水带时,应防止止水带偏移,以免单侧缩短,影响止水效果;止水带定位时,应使其在界面部位保持平展,不得使橡胶止水带翻滚、扭结,如发现有扭结不展现象应及时进行调整;橡胶止水带接头必须黏结良好,不应采用不加处理的搭接;止水带黏结前应做好接头表面的清刷与打毛,接头处选在衬砌结构应力较小的部位,黏结可采用热硫化连接的方法。冷接法应采用专用黏结剂,冷接法搭接长度不得小于 20 cm。

4. 伸缩缝填料板施工技术、质量要点

1)泡沫板运输

应避免暴晒、雨淋、重物挤压,并应保持清洁,防止变形,且不能与其他有害物质相接触,注意防火。

2)泡沫板储存

泡沫板运至施工现场后,其存放地点应尽量接近安装位置,并应放置在距离地面 30 cm 高度的支撑物上;严禁露天存放,在库房存放应干燥通风,产品要离热源 1 m 以上,且存放整齐，防止变形。

3）泡沫板安装

泡沫板安装采用水泥钉固定在已经浇筑完成混凝土结构缝面上；安装前，必须对混凝土结构缝面进行清理，干净无杂物后方可进行泡沫板安装施工；安装过程中必须有技术人员现场指导。安装时，泡沫板边线应与结构轮廓线重合，并且泡沫板在垂直缝的方向和顺缝的方向的位置都符合设计要求；泡沫板是分块安装的，接缝处必须严丝合缝，并且保证接缝平整。

4）混凝土施工过程中的保护

混凝土浇筑前，必须将墙身段迎水面聚硫密封胶所在位置的泡沫板切除；混凝土浇筑过程中对因混凝土浇筑挤压造成的泡沫板移位进行处理。

6.4.3.4 墙后工程施工

墙后工程施工主要包括墙后排水系统施工、墙后土石方回填施工两个工艺模块。

墙后填土前对原地面进行整平、压实，回填土利用开挖土方或取土区的土回填，土料先经试验，以确保最佳含水率、最大干重度以及实际含水率，并报请监理工程师确认，各项指标确认合格后方可填入。墙后一定范围内填料的透水性应能满足设计要求。

1. 施工步骤

（1）按设计要求清除施工范围内的所有垃圾、石头、废料、杂草、表土（腐殖土）等。

（2）土方分层填筑施工。在指定的料场取符合设计要求的土料，自卸车运至现场进行摊铺；土方填筑分层压实厚度不超过 20 cm，铺土前对已压实的填筑层表面进行 5~10 cm 的刨毛处理。

（3）整平压实。推土机将卸下的土料铺平；压实采用动、静结合进、退错距法的方法，同时采用平板振动夯、手扶振动夯对坡角及机械不易碾压部位进行人工辅助夯实。

2. 施工技术、质量要点

回填土由下而上，分层铺填，每层厚度满足设计及规范要求；回填土压实之后，对其进行质量检验：回填土的干重度不小于 15.5 kN/m³，密实度不小于 90%；根据实测土的种类将含水率控制在接近相应的最佳含水率内，太干的土适当洒水湿润，土太湿重新翻晒；压实机械采用压路机进行碾压。碾压过程中严格控制碾压速度，以不超过 4 km/h 的速度碾压，且先进行试验，确定多少遍数能达到设计密实度要求，以后用遍数来指导施工，并同时进行现场检验作为质量控制的依据。

滤层、排水边沟、排水管、墙体排水孔和观测井，其设置范围、位置、高程、坡度和结构形式应满足设计要求。滤层材料、回填料的规格和质量、排水沟和排水井的底部土质应满足设计要求。

滤层、排水管、观测井的铺设与安装应稳定牢固，排水应平稳、通畅。

6.4.3.5 钢筋工程施工

钢筋的品种、规格和数量应满足设计要求。钢筋的质量必须符合现行国家标准《钢筋混凝土用热轧带肋钢筋》（GB 1499）。

受力钢筋接头的连接方式、接头位置、同一截面接头数量和绑扎接头的搭接长度应符合现行行业标准《水运工程混凝土施工规范》（JTS 202）的有关规定。

钢筋保护层厚度不应小于设计要求，其正偏差不应大于 10 mm。保护层垫块的支垫方法和间距应能保证钢筋在混凝土浇筑过程中不发生位移与变形。混凝土或砂浆垫块应提前按批检验，强度和抗氯离子渗透性能不应低于构件的设计要求，垫块厚度的允许偏差为 +2、−0 mm。

钢筋应平直、无损伤，表面不得有裂纹、油污、颗粒状或片状锈皮。钢筋骨架应绑扎或焊接牢固，绑扎铅丝头应向里按倒，不应伸入钢筋保护层。

1. 钢筋加工

各种钢筋下料及成型的第一件产品必须自检，在质检员检查认可后，方可成批生产；采用滚轧直螺纹连接接头钢筋应先调直后下料，宜采用钢锯或无齿锯下料。下料时，要求钢筋端面与钢筋轴线垂直，端头不得弯曲，不得出现马蹄形。钢筋连接工程开始前及施工过程中，应对每批进场钢筋进行接头工艺检验；对于标准型和异径型接头连接，首先用工作扳手将连接套与一端的钢筋拧到位，然后再将另一端的钢筋拧到位。被连接的两端钢筋端面应处于连接套的中间位置，偏差不大于一个螺距，并用工作扳手拧紧，使两钢筋端面顶紧；滚轧直螺纹丝头加工时应使用水性润滑液，不得使用油性润滑液。标准型接头丝头有效螺纹长度应不小于 1/2 连接套筒长度。对加工成型丝头，应逐个目测，用外径卡尺和丝规检查，不合格的丝头应切去重新加工。丝头加工完毕经检验合格后，应立即带上保护帽或拧上连接套筒，防止装卸钢筋时损坏丝头；箍筋弯钩两端平直部分长度相等，弯钩平整不扭翘。箍筋的内净尺寸，应确保主筋绑扎就位和保护层相等；箍筋配制完毕，应按直径、尺寸大小分类码放，以便发放。附加钢筋制配完毕应单独码放，根据需要单独发放。钢筋发放一律以放样单数量为准，以轴线为单元，以避免遗漏、缺失或多发。

2. 滚轧直螺纹连接

钢筋连接接头，均应进行力学性能试验，并符合规范规定。机械连接接头试验资料应有供方单位外形检验报告、现场工艺检验报告。接头钢筋开始套丝前及施工过程中，应对每批进场钢筋的各种直径、各种形式的接头（同径、变径、正反丝等）进行工艺检验。对接头的同一验收批，须在实体结构中随机截取 3 个接头试件做抗拉强度试验，且接头试验中 100% 为见证试验；在进行钢筋连接时，钢筋规格应与连接套筒规格一致，并保证丝头和连接套筒内螺纹干净、完好无损。钢筋连接时应用工作扳手将丝头在套筒中央位置顶紧。钢筋接头拧紧后应用力矩扳手按不小于表 6-1 的拧紧力矩检查，并加以标记，套筒级别应符合设计要求；钢筋连接完毕后，标准型接头连接套筒外应外露有效螺纹，且连接套筒单边有效螺纹不得超过 $2P$（P 是螺距）。

表 6-1　拧紧力矩值表

钢筋直径（mm）	16	18~20	22~25	28~32
拧紧力矩值（N·m）	100	180	260	300

注：当不同直径的钢筋连接时，拧紧力矩值按较小直径钢筋的相应值取用。

3. 钢筋绑扎

底板钢筋绑扎前，进行钢筋排设，上下层钢筋应从外部边线以内 20~80 mm 开始布筋，在底板上弹好钢筋位置线后经过质检员检查合格后方能进行钢筋绑扎；在进行底板下层钢筋绑扎完毕后，应以间距 600~800 mm 呈梅花形布设塑料或同强度的砂浆垫块，间距 1 m 排列布置马凳筋，以保证上下两层钢筋的保护层符合要求；墙筋布置原则：所有墙体构件竖筋在内，水平筋在外；墙体纵向钢筋在规定的搭接长度任意区段内同一截面钢筋接头率应不大于 50%；在浇筑底板或顶板混凝土时，及时清理钢筋上的浮浆；墙体钢筋绑扎时，竖向筋、水平筋的弯钩朝墙内，朝向一致，绑扎丝尾与弯钩一致，竖向钢筋的绑扎搭接范围必须满足交叉三根水平筋和三个绑扣的要求；墙体钢筋保护层垫块绑在主筋外皮上，间距 600~800 mm，由上至下进行设置，确保保护层厚度的卡具放在箍筋上。

4. 控制钢筋保护层的安装

所安装水泥砂浆垫块、塑料垫块，或定型支架、卡具、梯子筋、马凳应确保浇筑混凝土时不位移、不脱落。砂浆垫块、塑料垫块安装的间距应不大于 1 000 mm 为宜，且呈梅花形布置；柱、墙等竖向结构钢筋骨架控制侧向保护层，宜采用水泥砂浆吊挂垫块（带铅丝或穿线孔）、塑料卡子或定型卡具；梁、板结构主筋下保护层宜采用水泥砂浆或塑料垫块，侧向保护层可采用塑料卡子或吊挂垫块；悬挑结构和板类双层钢筋骨架，应增设马凳支架；定型支架、马凳的制作均应有一定的刚度，并符合钢筋保护层厚度、钢筋排距、钢筋间距的具体尺寸。

6.4.3.6 后浇带混凝土施工

船闸后浇带混凝土浇筑时间必须满足设计规定的龄期及墙后回填高程要求。后浇带混凝土中应掺加膨胀型混凝土外加剂，使浇筑的混凝土具有微膨胀性，达到混凝土的良好结合，同时应加强混凝土的养护，防止出现收缩裂缝。

闸首边墩混凝土、中底板浇筑完成，墙后回填土达到设计高程后，按照测量部门观测绘制的沉降曲线计算，边墩沉降速率（持续 10 d 以上）每昼夜小于 0.1 mm，且边墩底板浇筑历时 90 d，闸首后浇带混凝土才能开始施工。

闸室墙混凝土浇筑完成，墙后回填土达到设计高程后，按照测量部门观测绘制的沉降位移曲线计算，闸室墙沉降速率（连续 10 d 以上）每昼夜小于 0.1 mm，且闸室墙底板浇筑历时大于 60 d，闸室后浇带混凝土才能开始施工。

后浇带钢筋表面的浮锈清理干净，采用钢丝刷进行清理；后浇带混凝土施工难点是清仓、凿毛，凿毛后清渣用高压水枪清出垫层面，同时要保证两端排水沟的通畅，使后浇带内部无积水、无沉渣；模板支设时，要保证支架的稳定性；混凝土入仓采用吊机吊罐工艺，振捣及分灰与主体混凝土浇筑相同。

6.5 导航靠船建筑物施工

导航靠船建筑物施工包括地基与基础工程、上下游导航靠船建筑物、护坡与护坦、墙后工程、附属工程施工 5 个子项。

6.5.1 施工工艺与流程

根据设计要求先进行地基与基础施工，然后进行承台及墩身施工，紧接着交叉进行护坡及护坦工程的施工，待结构物施工完毕后进行墙后工程的施工。

（1）地基与基础施工主要分为预制沉桩施工、基础换填、钻孔灌注桩施工、沉井施工等工艺。常见预制桩有钢筋混凝土桩、木桩、钢桩等，用沉桩设备压、打、振入土中，对地基可以起到挤压作用，对软土地基尤为明显，可以明显增加地基承载力。目前木桩及钢桩很少使用，主要原因是木桩受环保要求影响，同时其耐久性较差；钢桩则主要是造价高。基础换填施工是将基底以下不适宜做基础的软弱层挖除后，采用块石、灌砌块石或混凝土等进行换填。钻孔灌注桩是常见的地基基础结构形式，先成孔，再下放钢筋笼，最后浇筑混凝土。沉井断面尺寸大，现场制作，施工方便，对邻近建筑物影响较小且内部空间可有效利用，承载力高，多作为大型结构物的基础，可以做成群井等形式，在船闸护岸等结构中得到广泛应用。

（2）导航与靠船建造物施工主要包括水中（陆上）承台墩身施工，水中的施工平台有水上钢平台或筑岛等方式。水中承台的施工方法一般是先采用钢板桩或钢套箱做围堰，然后在围堰内进行结构物施工。目前筑岛平台或陆地施工主要采用钢板桩围堰，深水中承台采用钢套箱围堰，根据水深情况采用有底或是无底套箱。承台施工作为常规性施工工艺，一般根据现场施工条件选择采用木模板或钢模板进行施工。墩身施工主要采用组合大模板或悬臂模板，模板一般采用钢模板。

（3）护坦一般采用混凝土结构，分为不透水护坦及透水式护坦。护坡的形式较为多样化，有浆砌块石、预制块、模袋混凝土等。

（4）墙后工程通常采用软式排水管配倒滤层形式，再通过墙体，直接排至河道中，墙后回填与船闸主体墙后回填要求一致。

导航靠船建筑物各工序施工工艺流程如图 6-28~ 图 6-31 所示。

6.5.2　施工准备

水泥、混凝土、块石、预制混凝土桩、 PHC 管桩、模板等材料主要采用罐车、挂车、自卸车、泵车等设备运输；钢套箱一般采用方驳运输。主要设备选型如下。

泵车、罐车、挖机、吊车、打桩机、压路机、起重机、钻孔桩钻机同第 3 节的设备选型。

汽车吊：主要采用 25 t、35 t 汽车吊下放钢筋笼。

水泵：冲刷土体，便于挖除。

抓斗：根据井内土质及杂物等情况，有必要的采用抓斗挖除。

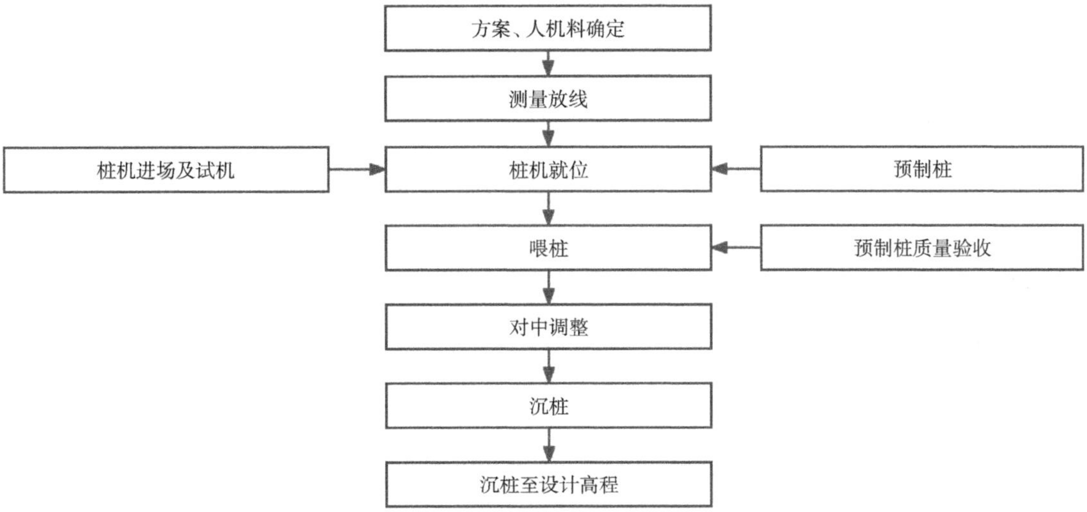

图 6-28　预制桩沉桩施工工艺流程图

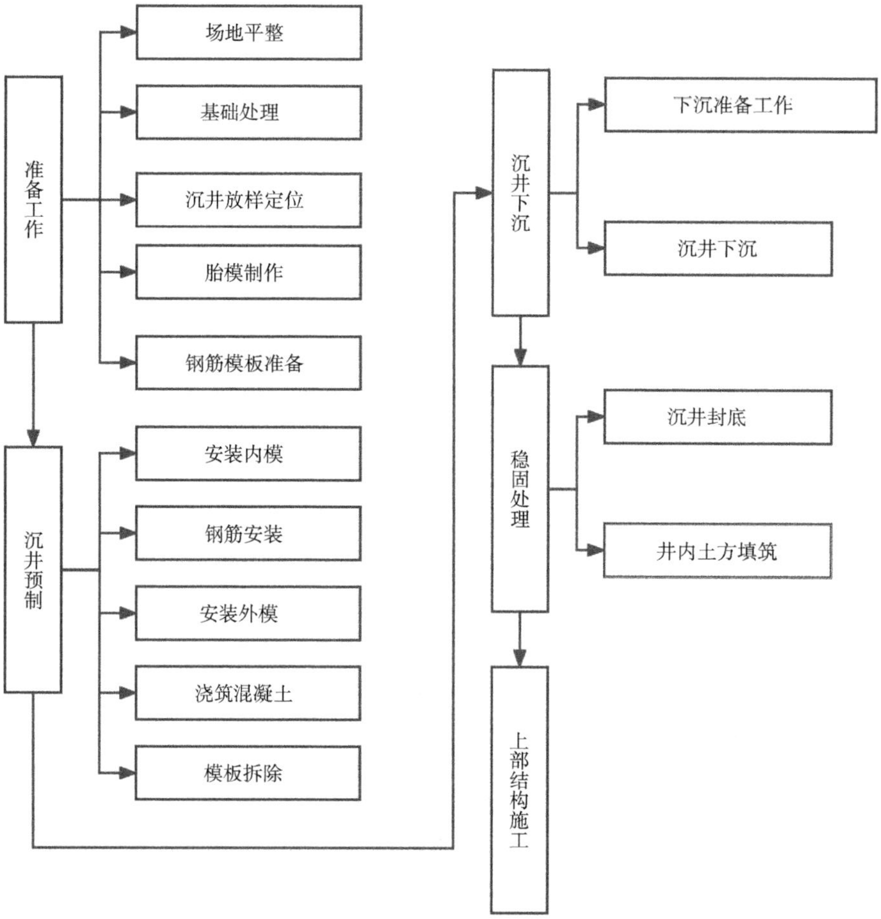

图 6-29 沉井基础施工工艺流程图

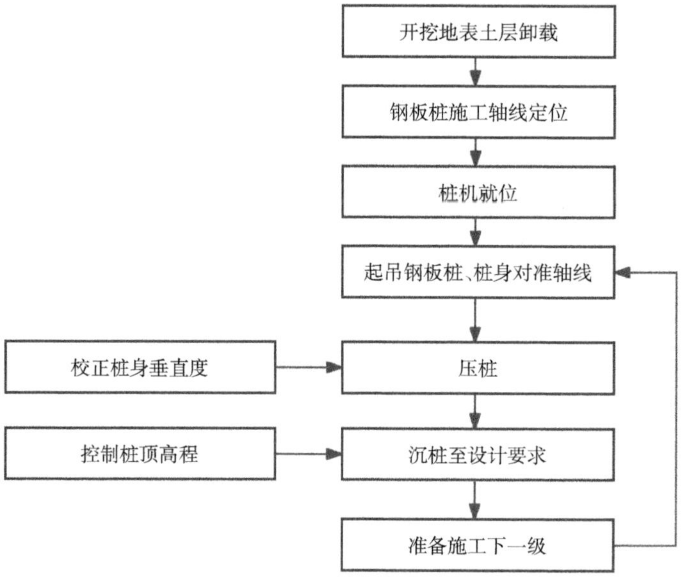

图 6-30 钢板桩围堰施工工艺流程图

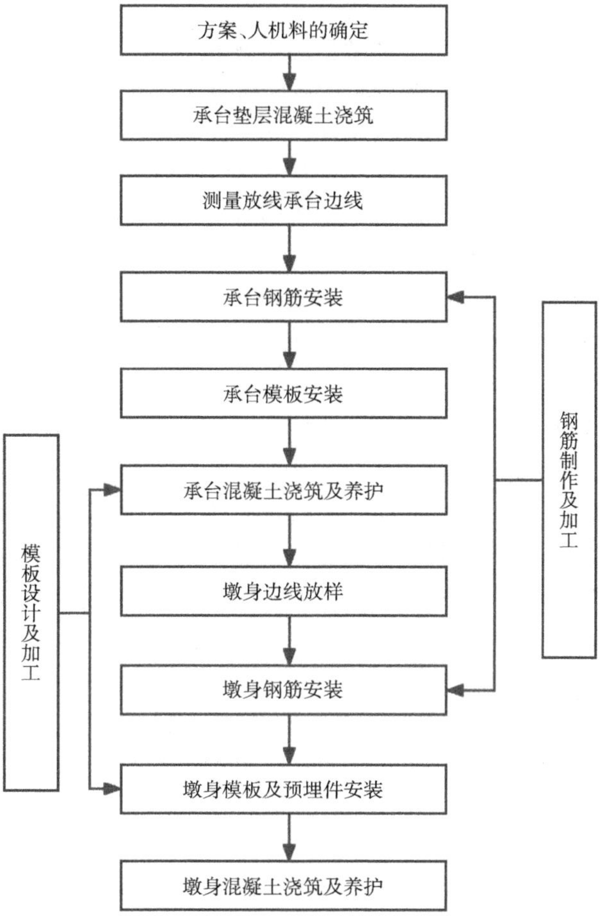

图 6-31　承台、墩身施工工艺流程图

6.5.3　施工方法

6.5.3.1　地基与基础施工

1. 预制桩沉桩施工

同本章第 3 节中的桩基础施工。

2. 沉井施工

1)施工步骤

(1)测量放样,明确沉井位置。

(2)沉井预制。一般采用组合钢模板;模板安装到位后,人工绑扎钢筋;钢筋及模板施工完成,经检验合格后,开始对称均匀浇筑混凝土。

(3)沉井混凝土达到设计规定强度后,方可进行下沉工作;均匀开挖下沉沉井,直至设计高程,同时沉井下沉过程中,安排专人进行质量控制,并做好记录。

(4)沉井下沉至设计高程,经检验合格后,进行封底混凝土浇筑;封底混凝土应对称分格浇筑,保证沉井的稳定。

2)施工技术、质量要点

(1)施工准备。采用挖机等施工机械将施工现场平整、压实,若地基软弱,则进行加固处理;下部刃脚的支设,可视沉井重量、施工荷载和地基承载力等情况,采用垫架法、砖垫座或土底模。较重的沉井,在较软弱地基上制作,常采用垫架法。

(2)沉井预制。沉井制作方式一般有三种,一是在修建构筑物地面上制作,适用于地下水位高和净空间容许的情况;二是筑岛制作,适用于浅水制作;三是基坑中制作,适用于地下水位低的情况,可减少下沉深度、摩阻力及作业面高度。浇筑沉井混凝土时,应保证混凝土浇筑分层厚度均匀对称;如果沉井采用分节预制,第一节沉井混凝土强度达到设计强度的70%以上,方可进行下一节的施工;沉井分节预制时,其分节长度不得超过12 m;群沉井的预制须间隔进行,即先预制第1个沉井,再预制第3个沉井,以此类推。

(3)沉井下沉。采用排水法下沉;下沉过程中,同步测量沉井平面位置及垂直度,确保下沉均匀平稳,若发现倾斜立即纠正,直至符合要求。

(4)封底混凝土施工。封底时井内必须补满水,保证沉井稳定;封底混凝土未达到设计强度的70%,不得进行抽水施工;封底混凝土超过设计混凝土强度80%,方可在沉井内回填土方,若不具备施工条件,砂性土可以采用水密实法填筑,且井内填土应对称均匀进行。

6.5.3.2 导航靠船建筑物施工

导航靠船建筑物施工主要分为水上平台及钢套箱施工、钢板桩围堰施工、承台及墩身结构物施工等。

1. 水上平台及钢套箱施工

1)施工步骤

(1)钢套箱宜由专业设计院进行设计,若现场进行设计制作,需进行专项安全稳定性验算并报送监理工程师验收,审核通过后方可进行制作;钢套箱通常采用单壁钢结构,钢套箱的加工宜由专业的厂家进行分块加工。分块加工完成的钢套箱运至现场后,由起重船或吊车等机械设备配合拼装、下放。

(2)套箱底部整平到位,四周封堵密实后,浇筑水下混凝土;封底混凝土达到设计要求强度后,方可进行钢套箱内的抽水。

2)施工技术、质量要点

(1)钢套箱设计、加工。钢套箱焊接完成后,对所有焊缝进行有关试验,如发现有渗水现象,应及时进行补焊。

(2)钢套箱现场拼装、下放。钢套箱现场拼装完成后,按图纸尺寸进行检查,同时检查各拼接处及焊接处密封性,确认符合要求后方可下放;无底钢套箱下放前,检查施工区域,并将影响钢套箱下放的障碍物清理干净,确认钢套箱顺利下沉;起吊钢套箱时,钢套箱吊耳受力,下放过程中始终要保持整个套箱的稳定性,做好水尺进行观察;钢套箱下放到位后,检查其平面位置及高程,符合要求后,立即将钢套箱限位、固定。

(3)钢套箱封底、抽水。钢套箱内壁上的淤泥等附着物,需清理干净,确保封堵严实;封底混凝土浇筑前,确保钢套箱内外水位一致;封底混凝土采用单点不移动浇筑,全部封底混凝土一次性连续浇筑完成;待封底混凝土到达设计规定强度后,方可进行钢套箱内的抽水;若设计未规定,一般达到设计混凝土强度的70%或者7 d龄期,即可进行钢套箱内抽水施工。

2. 承台、墩身施工

1)施工步骤

(1)根据现场情况,明确施工方案;组织人员、材料、设备进场。

(2)明确钢筋原材料厂家及钢筋报验工作;按设计图纸要求将钢筋加工成半成品,运往现场进行绑扎安装。

(3)模板按施工方案要求进行设计,制造;钢筋安装到位后,开始模板的安装。

(4)混凝土浇筑一般采用泵送工艺,采用插入式振动棒进行振捣。

2)施工技术、质量要点

钢筋施工、模板施工、混凝土施工均同船闸主体工程。

3. 护坡与护坦施工

同船闸主体工程。

6.6　金属结构安装

船闸金属结构安装,按不同部位,可分为预埋件安装、工作闸门安装、检修闸门安装、阀门安装、启闭机安装五大类。

预埋件分为一期埋件(插筋)和二期埋件。一期埋件项目包括门槽、栅槽、启闭机设备等部位的埋件(插筋),通常采用ϕ16、ϕ20、ϕ25圆钢,ϕ42、ϕ50锻件,型钢、钢板等。这些埋件均需与一期混凝土工程同步施工。二期埋件项目包括闸门底枢、枕座、顶枢、底坎,阀门主轨、副轨、反轨、侧轨、底槛、门楣,启闭机械的基础埋件等。这些埋件安装好后进行二期混凝土施工。

工作闸门是设在上、下闸首上的活动挡水设备。在闸首前后水位齐平时启闭,运转较为频繁,要求操作灵活,启闭迅速。常用的门形有人字闸门、横拉闸门、扇形闸门(又称三角闸门)、平板升降闸门等,以人字闸门应用最广。工作闸门实例如图6-32至图6-35所示。

图6-32　人字闸门

图6-33　横拉闸门

船闸上、下闸首的人字闸门结构相同,为钢质人字闸门,平面主横梁式,配备卧式液压启闭机启闭,采用微动底枢、铰接框架式顶枢和兼作止水用的连续钢支枕垫块。上、下闸首每扇门叶分别设有预应力背拉杆抗扭。底止水为橡胶止水。顶枢、底枢采用自润滑轴承。

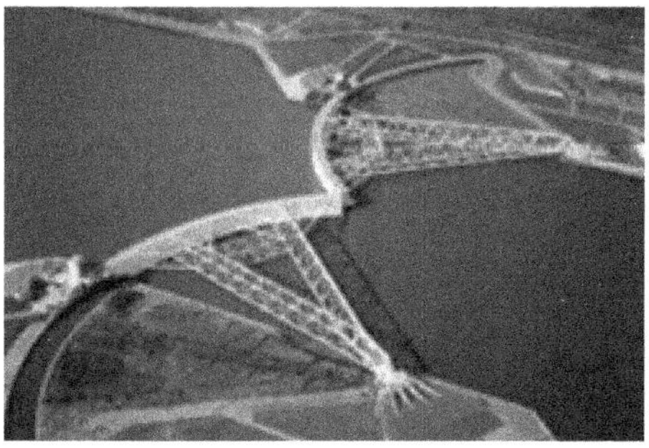

图 6-34 三角闸门

图 6-35 平板升降闸门

检修闸门是在闸室和工作闸门进行检修时的挡水设备，通常有浮式检修闸门和平面叠梁闸门。阀门包括输水工作阀门、检修阀门。输水工作阀门设在输水廊道上，用来控制灌泄水时的流量。它是在水压力作用下开启的，要求结构简单，启闭力小，操纵方便。常用的有平板提升阀门和反向弧形阀门，如图 6-36 和图 6-37 所示。输水检修阀门也设在输水廊道上，常用的为平板提升阀门。启闭机包括液压式启闭机、机械传动式启闭机。液压式启闭机是控制工作闸门和工作阀门开闭设备。检修阀门一般采用机械传动式启闭机。

图 6-36 平板提升阀门

图 6-37 反向弧形阀门

6.6.1 施工工艺与流程

人字闸门通常按其结构分节制作，在专业工厂制作完毕经过试拼装验收合格后，运往现场进行安装。

三角闸门因体积大、吨位重，受起重设备和运输能力的限制，一般在工厂分段制作，运至现场进行整体拼装。

阀门、检修阀门及液压启闭机一般在工厂进行分段制作，运至现场进行整体拼装。

人字闸门埋件安装施工工艺流程：测放控制线→底枢埋件安装→枕座埋件安装→枕垫块安装→顶枢埋件安装→底坎埋件安装。

人字门安装施工工艺流程：门叶拼装→门叶焊接→顶枢镗孔→ A、B 拉杆安装→背拉杆安装调整→门叶旋转轴线调整→支垫块安装调整→垫块环氧砂浆的浇灌→底止水和底坎安装→人字门防腐。

三角门安装施工工艺流程：控制样点设置→底、顶枢安装→门轴柱安装→门体安装→止水安装。

检修闸门安装施工工艺流程：拼装平台搭设→门节吊装调整并加固→闸门焊接、防腐→水封及支撑滑块安装→阀门试槽。

液压启闭机埋件安装施工工艺流程：控制样点设置→搭设安装支架→机架安装→二期混凝土浇筑。

液压启闭机安装施工工艺流程：机架安装→油缸安装→管路安装→液压启闭机试运转。

阀门埋件安装施工工艺流程：控制样点设置→底坎安装→底坎二期混凝土浇筑→主轨等埋件吊装到位→主轨等埋件节缝焊接→主轨等埋件二期混凝土浇筑。

阀门安装施工工艺流程：门叶测平→水封及附件组装→阀门安装到位→拉杆安装→阀门试槽试验。

6.6.2　施工准备

金属结构安装前应具备制造验收资料、出厂检验资料、出厂合格证、安装技术说明书。

闸门、阀门、启闭机制造与安装必须按设计图样和有关技术文件进行，如有修改应有设计修改通知书。所用材料的品种、规格、质量、性能应满足设计要求，并应符合国家现行有关标准的规定；进口钢材产品的质量应满足设计和合同规定的要求。焊接材料（焊条、焊丝、焊剂）必须具有出厂质量证书。

施工前，根据现场情况及设计图纸进行施工组织设计、专项安装施工、焊接指导书和焊接工艺评定报告、技术交底、专项安全施工等方案编制工作；将混凝土的结合面凿毛并冲洗干净。根据现场情况合理布置，确保构件堆放、运输通道、门体吊装位置等互不干扰。

对照设计图纸及装箱清单，清理检查各零部件数量及外观，并检查构件编号是否正确及是否符合有关标准规定的质量要求，同时对各项尺寸进行复检，合格后方可投入安装。准备所需工器具，测量器具应经有关部门校验合格后方可使用。

主要施工设备选型如下。

汽车吊：以构件的大小选择相应起吊能力的吊车，一般以 25 t、35 t 汽车吊为主。

手拉、电动葫芦：一般以 5 t、8 t 手拉葫芦为主，作为吊装之用。

千斤顶：一般以 3 t、5 t 千斤顶为主，作为调整构件之用。

6.6.3　施工方法

6.6.3.1　预埋件安装施工

1. 拦污栅埋件安装施工

船闸廊道进水口拦污栅埋件只有两侧的侧轨，因此一般采用一期预埋安装，埋件安装前，先在拼装厂内将两侧埋件用 L80 以上的角钢预拼成为一个整体，加固牢靠，然后运至安装现场进行安装。

埋件安装时，根据预先放出的安装样点定好位，控制侧轨的垂直度，用型钢打好斜撑，以防埋件发生移动。

栅体吊入栅槽后，应作升降试验，检查栅体有无卡滞情况，检查栅体动作和各节连接是否可靠。

2. 人字闸门埋件安装施工

1）施工步骤

（1）测放船闸中心线、人字闸门旋转中心和支承点，设置高程基准点。

（2）底枢埋件安装。制作临时支架，将底座吊装到临时支架上，调整、检查其安装位置和高程，符合设计要求；组装和焊接调整丝杆，安装底坎部件；将蘑菇头吊装到底座上进行预装并检查；二期混凝土浇筑。

（3）枕座埋件安装。在底枢底座和底坎部件上，测放枕座埋件的控制点线；安装底节枕座，以底节枕座为基础，将第二节枕座吊装到第一节上，以此类推，按照编号依次安装其余枕座。

（4）枕垫块安装。安装底节垫块，调整并紧固；依次安装其余枕垫块；对环氧间隙进行密封保护；浇筑二期混凝土。

（5）顶枢埋件安装。制作临时支架，安装 A、B 拉杆，浇筑二期混凝土。

（6）底坎埋件安装。在底坎部位安装其他埋件，浇筑二期混凝土。

2）施工技术、质量要点

（1）测放控制线。安装基准线的偏差不得大于 0.5 mm；所有样点应设置在预埋至混凝土内的钢板上，并做好防护措施。基准点必须定期复测，并应当保留到构件安装验收合格后方可拆除。

（2）底枢埋件安装。在底枢安装位置用型钢搭设安装支架，支架型钢应避开底座加固螺杆的位置，且支架应稳固；用水平仪和全站仪检查调整其中心和四角水平偏差，蘑菇头中心距设计中心不得大于 2.0 mm，左右蘑菇头顶面高程差不得大于 2.0 mm；用螺杆和千斤顶调整其位置和高程至符合规范后焊接加固；浇筑二期混凝土前将蘑菇头用软布包裹，同时用钢板加工的保护罩罩住，避免污染蘑菇头。

（3）枕座埋件安装。注意底枢旋转中心与枕座中心的偏距。枕座平面偏差不得大于 1 mm；用挂线锤检查枕座上下工作面的垂直度，枕座中心连线与顶、底枢线的平行度不超过 3.0 mm，用全站仪检测其位置偏差。分节处错台不超过 1.0 mm；枕座埋件二期混凝土浇筑时应分层浇筑，每层不超过 3.0 m。

（4）枕垫块安装。采用全站仪控制位置，用线锤控制上下垂直度和扭曲。对称度公差不大于 3.0 mm；用塞尺检查结合面间隙。最大间隙及错位均不超过 0.1 mm。

（5）顶枢埋件安装。根据旋转中心，测量放出拉架的安装控制点，安装高程由人字闸门实际安装高程确定。用千斤顶支撑拉架，拉架就位后，用千斤顶调整高程和水平；防止因为焊接产生变形和浇筑混凝土时位移；通过千斤顶精确调整 A、B 拉杆轴线和高程，其中高程应以门叶组装焊接合格后的门叶实际高程为基准。在浇筑二期混凝土过程中应有专人监视；对安装焊缝（不锈钢除外）和损坏的防腐蚀层进行补涂。

（6）底坎埋件安装。底坎安装应在闸门水封安装完成后进行，底坎安装高程根据实际测量门体水封座高程及水封压缩量来确定。首先将门叶处于全开位置，粗调底坎，使底坎位置和高程符合设计要求，将底坎加固。然后将门处于全关位置来精确调整底坎高程，使之与底止水的间隙在 0~2 mm 之间，然后将闸门打开，浇筑二期混凝土。

6.6.3.2　人字门安装施工

1. 施工步骤

（1）门叶拼装。将第一节门叶落放至四个千斤顶支点上，保证支点水平及高程一致；第一节门叶是安装的基础，经调整并严格检查合格后，将第二节闸门门叶放在第一节闸门门叶上。

（2）门叶的几何位置调整好后，进行压缝，压缝完成后进行定位焊；焊接完成后，对焊缝外形尺寸进行检验。

（3）测放顶枢轴孔的中心位置，由人字闸门生产厂家现场进行镗孔。

（4）背拉杆安装调整。背拉杆安装调整由高校或科研部门主导，施工单位协同进行该项工作。

（5）门叶旋转轴线调整。采用卷扬机临时拖动门叶，使门叶旋转；门叶从全开到全关过程中，用水平仪监测斜接柱上的控制点，若旋转中心线垂直，则斜接柱上的任意点，在门叶运行过程中不会有沿门轴向方向的跳动，反之，若轴线不垂直，则会发生跳动。

（6）支垫块安装调整。采用卷扬机滑轮组将两扇门叶旋转到全关位置，利用调整螺栓进行支枕垫的间隙调整，调整时三条支枕垫同步进行，顺序为从下到上；采用塞尺和手电筒光线检测间隙。

（7）垫块环氧砂浆的浇灌。支垫和枕垫调整好后，支枕垫块与枕座或门叶端板之间的调整垫层，采用环氧砂浆灌注。

（8）底止水和底坎安装。在门叶底主梁腹板上安装底水封；底坎安装调整分两次，首先根据样点，采用拉紧器、水平仪等工具进行粗调并加固底坎，然后将门叶关闭，检查与水封接触情况后再进行精确调整并加固。

（9）人字门防腐。焊缝表面进行打磨平整、清除污物和水锈；进行热喷锌处理；底漆涂装、中间漆涂装、面漆涂装，使用高压无气喷涂机进行施喷，所有安装现场的涂装均采用与制造厂相同的涂装材料及工艺要求。

2. 施工技术、质量要点

1）门叶拼装

第一节门叶吊装到蘑菇头与顶盖距离约 50 cm 时，采用钢尺测量顶盖与蘑菇头之间的间隙，保证间隙均匀后，缓慢落入蘑菇头上，同时注意防止冲击破坏底枢自润滑轴瓦；在门轴柱、斜接柱端板的中心线和门叶下游侧、面板中心等合适位置处，布置吊线锤，利用门轴柱和斜接柱端板上下的中心线，测量垂线到中心线的正向垂直距离和垂线到中心线的侧向垂直距离，保证端板土下中心线的相应两个方向的垂直距离数值差在规范范围内，控制门叶的两个方向的垂直度，利用面板和门叶下游侧的吊线锤进行辅助控制；用水平仪、吊线锤控制门叶的安装高程、水平及垂直度，然后采用楔子板打紧，垫实支撑钢梁与门叶承重板间间隙。

2）门叶焊接

压缝采用千斤顶、拉紧器、压码进行。压缝的顺序为：门轴柱、斜接柱端板接缝→门叶面板和下游翼缘板接缝→内部隔板压缝；压缝方向由中间向两边分，压码焊接时，对需要预热的焊缝，应根据焊接工艺要求，采用烘枪或加热垫板进行预热，焊后用电加热板进行消应处理；定位焊与正式焊接工艺相同，定位焊焊接完成后，检测所有尺寸，符合要求后，在门叶焊缝合适位置用样冲划出在焊接过程中监控的焊接控制点；门叶倾斜测量以端柱端板中心线为基准，采用吊线锤方法测量。门叶水平控制以底梁中心为基准点进行控制；焊缝外形应均匀，焊道与焊道、焊道与基体金属之间应平滑过渡。对端板焊缝和面板焊缝进行UT探伤检查，检查合格后出具UT探伤检查报告，在超声检查过程中发现缺陷的部位，如不能判断是否需返工处理，再采用X射线照相加以判断。

3）顶枢镗孔

安装底枢放样时在顶枢附近设置牢固、精确的轴心+字控制线。其线架应一直保留到验收合格为止。顶、底枢中心的同轴度公差为：上闸首人字闸门不大于1 mm，下闸首人字闸门不大于2 mm。

4）A、B拉杆安装

安装前校核顶枢拉杆埋件高程与门叶高度的相互关系，然后将A、B两拉杆与顶枢埋件相连接，分别进行调整；拉杆两端高差不超过1 mm。两拉杆中心线的交点与顶枢中心应重合，其偏差不大于2 mm。

5）背拉杆安装调整

人字闸门背拉杆调整在自由悬挂状态下进行并按设计值施加预应力；预应力施加应根据门叶变形情况进行逐步调整，其既要满足达到设计要求的预应力值，同时也要满足门叶的变形要求。

6）门叶旋转轴线调整

根据控制点运动的轨迹，进行数学分析，判断旋转中心线的倾斜方向，然后逐步、反复调整顶枢拉架楔块来调整门叶旋转中心线的垂直度，使斜接柱上的基点在门叶全开或全关的任意点上下跳动量不大于1.5 mm。

7）支垫块安装调整

门轴柱上的支垫块调整以枕垫块为基准进行。斜接柱上的凹形支垫块先独立安装、调整，然后以凹形支垫块为基准进行安装调整凸形支垫块；为了保证门体上的螺栓孔能与支垫块上的螺栓孔配合完好，因此支垫块上的螺栓孔需在现场门叶焊接完成后，根据实际位置号孔进行配钻；将凸形支垫块依次吊入并与枕垫块顶紧，测量支、枕垫块之间的间隙，兼做止水的支、枕垫块之间的间隙不大于0.15 mm，局部间隙不大于0.3 mm。

8）垫块环氧砂浆的浇筑

浇筑前进行环氧砂浆试验配比，确定浇筑参数，确保符合要求；环氧砂浆浇灌采用分段浇筑，每次浇筑量控制在10 kg以内，防止因浇筑量大而发生泄漏或因浇筑不及时凝固。

9）底止水和底坎安装

底止水工作面的安装高程，以底主梁腹板中心为准，保证水封压缩量。止水安装的不平整度不超过2 mm，直线度不超过2 mm。止水面扭曲1.0 mm；底坎安装应在闸门水封安装完成后进行，底坎安装高程根据实际测量门体水封座高程及水封压缩量来确定。首先将门叶处于全开位置，粗调底坎，使底坎位置和高程符合设计要求，将底坎加固。然后将门处于全关位置来精确调整底坎高程，使之与底止水的间隙在0~2 mm之间，然后将闸门打开，浇筑二期混凝土；底止水和底坎安装合格后浇筑二期混凝土，并将焊缝棱角处打磨圆滑过渡。

10）人字门防腐

防腐前将表面的污物处理干净，确保表面清洁度和粗糙度须达到设计要求。

6.6.3.3　三角门安装施工

1. 施工步骤

（1）测放安装控制线有顶、底枢中心线，端柱中心线，拉杆座中心线，闸门关门位置轮廓线；校核高程线有顶、底枢高程线，拉杆座中心高程线。

（2）底座安装一般采用汽车吊吊装就位，底枢拉杆与墙端支座通过斜楔块压紧螺丝固定后将蘑菇头安装在底座上；顶枢装置安装。

（3）门轴柱安装。采用 M48 的螺栓固定拉杆活动端支座与门轴柱；采用汽车吊吊起门轴柱，缓慢落下，注意球瓦与蘑菇头的边缘保持一定的距离，严防球瓦与蘑菇头碰撞；通过销轴连接紧固上下拉杆与门轴柱端支座。

（4）门体安装。先吊装底部桁架系，后吊装底节门叶；门体焊接，先进行节间加固，将左右二扇门体间、门体与闸底板间、门体与门龛内闸墙上埋板以撑杆焊接连接；门体调试，去除支承保护，按全开、全关位置将门叶旋转 3~4 个来回。

（5）止水安装。通过沉头螺栓将止水件固定于底板上。

2. 施工技术、质量要点

1）控制样点设置

安装基准线的偏差不得超过 0.5 mm；基准点必须定期复测，基准点应牢固、可靠、便于使用，并应保留到安装验收合格后方能拆除。

2）底、顶枢安装

底枢安装质量的控制，关键是底枢及蘑菇头的调整与定位，先在精确测量放样的基础上安装底座，控制好底枢承轴台四角的水平度及高程差，固定底座并用二期混凝土浇筑；顶枢的安装以底枢的蘑菇头顶头所确定的拉杆中心线为测量基准，以交汇法测出顶枢旋转中心，按设计图纸检查顶枢孔径和轴孔垂直度，用水准仪检测顶枢支座耳板中心，并调节支座安装高程，将其高差控制在 ≤1 mm 内时安装就位，用预埋螺栓连接紧固；拉杆支座预埋件（整体制作）的二期混凝土强度达到设计值的 80% 以上后，将涂上黄油的拉杆及花兰螺母与支座进行连接安装。

3）门轴柱安装

门轴柱落放时，注意球瓦与蘑菇头的边缘保持一定的距离，严防球瓦与蘑菇头碰撞；对门轴柱位置进行初调，在端板中心点上挂垂线，检查门轴柱的垂直度，同时测量端柱的跳动并作调整。在门体调试合格后，上端调节顶枢的花兰螺母，下端调节底枢拉杆的斜楔块，然后进行精调。

4）门体安装

门叶安装在各节门叶和上下桁架系安装就位后进行复测和调整，达到设计要求后进行上下水平桁架球节点间的弦杆连接，以及侧立面的弦杆连接；门体焊接，门叶节间焊接时，由于迎水面和背水面焊缝分布不均，焊后两面收缩不一致，会造成门叶向焊缝较多的背水面倾斜，施工中采用反变形工艺控制措施，根据施工经验，确定门叶调整就位时将其向迎水面倾斜约 0.5 mm/m；焊接过程中，用风铲对焊缝进行锤击以消除焊接内应力，减少焊缝收缩。同时加强焊接变形的监测；门体调试，用水准仪测量门叶的跳动情况，以及门叶在全开和全关位置的高程，用经纬仪检查门轴柱的垂直情况，底梁则以闸室底板上的地样检查。

5）止水安装

止水座板由于焊接变形的影响，拼焊座板应用辅材控制变形，采用模拟和实配相结合的方法，必要时可用经纬仪沿闸门中心线检查结合间隙。

6.6.3.4 检修闸门安装施工

1. 施工步骤

（1）预先在上引航道门坞内搭设拼装支墩平台；用汽车吊将浮式检修门下部门节吊起放至支墩平台上，用钢支墩垫平，保证止水座面与地面垂直并加固；逐节吊装上部门叶。

（2）焊缝表面进行打磨平整、清除污物和水锈，防腐与人字闸门相同。

（3）安装水封，安装支撑滑块。

（4）闸门试槽前派潜水员对底坎及两侧侧轨埋件槽内检查清理；采用拖轮或人工将闸门拖至闸门门槽处；闸门入槽，闸门水封与门槽侧轨贴合，打开充水阀门向闸门内灌水使闸门缓缓下沉直至落在底坎上；检修完毕，用水泵将闸门内的水抽出，使闸门上浮，然后将其拖至门库用钢丝绳与系门墩固定。

2. 施工技术、质量要点

1）门节吊装调整并加固

保证上、下侧止水座面在同一平面公差范围内。

2）闸门焊接、防腐

焊接时注意随时监控，控制门体焊接变形；焊接完毕后进行防腐处理。

3）水封及支撑滑块安装

保证水封止水面与支撑滑块的距离在同一平面公差范围内。

4）闸门试槽

向闸门内灌水时，保持闸门两侧水平一致。

第 7 章　整治建筑物施工

整治建筑物是用于整治航道的起束水、导流、导沙、固滩和护岸等作用的建筑物，应具有柔韧性、坚固性、防腐性。为达到整治效果，降低工程造价，其结构形式繁多。常用的有丁坝、锁坝、顺坝、潜坝、导堤、护岸和鱼嘴等。图 7-1 是某河段航道整治工程平面布置图，图 7-2 是某边滩守护工程生态护岸，图 7-3 是长江口深水航道半圆形导堤整治建筑物。

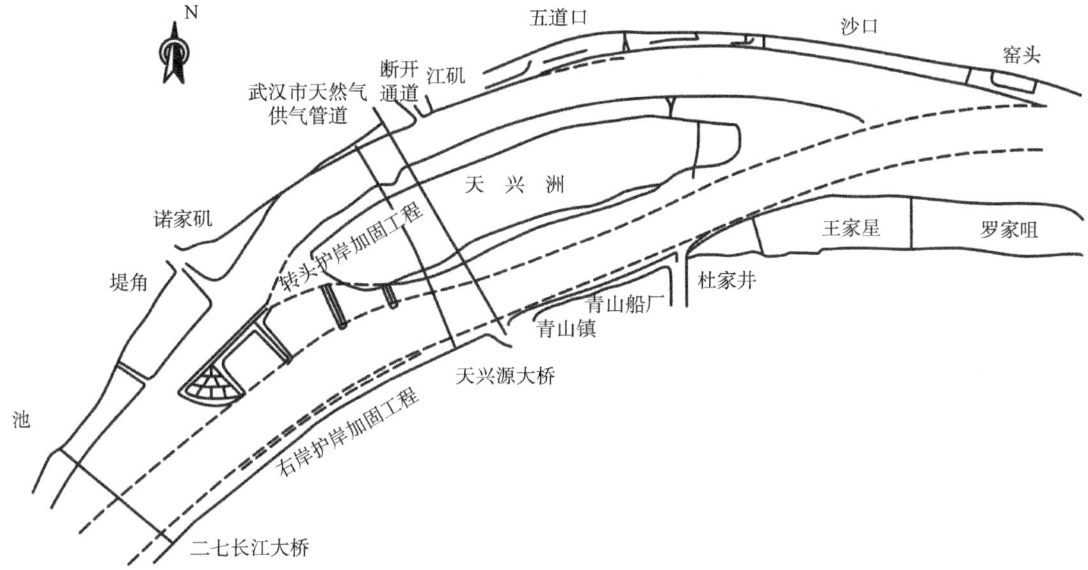

图 7-1　某河段航道整治工程平面布置图

图 7-2　某边滩守护工程生态护岸

图 7-3　长江口深水航道半圆形导堤整治建筑物

7.1 整治建筑物的类型

整治建筑物按牢固程度和结构形式可以有不同的分类方法。

7.1.1 按牢固程度划分

整治建筑物按牢固程度，分为轻型整治建筑物和重型整治建筑物两种。

1. 轻型整治建筑物

轻型整治建筑物一般用竹、木、草、梢、料、橡胶等建成，如单排和双排编篱及各种屏式建筑物等。其特点是：结构简单，施工期短，工程费用小，但防腐和抗冲性差，使用期短。轻型整治建筑物现已不常使用，因此亦称临时整治建筑物。

2. 重型整治建筑物

一般由土、砂、石料、混凝土和土工织物等材料建成，如抛石坝及充填袋填心坝等。其特点是：防腐和抗冲性强，使用期限长，但造价较高，施工期也较长。因此，重型整治建筑物亦被称为永久性整治建筑物。

7.1.2 按结构形式划分

整治建筑物按结构形式，分为丁坝、顺坝、锁坝、平顺护岸、导堤、鱼嘴及溪口导石、拦石建筑物等。

1. 丁坝

坝根与河岸（或洲滩）相接，坝头伸至整治线上，坝体与水流方向的交角在45°~135°之间。其作用是：调整流向流速，冲深航槽；固定边滩，提高归槽水位；壅高水位，增加航槽水深或调整水面比降；保护河岸等。图7-4是低水位状态的丁坝，图7-5是高水位状态的丁坝。

图 7-4 低水位状态的丁坝

图 7-5 高水位状态的丁坝

2. 顺坝

坝根与河岸（或河滩）相接，坝头与整治线基本重合或平行。其作用是：在山区一般用于修正枯水岸线，调整航道弯曲半径，并使水流状况获得预期改善；在平原地区多用于缩窄河床，增加航槽流速，或引导水流使其按预定方向流动，可利于保持航槽稳定等。图7-6是低水位状态的顺坝。

3. 锁坝

坝的两端分别与两侧岸或江心洲相连接。其作用是:堵塞汊道、串沟,以增加通航汊道的流量、流速或阻止非通航汊道的发展。图 7-7 是江心洲锁坝。

图 7-6　低水位状态的顺坝

图 7-7　江心洲锁坝

在顺坝与河岸(或洲滩)之间加筑的类似锁坝的整治建筑物称为格坝,可起到加强顺堤和保护河岸(或洲滩)的作用。

4. 平顺护岸建筑物

构筑在受水流或波浪冲击的岸坡上,连续或间隔覆盖岸坡。其作用是:保护岸坡,防止水流淘刷和波浪冲蚀。除运河和水网航道外,天然水流的平顺护岸建筑物基本上采用斜坡式平顺护岸。图 7-8 是低水位状态的平顺护岸。

5. 潮汐河口导堤

建在潮汐河口,用来控制和归顺涨落潮流路,防止泥沙淤积,保持航槽稳定。图 7-9 是进港航道导堤。

图 7-8　低水位状态的平顺护岸

图 7-9　进港航道导堤

6. 鱼嘴

在江心洲滩头建分水堤,分水堤前端伸入水下,后部逐渐升高,与洲滩首部的平顺护岸或固滩工程连成一体。其作用是:保护江心洲头,维护河势的稳定;调节汊道分流、分沙比。图 7-10 是江心洲滩头鱼嘴。

7. 溪口导石、拦石建筑物

构筑在溪沟内或溪沟口，用于拦截块石或将泥沙、块石导向下游深潭、减小溪沟口堆积。构筑在溪沟内的为拦石坝，构筑在溪沟口的为导石坝。图 7-11 是溪沟拦石坝。

图 7-10 江心洲滩头鱼嘴

图 7-11 溪沟拦石坝

7.2 施工要求及工艺流程

7.2.1 丁坝、顺坝施工

7.2.1.1 一般要求

（1）施工时，有护底的先做护底，一般应在所有护底全部完成后再进行坝体施工。边护底边抛坝，会逐渐缩窄河床，加大流速，引起未护底部分河床冲刷，增加施工难度和工程量。

（2）平原、河口河流、河岸岸坡的土质一般比较软弱，施工顺序应从根到头。首先从坝根开始，坝根护岸做好后逐渐向坝头推进，一般不要从坝身中间向两头推进，否则坝根受集中水流冲刷，易产生险情和增加工程量。

（3）山区河流中有些为不易冲刷的岩岸、卵石河床，为方便工作面的展开，也可采用由中间向两端推进的施工方法。

（4）由坝根向坝头抛筑堤身，堤身较长时，可分段分层同时抛筑，但分层厚度不宜薄，宜厚。

（5）在抛坝过程中，应随时检查堤位、堤身和边坡等是否符合设计要求。最后整理坝顶和边坡。

7.2.1.2 施工工艺流程

丁坝、顺坝的施工工艺流程如图 7-12 所示。

7.2.2 锁坝施工

7.2.2.1 一般要求

（1）先处理好护底，再进行两端上下游的护坡。

（2）应根据抗冲能力的强弱和施工的难易程度等方面考虑，谨慎选择龙口位置，在施工期间须进行龙口的保护工作，减少龙口区域的冲刷。

（3）为防止水流集中，可能造成有害冲刷，堤身宜分层平抛，并在抛筑过程中，及时测量，熟知坝位和高度，这既是质量要求，也是施工船舶的安全需要。在平抛到一定高度时，应多留几个过流口，可减轻龙口压力。合龙龙口应选择水位较低时段，准备 2 倍的合龙材料一次性将龙口合龙。

（4）坝顶露出水面，达到设计高程后，整理坝顶和边坡。

7.2.2.2　锁坝施工工艺流程

锁坝施工工艺流程如图 7-12 所示。

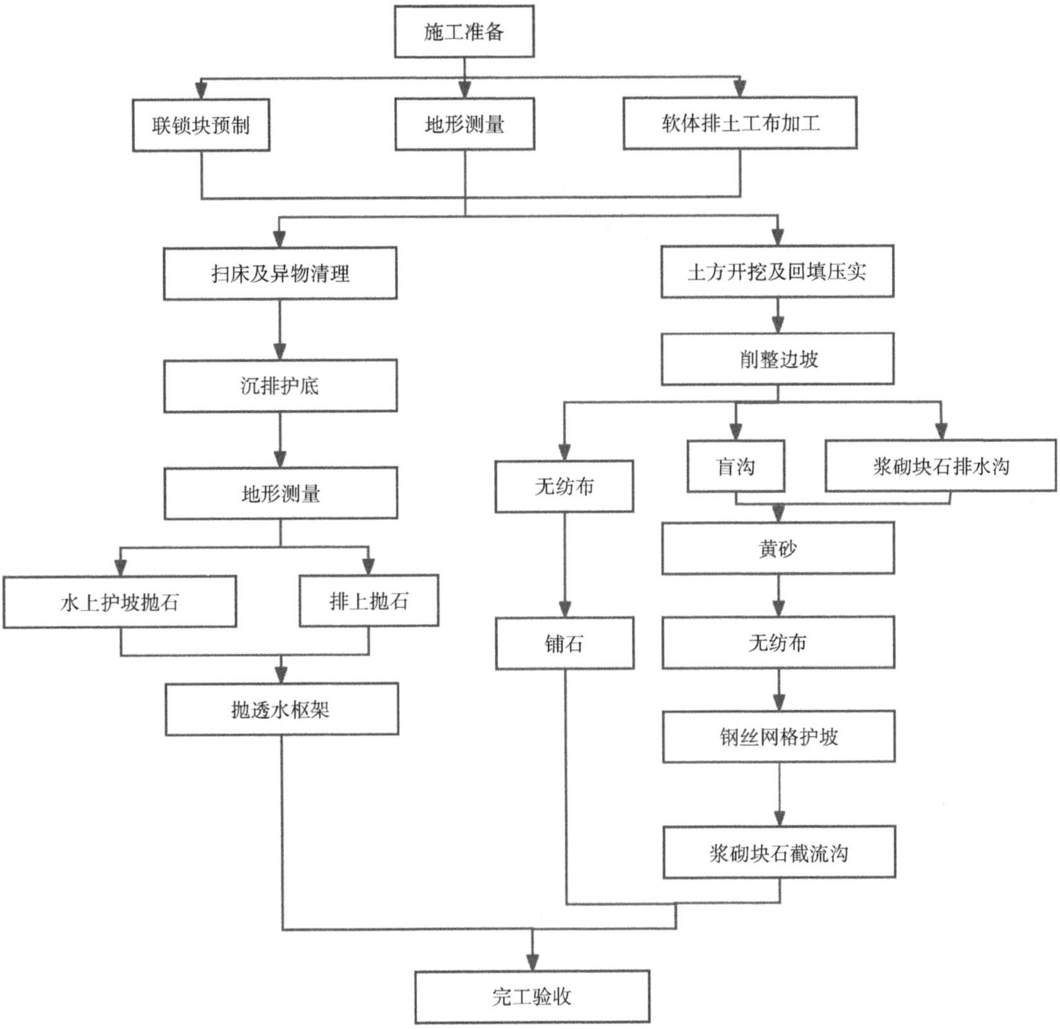

图 7-12　丁坝、顺坝、锁坝施工工艺流程图

7.2.3　导堤施工

7.2.3.1　一般要求

（1）在施工前，应进行测量和扫床；有障碍物的，如需要应进行清理。

（2）有护底需求的，应先按设计要求进行护底。

（3）根据设计要求、施工条件、施工能力、水文气象条件，合理选择施工工艺，确定施工分段长度和分层厚度。

（4）抛筑堤身：抛石导堤，在水下护脚棱体施工应与堤心底层抛石同步进行，第一层施工时，宜先抛水下护脚棱体，后抛堤心石，以后各层宜先抛堤心石，后抛水下护脚棱体。充填袋堤身，若提前有护坦应与第一层吹填砂袋同步施工。

（5）堤身完工后，抛填垫层石或护面石，然后整理堤面。

7.2.3.2 导堤施工工艺流程

导堤施工工艺流程如图 7-13 所示。

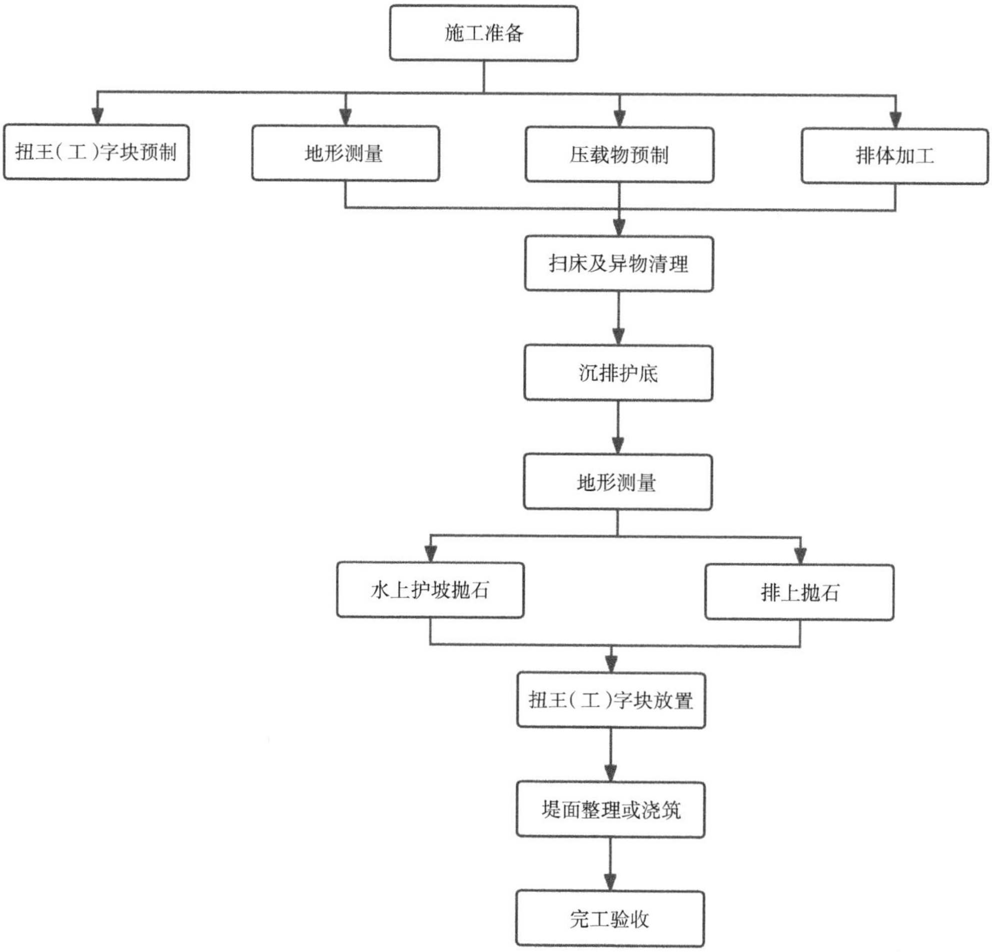

图 7-13 导堤施工工艺流程图

7.2.4 鱼嘴施工

有护底要求的鱼嘴，应先进行护底。建筑鱼嘴时，先建筑鱼嘴的嘴尖，再依次建其余部分。坝形鱼嘴，其施工方法同丁坝；平护洲、滩的鱼嘴，施工方法同平顺护岸。

7.2.5　斜坡式平顺护岸施工

7.2.5.1　一般要求

护岸工程施工程序一般是从水下到水上，从下部到上部，从里层到外层。

（1）根据护岸工程设计图纸和有关资料对施工区域进行测量控制网建立及测量放样。

（2）对水下有护底要求的，先进行扫床、清障，然后进行护底施工。

（3）如施工区有深坑，进行填坑。

（4）护底后，进行抛石施工，至枯水（压脚）平台。

（5）清除地表障碍物，进行削坡、开槽、铺设土工布和反滤层。

（6）浆砌块石枯水（压脚）平台，从下到上进行砌面、护面、护肩。

（7）干砌、浆砌或现浇混凝土进行护面和护肩。

7.2.5.2　施工工艺流程

斜坡式平顺护岸施工工艺流程如图 7-14 所示。

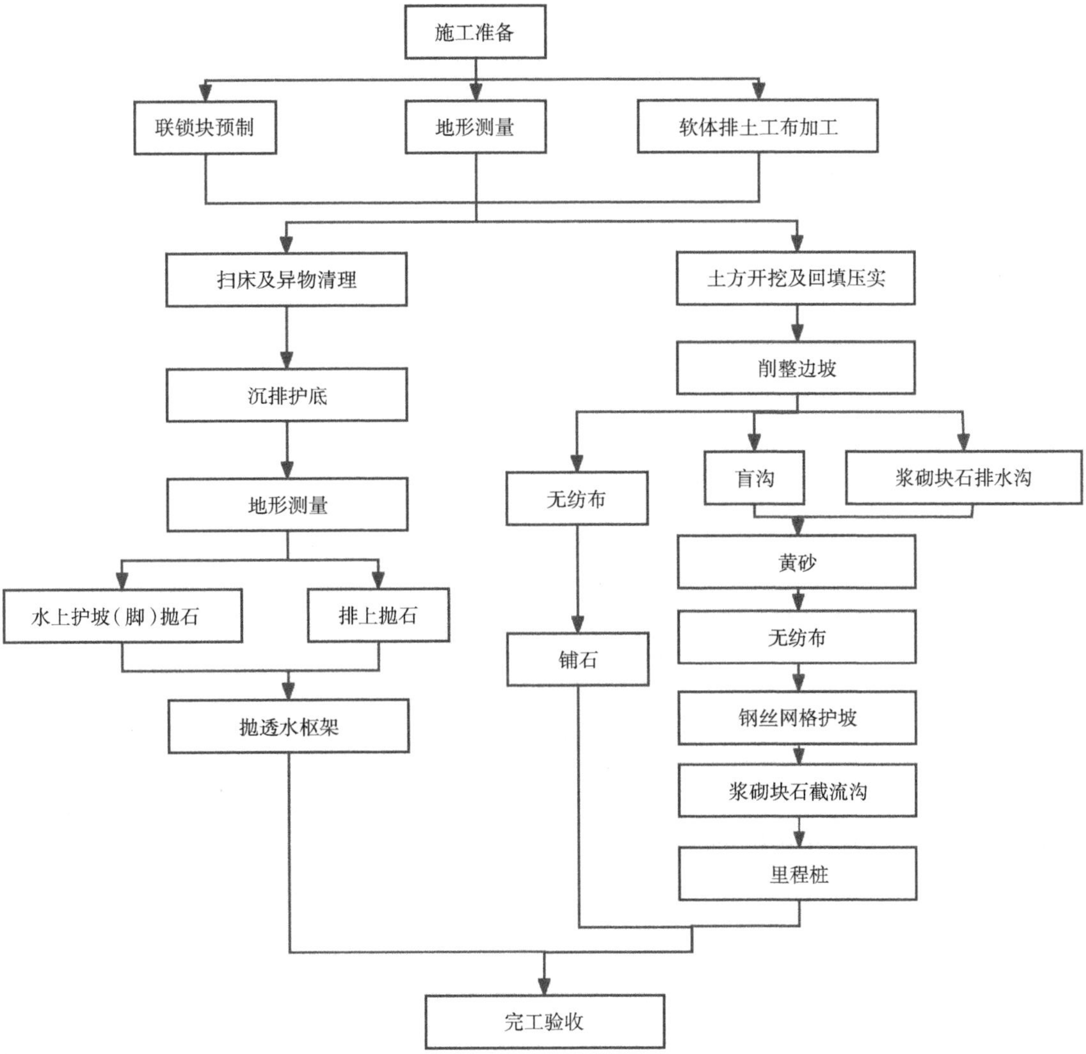

图 7-14　斜坡式平顺护岸施工工艺流程图

7.2.6 直立式平顺护岸施工

7.2.6.1 一般要求

（1）根据护岸工程设计图纸和有关资料，对施工区域进行测量控制网建立及测量放样。

（2）进行基槽开挖，在开挖前及开挖过程中要认真做好“一减、二分、三排、四查”等各项工作，即减载，分段、分层，排地表水、排积渗水、排地下水，查裂缝、查安全、查土质、查开挖尺寸。

（3）如属软基，还应进行软基处理。

（4）基槽开挖和软基处理检验合格后，进行基础抛石或浇筑。

（5）进行墙身砌筑或混凝土浇筑。

（6）选择回填土进行墙后回填及压实铺筑。

7.2.6.2 施工工艺流程

直立式平顺护岸施工工艺流程如图 7-15 所示。

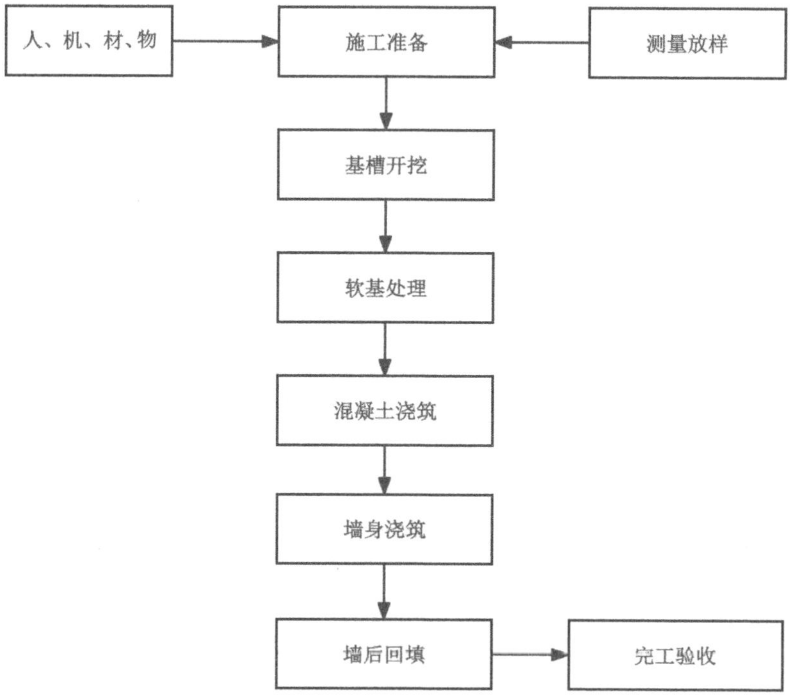

图 7-15 直立式平顺护岸施工工艺流程图

7.3 主要分项工程施工工艺及技术措施

7.3.1 测量与扫床施工

7.3.1.1 测量

工程开工前，由项目总工组织编制详细的测量方案和工作计划，项目经理审批后交由测量队实施。在施工过程中，测量队将按照测量方案和工作计划要求，对各工序施工范围进行测量、放样，对铺排施工、抛石施工和透水框架抛投施工进行测量定位。工序施工完成后对各个施工区域进行水下测量，检查是否达到设计要求的高程和坡比。

1. 测量准备

施工前，对监理工程师提供的测量控制点、控制网进行复核，确保达到现行行业标准《水运工程测量规范》（JTS 131）的精度要求，根据施工要求，加密平面和高程控制网。

2. 平面控制

采用 GPS-RTK 定位系统进行平面控制，可达到厘米级的平面控制精度。

3. 高程控制

采用水准仪进行高程控制。水准点设置在基础坚实的岩基上或采用埋石的方法。设置位置选择在工程附近坚硬不易沉降的地面上，或设在导线点地面的塔标基础上。施工前在施工区附近上、下游设立两把水尺，施工中定时观测水尺变化并及时向施工技术人员通报。水尺的设置及水位观测符合现行行业标准《水运工程测量规范》（JTS 131）的规定。水位通报应及时、准确。

7.3.1.2　扫床施工

软体排铺设开工前，在大比例尺水深测量的基础上，采用软式扫具拖底扫测清障，并确认在软体排施工区域内是否存在突出的障碍物，如有，要采取有效的措施进行处理，以免软体排铺设时排体损坏。

1. 扫床技术要求

根据该施工区域的自然条件、扫测面积和作业要求，选择合适的测量船作为扫海工作的主船及检查船。

采用软式拖底扫测，底索提高不超过 0.3 m，扫测时船速 ≤2 km/h，扫测重叠带宽度不小于 30~40 m，成图比例为 1∶2 000，明确障碍物最浅深度、范围。

2. 扫床的施工方法

GPS 控制扫床轨迹，沿平行于铺排区域轴线采用软拖索法进行往返扫测，扫测范围为两侧各 300 m 的范围。由两艘拖索船拖动底索前进，监控船居中，并按照预先的轨迹线保持一定的横向距离同步前进。当底索遇到障碍物时，两艘船相互靠近，并收回钢索，从而可查明障碍物的位置，如图 7-16 所示。

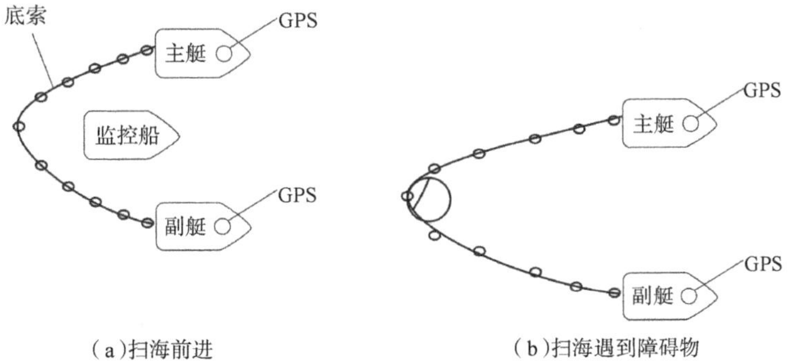

（a）扫海前进　（b）扫海遇到障碍物

图 7-16　扫床平面示意图

在扫床过程中，为确保底索着底，又不可使底索陷于泥沙之下。因此，底索根据实际情况分别挂设若干一定浮力的浮标以及有一定下沉力的垂球，同时通过船速的调节来保证底索所处位置的合理性。

扫床趟的布设以全面覆盖测区为原则，一般情况下平行于等深线方向，同时考虑风流的影响。扫床趟之间有一定的重叠宽度，以保证所需扫测的水域无漏扫现象发生。当扫床趟完全覆盖整个测区后，如发现测区内水域仍可能有不明隆起物时，再次布设扫床趟进行局部拖扫。

3. 障碍物清除方案

当发现水下有突出的障碍物时，对于小型木桩类障碍物即在扫海时予以清除。对于较大的障碍物将测定其范围、顶部水深及障碍物的性质，并绘制草图。无法确定障碍物性质时，安排潜水员探摸确定。对于沉没物体，测定其长度、宽度和出泥高度，并采取一定的措施及时加以清除（如安排抓斗挖泥船将尖锐物清除），以保证护底工程顺利进行。

7.3.2 混凝土联锁块预制

混凝土联锁块预制施工工艺流程如图 7-17 所示。

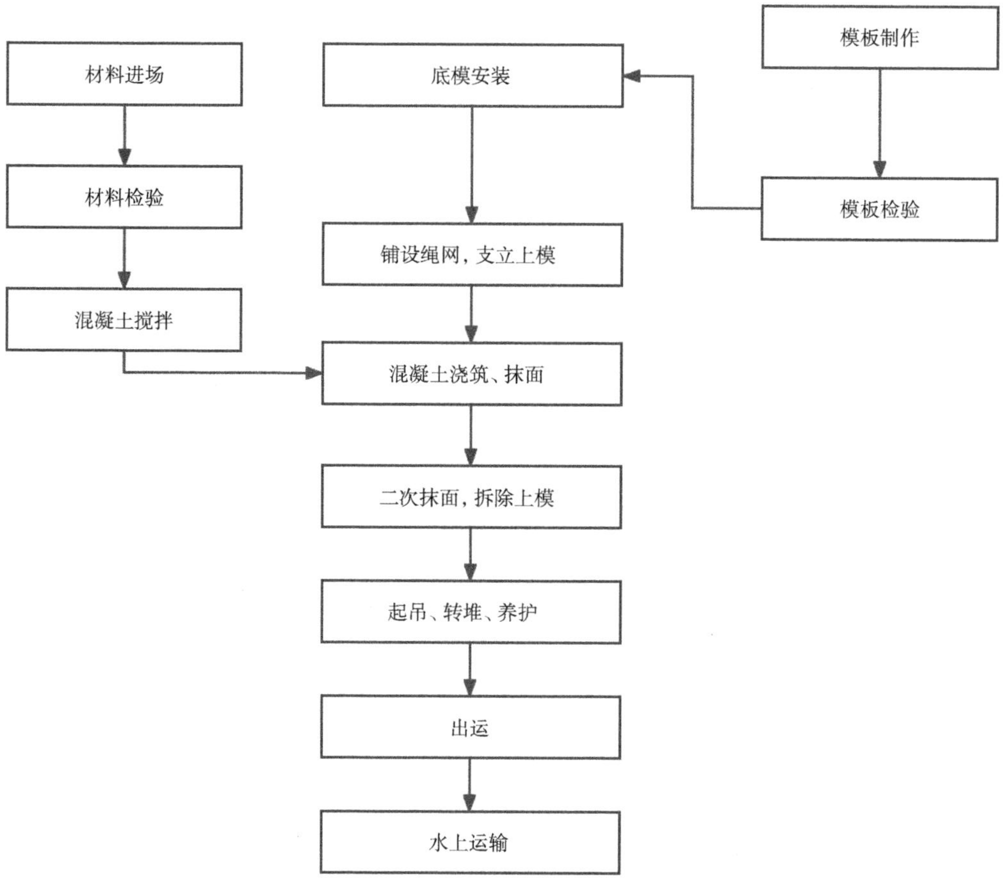

图 7-17 混凝土联锁块预制施工工艺流程

7.3.3 软体排加工

系结压载软体排是在土工织物上缝制的加筋条，以提高排布的强度。

排条和加筋条的强度须与施工区情况（如流速、水深）和压载物类型、重量相匹配。

两块土工织物之间的接缝可选用包缝、丁缝和蝴蝶缝等，接缝方向一般与软体排的铺设方向相同，不应与最大荷载方向垂直，缝制后接缝处强度不应低于原织物强度的 80%。

用于排体制作的土工织物主要技术指标应满足规范和设计要求。

7.3.4 铺排加工

7.3.4.1 铺排施工工艺流程

软体排铺设施工工艺流程如图 7-18 所示。

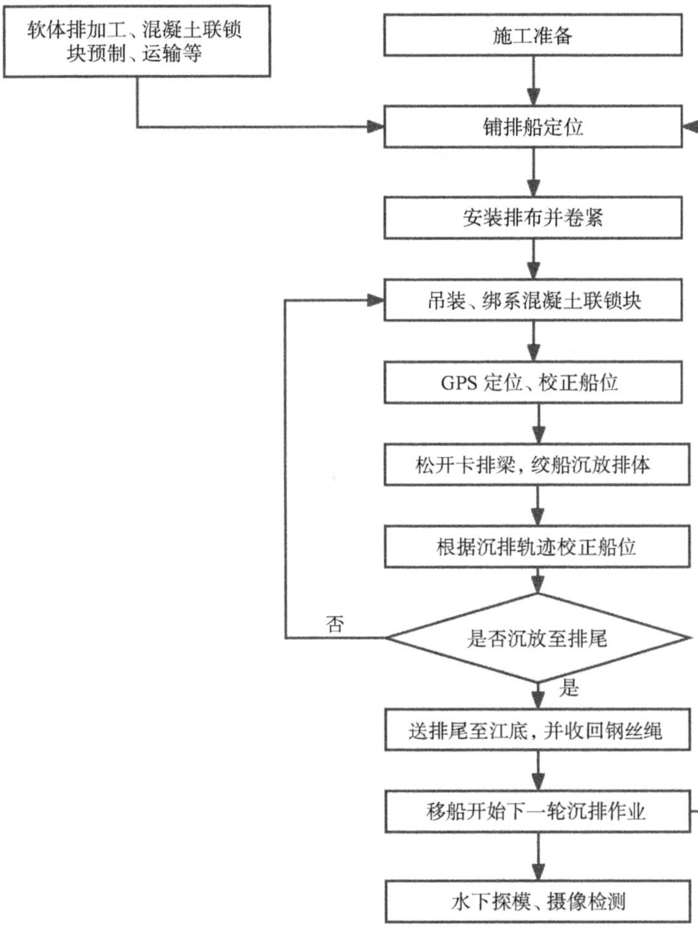

图 7-18　软体排铺设施工工艺流程图

7.3.4.2 铺排前准备工作

铺排施工前准备工作包括：排位设计、铺排轨迹规划→材料准备→船舶、机械准备。

1. 排位设计

一般由设计文件提供铺排区域平面图；如未提供排位设计图，可以在工程施工前由施工单位对排位进行设计，排位设计时各排体间的搭接宽度必须满足规范要求。

2. 铺排轨迹规划

根据铺排施工范围和顺序，将每块排布的尺寸、铺排的坐标计算好，并输入 GPS-RTK 位系统软件中，计划出铺排船的设计运动轨迹线，以便在铺排施工时根据设计轨迹线控制铺排船移动，确保排体最终落位、搭接宽度、铺排长度满足设计要求。

3. 材料准备

根据设计要求制作软体排排布。为了严格控制搭接宽度，将排体沿纵向搭接边缘处的加筋条设置为红色，便于铺排后的水下检测，控制铺排质量。

4. 船舶准备

拟投入的铺排船，根据施工进度调遣进场。

7.3.4.3 铺排施工方法

1. 铺排船定位

铺排船上采用 6 个液压绞车控制 6 根钢缆，从而控制铺排船的定位和移动。其中位于船头的主缆，承受整个铺排船水流冲击力和风力，尾部设一尾缆，主缆和尾缆同时控制船舶的上下移动；船舶左右舷各设两根开锚和对口钢缆，控制船舶左右移动。

2. 卷排

用吊机将排布吊至甲板上，操作工人在吊机协助下将排布展开，将排尾拉环和滚筒上钢缆相系，启动滚筒开关将排布卷到滚筒上，直到排头布平展在翻板前沿，关滚筒开关。在卷排期间，用人力绷紧排布，使滚筒上排布无皱折，平铺在甲板和翻板上的排布，用人力拉平、拉直，防止排布皱褶、收缩，如图 7-19 所示。

3. 联锁块吊装、绑系

混凝土联锁块达到设计强度后水运至施工现场并靠泊至铺排船旁，待排体展开后即可进行联锁块吊装（图 7-20）。

图 7-19 卷排布

图 7-20 联锁块吊装

联锁块吊装作业采用桁架固定联锁块体，保证其均匀就位。起吊时吊机缓缓吊离船舱，在离排体上方约 1 m 时略作停顿，由人工从 2 个方向牵着揽风绳，缓缓就位至已作标识的排体上，每块吊装完毕后集中工人快速采用 $\phi14$ 丙纶绳绑扎固定（包括混凝土联锁块单片之间和混凝土联锁块与土工布之间的绑扎),接着安放第 2 个单元混凝土联锁块,如此反复,直到一排单元体全部就位并按设计要求做好连接后即可开始放排、铺排。

4. 排头沉放

软体排在水中沉放时,排头安放沉排梁。在联锁块安放后校准船位,松开卡排梁及滚筒,利用沉排梁及联锁块自重使联锁块排头沿滑板徐徐沉入江底,然后刹紧卡排梁及滚筒,在铺排船上继续安放联锁块。

如软体排排头埋设在枯水平台下,沉排时水位较高,先在岸上打木桩,然后用绳索将排头牵引上岸固定牢固,开始沉排。待水退后再将排头埋置枯水平台下。

5. 铺排

铺排船施工平面布置如图 7-21 所示。水下铺排作业剖面如图 7-22 所示。

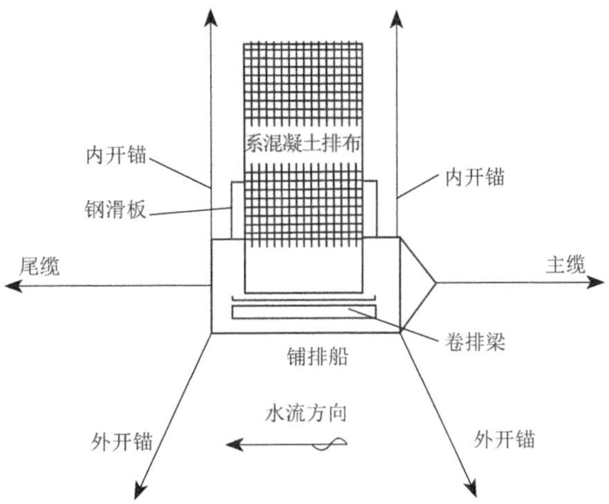

图 7-21　铺排船施工平面布置示意图

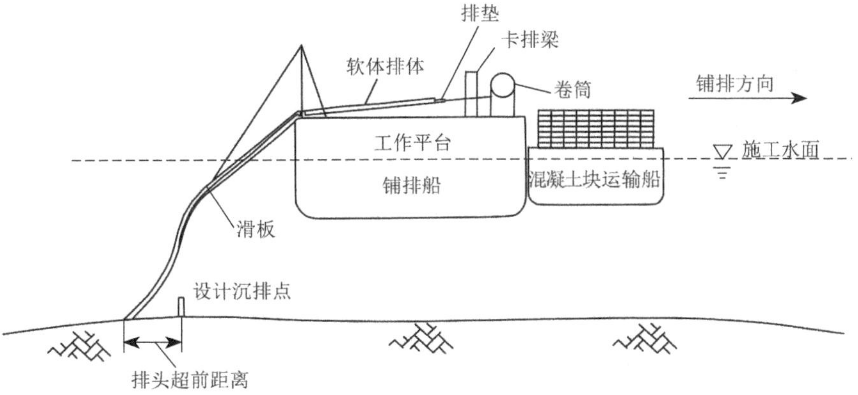

图 7-22　水下铺排作业剖面示意图

中央控制室人员根据图 7-21 所示的全自动铺排系统监控界面进行控制。放松卷排筒,开动卷扬机使铺排船后退,放甲板上的铺排下水。放排控制人员与船上观测人员保持联系,调整卷扬机速度,匀速铺排,使排体到达水底时与设计沉放线吻合。甲板上排布沉放完毕后，即进行下一轮甲板排体的混凝土联锁块体安装和绑扎工作，直至整块排沉放完毕。

施工中铺排船根据 GPS-RTK 实时跟踪指挥其定位，由下游向上游逐块沉放，并根据 GPS-RTK 动态控制铺排轨迹和搭接宽度，实时绘出铺排轨迹，并校核轨迹与排布的实际长度、与设计范围是否相符合，同时与理论轨迹对照，出现偏差，立即校正船位，保证护底范围和搭接宽度满足设计要求。

6. 沉放排尾

软体排施工排尾的处理至关重要。目前在软体排施工中采用以下方案。

（1）待还剩余一个水深长度的排布未进行铺设时，采用活扣系结和施工排布相连，然后按照正常水上铺排速率进行铺设。

（2）待水上铺排已经完成该区域施工时，将放排卷筒速率设置为零，再进行船舶移动，带动活扣，收回工作绳，从而完成排尾处理。

在实际工程中经过实践，证明以上铺排施工方法行之有效，既能确保排尾的到位率，又能确保施工安全，如图 7-23 所示。

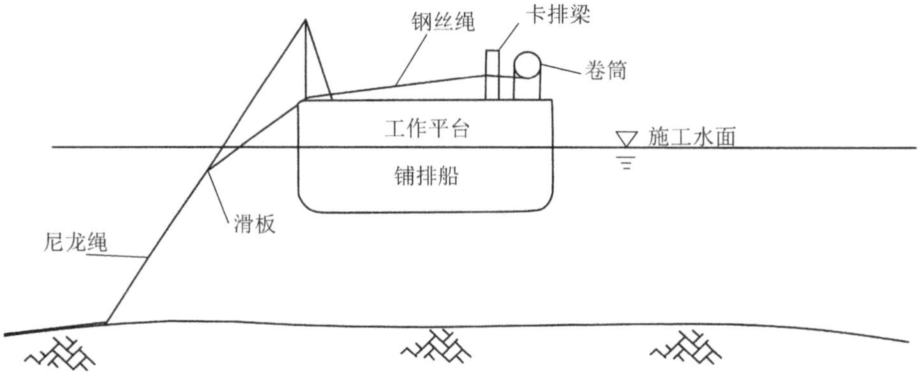

图 7-23　排尾处理示意图

7.3.5　抛石施工

7.3.5.1　抛石前准备工作

1. 材料检查

在工程开工前，施工和监理单位共同到采石场考察石料的质量。对拟选定采石场的石料进行取样，送到具有检验资格的机构试验，只有石料的硬度、湿抗压强度、软化系数、重度及有关指标满足设计要求，才能作为供料场。

（1）块石应质地坚硬，无风化剥落和裂纹，在水中或受冰冻后不崩解，冻融损失率小于 1%。不得使用薄片、片状、条状、尖角等形状的块石。

（2）块石粒径为 0.3~1.0 m，粒径大于 0.4 m 的比例应大于 85%。石料的规格质量符合设计要求。当设计无要求时，其饱和抗压强度应大于 30 MPa，软化系数大于 0.7，密度不小于 2.65 t/m^3。

（3）块石应具有合理的级配，以增大密实度，减少孔隙率。

（4）确保抛石平面位置，抛石应均匀，控制好厚度，满足设计要求。

2. 船机设备

为确保水上抛石施工质量与现场施工安全，一般采用网兜抛石施工工艺，每艘定位船配GPS-RTK 测量定位系统。

3. 首船称重

水下抛石施工所使用的船舶相对固定，并进行首船称重计量（在船舶艏艉标志清晰满载和空载标线，并建立船舶图片档案，石场装料需在监理工程师旁站监督下进行称重装料并登记在册），每船需以空载线进场装料并装至满载线。石方堆积密度系数将在开工前由发包人、承包人及监理工程师三方根据石材的材质和粒径测算确定。

7.3.5.2　块石抛投施工工艺流程

块石抛投施工工艺流程如图 7-24 所示。

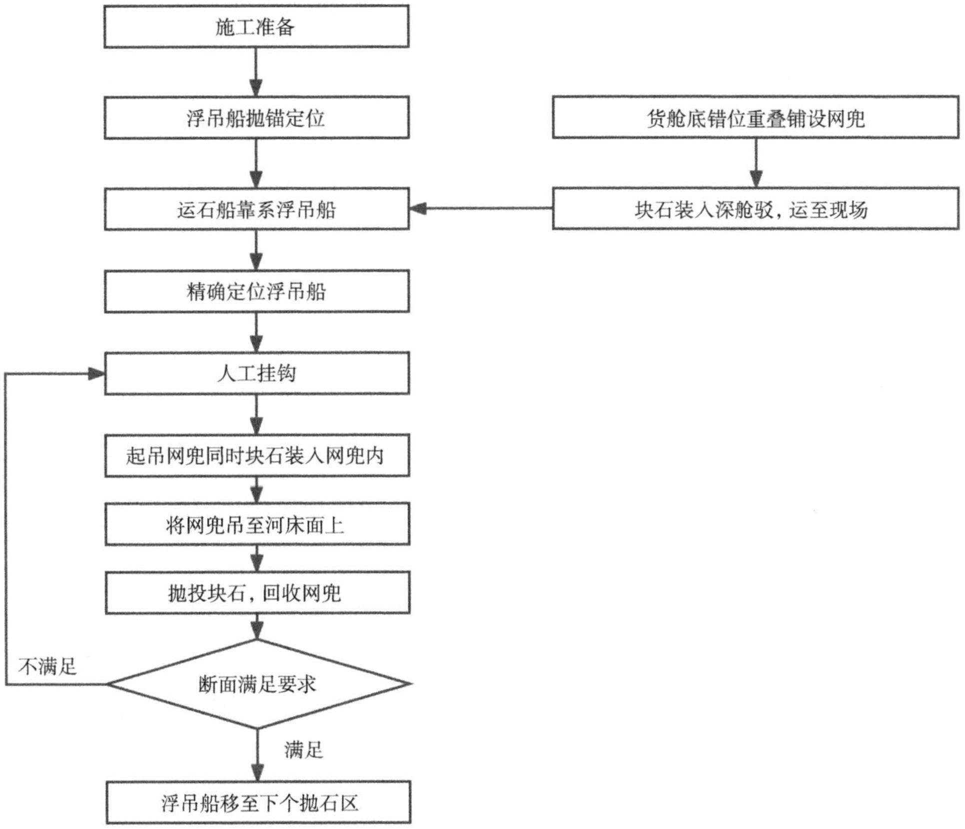

图 7-24　抛石施工工艺流程图

7.3.5.3　块石抛投施工计算方法

1. 划分抛石网格、计算回格内的抛石工程量

首先，测绘出铺排完成后的水下地形图，沿堤轴线根据水深、船型分层划分若干网格，并结合设计断面尺寸和网格的划分，计算出各区段各网格的抛石工程量。

其次，沿平行于，水流方向，设置 10 m × 5 m 的施工网格，对照里程号及断面抛填序号编号命名各抛填网格。为保证坝体的坡比，斜坡区域网格抛石区按 0.5 m 分层抛填，分层平抛。

2. 测定抛石漂移距离

水下抛石位移直接影响到抛石质量，施工前进行抛投试验，实测不同粒径、不同重量的块石在不同的水位、流速下的水平落距，以利于定位船准确定位。

(1)采用网兜式抛石船进行水上抛石施工，如果水位合适，抛石船可直接将块石安放在河床上，能达到最理想的效果。

(2)若水位过高，水深流急，无法触及河床底，抛石前根据水深、流速、流向，计算出漂移距离。通过现场抛投试验确定船舶定位方式、移动控制方法、方量控制方法等。

$$L_d = 0.74V_f H / G^{1/6} \tag{7-1}$$

式中 L_d——块石抛填水平漂移距离(m)；

V_f——表面流速(m/s)；

H——水深(m)；

G——块石重量(kg)。

测量块石抛填水平漂移距离还有一个简单易行的方法：选择不同粒径的块石分别系上2倍水深的细尼龙绳，将绳的另一端系上浮漂，抛投后根据绳长、水深及流速计算漂移距离，做好记录。

7.3.6 内河护岸施工

1. 机械施工要求

施工前，按1∶500比例尺测绘整个施工区域地形图，同时将护岸区域从下游至上游方向，从坡顶至枯水平台内边线，沿岸线长度方向每隔20 m划分一个断面进行放样，每隔100 m(排水沟边线)划分一个作业面，设立木桩，标记开挖厚度。

施工时，按设计要求的坡比拉线控制，开挖顺序由下游至上游推进，自上至下、分层、分段开挖，按预先设立的断面逐段完成。开挖的弃土、杂物、废渣运至设计指定的地点。

机械开挖时必须预留20 cm保护层，采用人工开挖。对于部分土质松软的施工区域，机械设备不能进入，则采用人工开挖施工。

进场后沿水边线向上开始土方开挖施工，施工按每100 m划分一施工段，在适当位置预留施工通道。

对于坡面需要回填土方部分，应排干积水，晾干后再清除面层腐殖土、草皮树根杂物等，回填的土质含水量应符合设计要求。为确保坡面稳定，在回填时应分层填筑，并用蛙式打夯机逐层进行夯实，在夯实过程中，应采取洒水措施以保证回填土的含水量，达到原状土的密度。对于回填土方较高的断面，在坡脚设沙枕挡土墙，以阻止回填土下滑。对于土质松软的施工区域，则适当填筑部分块石后用推土机碾压；对于回填区域面积大的情况，采用推土机来回碾压3~4次；对于塌陷滑坡区域的回填，及时通知监理工程师，经业主、设计协商后，按监理工程师下达的工程变更指令处理，以确保工程质量。

2. 削整边坡

削整边坡采用人工施工，采用自上而下顺坡平整的施工方式，其平整度可用木桩拉线配合全站仪控制，清理出的土方由人工运至坡顶由推土机推出。施工时，按每10 m为一断面，沿护滩(岸)方向每10 m × 10 m为一小块，并随时对高程及边坡进行测量控制，确保坡比达到设计要求。

3. 脚槽、枯水平台、盲沟

枯水平台、盲沟、排水明沟、截流沟均采用人工开挖，与削整边坡同时进行。脚槽布设于枯水平台的内侧，排头布固定于整个枯水平台脚槽下。根据现场实际情况，先进行铺排施工，再进行枯水平台施工。

4. 铺砂垫层

砂铺筑时每 5 m 设置一个断面，设立相应标志划分格网控制垫层厚度（10 cm），由人工自下而上铺设，用 5 m 刮尺找平。在铺设砂时，严禁采用在坡顶倾倒的方法施工，铺设时按划分的格网由下游往上游、由枯水平台向坡顶顺序进行，砂垫层经监理工程师验收后，应及时安排下道工序施工。

5. 盲沟碎石

在盲沟开挖完毕后，先由无纺布填铺盲沟，再进行碎石填充，直至填平盲沟，无纺布缝合后，在面层再进行砂铺设施工。

6. 浆砌块石

1）施工工艺流程

浆砌块石施工工艺流程如图 7-25 所示。

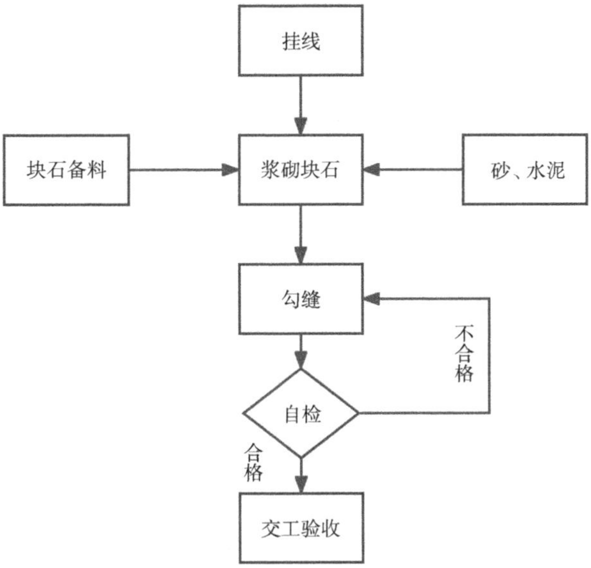

图 7-25　浆砌块石施工工艺流程

2）施工要点

基槽检验合格后，先用木桩每 10 m 一处钉好砌石位置，挂好断面线，即可按线砌筑，砌筑工艺要严格执行技术规范及招标文件的技术要求。

在铺砌灰浆前，石料应洒水湿润，使其表面充分吸收，但不得残留积水。砌筑时砂浆饱满，石块间较大的空隙应先填塞砂浆，后用小块石嵌实，不得先摆碎石后填砂浆或干填碎石块的施工方法，块石间不应有相互接触。

水泥砂浆砌缝宽度较小，采用人工捣插方法，常用的捣插工具有钢筋捣插棒，或竹片捣插棒,或特制捣插钢板。

截流沟、排水沟采用挤浆法分层砌筑,层与层间的砌筑缝应大致找平,各工作层应相应错开,不得贯通。较大的片石使用于下层且大面朝下,砌筑时选取形状及尺寸较为合适的片石,敲除尖锐突出部分,竖缝较宽时,在砂浆中塞以小石块。浆砌块石转角处和交界处应同时砌筑,对不能同时砌筑的,必须留置的临时间断处,砌成斜搓。

每砌好一段,待砂浆初凝后,用湿草帘覆盖,定时洒水养护。养护期间避免外力碰撞、震动或承重。

3)施工注意事项

石料选用厚度不小于 15 cm 具有一定长度和宽度的片状石料,石料质地强韧、密实,无分化剥落、裂纹和结构缺陷,表面清洁无污染。

砂浆使用强制式拌合机现场拌合,材料中使用中砂,过筛后机拌 3~5 min 后使用。砂浆随拌随用,保持适度稠度(30~50 mm);在拌合 3~5 h 内使用完毕;运输过程或存储过程中发生离析、泌水砂浆,砌筑前重新拌合;已凝结的砂浆不得使用。

砌筑过程中要注意选用较大、较平整的石块,石块使用时应洒水湿润,若表面有泥土、水锈需先冲洗干净,尤其下层砌料及角隅石不能偏小,砂浆要饱满,石缝以砂浆和小碎石充填,片石不能竖立使用,石料挤浆要符合要求,不能紧贴无砂浆,宽度要一致,不能有假缝。

各工作缝相互错开。若石块松动或砌缝开裂,要将石块提起,将垫层砂浆与砌缝砂浆清扫干净,然后将石块重铺砌在新砂浆上。

过沟砌石完成一段后,要按边沟检测评定标准进行线位、高程、平整度、断面尺寸、铺砌厚度等要求检测评定,不符合要求的坚决返工。

7. 铺石

1)施工流程

铺石施工流程如图 7-26 所示。

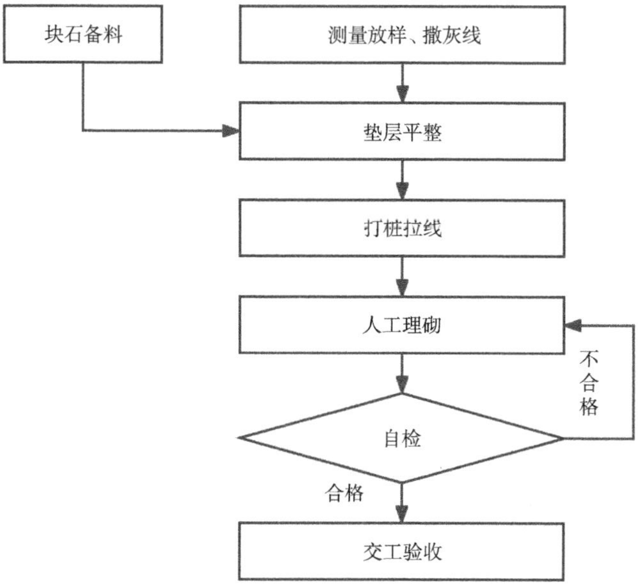

图 7-26 铺石施工流程图

2)施工要点

铺石采用人工铺设,施工作业时分段分区进行,以确保施工进度。

3)注意事项

按铺石施工区的四边挂线进行理砌,确保轮廓线清晰。坡面铺石面层部分的施工严格带线作业,确保坡度达到设计要求。

铺石的断面平均轮廓线不得小于设计断面,铺石面层的块石相互挤紧,大小镶嵌,缝隙要填实坐稳,防止架空现象的发生,铺石完成后进行面层的清理,做到表面平整不出现明显的突出尖状块石。

石料采用质地坚硬的岩石,禁止用已风化岩石和易风化的岩石,石料的饱和抗压强度应大于 30 MPa,软化系数大于 0.7,密度不小于 2.65 t/m³。

7.3.7　袋装砂工程

7.3.7.1　充填砂袋施工材料要求

(1)砂被及深槽回填充填袋采用土工织物缝制,分上下两层,充填袋采用扁丝编织土工布,其主要指标符合设计要求。

(2)砂肋软体排土工布、充砂土工管袋土工布一般采用 320 g/m² 长丝机织土工布。

7.3.7.2　施工工艺

袋装砂(砂被)棱体均采用运砂船施工辅助以 55 kW 泥浆泵组,施工工艺流程如图 7-27 所示。

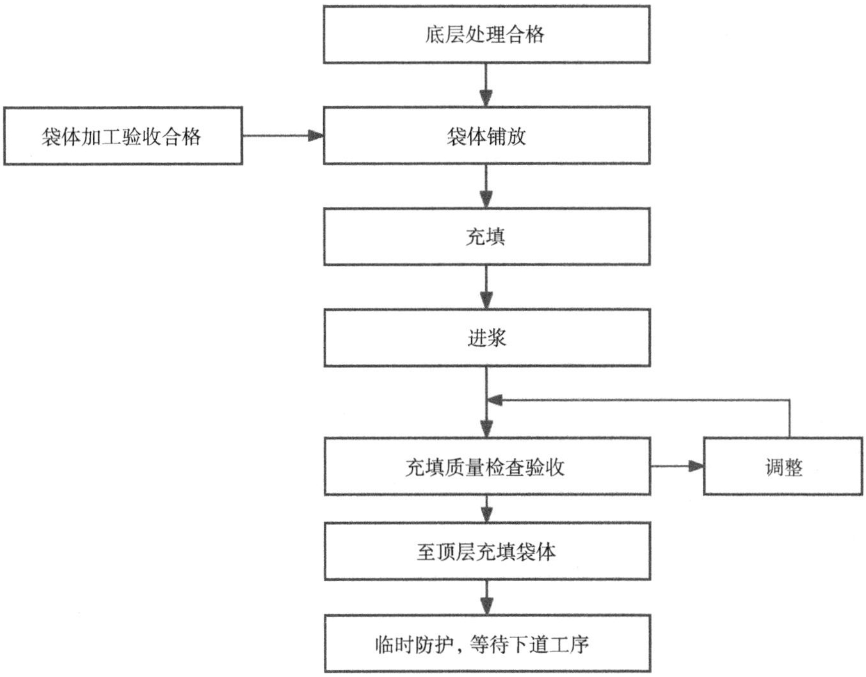

图 7-27　泥浆泵充砂被施工工艺流程图

7.3.7.3 施工方法

1. 采砂、运砂

砂被及深槽回填用砂采用吸砂船在指定采砂区进行采砂，运砂驳装砂后运输至施工作业面，由船上充灌设备进行充填袋充灌作业。

2. 土工布袋缝制

按设计、规范要求用工业缝纫机加工无纺土工布袋体，缝制尼龙线采用35支三股锦纶线，采用包缝，缝制后强度不低于原织物的70%。

3. 土工布袋的铺设定位

根据工程施工区滩面水深情况，可采用人工铺设或船舶铺设。

将土工布袋铺设在设计位置，袋体宽度要大于设计底宽，根据设计图每边留有富裕宽度。

4. 吹砂灌袋

先进行第一层土工织物充砂袋施工，在有一定施工长度后，开始第二层充砂袋施工。

每只充砂袋的长度在25~30 m之间，宽度根据施工要求进行设置；充填口布置在袋体表面，充填口数量按20 m^2左右布置1个。充填工序按照充填、进浆、二次充填、检查袋内砂体厚度满足设计要求的次序进行，袋体充填饱满度控制在85%，充填厚度控制在0.5 m，保证充砂平整、填实，逐层加高；袋体按垂直于围堤轴线分层铺设，堆叠整齐，上下袋体错缝铺设，同层袋相互挤压，如图7-28所示。

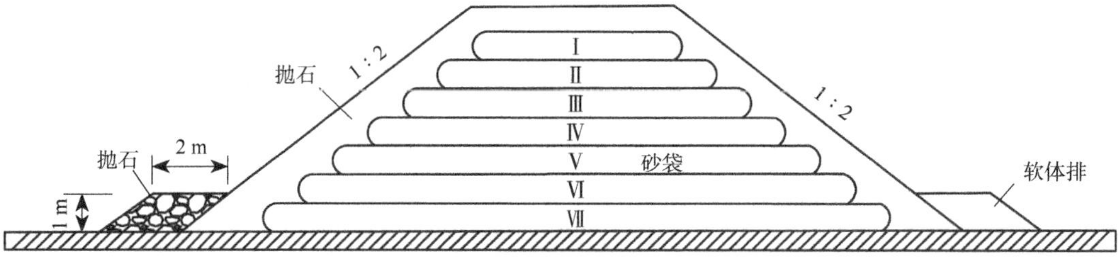

图7-28 水下充填袋断面图

袋体逐层加高，杜绝局部堤段一次性加高两层，两层袋体充填时间间隔为大于24 h。

7.3.7.4 质量控制措施

(1)处于低水位以下的充填袋铺设质量需由潜水员下水摸排检验。检验项目：平面位置，通缝宽度，厚度。检验频次：接缝数的10%。质量要求：平面位置误差 ±0.5 m。充填砂袋允许厚度范围：0~0.5 m。相邻砂被体之间绝对不允许出现不接触现象。

(2)所采用的编织布、无纺布等土工合成材料不得采用再生料。生产日期不明或存放期超过6个月的或已出现老化现象或有破损的一律不得使用。

(3)施工现场临时堆放必须选择库房或有良好保护条件的场地，严禁在强阳光下堆放。

(4)袋装砂棱体的充填袋在制作、运输、堆放和铺设过程中，应注意保护，不得出现破损现象。

(5)清除土工织物袋铺设区域表面可能有损袋体的凸凹物及杂物；织物袋在铺设过程中若出现袋体损伤，应及时修复，拼接方式采用包缝法，且缝接宽度不应小于1.5 m。袋体充填后外露部分做好覆盖保护，在平均水位以上袋装砂棱体完成后，防止在阳光直射下暴露超过 15 d,同时应避免人为和施工机械的破坏。

(6)袋装砂棱体的充填袋在坝(堤)横断面方向,须整块制作,顶层袋充填后应尽量平整(≤±10 cm);在纵向,袋体宽度以利于制作和施工方便为宜,充填口布置在袋体表面,充填口数量按 20 m^2 左右布置 1 个。充填工序按照充填、进浆、二次充填、检查袋内砂体厚度满足设计要求的次序进行,袋体充填饱满度控制在 85%,保证充砂平整、填实。

(7)袋装砂棱体应分层充填,每层(充填)厚度应控制在 0.5 m。袋体按垂直于围堤轴线分层铺设,堆叠整齐,上下袋体错缝铺设,同层袋相互挤压,不得留有通缝、通孔。

(8)袋体逐层加高,不可在局部堤段一次性加高两层或以上。特别是棱体顶部袋底,应严格控制施工速率,两层袋体的充填时间间隔应满足设计和规范要求,一般应大于 7 d。特殊情况下,必须经由监理、设计同意方可施工。施工期间不得在已做好的棱体上堆载砂石料。

(9)构筑充填砂袋的同时,应及时进行外侧反滤层及抛石的施工。对于外坡边缘缝隙处利用小袋装砂进行人工修坡垫平,防止留有空隙导致袋体损坏。迎浪面注意被海浪淘刷,出现空隙及时跟踪填补,调整外坡轮廓线形成符合设计的坡面。不允许采用削坡修补的方法。

(10)施工时须考虑自然沉降量、固结量。在施工中充填砂袋的袋体之间不得夹有淤泥。

(11)棱体形成后,应尽快进行反滤层施工、抛石垫层及护坡、抛石护底的施工,形成一段,保护一段。

7.3.8　基坑施工

参考第 6 章船闸施工中的第 2 节基坑开挖施工技术要求。

7.4　水下检测技术

7.4.1　水下探摸摄像检测

水下沉排的主要作用是保护铺设范围内的河床底质不被水冲蚀,从而达到护底、护脚、防止淘刷、保护工程基础的目的。水下沉排质量检验的一个重要环节就是排体搭接,如果搭接达不到要求,引起水流在搭接缝隙区域进行淘刷,将造成排体上的水工建筑物坍塌。

7.4.1.1　检测技术原理

依据《水下沉排搭接摄像检测施工工法》,采用潜水探摸与水下摄像相结合的方法检测沉排搭接及排体完整情况,最大限度保证沉排护底质量。

根据检测需要,在水上沉排过程中,应用 GPS 技术定位,派遣潜水员使用水下摄像设备,对重点区域进行摄像验证。根据设置检测条判断搭接宽度,对搭接宽度进行定量确认,确保排体搭接满足设计要求。通过水下沉排搭接检测可以有效监控施工质量,一旦发现问题,可以即时提供水下情况的信息,沉排施工班组可以依据信息采取措施,提高施工质量。

7.4.1.2　水下摄像判定排体搭接质量的原理

根据《水运工程质量检验标准》(JTS 257),搭接宽度允许偏差为(−0.5~1)B(B 为设计搭接宽度)。根据设计文件要求,在水下沉排之前,按照要求在排体设计搭接宽度处,将此处黑色加筋条换成彩色加筋条,检测中在设计搭接宽度处左右如没有发现彩色检测条则判断搭接宽度大于设计搭接宽度，如发现彩色检测条则判断搭接宽度小于设计搭接宽度。彩色加筋条的设置在排体加工时进行。排体搭接判定如图 7-29 所示。

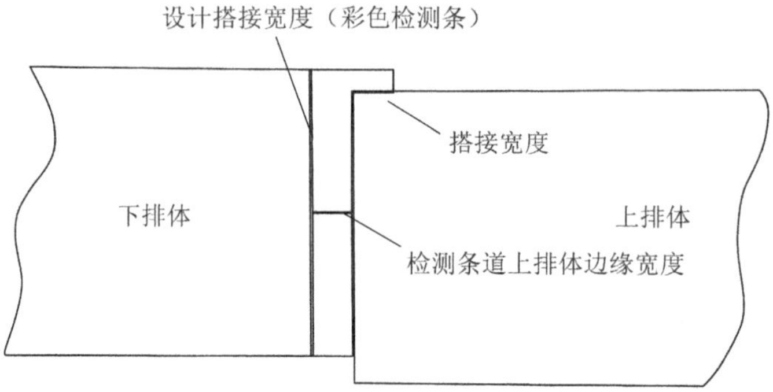

搭接宽度 = 设计搭接宽度（设彩色检测条）- 检测条到上排体边缘距离

图 7-29 排体搭接判定示意图

为确定排布搭接宽度、未搭接宽度以及检测长度，在具体操作过程中主要采用以下几种方法。

（1）潜水员在水下寻找彩色加筋条，采用钢尺测定出搭接宽度（加筋条间距 0.5 m）。

（2）如果潜水员在水下发现排布明显未搭接，可采用钢尺或标尺绳连接上、下两块排布边，测定未搭接宽度。

（3）检测长度可采用 GPS 定位或标尺绳测量的方法测定。

该检测方法通过钢尺丈量，因此检测精度可以达到厘米级。

7.4.1.3 水下摄像检测的操作流程

1. 检测流程

水下探摸检测流程如图 7-30 所示。

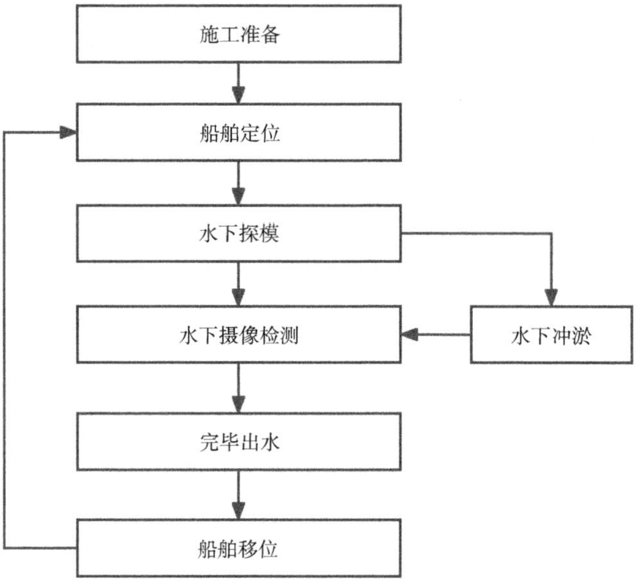

图 7-30 水下探摸检测流程图

2. 操作步骤

1）检测准备

根据检测工作的要求，在检测之前对 GPS 定位仪、水下电视、潜水装置进行调试，保证其在检测期间良好运行。

组织专业性强、经验丰富、业务精的水下作业班组和配备 GPS、水下电视摄像、潜水设备、冲砂设备等工作性能良好的检测工作船舶及设备进场。

检测队伍进场后，确定检测具体位置；校核施工区域测量控制点；实测检测区域的水位、水深、表面流速流向、泥沙淤积等水文资料。

2）工作船展布

根据检测区域坐标，利用 GPS 定位系统，指导检测工作船抛锚定位，抛锚时严禁将锚抛在沉排区内。

3）测量定位

在工作船中部安装 GPS，并用测量软件完整显示工作船形态与沉排区域的位置关系。工作船进点初步定位，抛出八字锚。根据实测的漂移距，用 GPS 精确确定工作船位，使船艉到达目标点。潜水员下水进行检测、摄像施工。检测过程较长时，施工人员随时观测船位，防止检测船舶走锚漂移。

4）检测作业

将摄像机与水下电视连接，潜水员沿船艉悬梯顺砣绳下水潜底后，寻找排体搭接缝。找到搭接缝后用水下电视设备对搭接区域进行拍摄取样。检测搭接缝的混凝土块重叠部位和接缝边缘是否有彩色识别条，以便判断沉排搭接质量是否符合要求。水上操作人员根据监控电视系统指挥潜水员，顺定位轨迹进行检测作业，潜水员向水上操作人员通报水下具体情况。遇有搭接缝被砂淤埋的情况，用高压水枪冲砂清理干净后再进行检测作业。检测技术人员根据检测结果，组织整理相关材料，提供准确的检测报告。

7.4.1.4　检测注意事项

（1）工程具体检测方案将根据实际情况与监理协商确定后报经业主同意，水下检测成果由监理工程师旁站确认。

（2）检测识别条设置。根据搭接要求将排体沿纵向搭接边缘处的加筋带设置为红色，根据设计要求对设置识别条的排体进行配制，且在具有资质的厂家完成定做生产。设置检测识别条，可以有效控制搭接宽度，便于在沉排后的进行水下检测，控制护底排的铺设质量。

（3）检测时间安排。由于泥沙淤积的影响，排体在沉放初期，往往会淤积一定的泥沙，这会对排体搭接的水下检测造成一定影响，并且增加检测探摸的难度。

为防止泥沙淤积，提高效率，要求水下排体搭接检测与沉排工作同步进行，现场安排一艘专业检测船随时待令，排体分段沉放，一段沉放完毕清场后，立即组织水下检测，对排体铺设质量进行实时跟踪检验。

（4）检测频次。为保证排体沉放质量，根据工程检测的特点，潜水摄像检测抽检频率一般按排体总数的 5% 对重点区域排体搭接情况进行水下探摸自检。沉排长度在 200 m 以内的探摸 2 个点，超过 200 m 增加一个探摸检测点。

（5）检测结果处理。检测完成后，检测结果立即向业主及监理汇报，如发现排体铺设质量达不到设计要求，及时进行补排或加固等处理。

7.4.2 实时声呐检测技术

为了及时直观地掌握排体在水下搭接情况，可引用实时声呐检测技术对施工过程进行实时跟踪和监测。该技术能够实时反映出水下铺排施工轨迹，施工船舶可根据监测情况及时进行调整，保证铺排质量。

7.4.2.1 检测原理

实时监控声呐设备由机械转动的声呐波束形成全方位或者某固定扇形角度内的扫描探测。它是由一个绕水平坐标轴机械旋转的水听器组成的，通过声呐波束连续转动一连串微小的角度来进行扫描，每一个声呐波束，将返回距离和回波强度的数据，根据这些数据可以模拟形成水下环境的声呐图像。

铺排船在铺完一段排体后，在绑系混凝土块期间，通过实时监控声呐设备进行扫描，对水底铺排质量数据实时采集，搭接状况将直接在铺排船操作室显示屏上显示出来。技术员通过软件工具量出铺排搭接宽度，并立即将搭接信息向船长报告，船长根据铺排搭接情况调整船舶，进而达到铺排施工中过程控制的目的。

7.4.2.2 施工指导

图像声呐实时检测能够在铺排施工的同时，在工人绑系混凝土块的间隙，对排体的搭接情况进行实时检测，量测某断面处的搭接宽度，反映铺排的质量。

每次使用图像声呐进行扫描后，将排体的搭接情况进行记录的同时，将实际搭接宽度反馈给施工现场负责人。当搭接宽度合格时，可以继续沿着之前的轨迹向后铺排。根据该通条前面几次的检测结果和声呐图像显示的下排体排边的轨迹，也可以判断该通条施工过程中整体搭接情况的变化趋势，以推断后续可能出现情况，早作准备。

一旦发现铺排质量存在问题，搭接宽度不符合设计要求，可以即时根据铺排状况进行现场调整。根据水流情况和上下排体的相对位置，采取适当放松排体或者将铺排船适当向下排体靠近等措施，改善铺排施工质量，以达到设计要求。

第 8 章　重力式码头施工

重力式码头是最常用的码头结构形式之一，是以块体或箱体为主体结构，建造在岩石地基、砂质地基、密实的黏土地基或经过加固处理的软土地基上，依靠建筑物及结构范围内的填料重量抵御水平荷载、保持稳定的停靠船建筑物。按照墙身的结构形式，重力式码头可分为沉箱码头、方块码头和扶壁码头等。

重力式码头工程主要分为基础与换填地基、墙身、上部结构、后方回填与面层、轨道梁与轨道安装以及停靠船与防护设施等 6 个分部工程，每个分部工程包含若干分项工程，具体内容见表 8-1。重力式码头施工应满足现行行业标准《码头结构施工规范》(JTS 215)的有关规定。

表 8-1　重力式码头与岸壁分部工程、分项工程划分

序号	分部工程	分项工程
1	基础与换填地基	基槽开挖、地基换填、砂垫层或地基换砂、基床施工(基床抛石、基床重锤夯实、基床爆炸夯实、基床整平)等
2	墙身	预制构件(沉箱、空心方块、实心方块、扶壁、卸荷板等)、预制构件安装、构件箱格内回填、墙身构件接缝倒滤层、现浇混凝土墙身、砌石墙身等
3	上部结构	现浇混凝土结构(胸墙、管沟、悬臂板、面层等)、管沟盖板安装、帽石砌筑、变形缝等
4	后方回填与面层	抛石棱体、倒滤层、土石方回填、回填砂振冲、垫层与基层、现浇混凝土面层、沥青混凝土面层、铺砌块面层等
5	轨道梁与轨道安装	轨道梁基础(预制混凝土方桩、管桩、预制桩沉桩、灌注桩、换填基础)、现浇轨道梁、轨道安装、车挡与地锚等
6	停靠船与防护设施	系船柱、护舷、系船环与系网环、护轮坎、铁梯、栏杆等

重力式码头施工前应根据大型预制构件或沉箱尺寸、重量和数量，考虑石料来源等因素，合理选择预制场场址；应根据运输船舶性能和海上航行安全要求制定水上运输航行。预制场应有足够存放面积和承载力，且受风浪、冲刷和淤积的影响不大，场地前沿水深应满足吊运构件的水深要求。

重力式码头施工需要大量砂石料，水下工作量大，需要配备较多的水上施工船舶和陆上起重运输机械，协调性要求高，施工中受海洋水文和风浪天气的影响较大。其重点和难点是水下的分部分项工程，区别于其他码头结构形式的施工内容有抛石基床、墙身构件的预制及安装、胸墙及墙后回填、地基处理等。

8.1　抛石基床施工

抛石基床是工程整体结构的重要部分，是重力式码头的最下一层结构，其下部是基槽顶面，其上部是重力式码头墙身，施工质量关系到重力式码头的整体结构稳定，是控制码头沉降和位移的关键,在施工过程中应予以充分重视。抛石基床施工的主要作业内容有:基槽开挖、基床抛石、基床夯实、基床整平。

8.1.1 基槽开挖

基槽开挖的施工方法与一般的疏浚工程相同,应根据地质条件采用相应的开挖方式。施工设备及工艺需要根据槽底土质、水深、施工区海况、工期要求等条件进行合理选择、配备。岩石地基根据岩石的风化程度,可在水下爆破后采用抓斗(铲斗)挖泥船清除,或直接用抓斗(铲斗)挖泥船清除。非岩石地基,因基槽面积较小,多采用抓斗(铲斗)挖泥船开挖。较长的或外海无掩护的基槽应分段开挖,开挖验收合格后可采取流水施工对验收合格的基槽及时抛石覆盖,避免回淤。宽度较大的基槽应分条开挖,条与条之间应设置 1 m 以上的重叠区域,避免漏挖。深度较大的基槽宜分层开挖,分层开挖厚度应根据土质条件和开挖方法确定。

在基槽开挖至设计深度时,应及时验收、核对槽底地质情况。按每 5~10 m 一个断面进行水坨测深、水下取样、试挖,若槽底土质与设计要求不符,应及时研究解决。

干地施工必须做好基坑防水、排水和基土保护,排水能力不足时宜分段设围堰。黏性土地基,在槽底设计高程上应保留 0.15~0.3 m 的土层,并应在下一工序开始前挖除。对于非岩石地基和岩石地基,水下基槽开挖的开挖偏差均应满足现行行业标准《码头结构施工规范》(JTS 215)的有关规定;干地施工基槽开挖的允许偏差可参照现行行业标准《水运工程质量检验标准》(JTS 257)有关规定执行。

8.1.2 基床抛石

为防止回淤,基床抛石施工要在基槽验收合格后及时进行。对于松软地基,为防止石块陷入土中,抛石前应先铺筑一层砾石或碎石反滤层。重力式码头基床抛石的主要作业流程:选择或建设石料装船码头→抛石船上料→抛石船驻位→抛石作业→补抛或挖除超抛。

8.1.2.1 石料及装船码头选择

基床块石质量、材质、强度应满足设计要求,通常选用质量为 10~100 kg 级配良好的块石。要求石料质地坚硬、无风化、无严重裂缝和水锈、无片状;夯实基床块石在水中饱和状态下的抗压强度不应低于 50 MPa,不夯实基床不应低于 30 MPa。石料装船码头地点应综合考虑陆上原有基础设施、码头到作业区域的水上运距、石料产出地到码头的陆上运距、码头后方的存料场地以及是否影响后续施工等因素。

8.1.2.2 抛石船驻位

抛石船应视其性能、基床宽度和施工现场的自然环境选择驻位方式。抛石船的主要驻位方式有平行和垂直基床轴线两种。在风向、浪向和流向较有规律的特殊条件下可以按风向、浪向和流向驻位,但是精度不高。抛石船定位的测量控制有三种方法,一是设立导标,分设中心导标和坡肩边导标;二是用经纬仪进行抛石船或定位船定位,控制基床的中心线和顶面的坡肩边线;三是采用 GPS 定位法对抛石船或定位船定位,控制基床的抛石作业。

8.1.2.3 抛石方法选择

抛石方法应综合统筹施工区域的地形、水文、工程规模、精度、成本等因素进行选择。由于成本较高，专用抛石船一般在工程规模大或水文气象条件恶劣的情况下使用。主流的作业方法是在石料运输船上配备挖掘机，采用方驳定位，运输船傍靠或运输船自行定位抛石。各种抛石方法的优缺点和适用条件见表 8-2。

表 8-2 抛石方法优缺点和适用条件

抛石方法	优点	缺点	适用条件
人力＋民船或方驳	抛填位置较准确；抛填灵活，易控制抛量；不易漏抛，平整度好；方驳驻位较稳	效率低，所需劳动力大，施工组织困难	近岸、浅水、风较小、抛石工程量小、人工费用低的情况
网兜块石＋运输船＋方驳吊机	定点吊抛，位置准确；易控制抛量；不易漏抛，平整度好	受采石场装石条件限制；吊机抛石效率低	基床顶层细抛和抛石工程量较小情况
反铲＋运输船	抛石灵活；效率较高	定位精度较差；抛填质量不易控制	抛石作业面狭长，流速较小的情况
反铲＋运输船＋定位方驳	定位较准确；效率较高	抛填不够灵活；抛填质量不易控制，易漏抛或抛高	抛石工程量较大，作业面宽阔的情况
专用抛石整平船	位准，抛填准；效率高；不漏抛，平整度好；抛石量易控制；对海况适应性强	成本较高	深水、工程量大、海况差的情况

8.1.2.4 抛石顺序

抛石应与基槽挖泥紧密衔接，并为基床夯实和整平创造条件，防止工序间跨度过大而回淤严重。当基床设计底高程相差不大时，抛石宜从一端开始向另一端分段进行；对于突堤码头，抛石宜从近岸段开始；对于顺岸码头，抛石宜从靠近上料码头侧开始。当基床设计底高程存在高差时，抛石应从基床底高程较低处开始。当基床厚度较大，须进行夯实处理时，基床应分层抛石、分层夯实，每层厚度应大致相同且一般不大于 2 m，分层抛石基床的上下层接触面不应有回淤沉积物；爆夯处理时，层厚一般可取 6~8 m。

8.1.2.5 抛石施工要点及质量控制

（1）抛石施工前要进行基槽断面的复测，断面有显著变动时应进行处理，基槽内含水率小于 150% 或重度大于 12.6 kN/m^3 且厚度大于 0.3 m 的回淤沉积物应予清除，有换填抛石并有夯实措施时，基槽底面回淤沉积物的厚度限值可适当放宽。

（2）抛石前应进行试抛，掌握块石漂流与水深、流速的关系，抛下块石堆扩散的情况，选定抛石的起始位置和移船的距离等。当流速较快时宜顺流抛，抛石和移船的方向宜与水流方向一致，避免块石漂流在已抛部位而超高，如图 8-1 所示。

（3）基床抛石顶面高程不得超过设计规定，且不宜低于基床顶面设计高程 0.5 m。分层时，顶层厚度可适当小一些，以留有调整的余地。对夯实基床，应预留沉降量，一般为抛石层厚的 10%~12%。

（4）抛石基床富余高度应适当，若过大，需扒除；若过小，夯实后欠高，需补抛、补夯。“宁低勿高”，粗抛和细抛相结合，顶层面以下 0.5~0.8 m 范围内应细抛。细抛应趁平潮进行。

（5）基床顶宽不得小于设计宽度。对回淤严重的港区，应采取防淤措施。

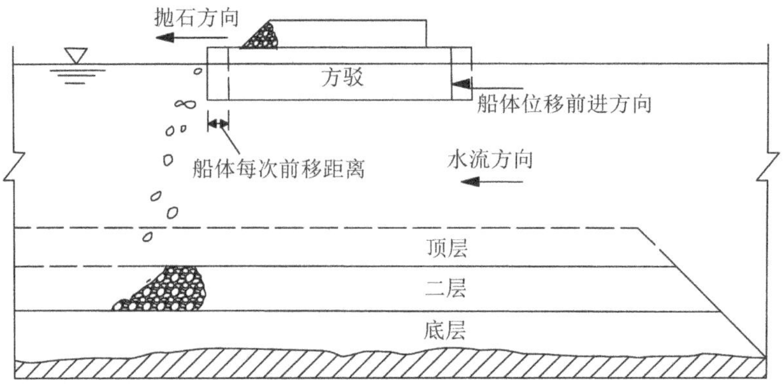

图 8-1 顺流抛石示意图

(6)勤测水深。在邻近接茬 2~3 m 的已抛部位开始测水深,先测水深,后抛石,再测水深,以免漏抛或多抛。测水深时,测点间距不宜超过 1 m,测锤底部直径不小于 20 cm。

8.1.3 基床夯实

有夯实要求的抛石基床,每层抛石后须进行夯实,以消除或减少沉降量。基床夯实应满足环境和渔业资源保护要求,夯实的方法有重锤夯实法和爆破夯实法。重锤夯实法是用起重设备吊重锤,按一定的规则和指标要求进行落锤夯击。爆夯法是在离抛石层顶面一定高度的水中悬吊炸药包,利用炸药爆炸的冲击力和振动夯实抛石层。

8.1.3.1 重锤夯实法

水运工程中,水下基础的夯实,一般采用抓斗式挖泥船或在方驳上安设起重机(或卷扬机)吊重锤进行作业。若船上的起重设备具备水平旋转的能力,则夯实船驻位一次可以夯击多点,施工效率高,如图 8-2 所示;若船上只有卷扬机等不具备水平旋转能力的起重设备,则夯实船驻位一次仅能夯击一点,施工效率低,适用于缺乏设备的小型工程中。

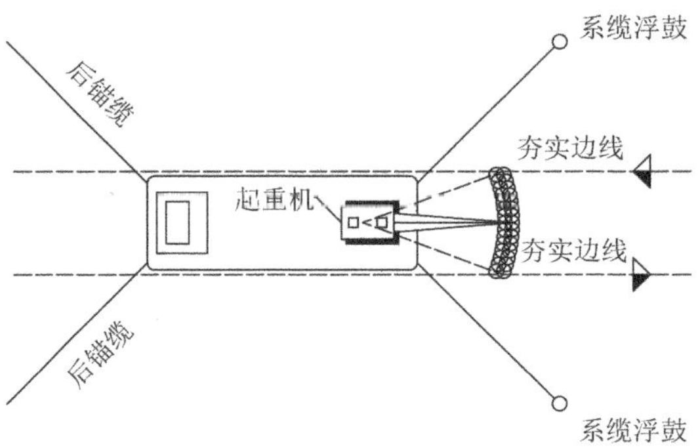

图 8-2 夯实船驻位夯击范围示意图

重锤夯实法技术要点如下。

(1)基床锤夯范围应符合设计规定。如设计未规定,锤夯范围可按墙身底面各边加宽 1 m 确定。对于施工定位和作业困难的水域,锤夯范围可适当加宽。分层夯实时,锤夯范围可根据分层处的应力扩散线向各边加宽 1 m 确定。

（2）为防止因“倒锤”或偏夯击而影响夯击效果，夯实前应对抛石面层进行适当整平，其局部高差不宜大于 300 mm。对于明基床，为防止“倒锤”和夯坍边坡，夯实时要先中间后周边。

（3）基床锤夯时应分层、分段夯实，每层厚度宜基本相当，每层夯实后的厚度不宜大于 2 m。夯击能量较大时，分层厚度可适当加大。分段夯实的搭接长度不应小于 2 m。

（4）夯锤底面积不宜小于 0.8 m^2，底面静压强宜采用 40~60 kPa，落距可取 2~3.5 m。当不计浮力、阻力等影响时，每夯的冲击能不宜小于 120 kJ/m；对无掩护水域的深水码头，冲击能宜采用 150~200 kJ/m。夯锤宜具有竖向泄水通道。

（5）基床锤夯宜采用纵横向相邻接压半夯，每点 1 锤，并分初、复夯各 1 遍，或多遍夯实的方法，夯击遍数应根据试夯确定，试夯技术要求应符合规范的规定。若不进行试夯，夯数不宜少于 8 夯，并应分 2 遍夯打。

（6）在新旧码头结合处，基床施工宜采用减小分层厚度、适当降低夯击能量等保证旧码头结构安全的措施。

（7）当夯实后补抛块石的面积大于 1/3 倍构件底面积或连续面积大于 30m^2，且厚度普遍大于 0.5 m 时，宜作补夯处理。

（8）夯实质量标准可采用在已夯的基床上码头墙底面积范围内任选不小于 5 m 的一段复打一夯次，夯锤相接排列，不压半夯，其平均沉降量不大于 30 mm，无掩护水域的重力墩基床平均沉降量不大于 50 mm。

8.1.3.2　爆夯法

基床爆夯即采用爆炸法夯实抛石基床，具有使用设备少、操作简单、施工速度快、工程造价低等优点，当基床抛石量大、工期紧、重锤夯实法无法满足施工进度要求时，爆夯法具有明显的优势。基床爆夯应符合现行行业标准《水运工程爆破技术规范》（JTS 204）的有关规定。其工艺是将设计的药包按照一定的网络参数，布置在水下块石基础表面或悬吊在其上部（图 8-3），在一定覆盖水深的条件下，药包起爆后产生的爆炸冲击波引起石体震动，从而使原本松散石体排列受到扰动，石块间产生滑动、错位、填充，重新排列，块石间孔隙减小，基床密实度增加。爆炸产生的高压气体，对基床也可形成“锤击压实”效果，使基床密实。基床下的非岩石地基，在爆炸振动及上部抛石体作用下，可加速完成沉降和固结。爆夯次数可根据现场实际情况进行调节，例如在生产港区内进行爆夯作业，为保证安全，可降低药量、增加爆夯次数以达到夯实效果。

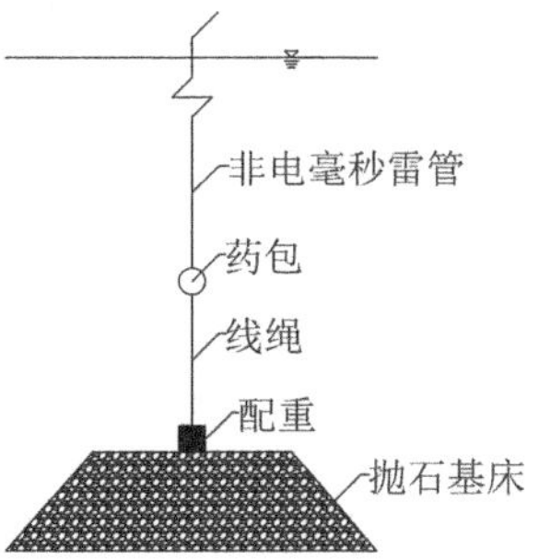

图 8-3　药包布设立面

对于块石、砾石地基和基础，爆夯效果最佳。爆夯分层厚度一般不宜超过 12 m，药包的上部水深覆盖大于 8 m 时，可适当增加爆夯厚度，但不宜超过 15 m。

布药是爆夯施工中最关键、最重要的工序，可采用水上布药船或陆上布药机械进行施工。在低潮石面露出时，也可采用人工陆上布药。水上布药尽量选取天气晴好的平潮时，逆风或逆流进行。布药应控制药包在水中的吊高和药包的间距。药包在水中的吊高（即药包在基床面以上的高度），根据每一药包控制的范围、上覆水深和装药量等确定，应满足式（8-1）的要求，对无爆后平整度要求或石层下卧层为非岩石地基的工程，药包可直接布放在石面上。

$$h_1 \leqslant (0.35-0.50)q^{\frac{1}{3}} \tag{8-1}$$

式中 h_1——药包吊高，即药包中心在石面以上的垂直距离（m）；

q——单药包量（kg）。

药包上覆水深（即药包中心至水面的垂直距离）应满足式（8-2）的要求。当抛石基床过厚或覆盖水深小于计算值时，应分层抛填、分层爆炸夯实。

$$h_2 \leqslant 2.32g^{\frac{1}{3}} \tag{8-2}$$

式中 h_2——上覆水深，药包中心至水面的垂直距离（m）。

药包的平面布置宜取正方形网络布置，间、排距可取 2~5 m。分遍爆夯时，各遍间药包应采用插挡布置或在平面上尽量均匀布置。

爆炸夯实后，抛石基床的平均夯沉率应满足设计要求。夯沉量可根据地基状况、基床厚度、石料规格等因素，控制在抛石层厚的 10%~15%。爆夯的基床，夯实质量应满足夯沉量要求。若基床顶面补抛块石的厚度超过 0.5 m 且连续面积大于 30 m²，补抛后应补爆或用重锤补夯。

8.1.4 基床整平

水下抛石基床整平是重力式水工建筑物施工中的重要工序之一。不论有无夯实要求，为使抛石基床顶高程符合设计要求，并能均匀承受上部荷载的压力，基床顶面均需按设计要求进行整平。不同的部位有不同的整平精度要求，可分为粗平、细平和极细平。粗平的高程允许偏差为 ±150 mm，细平和极细平的允许偏差及适用范围见表 8-3。当大型构件底面面积大于或等于 30 m² 时，其基床可不进行极细平。在进行基床整平时，块石间不平整部分，宜用二片石填充，二片石间不平整部分宜用碎石填充，其碎石层厚度不应大于 50 mm。明基床外坡应进行理坡。基床整平工艺有导轨刮道法等传统方法和水下抛石整平机等机械化方法。

表 8-3 抛石基床整平允许偏差

项目	允许偏差（mm）	适用部位	整平范围	整平用料
细平	±50	基床肩部；压肩方块下的基床	前肩部分；压肩方块底边外加宽 0.5 m	二片石
极细平	±30	墙身下的基床	墙身底面各边加宽 0.5 m	10~30 mm 碎石

8.1.4.1　导轨刮道法

导轨刮道法是水下抛石整平的传统施工方法,采用的是人工潜水整平方式,整平精度高,主要用于基床的细平和极细平。在基床整平范围内,沿纵向在基床两侧每隔 5~11 m 安设垫块,垫块上放置导轨(有 6 m 或 12 m 长两种钢轨),垫块与钢轨之间由薄厚不一的钢板找平,使导轨顶即为基床的整平高程,其误差控制在 ±1 cm 以内。钢轨下局部支垫二片石,保证钢轨的垂向挠度在 1 cm 以内。

整平船横跨基床,整平用石料通过船上反铲挖掘机由浮鼓式下料漏斗送入水下,潜水员在水下用横担在两根导轨顶上的钢轨作为刮道,沿导轨滑动整平,刮道底高程即为设计的基床整平顶高程(一个潜水员的作业宽度一般为 2.5~3.0 m)。为不扰动已整平完成的基床,整平船潜水员作业应位于整平的前进方向,如图 8-4 所示。

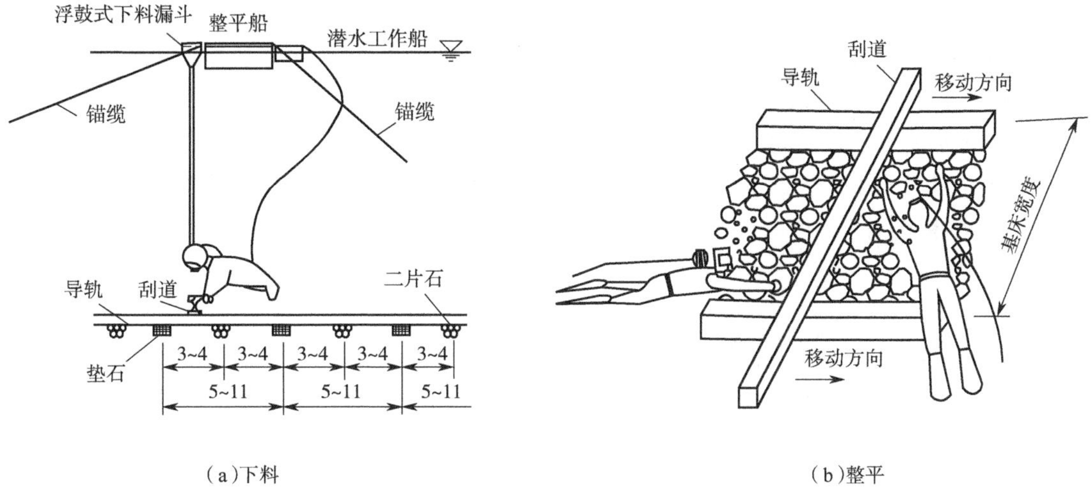

图 8-4　导轨刮道法整平作业图(单位:m)

粗平完成后,在进行细平前,需复核钢轨轨面高程及位置,发现偏差及时进行调整。进行细平时,大块石间不平整部分,用二片石填充;二片石间不平整部分用碎石填充。碎石允许成层,但厚度不大于 50 mm。补抛的碎石卸到指定的位置,潜水员顺着钢轨方向推移刮道刮平碎石面,当碎石填满一段基床面后,再接着进行下一段基床面的整平工作。

码头墙后如有回填,一般将基床整平成有向墙内倾斜的预留倒坡,具体倒坡坡度要遵从设计单位意见,预留坡度的取值应综合考虑地基土质、基床厚度、基底应力分布、墙身结构形式、荷载和施工方法等因素,一般不超过 1.5%。若墙后回填土高且宽,墙身可能因回填土边载过大而后倾,则不预留倒坡。

8.1.4.2　专用整平船施工法

专用整平船施工法是用水下抛石整平设备代替人工潜水作业的机械化施工方法。这种方法工作效率高,适用于恶劣的施工环境。专用设备主要有坐底式基床抛石整平船、平台式基床抛石整平船和步履式水下整平机。

1. 坐底式基床抛石整平船

坐底式基床抛石整平船将抛石和整平两道工序合并施工，提高了工作效率。整平船依靠两侧的船体直接“坐”在地基上，靠调节压载水控制船体的接地压力，以适应地基的承载力。在船艸的空腔内，利用两台卷扬机水平移动刮板，将船舶吊机抓斗抛入的块石推平。支撑刮板的两根轨道梁，各依靠固定在两侧船体的两台长行程液压缸悬吊调平。即使地面有一定坡度或凹凸不平，船体允许随之倾斜而刮板仍沿水平面移动。

2. 平台式基床抛石整平船

平台式基床抛石整平船的整平工艺与坐底式整平船相同，用刮板推平前方稍有隆起的抛石，因此前方抛石顶面不能低于刮板的下沿。船体采用平台式结构，作业及避风时依靠四条液压支腿桩将船体升至水面以上，以减小波浪水流荷载，支腿下端设有桩靴以减小整个结构的接地压力。

3. 步履式水下整平机

步履式水下整平机在已抛石的基床上依靠两组共 8 条液压支腿交替支承设备自重并完成纵横移位，除利用液压驱动的卷扬机牵引推耙式刮刀完成整平外，还可用其后方跟进的压辊对耙后床面进行碾压，整平作业效率高、质量好，较之抛石整平船具有对水深及基床宽度适应能力强的优点。但其进退场及检修需起重船辅助，由于步履式水下整平机是在抛完的基床上刮平，因此对抛石工序要求较高，若抛石大面积超高，步履式水下整平机作业很困难。

8.2　墙身构件的预制及安装

预制安装墙身构件的重力式码头，抛石基床整平后，应及时安装墙身构件，以避免基床遭受风浪破坏或回淤。重力式码头预制墙身构件主要有方块、沉箱和扶壁。预制构件模板安装允许偏差和预制件外形尺寸的偏差应符合现行行业标准《码头结构施工规范》（JTS 215）的有关规定。

8.2.1　方块码头墙身施工

根据断面，混凝土方块可分为矩形方块、半圆形方块、削角方块、弧形方块和 L 形方块等。根据方块内部情况，矩形方块又可分为实心方块和空心方块。方块重力式码头中多使用混凝土实心方块，本节主要介绍混凝土实心方块的预制和安装。

8.2.1.1　方块的预制

混凝土方块的预制工艺和要求，与一般的水工混凝土预制构件基本相同。方块混凝土地坪底模的允许高差不宜大于 5 mm。体积较大的混凝土方块应掺块石，以节约水泥，降低造价，并减小混凝土的水化热，掺石块应按现行行业标准《水运工程混凝土施工规范》（JTS 202）的有关规定执行。块石形状应大致方正，最长边与最短边之比不应大于 2 ∶1；不得使用有显著风化迹象、裂缝夹泥沙层、片状体或低于混凝土粗骨料强度指标的块石；块石应冲洗干净，埋放前，表面应保持湿润；块石之间的净距不得小于 10 cm，或混凝土粗骨料最大粒径的 2 倍，块石应被混凝土充分包裹；块石距构件表面的距离，有抗冻要求的不得小于 30 cm，无抗冻要求的，不得小于 10 cm 或混凝土粗骨料最大粒径的 2 倍；气温低于 0 ℃时，不得掺埋块石。

方块多采用倒丁字吊杆(俗称马腿)吊运。倒丁字吊杆方法是在浇筑混凝土前,在模板内设置数个预制的马腿盒和孔芯模。当浇筑方块的混凝土强度达到 25 MPa 以上时,将倒丁字吊杆沿吊孔盒上方长方向开口伸入马腿盒,倒丁字吊杆的横杆进入马腿盒后,用转向手柄将倒丁字吊杆水平旋转 90° 上提,吊牢马腿盒的混凝土顶面即可起吊,如图 8-5 所示。当方块数量较少、重量较轻时,可考虑埋设吊耳的方法。

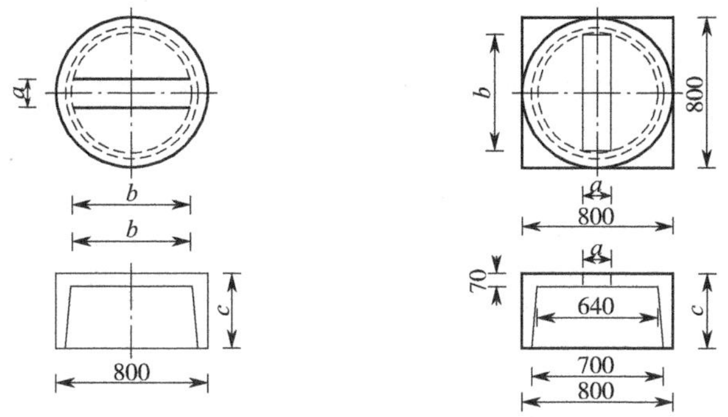

(a)圆形马腿盒　　(b)方形马腿盒

图 8-5　吊装用马腿盒(单位:mm)

8.2.1.2　方块吊运

方块出运装船有水上吊运和陆上吊运两种方式。吊运时构件承载力应达到设计要求。水上吊运时,方块预制场应设在码头岸边,为方便起重船直接吊方块装船,方块的预制位置应在起重船工作半径之内。当方块预制场布置在码头后方时,一般采用龙门吊进行陆上吊运,预制场可以设在码头陆域纵深处,龙门吊吊方块行走至码头前沿装船。

方块水上运输有拖轮拖带方驳和自航驳船直接运输两种方式。方块必须按船舶轴线对称摆放,以减小运输船的横向倾斜,并根据方块安装的顺序进行布置,先安的后装船放在外侧,后安的先装船放在内侧,安装在取块时也要对称取块。

8.2.1.3　方块安装顺序

方块的安装顺序应根据码头形式、地基土性质、码头长度、分段长度、方块层数、后续施工安排以及其他自然条件因素合理选择,其原则是:不均匀沉降小、受风浪影响小、安装效率高和有利于工序安排。

对于墩式码头,方块的安装以墩为单元,每个墩的方块安装由一边的一角开始,分层、逐层安装。对于顺岸式和突堤式码头,方块的安装顺序一般是从一端到另一端,当码头长度较长时,也可由中间附近开始向两端安装。在平面上,先安装外侧,后安装内侧。在立面上,可分为以单块为单元阶梯式安装、以段(按变形缝划分)为单元的分层逐层式安装、以几段为单元阶梯式安装和以整个码头为单元的分层逐层式安装四种形式,如图 8-6 所示。阶梯式安装的优点是起重船移动幅度小、移锚次数少,安装效率高;缺点是传递给地基的荷载相对集中,当地基压缩变形较大时,安装后的墙身容易产生不均匀沉降。分层安装的优点是施加给地基的荷载较为均匀,对控制码头墙身不均匀沉降有利;缺点是起重船移动幅度较大,甚至需要经常移锚,安装效率低。

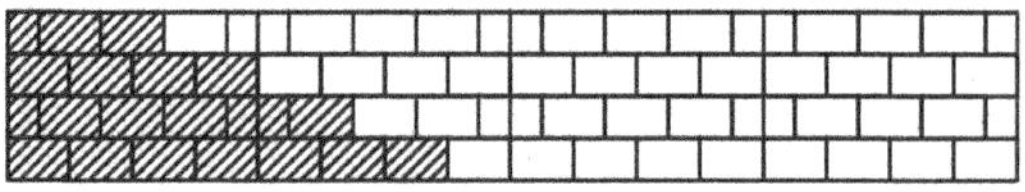

(a)以块为单元的阶梯式

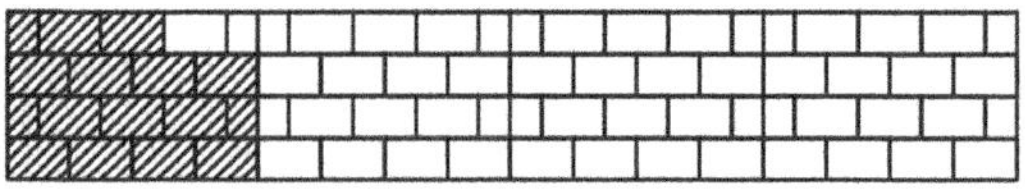

(b)以段为单元的分层逐层式

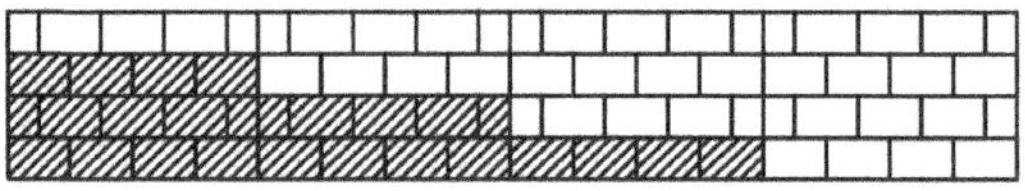

(c)以几段为单元的阶梯式

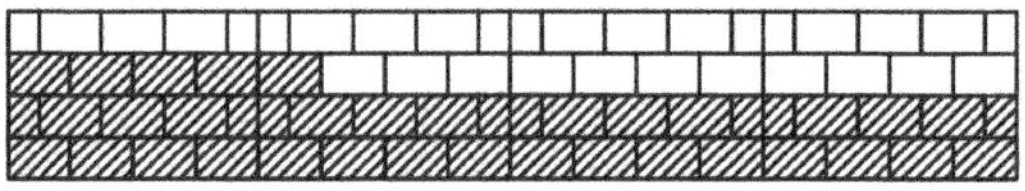

(d)以整个码头为单元的分层逐层式

图 8-6 方块安装顺序示意图

8.2.1.4 方块安装方法

方块安装一般采用起重船水上安装的方式,近岸条件下设置陆上锚碇桩或系缆环,离岸条件下在附近水域每隔一定距离设置临时系缆浮鼓。方块预制安装的偏差应符合现行行业规范规定,安装时不得在预制件底部局部加垫调整偏差。方块的起吊和出水块的安装由起重工配合作业,使用经纬仪进行控制,水下方块安装由潜水员根据水下基线的相对位置进行安装。安装方块前,应清除方块顶面的杂物和底面的黏结物并对基床表面进行检查。底层方块安装之前,由测量人员和潜水员在基床上设置水下控制基线。多层方块的底层或安装后不露出水面的构件应复核位置及高程。

为了使方块下的地基土和基床加速密实,在方块墙身安装过程中或安装到顶层以后,要进行临时压载。压载可利用其他段尚未安装的方块作为压重。压载时间以达到沉降量符合计算规定为止,一般为两周。压载的形式,根据建筑物类型、土质条件、抛石基床的厚度和土的计算应力的情况,采用偏心压载或均布压载。若基床夯实质量良好,一般可不需压载。

8.2.2 沉箱码头墙身施工

沉箱是一种大型的钢筋混凝土薄壁预制构件,一般在箱内设置若干个舱格,可以整体在水中漂浮,浮运方便。以沉箱为墙身的重力式码头具有整体性好、地基应力小、可以一次出水、施工速度快等优点,但由于沉箱体积较大,沉箱的预制、出运都需要专用的场地和设施。

8.2.2.1 沉箱预制

随着水运事业的不断发展,泊位深水化、沉箱大型化,推动了沉箱预制施工技术的发展,各种施工方法及工艺也应运而生。根据预制场地和预制工艺不同,预制方式有很多种,各种方式的比较,见表 8-4 和表 8-5。实际工程中,应根据不同的施工条件,统筹施工效率、建设投资、施工安全等因素选取预制方式和预制工艺。

表 8-4 根据预制场地不同的沉箱主要预制方式对比

预制方式	优点	缺点	适用条件
岸壁预制	预制场地布置简单，出运效率很高，施工临时设施投资小	需要大吨位的浮吊和相应的码头岸壁	小型沉箱，且具有可供使用的码头
专用台座预制	对沉箱大小、形状的适应能力比较强，可形成流水作业，预制、出运效率高，安全可靠	需要建设专业预制场，基建投资较大	在专业预制场预制，可预制沉箱数量多，大型沉箱
简易台座预制	预制台座结构简单，基建投资小	沉箱移动效率较低，施工安全性较差	远离专业预制场、数量少、充气胶囊移动沉箱
干船坞预制	对沉箱平面尺寸和形状有很强的适应性，出运安全可靠	沉箱必须成批预制，不能充分形成流水作业，对沉箱吃水的适应性较差	有船坞的专业预制场或修船厂，占坞时间长
浮船坞或半潜驳预制	对沉箱的重量、外形尺寸适应能力较强，施工场地及临时设施投资小，对出运航道水深适应能力很强	占用浮船坞或半潜驳时间长，不能形成流水作业，预制效率较低	没有专业预制场，航道水深不足，沉箱数量不多
挖入式预制	对沉箱的外形尺寸特别是平面尺寸具有较强的适应能力	临时设施建设较烦琐，一次性投资巨大，沉箱出运效率很低	平面尺寸较大型沉箱
岸坡开挖式预制	预制场建设投资小，出运工艺简单	沉箱出运效率低，出运有一定的风险	沉箱数量少且吃水浅，平面面积大但是高度小的沉箱

表 8-5 根据预制工艺不同的沉箱预制方式比较

预制方式	优点	缺点	适用条件
整体预制	节省台座；竖向钢筋无接头，节省钢筋；无水平缝，沉箱整体性和抗渗性较好	不能形成流水作业，施工效率低；施工条件差，劳动强度大；炎热天气施工容易产生冷缝；模板投入大，预制成本高	沉箱的高度受一定限制，预制场台座紧张
分层预制	可形成流水作业，施工效率高；模板投入较少，成本低；工具式模板的应用使混凝土观感质量有保证	竖向钢筋需要搭接绑扎，浪费搭接钢筋；水平施工缝处理不当容易发生渗漏现象	沉箱预制台座较多的条件，对沉箱的高度有较强的适应性
滑框倒模预制	节省台座；模板投入很小，节省模板；对于单舱且高耸的沉箱有较高的施工效率	操作者劳动强度大；工序连接不及时容易出现冷缝，外观质量较差	沉箱舱格较少，以单舱为宜；沉箱较高，越高越能体现其优越性；水平截面变化少，最适用圆形沉箱

沉箱预制需支立数量很多的模板，这是一项非常繁杂且精度要求很高的工作。要求选择制作、立模和拆模都较方便且刚度大、周转率较高的模板形式。沉箱的外模，通常采用组合钢模板或用钢板焊接制作的大片钢模板作为板面，用型钢作为钢楞，外侧为空间桁架受力体系，构成整体沉箱面墙的大片模板，外模间用对接螺栓连接固定。高度很大的沉箱也可考虑采用滑移式模板。沉箱内芯模同样采用钢结构模板。每个舱格为一组内芯模，对于方沉箱，每一组由四片模板组成，每片模板由面板、竖向桁架、井字梁和连接构件组成，四片模板用螺旋紧张器连接在一起。

拆模时，应先拆除外模、后拆内芯模。外模采用龙门吊辅助作业，分片进行拆除。内芯模拆除时，首先松开对拉螺栓，收紧螺旋紧张器，使模板与混凝土分离，每组内芯模用龙门吊整体吊除。

沉箱钢筋采用钢筋片吊装与人工穿绑相结合工艺。混凝土浇筑采用泵车泵送混凝土，人工振捣成型工艺。混凝土养护采用内外表面喷涂混凝土养护液工艺。混凝土浇筑按底板、前后趾、墙体的顺序进行，沉箱前后趾模板的相应位置上开有振捣孔。沉箱底板浇筑后，需视环境情况停顿一段时间，然后再继续浇筑墙体，以防止墙体混凝土连续浇筑时，混凝土从底板溢出。墙体混凝土浇筑通常分层进行，分层高度在 50 cm 左右。浇筑墙体混凝土时，为防止骨料下沉灰浆上浮产生松顶现象，应随着浇筑高度的上升分层减水，并且在顶面混凝土接近初凝时进行二次振捣。

8.2.2.2 沉箱出运下水

沉箱预制完成后，首先通过垂直移动，使沉箱脱离预制台座；然后经水平移动，达到下水位置，出运下水。沉箱下水、浮运和沉放应符合下列规定：沉箱的移动应在混凝土达到设计强度 80% 后进行，下水时应达到 100%；沉箱溜放、漂浮、浮运和沉放时，沉箱底部的富裕水深应根据自然条件和施工要求确定，并满足设计和安全的要求；应校核沉箱的干舷高度，并结合浮运过程沉箱倾角与干舷富裕高度、波高等因素确定，当干舷高度不满足要求时，可采用密封舱顶等措施；根据施工情况复核沉箱的浮游稳定性。

利用船坞预制的沉箱移动和下水比较简单，在坞室内充水使沉箱浮起并从坞门运出即可。这里仅介绍台座预制沉箱的移动和下水工艺。

1. 沉箱的垂直移动

对于小型沉箱，可采取龙门吊或起重船直接将沉箱吊离台座；对于大型沉箱，通常采用千斤顶将沉箱顶起。随着施工工艺发展，出现了充气胶囊顶升、台车顶升等新工艺。

2. 沉箱的水平移动

沉箱的水平移动有卷扬机牵引轨道车工艺、步履式液压顶推轨道车工艺、自行式轨道车工艺以及用充气胶囊、滚杠和滑板移动沉箱的方法。沉箱各种水平移动方式的优缺点见表 8-6。

表 8-6 沉箱水平移动方式优缺点及适用条件

序号	移动方式	优点	缺点	适用条件
1	滚杠式	最早使用的运移方式，工艺简单易行；一次性投入费用少，使用中的维修费用低	采取线接触的方式，接触面小，单位荷载大，承载能力小；劳动力投入大，效率低；对地面及沉箱底面的平整度要求高；移动时容易走偏	临时预制场、小型沉箱
2	滚轮 - 导梁式	采取面接触的方式，运载吨位较大；工艺简单易行，基础设施投入较少	移动中需要全倒运钢滚轮和轨道，劳动力投入大；对轨道高差、轴线位置和基础要求高；施工效率较低	临时预制场、沉箱数量不多的情况
3	卷扬机牵引轨道车	承载能力较强，可移动大型沉箱；操作简单，节省劳动力；移动速度较快，施工效率较高	牵引钢丝绳在地面上，有一定的安全隐患；预制场基础设施投入较大	固定预制场、大中型沉箱

续表

序号	移动方式	优点	缺点	适用条件
4	液压顶推轨道车	承载和顶推能力较强，可移动大型沉箱；操作简单，节省劳动力；移动速度较快，施工效率较高；稳定，安全性较好	预制场基础设施投入较大，台车轨道需要加固	固定预制场、大中型沉箱
5	单轨道车移运	操作简单，节省劳动力；移动速度较快，施工效率较高；在固定预制场投资小	对沉箱放置重心位置要求严，需要增加临时防护措施	固定预制场、小型沉箱
6	自行式轨道台车	承载力较强，可移动大型沉箱；操作简单，节省劳动力；移动速度较快，施工效率较高；稳定，安全性较好	预制场基础设施投入较大，目前的台车性能仍不完善	固定预制场、大中型沉箱
7	气囊运移	与地面接触面积大，地基处理简单，预制场基础设施投资小；与沉箱接触面积大，适应各种尺寸沉箱；承载能力较强	移动速度慢，安全性较差，劳动力投入较大	临时预制场、沉箱数量不多的情况
8	龙门吊机移运	操作简单，节省劳动力；移动速度快，施工效率很高	预制场建设周期长，一次性投入大；受起重设备能力的限制	固定预制场、小型沉箱、沉箱数量很多的情况
9	气（水）垫法移运	承载面积大，地基处理简单，预制场基础设施投资小；适应各种尺寸沉箱	移动速度慢；对场地平整度要求较高；需要预制集水腔和预埋供水管道，增加成本	临时预制场、沉箱数量不多的情况

3. 沉箱下水

沉箱下水方式有：滑道下水、船坞下水、半潜驳下水、吊放下水和橡胶气囊辅助沉箱下水等。

1）滑道下水

采用滑道下水的沉箱预制场，应配有预制台座、横纵移轨道、水下滑道，以及配套使用的斜架车或平衡车、动力卷扬系统等。下水时，沉箱连同横移车坐落在斜架车上，斜架车下面有行走轮，可沿着水下滑道的钢轨行走，水下滑道具有一定的坡度，在重力及牵引力的作用下斜架车载着沉箱由上向下运动，当运动到一定水深满足沉箱吃水要求时，沉箱自然漂浮，然后浮运至指定地点。如图 8-7 所示，滑道末端水深应满足下式要求：

$$H \geqslant T + h_1 + h_2 \qquad (8\text{-}3)$$

式中　H——滑道末端水深（m）；

T——沉箱吃水（m）；

h_1——平台和台车占用的水深（m）；

h_2——富裕水深，可取 0.50~0.75（m）。

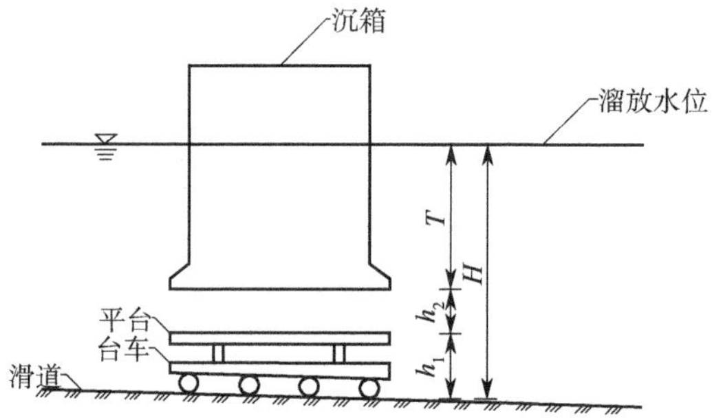

图 8-7 沉箱滑道下水示意图

滑道水深不满足沉箱吃水要求时,可采用起重船或浮筒助浮。拖至深水处时应再压载至满足沉箱自身浮游稳定要求。

沉箱下水时,需要用绞车缆索控制斜架车速度为 0.25~0.35 m/s。水下滑道为钢轨滑道,坡度视沉箱大小、重量而定,一般为 1∶8~1∶10。

2)半潜驳下水

沉箱预制完成后,经水平运输到达半潜驳甲板,半潜驳装载沉箱运往指定地点。向半潜驳舱内灌水、半潜驳下沉,沉箱自然漂浮、脱离半潜驳。半潜驳分为艏倾式和平潜式。艏倾式半潜驳下潜时船艏倾斜下沉,而船艉保持在水面以上,如图 8-8 所示;平潜式半潜驳下沉时船艏艉始终保持在一个水平面上整体下沉,如图 8-9 所示。平潜式半潜驳可以搭岸也可以坐底,通常情况下,为了避免受到潮水和风浪的影响,优先考虑坐底的方式。

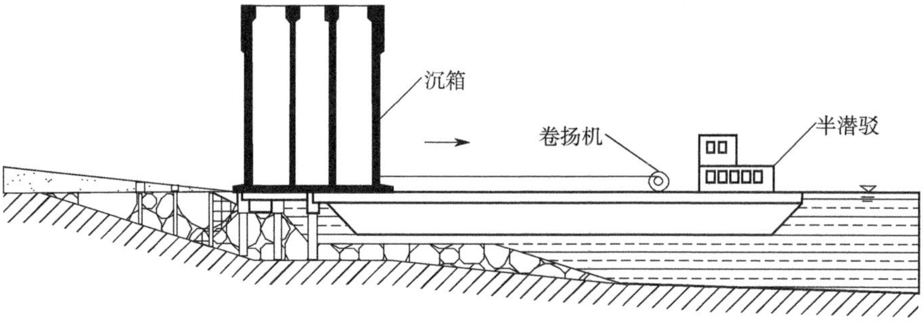

(a)搭岸状态下沉箱移运上半潜驳

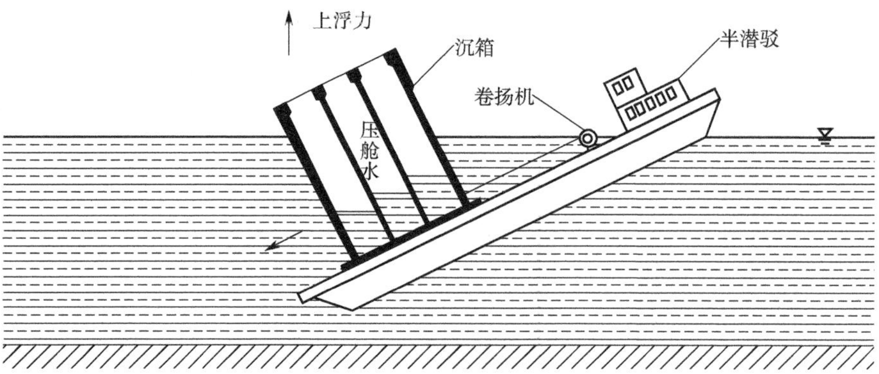

(b)沉箱在艏倾式半潜驳下水

图 8-8 艏倾式半潜驳出运沉箱

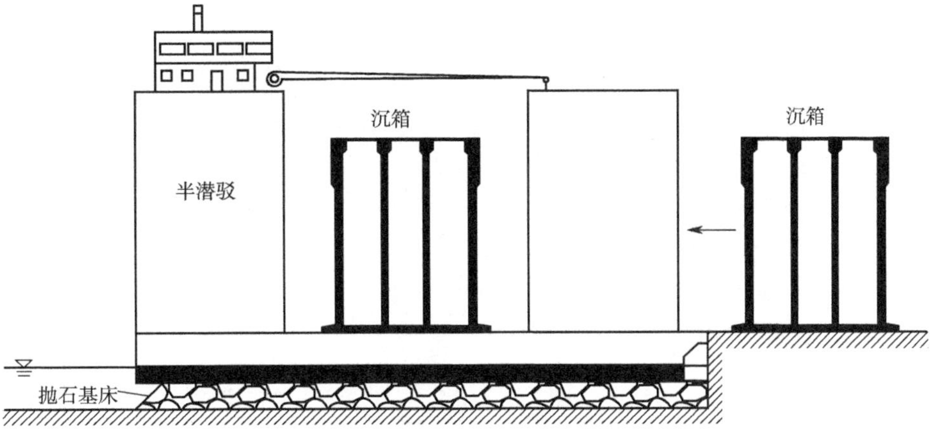

（a）半潜驳坐底状态下沉箱上驳

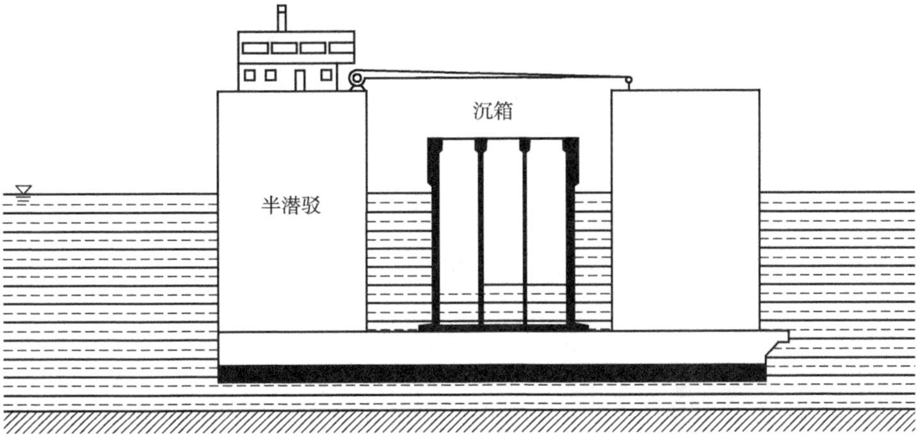

（b）沉箱在平潜式半潜驳下水

图 8-9　平潜式半潜驳出运沉箱

采用半潜驳下水时，下潜区的水深应符合现行行业标准《码头结构施工规范》（JTS 215）的有关规定。当最大潜深不满足要求时，可采用起重船或浮筒助浮。拖至深水处时应再压载至满足沉箱自身浮游稳定要求。

半潜驳下潜时，下潜区波高不宜大于 1.0 m，风力不宜大于 6 级，流速宜小于 1.0 m/s，能见度宜大于 1 000 m。宜顺溜驻位下潜，沉箱移离半潜驳的方向宜与水流方向一致。

3）吊放和吊扶下水

吊放下水是把在码头岸壁上预制的沉箱，直接用起重船吊放下水。这种工艺方便快捷，往往和运载方驳配套使用，但由于受到起重能力的限制，一般适用于较小的沉箱，如图 8-10 所示。吊扶下水是指在滑道末端水深不能满足沉箱稳定吃水的要求，或半潜驳下潜深度不能满足沉箱稳定漂浮吃水要求时，用起重船助扶的方式下水，如图 8-11 所示。

4）橡胶气囊辅助沉箱下水

预制沉箱时，在外墙上预埋气囊固定吊环，使用拉带将气囊固定在沉箱上，根据沉箱吃水要求和航道水深等因素，确定气囊的有效排水量和工作压力，利用橡胶气囊的浮力减小沉箱吃水，解决滑道末端和拖运航道水深不足的问题。气囊可以单根布置，也可以多根组合，如图 8-12 所示。

图 8-10 沉箱吊放下水

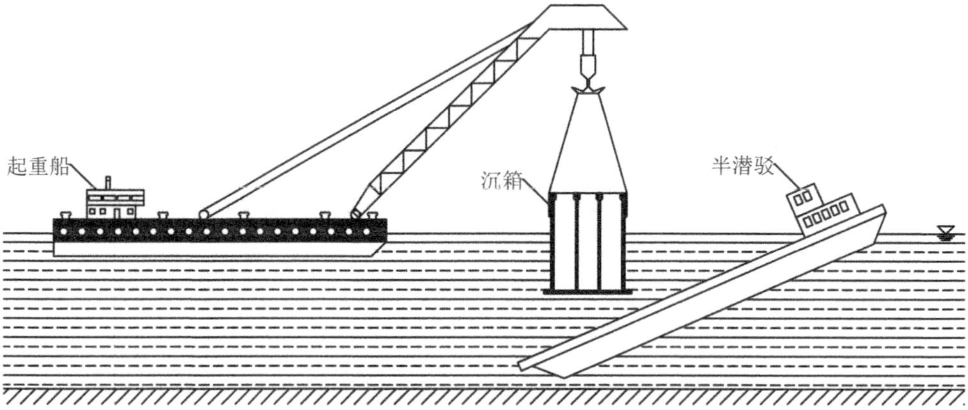

图 8-11 沉箱吊扶下水示意图

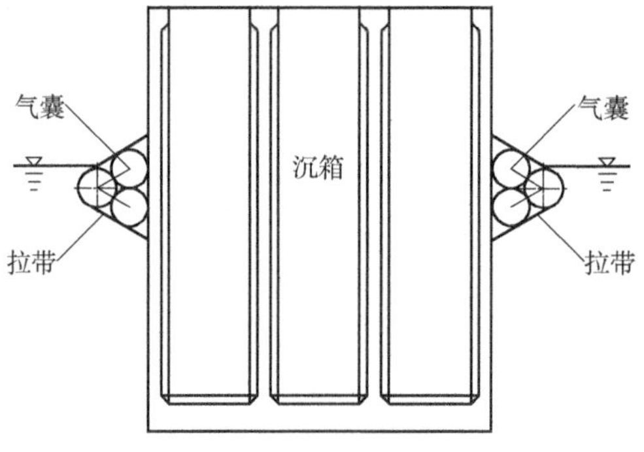

图 8-12 助浮气囊辅助沉箱下水示意图

8.2.2.3　沉箱水上存放和拖运

沉箱下水起浮后,如不能将其及时运往沉放现场,可将沉箱停泊于避风水域并用锚缆固定。为增加沉箱的稳定性,可局部充水使沉箱稍稍下沉,或临时存放在浅水处的松软平坦的海底上,为避免浮起时底部吸力大而造成起浮困难,沉箱最好放在卵石层上。沉箱水上存放场应符合下列规定:漂浮存放时,水域应具有良好的掩护和系泊条件,波高不宜大于 0.5 m,成批存放时,沉箱间应采取避碰措施;坐底存放时,存放场宜选择在邻近预制场或安放现场,受风浪、冲刷和淤积等影响较小,且水深满足要求的水域。存放场地宜地势平坦,并应有足够的贮存面积和承载力,必要时应作适当处理。

沉箱在水中运往沉放现场主要有半潜驳浮运和浮运拖带两种方法,也有采用浮船坞直接运输的方法。对于小型沉箱,也可直接采用浮吊吊运至现场安放。半潜驳浮运的方式安全稳定,但船机设备投入较大,如图 8-13 所示;浮运拖带的方式灵活便捷,但对海况等自然环境要求较高,且不适宜远距离拖运,如图 8-14 所示。

图 8-13　半潜驳浮运沉箱图

图 8-14　浮运拖带沉箱

采用浮船坞或半潜驳出运沉箱,需有配套的出运码头,码头设计时,需考虑前沿水深、潮位等对出运条件的影响。无类似条件下的运输经验时,应对下潜装载、航运和下潜卸载的各个作业阶段进行下列验算:半潜驳的吃水、稳定性、总体强度、甲板强度和局部承载力;在风、浪、流作用下的船舶运动响应和沉箱自身强度、稳定性等。

采用浮运拖带法水上运输沉箱前,应验算沉箱吃水并对沉箱在浮运拖带过程中各不同工况条件下进行浮游稳定验算,并在沉箱的四角临时搭设平台,其上安设绞车和带缆桩,沿沉箱中轴线和侧边固定标杆,以及铺设供工人操作时走动的过道等。验算应满足下列要求:验算沉箱吃水时,应准确计入沉箱内实际的残余水和混凝土残屑的重量、施工操作平台和封舱盖的重量;沉箱压载宜用砂、石和混凝土块等固体物,用水加载时,应精确计算自由液面对稳定性的影响。

不对称型和需密封格舱舱顶后躺拖等形状特殊的沉箱,应通过数学或物理模型试验对其吃水、压载、稳定性和拖力等进行验算。

沉箱在同一港区内或运程在 30 n mile 以内拖运为近程拖运;拖运时间内有夜间航行或运程大于等于 30 n mile 时为远程拖运。远程拖带时,宜选用功率足够、船体长、吃水较深且具有拖缆机的拖船;近程拖带宜选用船体短、回转自由度大、功率足够的港作拖船。拖带航道水深应满足通航要求,进、出航道的富裕水深不小于 0.5 m,港外拖航时水深考虑可能出现的波高对航道水深的影响；拖船航线应无暗礁、浅点、渔网点和水产养殖区等航行障碍。

沉箱拖运前应对气象、海况进行调查，及时掌握短期预报资料，确定启航日期。近程拖运时，海上风力应≤6级，波高≤1.0 m；远程拖运时，风力应≤6级，波高≤1.5 m。远距离拖带宜采取密封措施，箱顶应设号型和号灯，设置高度不应小于2.5 m。近程拖运，可用简易封舱，但当干舷高度不满足时，应密封舱。在沉箱拖运过程中，应注意防止承受侧面的外力，以减少摇摆。还应注意缆索具有一定的长度，以免沉箱和拖轮相互碰撞。

8.2.2.4 沉箱接高

正常情况，都是将沉箱预制至设计高度后出运的。受到预制平台承载能力或出运设施载重量的限制，沉箱有时不能在预制场平台上完成整体沉箱预制，必须在预制到一定高度后，运出场外进行接高。沉箱接高方式通常有三种：正常接高（坐底接高）、没顶接高和漂浮接高。

1. 正常接高（坐底接高）

正常接高是将沉箱运至固定的接高场所，坐落在预先建造的抛石基床上进行接高的方式。基床的面积与一次所需接高的沉箱个数有关，为方便作业，基床上摆放的沉箱间距一般在2 m左右。基床顶高程应满足沉箱接高前可以趁潮浮运或用起重船助吊将沉箱移上基床；灌水下沉坐落在基床上后，在一般潮位下不没顶，能进行支设模板、绑扎钢筋和浇筑混凝土等作业；接高后，能抽水浮运或起重船助吊将沉箱移出基床。当沉箱吨位过大而不能满足上述要求时，可以考虑建造深、浅水两种抛石基床，选在浅水基床上接高至一定高度后，移至深水基床进行二次接高。

坐底接高作业方便、安全、受风浪影响较小，可作业天数多；缺点是要建抛石基床，当抛石基床影响水域水深条件时，接高作业完成后需挖除影响水深的部分。一般适用于所需接高沉箱数量多、风浪较大、地基条件较好和水深适宜的情况。

2. 没顶接高

沉箱预制无法达到设计高度，且没有坐底接高条件时，也可将沉箱半成品下水拖运至沉箱安装现场，进行没顶接高。接高段的沉箱外模板宜采用止水模板，外模与沉箱之间、沉箱每片外模之间必须做到接触严密、不漏水。外模除了受到内部混凝土侧压力之外，还受外部水压力作用。水压力作用下，外侧为受压区、内侧为受拉区；混凝土作用下外侧为受拉区、内侧为受压区。因此，外模一般采用空间网架结构，水平方向和垂直方向均具有较大刚度。

3. 漂浮接高

沉箱还可以在码头前沿系缆靠泊，在漂浮状态下进行接高作业。如果没有可供使用的码头岸壁，也可以将临时沉放的沉箱作为依托，采取孤岛作业的方式。一般要求在有掩护的水域，具备良好的泊稳条件。码头前沿水深、航道水深应满足沉箱接高后的稳定吃水要求。

8.2.2.5 沉箱安装

1. 沉箱安放

顺岸式和突堤式码头，多由一排沉箱组成，一般由一端开始向另一端安装。安装时，由全站仪或GPS实时定位。施工控制基准线距码头设计前沿线15~20 cm，如基床有向内倾斜的坡度，施工基准线应进行相应调整。对于墩式码头，以墩为单元，逐墩安装，如一个墩有数个沉箱，由一角开始，依次逐个安装。

沉箱安装前，需要检查基床顶面有无扰动和障碍物以及沉箱有无粘底等情况，基床和箱体验收不符合技术要求时，应进行修整。安放第一个沉箱时，由于没有参照，不便控制，一般不易安好，只能先粗略安装，再以此沉箱为依托精确安装第二个沉箱。第二个沉箱安放好后，再对第一个沉箱进行抽水、起浮，以第二个沉箱为依托，对第一个沉箱重新进行精确安装，然后再依次安放其他沉箱。

安放沉箱还应考虑潮位和潮流的影响。一般，落潮时比涨潮时容易控制，因此多利用落潮安放沉箱。沉箱拖运至安装现场后，趁落潮慢速拖进安装位置，系上缆绳，待潮落至沉箱底部距基床顶 0.3~0.5 m 时，通过滑轮组用人力收、放缆绳。沉箱定位后，打开进水阀门灌水下沉，边下沉边收紧缆绳对位。沉箱在沉落基床后，检测偏位、缝宽、错牙等偏差，如不合格应抽水、起浮，重新进行安装。在抽水或灌水的过程中，相邻舱格水位差应小于设计允许值，以免水压力破坏隔墙。如果自然条件恶劣，通过滑轮组人力收缆绳难以稳住沉箱，可考虑在沉箱顶预埋吊耳，用起重船辅助安放。为提高沉箱的抗浪能力，应及时进行沉箱内填料，必要时可进行沉箱后方填料并安放基床上的压肩块体。若在落潮时沉放的位置不能满足要求，则需等到下一次涨潮时，将沉箱浮起再重新进行安放。

2. 沉箱内填料

沉箱安放后，箱内应及时灌水。经历 1~2 个低潮后，应复测位置，确认符合质量标准后，及时填充箱内填料。沉箱内填料一般采用砂、卵石、渣石或块石。沉箱各舱格要均匀抛填，同一沉箱的各舱宜同步进行，高差控制在 1 m 以内，以免造成沉箱倾斜或隔墙破裂。顺岸式码头和突堤码头，有条件时应结合后方回填，尽量采用陆上自卸汽车回填；墩式码头和无条件进行陆上回填的情况，可采用驳船运送材料，抓斗船、挖掘机上舱驳或皮带机船等方式水上回填。为防止填料时砸坏沉箱顶部，在其顶部要覆盖型钢、木板或胶皮等进行防护。

3. 沉箱间接缝内倒滤料的填充

当墙后无抛石棱体或棱体高程较低时，沉箱间应采用对头接的形式。有水下混凝土填充和倒滤空腔两种方式。水下混凝土接缝法首先将接缝两端用木板塞严作为模板，然后采用导管法进行水下混凝土浇筑；倒滤空腔法先在接缝两端安装混凝土插板，其空腔划分为三部分，从临水面向内一般分别填 5~8 cm 碎石、2~4 cm 碎石和粗砂，填充时用三根导管同步填，如图 8-15 所示。

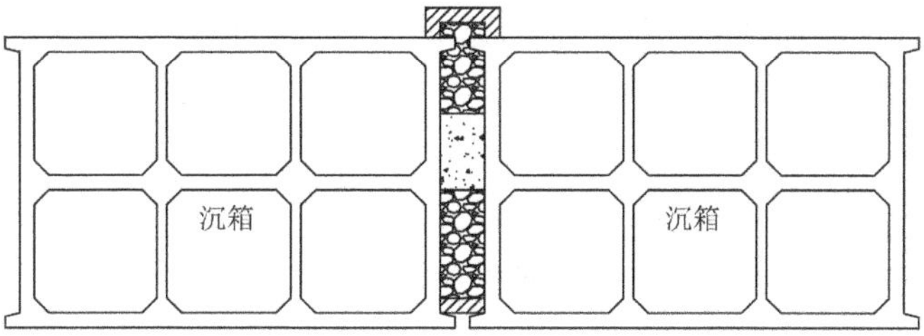

图 8-15　沉箱对头接的倒滤空腔法示意图

8.2.3　扶壁码头墙身施工

扶壁是由立板、肋板和底板等构件组成的钢筋混凝土结构，底板分趾板、内底板和尾板三部分，有的扶壁底板无尾板部分。

8.2.3.1 扶壁的预制

扶壁一般采用整体预制方式，混凝土浇筑一次完成，以免出现施工缝。模板多为大片钢模板，由底板模板、肋板外模板、肋板内模板、肋板斜坡面模板等组成。大片钢模板尤其是肋板模板形状不规则，起吊和安装要求较高。起吊时，采用不等长索具，吊点位置必须进行理论计算，必要时须经过试吊，调整合适后，方可进行模板吊安施工。模板支立的顺序为底板模板、内肋板模板、外肋板模板、外立板模板，拆模顺序一般按支立的反顺序进行。由于扶壁为薄壁结构，混凝土通常采用附着式振捣器捣实。

8.2.3.2 扶壁的吊运和安装

扶壁重量较大，不能浮运，吊运和安装需要起重船和吊装架配合作业。吊点可以是预埋吊耳，也可以是肋板上预留吊孔，如图 8-16 所示，吊耳和吊孔的细部构造和位置一般由设计单位确定，施工单位必须对吊点精确施工。由预制场或存放场至安装现场，宜用方驳运输。在方驳上摆放扶壁时，扶壁肋板应平行于方驳纵轴线，且扶壁的重心应位于方驳的纵轴线上，以免装卸作业时方驳发生倾斜。

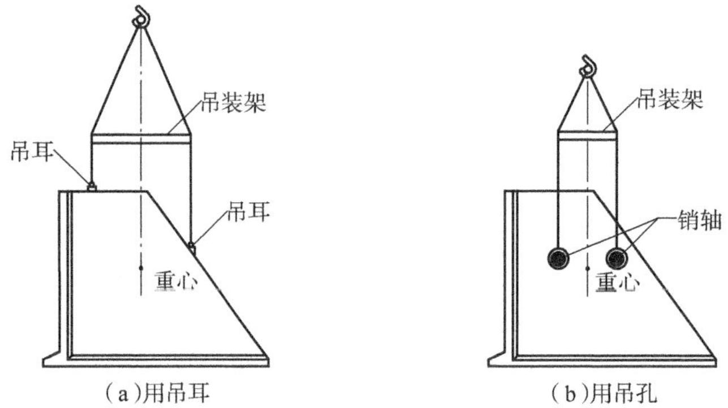

图 8-16 扶壁吊装示意图

扶壁安装顺序通常由一端开始向另一端连续安装，如码头较长，也可以由中间附近开始向两端安装。为控制相邻扶壁间的缝宽满足设计要求，可采取人工控制做缝的方法，由安装人员手持预定厚度的木板，在安装相邻扶壁时夹在缝中。扶壁安装好后，由于本身重量轻，重心偏离底板形心，在无回填土的状态下，抵抗风浪的能力弱。因此，一般边安装边用型钢将扶壁顶连成一体，协同抗浪，如图 8-17 所示。要及时对墙后进行回填料施工，相邻扶壁后回填应同步、同高程进行，以控制不均匀位移。

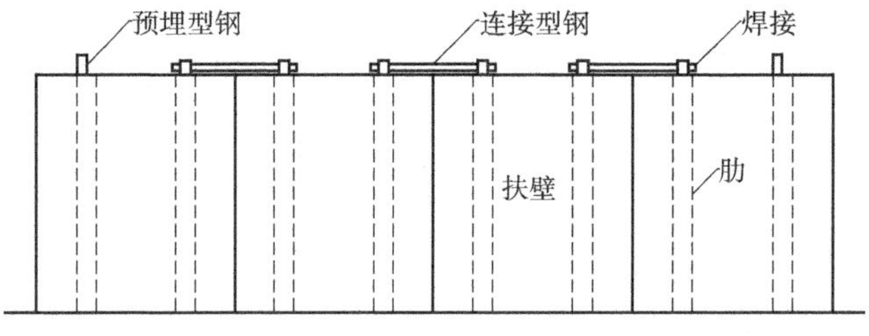

图 8-17 扶壁安装后抗浪加固示意图

8.2.3.3　倒滤井填充

扶壁背后无抛石棱体时，应在接缝处设置倒滤井，以防止码头背后产生漏斗状塌陷。当立板悬壁较短时，在肋板外侧设置隔砂板，如图 8-18（a）所示；当立板悬壁较长时，在立板后面设置隔砂板，如图 8-18（b）所示；为防止倒滤材料下沉后，胸墙下面出现空隙而造成漏砂，应在胸墙底面后侧设置倒滤棱体，如图 8-18（c）所示。

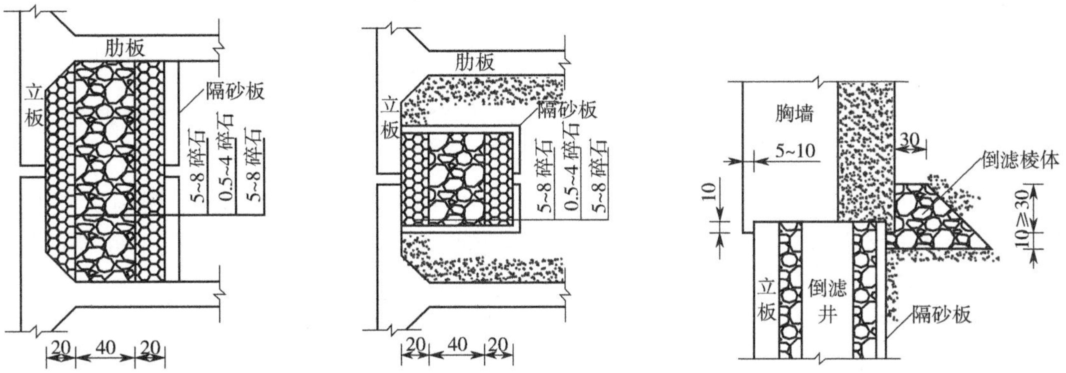

（a）在肋板外侧设置隔砂板　（b）在立板后侧设置隔砂板　（c）倒滤井与胸墙接头构造

图 8-18　扶壁码头倒滤井构造图（单位：cm）

倒滤井施工时，井内沿垂直于岸线方向用插板划分为三格，两侧填 5~8 cm 碎石，中间填 0.5~4 cm 碎石，填充时用三根导管同步填。如果安装缝超过倒滤材料的粒径大小，对头接立板与隔砂板之间的缝隙应用混凝土插板遮挡，并在立板、隔砂板与混凝土插板间安设土工布。

8.3　上部结构及墙后回填

8.3.1　上部结构施工

重力式码头上部结构一般包括胸墙、管沟、路面、轨道和系靠船设施等，有引桥的重力式码头还有钢梁或后张预应力梁。上部结构施工时后方陆域已基本形成，故胸墙等多为陆上施工；钢梁或后张预应力梁是在预制场内预制，水上安装。施工方法上，与土建工程类似。

胸墙一般为现浇混凝土结构，只有少数小型码头用浆砌块石，现浇混凝土施工要点如下。

（1）体积较大的胸墙应采用分段浇筑，分段长度不宜超过 10 m。如设计分段长度超过 10 m，可采用中间分施工缝的方法分段浇筑，施工缝应符合现行行业标准的有关规定。胸墙大体积混凝土要采取防止出现温度应力裂缝的措施。

（2）非岩石地基，胸墙不要一次浇筑到顶，应在顶部预留一部分面层（20~30 cm），待沉降稳定后浇筑至设计高程。

（3）胸墙混凝土浇筑应在下部安装构件沉降稳定后进行；直接在填料上浇筑胸墙混凝土时，应在填料密实后浇筑。

（4）胸墙模板设计，除考虑常规荷载外，尚应考虑波浪力和浮托力。要保证分段相接处混凝土的顺直。为防止漏浆和波浪冲刷，胸墙模板的拼缝要严紧，模板与混凝土的接触处和各片模板之间均应采取止浆措施，如图 8-19 所示。

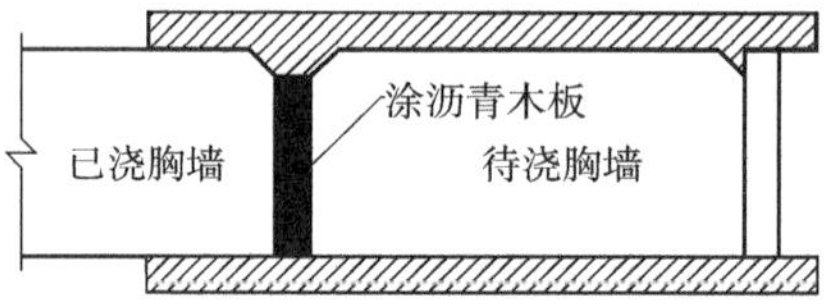

图 8-19 胸墙模板安装示意图

（5）胸墙一般处于水位变动区，为保证混凝土施工质量，应趁低潮浇筑、振捣混凝土，保证混凝土初凝前不被水淹没。因此，无论采用拌合船或陆上供应混凝土，均要有足够的供应能力，以保证混凝土在涨潮 2 h 之前浇筑完毕。

（6）码头水位变动区临水面花岗岩镶面施工技术应按有关设计要求执行。

管沟、路面混凝土每浇筑完一段后，应及时覆盖、养护，以免日晒、风吹造成混凝土表面失水而产生裂缝。

轨道基础有轨道梁式，也有枕木渣石基床式，轨道梁应待沉降稳定后进行施工或基础夯实处理后施工。

钢梁或后张预应力梁在预制场内预制，预制完成后用大型方驳和拖轮运至现场，乘高潮用起重船进行水上安装。

8.3.2 墙后回填

重力式码头墙后回填，应设有防止回填材料流失的倒滤结构和措施。方块码头后方一般均设有抛填棱体，部分沉箱或扶壁码头有时为了减压而设有抛填棱体。在抛石棱体顶面和坡面的表面应有一层二片石作为倒滤层的基层，其上再设置倒滤层。倒滤层可采用碎石倒滤层或碎石与土工织物结合使用的倒滤层，二片石和倒滤层的厚度应符合现行行业标准《码头结构设计规范》（JTS 167）的有关规定。

8.3.2.1 抛石棱体和碎石倒滤层施工方法

方块码头抛石棱体抛填应在安装完 1~2 层方块后开始；沉箱码头的抛石棱体（或回填土）应在沉箱内填料填完之后进行；扶壁码头的扶壁如设有尾板，在抛填棱体时要防止石料进入尾板下而失去减小前趾压力的作用。

棱体或倒滤层一般采用民船或方驳水上抛填。对于沉箱码头，为提高抛填速度，可考虑从陆上运料至沉箱上，采用自卸汽车直接抛填和长臂挖掘机抛填相结合的方式。对于基槽较浅、离岸较近的重力式码头，也可采用陆上长臂挖掘机从墙身向岸侧进行抛填；对于较浅的岩基方块码头，如后方陆域无塌坡回淤影响，可以采用从一侧陆上推进，之后顺墙身（纵向）抛填的方式进行。

棱体抛填前应检查基床和岸坡有无回淤或塌坡，必要时应进行清理。棱体抛填时应采取措施防止墙身变位过大，抛填应与墙身安装相配合。抛石棱体表层的二片石应进行整理。棱体水上抛填工艺与基床抛石工艺基本相同，采用方驳加反铲的工艺进行水上抛填。棱体陆上抛填，需要测量工施放抛填开山石外边坡肩线的施工导标，自卸汽车将石料运到施工现场后沿导标直接卸载回填，装载机配合进行找平、推填，由挖掘机补抛、理坡形成设计断面。

在有风浪影响的地区，胸墙完成前不应抛筑棱体顶面的倒滤层，倒滤层完工后应尽快回填覆盖。倒滤层抛填时，水下部分用方驳加反铲抛填，优点是定点定量抛填，并且容易控制抛填精度，在抛填过程中，利用“水砣”控制抛填高程和边坡。陆上部分用反铲对边坡进行抛理。在待抛坡面上每隔 10 m 设立高程及坡度控制线，反铲挖掘机参照导标及坡度控制线进行抛理，石料由陆上自卸汽车供应。

抛填棱体顶面宽度、倒滤层最小厚度和表面坡度应符合设计要求。各级棱体倒滤层厚度允许偏差值水上可取 +50 mm，水下可取 +100 mm。

8.3.2.2　土工织物倒滤层施工方法

土工织物一般能起到隔离、过滤和排水作用，具有安全可靠、施工方便和强度高等优点。土工织物可根据设计和使用要求定制，搭接长度满足设计要求且不小于 1.0 m。铺设土工织物前，应对土工织物底面的石料进行理坡，满足无石尖外露的要求，必要时用二片石修正，并由测量人员测放铺设起点位置及每施工幅的里程点位，埋设定位桩牢固固定。水下定位时，需要潜水员辅助测量人员埋设起点定位桩，隔 4~5 个施工幅设一个校核桩，用于校核铺设过程水下端是否偏位。每卷土工织物按测放好的桩位自上而下铺设，陆上施工可用人工或机械牵引拉绳铺设土工织物，人工辅助调整和控制布捆展开的方向，防止跑偏搭接不上，施工部位涉及水下时需要潜水员水下辅助定位调整和控制布捆展开的方向。土工织物上方的回填材料应均匀投放，不得从坡顶向下倾倒，以免造成土工织物损坏而丧失倒滤作用。

8.3.2.3　回填土施工

倒滤层施工完成后，应及时进行回填。填料的物理力学指标和回填时间、顺序、方向和速率，应符合设计要求。当墙身为空心块体、沉箱和扶壁结构时，墙身内部宜先填充填料。

回填方法分为陆上回填和水上吹填，陆上回填时，如需强夯法进行夯实，为防止码头因震动而产生位移，根据夯击能的大小，强夯区要离码头有一定距离（一般为 40 m）。如果有适合的疏浚土或其他土质来源，可采用水上吹填，施工方法可参考第 4 章。

墙后采用吹填时，应满足下列要求。

（1）码头内外水位差不超过设计限值。

（2）排水口远离码头前沿，其口径尺寸和高程根据排水要求和沉淀效果确定。

（3）吹泥管口靠近墙背，管口距倒滤层坡脚的距离不小于 5 m，必要时经试吹确定。

（4）在墙前水域取土吹填时，控制取土地点与码头的最小距离和取土深度。

（5）围堰顶高程高出填土顶面 0.3~0.5 m，断面尺寸经设计确定。

（6）吹填过程中，对码头的填土高度、内外水位、位移和沉降进行观测，当码头发生较大变形等危险迹象时，立即停止吹填，并采取有效措施。

墙后采用陆上回填时，应防止淤泥挤向码头墙后，其回填方向应由墙后往岸方向填筑。当干地施工采用黏土回填时，填料应分层压实，每层土的虚铺厚度，对人工夯实不宜大于 0.2 m，对机械夯实或碾压不宜大于 0.4 m。采用开山石回填时，在码头墙后应回填质量较好的开山石料，细颗粒含量应符合设计要求。墙身结构舱内和墙后回填块石应保证墙身结构的安全，控制块石的重量，采取合适的抛填方法。

8.4 沉箱重力式码头部件的三维数字化展示

为了更好地展现沉箱重力式码头的施工流程与部件特点，本节以沉箱重力式码头为例，运用 BIM(Building Information Modeling)建模技术和虚拟场景技术对沉箱重力式码头部件进行三维数字化展示，扫描表 8-7 中的二维码，即可观看了解沉箱码头各部件所在位置和三维构型。

表 8-7 沉箱重力式码头部件的三维数字化模型

部件序号	部件名称	沉箱码头部件二维码
1	抛石基床	
2	沉箱	
3	胸墙	
4	回填土	
5	倒滤层	
6	面层	
7	护舷	

续表

部件序号	部件名称	沉箱码头部件二维码
8	护轮坎	
9	门机	
10	系船柱	

此沉箱重力式码头工程位于广东省某地，该工程建设 2 个 7 万吨级煤炭卸船泊位（水工结构均按靠泊 15 万吨级散货船设计）及相应配套设施，设计年卸船能力为 1 500 万 t，泊位长度 550 m。码头结构采用连片式方沉箱结构，沉箱尺寸为长 22.84 m × 宽 16.0 m（含趾）× 高 20.5 m，趾长 1.2 m，沉箱前壁厚 400 mm，后壁厚 350 mm，侧壁厚 350 mm，隔板厚 250 mm，底板厚 700 mm，单个沉箱重约 3 327 t。码头基础持力层选取强风化岩层、中风化岩层和密实中粗砂层，基床顶标高为 -18.70 m。沉箱采用对接形式，空腔内设置混合倒滤层；沉箱内回填开山石；沉箱上现浇钢筋混凝土胸墙，胸墙顶标高 6.0 m，顶宽 4.4 m，底宽 5.8 m。每个沉箱设一结构段。沉箱后方回填开山石，外侧边坡为 1 ∶ 1，并设置二片石层（最小厚度 500 mm）、混合倒滤层（最小厚度 800 mm）和土工布进行倒滤防护，码头断面图如图 8-20 所示。

沉箱重力式码头施工过程周期长，规模尺寸大，工序多，所处施工地点特殊，在实验室开展全尺寸的建造过程是不可能的，即使学生到施工现场进行专业实习，因为工期长、地点偏远、专业实习的时间短等限制条件，学生也只能看到某个或少量工序，不能对码头施工的全工程有直观的、图像化的认识，同时也看不到已经施工的隐蔽部分，实习的费用高，组织工作烦琐。学生在施工场地存在较大安全隐患等也是制约相关教学工作不能充分开展的原因。而虚拟仿真实验利用多媒体技术、虚拟现实技术与网络通信等技术，以现实施工过程为蓝本，仿真构建一个虚拟施工场景，可以不受施工周期、实验场地、施工复杂环境的制约，并且虚拟仿真实验系统对客户端的硬件和软件要求低，学生借助网络终端可随时随地开展实验，可以大幅度节约教学成本，提高学生掌握知识的效率，同时培养学生的学习兴趣，提供专业课的授课效果。肖忠教授团队结合 BIM 建模技术、多媒体交互使用技术、虚拟场景技术、计算机仿真模拟技术和网络技术，通过构建三维虚拟施工场景，建立了"基于 BIM 技术的沉箱重力式码头施工过程的虚拟仿真实验"系统，网址为：http://8.210.94.147:6901/#/gravityLogin，让学生在网页客户端按照沉箱重力式码头的施工

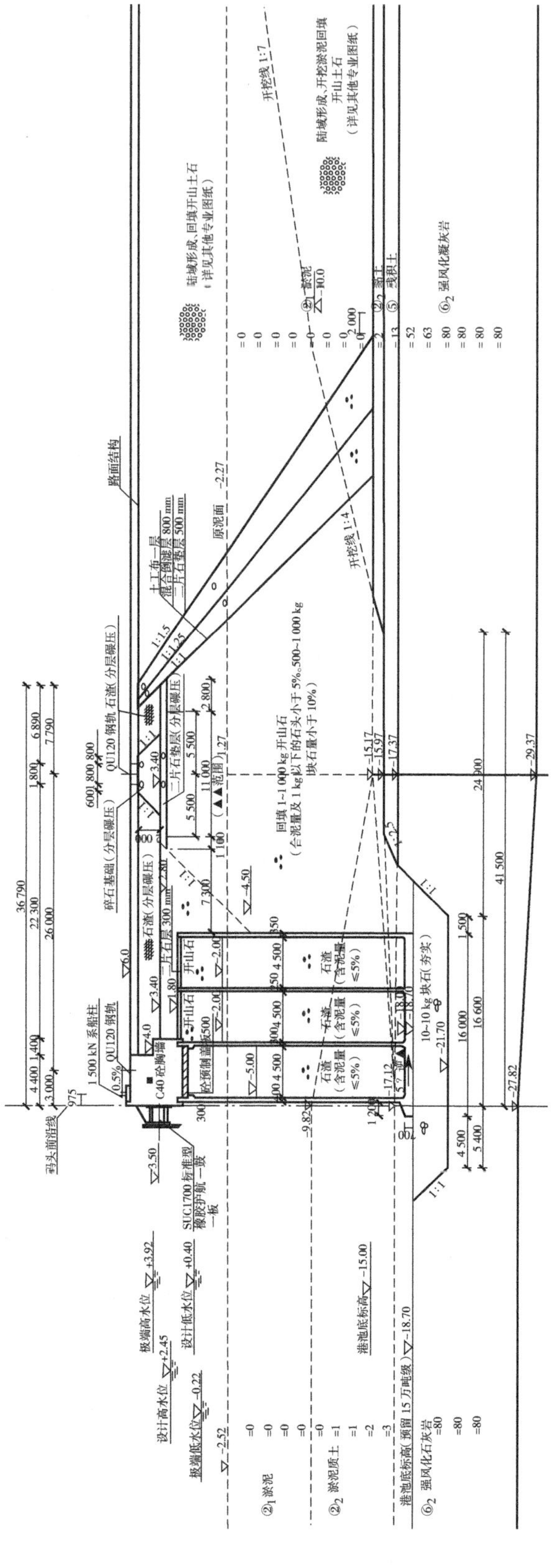

图 8-20 沉箱重力式码头断面图

全过程的逻辑顺序，以“搭积木的形式”虚拟仿真建造沉箱重力式码头，并在三维虚拟场景中通过交互界面的问答形式使学生掌握施工工序的技术要点，使学生能够学在其中，乐在其中，学到知识，培养兴趣，认识专业，提高自信，体会作为工程师的成就感。该虚拟仿真实验系统可实现如下目的。

（1）沉箱重力式码头施工过程需要现场参观与学习，但施工现场具有高危和不可逆操作的特征，学生实地观摩具有条件限制且有安全风险。另外，由于施工项目具有工程一次性的特点，一般往年参观学习的项目施工过后就不具备再次观摩学习的条件，这极大限制了学生实地观摩和学习，影响学生对于该专业科目的认知与学习效果，因此结合虚拟仿真实验的特点，构建沉箱重力式码头施工过程的情景再现，允许学生在虚拟环境中对整个施工过程进行观摩与学习，可有效避免实际施工现场的机械设备等的安全隐患，并且提高教学质量。

（2）通过沉箱重力式码头施工过程虚拟仿真实验，使学生掌握沉箱重力式码头的各组成部件的名称，并能在 BIM 模型中辨别出其实物图，让学生三维化、360° 全角度、任意缩放的观测码头各部件，一方面加深课堂讲授概念与实际工程实物的关联，使概念名称三维形象化、实物化，同时使学生能将专业实习中在现场很难看到的隐蔽部件和很难看全的大型构件看得真真切切、一览无余，并且规避了现场观摩中的安全风险。

（3）使学生掌握沉箱重力式码头的各施工工序的名称和施工工序的逻辑顺序，并能结合 BIM 模型建造搭构出一个完整的沉箱重力式码头。构建三维虚拟施工场景，让学生在看似搭积木的操作中深刻掌握沉箱重力式码头的施工全过程，深入理解沉箱重力式码头施工的工序体系，并让学生感受到虚拟仿真实验的乐趣和作为工程师的成就感。

（4）让学生掌握沉箱重力式码头的各施工工序的技术要点，在三维虚拟场景中通过交互界面的问答形式，使学生强化掌握知识要点。

（5）结合 BIM 模型，使学生掌握沉箱重力式码头的荷载传递顺序，通过由上而下的三维实物化、全方位的荷载传递顺序展示，使学生深刻理解，并能在以后的设计中以清晰的思路从事沉箱重力式码头的荷载分析。

该虚拟仿真实验系统已布设在阿里云上，可免费使用，进入网页后，点击专家通道可进入。在该系统中录入学生信息后，学生可以进入课程考核模块检验自己对知识点的掌握情况，系统自动评分出报告，教师可及时全面了解学生的掌握情况。使用过程中需要帮助可联系肖忠教授，邮箱：tjuzhongxiao@tju.edu.cn。

第 9 章　高桩码头施工

9.1　概述

高桩码头是常用的码头结构形式之一。它既适用于沿海地区和江河两岸的软土地基，也适用于硬质黏土、粉土、砂土和风化岩等可沉桩地基；当采用灌注桩、嵌岩桩等时，又适用于岩石地基等不易沉桩的情况。

高桩码头施工主要内容包括预制桩制作、吊运与堆存，桩基施工，桩帽施工，上部结构施工和接岸结构施工等，应符合现行行业标准《码头结构施工规范》（JTS 215）的规定。

9.1.1　高桩码头分类

根据平面布置、结构形式、桩台宽度、桩基体系、桩基材料和沉（成）桩方法的不同，高桩码头一般分类见表 9-1。

表 9-1　高桩码头分类表

分类	类别		特点
按平面布置	突堤式，如图 9-1（a）所示		桩基施工干扰少，但设立测量基线有较多困难
	顺岸式，如图 9-1（b）所示		桩基大多在斜坡上或坡脚处，打桩振动、港池挖泥、码头后侧棱体抛填等施工会影响岸坡稳定，在施工中必须妥善处理
	墩式，如图 9-1（c）所示		斜桩多，打桩船锚缆布设、测量控制基点布置等有较多困难
按结构形式	无梁板式，如图 9-2（a）所示		上部结构简单，桩基自由长度大，靠船构件悬臂长，施工简便
	梁板式，如图 9-2（b）、（c）所示		上部结构构件数多，桩基自由长度小，靠船构件悬臂短
	桁架式，如图 9-3 所示		桁架节点结构复杂，体积小，高程低，受施工水位限制，施工难度大
按桩台宽度	窄桩台式	前板桩 后板桩	前、后板桩为高挡土结构。前板桩式，可先施工码头，后挖泥；后板桩式，可提高码头整体稳定
	宽桩台式		不设挡土结构或设重力式低挡土结构。承台较宽，一般分前、后桩台
按桩基体系	直桩体系		桩基全为直桩，桩承受轴向力和水平力
	直、斜桩体系		直桩承受轴向力，斜桩（叉桩、簇桩）承受轴向力和水平力
按桩基材料	木结构		木桩，木上部结构，仅用于小型临时工程
	钢结构		钢桩，上部钢结构
	钢筋混凝土结构		钢筋混凝土桩，钢筋混凝土上部结构
	混合结构		钢桩，钢筋混凝土上部结构

续表

分类	类别	特点
按沉(成)桩方法	锤击沉桩(或配射水)	适应各种土质地基,是码头桩基常规的大量采用的基本方法
	振动锤沉桩	在饱和砂土中,摩阻力减少,适用于大型薄壁管柱、钢管柱、钢护筒,桩基承载力高,应采用与冲击锤打入桩进行对比检验或静荷载试验
	静力压桩沉桩	码头桩基很少采用,这种方法无振动
	嵌岩沉桩	适用于覆盖层浅薄的岩基,为桩基广泛用于各种地基创造条件
	钻孔灌注桩	适用于水陆交界或浅水区,打桩船难以驻位打桩的情况;超长、超大荷载桩基,施工时需设置水上作业平台

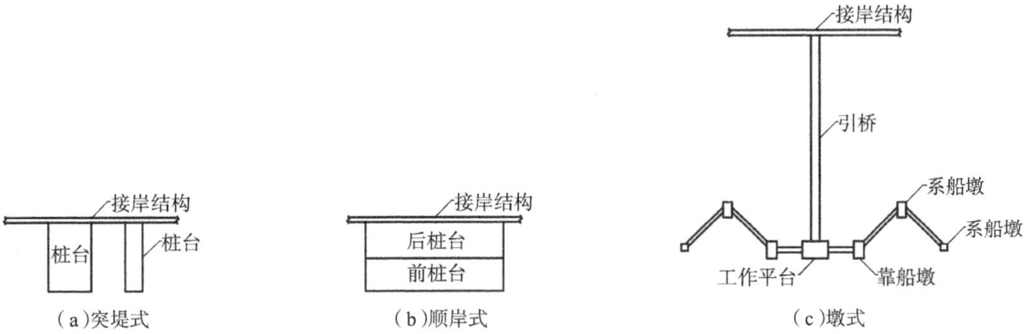

图 9-1　高桩码头平面布置形式

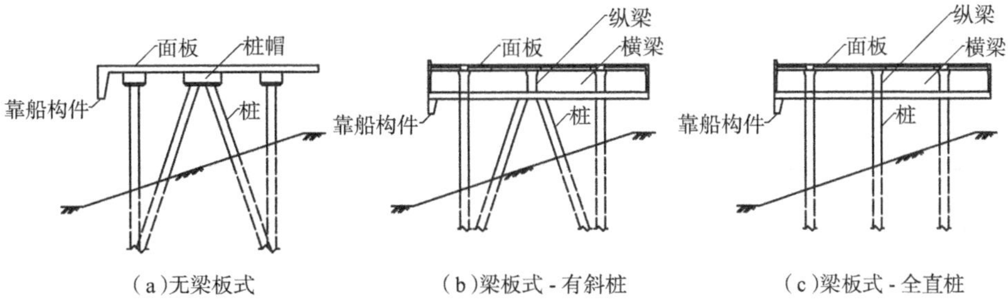

图 9-2　无梁板式和梁板式高桩码头结构断面图

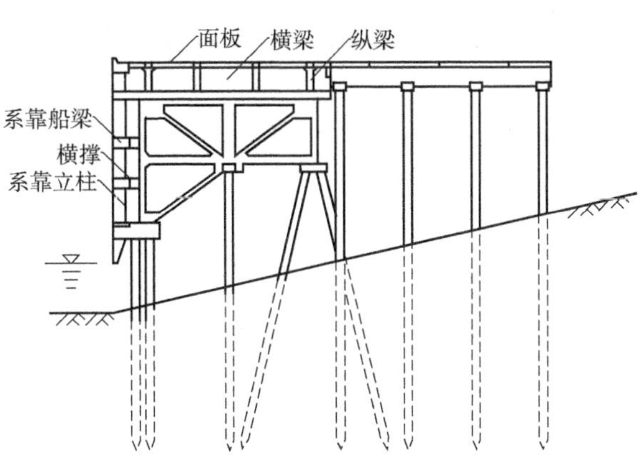

图 9-3　桁架式高桩码头结构断面图

高桩码头桩基按材料可分为木桩、钢管桩、钢筋混凝土桩、预应力钢筋混凝土桩和组合桩等。由于木材资源紧缺且易腐烂和蛀蚀等，工程上基本不使用木桩或仅将其用于小型临时工程。钢管桩重量轻、刚性好，抗拉、抗弯能力强，桩长易于调节，制作和沉放方便，但必须采取防腐蚀措施，造价较高。钢筋混凝土桩和预应力钢筋混凝土桩能承受较大荷载、坚固耐久、施工速度快，尤其是后张法自锚大直径预应力混凝土管桩（雷蒙德桩）和先张法预应力高强混凝土管桩（PHC 桩），具有用钢量少、抗弯性能好、耐久性强、承载力大等优点，是我国港口工程使用的主要类型。组合桩，一般上节为钢筋混凝土桩、下节为钢管桩，钢管桩芯内灌注混凝土。

根据成桩工艺，高桩码头桩基可分为打入桩、灌注桩和嵌岩桩，水上工程应优先采用打入桩。打入桩先在工厂预制好后运往工地现场，再沉放到预定位置。由于预制桩为工厂化生产，可保证桩的质量，现场施工速度快，机械化程度高。但由于预制桩的制作、吊运、堆存、沉桩等施工环节多，需要的机械设备较多。另外，由于桩长和桩径一经预制难以改变，当地质条件变化时桩的适应性相对较差。灌注桩可按成孔方法分为钻孔灌注桩和挖孔灌注桩等。先在桩位钻孔（人工挖孔）后放入钢筋笼，再浇筑混凝土成桩，省去桩的制作、吊运、堆存、沉桩等诸多环节，对地质变化的适应性较强，几乎不受桩径和桩长的限制，但是存在如何确保桩身质量以及控制现场施工工期等问题。嵌岩桩可按成桩方法、结构组成和嵌岩形式等分为灌注型嵌岩桩、灌注型锚杆嵌岩桩、预制型植入嵌岩桩、预制型芯柱嵌岩桩、预制型锚杆嵌岩桩和组合式嵌岩桩等。

9.1.2 高桩码头施工特点及工艺流程

9.1.2.1 施工特点

高桩码头施工通常包括水下挖泥施工、桩基施工、上部结构施工、抛填棱体及接岸结构施工、面层及附属设施施工等，大多在水上作业，主要特点如下。

（1）受风、浪、流、潮位、土质等自然条件影响大。一般应根据船机作业性能和施工水域的工况条件确定各工种作业能否正常进行。

（2）使用各种大型船舶机械较多，互相干扰多，施工条件复杂，应有完备的水陆交通、通信联系设施。

（3）上部结构节点较多，工序多，工作面狭窄且受潮位限制，上部结构通过节点与桩连接成整体，节点结构和节点施工对码头的整体稳定性和耐久性影响很大，是工程施工的一个关键点。

（4）桩基施工是高桩码头施工的关键性工序，关系着码头施工进度和质量，往往会受到工程地质条件变化的影响。

（5）高桩码头大多位于斜坡上或坡脚处，打桩、挖泥、棱体抛石等工程施工都会影响岸坡稳定，因此岸坡稳定是施工中必须认真对待和妥善处理的重大技术问题。

因此，在组织施工时，必须对施工条件、地质条件等进行周密的调查，拟定施工方案，选用恰当的施工设备，合理安排施工顺序和层次，做好各项技术保证和供应工作，严格执行《码头结构施工规范》（JTS 215）及现行的相关规范和标准。

9.1.2.2　施工工艺流程

受码头结构形式、自然条件、施工条件和施工方法等影响，高桩码头施工工艺流程略有不同，其基本工艺流程包括水下挖泥、桩基施工、码头下面抛填棱体与桩帽节点施工、上部结构施工、附属设施与面层混凝土施工以及码头后侧棱体及挡土墙施工、码头后方回填施工和堆场处理及面层施工等，如图 9-4 所示。

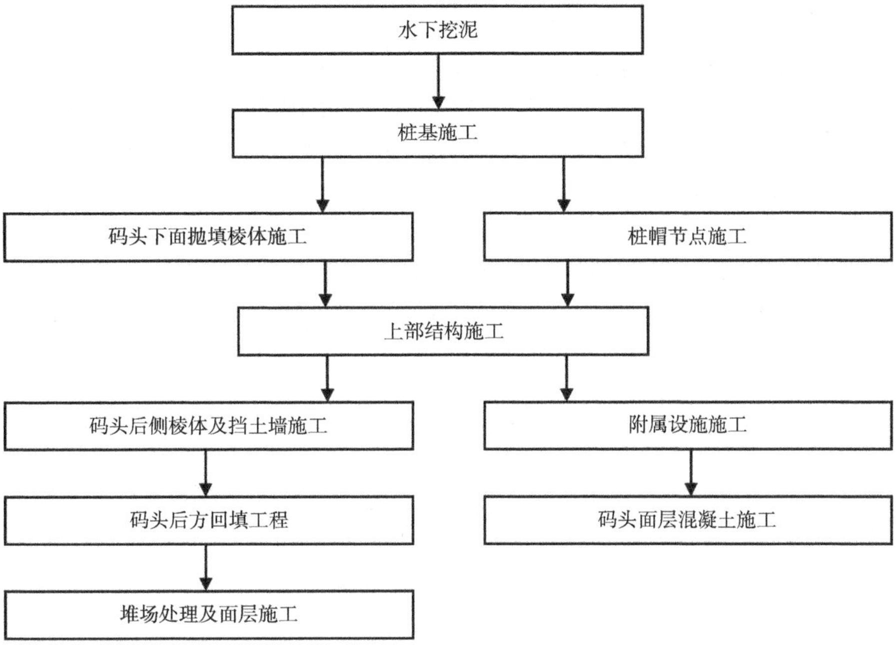

图 9-4　高桩码头施工基本工艺流程

（1）水下挖泥。在高桩码头施工中，一般先挖泥，后建码头。对于有前板桩的窄桩台码头，如果水深能满足打桩船的吃水要求，也可先建码头，后挖泥。挖泥后，严格检测挖泥断面是否符合要求，验收合格后才准许打桩施工。

（2）桩基施工。沉桩是工程的关键工序，与其他工序相比，沉桩作业技术上比较复杂，时间较长，是码头施工的主体工程。一般采用打桩船的水上沉桩方式，用锤击沉桩法进行施工。

（3）上部结构施工。高桩码头上部结构一般包括纵、横梁，轨道梁，面板和靠船构件等。为减少现场混凝土浇筑工程量，以加快施工进度，上部结构构件可先在预制场预制好，再在现场采用水上浮吊、陆上吊机或水上与陆上安装并用的方法进行预制构件安装。

（4）抛石棱体与接岸结构施工。码头下方的棱体抛填，若采用水上抛填法施工，则必须在桩基施工之后，上部结构施工之前完成；棱体和挡土墙后的回填要在棱体相应层抛填完成后或挡土墙完成后进行。

9.2　预制桩制作、吊运与堆存

预制桩包括混凝土预制桩和钢桩两大类。其中，混凝土预制桩常用的有钢筋混凝土方桩、先张法预应力混凝土管桩和后张法预应力混凝土管桩;钢桩常用的有钢管桩、H 形钢桩以及其他异型钢桩。

9.2.1 制桩

预制混凝土方桩的制作工艺应按现行行业标准《水运工程混凝土施工规范》(JTS 202)的有关规定执行。在露天台座制作预应力混凝土方桩,应采取措施避免由于气温升高而增加预应力损失或由于气温降低使钢筋发生冷断事故。制桩时,浇筑桩身混凝土必须连续进行,不得留有施工缝;利用空气胶囊制桩时,在使用前应对胶囊进行检查,漏气或质量不合格者不得使用,并应采取有效措施控制胶囊上浮或偏心。采用拼接的预制混凝土方桩,上下两节宜通槽预制,拼接处的预埋铁件的加工制作应符合设计要求,接头应平整密贴,上下节桩拼制时纵轴线弯曲矢高应符合现行行业标准《码头结构施工规范》(JTS 215)的有关规定,并在桩上编号。

先张法预应力混凝土管桩混凝土应满足下列要求:强度等级不小于 C80;凝胶材料用量 480~520 kg/m^3;混凝土拌合物水胶比不大于 0.35;混凝土拌合物坍落度 80~120 mm;混凝土密度大于 2 500 kg/m^3;混凝土耐久性指标符合现行行业标准《水运工程结构耐久性设计标准》(JTS 153)和《海港工程混凝土结构防腐蚀技术规范》(JTJ 275)的有关规定。管桩用钢棒应采用热镦工艺,钢棒镦头部位的强度不得低于该材料抗拉强度的 90%;管桩用钢绞线应采用 P 形锚具。预应力钢筋应清除油污,钢棒切断前应保持平直,不应有局部弯曲,切断后端面应平整。预应力钢绞线严禁直接用滚焊机与螺旋筋焊接成型。管桩拼接结构形式应采用端板焊接或碗形端头焊接。管桩拼接宜在拼接小车上进行,小车上搁置管桩的滚轮应用经纬仪和水准仪进行调整,滚轮中心线高程应保持一致。两管桩对接时,两节管桩的端板拼接应密合,拼装时应用塞尺检查,同时适当旋转管桩,符合设计要求后方可拼装定位。管桩应进行抗弯性检验,应以同规格的管桩连续生产 100 000 m 或在 3 个月内生产总数不足 100 000 m 时为一批,每批应随机抽样 2 根进行抗裂性能检验。所抽两根全部符合规定,则应判定抗裂性能合格;有一根不合格,则应加倍数量进行复验,仍有一根不合格,则应判定抗裂性能不合格。

后张法预应力混凝土管桩混凝土中铝酸三钙含量不应大于 10%。管节混凝土应符合下列规定:强度不小于 C60;凝胶材料用量 400~500 kg/m^3;混凝土拌合物水胶比不大于 0.35;混凝土拌合物维勃稠度控制在 25~35 s;混凝土密度大于 2 500 kg/m^3;混凝土耐久性指标符合现行行业标准《水运工程结构耐久性设计标准》(JTS 153)和《海港工程混凝土结构防腐蚀技术规范》(JTJ 275)的有关规定。钢绞线的质量要求、检验规则和试验方法应符合现行国家标准《预应力混凝土用钢绞线》(GB/T 5224)的有关规定。钢绞线锚具应满足设计要求,并应满足二次张拉以及放松预应力的操作要求。管节拼接时混凝土抗压强度应达到设计要求,龄期应大于 14 d,管节端面表层水泥浮浆应磨除,端面应平整、无明显缺损和无油污,预留孔道应洁净通畅。在整个张拉过程中钢绞线不应出现断丝或滑丝。管桩应按规定进行结构性能检验,每 1 000 根管桩或每年在产品中随机抽样 1 根作为试件进行承载力、挠度、裂缝宽度的试验。试验应按现行国家标准《混凝土结构试验方法标准》(GB 50152)的有关规定执行。

制作钢管桩的钢材应符合设计要求及有关标准,并应有出厂合格证。钢管桩宜在工厂整根制作,也可在工厂分段制作后现场陆上拼接,分段长度可按最大运输能力选择。应根据使用要求和生产条件选用卷制直焊或螺旋焊缝形式。管节拼装定位应在专门台架上进行,台架应平整、稳定,管节对接应保持在同一轴线上进行,多管节拼接应减少累积误差。管节对接拼装时,相邻管节的焊缝应错开 1/8 周长以上,且距离不宜小于 200 mm。管节对口拼接检查合格后,应进行定位点焊。点焊高度应小于设计焊缝高度的 2/3,点焊长度宜取 40~60 mm。钢管焊接宜采用自动焊,不便自动焊接的部位,可采用手工焊。焊接工作完成后,所有拼接辅助装置、残留的焊瘤和熔渣等应除去。所有焊缝应进行外观检查,焊缝应饱满平顺,不得有裂缝、未融合、未焊透、焊瘤和烧穿等缺陷。对焊缝内部应进行无损检测,其检测方法和数量按设计要求确定。钢管桩成品外观表面不得有明显缺陷,当缺陷深度超过公称壁厚 1/8 时,应予修补。整桩或管节出厂(场)应有产品合格证明书。钢管桩防护层所用涂料的品种和质量均应满足设计要求。涂刷前应根据涂料的性质和涂层厚度确定合适的施工工艺。

根据施工工艺要求,合理布置预制场,减少场内搬运和工序间的干扰,节约土地,注重保护环境。在安排生产计划时,根据用桩的先后顺序分类并提前安排生产,避免在沉桩过程中因缺桩而停工;但也不宜过早提前生产或过快提高制桩速度,否则会造成堆场存放超量和大量流动资金占用。此外,根据锤形、沉桩方法、土质情况、桩基数量和运输条件等,备有一定数量的备用桩,以防施工中的桩基损失对工程进度造成影响。

9.2.2　吊运

9.2.2.1　场内吊运(水平吊桩)

吊运桩时,桩身混凝土强度应符合设计要求方可吊运。钢筋混凝土桩、预应力混凝土桩和预应力混凝土管桩在出槽、搬运等阶段均应按设计要求的混凝土强度、龄期、吊点位置进行施工,否则应进行内力计算。在计算吊运过程中桩身结构内力时,应考虑桩形、截面模量、吊点位置、吊索与桩轴线夹角等,满足桩身结构强度和刚度要求。

场内宜采用钢桁架吊运,钢桁架应具有足够的刚度,防止吊桩时产生过大变形,吊索与桩轴线垂直;采用起重船或起重机吊运时,吊索与桩轴线夹角不应小于 45°(常见的龙门吊四点吊桩如图 9-5 所示);采用其他形式吊运时,按桩身实际受力情况进行吊桩验算;对按多点吊设计的桩,吊运时需采取措施,保持全部吊点在同一平面上。

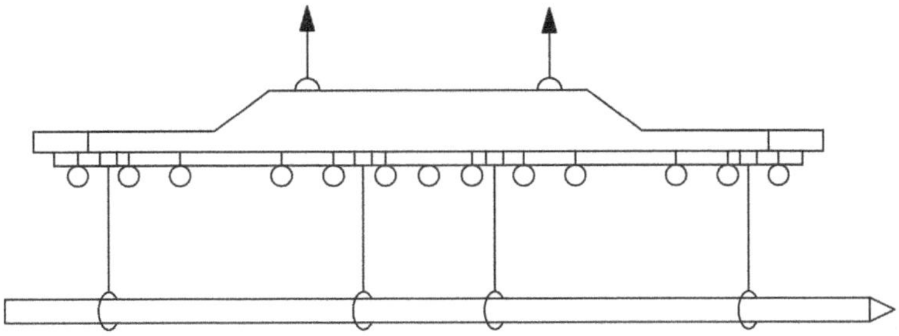

图 9-5　龙门吊四点吊桩

吊桩时,桩身可采用绳扣捆绑或夹具夹持,其吊点位置与设计位置允许偏差为

±200 mm，吊点处宜用麻袋或木块等衬垫防止绳扣和桩角破坏；采用钢丝绳捆绑时，应采取有效措施避免钢丝绳损坏构件棱角。吊运时应使各吊点同时受力，徐徐起落，减少振动和防止桩身裂损。

后张法预应力混凝土管节起吊应采用管节起吊专用工具，吊运应保持平稳，减少振动，避免碰撞。

9.2.2.2 桩的运输

桩的运输方式，由预制场与施工现场之间的交通运输条件确定，尽可能采用水上运输。

水上运输钢管桩宜采用驳船运输，亦可采用密封浮运或其他方式运输：采用驳船运输时，驳船必须具备足够的长度和稳性，钢管桩则宜放置在半圆形专用支架上，必要时可用缆索紧固；采用密封浮运时，应满足水密要求，并考虑风浪的影响，密封装置应便于安装和拆卸。

驳船装运桩基时，应根据施工时的沉桩顺序和吊桩工艺，绘制运桩叠放图和加固图，按图要求分层装驳；采用多支垫堆放，均匀放置垫木，并适当布置通楞，垫木顶面应在同一平面上；桩基堆放形式应保证在落驳、运输和起吊作业时驳船的平稳；桩基堆放的悬臂长度应满足抗裂和强度要求，否则应作支撑，支撑应坚实牢固；预应力混凝土管桩装船时，应采取间距不大于 4 m 的多支点垫木搁置。

船舶运输管桩或管节时，堆放层数应满足下列规定：管径小于或等于 ϕ1 200 mm 时，不宜超过 4 层；管径大于 ϕ1 200 mm 时，不宜超过 3 层。

长途运输桩基时，应对船体进行安全检查，必要时采取加固措施；驳船航行受风浪影响较大时，应水密封舱；同时，驳船两侧应设置加撑挡板，并采用桩基固定支架，必要时采取绳索绑扎等措施。

9.2.3 堆存

桩的堆放场地应平整、坚实，排水通畅。堆存时，按二点吊设计的桩，可用二点支垫堆存，其支垫位置按设计吊点位置确定，偏差不宜超过 200 mm，桩长期堆存时，宜采用多点支垫防止桩身挠曲。按二点吊以上设计的桩，可采用多支点堆存，堆存时垫木应均匀放置，桩两端悬臂长度不得大于设计规定。桩多层堆存时，堆放层数应按地基承载力、垫木强度和堆垛稳定性等确定，各层垫木应位于同一垂直面上。

钢管桩按不同规格分别堆存，堆放形式和层数应安全可靠，避免桩产生纵向变形和局部压曲变形，长期堆存时还应采取防腐蚀等保护措施。钢管桩在起吊、运输和堆存过程中，应避免碰撞、摩擦等原因造成涂料破损、管端变形和损伤。

后张法预应力混凝土管桩应采用多点支垫，支垫间距不宜大于 4 m。

9.3 桩基施工

9.3.1 施工基线、基点与沉桩定位

高桩码头，特别是梁板式高桩码头，桩基多，梁、板也多，其施工控制测量和细部测量较

其他类型码头复杂。

9.3.1.1　施工基线、基点

高桩码头高程控制测量与其他类型码头一样，按照等级要求和现场放样的需要，设立高程控制点。

高桩码头平面控制测量，当地形条件允许时，不论码头轴线与设计采用的坐标系平行与否，一般设立与码头纵、横轴线相对应的正面和侧面施工基线，使用前方直角交会法进行桩位测量，并将桩位测量的平面控制点标在施工基线上。当地形条件不允许时，只得设平面控制点，用前方任意角交会法进行桩位测量。此时，如果码头轴线与设计所采用坐标系不平行，为简化测量点的坐标值计算，应建立与码头轴线平行的施工坐标系，并将桩位测量点及平面测量点转换为施工坐标系的坐标值。

1. 施工基线、基点的设立方法及要点

（1）施工基线尽可能设为与码头纵、横平行的控制基线，只有地形条件不允许，才设为斜向。图 9-6 为施工基线的示例。

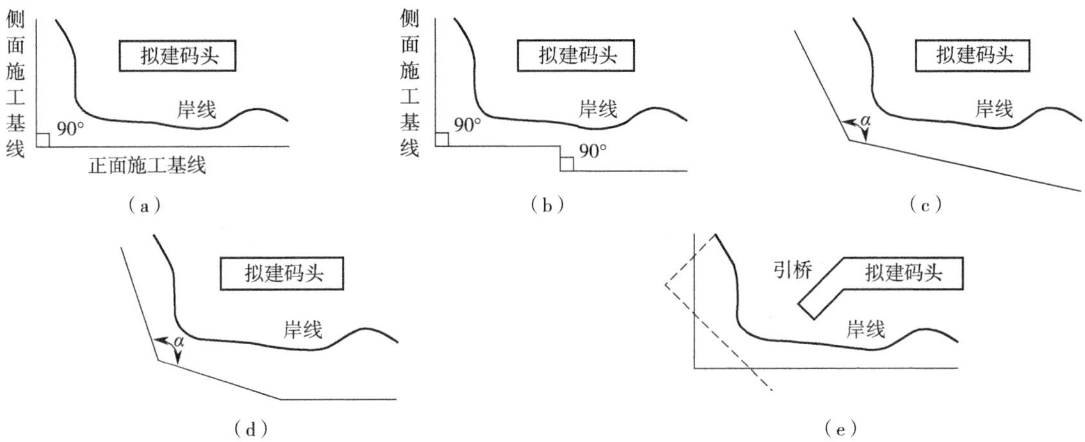

图 9-6　施工基线示例

（2）GPS 基点点位应设于方便使用和保护的位置，在地平仰角 15° 以上的视野内不宜有障碍物，并宜避开电磁辐射源和可能产生多路径效应误差的地点、光滑反射物体或大面积水面。

（3）基线（点）选设在通视条件好、距码头位置近（视线短）、地基条件好（密实、稳定、不因沉桩振动产生位移）和不易遭受碰撞的地段。例如，可考虑将基线（点）设于临近的现有码头；或者当码头桩台较宽时，随着施工推进，将基线（点）移设于已建成的桩台上。

（4）施工平面控制网的布网形式可按表 9-2 的等级要求执行。

表 9-2　施工平面控制网等级精度

施工控制网形式	建筑物离岸距离（m）				
	10~200	200~500	500~1 000	1 000~2 000	2 000 以上
直伸导线	二级导线	一级导线			四等导线
L 形基线	二级导线	—			—

续表

施工控制网形式	建筑物离岸距离(m)				
	10~200	200~500	500~1 000	1 000~2 000	2 000 以上
节点导线	二级导线	一级导线			四等导线
插网、插点	二级小三角 二级小三边	一级小三角 一级小三边			四等三角 四邻三边
导线、矩形混合控制网	一级导线,一级小三角、一级小三边				—
平台扩大扇形网	—	—	—	一级导线 一级小三边	四等导线 四等三边
三角、三边网	—	—	一级小三角 一级小三边		四等三角 四等三边
GPS 网	一、二级 GPS 测量		一级 GPS 测量		国家 B 级 GPS 测量
水准网等级	四等	四等	四等	三等	三等

(5)当离岸 1 km 以上时,施工定位宜采用 RTK-DGPS 或高精度北斗定位系统。

2. 建立施工坐标系的要点

(1)施工坐标系原点的选择,应使码头的平面位置处于施工坐标系的第一象限内,这样测量点的坐标值均为正数,利于校核。

(2)平面控制点的位置和数量,应能保证细部测量点的前方交会角在 80°~130°,以保证测量精度。

(3)施工平面控制网的坐标系统宜与工程设计采用的坐标系统相同;施工区域高程系统宜采用当地通用的高程基准。

施工平面与高程控制网、点设置完毕后,由有关部门进行验收、定期复测,仪器设备应定期检验和校正。未经验收的施工平面和高程控制网不得使用。

9.3.1.2 沉桩定位

沉桩定位与平面控制方式、桩断面形状和直、斜桩等情况有关。任何一种定位方法应有多余观测。采用前方交会测量定位时,相邻两台仪器视线夹角应控制在 60°~120°;采用三台仪器作角度或方向交会时,所产生的误差三角形的重心到三角形各边的距离不大于 50 mm。采用卫星定位时,宜采用全站仪进行校核。

1. 平面定位

设立与码头纵、横轴相对应的正面、侧面施工基线时,定位前先根据桩位布置图计算出各桩在施工基线上的控制点位置和控制线的方位角,并在基线上将各控制点位置精确地测量出来,然后在控制点上架设仪器,按计算出的方位角进行控制,如图 9-6(a)所示;只能布设两条任意夹角的基线,或只设一条基线时,用前方任意角交会法进行控制,如图 9-6(c)所示;只能设平面控制点时,先建立与码头轴线平行的施工坐标系,将平面测量点转换为施工坐标系的坐标值,用前方任意交会法进行控制。

以平面控制为正面、侧面施工基线为例,直桩和斜桩的平面定位方法如下。

直桩的平面定位通过 2~3 台全站仪(或经纬仪),用前方任意角或直角交会法进行。一般是控制桩的正面轴线和桩的一条边线或角线。

斜桩定位比直桩复杂，需要 2~3 台全站仪（或经纬仪）和 1 台水准仪配合。沉桩时，桩的坡度由打桩架的坡度控制，正面轴线由设在正面的全站仪（或经纬仪）控制，桩侧角线根据设计桩位、沉桩时水位，计算出全站仪（或经纬仪）视线与桩架上桩交点在准确位置时的高程和方位，然后用一台水准仪在桩上放出控制点的高程并做出记号，用一台全站仪（或经纬仪）的视线对准交点的准确方位，移动打桩船，当桩上记号与全站仪（或经纬仪）视线相交时，这时的桩位即为正确位置。

2. 沉桩高程控制

沉桩高程控制通过桩顶的高程测量实现，即沉桩时，在岸上用水准仪按高程测量法对桩顶高程进行控制，如图 9-7 所示。

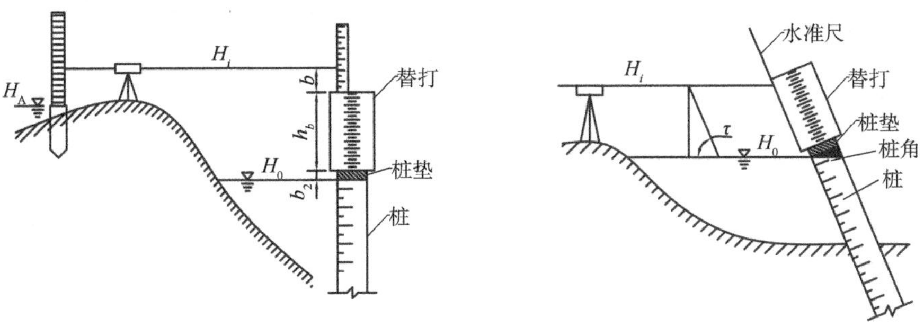

（a）直桩　　（b）斜桩

图 9-7　水准仪控制打桩高程

9.3.1.3　GPS 沉桩定位

GPS 沉桩定位，由 GPS 打桩定位系统来实现。该系统由 GPS 测量设备、船体姿态传感器、桩芯校正、高程和贯入度监测以及数据处理系统五部分组成。其基本原理是通过两台 RTK-DGPS 仪器，配合船体姿态传感器等，测量桩平面位置、桩顶高程、桩扭面和斜度，利用 RTK-DGPS 测量实时提供的平面和高程三维数据计算出桩位，并与理论值进行比较来定位。

采用 GPS 沉桩定位前，先根据施工需要在现场布设测量点，并按照规范规定的等级要求测量各测量点的平面位置和高程；在布设的测量点上，外业采集 GPS 静态观测数据，内业计算 GPS 数据得到测量点的 WGS84（*B*、*L*、*H*）坐标值（大地纬度、大地经度和大地高分别用大写英文字母 *B*、*L*、*H* 表示），并转换为施工坐标系统。

9.3.2　碰桩、碰船验算

为避免因碰桩而发生事故，需验算斜向桩是否会与相近的桩发生碰撞。通常需要验算纵向斜桩与横向斜桩、直桩是否会碰撞。目前 BIM 模型（如图 9-8 所示）可以自动高效地实现碰桩检测。同时，还应进行碰船验算，即用打桩船的模型，按照打桩顺序逐个检验打桩船与已施工的基桩是否相碰或位置重叠。

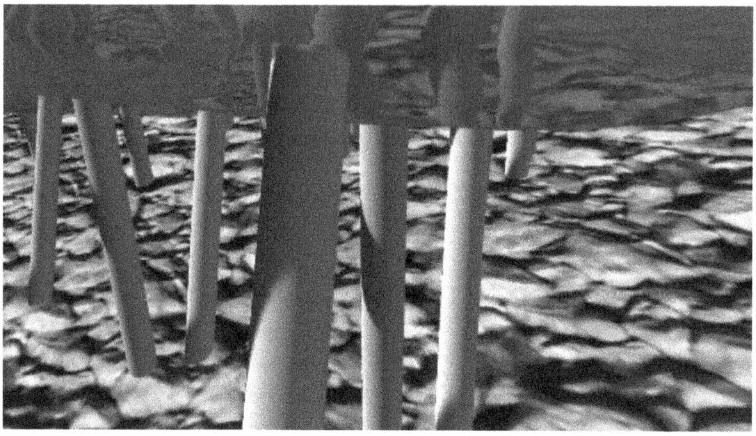

图 9-8 高桩码头 BIM 模型

9.3.3 打桩船吊桩

桩的吊运所采用的布点形式、吊点位置及施工工艺宜使桩受力合理，并满足设计要求。打桩船吊桩时，应采取必要措施避免吊索钢丝扣滑脱。

预制混凝土桩可采用二点吊、四点吊（图 9-9（b））或六点吊（图 9-9（c）），也可根据具体情况采用三点吊（图 9-9（a））等其他布点形式进行吊运。桩在水平吊运和吊立过程中可采用同一套吊点。钢管桩宜采用二点吊，桩长较大时也可采用四点吊。

采用四点吊时，下吊索长度可取 0.5~0.6 L，桩较长时不宜小于 0.5 L，吊桩高度 H' 不宜小于 0.8 L；采用六点吊时，下吊索长度可取 0.45~0.50 L，中吊索可取与下吊索同长，吊桩高度 H' 不宜小于 0.8 L。使用驳船溜缆协助打桩船吊桩时，驳船应配合作业，保持桩身平稳起吊。打桩船吊起桩身至适当高度后再立桩入龙口。打桩船就位时，应掌握水深情况，防止桩端触及泥面，造成桩身折裂。

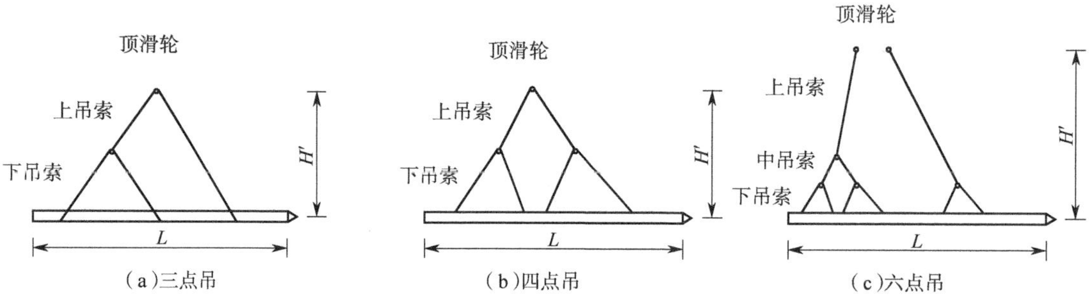

图 9-9 打桩船吊桩示意图

L—桩长；H'—吊桩高度

9.3.4 打入桩

9.3.4.1 常见沉桩工艺

根据水流、水深、波浪等自然条件，沉桩方式可分为陆上和水上两种。

在近岸浅水的情况下,可临时搭设栈桥或填土后由陆上打桩架打桩,这样会增加施工费用,沉桩时需起重船配合,但受潮位的影响较小,施工进度快、质量好。

对于远离岸边的水上沉桩作业,当水流、水深以及波浪条件较好时,采用打桩船的水上沉桩方式;当水深波浪条件较差时,常不得已采用升降式平台船的沉桩方式,甚至采用起重机(船)和打桩锤组合成的水上沉桩设备,即悬垂吊打沉桩方式。

1. 打桩船沉桩方式

打桩船沉桩的工艺流程如图 9-10 所示。

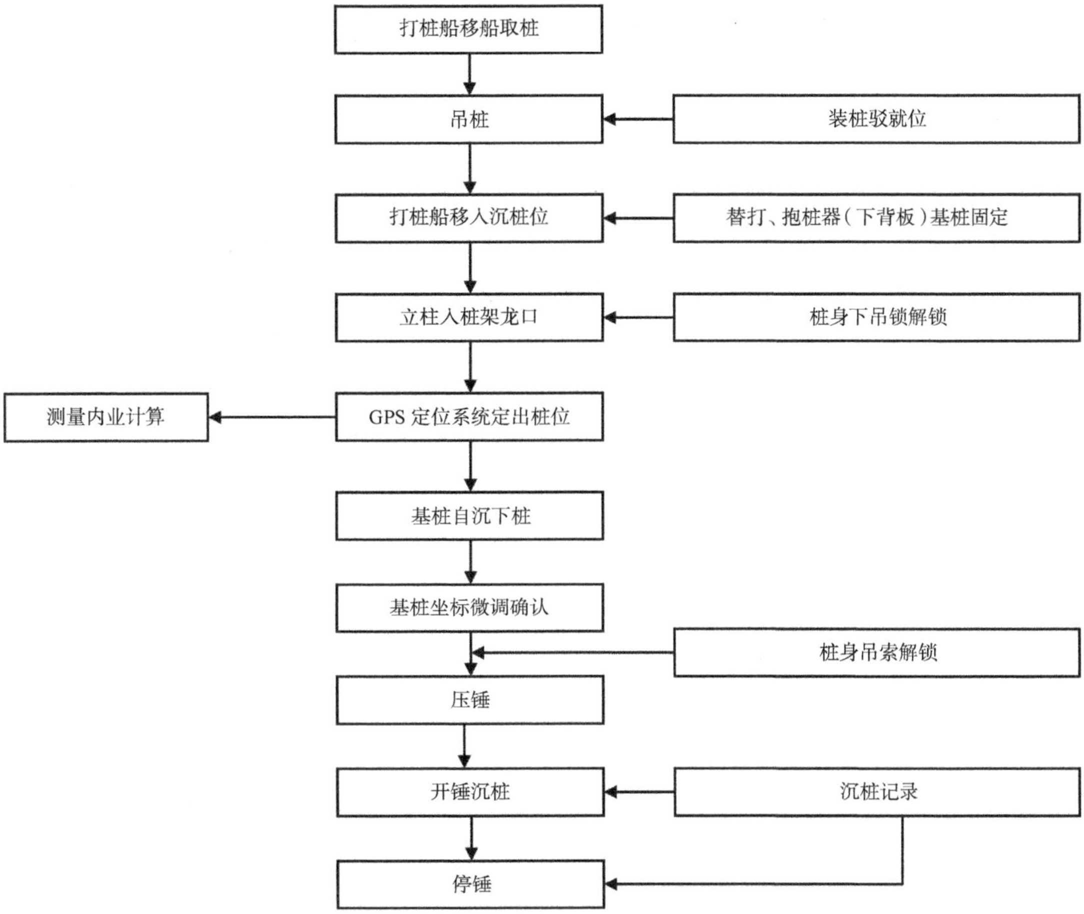

图 9-10　打桩船沉桩工艺流程图

2. 升降式平台船沉桩方式

当高桩码头所处海域条件较差,无法采用一般浮式打桩船沉桩方式时,可采用升降式平台船"水"上沉桩方式:平台船驻位与码头横轴线平行的方向,待海况和波浪条件满足平台船的起升要求时,移平台船至待沉桩位处,起升出水面,用定位台车进行定位和导向,用吊机吊锤笼沉桩。沉桩时受波浪影响较小,且每起升一次可沉 10 多根桩,沉桩效率高。

升降式平台船构造和作业如图 9-11 所示;打桩工艺流程如图 9-12 所示。

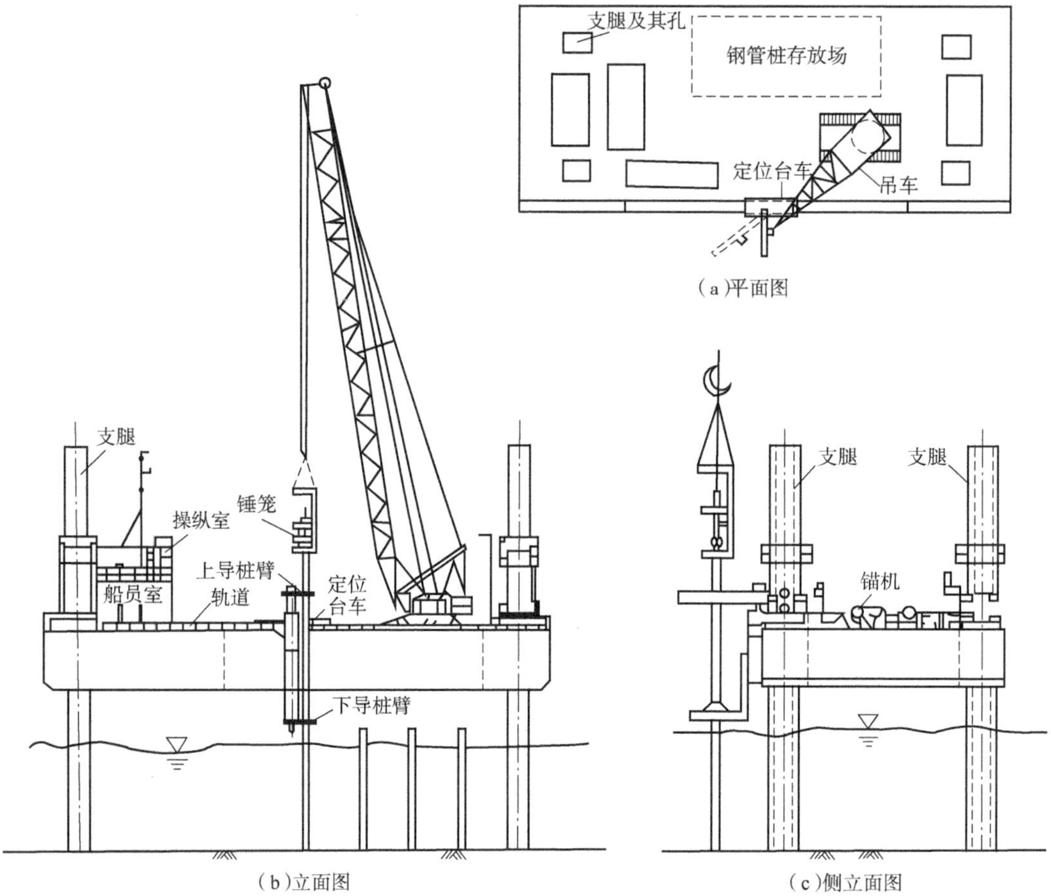

图 9-11 升降式平台船

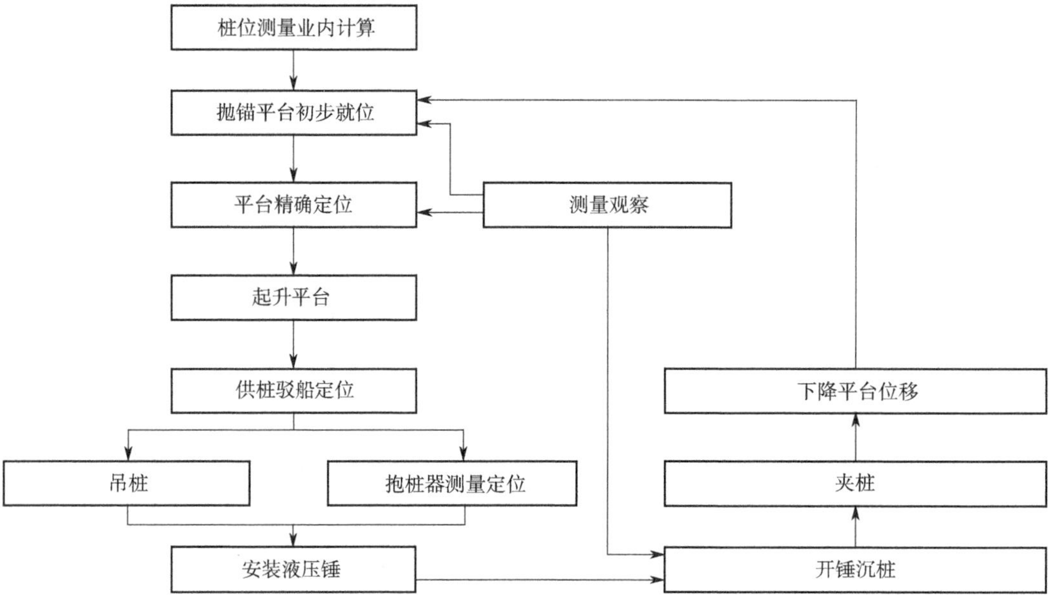

图 9-12 升降式平台船打桩工艺流程图

升降式平台船的船体为长方形,除具有一般工程船舶的操纵室、船员室和锚机之外,还有支腿和定位台车等主要设备和设施。

3. 悬垂吊打沉桩方式

欧美国家大量采用悬垂吊打沉桩方式,其特点是不设置大型变幅桩架,吊锤吊桩等各类起重作业均由起重机(船)完成。各桩均依靠导向架定位,但是直桩、斜桩导向架高度不同,斜桩应高些,桩坡度较大者更应增高,直桩可以较矮。导向架高度比打桩船矮许多,设备简易、使用方便。图 9-13 是悬垂吊打沉桩工艺流程示意图。

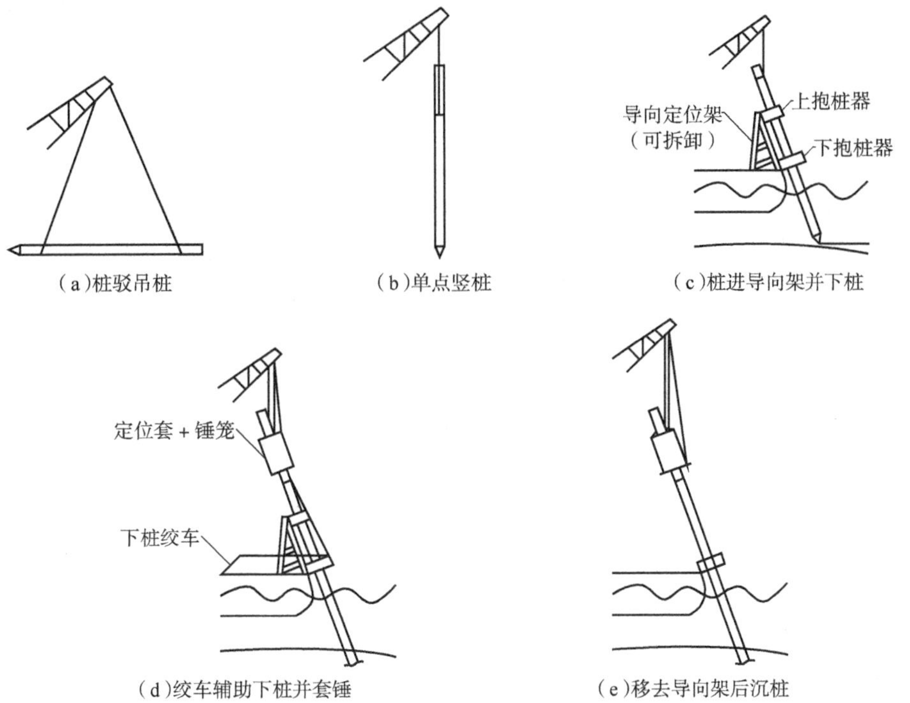

图 9-13　悬垂吊打沉桩工艺示意图

悬垂吊打沉桩主要设备由施工平台、导向装置、锤笼及起重机(船)等部分组成。施工平台一般是利用船体甲板或端推进法施工的栈桥上部结构,导向架设于施工平台的边缘处。

悬垂吊打沉桩方式对于不能采用打桩船沉桩的水上工程,或海域较恶劣而必须采用陆上推进法沉桩的工程,具有很大优势,一般用于钢桩,对于钢筋混凝土直桩,进行必要的抗弯能力计算后才可采用。

4. 起重机 - 导向架陆上推进法

若无法采用打桩船或升降式平台船的水上沉桩方式,可在直桩区段、直斜桩区段分别采用吊龙口、吊机 - 导向架的"陆"上沉桩方式。逐挡沉桩、安装上部结构,向前推进。

9.3.4.2　主要沉桩方法

根据克服土壤阻力的机理不同,主要有锤击沉桩法、震动沉桩法、水冲锤击法、静力压桩沉桩法及嵌岩沉桩法等。在软土地基中,大量采用锤击沉桩法,其他方法使用较少,有时也需要两种方法联合使用。

1. 锤击沉桩法

锤击沉桩法是利用打桩锤的断续冲击,桩周围土体不断受挤压、剪切破坏,使桩逐步下沉的沉桩方法。主要沉桩设备是打桩架、桩锤及其附属设备(如替打、桩垫等)。高桩码头一般都是由打桩船在水上打桩。打桩船的移动和定位固定全靠锚缆系统,船上还备有平衡系统供打桩时平衡船体。

1)打桩船

打桩船是港口工程主要的施工船舶,由船体、桩架、桩锤、绞车、平衡装置、锚及锚缆、操纵室等组成。一般不能自航,用拖轮牵引就位,工作时靠锚缆移动,打桩时宜在船两侧分别抛八字锚或交叉锚,前后设中心锚缆,以保持船体平衡、操纵方便。沉桩时应防止走锚,斜桩沉放时应加强前后中心锚缆,必要时可采用双缆。未经验算,严禁打桩船在建筑物上带缆。

打桩船可打直桩,还可前俯后仰桩架施打斜桩,最大斜度可达 3 : 1。

2)桩架

桩架有两个作用:一是悬挂桩锤,使锤沿一定方向冲击;二是吊桩,使桩定位,在打桩过程中维持正确的桩位。因此,打桩船的桩架及吊钩等除应满足吊重要求外,还应具有足够的架高,如图 9-14 所示。水上桩架有效高度自水面算起,按下式计算:

$$H \geqslant L + H_1 + H_2 + H_3 - H_4 \qquad (9\text{-}1)$$

式中 H——水面以上桩架的有效高度(m);

L——桩长(m);

H_1——桩锤及替打高度(m);

H_2——吊锤滑轮组高度(m);

H_3——富裕高度(m),一般取 1.0~2.0 m;

H_4——施工最小水深(m)。

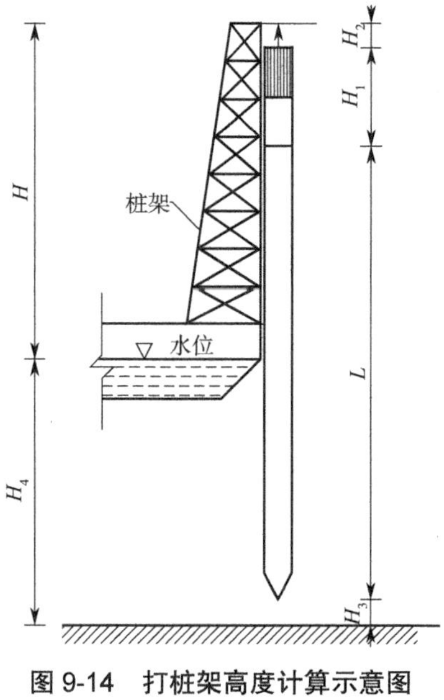

图 9-14 打桩架高度计算示意图

3）桩锤

锤击沉桩法常用的桩锤有自落锤、蒸汽锤、柴油锤、液压锤等。常用的是柴油锤和液压锤，其中筒式柴油锤占绝大部分。

柴油锤结构简单，重量较轻，使用成本低，移动方便，锤击力大，是冲击锤中应用最为广泛的一种，但锤击噪声大，有油烟和残油飞溅。而液压锤锤击能利用率高，沉桩效率高，桩顶不易破损，锤击噪声小，无油烟和残油飞溅，操作人员工作条件好，在锤套中通入压缩空气，能阻止水进入锤内，可用于水下沉桩而不需用长替打送桩，如图 9-15 所示。

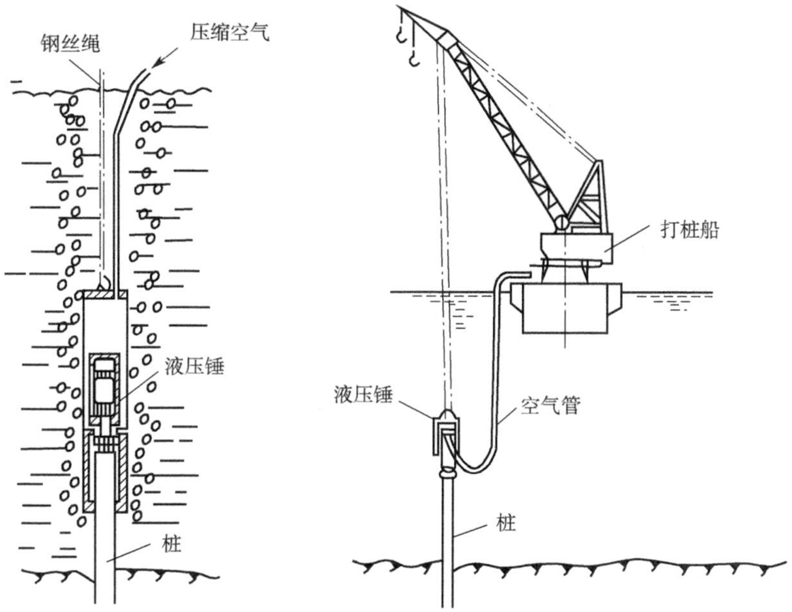

图 9-15 液压锤水下沉桩示意图

桩锤的选择应根据地质、桩身结构强度、桩的承载力、环保要求和锤的性能，并结合施工经验、试桩情况确定。缺乏经验时，可用打桩分析软件分析桩的可打性或参照《码头结构施工规范》（JTS 215）的有关规定选用。

4）替打及桩垫

替打是一种钢质结构，装在桩顶上，用以缓冲桩锤对桩顶的冲击力，起保护桩头的作用。为满足反复锤击的要求，替打要有一定刚度和良好的抗疲劳性能，以便有效地将锤击能量传递给桩，同时也起到送桩作用，将桩顶送至设计高程。为了保证沉桩时桩锤、替打和桩三者在一条直线上，替打出龙口长度不应过大，以减少偏心。例如，施打斜桩时，替打出龙口的长度不宜超过自身长度的 1/2；施打直桩时，替打出龙口的长度不宜超过自身长度的 2/3；当替打兼作送桩时，替打留在龙口内的长度可适当减小。施打混凝土管桩时，替打底部或侧面应设置排气孔。预应力混凝土管桩沉桩的替打应设置排气孔，水位超过桩顶时应立即停锤。

替打顶部应设置锤垫，锤垫可采用钢丝绳等缓冲材料，并根据使用情况及时更换。在桩顶和替打之间应设置具有适当弹性、能减少锤击应力和保护桩顶的桩垫，以减少锤击应力，并保护桩顶。桩垫应厚薄均匀，并具有一定的厚度。采用纸垫时厚度宜为 100~120 mm，沉桩困难时为 150~200 mm；采用木垫时宜为 50~100 mm；采用其他材料时根据经验或试验确定。预应力混凝土管桩的桩垫宜采用棕绳或麻绳盘根垫，或其他经试验后确认的合适桩垫。混凝土桩的桩垫尺寸宜与桩顶截面相同。桩垫应及时更换，宜一桩一垫，更换时应将残留物清除干净。

2. 震动沉桩法

震动沉桩法的工作原理是桩顶与震动锤刚性连接，构成一个震动体系，由锤内轴上的几对偏心块相对旋转产生的震动力，使震动体系上下震动，桩周围土也随之发生震动，土的结构遭到破坏，土对沉桩的阻力减小，桩在震动体系的压重作用下沉入土中。

震动沉桩法的优点是锤重量小，移动方便，并且锤给桩顶的震动均匀，桩头不易损坏；其缺点是用电量大、锤的电机易损坏；桩与锤之间须做刚性连接并在立桩后在高空进行连接；存在上拔力，沉钢筋混凝土桩时易使桩产生横向裂缝。

震动沉桩法的震动锤是按照共振作用或震动冲击作用设计的。其中，根据震动冲击理论设计的震动锤主要适用于黏性土；根据共振理论设计的震动锤，按频率大小可分为低频、中高频和超高频三种。具体如下。

1）低频震动锤

频率低（8~20 Hz）、振幅大（7~25 mm），能重点克服桩尖阻力，但易对附近建筑物产生危险的影响，适用于施打大口径钢管桩和钢筋混凝土桩。

2）中高频震动锤

频率为 20~60 Hz，振幅较小（3~8 mm），用高频来提高震动力，增大震动加速度，适宜在含水的松散冲积层、松散和中等密实砂层中沉桩，多用于下沉断面小、重量轻的桩（如钢板桩、小口径钢管桩和 H 形钢桩），也可以拔钢板桩。

3）超高频震动锤

频率为 100~150 Hz，当震动锤频率接近桩体纵向震动的自振频率时，震动锤与桩体发生共振，最大限度地增大桩体的弹性变形，通过桩断面因弹性伸、缩而增大、减小，破坏桩与土的接触，减小桩侧面摩擦力。此外，桩的自震频率非常高，桩的运动速度比土的弹性反弹快，桩尖给土层以频繁的冲击和较大的冲击动量，使土来不及弹性恢复，土颗粒结构即遭到破坏而液化，桩尖阻力减小，因而在硬质土层中沉大断面桩，用较小的力即可使桩迅速下沉。这种类型锤的震动影响范围小（一般为 30 cm），噪声小，很适合城市建筑物的桩基施工。

3. 水冲锤击法

砂土地基锤击沉桩困难时，不仅沉桩贯入度小，沉桩速度慢，而且桩顶因锤的多次冲击而被破坏，这时可用高压射水予以配合，即采用水冲锤击沉桩。如图 9-16 所示，桩尖内部或外部设有冲射管，喷出的高压水冲击破坏桩尖处的土结构，桩侧与土之间的摩擦力和桩尖阻力减少，桩在重力及锤击力的作用下沉入土中。水冲锤击法多数用于空心的钢筋混凝土方桩和管桩，在钢桩上很少采用。

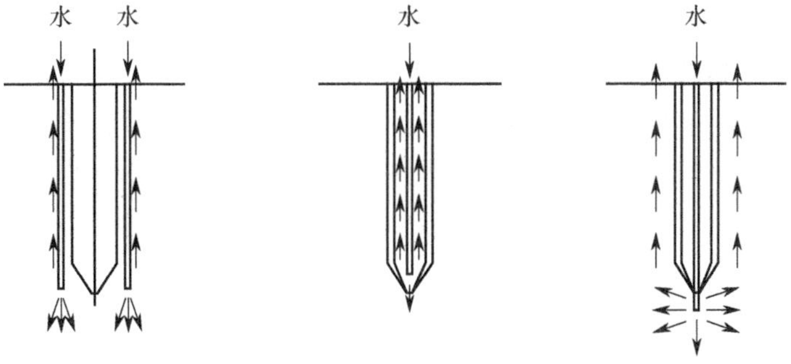

图 9-16　水冲锤击沉桩法示意图

根据冲、排泥方式,水冲锤击沉桩法可分为内冲内排法、内冲外排法和外冲外排法等。水冲锤击沉桩法优先采用内冲内排法,若采用内冲外排法应经论证。实心桩只能采用外冲外排法;空心桩或管桩一般采用内冲内排法、内冲外排法,但混凝土管桩不宜采用内冲外排法;口径大的管桩可采用内冲外排法。内冲内排法的喷嘴的内留长度应根据桩径、管径和腔径确定;内冲外排法的喷嘴宜伸出桩端 200 mm。

由于射水对土的破坏极大,会影响桩基承载力,一般不单独使用,而是以锤击为主,锤击沉桩困难时辅以水冲,而且桩端沉至距设计高程为 1.0 倍桩径或边长(对于桩径或边长 >600 mm)或 1.5 倍桩径或边长(对于桩径或边长 ≤600 mm)时应停止冲水,将水压减至 0.0~0.1 MPa,并改用锤击,以保证桩的承载力。

水冲锤击沉桩所用设备除锤击沉桩法的全套船机外,还需增加射水系统,如图 9-17 所示,它由高压水泵、高压水钢管、高压橡胶软管(耐压 1.5~2.0 MPa)、射水管和射水嘴组成。水冲沉桩所需冲水和排泥设备应视土质、入土深度、锤形和桩形等确定。

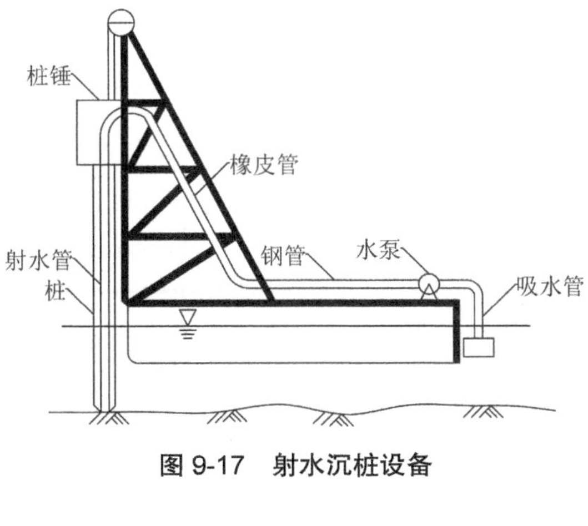

图 9-17　射水沉桩设备

4. 静力压桩沉桩法

静力压桩沉桩法,如图 9-18 所示,是借助桩架自重、船重及压重通过滑轮转向、卷扬机的动力或液压动力,将桩用静力压入土中的沉桩方法。与锤击法和震动法相比,其优点是无震动、无锤击,有利于码头边坡稳定,减少桩身施工拉应力并保护桩顶完整,同时无震动噪声、无油烟残油污染。该方法适用于标准贯入击数 N<20 的软黏土,砂石或硬质土因阻力过

大而不宜采用;仅用于直桩下沉,还无法实施斜桩下沉。

9.3.4.3 锤击沉桩控制标准及施工注意事项

(1)锤击沉桩控制标准。锤击沉桩施工前应对预制桩进行检查验收。锤击沉桩控制标准应根据地质情况、设计承载力、锤形、桩形和桩长确定。锤击沉桩的桩尖高程和最终贯入度应满足沉桩控制标准要求,并应逐根填写沉桩记录,沉桩施工后应填写沉桩综合记录。根据设计桩端土层的地质情况,锤击沉桩控制标准具体如下。

①设计桩端持力土层为一般黏性土时,应以设计桩端高程控制。沉桩后,桩顶高程的允许偏差为 +10.0~0.0 cm。

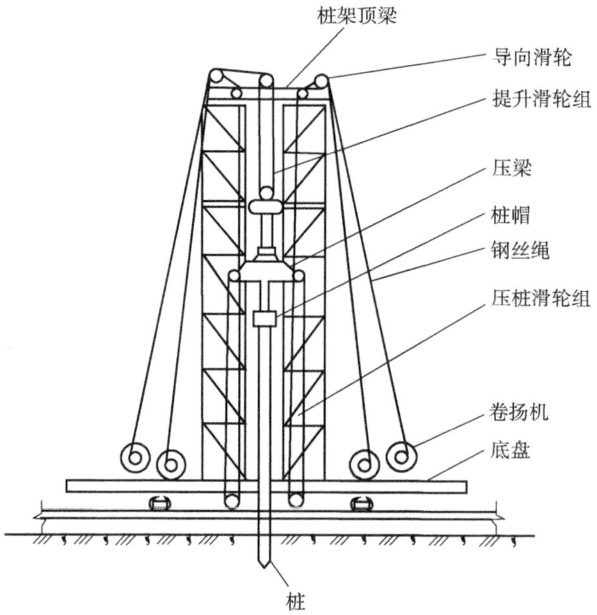

图 9-18 静力压桩沉桩法示意图

②设计桩端持力土层为砾石、密实砂土或风化岩时,应以贯入度控制。当沉桩贯入度已达到控制贯入度,而桩端未达到设计高程时,应继续锤击贯入 100 mm 或锤击 30~50 击,其平均贯入度不应大于控制贯入度,且桩端距设计高程不宜超过 1~3 m,硬土层顶面高程相差不大时取小值,超过上述规定时应会同设计单位研究处理。

③设计桩端土层为硬塑状的黏性土或粉细砂时,先以设计桩端高程控制为主。当桩端达不到设计高程但相差不大时,可以贯入度作为停锤标准。桩端已达到设计高程而贯入度仍大于控制贯入度时,应继续锤击使其贯入度接近控制贯入度,但继续下沉的深度应考虑施工水位的影响,必要时由设计单位核算后确定是否停锤。

④采用水冲锤击沉桩时,停锤标准应以设计桩端高程控制。桩端持力层为风化地基时,应以贯入度控制。

(2)锤击沉桩过程应采取防止出现断桩、桩身开裂、碰桩和桩位偏移的措施,同时应注意以下事项。

①桩锤、替打和桩应在一直线上,替打应保持平整,以免产生偏心锤击。

②锤击过程中当船行波影响打桩船稳定时,应暂停锤击。

③当出现贯入度异常、桩身突然下降、过大倾斜、移位、桩身出现严重裂缝或破碎掉块时，应立即停止锤击，及时查明原因，并采取有效措施。

④当出现断桩时，应会同设计单位研究处理。

⑤锤击沉桩开始后，不得边锤击边纠正桩位偏差。

⑥打桩船进退作业应注意锚缆位置，防止锚缆绊桩；桩顶被水淹没时应设置标志。

同时，锤击沉桩应考虑锤击振动对新浇筑混凝土的影响，混凝土达到设计强度的 70% 前，距新浇筑的混凝土 30 m 范围内不得进行沉桩。

（3）锤击沉桩应按设计要求考虑锤击振动和挤土等对岸坡或邻近建筑物的影响，采取有利于边坡和邻近建筑物稳定的施工方法和程序。软土岸坡宜采取削坡减载、间隔跳打、重锤低打、低频锤打、低潮位停打、控制沉桩速率等措施。

（4）斜坡上沉桩应符合下列规定。

①应根据土质、坡度、水深、水流、挖泥以及船舶平衡等情况确定下桩位置提前量。

②斜桩尚应结合施工实践经验考虑自重的影响，宜预留一定距离下桩，以使沉桩后桩位符合设计要求。

③土坡变形影响桩的稳定时，应进行分析，并采取有效措施防止桩基倾倒或折裂。

④当坡脚挖泥超深大于允许值时，沉桩前应采取稳坡措施，对岸坡和邻近建筑物位移和沉降等进行观测并做好记录。

9.3.4.4　夹桩作业

为了加强沉桩后桩基的稳定性，改善施工期受力状态，避免单桩由于受到水流、风浪影响造成断裂、偏位，沉桩结束后应及时进行夹桩。夹桩根据受力情况进行设计，必要时作现场加载试验。当有台风、大浪和洪峰等预报时，需检查夹桩设施是否牢固可靠，必要时采取相应的防范措施。

当施工荷载较大时，可采用吊挂式夹桩，当桩距较大且桩顶高程距施工水位较小时，可采用钢梁或上承式桁架结构夹桩，并根据施工荷载，对钢梁、桁架、吊筋螺栓及其部件进行设计。

9.3.5　灌注桩

灌注桩就是在预定桩位上钻一定直径的孔或打入钢管成孔至设计深度，清理钻孔后放入钢筋笼和导管进行水下浇筑混凝土，在浇筑混凝土过程中应保持孔内液面高程，边浇混凝土边拔起导管，待混凝土达到一定强度后，凿去桩顶上强度差的混凝土，成为混凝土灌注桩，如图 9-19 所示。灌注桩的混凝土质量应严格控制，并采取可靠的检测手段对桩身混凝土完整性进行评价。

在遇到以下情况时，可考虑选用钻孔灌注桩：单桩荷载较大，采用打入桩不经济时；岸坡稳定性不足或附近有重要建筑物不适于锤击沉桩时；施工条件限制，桩数较少、水域狭窄或水深不足，难以使用大型水上沉桩设备时；地质条件复杂、岩面起伏较大或地下障碍物较多，打入桩难以下沉时；需避免挤土影响时。

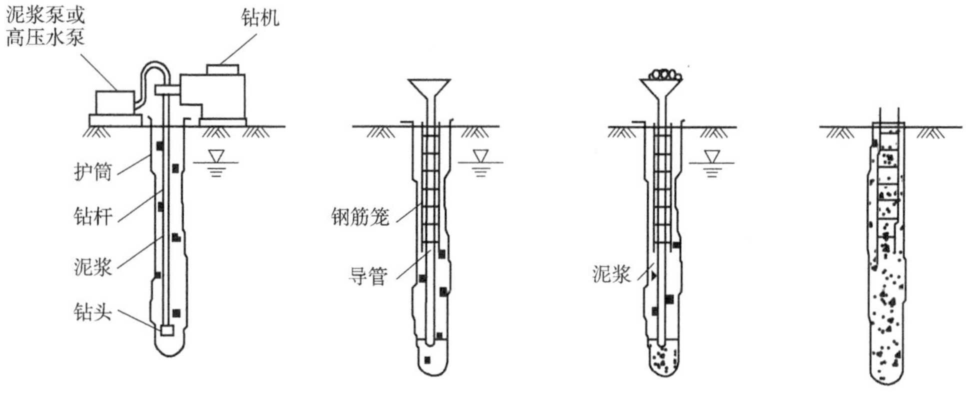

图 9-19 钻孔灌注桩施工示意图

9.3.5.1 钻孔平台

钻孔灌注桩水上钻孔平台可采用岛式平台、支承桩平台、浮式平台和移动式自升平台等形式。桩位处于浅水区且地层土质较好时，可采用岛式平台：水深或流速较小时，可直接筑岛；水深或流速较大时，可修筑围堰后筑岛。桩位处于深水区时，可采用支承桩平台。桩位处于风浪和潮差较大的水域以及岩基岩面无覆盖层或覆盖层较薄时，可采用移动式自升平台。内河和湖泊地区，在水流平稳和水位升降缓慢等自然条件下，经论证后可采用稳固的船舶或浮箱作为施工平台。浮式平台应设可靠的锚碇系统。

钻孔平台尺寸应满足钻孔设备的布置、操作、移动和混凝土浇筑、压浆等设备的布置、作业要求，其顶高程应根据施工期水位、潮位、波浪和钻孔工艺等确定；平台应具有足够的稳定性，应能承受施工设备、材料、人员的荷载，并能承受水流力、波浪力、风力、冰凌作用和施工船舶系靠力等荷载；平台应具有安全生产设施，并设立航行警示标志以及必要的防撞措施。

9.3.5.2 钢护筒

钻孔成孔施工需设置钢护筒。钢护筒应具有一定的强度和刚度，壁厚应综合考虑下沉深度、护筒长度、直径、地质条件和下沉工艺等确定，并不应小于 5 mm。需要穿过硬土层时，应视具体情况增加壁厚或在端部加强；护筒内径应根据设计桩径、护筒长度和钻机的性能等确定，不宜大于设计桩径 300 mm。斜桩成孔应使用全护筒，或护筒应进入岩层，并能满足其稳定要求且护筒口不会出现严重渗漏，护筒直径宜比设计桩径大 50 mm，护筒上口宜呈喇叭状。

陆域或边滩护筒可采用开挖埋设，若地下水位较高和埋设深度较大，也可采用打入法或振动法埋设；水域护筒可采用振动下沉、锤击下沉或静压下沉等方法埋设，并设立保证下沉护筒平面位置和垂直度的定位和导向设施。

当陆域或边滩采用开挖埋设护筒时，护筒埋深不应小于 1.0~2.0 m，护筒顶高程高出地下水位 1.5~2.0 m，并高出地面 300 mm 以上；受水位影响的河滩上埋设护筒时其顶部高程应高于施工水位 1.5~2.0 m，并考虑钻孔桩施工期间水位的涨幅影响，埋设深度应穿透河滩淤泥层或抛石层进入稳定土层 1 m 以上；水域护筒的顶高程应高出施工期最高潮位或水位 1.5~2.0 m，并应考虑波浪的影响。

9.3.5.3　钻孔成孔

钻孔灌注桩施工前应根据现场条件和施工难度，针对成孔过程中可能出现的问题，制定应急预案，并做好材料、设备和工具等方面的准备。

1. 钻孔

成孔设备可根据地质条件、设计孔径、孔深、水深和钻机距孔内泥浆面的高度等因素，参考《码头结构施工规范》(JTS 215)选取回转钻桩机、冲击钻桩机和锚杆钻孔机等。对于斜桩成孔，可选用钻进或冲击成孔，钻进成孔时，宜采用气举反循环工艺钻进；钻机机架应能按设计要求的倾斜度灵活调整；钻孔深度达 10 m 时，应在钻杆上设置导向器，钻孔深度增加时，应相应增设导向器。

钻孔应连续进行，当遇到特殊情况需停钻时，宜提出钻头，并采取措施保持孔壁稳定。钻进成孔过程中，孔内液面应高于孔外水位 1.5~2.0 m；当孔内外水头变化较大时，应对孔内水位采取稳定措施。群桩同时钻孔时，相邻钻孔应保持一定间隔，保证邻近成型孔的孔壁不坍塌；已浇筑混凝土桩的强度未达到 5 MPa 时，不应在相邻孔位进行钻孔，必要时应采取间隔桩位的钻孔方法。

成孔过程中出现护筒变形、塌孔、偏斜、卡钻和掉钻时，可采取下列补救措施。

(1)护筒变形时宜根据变形程度回填块石至变形部位，用冲击锤反复冲击，或采取水下割除等方法校正。护筒底口有卷边时，根据卷边程度，可采用直接钻进法、冲锤法或水下切割法等进行处理。

(2)塌孔不严重时，回填至塌孔位置以上，采取改善泥浆性能、加高水头重钻等措施；护筒底口塌孔时，采取跟进护筒、下内护筒等方法；塌孔严重时，立即回填碎石、黏性土、砂浆或混凝土、自凝泥浆等，待回填物稳定后，重新钻进成孔。

(3)钻孔漏浆时，宜跟进护筒或减小孔内外水头差、加稠泥浆和改善泥浆性能等；采用冲击法成孔时，填入片石、碎卵石土、黏性土，反复冲击。

(4)孔身偏斜、弯曲时，宜提钻至偏斜处，反复扫孔；回填至偏斜处，重新钻孔。

(5)卡钻或埋钻时，宜采用冲、吸等方法将钻头周围土松动后提钻，或采取小药量定点松动爆破后再提，有条件时可采用顶拔钢护筒松动等方法提升。提钻过程中应采取措施，保持孔壁稳定。

(6)成孔作业中掉钻、落物时，应立即打捞，可用专用打捞器具、电磁吸铁等工具。钻头、落物已埋入泥沙时，可先清洗泥沙后再进行打捞，或直接冲抓取出。

施工工作人员进入钻孔处理事故前，应先检查孔内有无有害气体，并采取防毒、防溺、防坍埋等安全措施。施工作业人员严禁进入无护筒或无其他防护设施的钻孔中处理事故。

2. 泥浆护壁

除在岩石和能自行造浆的黏土层中成孔或采用全护筒护壁成孔外，成孔均采用外加泥浆护壁。护壁泥浆可由水、黏土或膨润土、外加剂组成，其配合比及配制方法宜通过试验确定。泥浆性能指标应与钻孔方法、土层地质情况相适应。

在钻孔过程中应检测泥浆性能指标，包括泥浆相对密度、黏度、静切力、含砂率、胶体率、失水量(mL/30 min)和泥皮厚度(mm)和酸碱度等。每工班检测不得少于一次，土层变化时应增加检测次数。新拌制泥浆使用前应进行检测。泥浆的排放和处理应符合有关环保的规定。

钻孔深度达到设计高程后，应对孔深、孔径、孔的倾斜度进行检测，符合施工检测与质量标准相关要求后方可清孔。清孔可根据土层性质、沉渣厚度要求和机具设备条件，选用掏渣筒清孔、泥浆置换浆清孔、抽浆清孔或空压机喷射清孔等方法。采用冲击钻进成孔工艺时，宜首先采用掏渣筒方法清孔，再用其他方法清孔。

9.3.5.4 挖孔成孔

土质为较密实的土层或风化岩层，土层中无地下水、无较大渗透水，无影响人体健康的辐射源时，可采用挖孔成孔。在地下水位较高，有承压水的砂土层、滞水层、厚度较大的流塑状淤泥或淤泥质土层中不得采用人工挖孔方法实施灌注桩。孔内存在空气污染物时，挖孔前应采取排气、换气措施，将空气污染物的浓度降低到符合现行国家标准《环境空气质量标准》(GB 3095)规定的三级标准浓度限值。

挖孔成孔施工时，操作平台应牢固、稳定；上下爬梯牢固、吊挂稳定；用于从孔内出土的机具设备安全可靠；当桩孔开挖深度超过 10 m 时，采取机械强制通风措施；孔内照明使用不高于 24 V 的安全电压，并使用安全照明灯；孔内爆破后，及时进行通风排烟，检测确定孔内空气合格、等待时间超过 15 min 后，施工作业人员方可进入孔内作业；挖出土石堆于井孔 2 m 以外，堆载高度不超过 1 m；暂停挖孔时，妥善遮盖孔口，并设立明显标志；保持孔内外通信畅通。

当挖孔群桩桩净距小于 2 倍桩径且小于 2.5 m 时，应采用间隔开挖。排架桩的最小施工净距不得小于 4.5 m。

挖孔桩挖至设计高程后，应进行孔底处理，清除孔底残渣、积水及孔壁泥土，经验收后应立即灌注桩身混凝土。

9.3.5.5 钢筋笼制作与安装

钢筋笼宜在支架或台座上制作，钢筋笼制作分段长度应根据钢筋笼整体刚度、运输、安装条件和能力确定。应根据骨架长度、直径，在骨架上端均匀设置吊环或固定吊杆。钢筋笼主筋应设置保护层垫块装置，纵向间距 1.5~2.0 m，横向沿圆周外侧均应设置，且不少于 2 块。钢筋笼底端主筋宜做成向内收的锥体状，钢筋笼顶端主筋宜做成向外张的喇叭状。

清孔后，钢筋笼应及时准确吊装就位，下放钢筋笼时要防止碰撞孔壁；下放困难时不得强行下放，先查明原因，并采取合理措施。安装就位后要采取固定措施，混凝土浇筑过程中钢筋笼不得上浮。在斜桩孔中安装钢筋笼时，应采取适当措施将其固定，保证钢筋笼准确就位。钢筋笼吊装完毕后，应尽快灌注水下混凝土。

9.3.5.6 混凝土浇筑

钻孔灌注桩混凝土浇筑应采用导管法施工。单根灌注桩的混凝土应连续浇筑。浇筑斜桩水下混凝土时，宜在导管外壁设置鼓形导向装置。

灌注桩混凝土应具有良好的和易性和流动性。混凝土初凝时间不应小于整桩混凝土浇筑所需时间。水下浇筑混凝土应使用刚性导管，导管内径宜为 250~350 mm，接头宜采用双螺纹快速接头。浇筑混凝土过程中，应维持孔内液面高程，应经常测探孔内混凝土面的位置，做好浇筑记录，及时调整导管埋深，埋管深度宜控制在 2.0~6.0 m。

应及时测量孔内混凝土面的高度，混凝土终灌高程应能保证桩顶凿除后的混凝土质量，超灌高度不应小于 0.5 m，桩顶高程在地面或护筒顶面以上位置或桩长超过 40 m 时其超灌高度应适当增加。

9.3.5.7　施工检测与质量控制

灌注桩施工应有完整的施工记录。钻孔桩在终孔后应对桩孔的孔位、孔深、孔径、孔形进行检查，清孔后应对孔底的沉淀厚度进行检查。灌注桩质量控制应符合下列规定：灌注桩成孔的孔位偏差通过检测成孔后的护筒位置偏差确定，孔位允许偏差见表 9-3。摩擦桩孔深应达到设计高程，端承桩孔深应比设计深度超深 50 mm，如发现持力层与设计条件不符时，应由设计单位重新确定终孔高程。混凝土浇筑前孔底沉渣厚度，摩擦桩不得大于 100 mm，端承桩不得大于 50 mm，抗拔、抗水平力为主的桩，不得大于 200 mm；直桩成孔垂直度偏差不得大于 1%；混凝土浇筑时孔内泥浆指标应符合设计规定，当设计无规定时，相对密度宜为 1.1~1.2，含砂率宜为 4%~6%，黏度宜为 20~22 s。

表 9-3　灌注桩孔位允许偏差

序号	项目		允许偏差（mm）		
			陆上	内河和有掩护海域	无掩护河口和海域
1	孔中心位置	单桩、边桩	50	100	200
		群桩的中心桩	100	150	300
2	垂直度，每米		10		

9.3.6　嵌岩桩

高桩码头如果建在持力层岩面埋深较浅但又起伏变化较大、上覆盖层有一定厚度但厚薄不一，甚至岩面裸露或覆盖土层力学性能较差处，大多采用嵌岩桩（可为直桩或斜桩）。嵌岩桩可分为灌注型嵌岩桩、预制型植入嵌岩桩、预制型芯柱嵌岩桩、预制型锚杆嵌岩桩及组合式嵌岩桩等，应根据使用要求和基岩埋藏深度等地质条件通过技术经济论证确定桩形。

9.3.6.1　沉桩及稳桩工艺

预制桩和钢护筒下沉施工前宜进行试沉桩，以确定桩端到达设计高程的可行性，检查桩端口与基岩面接触状况及钢板卷边状况，并确定沉桩施工的锤形和停锤标准。

基岩面上覆盖层较厚且有稳桩条件时，沉桩可采用锤击沉桩法、震动沉桩法等；基岩埋藏较浅或基本裸露，或基岩面上覆盖层较厚但含有大块石、漂石等，应采取适当的钢护筒锤击标准，防止钢护筒底卷边。

基岩面上覆盖层较厚且含有大块石、漂石等或强风化岩层较厚，钢护筒下沉有困难时，下沉钢护筒宜采用钻打和冲打结合的工艺；钢护筒初打结束时护筒顶面应高出水面 2~3 m；可采用方驳架设悬挑平台或搭设施工平台安放成孔机具，并考虑复打的可行性；钻孔或冲孔直径宜比钢护筒内径小 100~200 mm。

当基岩埋藏较浅或基本裸露，不足以形成沉桩稳定的地质条件时，可采用支撑式钢桁架、钢筋混凝土套箱、人造基床等方式稳桩，或者采用移动式自升式工作平台辅助进行钻锚稳桩，或采用方驳搭设悬挑平台安装钻机进行钻锚稳桩。

9.3.6.2　成孔工艺

根据锚固结构形式、岩石的工程性质和施工条件等确定嵌岩桩成孔工艺和机具，按现行行业标准《码头结构施工规范》(JTS 215)中有关规定选用。基岩成孔宜选用转速在5~25 r/min、扭矩在15~200 kN·m的回转钻机或冲击钻;斜嵌岩桩成孔,宜采用回转钻机或筒状钻头式冲击钻机;硬质岩层中钻孔,回转钻机宜选用耐磨硬质合金楔齿、牙轮或球齿形钻头,冲击钻机宜选用耐磨合金钢冲锤和耐磨焊条堆焊锤牙钻头。根据工程实际情况,可采用几种成孔工艺组合钻进。

成孔作业实施步骤及注意事项如下。

(1)钻机就位后,其回转的钻杆、转盘或冲击锤吊绳的中心与成孔位的中心应在同一轴线上,偏差不应大于20 mm。

(2)基岩钻孔时,宜在桩孔内设置导向扶正器,以保证钻杆中心线与孔的轴线一致。斜孔应设置多个导向扶正器,数量根据桩长确定。

(3)钻进作业。钻孔作业应保证邻近成型孔的孔壁不坍和邻近桩已灌注混凝土的质量;宜连续进行,因故停钻时,宜提出钻头,并采取措施,保持孔壁稳定。

回转钻机在钻进过程中,应减压钻进,并避免产生斜孔、弯孔和扩孔现象。

冲击钻机开孔时,应低锤密击,钻孔达到一定深度后方可正常冲击。成孔过程中,应根据土质的软硬程度调整冲程,最大冲程不宜超过4~6 m,并应防止空锤。遇有坚硬漂卵石,宜采用中、大冲程,最大冲程不得超过3 m,并应防止空锤和大松绳;冲击表面为倾斜岩石或有漂石时,应投入小片石或混凝土块,将表面垫平后再冲击成孔。

对大直径硬质岩孔,可采用2~3次扩孔方法进行钻进成孔。若孔径大于1.5 m且遇坚硬岩层,可采用小药量松动爆破法成孔。爆破成孔前应进行工艺设计,控制每次用药量,避免爆破对周围建筑及桩周岩层造成破坏。

当桩端口与基岩面之间有泥沙、碎石等时,预制桩或钢护筒内成孔作业应在采取密封措施后进行。密封方法可采用旋喷法、压浆法、投放混凝土锤击法和下沉内钢护筒法等。

(4)检测。成孔达到设计深度后,检测孔径和倾斜度,检测通过后进行清孔。

(5)清孔。根据清孔要求、成孔方法、机具设备和地质情况,选用掏渣筒清孔或换浆清孔等清孔方法;斜嵌岩桩应选择对孔壁扰动小的清孔方法。

(6)事故处理。施工作业人员在进入钻孔处理事故前,应先检查孔内有无有害气体,并采取防毒、防溺、防坍埋等安全措施。施工作业人员严禁进入无护筒或无其他防护设施的钻孔中处理事故。

9.3.6.3 水下混凝土灌注

灌注水下混凝土前应复测沉渣厚度,当超过规定值时应再次清孔至满足要求为止。首批浇筑混凝土的体积应能满足导管初次埋置深度不小于1 m的要求,且应维持孔内液面高程;水下混凝土应一次灌注完成,每斗间隔时间不得超过混凝土的初凝时间;应控制最后一斗灌注量,并预留凿去泛浆残渣高度的量,保证桩顶处混凝土达到强度设计值。混凝土数量较大、灌注时间较长时,可在混凝土中掺加缓凝剂,满足施工要求。

9.3.6.4 灌注型嵌岩桩施工

根据嵌岩方式,灌注型嵌岩桩可分为孔径等于桩径的嵌岩桩、孔径小于桩径的嵌岩桩和锚杆嵌岩桩,如图9-20所示。灌注型嵌岩桩应根据钢护筒沉放的稳定条件和地质状况,选用合适的钻进工艺、钻进液及排渣方式,斜嵌岩桩施工宜优先选用回转钻机成孔。在施工过程中,钻机固定后,应清除钢护筒内的泥、砂、碎石等,并检查钢护筒端口钢板卷边及其与基岩面间的渗漏情况。出现严重的钢板卷边或渗漏时,应采取相应的处理措施。基岩层钻孔至设计深度后,应对深度、孔径和倾斜度进行检测。

9.3.6.5　预制型植入嵌岩桩施工

根据桩的使用要求、桩形、地质状况和施工条件,预制型植入嵌岩桩的锚固选用钻岩复打桩锚固法、钢护筒钻岩打桩锚固法、挤实锚固法或灌注混凝土锚固法等方法。

当基岩有一定的覆盖层,初打时桩能够站立稳定且桩为钢管桩时,采用钻岩复打桩锚固法施工。如图 9-21 所示,首先,将桩打至基岩面使其保持稳定,桩顶高出水面 2~3 m;再在桩芯内钻出比桩径小 50~100 mm 的孔至设计深度;然后,桩顶焊接加长至所需桩长,复打至设计高程;最后,清孔后按设计要求灌注水下混凝土。

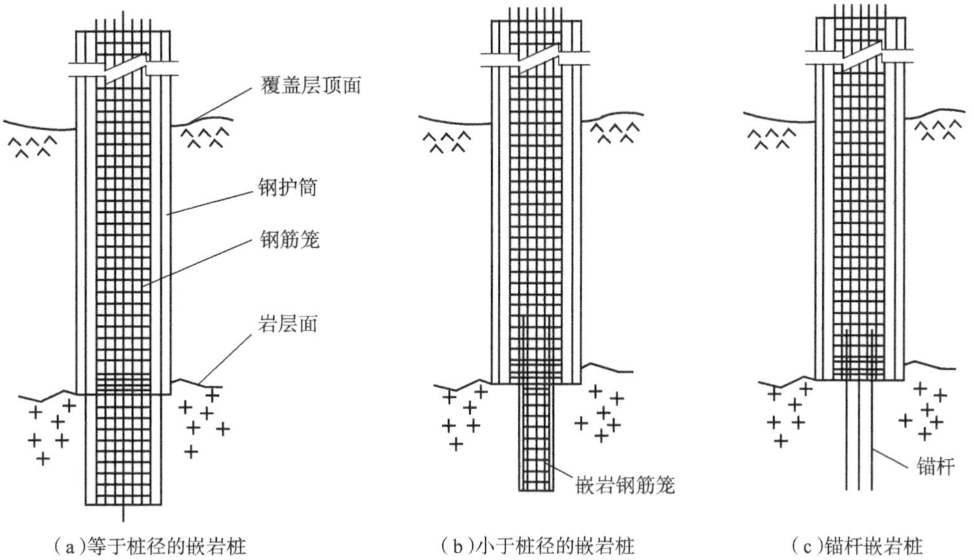

图 9-20　灌注型嵌岩桩和灌注型锚杆嵌岩桩嵌岩形式示意图

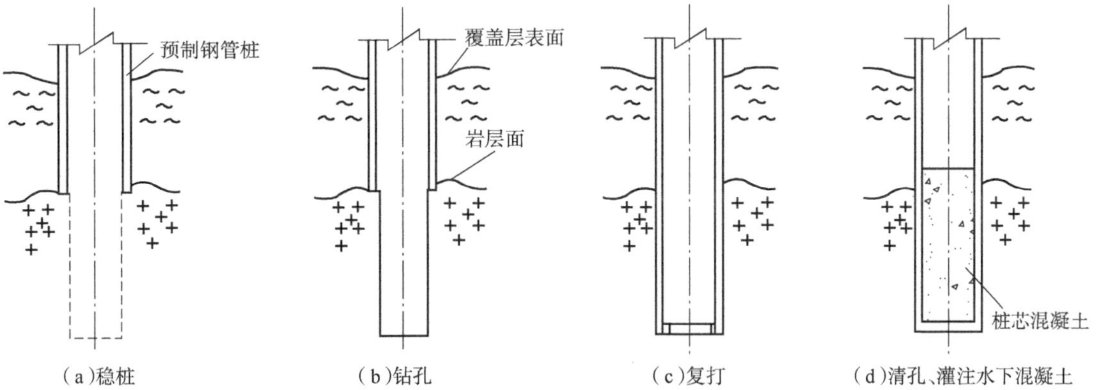

图 9-21　预制型植入嵌岩桩复打桩锚固法施工示意图

当基岩埋藏很浅,初打桩不能站立稳定时,可搭设水上施工平台,宜采用钢护筒钻岩打桩锚固法施工。如图 9-22 所示,首先,搭设水上施工平台,下钢护筒,使其站立稳定;再在桩芯内钻出小于植入桩直径 50~100 mm 的孔至设计深度;然后,将桩吊到孔位打至设计高程;

最后，清孔，按设计要求灌注水下混凝土。

对于硬基岩，可采用灌注混凝土锚固法或挤实锚固法，其施工工艺具体如下。

（1）灌注混凝土锚固法。如图 9-23 所示，先搭设水上施工平台，下钢护筒，使其站立稳定，在基岩内钻出大于桩径 300 mm 以上的孔至设计深度，将桩吊入岩孔就位，清孔后，在桩芯内以及桩外侧与孔壁间灌注水下混凝土。

（2）挤实锚固法。如图 9-24 所示，先搭设水上施工平台，下钢护筒，使其站立稳定，在基岩内钻出大于桩径的孔至设计深度，清孔后，灌注水下混凝土，将桩打入混凝土至设计高程。采用此工艺混凝土要有足够的缓凝时间，确保在初凝前将桩打入岩孔内。

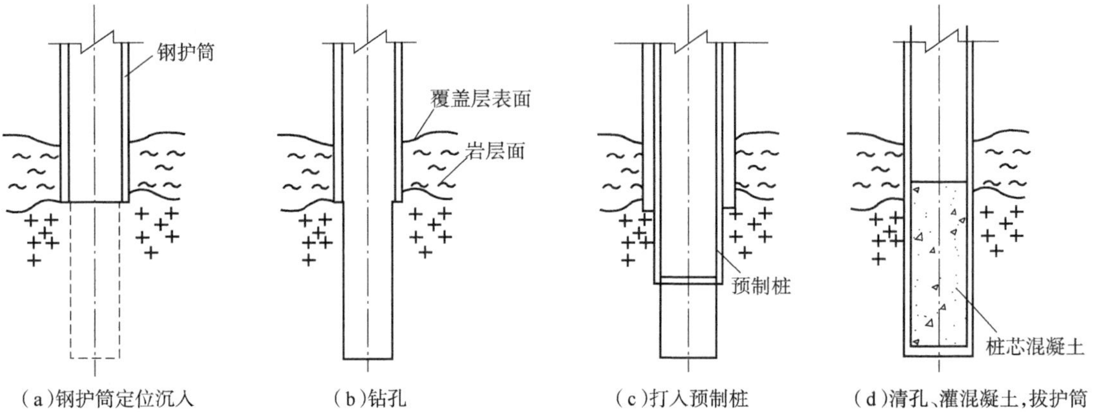

图 9-22 预制型植入嵌岩桩采用钢护筒钻岩打桩锚固法施工示意图

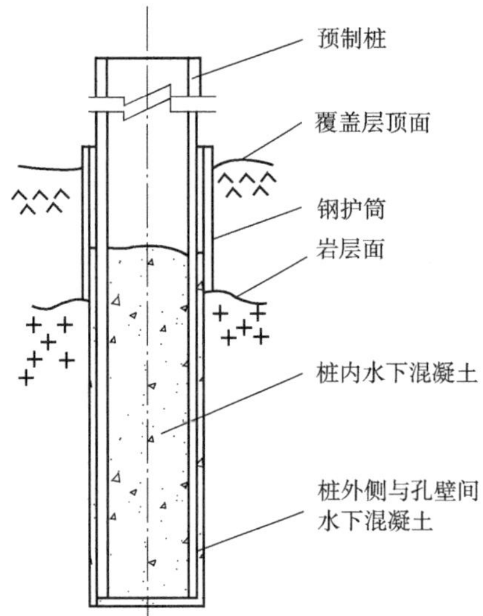

图 9-23 预制型植入嵌岩桩采用灌注混凝土锚固法施工示意图

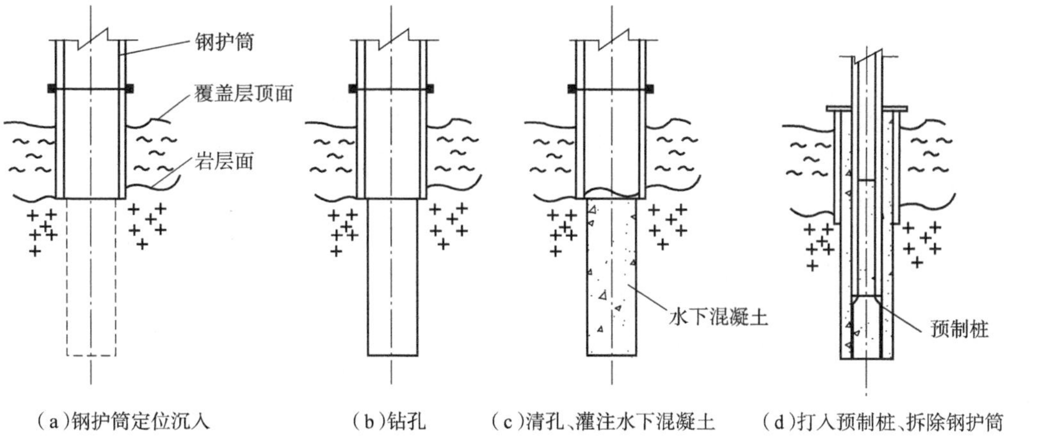

图 9-24　预制型植入嵌岩桩挤实锚固法施工示意图

9.3.6.6　预制型芯柱嵌岩桩施工

预制型芯柱嵌岩桩嵌岩形式如图 9-25 所示。预制桩为预应力混凝土灌注,并用冲击成孔时,应采用组合桩。组合桩的钢管桩长度应满足冲击锤体的冲程要求,防止锤体碰撞混凝土壁而损坏管桩。钻机固定后,应将预制桩芯内基岩面上的淤泥、黏土、砂和强风化岩碎石等清除干净,并检查钢桩靴钢板卷边和桩端与基岩面间渗漏情况;当出现严重的钢板卷边或渗漏时,应采取相应的处理措施。钻进作业接近孔底时,采用反循环工艺清渣;钻至设计深度后,检测孔深、孔径和倾斜度,满足要求后清孔;清孔后,及时准确将钢筋笼吊装就位、下放并安装就位,并采取措施将其固定,灌注水下混凝土过程中钢筋笼不得上浮。

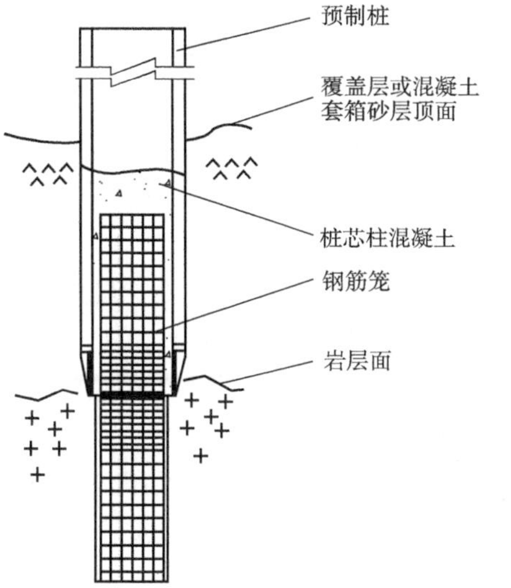

图 9-25　预制型芯柱嵌岩桩嵌岩形式示意图

9.3.6.7　预制型锚杆嵌岩桩施工

预制型锚杆嵌岩桩施工分为锚杆与桩下段锚固嵌岩施工和锚杆与桩上段锚固嵌岩施工两类,分别如图 9-26(a)(b)所示。

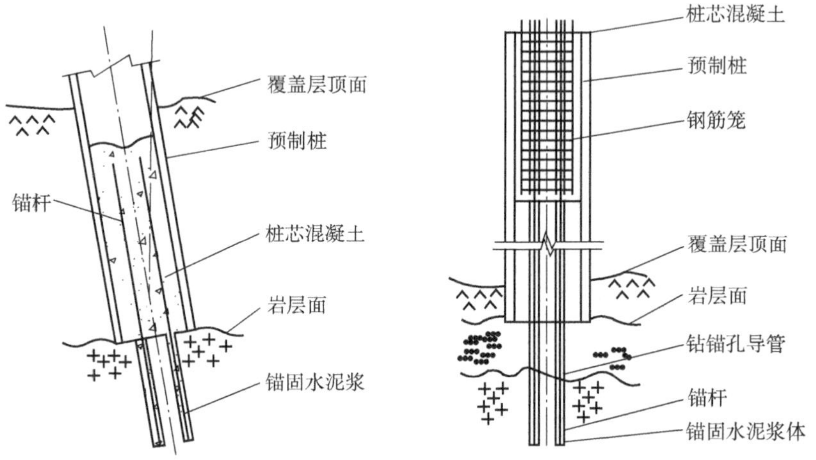

(a)锚杆与桩下段锚固形式　(b)锚杆与桩上段锚固形式

图 9-26　锚杆与桩锚固形式示意图

锚杆与桩下段锚固嵌岩施工工序如下。

(1)钻机固定后,清除孔内基岩面上的淤泥、砂石等,在桩端口以上 0.5~1.0 m 范围内宜灌注水下混凝土并找平。

(2)在桩端上的预定位置安装钻孔用的定位器及导管,并将导管与桩顶固定。

(3)在定位器与混凝土之间压注封孔水泥浆至定位板面上约 100 mm,待混凝土和封孔水泥浆达到一定强度后,进行锚孔的钻进作业。

(4)根据岩性、钻孔直径和深度选用地质钻机或地锚钻机,并配以合适的钻头;钻入基岩时,应取芯检查,确认岩层面的高程。

(5)成孔过程中,岩层节理裂隙密集、破碎严重时,先采取压注高强水泥浆使岩体固结,待浆体达到一定强度后重新钻孔。

(6)钻孔结束后清洗干净岩孔,采用扶正芯块安放锚杆,并尽快灌注水泥浆,孔内灌浆应达到基岩处。

锚杆与桩上段锚固嵌岩的施工可按下列工序进行。

(1)钻机固定后,清除上段桩芯内需灌注混凝土深度的泥层,在泥面至锚孔岩面间设置钻孔导向套管,套管内径应比钻头直径大 70~80 mm。

(2)桩芯内有较厚的土层和强风化岩,且套管压入或振动有困难时,宜采用在套管内钻进一定深度后用压入或振动的方法使套管跟进,直至套管进入锚孔岩面。

(3)导向套管内,按设计要求的锚孔直径、深度钻进成孔,并清孔、压浆。

(4)拆除桩内上段的套管,对桩孔内壁清孔,按设计要求下钢筋笼,灌注混凝土使锚杆锚固。

9.3.6.8　组合式嵌岩桩施工

组合式嵌岩桩的嵌岩方式如图 9-27 所示。根据是否进行锚杆抗拔验证性试验,其施工工序有所不同。

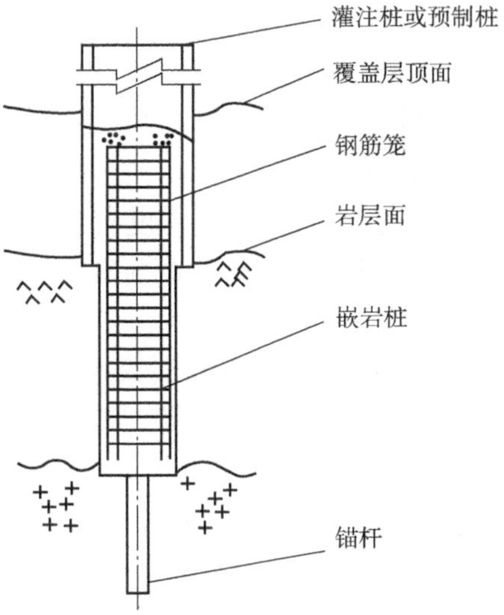

图 9-27　组合嵌岩桩锚固形式示意图

不进行锚杆抗拔验证性试验时,按下列工序施工。

(1)对已成孔的基岩孔进行第一次清孔后移去钻机。

(2)在桩芯和基岩孔内设置钻孔导管及定位器。

(3)按设计要求的直径、深度钻进成孔。

(4)利用导管清孔,下锚杆,压注水泥浆,使锚杆与基岩锚固。

(5)拆除导管,下钢筋笼,再次清孔,灌注水下混凝土至设计高度,使锚杆与嵌岩段锚固。

锚杆抗拔验证性试验,可按下列工序进行。

(1)对已成孔的基岩孔进行清孔,下钢筋笼,灌注水下混凝土,混凝土灌注至桩端口以上 1.5 m 处,在水下混凝土初凝后采取措施清除混凝土面层的浮渣。

(2)在桩内设置导管和定位器,钻锚孔至设计要求的深度。

(3)利用导管进行清孔,下错杆,压注水泥浆至锚固岩面以上 500 mm 处,使锚杆与岩体锚固。

(4)锚固浆体强度达到 70% 后,进行抗拔试验;试验完成后,灌注桩芯混凝土至设计高程。

9.4　桩帽施工

高桩码头上部结构和桩基之间通过桩帽连成整体,桩帽起到承受和传递荷载的作用,其施工质量关系到码头的稳定和安全。

9.4.1　截桩、接桩

桩基施工完成后,若桩顶高程与设计高程不符或桩顶破损时,只有按规定进行截桩或接桩处理,才能进行桩帽施工。

9.4.1.1 截桩

沉桩完成后，若桩顶高程高于设计高程或桩顶混凝土裂损部分应予截除或凿除。凿除桩顶混凝土裂损部分时应防止凿除面以下混凝土掉角、松动或开裂。预应力混凝土桩顶截除应选用对预应力传递长度影响小的方法。

在桩顶设计高程处，宜先环桩周顶切割，切割深度宜为 30~50 mm。桩顶截除后的高程允许偏差为 -30~+10 mm；现浇桩帽或墩式码头的桩顶截除后的高程允许偏差，可根据结构要求确定。

截桩机是一种适合桩基工程中快速截除钢筋混凝土桩头的工程机械，操作简单、高效率、低噪声、低成本，适用于多种桩基形式桩头的截除，如灌注桩、预制桩等；可分为圆形截桩机和方形截桩机，一般圆形截桩机适用桩径为 300~1 800 mm，方形截桩机适用桩边长为 250~600 mm。截桩机工艺流程为：先将截桩机连接于工作桩头截桩处，夹住需要截断的桩面，然后加压直至混凝土桩身断裂，并用氧乙炔熔断或用圆盘锯锯断钢筋，最后，桩身截断后直接利用平台提升力将混凝土块提升，并将碎桩块移至指定位置。

无论钢筋混凝土桩或钢桩，若截除部分的长度超过 1~2 m，则必须配以吊车作业，在凿除或切除接近结束时，将凿除的桩段锁扣吊住，以便将其移走，同时防止截下的桩段倾倒碰坏保留的桩顶或伤人。

9.4.1.2 接桩

当沉桩后桩顶高程低于设计高程时，可采用局部降低桩帽或接桩进行处理。接高部分应满足设计要求。

当桩与上部结构的连接方式采用固接时，应清除桩嵌入深度范围内桩周防腐材料。

9.4.2 现浇桩帽、横梁

当高桩码头的上部结构为预制安装时，一般桩基上均设有桩帽。根据桩基布置情况，桩帽的形式可分为单桩桩帽和叉桩桩帽，有的还有双桩桩帽或簇桩桩帽。为增强高桩码头横向排架的整体性，有时直接在桩上现浇横梁，既可发挥横梁的作用并替代桩帽的作用，而且使排架内所有的桩能更好地连成整体。

现浇钢筋混凝土桩帽、横梁施工的一般顺序为：安装模板支承系统→铺设底模→测设侧模边线（和桩的竣工偏位值）→支设或吊安侧模→绑扎钢筋或吊安钢筋骨架→浇筑混凝土→养护→拆除或吊去侧模→拆除底模和支承结构。

9.4.2.1 支承系统结构

按力的传递方式，支承系统可分为夹桩式、钢抱箍式、悬吊底模式和悬吊侧、底模式。支承系统必须有足够的支承能力，双桩桩帽、叉桩桩帽和簇桩桩帽的支承系统还要有一定刚度，以防止桩间发生相对变位，使桩帽混凝土开裂。当水深、流急或有风浪时，相邻桩的支承系统之间应做适当连接，以增加其抗流、浪的能力，使新浇筑的桩帽混凝土不会因振动过大而开裂。

1. 夹桩式

夹桩式支承系统适用于钢筋混凝土方桩。根据所需支承力的大小，由 1~3 层夹桩木和紧固螺栓组成。图 9-28 为设置 2~3 层夹桩木的示例。

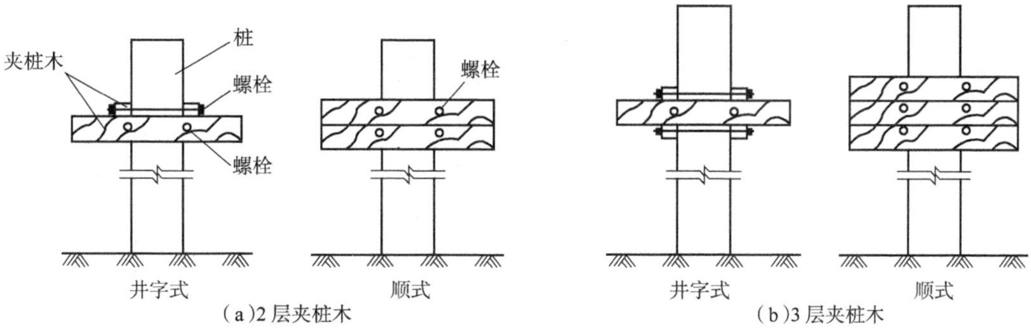

图 9-28　夹桩支承系统示意图

夹桩式支承系统的支承能力(取决于夹紧力和摩擦系数)较小,且难以准确计算,但操作方便,常用于支承重量较小的桩帽。浇筑混凝土前,为防止因振动或夹桩木的干缩而影响螺栓的夹紧力,宜将螺母再紧一遍;为安全起见,拆除侧模后,将底模临时吊挂在桩帽上,先拆夹桩木、后拆底模。

2. 钢抱箍式

钢抱箍式支承系统是靠抱箍与桩身间的摩擦力支承桩帽的施工荷载,适用于直径不大于 1 200 mm 的钢管桩和混凝土管桩。钢抱箍由圆弧形的两片组成,用短螺栓连接;为支承上面的方木或钢梁,在抱箍平面内焊接支承用型钢。钢管桩上安装钢抱箍时,抱箍与钢桩间垫以薄胶带,避免损伤钢桩表面的防腐层。图 9-29 和图 9-30 分别为单桩和叉桩桩帽的钢抱箍支承系统结构。

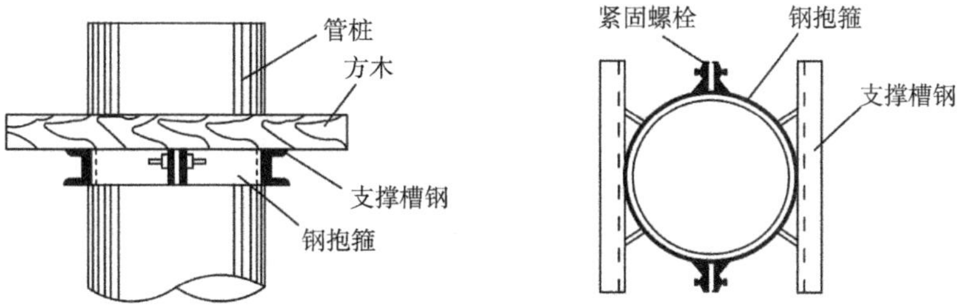

图 9-29　单桩桩帽钢抱箍式夹桩结构示意图

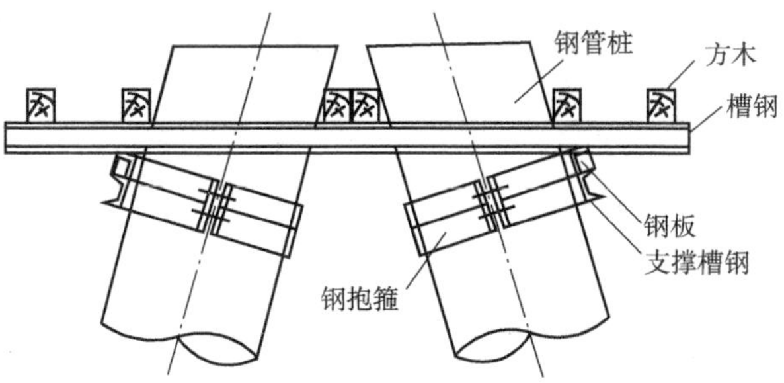

图 9-30　叉桩桩帽钢抱箍式夹桩结构示意图

3. 悬吊底模式

悬吊底模式支承系统由平面刚架、螺栓吊杆和主、次钢梁组成,如图 9-31 所示。该系统可阻止桩与桩间相对变位且能准确计算支承力，但用钢量大、费用高，仅适用于支承受浪、流作用大的双桩、叉桩和簇桩的桩帽或质量较大的桩帽施工。

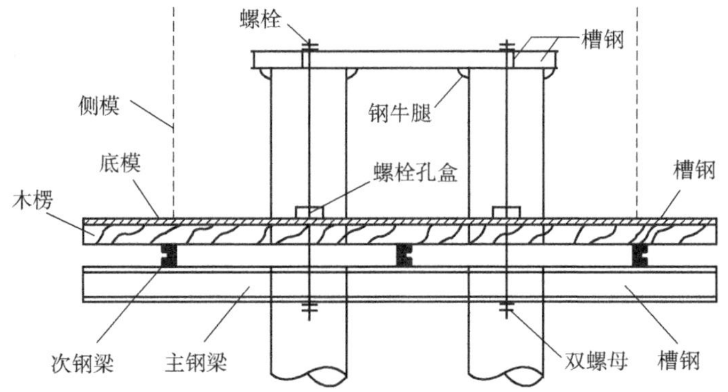

图 9-31 悬吊底模式支承系统

支模时，通过松、紧螺栓吊杆的上螺母可调整底模的高程和水平；拆模时，拆除侧模后，松螺栓吊杆的下螺母，先拆除底模和次钢梁，后拆主钢梁，截除螺栓吊杆（下部丝杆和双螺母截下后可重复使用），拆除螺栓孔木盒，用水泥砂浆或环氧树脂堵孔。

4. 悬吊侧、底模式

悬吊侧、底模式支承系统由钢扁担梁和钢支墩组成（图 9-32），须配以钢侧模和钢楞，适用于平面尺寸大、重量大的桩帽。

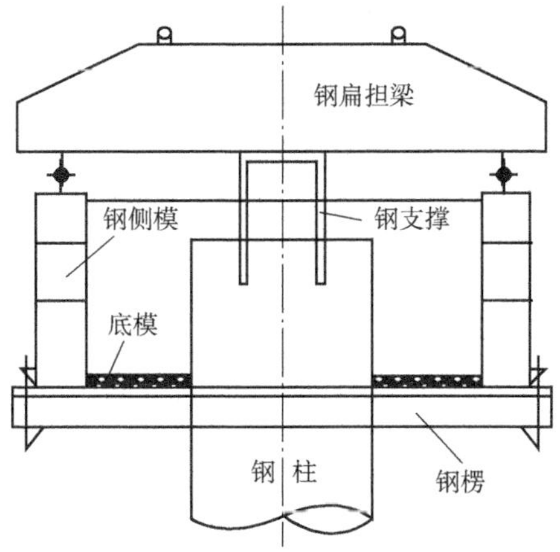

图 9-32 悬吊侧、底模式支承系统

9.4.2.2 模板

1. 底模

底模板的支承楞用木楞或型钢，底模板用木板。

2. 侧模

一般用组合式钢模或木模，亦可用组合式钢筋混凝土板模，并将其作为桩帽结构的一部分。组合式钢筋混凝土板模，如图 9-33 所示，由四片预制钢筋混凝土板拼装而成，拼装缝设在相对的两侧，通过调整缝宽适应桩的偏位。缝的两侧预埋 2~3 层角钢，采用搭接焊，作为组装、吊装时的连接固定件。板内侧按一定间距埋设锚筋，以增强现浇混凝土与预制钢筋混凝土模板之间的结合。

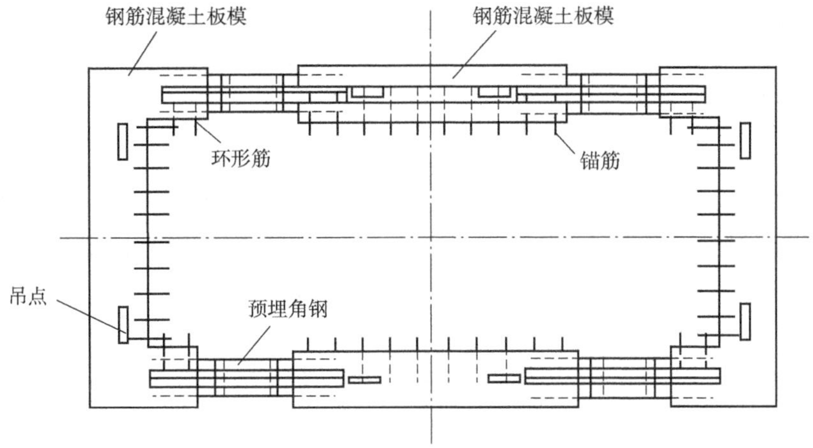

图 9-33 组合式钢筋混凝土板模

9.4.2.3 混凝土浇筑

浇筑混凝土前，现场绑扎钢筋或安装预制钢筋骨架，并检查验收模板、钢筋、预留孔和预埋铁件等。浇筑混凝土时，小桩帽多采用陆上拌合混凝土，舢板运混凝土，人力下灰、振捣；大桩帽一般采用混凝土拌合船供灰，人力振捣。混凝土养护采用围埝蓄水法，淡水用水驳供水。

浇筑水位变动范围内的桩帽、横梁混凝土时，应掌握施工水位的变化情况，保证现场浇筑混凝土质量；在有潮汐的地方施工，新浇混凝土应加早强剂，新浇混凝土至少 2 h 后才允许被水淹没，以免水泥浆被水冲走，影响工程质量。

9.5 上部结构施工

高桩码头的上部结构包括纵、横梁，轨道梁，面板和靠船构件等，其施工工艺可分为现浇整体式和预制安装式两种。为减少现场混凝土浇筑施工的工程量，上部结构多采用预制安装式，在现场只进行构件安装、现浇构件接头（缝）和现浇码头面层。

9.5.1 构件预制、吊运及安装

9.5.1.1 构件预制

非预应力钢筋混凝土的上部结构构件大部分在临时性预制场预制，预应力钢筋混凝土的梁、板一般在专门预制场预制。张拉台座结构应进行专项设计，并应具有足够的强度、刚度和稳定性，后张法预应力构件台座应设置反拱度。

临时性预制场地应尽量靠近施工现场，有存储场地，并临近水域便于出运构件；岸坡稳定，地基有足够承载力，不产生有害的不均匀沉降；受水位变化和风浪的影响小，易于排水；尽可能利用原有码头面作为预制场，可省去预制场地基的加固处理，但构件及施工机械荷载不能超过码头的设计荷载；对周边环境的不利影响小。

预制构件混凝土潮湿养护不应小于 10 d，高性能混凝土构件或大体积混凝土构件潮湿养护不应小于 14 d。

预制构件上需注明工程名称、构件类型、混凝土浇筑日期和施工编号。预制构件在出厂前应进行验收。

9.5.1.2 预制构件吊运、存放及装驳

预制构件在吊运、存放及装驳的过程中，构件要有足够的刚度，不至于在起吊运输过程中发生变形和损坏。若构件本身刚度不够，要临时加固或减小吊运时构件产生的应力，并且采取防止构件边、角及防腐涂层损坏的必要措施。

在预制场，构件用龙门吊起吊，对吊具的要求是操作方便、迅速和起吊安全。常用的吊具有：用钢丝绳或链条做的吊索（千斤绳）、横吊梁（铁扁担）、专门的吊具（吊钩、卡环、夹具等）。吊点的位置会影响构件起吊应力的性质及大小，必须合理地选择并验算起吊应力。吊点和起吊方式的选择，还要考虑起重机械的起吊高度及伸臂长度。一般钢筋混凝土梁采用两点吊，板采用四点吊，其吊点位置由构件的受弯计算控制。

要有足够的场地存放预制的构件，不宜占用预制场地，存放场地要平整坚实，以免因地基变形损坏构件，并按规定继续进行养护。不同规格的预制构件宜分开存放。多层堆放预制构件时，其堆放层数应根据构件强度、地基承载力、垫木强度和存放稳定性确定。各层垫木应位于同一垂直面上，其位置偏差不应超 ±200 mm。岸坡顶部堆放预制构件时，应核算岸坡的稳定性，并加强观测，必要时采取防止岸坡滑坡、岸坡发生有害位移和沉降的措施。

驳船装运预制构件时，驳船甲板上均匀铺设垫木，适当布置通楞，用木楔调整垫实，预制构件均匀对称地摆置在垫木上，由拖轮运至工地，注意构件装驳顺序和安装顺序，应使驳船处于平衡状态。陆上运输预制构件时，各支点位置应符合设计要求，并应防止过大震动。在斜坡上采用滑道运送时，滑道应平整，构件应保持平稳。

9.5.1.3 预制构件安装

根据承台宽度、桩基和桩帽流水施工、构件大小（轻重），上部结构构件的安装方法可采用水上浮吊安装、陆上吊机安装或水上与陆上安装并用的方法。

本节仅对预制装配式上部结构的安装施工进行叙述。

1. 安装方法

1）浮吊安装法

浮吊安装法是高桩码头上部结构常用的主要施工方法，速度快、移动灵活，能满足大重量构件安装要求。现场必须具备浮式起重设备，且浮吊常常受到风浪的影响和码头承台宽度的限制，安装施工要与桩基和桩帽施工的流水等统筹安排。

2）吊车安装法

吊车安装法采用大型汽车吊或履带吊，利用已安装完成的码头上部结构逐渐向前推进。要求已安装完成的上部结构达到整体稳定，梁板接头（接缝）混凝土达到设计强度，并预先做荷载验算和试载。采用此方法，预制构件不宜过重，安装吊距不宜过大，后方应有行车道和车辆回转场地，最适用于码头后承台梁板构件的安装。

3）吊车联合门机安装法

吊车联合门机安装法是以门机安装为主、吊车安装为辅的安装方法，如图 9-34 所示。在门机框架内的构件均由门机进行安装，门机以外两侧的构件由吊车辅助安装。

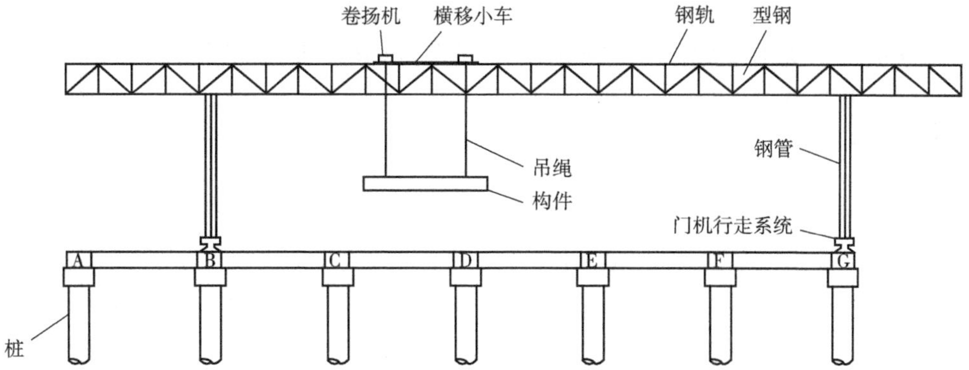

图 9-34　门机布置图

4)全幅式架桥机安装法

全幅式架桥机安装法是利用架桥机安装上部结构构件的一种方法,适用于码头前承台梁、板构件的安装,如图 9-35 所示。该方法为预制构件向大跨度、重型化发展提供新的施工手段。

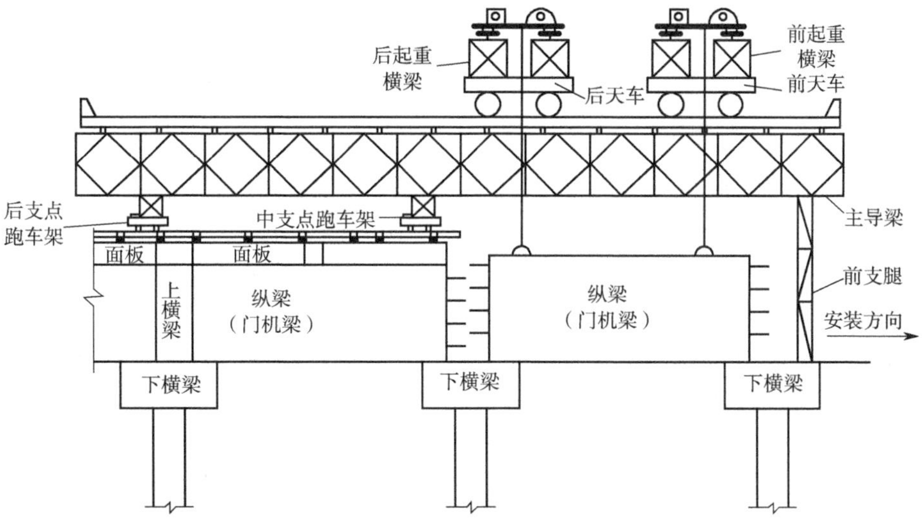

图 9-35　前承台梁、板构件安装示意图

2. 安装前准备工作

(1)测设预制构件的安装位置线和高程控制点。

(2)查对构件的类型编号、外形尺寸、质量、数量、混凝土强度、预埋件、预留孔、吊点等进行复查。构件如不符合要求或质量验收标准,应预先处理或重新预制。

(3)检查支承结构的可靠性以及周围的钢筋和模板等是否妨碍安装。

(4)结合施工工艺,合理确定安装方法,选用船机和吊具,编制预制构件装驳和安装顺序图,按顺序图装驳。

(5)绘制以段为单位的安装图。在图上要标出构件的名称和编号,对非对称形构件还要用简明且具有形象特征的符号标记,以免安错位置或方向。

3. 纵、横梁安装

梁板式高桩码头中，根据梁安装时的支承情况，可分为两点、三点和四点支承的梁。其中，两点支承的梁，常为后方承台的简支梁、前方承台的纵梁（包括门机梁、桥吊梁和联系梁等）和前边梁等；三点和四点支承梁为前方承台的横向连续梁。

在安装的技术要求上，简支梁比连续梁的要求高。安装简支梁，不仅要保证梁在桩帽上搁置长度不小于设计规定的最小值，而且还要保证桩帽上的外伸钢筋全部插进梁端部的预留孔；安装梁时，应在支承面（桩帽顶）铺设水泥砂浆找平层，其厚度为 10~20 mm，当超过 20 mm 时，应采取加设垫块的措施。安装连续梁，梁在桩帽上的搁置长度无最小值要求，梁端下的垫块和砂浆主要起控制高程和防止梁倾斜的作用，所用的垫块和砂浆只需满足施工条件的强度要求，传递荷载主要靠接头混凝土。

1）后方承台简支梁安装

安装前，用钩镰棍调整锚固筋，在桩帽顶面和侧面分别标出梁的端边线和侧边线。安装时在边线范围以内满铺水泥砂浆（图 9-36），在梁的预留孔内插导向管，吊梁就位（图 9-37），用钩镰棍使锚固筋对准导向管，起重设备徐徐松钩进行安装。安完后，取出导向管，用水润湿预留孔壁，向预留孔内浇筑水泥砂浆或细石混凝土，以梁、桩帽的侧面为准，用抹子压水泥砂浆，检测和记录梁的侧向倾斜度和两端的搁置长度。

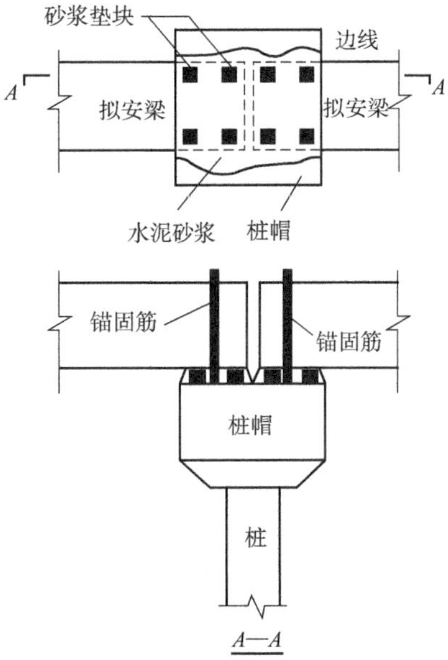

图 9-36　安砂浆垫块和铺水泥砂浆

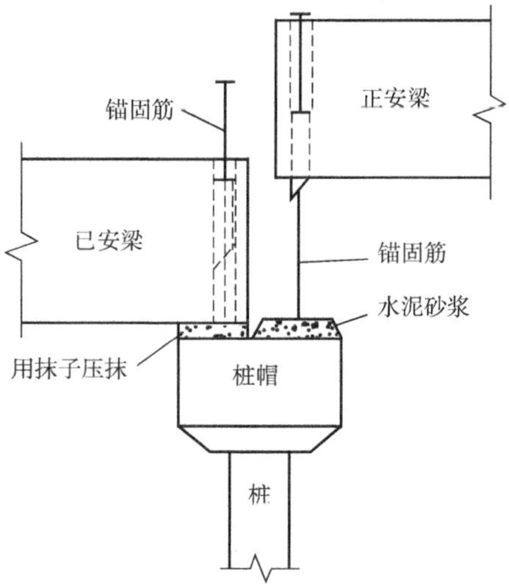

图 9-37　铺水泥砂浆并安装梁

2）前方承台连续梁安装

前方承台的纵向梁及横向梁均属于连续梁结构，施工时，纵向梁采用分跨整根预制安装、浇筑接头混凝土；横向梁采用每个排架整根预制安装或按排架内桩距分段预制、安装、灌注接头混凝土。

（1）两点支承梁安装。横向连续梁的安装如图 9-38 所示。

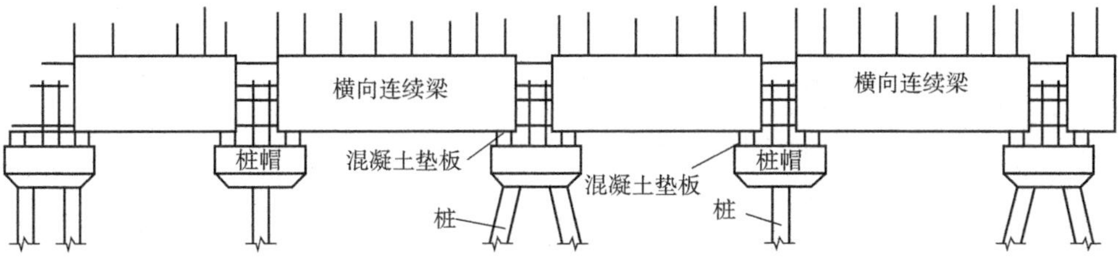

图 9-38　横向连续梁安装

(2)三点和四点支承梁安装。三点和四点支承的梁,如图 9-39 所示。安装时都是临时两点支承,俗称“硬支点”,其位置按设计位置确定。安装前,在桩帽上用水泥砂浆稳安细石混凝土垫块做成“硬支点”。安装后,其余点用硬木楔支顶,待接头混凝土或填充混凝土浇筑后,取出硬木楔,遗留下的孔用水泥砂浆填堵。

4. 面板安装

按高桩码头面板的支承情况,板可分为两边、四点和多点支承板。其中,两边支承板为梁板式高桩码头的后方承台简支板和前方承台连续板;四点和多点支承板为无梁板式高桩码头的双向连续板。

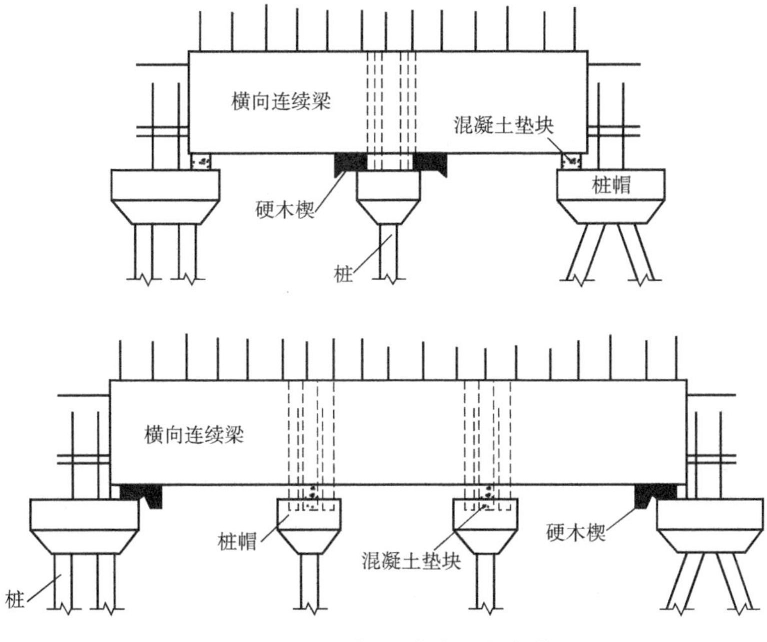

图 9-39　三点、四点支承梁安装

以两边支承板为例,简支板的安装同上述简支梁的安装,安装后按设计要求,用短钢筋将板接头处的数对外露钢筋用搭接焊进行连接。如图 9-40(a)所示,连续板一般是四侧(至少是两侧)有外伸环形接头钢筋,安装时,为避免环形钢筋相碰,板与板之间宜相对错开,若有个别钢筋相碰可用撬棍拨开,拨不开的非受力筋可用气割切断相碰部分,但安稳后须用电焊焊接上;安装时所垫的水泥砂浆要“外高、内低”,如图 9-40(b)所示。

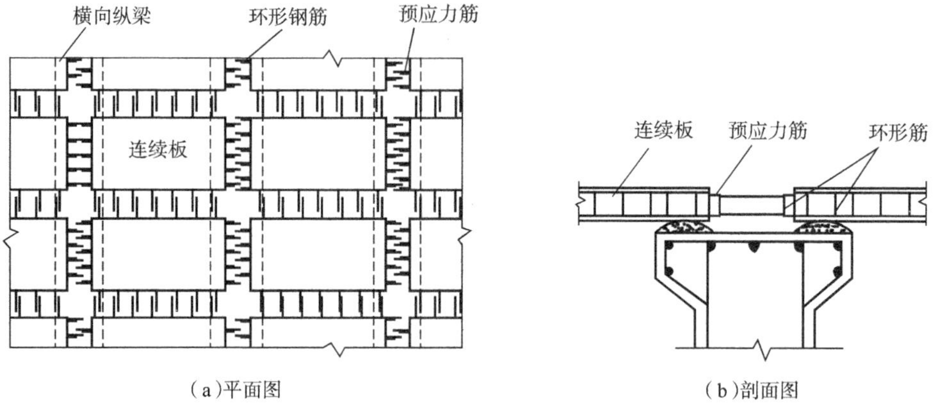

图 9-40　连续板安装

5. 靠船构件安装

因靠船构件的重心与安装时的支承点不在同一垂线上，吊安时须在其顶部设手动葫芦施以水平力，使其正位，之后，顶部用拉杆与横向连续梁上吊耳相连；下部与桩帽之间垫硬木楔，然后撤出手动葫芦，如图 9-41 所示。

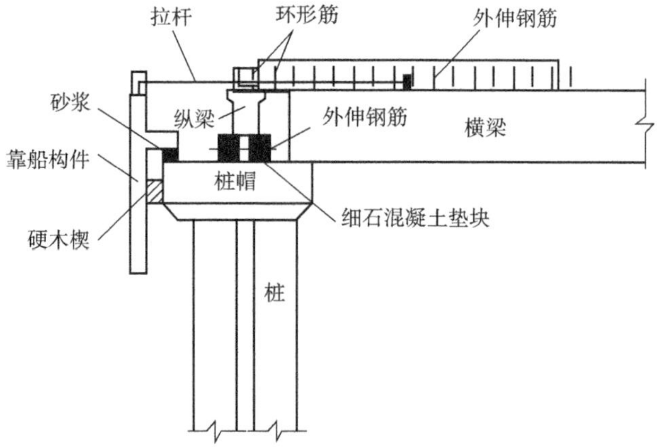

图 9-41　靠船构件安装

如果码头为高桩墩式结构，靠船构件单体重量大、高程亦较低，其安装工艺宜为：先浇筑墩身混凝土，并在其中预埋型钢托架和连接钢筋，待混凝土强度满足要求后安装靠船构件，如图 9-42（a）所示；将墩身混凝土分两次浇筑，先浇筑底部厚为 500~600 mm 的混凝土，待靠船构件安装后再浇筑上层混凝土，如图 9-42（b）所示。

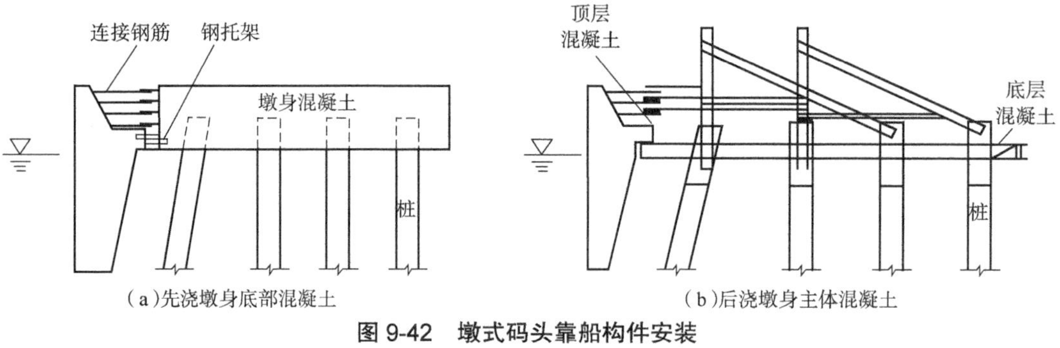

图 9-42　墩式码头靠船构件安装

靠船构件安装后，在未浇筑其与梁、板之间的接头（缝）混凝土之前，严禁停靠船舶，以免碰撞靠船构件。

6. 轨道安装

在高桩码头中，一般设有火车和装卸机（门机、桥吊）的轨道，可采用吊轨法和预埋法进行安装。

1）吊轨法

采用吊轨法安装轨道，即沿轨道按一定间距安设吊轨架，以固定轨道的位置，不仅可牢固地固定轨道的位置，而且使轨下混凝土与轨道底能完全紧密接触。为确保两条轨道在同一断面的高差不超过允许值，宜沿中心线支立水平仪，使同一断面测点的前视距离完全相等。

2）预埋法

预埋法是先将轨道螺栓预埋在轨道梁顶部叠合层混凝土内，为使螺栓位置及高程准确，采用小型角钢制作定位架方法，将每个螺栓按要求间距固定于定位架上，架子再电焊固定于面板外伸钢筋上，预埋螺栓浇筑混凝土的同时，应使轨道底面即轨道槽底面的混凝土高程误差严格控制在 ±2 mm 之内。为此，在槽内预先设有焊接固定的扁铁，间距 2 m，扁铁高程即设计高程。此即控制依据，螺栓埋设并经检验合格后，铺设橡胶垫板，安装钢轨等。预埋法施工如图 9-43 所示。

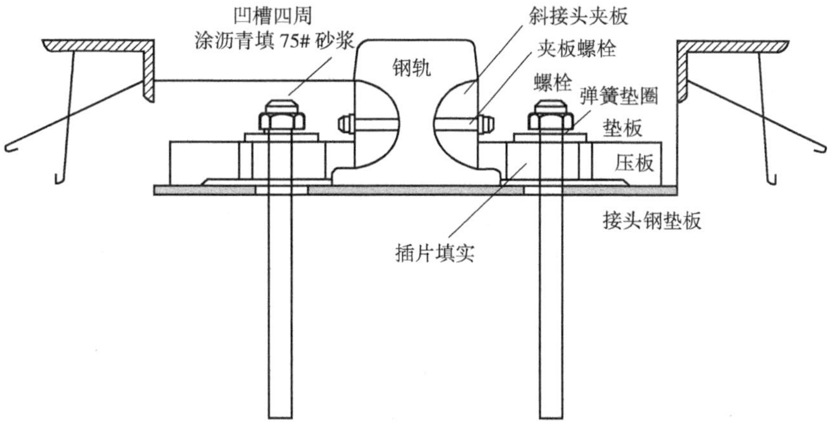

图 9-43　预埋法施工示意图

9.5.2　接头（缝）及面层等混凝土施工

混凝土浇筑工艺应满足分层铺摊和振捣要求。混凝土强度达到 5 MPa 前，锤击沉桩处与现场浇筑混凝土之间的距离不得小于 30 m；锤击能量超过 280 kN·m 时，应适当加大沉桩处与现浇混凝土的距离。

9.5.2.1　现浇接头（缝）混凝土

高桩码头的上部结构中，梁与梁、板与板、梁与板和靠船构件等的接头（缝）很多，为使码头逐片逐段形成稳定体系，应及时分批浇筑接头（缝）混凝土。

设有后方承台的码头，宜在后方接岸棱体后侧回填完成之后，再进行梁板接头（缝）混凝土浇筑，以适应岸坡变形，避免混凝土发生裂缝。

分层浇筑混凝土时，各层留置伸缩缝和沉降缝的上下位置应一致，缝内不得有杂物。

9.5.2.2 现浇悬臂板

在高桩码头边缘，一般总有部分悬臂板需要现场浇筑。根据模板承受荷载的大小，其工艺也有所不同。在荷载较小且底部搁栅（或其他支点）能承重的情况下，采用如图 9-44（a）所示施工工艺，木支架间距由计算确定；在荷载比较大且底部搁栅（或其他支点）不能满足承重条件的情况下，采用如图 9-44（b）所示施工工艺，角铁支架间距由计算确定；在荷载更大且上述两种施工工艺都不能满足承重条件的情况下，采用如图 9-44（c）所示施工工艺。

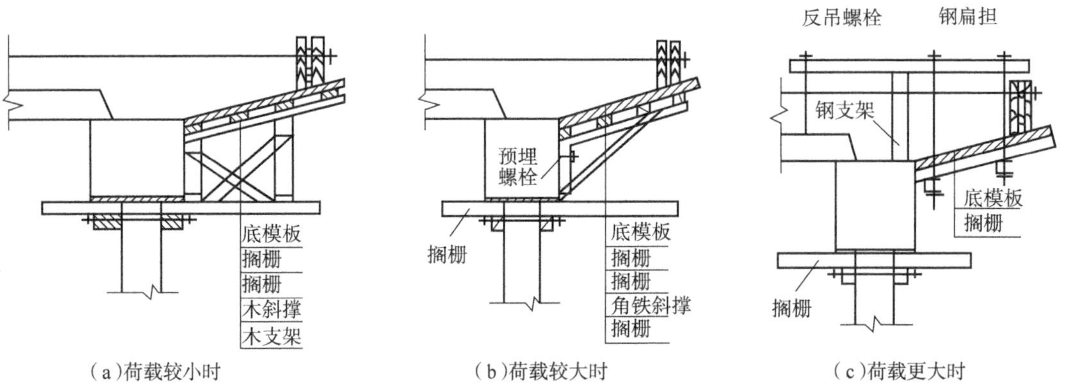

图 9-44 现浇悬臂板工艺

9.5.2.3 现浇码头面层

码头大面积面层混凝土施工应采取控裂措施。现场浇筑时应采取防雨、防晒、防风、防冻等措施；浇筑完成后宜采用覆盖或蓄水等养护措施。装配整体式结构应先浇筑纵横梁节点及预制板接缝处的混凝土，再浇筑码头面层混凝土。高桩码头面层混凝土裂缝形式主要有梁顶及板缝的裂缝和面层混凝土的龟裂两种，采用的防裂措施具体如下。

1. 梁顶及板缝的裂缝

桩基沉降、岸坡变形和结构位移等，对码头面层混凝土变形均产生影响，尤其是对码头面层混凝土的梁顶和板缝位置处产生更大的直接影响，应尽早锯缝，在横梁顶上锯双缝、板顶锯单缝，以释放应力；布设钢筋网片，增强混凝土表面抗裂能力。

码头大面积现浇混凝土面层可采用切缝机切缝，切缝分块边长以 3.5~5.0 m 为宜。混凝土的切缝位置应根据设计要求、码头结构受力、施工工艺、混凝土性能等情况确定。切缝时间宜在面层混凝土强度达到 10~15 MPa 时进行，切缝深度宜为 20 mm，缝内应采用柔性材料灌填。

2. 面层混凝土的龟裂

龟裂是混凝土收缩裂缝，在面层混凝土浇筑后 15~40 d，也有的则在半年或一年后面层龟裂裂缝才变得明显，裂缝细小、数量多、不规则，往往遍布整个码头面层。因此，防止面层混凝土龟裂应采取综合控制措施，应掺入聚丙烯纤维网改善混凝土性能，提高耐久性；必须同时采取正确、合理的混凝土施工工艺，例如，选择合理的配合比，减少混凝土自身收缩；对老混凝土接触面进行冲洗、充分湿润，保证面层混凝土浇筑的接触面联结良好；加强面层混凝土的下灰整平、振捣、抹面压光等施工控制；尽量选择温差小、风力小的天气施工；及时锯缝等。

浇筑码头面层混凝土时，应根据设计要求埋设固定的沉降、位移观测点，并定期进行观测，做好记录，竣工平面图上应标明观测点，交工验收时交付使用单位。

9.5.2.4　现浇护轮坎

护轮坎和码头面层都是码头的形象工程，不仅要保证其内在质量、表面质量，而且要十分注意其外观整体形象，即高程整齐划一，轮廓线通长笔直，模板立好后反复检查、确保质量。现浇护轮坎施工工艺和模板架立非常重要，其施工工艺如图 9-45 所示。施工步骤如下。

（1）预先在边梁中预埋螺栓，支承和固定外侧模板；在面板中预埋钢筋条，固定内侧模板和对拉螺栓。

（2）对已浇（或预制）面板外沿口凸出部分弹线整平，并用地板胶通长贴好海绵条以防漏浆。

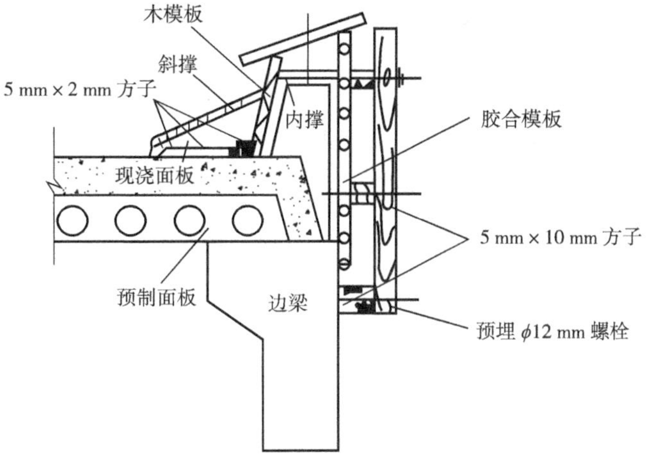

图 9-45　现浇护轮坎工艺

（3）确定立模位置，并用地板胶粘海绵条，立模，内侧用带有钢筋的混凝土垫块支撑，将混凝土垫块电焊固定。

（4）预埋件与模板适当调整后连接牢固。

9.6　接岸结构施工

接岸结构与岸坡的施工工艺及工序应满足码头岸坡稳定要求。当接岸结构与岸坡同时施工时，应考虑岸坡沉降位移对接岸结构的影响，宜先进行岸坡施工后进行接岸结构施工。

9.6.1　接岸结构形式

高桩码头接岸结构随桩台结构、岸坡形式和软基加固方法的不同有多种结构形式，大体可分为后板桩式和挡土墙式两大类。

9.6.1.1 后板桩式接岸结构

在高桩承台的后方设置板桩作为陆域挡土结构，称为后板桩式接岸结构，如图 9-46 和图 9-47 所示。后板桩式接岸结构由后板桩（如钢板桩、混凝土板桩或钢管板桩）、斜顶桩和上部混凝土承台所组成，在板桩墙前后侧设有抛石小棱体。

施工时，斜顶桩与码头承台桩基一起混合编组，采用打桩船水上施打；板桩墙的桩在后承台部分建成后采用打桩架陆地施打，或水上打桩船施打；位于板桩墙前后侧的抛石棱体，采用水上或陆上抛填。当板桩受回填土压力产生变形时，其上部的胸墙或管沟等亦随之变形，使得与斜顶桩连接的部位因承受弯矩而变形开裂，因此斜顶桩与板桩的连接处宜采用铰接。施工时必须要把铰接结构做好，严格要求同一结构段内的各个铰接点必须位于同一直线上，消除铰接处的弯矩。

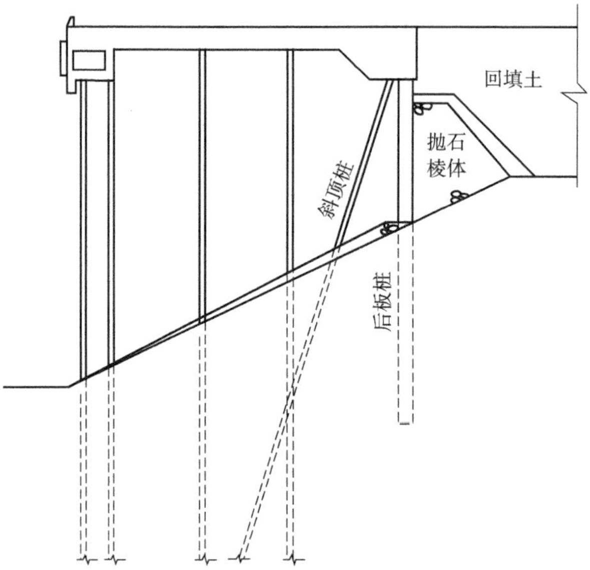

图 9-46 后板桩挡土结构形式（一）

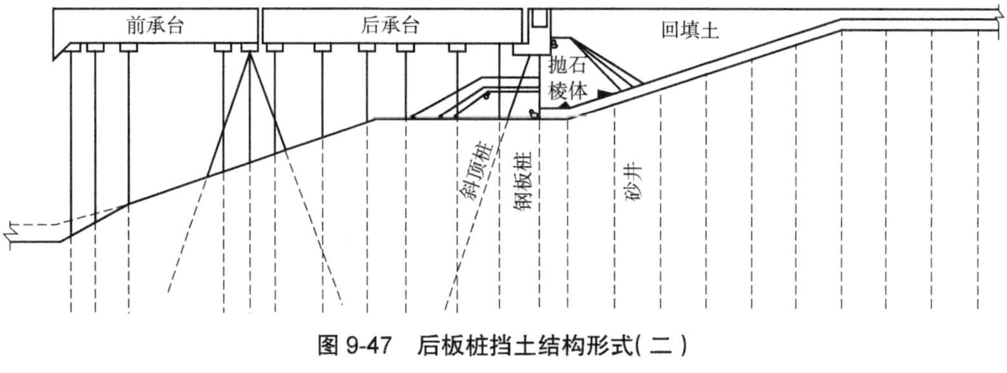

图 9-47 后板桩挡土结构形式（二）

9.6.1.2 挡土墙式接岸结构

在桩台的后方设置独立而稳定的岸坡挡土墙体系作为与陆域的连接结构，又因不同的岸坡形式或软基处理方法分为小棱体挡土墙、中棱体挡土墙和大棱体挡土墙三种，如图

9-48 至图 9-50 所示。

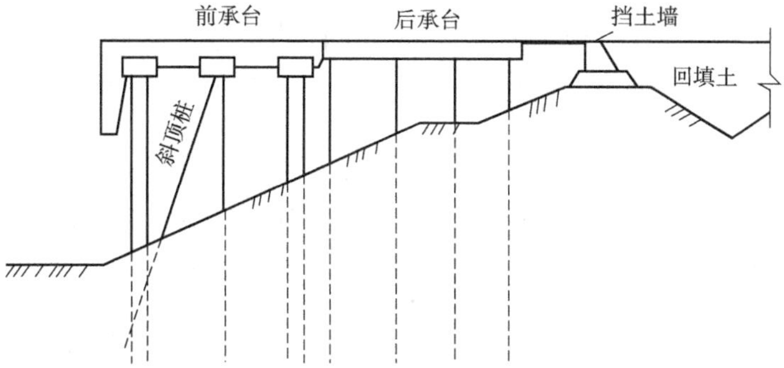

图 9-48　小棱体挡土墙式接岸结构示例

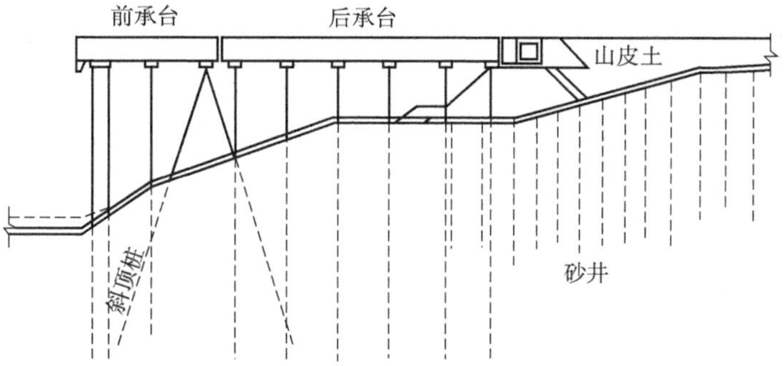

图 9-49　中棱体挡土墙式接岸结构示例

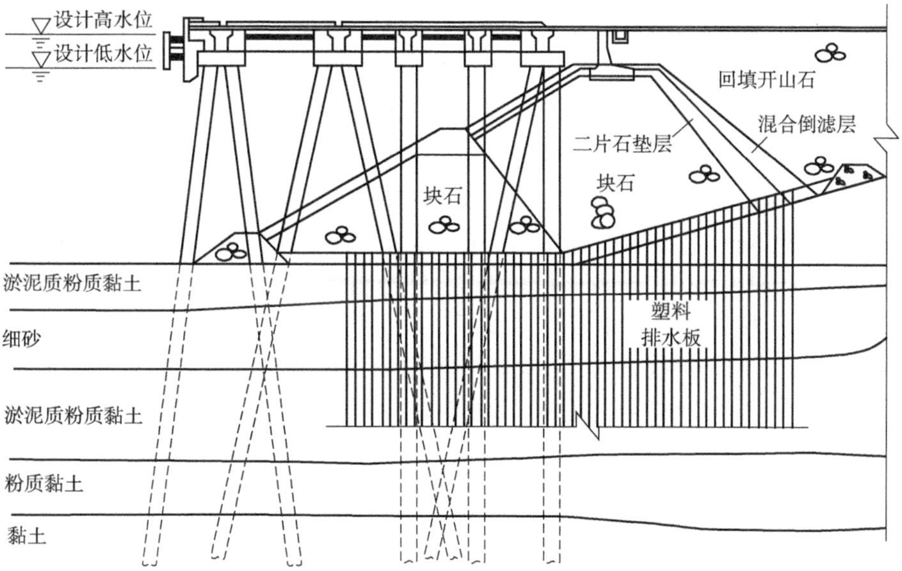

图 9-50　大棱体挡土墙式接岸结构示例

1. 小棱体挡土墙

当岸坡原状土强度较高，地基承载能力较强，只要放缓边坡就能满足岸坡整体稳定性要求时，挡土墙可直接放在自然岸坡上，码头承台较宽，但棱体较小。

2. 中棱体挡土墙

当岸坡是饱和软黏土时，为满足岸坡整体稳定性的要求，需将岸坡接岸处的软土进行适当加固，再设置棱体、建挡土墙；或用抛石棱体置换一部分软黏土，再建挡土墙，这样棱体断面就稍需加大。

3. 大棱体挡土墙

当岸坡土壤强度很低时，需采用置换法进行地基处理，虽然处理费用较高，抛石量大、抛石厚度也很厚，但可以大大缩短岸坡，减窄码头承台，使码头承台结构造价降低。

9.6.2 棱体施工

从各种接岸结构形式来看，棱体施工是接岸结构施工的重要环节，而且必须在桩基施打完成后，在桩林中进行。桩林的纵横向间距通常为 4~8 m。在此条件下进行施工，要根据结构特点、棱体大小和工期要求等选择适宜的施工方法。

9.6.2.1 施工方法

皮带机抛石法：抛石船在桩林外侧，由大跨距皮带机外伸到桩林中抛投石料。

方驳反铲抛石法：抛石船驻位在桩林外侧，由加长臂反铲舷外抛投石料。

方驳吊机吊网兜抛石法：网兜能自动卸料。

小型开底驳抛石法：抛石船能自由出入桩林直接抛投石料。小型开底驳设计舱容量宜为 10~20 m^3。开底方式应设有中间开底和侧边开底两种，前者用于普抛，后者用于护桩和死角处抛石，二者数量配备比例为 2∶1。微型开底驳机动灵活、抛石效率高。

承台开天窗抛石法：码头承台已基本完成后，采用翻斗汽车运石料上承台，临时揭开钢筋混凝土面板，抛填棱体。一般趁低潮理前坡，整平后坡。

9.6.2.2 棱体抛石施工注意事项

接岸结构是高桩码头桩台和陆域堆场的连接结构，它与桩台构成一个完整的高桩码头结构体系。若设计或施工不当，轻则由于岸坡的软土变形引起桩台、桩基开裂；重则由于岸坡的桩体失稳而造成桩台位移甚至倒塌。例如，某高桩梁板式码头，用抛石棱体挡土墙接岸，施工中由于淤泥层未挖净，在抛填棱体时发生滑坡，滑坡体下错 1 m，裂缝宽度 8~15 cm，坡脚棱体向外移动 3 m，造成引桥桩基被挤断，倒在海中；另有某高桩顺岸码头由于接岸处棱体抛填过快引起桩基变形，导致末排桩开裂，桩与桩帽节点错位，将桩帽与横梁之间的连接钢筋拉断。因此，棱体抛石施工要注意以下事项。

（1）沉桩后进行回填或抛石前，清除回淤浮泥和塌坡泥土。抛填过程中，宜定时施测回淤量。如遇大风暴、特大潮等异常情况，需及时施测回淤量，必要时再次清淤。清淤后及时进行抛填，做到随清随抛。

（2）当桩基施工完成后即进行抛填时，先进行夹桩、固桩，后进行棱体抛石，尤其是混凝土桩基应特别考虑到这项措施。

（3）棱体的抛石由水域向岸分层、由低向高进行，桩基处应沿桩周对称抛填，桩两侧高差不应大于 1 m（设计另有规定时满足设计要求）。棱体抛石过程中，必须先抛桩周围的护桩石，后抛其余部位。

（4）接岸结构岸坡回填土和抛石不宜采用由岸向水域方向倾倒推进的施工方法。

（5）棱体厚大，且石料规格种类不一，需要分层抛填施工，对于每层厚度及间隔时间通过计算确定，且也应考虑发生移位的问题。

9.6.3　接岸结构沉降与位移

为减少岸坡和接岸结构的沉降、位移对码头的不利影响，如桩基变形、桩帽与横梁间开裂等，除设计上采取接岸结构与码头间用简支结构进行连接、避免在后排采用向岸的斜桩外，施工中可预留接岸结构的沉降高度，对岸坡和接岸结构地基进行加固，以提高岸坡的整体稳定性、增加地基承载力、减小地基压缩变形和水平推力等。另外，对于已经形成的接岸结构岸侧应避免过大的震动荷载；难以避免时，需与震动源保持足够的安全距离。

在施工过程中，根据设计要求，结合现场施工条件设置沉降和位移观测点，对正在施工部位和附近受影响的建筑物或岸坡定期进行沉降和位移观测，并做好记录；浇筑接岸结构顶层混凝土时，埋置固定的沉降、位移观测点，定期进行观测，并做好记录；固定的沉降、位移观测点在竣工平面图上注明，交工验收时交付使用单位。

9.7　高桩码头部件三维数字化展示

为了更好地展现高桩码头的施工流程与部件特点，本节以高桩码头为例，运用 BIM 建模技术和虚拟场景技术对高桩码头部件进行三维数字化展示，扫描表 9-4 中的二维码，即可观看了解高桩码头各部件所在位置和三维构型。

表 9-4　高桩码头部件三维数字化展示表

部件序号	部件名称	二维码
1	桩基	
2	桩帽	
3	横梁	

续表

部件序号	部件名称	二维码
4	纵梁	
5	面板	
6	护舷	
7	系船柱	
8	靠船构件	
9	接岸结构	
10	护轮坎	
11	管沟	

续表

部件序号	部件名称	二维码
12	栏杆	
13	轨道	
14	电缆桥架	

本节以广东某项目高桩码头为例，运用虚拟仿真技术进行三维数字化展示，扫描表 9-4 中的二维码，即可观看了解高桩码头各部件特点。

该 7 万吨级煤炭泊位长度为 278 m，码头面标高为 7.50 m，码头前沿水深 -15.50 m。考虑到工程海域地质土层为黏土和砂互层，综合考虑工程造价、打桩难易、施工经验等，桩基础采用 ϕ800 mmPHC 桩（B 形）。

码头平台宽度为 28 m，码头前沿设计底高程为 -15.5 m。工作平台由基桩、桩帽、上部梁板组成。横梁和基桩组成的排架间距为 7.0 m，基桩采用 ϕ800 mmPHC 桩，桩端持力层在黏土或中粗砂层；对局部段土层夹有较厚的密实砂层，为提高砼桩的穿透能力，达到设计承载力，桩头设长 5 m 内直径为 580 mm 的钢桩头。每排架设 8 根基桩，其中 4 根直桩，2 对叉桩，叉桩斜率为 3.5 : 1 和 4 : 1。

上部为梁板结构，横梁分为上横梁和下横梁，为倒“T”结构，下横梁为预制混凝土结构，宽度为 1.4 m，高度为 0.9 m，上横梁为现浇混凝土结构，宽度为 0.8 m，高度为 1.60 m，在设置靠船构件处局部加宽。轨道梁和纵梁为花篮形梁，轨道梁宽 1.0 m，高度为 2.50 m；纵梁宽为 0.6 m，纵梁高度为 1.60 m。面板为混凝土叠合板，预制板厚度为 0.3 m，现浇层厚度为 0.15 m。面板顶面设现浇磨耗层，磨耗层最小厚度为 50 mm。为了防止码头面混凝土出现局部收缩裂缝，在现浇面层内掺加抗裂纤维。码头防撞设施采用 SUC1150H 两鼓一板标准反力型橡胶护舷和 DA500H 标准反力型橡胶护舷，间隔布置；其中 SUC1150H 鼓形护舷最大间距为 14 m。码头断面图如图 9-51 所示。

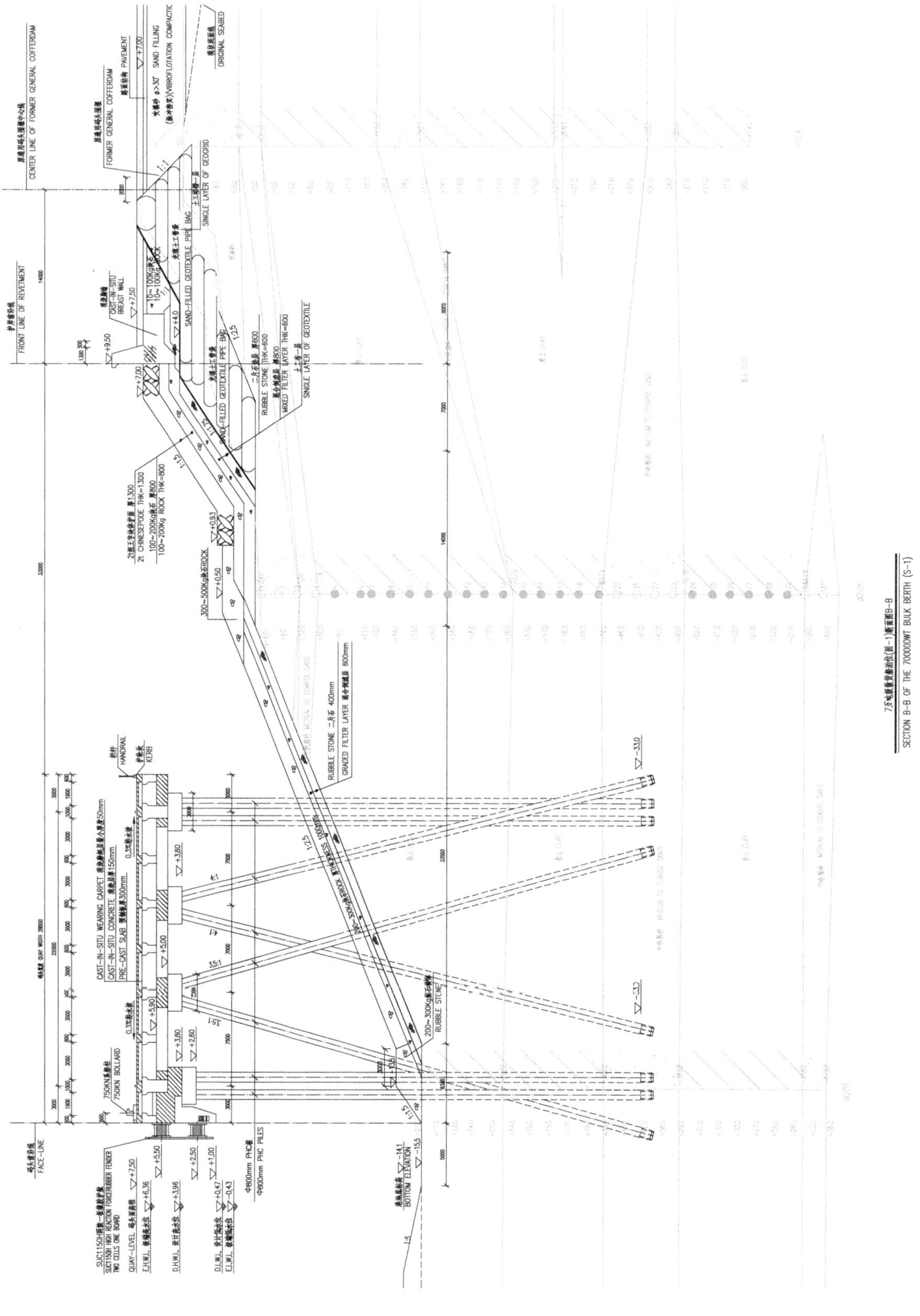

图 9-51 高桩码头断面图

肖忠教授团队结合 BIM 建模技术、多媒体交互使用技术、虚拟场景技术、计算机仿真模拟技术和网络技术，通过构建三维虚拟施工场景，建立了“基于 BIM 技术的梁板式高桩码头施工过程的虚拟仿真实验”系统，网址为：http://8.210.94.147:6901/#/login，让学生在网页客户端按照高桩码头的施工全过程的逻辑顺序，以“搭积木的形式”虚拟仿真建造高桩码头，并在三维虚拟场景中通过交互界面的问答形式使学生掌握施工工序的技术要点，使学生能够学在其中，乐在其中，学到知识，培养兴趣，认识专业，提高自信，体会作为工程师的成就感。该虚拟仿真实验系统已布设在阿里云上，可免费使用，进入网页后，点击专家通道可进入。在该系统中录入学生信息后，学生可以进入课程考核模块检验自己对知识点的掌握情况，系统自动评分出报告，教师可及时全面了解学生的掌握情况。使用过程中需要帮助可联系肖忠教授，邮箱：tjuzhongxiao@tju.edu.cn。

第 10 章　板桩码头施工

10.1　概述

板桩码头是码头的主要结构形式之一。其优点是:结构简单、施工工序少、所用施工设备少、施工速度快;材料用量少、造价低;对复杂的地质条件适应性强;根据原泥面情况,可以少挖甚至不挖泥即可施打板桩、可以少挖填。其缺点是:抗震性能差、震损后难以修复;板桩墙后填土之前,抗风浪能力差,耐久性较差,不适于在无掩护条件下施工;板桩墙在施工过程中易产生向前的倾斜,倾斜后不易处理。

板桩码头是由连续沉入地基一定深度的板桩墙构成的直立墙体,主要由前墙、拉杆、锚碇结构、导梁、帽梁和码头附属设施等组成,如图 10-1 所示。板桩码头的施工程序如图 10-2 所示。板桩码头施工应符合现行行业标准《码头结构施工规范》(JTS 215)的相关规定。

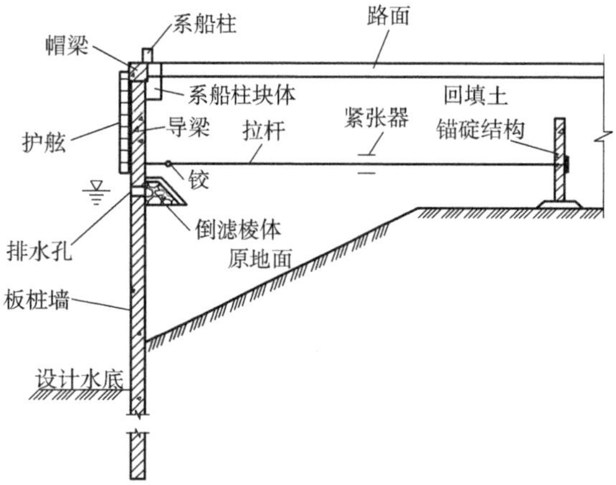

图 10-1　单锚板桩码头断面图

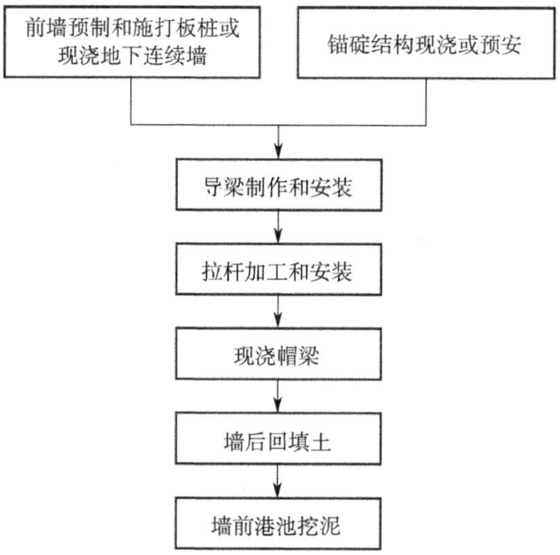

图 10-2　板桩码头施工程序

10.1.1　板桩码头分类及其结构特点

10.1.1.1　分类与结构形式

板桩码头可按板桩墙的材料、构造、锚碇系统和施工方法进行分类,如图 10-3 所示。

板桩码头的结构形式有单锚板桩码头、无锚板桩码头、多锚板桩码头、斜拉式板桩码头、遮帘式板桩码头、半遮帘式板桩码头和卸荷式板桩码头等多种形式,如图 10-1 和图 10-4~图 10-9 所示。

- 按板桩材料分
  - 木板桩（现已少见）
  - 钢筋混凝土板桩
  - 钢板桩

（a）按板桩材料分类

- 按板桩墙构造分
  - 普通板桩（板桩长短固定）
  - 长短板桩相结合
  - 主板桩辅板桩相结合
  - 主板装挡板相结合
  - 地下连续墙
  - 遮帘桩

（b）按板桩墙构造分类

- 按锚碇系统分
  - 有锚碇板
    - 斜拉桩式锚碇
    - 拉杆式锚碇
      - 板式（平板、双向梯形、T 形）锚碇
      - 桩式（直桩、叉桩）
      - 梁式锚碇
      - 板桩墙式锚碇
  - 无锚碇板

（c）按锚碇系统分类

- 按施工方法分
  - 打入式（锤击、振动）
  - 地连墙式

（d）按施工方法分类

图 10-3　板桩码头分类

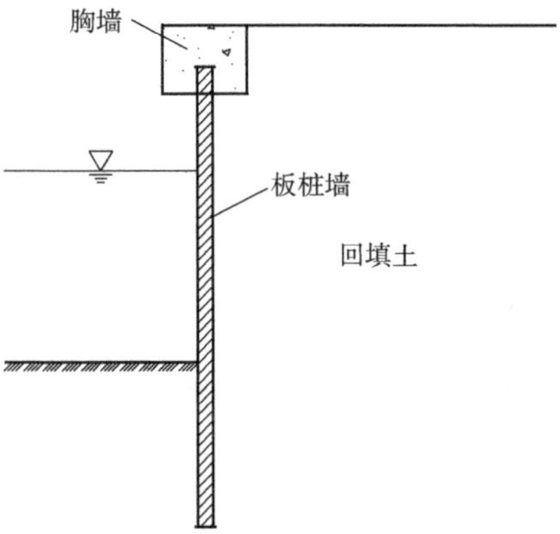

图 10-4　无锚板桩码头

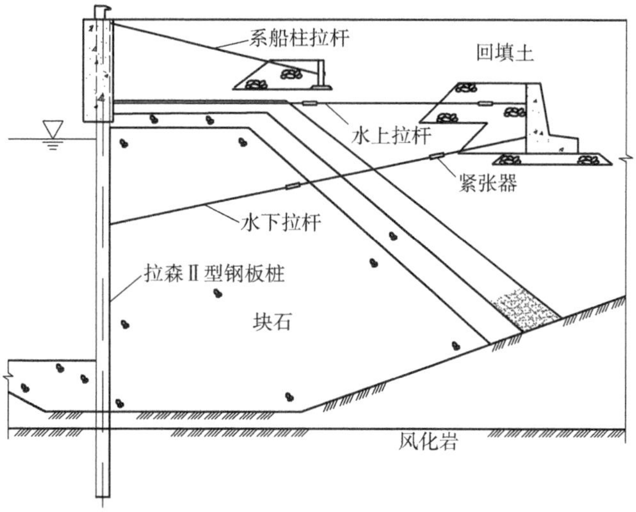

图 10-5　多锚板桩码头

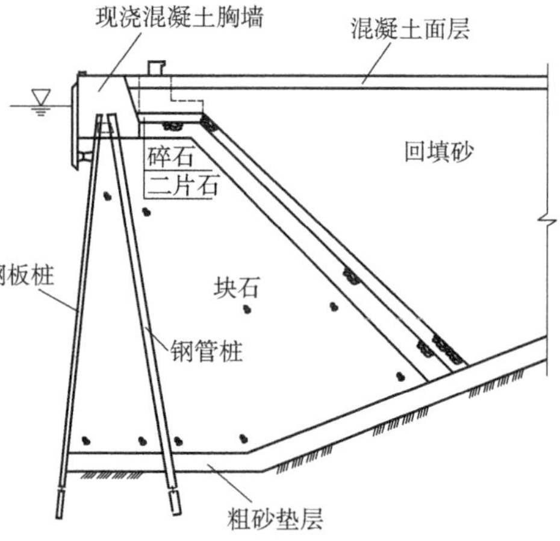

图 10-6　斜拉式板桩码头

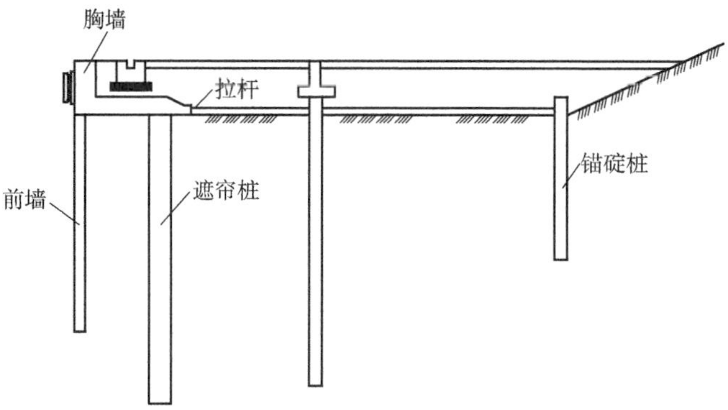

图 10-7　遮帘式板桩码头

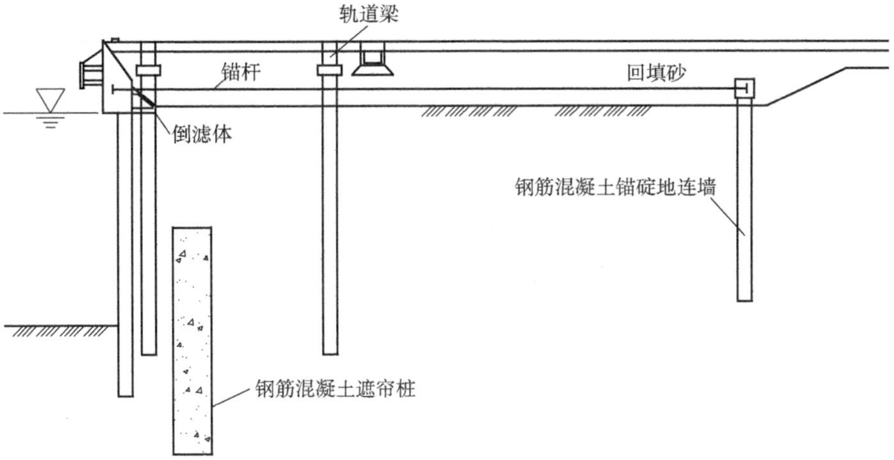

图 10-8　半遮帘式板桩码头

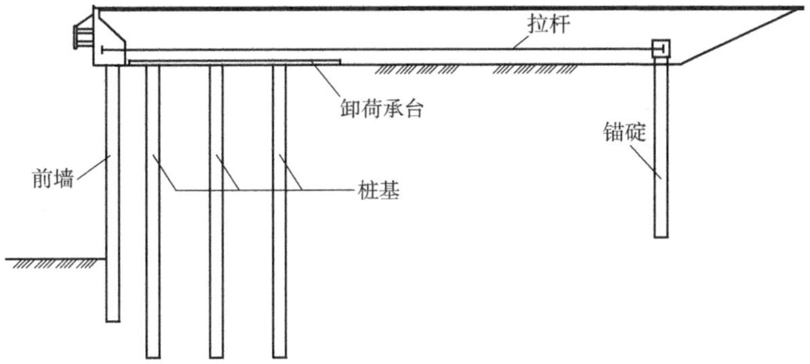

图 10-9　卸荷式板桩码头

10.1.1.2　板桩码头的特点

各种形式板桩码头的特点列于表 10-1 中。

表 10-1　板桩码头的特点

类别	特点
木板桩码头	板桩重量轻，强度低，易腐蚀，耐久性差，木材用量大，施工设备简单，无须大型打桩设备，桩的承载力低，码头规模小
钢板桩码头	板桩重量较轻，强度高，可打入强风化岩，板桩墙锁扣严密，墙后土不易流失，易锈蚀，耐久性差，用钢量大，造价较高
钢筋混凝土板桩码头	板桩重量大，强度较高，耐久性好，造价较高
长、短板桩相结合的板桩码头	板桩的断面相同，长短不同，利用长板桩增强板桩墙的“踢脚”稳定性
主桩、挡板相结合的板桩码头	挡板横置于主桩的后面或中间槽内，由挡板将土压力传递给主桩
无锚板桩码头	无锚碇系统，结构简单，承受土压力的能力低，桩顶位移大
有锚板桩码头	有锚碇系统（锚碇板（墙）、锚碇桩（板桩）、锚碇叉桩），结构较复杂，承受土压力的能力强，桩顶位移小
斜拉桩式板桩码头	用斜拉桩代替拉杆和锚碇系统，结构用地宽度小，打桩设备需有施打斜桩的功能

续表

类别	特点
地下连续墙板桩码头	以地下连续墙作为板桩墙,一般用拉杆锚碇,连续性好,但混凝土的质量不易保证
灌注桩排桩墙板桩码头	以灌注桩排桩作为板桩墙。直径大时,可不设拉杆锚碇
钢管桩排桩墙板桩码头	以钢管桩排桩作为板桩墙。直径大时,可不设拉杆锚碇
遮帘式板桩码头	前墙后面设遮帘桩,可以减小作用于前墙的土压力,应用于大型深水码头
卸荷式板桩码头	设有卸荷平台,分担部分作用于前墙的土压力,应用于大型深水码头

10.1.2 板桩码头的施工特点

打入式钢板桩和钢筋混凝土板桩墙、拉杆式锚碇的普通板桩码头的施工,因施工期间码头前沿线在水域或在陆域的情况不同,其施工特点也不同。

10.1.2.1 施工期间码头前沿线在水域

(1)板桩墙需用打桩船水上打桩。

(2)如水深能满足打桩船的吃水要求,应先施工码头主体(包括锚碇系统和陆域填土),后进行码头前挖泥。如水深不够,且挖泥厚度较大,宜选择适当的挖泥船分两次挖泥,第一次仅挖到水深能满足打桩船吃水要求为止,在码头主体施工完成并墙后填土固结后再进行第二次挖泥至码头的设计水深。这样做既可减少码头向水域的位移,又可减少挖泥和墙后填土的工程量。

(3)为防止已施打完的板桩墙因后续打桩振动、土体蠕动和风浪作用等原因产生过大的前倾,应及时进行锚碇结构施工和墙后的分层回填,以使码头分段逐步形成整体。

(4)板桩墙施工完成后,要妥善安排拉杆锚碇系统和墙后填土的施工:板桩墙后主动破裂面和锚碇体前被动破裂面以下的土体可以先行回填,回填高度以不影响拉杆和码头主体施工为限;拉杆锚碇系统施工后,应尽快回填锚碇体前的土体;拉杆拉紧后,方可回填板桩墙后主动破裂面以上的土体。

10.1.2.2 施工期间码头前沿线在陆域

(1)在陆域打桩、施工拉杆锚碇系统,完成码头主体之后进行码头前挖泥。这样不仅能够保证施工质量,防止挖泥前板桩墙的前倾,而且施工过程简便,加快施工进度。

(2)码头前沿挖泥宜分两次进行,且在两次挖泥之间要有适当的间歇时间,以防止板桩墙前后土压力突然变化使板桩墙发生前倾。

10.1.2.3 码头前沿挖泥与帽梁施工

不论施工期间码头前沿线在陆域还是水域,码头主体完成后的挖泥和帽梁施工应注意以下几点。

(1)码头主体完工之后,应沿码头纵向均匀地进行挖泥,且要防止碰坏板桩墙并严格控制超深。一旦超深大于设计规定,应采用适宜的材料(如砂)进行填补,以免降低墙前的被动土压力。

(2)当导梁和帽梁分设时,帽梁应在墙前挖泥后,墙顶位移趋于稳定时再施工,以便调整帽梁尺寸,使码头前沿线位置偏差符合质量标准。同时也可防止和减少帽梁垂直方向的有害裂缝。

(3)在挖泥过程中,应对板桩墙和锚碇结构的位移进行监测,发现危险的迹象应立即停止挖泥,并采取其他有效措施减少位移,保持稳定。

10.2　前墙施工

10.2.1　前墙的一般形式

板桩码头的前墙由板桩或地下连续墙、导梁和帽梁组成,有时因导梁和帽梁距离很近而合二为一,即为"胸墙"。由于地下连续墙的独特性,有关地下连续墙的施工方法,详见第 5 节,本节将主要介绍前墙的板桩形式,也称板桩墙(简称板桩)。

板桩主要有钢板桩和钢筋混凝土(预应力钢筋混凝土)板桩两种。

钢板桩常用的断面形式主要有 U 形、Z 形、H 形、平板形等,当要求有更高的抗弯能力时,常将 Z 形板桩和 H 形桩或钢管桩组合,形成组合断面,如图 10-10 所示。钢板桩的材料强度高,特别是组合钢板桩,抗弯能力大,施打方便,可打入较硬的地基,但由于钢板桩易锈蚀,应在使用时采取有效的防锈措施。

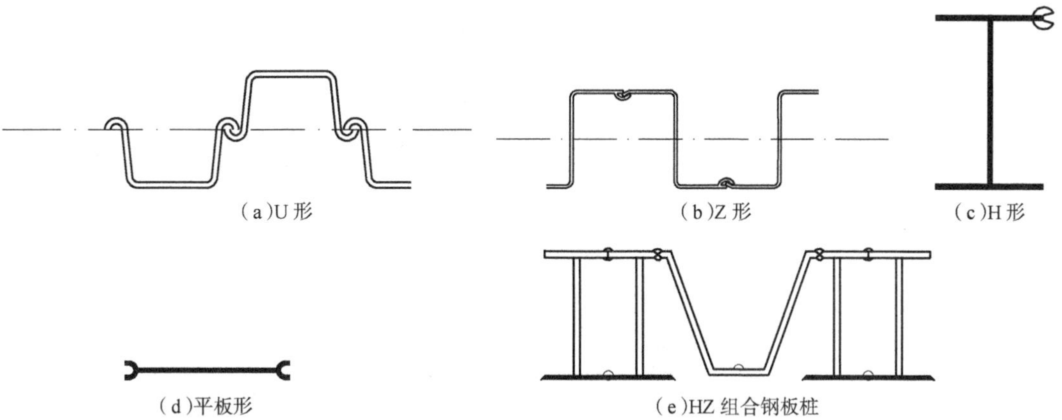

(a)U 形　(b)Z 形　(c)H 形

(d)平板形　(e)HZ 组合钢板桩

图 10-10　钢板桩的断面形式

钢筋混凝土板桩采用高强度混凝土预制而成,按断面形式可分为矩形、T 形、工字形和圆形(灌注排桩)等,如图 10-11 所示。钢筋混凝土板桩用钢量少,造价较低,耐久性较好;但由于起重能力的限制,断面尺寸不能太大,抗弯强度有限,一般适用于中、小型码头工程。

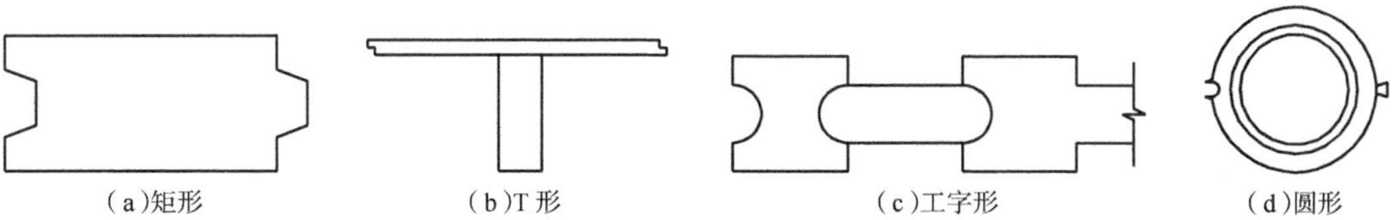

(a)矩形　(b)T 形　(c)工字形　(d)圆形

图 10-11　钢筋混凝土板桩的断面形式

10.2.2 板桩的沉桩

板桩码头沉桩方法和所用设备与高桩码头基本相同，但由于板桩墙是由成排板桩连锁咬合组成，在施打某根或某组板桩时会受到与之咬合的已打好的相邻板桩的制约，造成被打板桩侧和非邻桩侧沉桩阻力的不均衡，从而发生桩身的倾斜和扭曲；同时，后打的板桩又会对前桩的轴线位置、高程及垂直度带来影响。

10.2.2.1 导向梁与导向架

为了控制板桩墙的轴线位置，保证桩身垂直度，减小桩的平面扭曲和提高打桩效率，板桩码头沉桩应设置施工导桩、导向梁或导向架等定位导向装置，定位导向装置应具有足够的强度和刚度。这是板桩码头沉桩施工中不可缺少的设置和措施。在陆上用打桩机施打板桩，一般设置单层导向梁，其平面图如图 10-12 所示。在陆上用起重机吊桩锤（柴油锤或振动锤）吊打沉桩时，需配制带有双层导向梁的导向架，如图 10-13 所示。

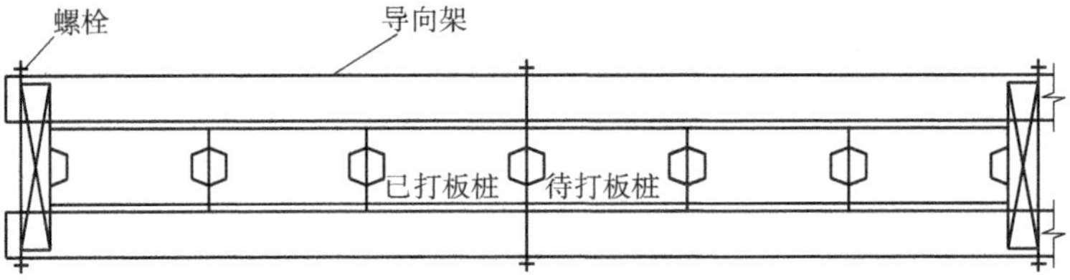

图 10-12 导向梁平面图

图 10-13 吊打板桩导向架

水上施打板桩，一般采用打桩船施工，打设时，可设置单层导向梁，并需打设周转使用的定位导桩，导向梁支承固定在导桩上。打好数根板桩后，已打好的板桩亦可作为一侧导桩使用。

导向梁与导向架是确保打桩质量的关键之一，设置要点如下。

（1）导向梁、导向架必须具有足够的刚度，同时需采取设导桩或充分利用已打好的板桩等有效措施，使导向梁、导向架与地基连接固定，以保证其整体稳定。

（2）导向梁、导向架的长度，应根据移设的难度、需夹持已打好板桩的根数、新打板桩（需要导向）的根数和打桩效率等条件，选择适宜的长度。

（3）导向梁顶面至设计板桩顶高程之间的距离应大于替打套入桩头的长度。

（4）导向梁、导向架一般用 U 形钢板桩或断面较大的型钢制作，导桩可采用单或成对的钢板桩，也可采用钢管桩或大号型钢。

（5）导向架也可用工字形钢和 H 形钢制作，设计成上下两层门字形可移动双层导向架。在上层 H 梁上设置可移动的调节装置，可对钢板桩的倾斜、偏位、垂直度进行控制。

10.2.2.2　板桩沉桩工艺

板桩沉桩宜采用锤击沉桩、振动沉桩或压入沉桩等。沉桩方法应根据土质条件、板桩材料、板桩断面和沉入深度等确定，并应选择适宜的桩锤和设备。当在密实的土层中沉桩有困难时，可采用钻孔松土或水冲等辅助沉桩措施。打桩时边打边跟踪观测，发现偏位时及时靠桩机自身进行调整。若桩位偏差大、桩机无法调整，需换用振动锤将桩拔起后重打。板桩沉桩应以桩端设计高程作为主要控制标准。对有垂直承载力要求的板桩，其沉桩控制标准应符合现行行业标准的有关规定。

沉桩施工时，第一根板桩（即起始定位板桩）的打设最为重要，必须十分小心、谨慎，以保证板桩墙在两个方向上的垂直度，随后的每一根板桩在就位和施打时，必须与前面一根板桩充分啮合。板桩的打入方式，有单根桩施工法和屏风式施工法两种。混凝土板桩宜采用单根桩施工法，钢板桩宜采用屏风式施工法，组合式钢板桩沉桩应采用先沉主桩、后沉辅桩的间隔沉桩法。

1. 单根桩施工法

单根桩施工法，是先将 1~2 根板桩一次打到设计深度，然后再施打相邻下一根板桩的方法，是最简单的打桩方法。也可以将 2~3 根板桩竖起连锁后再一次连续打至规定深度，这种方法只需要较矮的打桩架。采用这种方法施打时，板桩易发生向推进方向逐渐倾斜，并使先前相邻已打好的桩一并倾斜，往往需要采用多根楔形板桩（大约占总桩数 2%）或异型板桩调整倾斜，又因为一侧锁口没有导向装置容易造成偏移，因此仅适用于土质疏松的地基，不适用于密实的砂土、坚硬的黏性土。

2. 屏风式施工法

屏风式施工法（成排施打），是先把板桩墙的一段板桩预先插入导向架内，呈屏风状，然后再逐根施打的方法。每次竖起 20 根左右的桩为一段，预先成排插立在导向架内，导向架两端设置导桩，先施打排桩两端头的 1~2 根桩，并一直打至设计高程（或设计高程的 50% 以上），后打排桩中间其余的板桩，一次或分若干次按顺序打至设计高程。施打第二段板桩墙时，拆除一端的、保留另一端的导桩，如图 10-14 所示。

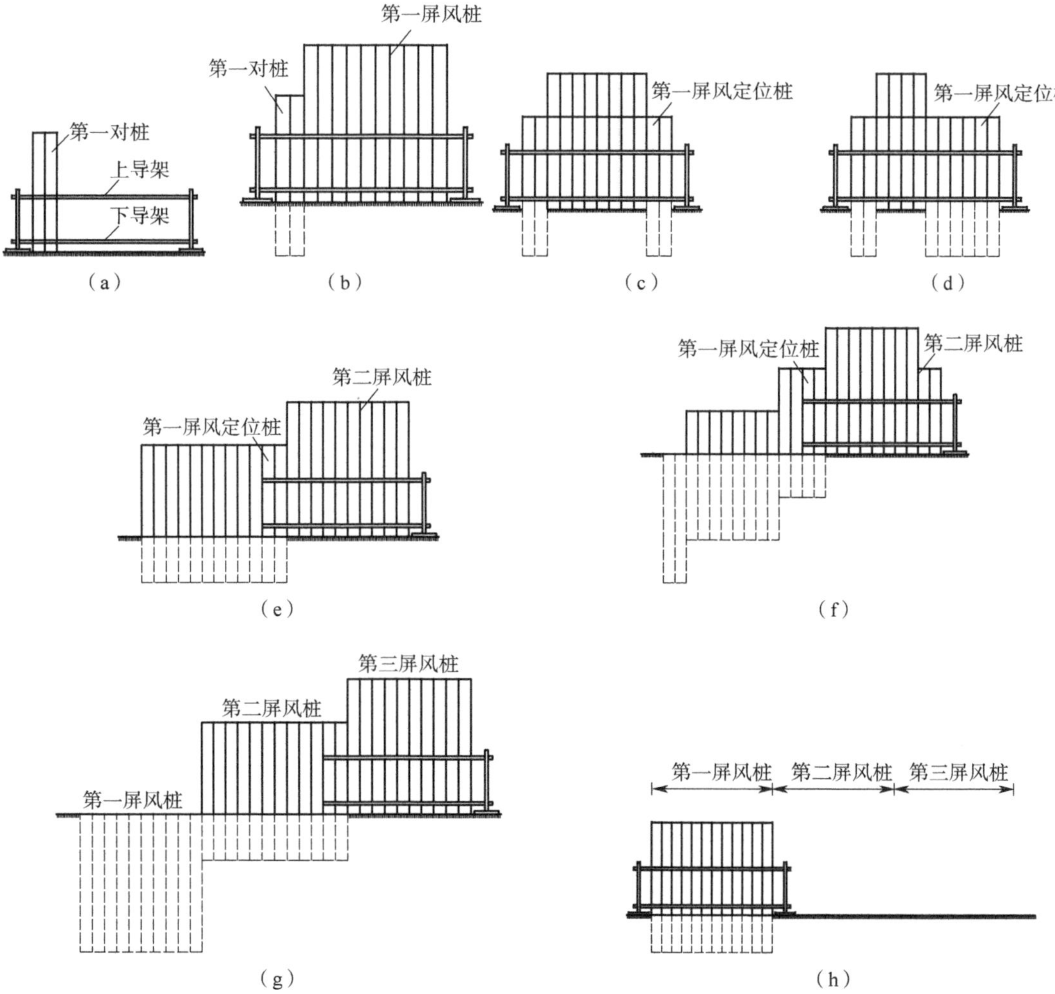

图 10-14 屏风式施工法

屏风式施工法的优点是:板桩沿轴线方向不易倾斜,榫口、锁口不易脱开和被拉坏,几乎可不用楔形桩;板桩墙不易发生扭曲、错牙、倾斜、墙面凹凸等缺陷,也能够较易控制板桩墙总长度。但为了事先插立桩,须用较高的打桩架,插立后呈墙面状的桩易受风浪影响,增加施工的复杂性。虽然在施工管理上、施工方法上稍显繁复,但板桩的打入质量好,减少了楔形桩,板桩墙顺直,所以采用较多。

在图 10-14 中,(a)是安装、固定导向架,在导向架内吊插并准确定位第一对钢板桩。(b)将第一对钢板桩部分(桩长的 40%~50%)打入土中,沿此第一对钢板桩的锁口按整体推进方向接续插入“第一批屏风”板桩并定位。(c)调整并准确定位“第一批屏风”板桩的最后一对“第一屏风定位桩”并将其部分打入土中,控制其桩顶高程与第一对钢板桩一致。(d)从“第一屏风定位桩”起,向第一对钢板桩方向逐次将“第一批屏风”板桩部分打入,高程控制与第一对钢板桩相同。(e)倒移、安装导向架,导向架起端与“第一屏风定位桩”相连,以“第一屏风定位桩”为导桩,按整体推进方向接续插入“第二批屏风”板桩并定位。(f)调整并准确定位“第二批屏风”板桩的最后一对“第二批屏风定位桩”并将其打入土中,控制其桩顶高程与“第一屏风定位桩”相同。(g)将第一批屏风桩全部打入至设计高程,第二批屏风桩部分打入土中。(h)如此渐次推进,完成第一屏风、第二屏风、第三屏风……板桩的打入施工。

在移动导向架时,上导向梁拆除后通常保留下导向梁,直至打入足够深度后再拆除。

屏风式施工宜与交错打桩法联合使用,将钢板桩插在导向架之间,然后小间隔施打沉桩,先施打第 1、3、5 号桩,再施打第 2、4 号桩,交替进行,如图 10-15(a)(b)所示。如果地基土为密实的砂、石等,可对 1、3、5 号桩的桩尖进行加固处理,且要首先击打这些经过加固处理的桩,然后施打第 2、4 号桩至与第 1、3、5 号桩同一高程后,继续施打 1、3、5 号桩,如此反复,如图 10-15(c)(d)(e)所示。

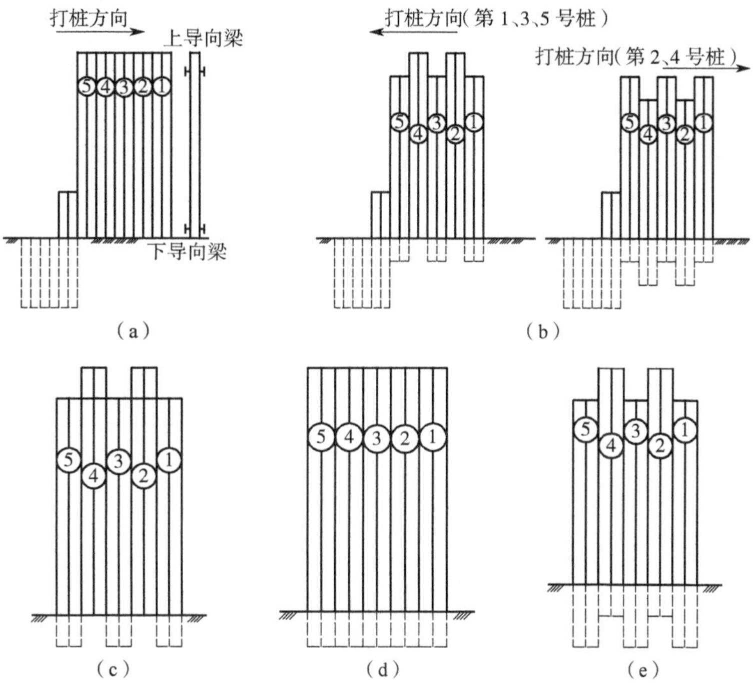

图 10-15　屏风式施工与交错打桩联合施工

3. 组合板桩施工方法

组合板桩在板桩码头结构形式中日益增多,一般由 Z 形或 U 形桩与钢管桩、工字形桩或箱形桩组合而成,如图 10-10(e)所示。在深水码头中多采用组合钢板桩,其中钢管桩、工字形桩或箱形桩为主桩,按结构强度设计;Z 形或 U 形桩为辅桩,只打入泥面以下一定深度,起挡土墙的作用。

组合板桩墙的施工,首先由打桩定位导向架将桩就位,主桩的沉桩施工必须极为小心,以保证主桩的垂直度和沉桩深度,而且相互平行,间距符合要求。

一般地,所有主桩应顺次打至要求深度,不得中断,成功完成主桩施打之后,打设主桩之间的辅桩。在主桩的定位及沉桩过程中,应利用经纬仪持续观测主桩与板桩墙的直线性与垂直性。

拆除打桩导向架时,必须测定主桩间距,其误差应在设计允许范围之内,以保证辅桩沉桩的可能性和准确性。如果误差大于规定值或间距大于辅桩总宽度 1.7 倍,需对主桩之间的板桩进行调整或拔出主桩重新施打。为克服辅桩沉桩困难,可以采用射水法或松土法等方法进行处理。

4. 钢板桩辅助沉桩方法

对于钢板桩采用上述各种方法和相应设备仍难以打入的特殊土层,需采取辅助打桩方法与之配合使用,以防止沉桩设备过载或板桩产生破损。

辅助沉桩方法主要有下列几种。

1)低压水冲法,高压水冲法

在桩尖安设喷射水嘴,用于密实黏性土或非黏性的土层。水的压力冲击,使土层松散,降低了桩尖阻力和侧摩阻力。

低压水冲法,在板桩上安2~4根直径20 mm水管,每根水管以供水压力为20 Pa的水泵供水,供水量120~140 L/min,配合振动锤使用效果更佳。

高压水冲法用于极其密实土层中实施沉桩,供水压力250~500 Pa,使用扁平喷嘴,喷嘴位于桩尖以上5~10 mm处。

2)爆破施工法

适用于难以打设钢板桩、H形桩、箱形桩及其他类型板桩类的地基,是采用低能量炸药的高度专业化作业方式,炸成颗粒状的破碎岩石层宽度为500~700 mm,其深度为板桩沉入的深度,但要求邻近碎石的岩石仍保持完整无损。

3)钻孔施工法

通过预钻孔可使打桩更容易,在每对板桩的长度方向中心线上钻直径大约为30 cm的孔。打桩条件如果更困难,则缩小钻孔的间距,钻孔具有减少土层阻力的作用,一般是用麻花钻松土就足以起到辅助沉桩施工的作用。还可以用动力强大的麻花钻挖出一条沟,该沟可采用适当材料回填或只是保留已挖松的土。

10.2.2.3 板桩沉桩要点

(1)水上打桩,无论是采用单独打还是成排打的方式,一般用外龙口的打桩船(打桩架),且架高要满足插立桩的高度要求,锤的外伸距离能达到所打板桩的形心。

(2)打桩方法一般采用锤击法,如遇砂土地基可改用振动法。为了提高打桩效率和避免打坏桩头,宜采用大锤“重锤轻打”。锤的大小的选择,对钢筋混凝土板桩可借鉴施打钢筋混凝土方桩的经验。

(3)施打钢筋混凝土板桩所用的替打,在构造上与一般的施打钢筋混凝土预制桩相同,用钢板焊成。打钢板桩用的替打,可用铸钢或用钢板焊成。

(4)钢板桩的锁口内应灌注止水润滑的材料,为防止沉桩时泥土进入锁口内,宜在锁口的下端堵以木塞。

(5)对于连续的板桩墙,每一根板桩的正位程度都影响着后续桩的正常施打,尤其是开始的几根桩,精心地正位施打就更重要,一般都设有定位导向装置,控制板桩两方向的倾斜。

(6)板桩墙轴线不得出现明显弯折。当板桩偏离轴线产生平面扭转时,应在后沉板桩中逐根纠正。当板桩沿墙轴线方向产生过大扇形倾斜时,宜采用沉设楔形板桩的方法进行调整。

(7)当土层变化较大,且需分区确定桩长时,为避免在现场接桩,影响施工进度,钢筋混凝土板桩“宜长勿短”,即宁可截桩,不要接桩。

(8)遇较硬的土质时,为避免打坏板桩顶,可先行钻孔、打孔再打板桩,钢板桩可在桩顶加焊钢板,作适当的加强。

10.2.2.4　倾斜校正

板桩在施打过程中容易发生倾斜,几乎都是板桩头部向前进方向倾斜。产生倾斜的原因主要有结合部分的摩擦、锤打偏、土压力作用等。若不及时预防和修正,其倾斜将会积累,倾斜大了很难再校正,必然会影响板桩墙的施工质量。

1. 倾斜较小时

可以利用绞车等工具,将已打入钢板桩的顶部朝倾斜的反方向拉,如图 10-16(a)所示。如采用单根桩施工法,应将打桩方法改为屏风式施工法来校正倾斜。

2. 倾斜较大时

即使采用了上述的应对措施,倾斜度还是超过了 1 倍桩宽时,可以采用顶部和底部宽度不一的楔形板桩来校正斜倾,如图 10-16(b)所示。由于楔形板桩与普通板桩相比,截面模量不同,使用时,应验算其结构强度;禁止连续使用楔形板桩;当预计需要使用楔形板桩时,应快速准备好楔形板桩以使打桩过程不中断。

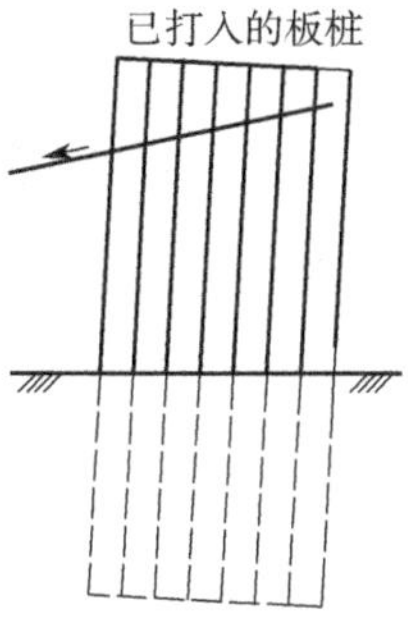

(a)板桩墙倾斜较小时

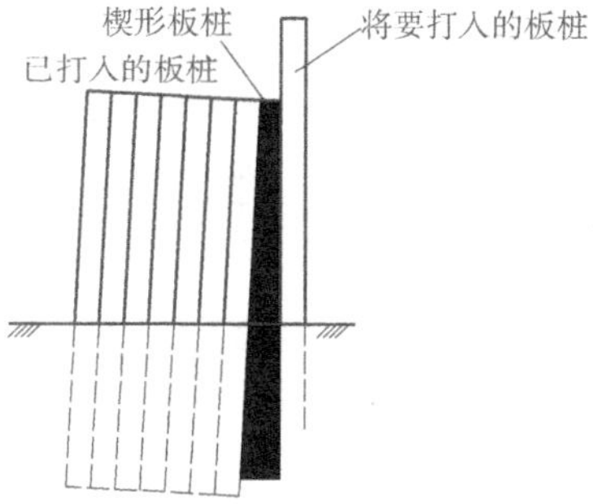

(b)板桩墙倾斜较大时

图 10-16　板桩墙倾斜校正方法

10.2.3　帽梁、导梁及胸墙

有锚板桩墙设置导梁和帽梁,构成码头整齐的前沿线,加强了板桩墙的整体性和码头的稳定性。当码头水位差不大,拉杆位置较高时,可将导梁和帽梁合二为一,形成胸墙。胸墙的断面有矩形、梯形、L 形和 I 形等。无锚板桩墙没有拉杆,就不存在设导梁的问题,但应设置帽梁。

钢筋混凝土前墙可采用钢筋混凝土导梁;钢板桩前墙可采用钢导梁。帽梁或胸墙可采用现浇钢筋混凝土结构。导梁采用现浇钢筋混凝土结构,以保证导梁紧贴各根板桩以及梁外侧面的平直。预制钢筋混凝土导梁目前则很少采用。钢导梁可由一对背靠的槽钢组成,分段长度不宜小于 4 倍的拉杆间距,并宜与帽梁或胸墙的分段长度一致。导梁的接头位置应与帽梁的分缝位置相对应。现浇钢筋混凝土帽梁或胸墙,其前后两侧均应宽出板桩 150 mm 以上。板桩应伸入帽梁或胸墙内一定深度,钢筋混凝土板桩或地下连续墙伸入帽梁或胸墙的深度可取 50~70 mm;钢板桩伸入帽梁或胸墙的深度可取 1 倍板桩截面高度或桩径。

帽梁、导梁或胸墙的变形缝间距应根据当地气温变化、前墙的结构形式和地基条件等因素确定，可采用 15~30 m。结构形式变化处、水深变化处、地基土质差别较大处和新旧结构的衔接处，必须设置变形缝。变形缝的宽度宜采用 20~30 mm，变形缝应采用弹性材料填充。

10.3 锚碇系统施工

在有锚板桩码头中，锚碇系统是最终承受板桩墙土压力的结构。锚碇系统的施工可概括为两部分：设置锚碇结构和安装拉杆。

10.3.1 锚碇结构

常用的锚碇结构可以分为三种形式：锚碇板（墙）、锚碇桩（板桩）、锚碇叉桩，如图 10-17 所示。锚碇结构形式应根据码头后方场地条件和拉杆拉力大小等因素选定。当码头后方宽敞，拉杆拉力不大时，宜采用锚碇墙或锚碇板，其施工比较简单；当码头后方场地狭窄，拉杆拉力较大时，宜采用锚碇叉桩；当码头后方场地宽敞，且地下水位较高或利用原土层时，宜采用锚碇桩或锚碇板桩。

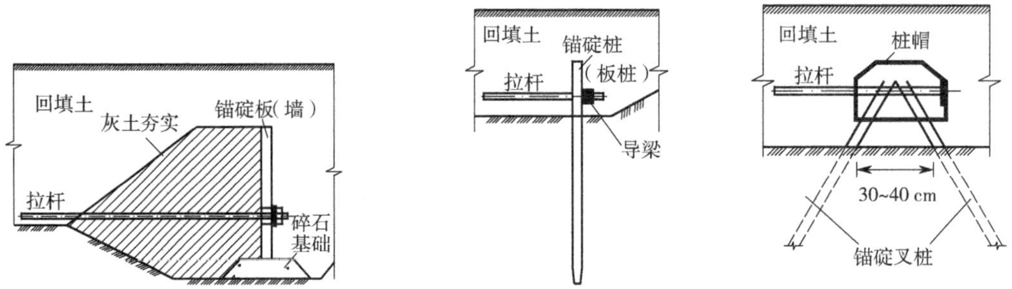

（a）锚碇板（墙）　（b）锚碇桩（板桩）　（c）锚碇叉桩

图 10-17 常用的锚碇结构形式

10.3.1.1 锚碇板（墙）

锚碇板一般是预制的钢筋混凝土板块。板块连续设置形成的墙体称为锚碇墙；间隔设置的板块称为锚碇板。锚碇板的断面形状主要有平板形、双向梯形和 T 形三种，T 形可采用竖肋或横肋，如图 10-18 所示。

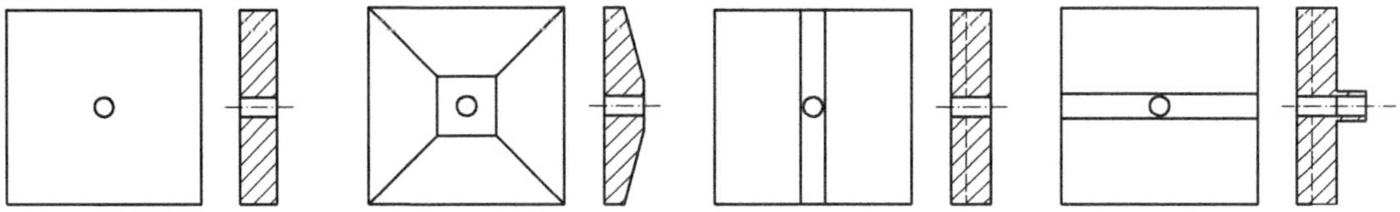

（a）平板形　（b）双向梯形　（c）竖肋 T 形　（d）横肋 T 形

图 10-18 锚碇板的断面形状

锚碇板的基础为夯实、整平的灰土或碎石层，连续板在现场就地支模浇筑混凝土，非连续板可预制埋入。板前构成被动土压力的灰土或抛石棱体，以及板后的回填土，均应按照相应的技术要求，切实保证其施工质量。

锚碇板及拉杆一般在板桩墙的上部，位置较高。为了方便，锚碇施工往往要回填到接近拉杆的高度才进行。但是,若待回填到较高高度进行锚碇施工,没有锚碇板的锚碇作用,板桩墙会因土压力的增加可能发生稳定问题。因此,确定施工方法和顺序既要考虑施工的方便,又要保证板桩结构的受力合理。

10.3.1.2　锚碇桩(板桩)

锚碇桩(板桩)是依靠其在土中的弹性嵌固作用来承受拉杆的拉力。通常一根拉杆设一组锚碇桩。锚碇桩可以用单根桩,当拉力较大时,可由一组桩(2~3 根桩)组成。锚碇桩(板桩)均位于陆域内,其施工方法与板桩墙打设相同。锚碇板桩可利用板桩墙上截下来的短板桩。

10.3.1.3　锚碇叉桩

锚碇叉桩由一对叉桩和其上端的现浇桩帽组成。叉桩中前面(海侧)一根是压桩,后面一根为拉桩。它是靠两根斜桩轴向力的水平分力之和来承受拉杆的拉力。

若码头前沿线在水域中,应先施打锚碇叉桩,后施打板桩墙,分段交替进行;锚碇叉桩可能位于斜坡上,会因受后续打设板桩墙的振动和土坡蠕动影响而倾斜和位移,因此施打后应及时进行夹桩。

若码头前沿线在陆域内,因叉桩距板桩墙较近,为避免板桩墙因受土的侧向挤压力而倾斜,也应先施打锚碇叉桩、后施打板桩墙。

任何一种形式锚碇结构的施工,都必须使锚碇结构上穿拉杆的孔位正对板桩墙上穿拉杆的孔位。现浇混凝土帽梁时,为避免受打桩振动的影响,应根据打桩锤的能量,与正在施打的板桩保持适当的距离。

钢筋混凝土锚碇桩墙、钢板桩锚碇桩墙和地下连续墙锚碇墙应设导梁。导梁可单设在桩后,也可利用锚碇桩墙的帽梁作为导梁。单设的导梁,对钢筋混凝土锚碇桩墙,宜采用钢筋混凝土梁;对钢板桩锚碇桩墙,宜采用钢导梁。

10.3.2　拉杆

拉杆是连接板桩墙与锚碇结构、承受轴向拉力的传力构件。拉杆埋置于地下,长期受地下水侵蚀,因此其制作、安装及防护质量,直接影响码头的安全和耐久性。图 10-19 是拉杆示意图。

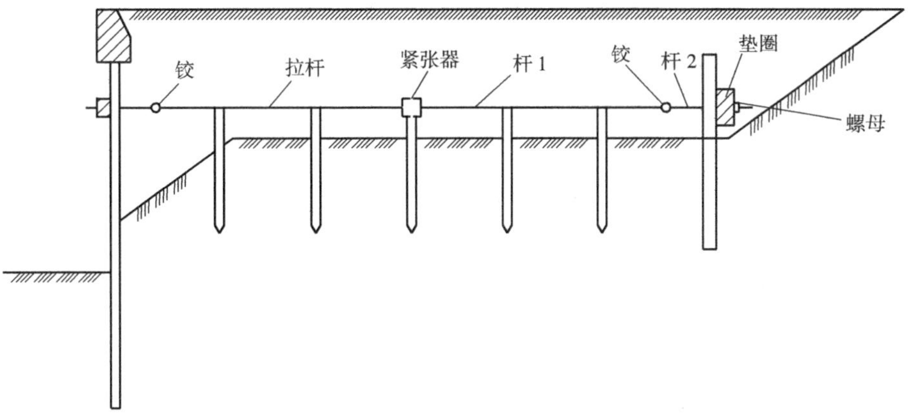

图 10-19　拉杆示意图

10.3.2.1 拉杆的材质

因拉杆承载拉力，应采用钢拉杆。选择拉杆材质，一要考虑其强度，强度低的拉杆，当拉杆力较大时截面直径太大，制作、运输、连接和安装难度也比较大；二要考虑其延伸率，延伸率不宜过小，保证其适用性强、不宜断裂。拉杆大多用 40~100 mm 圆钢制成，两端为铰接，节间用紧张器相连，以方便调节初始应力，使应力符合设计要求。拉杆及其配件的规格和材质应符合设计要求。材料应具有出厂合格证书，并按有关规定抽样对其机械性能和化学成分进行检验。

10.3.2.2 钢拉杆的防腐

拉杆的外敷包裹层应在安装前施工。包裹层的材料和层数应满足设计要求。在拉杆周围严禁使用具有腐蚀性的材料回填。

（1）施加初拉力完成后，要对连接铰、紧张器及安装过程中损坏的部位进行“二布三油”防腐。包裹层施工不得出现空鼓和防腐油未浸透现象。

（2）为加强防腐效果，采用三七灰土将拉杆上下覆盖，如图 10-20 所示，对拉杆进行保护。

（3）在黏土供应受到限制地区，采取在拉杆外包裹一层不透水土工膜，并用 C15 混凝土作保护体进行防腐，如图 10-21 所示。

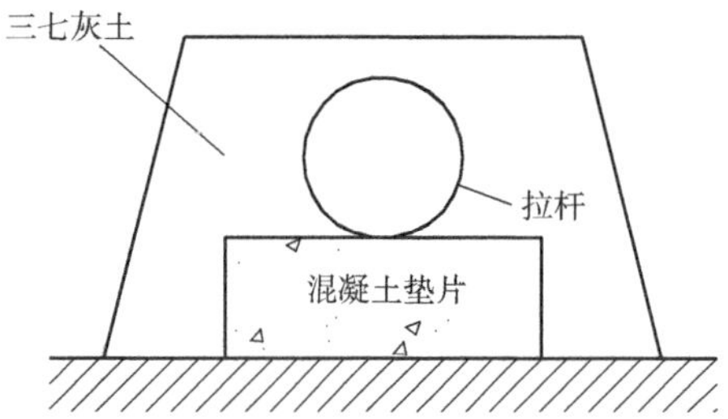

图 10-20 拉杆三七灰土保护体施工断面图

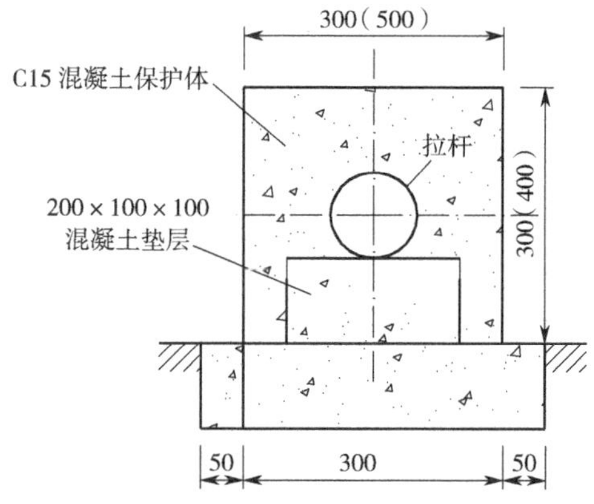

图 10-21 混凝土保护体断面图（尺寸单位：mm）

10.3.2.3 拉杆的安装

拉杆安装应在前墙后侧回填施工前进行。张紧拉杆应在锚碇板或锚碇墙前的回填完成，且前墙、胸墙、导梁和锚碇结构的混凝土强度达到设计要求后进行。拉杆安装次序为：安装胸墙内部分→安装锚碇体部分→安装中间部分；先上紧墙外螺丝，再上紧中间铰部分。安装要点如下。

（1）按一定的间距（4~6 m）沿各条拉杆的轴线设木或混凝土桩，作为拉杆的支撑点，以消除或减小拉杆因自重而产生附加应力。若就地布设拉杆而不设支承桩，拉杆上面应设防压罩，防压罩的顶面应距拉杆顶面 15~20 cm。

（2）穿拉杆时要防止碰坏拉杆的丝扣，将丝扣部分以棉布、塑料薄膜等材料缠绕加以保护。

（3）安装两端设铰的拉杆时，要保持铰的转动方向与水平面相垂直。

（4）拉杆宜先采用旋紧螺母或张紧器初步调整拉杆长度，再施加设计要求的预拉力，使全部拉杆逐步拉紧，各拉杆初始拉力应相同。

（5）当前墙后的回填高度接近拉杆的设计高程时，应再次对拉杆的拉力进行调整，使各拉杆受力均匀并达到预拉力设计值。

（6）最终紧固后的拉杆螺纹应至少外露 2~3 个丝扣。

10.4 墙后回填施工

10.4.1 回填要求及填料选择

10.4.1.1 回填要求

板桩码头后方回填的时间、顺序和速率应满足设计要求。板桩墙后的回填应在拉杆安装之后进行，与拉杆的安装和张紧施工相协调。当需要在拉杆安装前回填部分棱体时，应采取防止前墙发生过大变形和位移的措施。回填顺序应尽可能先回填锚碇结构前被动土压力区的土，后回填前墙后的土，最后进行上部大面积回填。填筑应沿码头纵向均匀地逐步进行。板桩码头后方回填应加强前墙变形监测。

10.4.1.2 填料选择

水下部分的填料宜用砂、砾石、块石等透水性好的材料；水上部分可填砂、石料，也可填无腐蚀性及无膨胀性的黏性土。地震基本烈度在 6 度及其以上的地区不宜填易液化的粉砂、细砂及亚砂土。在钢板桩墙后及拉杆周围严禁用煤渣、矿渣等含腐蚀性成分的材料填筑。

10.4.2 回填方式

根据板桩码头前沿线所处位置的不同，板桩码头的回填方式也不同。

码头前沿线如在原陆域范围内，采用陆上回填；码头前沿线如在原来的水域中，应先对回填区进行检查，回填区内的回淤沉积物超过设计要求时应进行清理，然后由陆上运输工具运料，从内向外逐步推进填筑，也可以用船运料，采用皮带机或吊机上方驳，在墙后进行抛填。另外，也可以采用抽砂船从海底取砂，用砂泵及管道输送到填土区吹填。水下回填前，应对回填区进行检查，如回填区内的回淤沉积物超过设计要求时，应进行清理。

回填及压实应沿与拉杆平行方向进行，只有在拉杆上填土达一定厚度后，方可沿与拉杆垂直方向进行，以免使拉杆（拉杆下的填土必须夯实）压弯和挠曲下沉。在夯实过程中，考虑土对板桩墙有一定的挤压力，应经常观察板桩墙和锚碇结构的变形和位移情况。夯实要分层进行，施工速度应控制不能过快。

10.5 地下连续墙施工

10.5.1 地下连续墙的特点

地下连续墙简称地连墙，亦称地中墙、地下墙，特指从地面建造的地下墙。在板桩码头中，地连墙通常也作为前墙或锚碇墙的一种形式。

10.5.1.1 地连墙的优点

（1）施工时无噪声、无振动、无须支立模板，对相邻工程、建筑物、地下设施和地面交通影响比较小。

(2)可以适应多种地质条件和现场条件,工程造价低,工期较短,施工安全,质量可靠,技术经济效果比较显著。

(3)对于挖入式港池的码头工程和某些船闸船坞工程及建筑物的基坑,可以免去大开挖放坡和减少回填的工程量,大大节省人力和物力。

(4)具有多种功能和用途。它既能用作临时性支护工程,也可作为永久性结构物;既可挡土承重,又可截水防渗;既可作为码头、岸壁、闸墙、坞墙等外露结构,又可作为锚碇墙、承重墙、防渗墙等全埋入式结构。

10.5.1.2 地连墙的不足之处

(1)如果施工现场管理不善,会使泥浆漫溢,污染水源,场地泥泞,造成某种程度的污染。

(2)现浇地下连续墙的墙面通常较粗糙,若施工不当可能出现超挖、槽壁坍塌或相邻墙段不能对齐等问题,一般说来,越难开挖的地基,其精度也越低,墙的垂直度、墙面平整度均较差。

10.5.2 地下连续墙的施工方法

地下连续墙的施工方法有密排桩成墙和开槽成墙两大类。密排桩成墙是在成墙处成排地、相互衔接地建造就地灌注桩,进而连接成地下墙。开槽成墙是在成墙处先开挖一个或几个槽段,再进行墙身施工,互连成墙。本节着重介绍开槽成墙方法。

开槽成墙式地下连续墙的施工流程如图 10-22 所示。其中,需要重点注意的分项工程有成槽、钢筋笼的制作及安装、接头处理、墙身混凝土浇筑等。

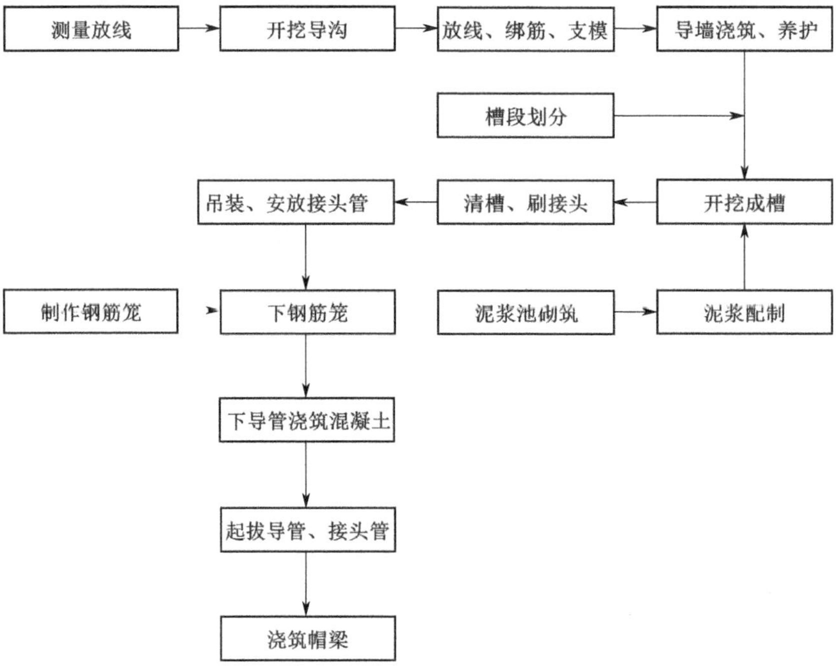

图 10-22 开槽成墙式地下连续墙施工流程图

10.5.2.1　沟槽开挖

建造地下连续墙，先要在地面造墙位置，沿墙两侧设置导梁，再利用特制的挖槽设备，在膨润土泥浆护壁的条件下，沿导墙开挖窄而长或带肋的深槽，在深槽内建造钢筋混凝土墙身（预制或现浇）。为了沟槽的稳定，必须把地下墙划分为许多单元槽段，逐段开挖、逐段浇筑混凝土或安放预制墙板。

1. 槽段划分

一道地下连续墙由许多槽段组成，一段槽段是由抓斗分几次开挖出来的，为此把每次完成的一抓叫单元长度。通常，使用抓斗时，其单元长度就是抓斗斗齿开度（2~3 m），一般一个地连墙槽段由 3~4 个单元长度组成。

槽段划分对地连墙的整体性、强度、施工质量和速度等都有影响，应考虑下列问题。

（1）地连墙的用途和结构形状，不能在结构突变或应力集中的部位分缝。

（2）地连墙的厚度与深度（或单位长度的工程量）；相邻建筑物的影响。

（3）工程所在地的地质和地下水位条件；施工用地面积。

（4）施工设备的性能和能力；钢筋笼的重量和大小。

（5）贮浆池的容量；混凝土拌合料的供应能力；连续作业时间等。

划分单元槽既要满足地连墙的功能和强度要求，又要与施工条件相适应，保证施工质量和效率，并尽量使槽段的类型少。最常见的是液压抓斗的三抓成槽，如图 10-23 所示。抓斗的开斗宽度为 W，先抓起两边单元，再抓中间单元。槽段内始终充满泥浆。为保持墙面平直，中间一抓长度比两端单元长度小，为（0.3~0.7）W。

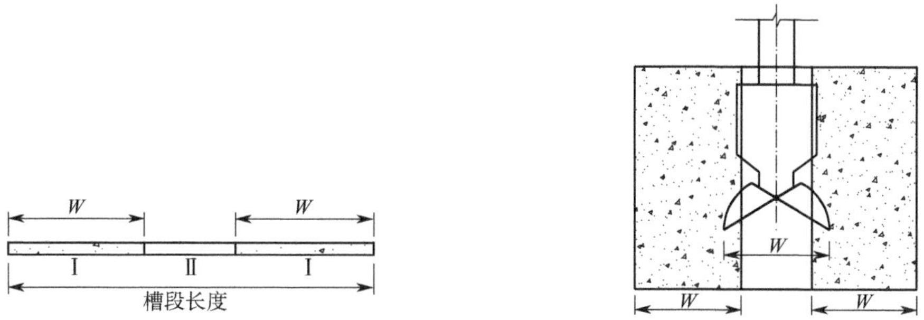

（a）平面图　（b）立面图

图 10-23　三抓成槽法槽段长度

2. 导墙施工

导墙是在槽段开挖前，沿地下连续墙墙面线构筑的施工临时设施，其主要作用如下。

（1）准确地标示出地下墙的设计位置，并作为施工测量的基准。

（2）为挖槽机械、灌注混凝土的机架和导管及吊放钢筋笼工作等导向和定位。

（3）容蓄泥浆，防止槽壁顶部坍塌，为预制墙板提供固定和悬挂的条件。

导墙多采用现浇混凝土或钢筋混凝土建造，也可用预制钢筋混凝土、钢材、木材、砖砌或其他材料建造。最常用的导墙结构形式有 L 形、Γ 形和] 形，如图 10-24 所示，其目的是加长泥浆的渗透路径和提高导墙的纵向刚度。导墙混凝土浇筑并拆模后或预制导墙安装后，为防止导墙在侧向土压力作用下发生变形、位移，应每隔一米设上下两道临时横撑，同时禁止机械等设备在导墙周围碾压。

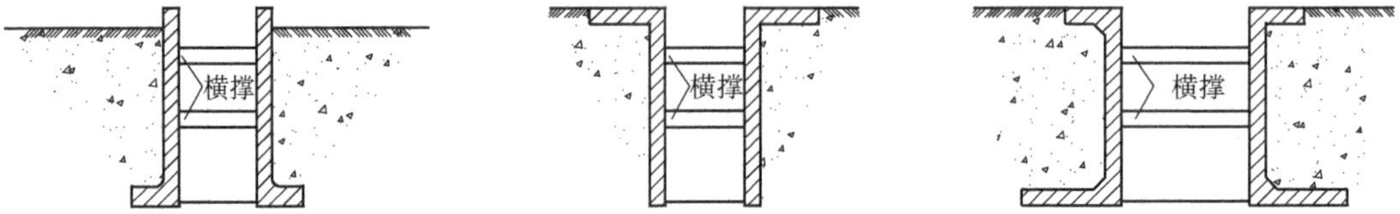

(a)L形　　(b)Γ形　　(c)]形

图 10-24　导墙结构形式

导墙施工顺序为:测量定位→挖槽→绑扎钢筋→支模板→浇筑混凝土→拆模板并设置横撑→导墙外侧回填黏土压实。导墙施工完毕后,应在外侧用黏土回填夯实,以免泥浆渗入墙后,引起槽段塌方,如图 10-25 所示。

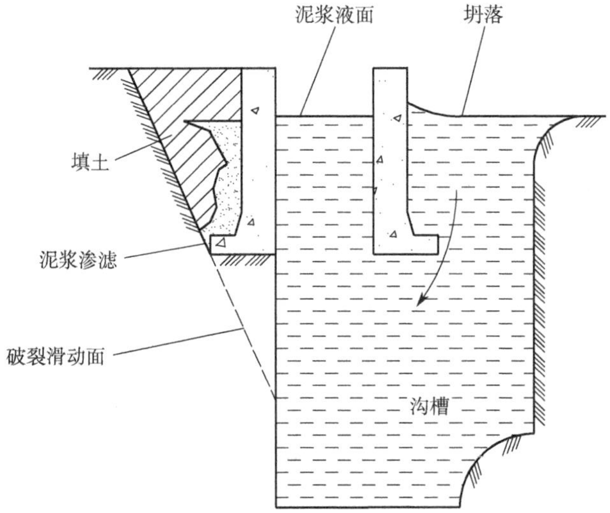

图 10-25　导墙坍塌

导墙的厚度、间距、垂直度及水平位置对地连墙的建造精度有很大影响,必须充分注意,其结构形式与尺度应根据现场的地质条件、施工荷载及所选用的挖槽方式而定。导墙高度一般为 1~2 m,顶面应高出地面 50~100 mm,并应保证槽内泥浆液面高出地下水位 0.5 m 以上。两导墙墙面间的净距应根据地连墙设计厚度加施工余量确定,施工余量可取 40~60 mm。导墙应打设在较密实的土层上,并保证不漏浆。导墙应设变形缝,其间距宜采用 20~40 m,两导墙的变形缝应相互错开。导墙施工的允许偏差应符合现行行业标准的相关规定。

3. *护壁泥浆*

在天然地基状态下,垂直向下开挖,会破坏土体平衡状态,槽壁往往会发生坍塌,泥浆则具有防止坍塌的作用,使用优质泥浆进行护壁是十分重要的。除此之外,泥浆还具有以下功能。

(1)泥浆的静压力可抵抗作用在槽壁上的土压力和水压力,并防止地下水的渗入。

(2)泥浆在槽壁上形成不透水的泥皮,从而使泥浆的静压力有效地作用在槽壁上,同时防止槽壁剥落。

(3)泥浆从槽壁表面向地层内渗透到一定范围就黏附在土颗粒上,通过这种黏附作用减少槽壁坍塌和透水。

泥浆对于地连墙的施工质量和工程造价影响较大,泥浆的制备与再生处理在地连墙施工中占很重要的地位。

护壁泥浆一般采用膨润土泥浆,该泥浆比采用其他黏土制备的泥浆具有更好的护壁效果。但采用膨润土拌制泥浆只是增加泥浆黏度,为了配制优质泥浆,确保成槽质量,还要在泥浆拌制过程中加入适量的增黏剂和分散剂等。

泥浆在使用过程中,土渣的混入、地下水及雨水的稀释、土中及地下水中化学物质作用等,均会使泥浆性能恶化,故应对其进行再生处理,恶化程度大的泥浆应予废弃,经再生处理的泥浆又可继续使用,形成泥浆循环。泥浆的再生处理有化学和物理两种方法。化学处理方法是通过添加掺合剂进行泥浆性能的调整和改善,使之满足使用要求。物理处理方法主要是把土渣从泥浆中分离出来,有重力沉降处理和机械处理两种方法,一般组合使用可以提高处理效率。

4. 成槽与清渣

根据槽段划分,各槽段按照“跳一挖一”施工,见表 10-2,首先施工Ⅰ槽,然后施工Ⅱ槽。成槽是地下连续墙施工的关键工序之一,既控制工期,又影响质量,根据地质情况,采用地下连续墙液压抓斗施工。在抓土过程中,抓斗应对准导墙中心挖土,通过液压抓斗导向杆调整抓斗的位置和垂直度,以控制成槽精度。当槽段挖至设计高程后,应及时检查槽位、槽深、槽宽和垂直度。成槽的允许偏差应符合现行行业标准的相关规定。

表 10-2　地下连续墙施工顺序

序号	图　示	说　明
1	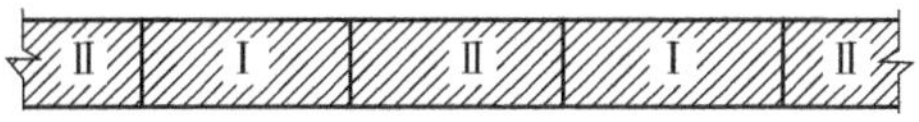	待开挖的槽段编号,分为Ⅰ槽段和Ⅱ槽段
2	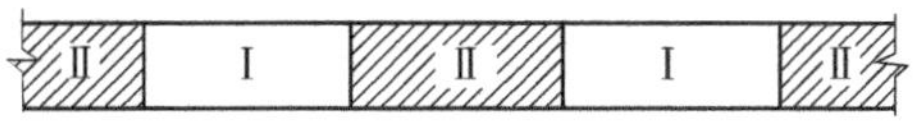	先开挖Ⅰ槽段
3	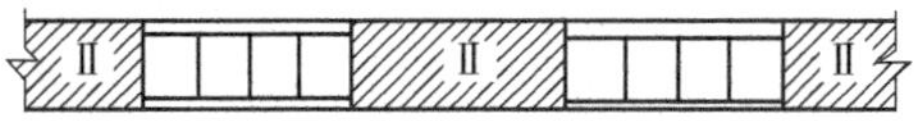	Ⅰ槽段开挖完成后,进行清孔,下放钢筋笼
4	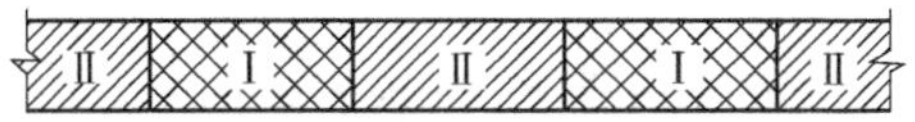	Ⅰ槽段浇筑水下混凝土
5	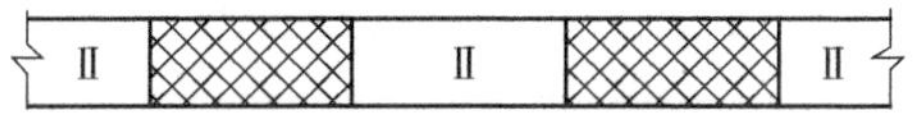	Ⅰ槽段混凝土达到设计规定强度,开挖Ⅱ槽段
6	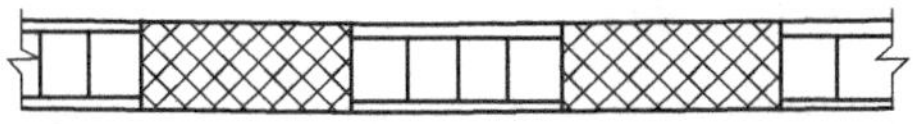	清刷Ⅱ槽段两端与Ⅰ槽段的接头,下方钢筋笼
7	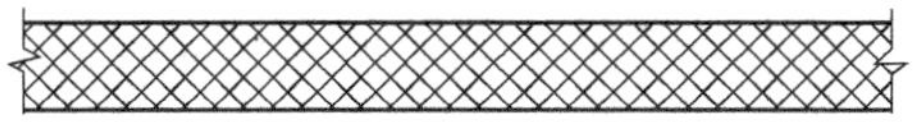	浇筑Ⅱ槽段混凝土,连接墙连城整体后浇筑帽梁

槽段挖好后,会有土渣沉入槽底,如不清除,会影响混凝土的强度和地连墙的防渗性,影响钢筋笼就位,加大沉降量,降低承载力,故清渣工作十分重要。沉渣清除基本上有两种方法:换浆清渣和清底清渣。

换浆清渣仍是利用泥浆循环进行置换排渣,通常在槽段挖完后,继续进行泥浆循环,直至泥渣清除。

清底清渣是利用吸力泵、压缩空气或水泵将沉淀在槽底的土渣连同泥浆一起抽出槽外。

清渣工作可在吊放钢筋笼之前或之后进行,但在浇筑混凝土前,一定要完成清渣工作。为了防止单元墙段接头处夹有沉渣,在浇筑混凝土之前,用钢刷或高压水清除黏附在相邻混凝土墙段接头处的淤积物。

10.5.2.2 钢筋笼的制作及安装

地下连续墙钢筋笼具有外形尺寸大、重量重、需要起吊安装的特点,它的制作及安装,是地下连续墙施工中的一道重要工序。钢筋笼的制作及安装的质量,将直接影响地下连续墙墙体的质量。

一个槽段的钢筋需在入槽前组装成钢筋笼整体吊装。如果起重机高度和能力有限无法整体吊装,其可分为两段或三段接长。

为使钢筋笼在吊放时不发生弯曲或歪斜,要设置架立钢筋或型钢组成的劲性骨架,也可加焊钢筋桁架或在主筋平面内加斜拉条,吊点要充分加固。为使浇筑的混凝土容易流动,主筋的间距不应小于 100 mm。纵筋和横筋的连接可用焊接或绑扎。在组装时要预留出插入灌注混凝土导管的位置,上下贯通,并留有足够的空间,同时在其周围要增设箍筋连接加固,并将纵筋配置在横筋内侧。钢筋骨架制作和吊装的允许偏差应符合现行行业标准的相关规定。

10.5.2.3 槽段接头处理

在槽段开挖和清渣后,需要在槽段端部吊放接头管(又叫锁口管),其目的是在端部使新老混凝土呈锁口状态啮合,在施工时避免水泥浆渗到下一槽段的土壤中,影响下一槽段的开挖,同时也为挖槽机具嵌入土中开挖下一槽段提供了有利的空间。其施工过程如图 10-26 所示。

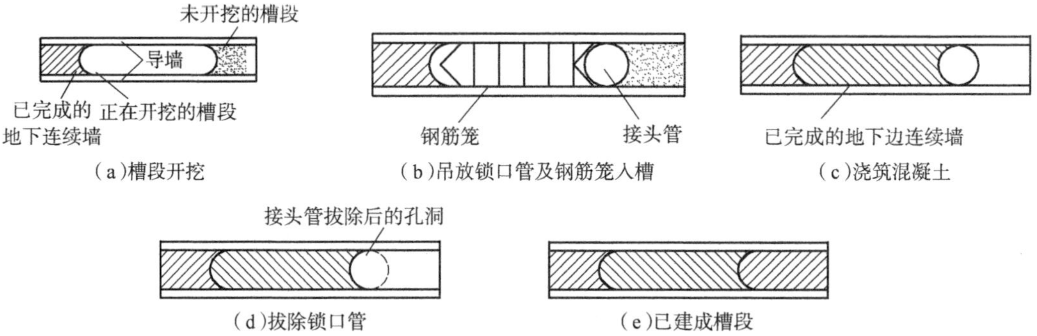

图 10-26 接头管施工过程

接头管大多为圆形,此外还有缺口圆形、带翼形、带凸榫形等,如图 10-27 所示。接头管的外径应不小于设计墙厚的 93%。

接头在吊放和接长时,要对准导孔的中心,垂直插到槽底。

在槽段混凝土初凝前(一般为 2~4 h),将接头管稍微转动和提拔几次,以后每隔一段时间少量提动一次(0.1 m 左右),到一定时间再慢速拔出整个接头管。要注意掌握拔管时间,过早会导致混凝土坍塌和拉裂,过迟将因混凝土黏着力而难以拔出。

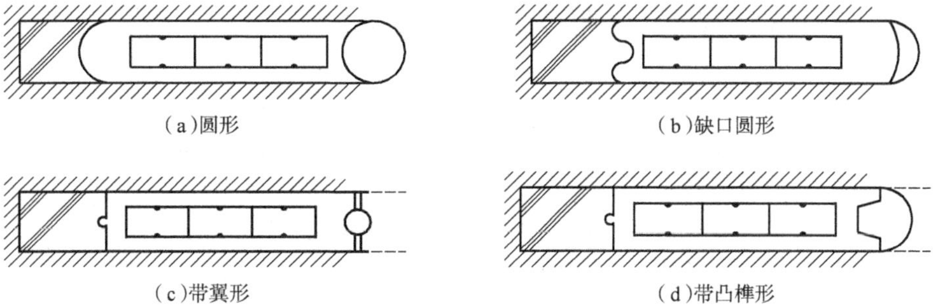

图 10-27　接头管形状

10.5.2.4　墙身混凝土浇筑

地连墙混凝土浇筑一般采用导管法，并在成槽结束后的 4 h 内进行。

地连墙混凝土拌合料要求有一定的流动性且不发生离析，其配合比应按设计要求和试验确定。水灰比不得大于 0.6，水泥用量不宜少于 370 kg/m^3，坍落度宜为(20 ± 3)cm。混凝土的配制强度应比设计强度提高 40%~50%。

导管法浇筑水下混凝土时，导管底端距槽底不得大于 0.5 m。首次灌注混凝土量应保证导管埋入深度大于 1 m，在浇筑过程中，导管宜埋入混凝土中 2~4 m，混凝土顶面上升速度不应小于 2 m/h。在单元槽段内同时使用 2 根以上导管时，导管间距不宜大于 3 m，导管与接头管的距离不宜大于 1.5 m。在浇筑过程中各导管外的混凝土表面高差不宜大于 0.3 m。可以通过一个混凝土分配装置(混凝土浇筑分配器，如图 10-28 所示)把混凝土均匀地分配给两根灌注导管，使两根灌注导管浇筑量均匀，从而使混凝土上升速度平稳，有效控制两管之间混凝土面的高度差。

由于地下连续墙的混凝土浇筑属于水下混凝土施工，最上部为与泥浆的接触层，其成分混杂，质量很差，需要凿去，故混凝土浇筑应注意高出墙顶设计高程 0.5~0.8 m。

对于分层浇筑两种不同性能混凝土的工程，如我国北方地区，前墙水位变动区段混凝土有明确的抗冻要求，而以下为无抗冻要求混凝土，要求不同性能混凝土要连续浇筑完成。在准确测出混凝土顶面到达规定的高程处时，及时停止浇筑，此时应确保导管底口在混凝土中有 1 m 的埋深，然后改浇筑另一种性能混凝土到设计高程，并留有一定富裕高度，确保墙顶凿除后，高程及混凝土质量符合设计及规范要求。这种浇筑方法不但解决了不同性能混凝土的连续浇筑问题，还有效地保证了前墙的整体性，如图 10-29 所示。

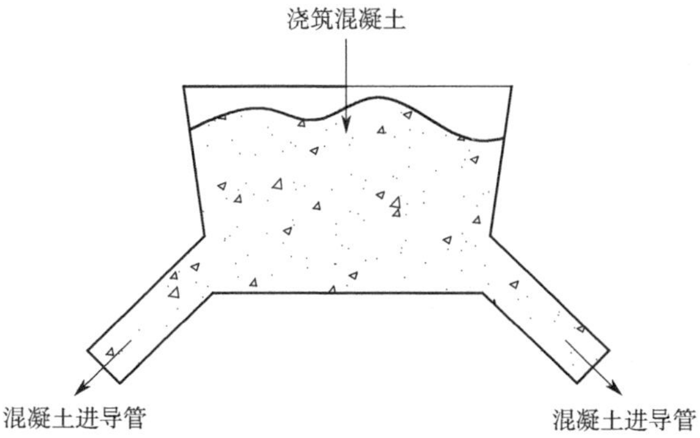

图 10-28　混凝土浇筑分配器示意图

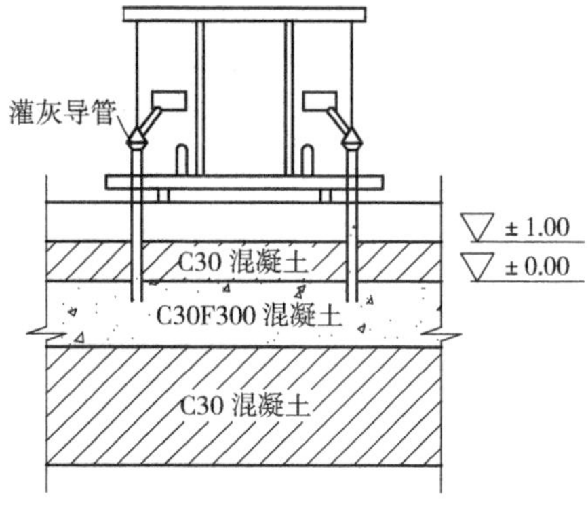

图 10-29　连续浇筑不同性能混凝土示意图

10.6 板桩码头部件三维数字化展示

本节以某项目板桩码头为例，运用 BIM 建模技术和虚拟仿真技术进行三维数字化展示，扫描表 10-3 中的二维码，即可观看了解板桩码头各部件所在位置和三维构型。

表 10-3 钢管组合板桩码头部件的三维数字化展示

部件序号	部件名称	二维码
1	码头前墙板桩	
2	码头前墙管桩	
3	后排锚碇板桩	
4	胸墙	
5	拉杆	
6	倒滤棱体	
7	系船柱	

部件序号	部件名称	二维码
8	橡胶护舷	
9	门机	
10	轨道	

该码头为已经投产的某集装箱码头项目，项目总投资 69.74 亿元，码头建设 5 万 ~10 万吨级海轮泊位 4 个，岸线长 1 460 m；驳船泊位 12 个，岸线长 984 m；陆域面积约 120 hm^2；设计通过能力为 490 万 TEU。该项目是集物联网感知、人工智能和大数据等先进技术为一体的新一代全自动化集装箱码头。该项目是国内首次采用大直径钢管组合板桩结构作为码头水工建筑物的大型深水港。该结构方案可减少开挖、抛泥，促进环保；陆上施工便捷高效，经济合理。码头胸墙采用“百米分段”，以加强板桩码头结构整体性，减少结构差异沉降，防止钢轨破坏，并提高抗震性能。码头创新采用新型材料泡沫轻质土回填于海轮泊位后方，不仅有效解决岸桥陆侧轨内外不均匀沉降的质量通病，并且对前墙负载变形起到缓解作用。码头 1~4# 泊位结构采用钢管组合板桩结构，前墙采用壁厚 24 mm 的 ϕ2 032 mm 钢管桩与 Z 形钢板桩组合，钢管桩材质为 Q420B，钢板桩材质为 S430GP，桩顶高程 +2.0 m。组合板桩上部结构为现浇 C40 钢筋混凝土胸墙，胸墙宽为 5.0 m。拉杆钢材屈服强度不小于 650 MPa，抗拉强度不小于 850 MPa，间距 3.35 m，安装高程为 0.5 m，直径为 ϕ130 mm。锚碇结构采用 1.0 m 钢管桩组合 Z 形钢板桩结构，桩顶设 C40 混凝土导梁，顶高程 +2.0 m，锚碇桩底高程 −14.0 m，锚碇桩前被动区、前墙板桩后根据地质情况分区进行水泥土搅拌桩二次加固处理，墙后 1.0 m 以上回填泡沫轻质土（强度 ≥1.0 MPa，湿容重 10.5 kN/m^3）。拉杆上下回填碎石垫层，锚碇结构前后回填中粗砂（压实度 ≥95%，含泥量小于 5%）。板桩后设 ϕ80 排水孔，排水孔后设混合倒滤棱体。码头断面图如图 8-30 所示。

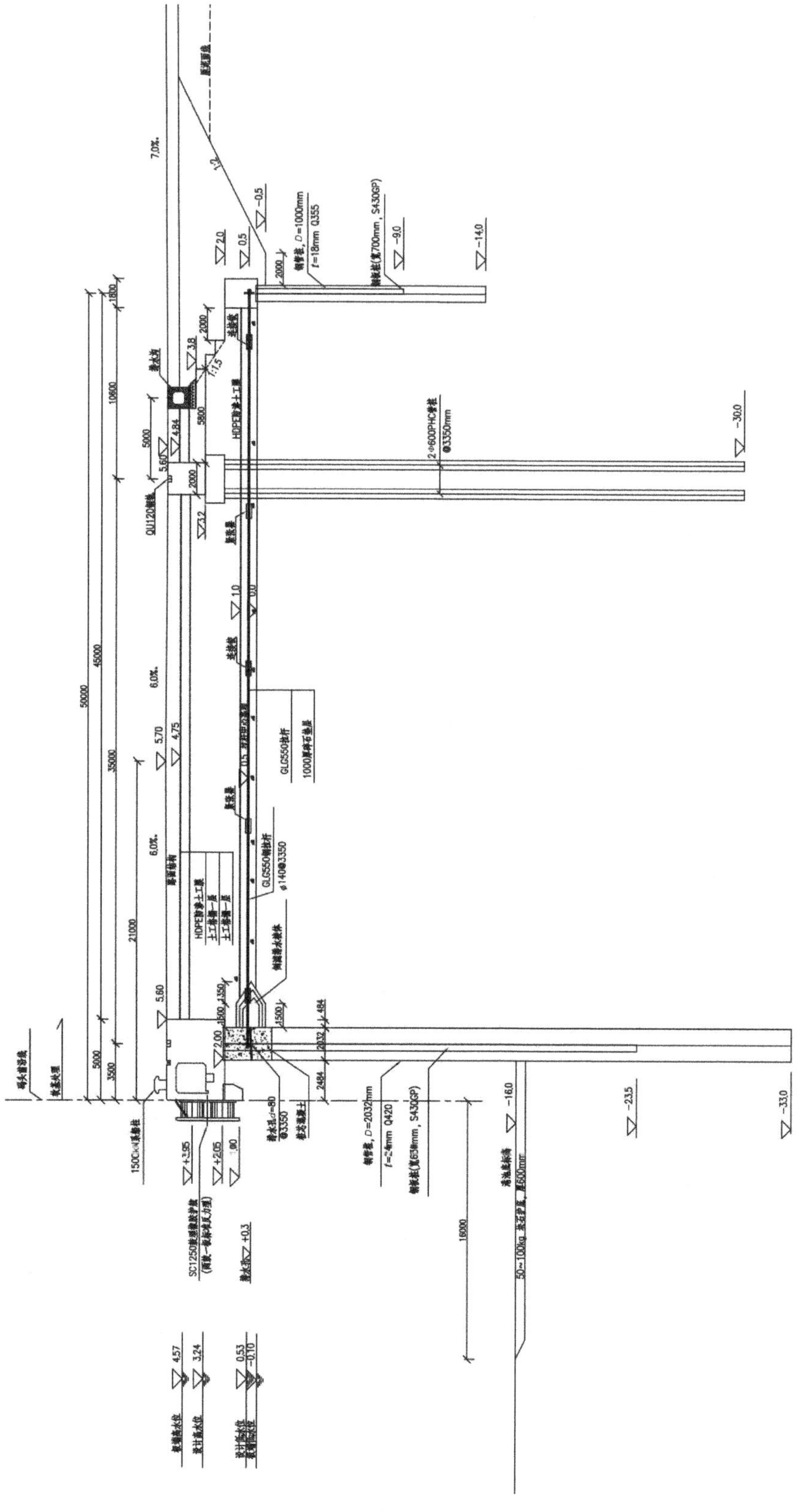

图 10-30 钢管组合板桩码头断面图

第 11 章　防波堤与护岸施工

11.1　概述

防波堤是港口工程的重要组成部分。防波堤按平面布置可分为突堤和岛堤;按结构形式主要分为斜坡堤、直立堤和混合堤,近年来出现了一些其他结构形式的防波堤,如半圆形结构、空心块体结构防波堤等。此外,还有遮挡或消散上层水体波浪运动的轻型防波堤,如透空式、喷气式和浮式防波堤等。

突堤,一端与岸相接,另一端伸向海中,由堤根、堤身和堤头组成;岛堤,两端均不与岸相接,位于离岸有一定距离的水域中,由两个堤头和中间堤身组成。

斜坡堤,堤身两侧均为斜坡面,一般用于水深浅、地质差、当地又盛产砂石料的地区,当用混凝土人工块体护面时,也可用于水深、波浪大的情况。直立堤有重力式和桩式两种类型,重力式直立堤一般要求有较好的地基条件,或对软弱地基进行加固处理;桩式直立堤适用于水深不大、地基较差、砂石料资源缺乏的情况。混合堤实际上是高基床的直立堤,一般适用于水较深、地基承载能力有限的地区。半圆形防波堤与直立堤相比,波浪对半圆形防波堤的作用力较小,且波压力均指向圆心,拱圈受力合理,不产生倾覆力矩,抗滑稳定性好,适用于软基。透空式防波堤适用于水深较大、波高较小而波陡较大,且水流和泥沙对港内水域影响不大的情况。

护岸是在海岸、河岸和湖泊水库岸边修建的防护工程,按结构形式主要可分为斜坡式护岸和直立式护岸。斜坡式护岸适用于岸坡较缓、水深较浅、地基较差、用地(海)不紧张的地段和就地修坡的岸坡,其特点是护岸断面外侧临水、内侧与陆地相接。直立式护岸宜用于水深相对较深、地基较好或经过处理的情况。

防波堤与护岸施工应符合现行行业标准《防波堤设计与施工规范》(JTS 154—1)和《港口及航道护岸工程设计与施工规范》(JTJ 300)的规定,应根据结构特点、现场条件和施工能力合理确定施工区段、施工顺序和工序搭接长度。

11.1.1　防波堤与护岸的功能

11.1.1.1　防波堤的功能

防波堤的主要功能是防止受掩护水域受到波浪的干扰,以保证船舶等正常作业所需要的泊稳条件。有的防波堤还具有防止淤积、流沙和冰凌流入港池、航道,导流和内侧兼做码头或靠船墩的功能。

11.1.1.2　护岸的功能

护岸作为陆域与水域的边界,其作用是阻止岸滩不再受波浪、海流等动力因素作用向其后侧侵蚀发展;保护其后侧岸滩的稳定和陆上建筑物、设备安全;在一些特定情况下还可用于围海造地和修建人工岛等。

图 11-1 是某核电站的防波堤与护岸,图 11-2 是某游艇港的防波堤与护岸。

图 11-1 某核电站的防波堤与护岸

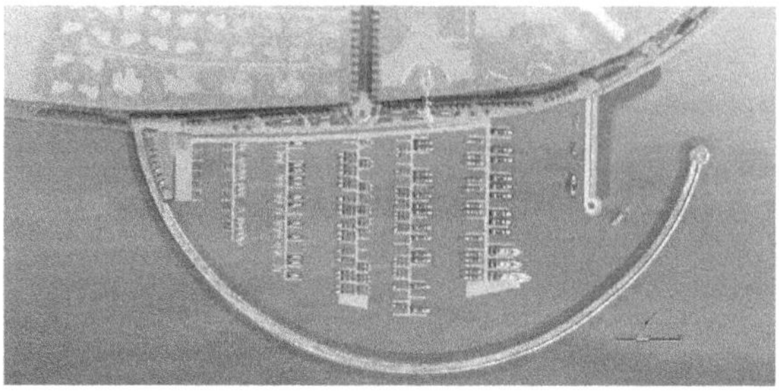

图 11-2 某游艇港的防波堤与护岸

11.1.2 防波堤与护岸断面形式

11.1.2.1 防波堤断面形式

1. 斜坡堤断面形式

斜坡堤是防波堤的一种主要结构形式。一般由堤心、垫层、护面、压脚棱体和护坦组成,其主要断面形式如图 11-3 所示。图 11-4 为某斜坡堤断面图。

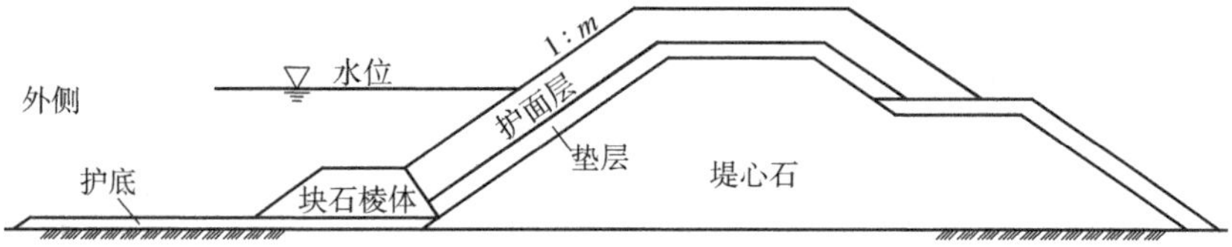

(a)人工块体护面斜坡堤

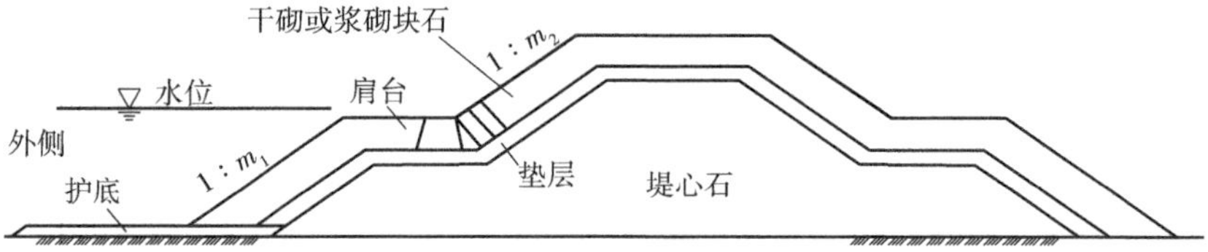

(b)砌石护面斜坡堤

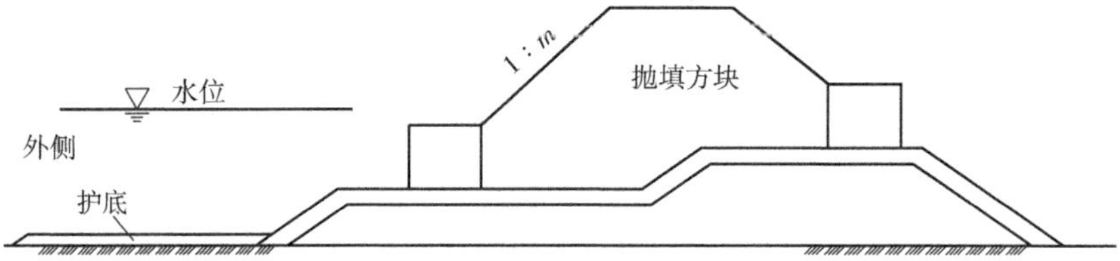

(c)抛填方块斜坡堤

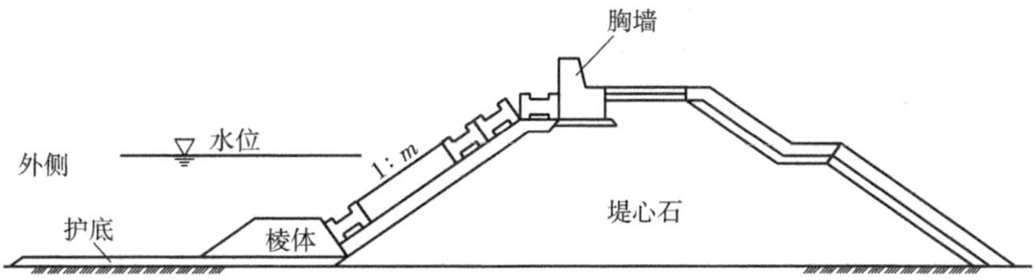

(d)堤顶设胸墙的斜坡堤

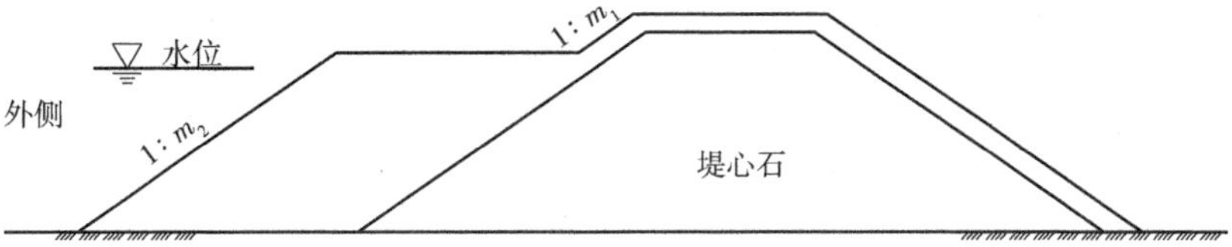

(e)宽肩台斜坡堤

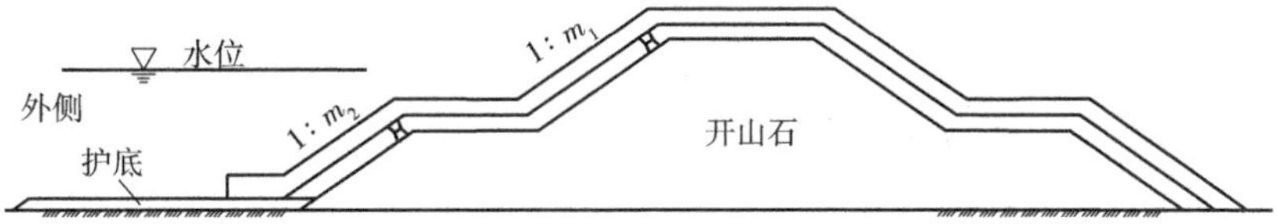

(f)深水斜坡堤

图 11-3 斜坡堤断面形式

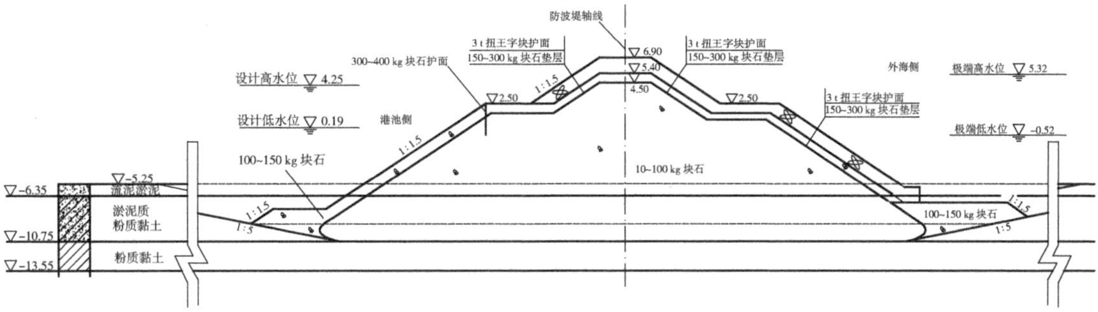

图 11-4 某斜坡堤断面图

2. 直立堤断面形式

重力式直立堤一般由抛石基床、墙身、上部结构和护底组成，墙身通常采用钢筋混凝土沉箱、混凝土方块或空心方块，近年来大直径圆筒也有应用，当地基只有较薄的软土层时，大圆筒可不做基床而直接插入地基；上部结构采用现浇混凝土或装配整体式混凝土结构，其港外侧的外形采用直立面、削角斜面或弧面；抛石基床采用暗基床、明基床或混合基床。重力式直立堤断面形式如图 11-5(a)~(f)所示，桩式直立堤可由直桩、斜桩、帽梁和连接构件等组成，单排桩直立堤断面形式如图 11-5(g)所示。

图 11-6 为某直立堤断面图。

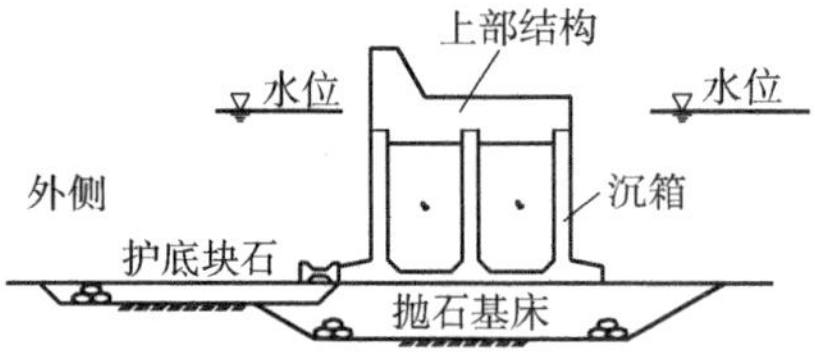

(a)沉箱式直立堤

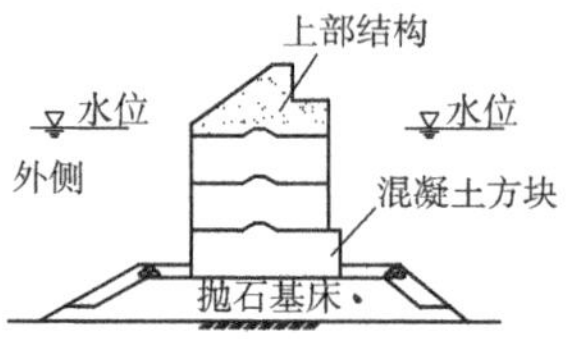

(b)削角方块直立堤

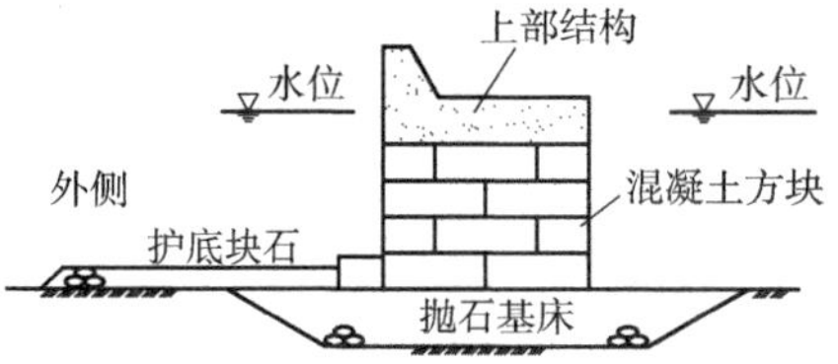

(c)正砌方块直立堤

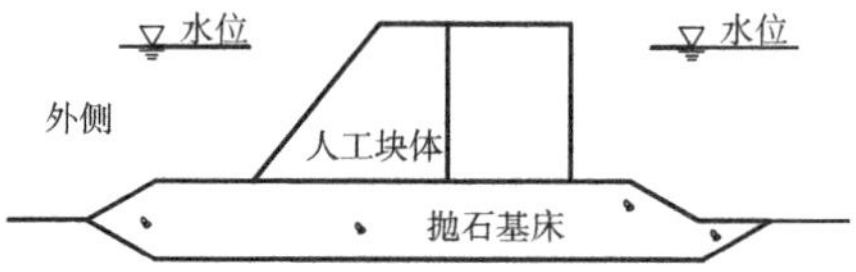

(d)水平混合式直立堤

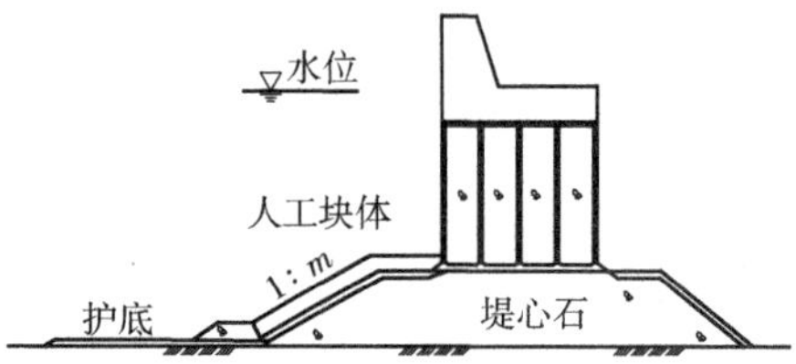

(e)深水直立堤

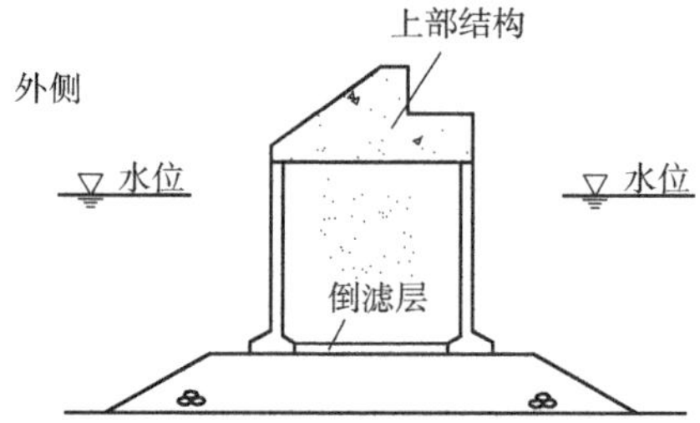

(f)坐床式圆筒直立

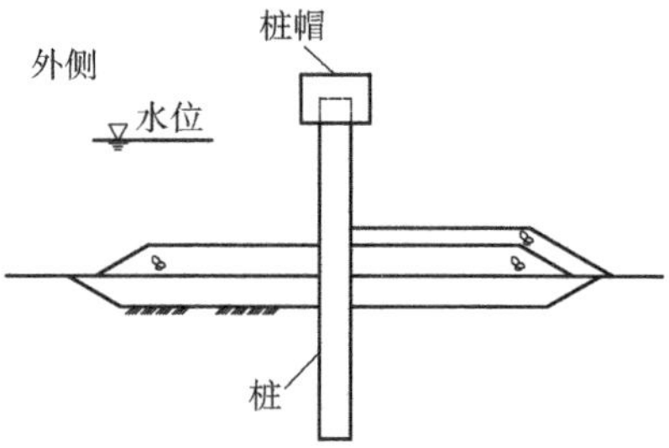

(g)单排桩直立堤

图 11-5 直立堤断

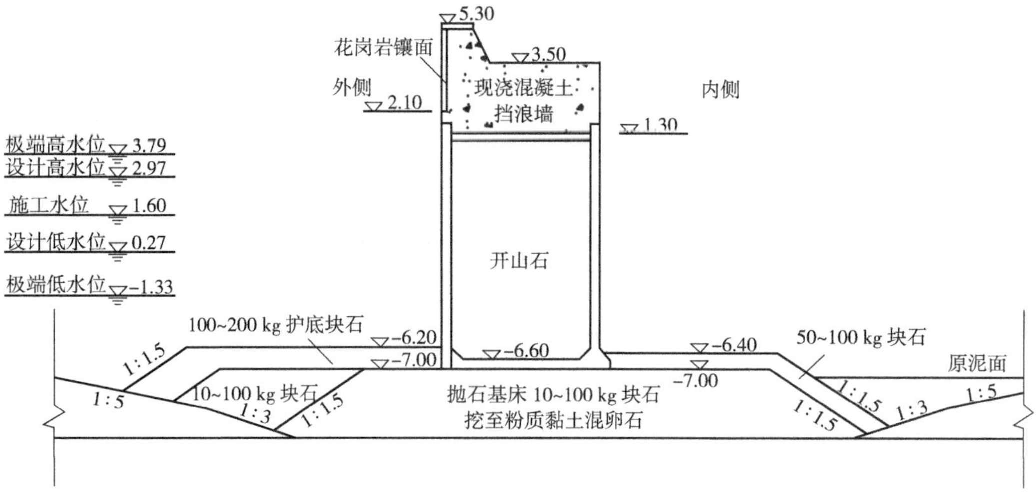

图 11-6 某直立堤断面图

3. 半圆形防波堤断面形式

半圆形防波堤堤身为半圆形拱圈和底板组成的预制钢筋混凝土构件，坐落在抛石基床上，如图 11-7 所示。图 11-8 是某半圆形防波堤断面图。

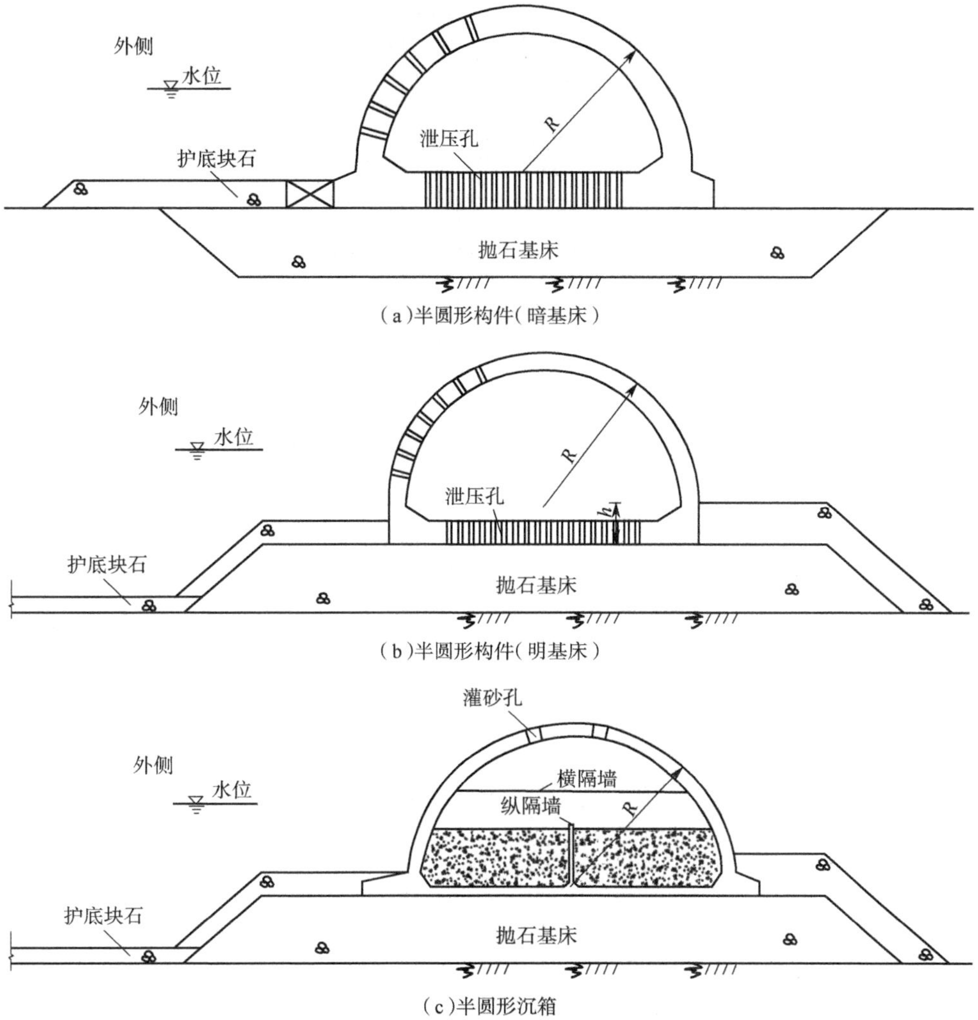

图 11-7　半圆形防波堤的断面形式

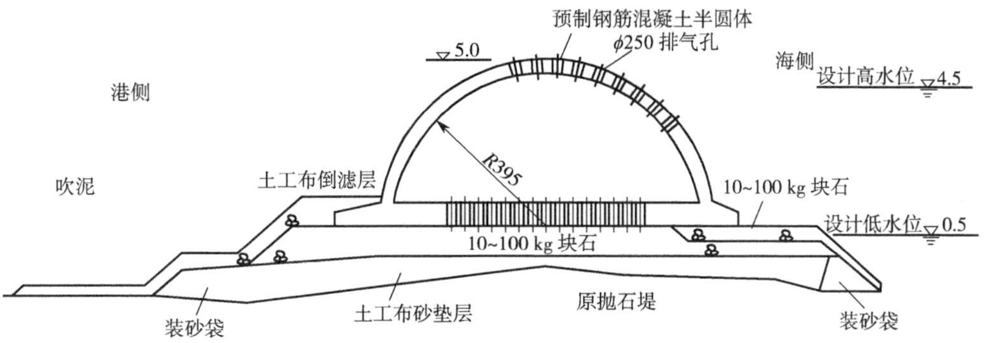

图 11-8　某半圆形防波堤断面图

4. 透空式防波堤断面形式

桩基透空堤由栈桥式高桩梁板结构和设在其单侧或双侧的挡浪结构组成，如图 11-9 所示。

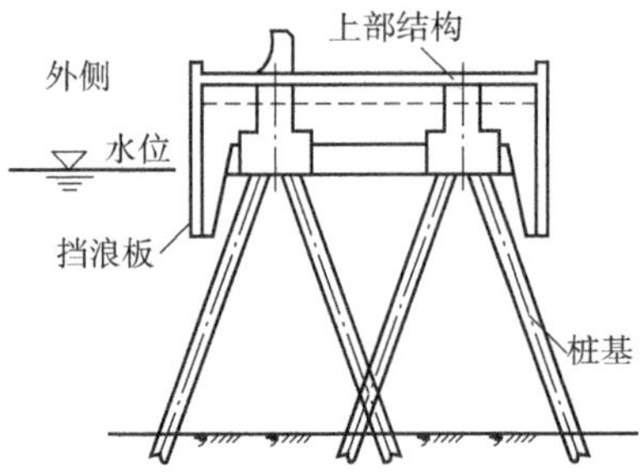

图 11-9　桩基透空堤的断面形式

11.1.2.2　护岸断面形式

1. 斜坡式护岸断面形式

斜坡式护岸是护岸的一种主要的结构形式（图 11-10），可分为堤式护岸和坡式护岸两类。堤式护岸是在水上先筑成岸堤，然后回填后方形成陆域，并对岸堤进行防护，一般由堤身、护肩、护脚、护底和倒滤层结构组成。坡式护岸是对陆域已有的自然岸坡或陆域向水侧回填形成的自然岸坡进行防护，一般由岸坡、护肩、护面、护脚、护底和倒滤层结构组成。图 11-11 为某斜坡式护岸断面图。

图 11-10　斜坡式护岸照片

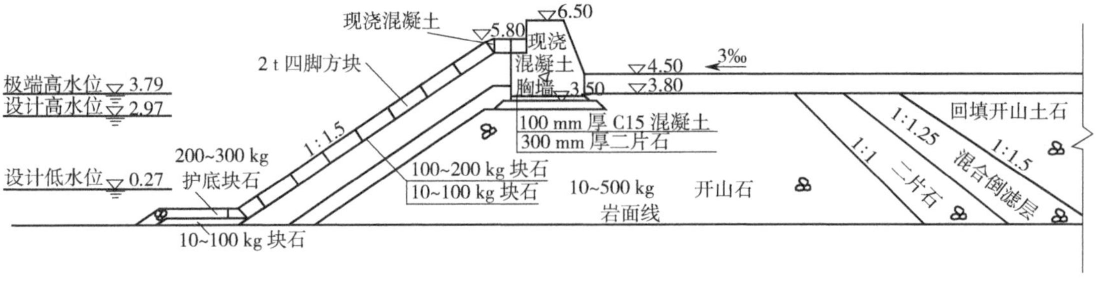

图 11-11　某斜坡式护岸断面图

2. 直立式护岸断面形式

直立式护岸墙体以现浇混凝土、浆砌块石、混凝土方块、板桩、扶壁、加筋土岸壁、沉箱或沉井结构最为常见，其断面形式如图 11-12 所示。直立式护岸上部结构为现浇混凝土和钢筋混凝土，临水面多数采用直立面。对波浪较大的护岸，为减少上浪，临水面可做成弧面。图 11-13 为某直立式护岸断面图。

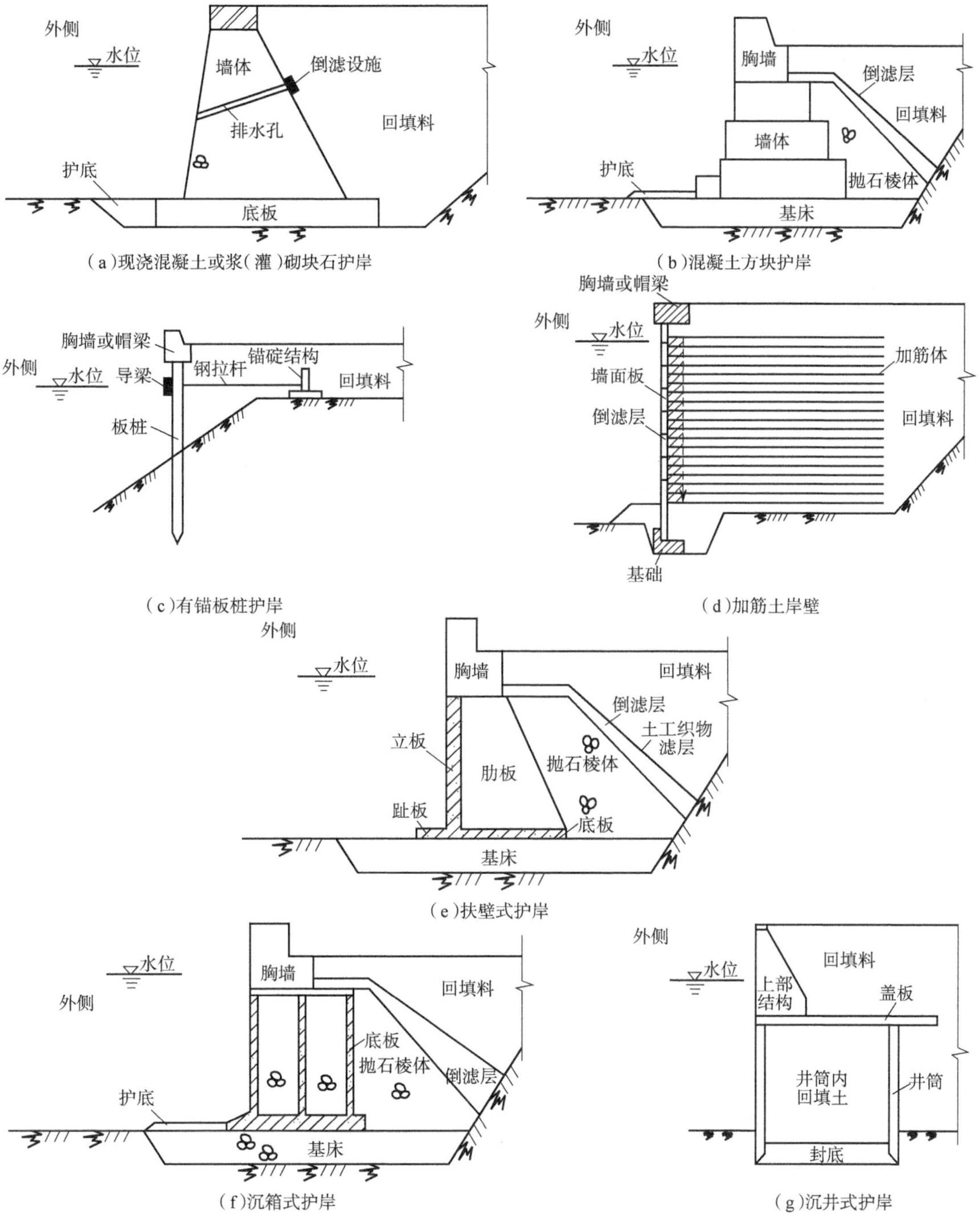

图 11-12　直立式护岸断面形式

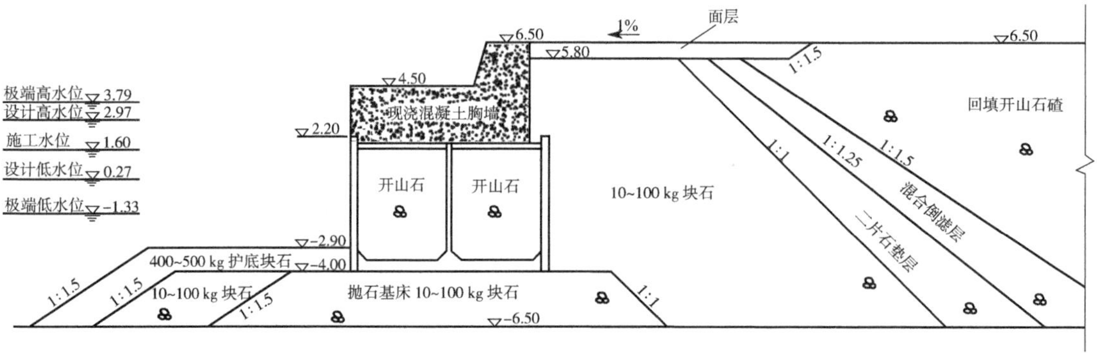

图 11-13　某直立式护岸断面图

11.1.3　施工前的准备工作

除了一般工程开工前都需要进行的准备工作之外,还应做下列准备工作。

(1)设置 GPS 基准站和平面控制基线(或点)、高程控制点。

(2)扫海及清障。

(3)实测水深地形图。

(4)设置控制标、潮位标。

(5)设置计量设施,制定验方办法。

(6)设置预制构件预制场、储存场和出运码头。

(7)设置水上锚系设施和船舶避风锚地。

(8)采用陆上推进施工时,需修建通往堤根的施工道路。

11.2　斜坡堤施工

斜坡堤施工主要内容及施工工艺流程如图 11-14 所示。

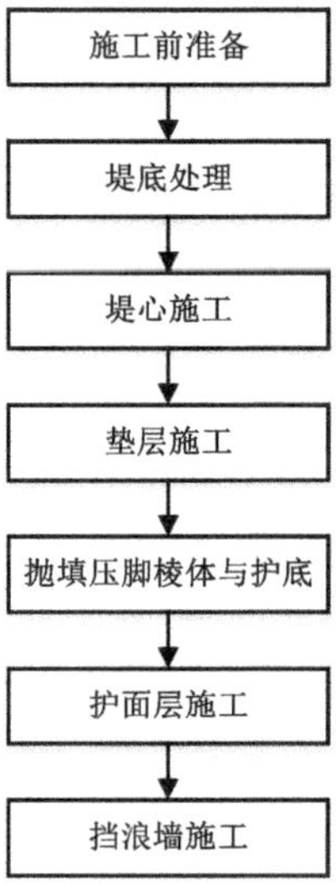

图 11-14　施工工艺流流程图

11.2.1　施工要点

斜坡堤在未形成设计断面之前，其抗风浪能力很差，从堤心到护面是分段、分层逐步完成的，工序多，暴露范围大，遭受波浪袭击概率大，破坏程度大。因此，应在最大限度增加和充分利用可作业天数的前提下，认真研究施工方案、施工安排和施工方法。

11.2.1.1　施工方案

斜坡堤施工方案分为两类：一类是以陆上作业为主，水上作业为辅的陆上推进施工；另一类是全为水上作业的水上施工。在特殊条件下，也有全为陆上作业的陆上施工。

岛堤，一般只能采用水上施工方案。突堤，堤心顶面在设计高水位以上（确保堤顶通道不被水淹没），且顶宽能满足陆上机械作业要求，此时，如石料主要来源于陆上，又有大型陆上施工机械，宜用陆上推进施工方案。有时为采用陆上推进施工方案，即便适当加宽、加高堤心石也可能是经济合理的。陆上作业几乎不受波浪的影响，极大地增加可作业天数，必要时还可昼夜作业；陆上机械台班单价低，且因能充分利用日历天和工时，机械利用率高，可减少船机的总使用费；如预报有大风浪，在其到来之前，水上作业虽已停止，但陆上作业还可抢做防浪加固处理，可缩短防浪的停工时间并减少浪击损失。

11.2.1.2　施工安排

根据对水文、气象资料的分析，按季节合理安排施工。

（1）在大浪季节里，为避免浪击损失，又为大浪过后能开创更多的工作面，应根据可能遇到的波浪要素，按经验或通过模型试验拟定设计低水位以下的堤心施工断面。拟定的原则是施工断面要小于设计轮廓线，而且要小到即使受到风浪袭击，堤心石也不会落到设计轮廓线之外。

如波浪比较大，既要避免浪击损失，又要争取多完成一些工程量，也可缩小流水分段长度，限制没有安放外层护面块体的段长，例如不超过 30 m 或保险合同规定的长度。

（2）大浪前、后的季节里，为多开工作点，以充分利用可作业天数，应加大流水分段长度，减少分层层数，配备足够的船机、劳动力和储备充足的材料（石料、护面块体等）。

（3）海况好时侧重安排迎浪侧的施工；海况差时侧重安排背浪侧的施工。

11.2.1.3　施工方法

在经济合理的总前提下，所拟定的施工方法应最大限度地增加可作业天数，并充分利用可作业天数和提高作业效率。

（1）水上吊安人工块体应选用满足施工抗浪等级、起重能力和吊臂旋转要求的起重船。

（2）陆上推进施工应选用大型陆上运输和起重设备，扩大陆上施工范围，减少水上施工工作量，且宜两班作业，以提高日生产效率并加速工程进度。

（3）按船舶驻位作业要求（例如系缆的设置数量和长度），沿堤两侧多抛设系缆用的混凝土块体，块体上用锚链系带缆浮筒，以省去等候抛、移锚和减少系缆所需的时间，提高作业效率。

（4）在大浪季节里，要充分考虑防浪的覆盖措施和储备防浪护面的大块石、人工块体，且为方便放置、撤除，缩短防浪所费的时间和提高其抗浪能力，应采用兜装大块石、数块人工块体串联安装的施工方法。

11.2.1.4 施工程序

1. 陆上推进施工的程序

若突堤堤顶较宽、堤心石顶面较高，一般具备陆上推进条件。下面以图 11-3(d)为标准断面叙述陆上推进施工的主要程序。

陆上推进施工从堤根开始。堤根部水深较浅，堤心石的抛填可以一次到顶地向前推进，推进到一定程度，为防止继续推进造成塌坡、浪击破坏，此后堤心石原则上分两步进行。第一步在水上进行粗抛，其顶高程可根据施工期波高及抛石设备能力确定；第二步由陆上继续推进，一次到顶。堤心石成型后，即重点进行外坡工序如垫层、护底、棱体以及护面等的施工，分段流水进行作业，其中护底和棱体基本上可与垫层块石施工同步进行。

胸墙施工时，若堤顶宽度较大，胸墙施工后不影响陆上机械及车辆行走，仍能继续从陆上向前推进，可多头展开；若堤顶较窄，胸墙施工后影响陆上推进，则应将胸墙的施工期适当后延。

胸墙施工完成后方可将坡肩处的护面体补齐。内坡成型一般可放在胸墙施工之后。

堤身施工应注意掌握施工季节。堤心石第一步水上抛填，基本不受风浪影响，可超前多抛。堤心石的第二步长高成型以及垫层石和护面等的施工，应重点安排在非大浪季节进行，其分段流水的分段长度视工程量和运输安装能力的大小而定，但也不宜太长，如需在大浪季节施工，其分段流水的分段长度应尽量缩短，并要“步步为营”，且在大浪来临前，应根据预报风浪情况，在堤身长高推进面及堤头用大块石，必要时用护面块体进行临时保护。

2. 水上施工的程序

凡不具备陆上推进施工条件的均采用水上施工。

对于图 11-3(c)所示的采用抛填混凝土方块的斜坡堤，其底部堤心石的抛填方法，与抛石堤基本相同，而其上部混凝土方块的抛填，则视其重量选择相应能力的起重设备，逐层吊抛。下面以图 11-3(a)作为标准断面叙述岛式斜坡堤水上施工的主要程序。

施工从一端开始，先抛棱体下部基础，接着抛棱体和护底，然后抛堤心石。抛堤心石原则上分两步进行：第一步先粗抛水下部分，高程按防浪控制；第二步水上部分一次抛到顶。内坡堤心的肩台，可作为第二步抛石中的一个分层。

堤身和护面，在海况条件好时，应以外坡为主，但内坡也不应忽视而要及时护上。若堤顶低，堤身窄，在护面没有全部完成时，往往波浪越顶也能把内坡打坏。

对于建在软基上的斜坡堤，水下棱体的施工应与堤心底层抛石同步进行，而且应先抛水下棱体，后抛堤心石，以防止堤心石滑移。堤心的分层及其间歇时间等，均须按设计要求进行。

11.2.2 堤底处理

当防波堤的地基为软土时，应对堤底进行处理。根据软土厚度的不同，处理的方法有挖泥换砂、抛砂垫层并加铺土工布、软体排护底、打设竖向排水通道 - 抛填水平向排水砂垫层和爆破挤淤等。本节将介绍抛砂、铺土工布的施工方法。

11.2.2.1 抛砂

换砂、抛砂垫层和抛水平向排水砂垫层时，应考虑水深、水流和波浪等自然条件对抛砂产生漂流的影响，先根据抛设砂垫层的范围抛设好砂袋，并根据其抛填厚度选择适宜的抛填方法。当抛填厚度较大时，用泥驳抛，一次抛填量大，效率高，速度快，可避免分层抛填层间夹有回淤淤泥；当抛填厚度小时，用方驳或自航驳抛填。抛填时，船装砂、船驻位、设标对标、设定位船和具体抛填方法与抛填堤心石和重力式码头基床的抛石方法类同。

砂垫层的整平可采用一般抛石基床的粗平方法，整平后的高差应控制在 −300~+500 mm 以内。抛砂应分段施工，分段长度应根据自然条件和施工能力确定。抛填后应及时进行上部覆盖层的施工。

11.2.2.2　铺设土工布

铺前准备工作有土工布的拼接成卷、定位导标设立和砂垫层整平。土工布拼接成卷，要在平地上展开土工布，先检查外观，如发现有伤痕、裂口和破损，要作修补处理，再将土工布按设计宽度裁成段，缝制成幅宽为 15~20 m 的铺设块，按 1 m 一层折叠好，用细绳捆扎并运到土工布铺设船上。

铺设土工布时，将铺设船拖至施工区域，先利用导标进行粗定位，再使用 GPS 精确定位。在土工布首端用铅丝固定碎石袋和土工布，横向和纵向每 1 m 均绑扎一个碎石袋，边绑扎碎石袋边沿船舷沉放土工布，在端部固定并沉放 3 m 后，沿垂直轴线方向向后移船 3 m。铺设过程中，应使用 GPS 对船位进行实时监控，按绑扎、铺展、移船、定位的顺序进行铺设。相邻的土工布搭接长度为 1.5 m，为了避免对土工布铺设的影响，在搭接范围内不绑扎碎石袋。潜水员对土工布搭接情况进行检查，检查合格后用碎石袋压好（保护土工布，以免在抛填堤心石时将土工布砸破）。土工布铺设完成一个施工段，经监理工程师验收合格后，应尽快抛填堤心石。

11.2.3　堤心施工

堤心常采用 10~100 kg 块石，经论证也可采用开山石，或用土工织物充填袋作代用材料。

11.2.3.1　抛填堤心石

无论是岛堤还是突堤，堤心石的抛填均从一端开始。因施工条件不同，陆上施工和水上施工的抛填方法也不尽相同。

1. 陆上推进施工

陆上推进施工在堤根部浅水区开始抛填堤心石，由陆上一步抛填至施工高程。其一次推填高度应满足地基和堤身稳定的要求。深水区的抛填分为两步。

（1）水上抛填至施工水位附近，根据风浪和施工控制情况，抛填边线应在设计底边线以内若干米，并设辅助标进行控制，以避免块石因风浪影响和粗抛误差而落在设计底边线以外。

（2）从施工水位附近抛填至施工高程（设计高程加预留沉降量），主要使用陆上推进施工。只有在吊机能力不足时，较远的坡脚处才辅以水上补抛。

陆上推进施工的几种集中抛填方法及其特点见表 11-1。

表 11-1 上推进施工的抛填方法及其特点

种类	特点
汽车运抛	因轮压较大，行车道距坡肩应有一定的距离，若堤宽度仅能满足单行线，则需间隔一定距离局部加宽增设掉头区
重型卡车运抛 推土机运抛 装载机运抛	适用于堤宽较宽抛石堤的施工，运量大、效率高；行车道距坡肩应有较大的距离

斜坡堤的边坡坡度一般为(1∶3)~(1∶1.25)，堤心石抛后边坡坡度约为1∶1自然坡。为保证设计坡度，抛填时应根据情况进行削坡、补抛处理，如图11-15所示，堤顶外侧边线比设计线放宽几米，用人力或钩机削坡，将多余石块向下掀抛；堤顶内侧边线比设计线缩窄0.5~1.0 m，用钩机补抛，其水下不足部分，在陆上用吊机吊盛石网兜定点补抛，或用民船、方驳在水上进行补抛。当堤心石坡面上设有垫层时，如垫层大块石供应量大、水下堤心石坡面缺石又不多，且陆上抛垫层块石与水上抛堤心石（水上抛，易亏方）价格相近，则常直接抛填垫层块石，而不使用民船或方驳补齐。

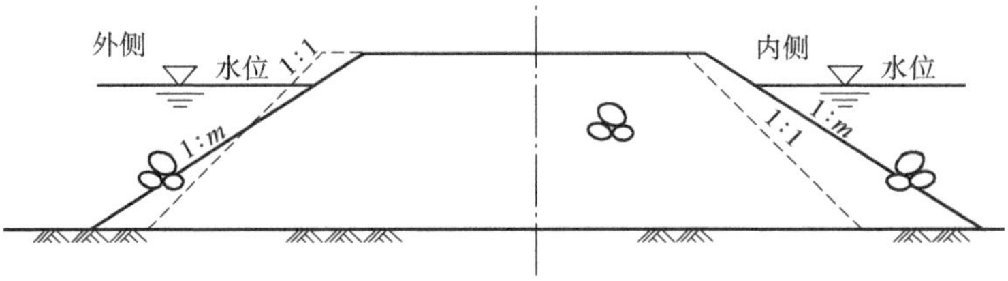

图 11-15 削坡、补抛示意图

2. 水上施工的抛填方法

水上施工抛填堤心石，先粗抛，后补抛、细抛，抛至施工高程，成型。

1)民船运抛

民船运抛是常用的抛填方法，适用于浅水防波堤的抛填和深水防波堤的补抛以及细抛。民船运抛装载量一般为3~20 m^3，满载吃水一般小于0.5 m，船体小，可自行抛锚，机动灵活，但作业范围小，故在流水线上可安排多艘船。装石料时，船可分散在石场附近滩地，乘潮装船，或靠泊简易石料出运码头装船。如图11-16所示，民船抛填按驻位方向不同，可分为正抛、侧抛和搬填，如垂直堤轴线驻位并设跳板搬填，可填至施工高程，但劳动强度大。

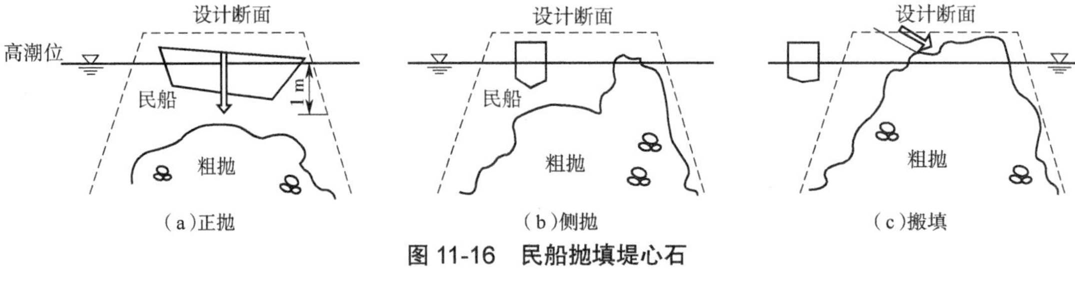

(a)正抛　(b)侧抛　(c)搬填

图 11-16 民船抛填堤心石

民船可就地租用，抛填费用低。但运量按船方量计，如管理不严，容易亏方；民船抗浪能力小，工作天数少；用民船有季节性，常因鱼汛或农忙而租不到足够数量的民船，而延误工期。因此，在有条件的情况下，宜用大民船或方驳作为定位船，民船傍靠定位船抛石，以便准确定位。测水深指挥抛填，严格收方，省去民船抛锚定位，减少非作业时间。

2）方驳运抛

方驳运抛是目前较常用的抛填方法，特别适用于深水防波堤的粗抛，也可用于补抛、细抛。方驳的载石量应视风浪大小而定，以确保安全。因方驳吃水较大，需靠泊石料出运码头装石。抛填高度与载石量（吃水）有关，一般可抛至施工高程。方驳运抛的日抛量较高。在用人力搬抛的情况下，宜用宽度小的 300~400 t 方驳，以降低搬抛的劳动强度。

3）开底泥驳运抛

开底泥驳运抛是深水防波堤常用的粗抛填方法，一次抛填量大，开底自卸，无须用人力抛。开底泥驳的满载吃水大，石料出运码头需有较大的水深；抛填高度约在高潮位以下 4 m（包括底开门所需水深），抛石需用民船或方驳补抛至施工高程。若使用非自航式开底泥驳运抛，需用方驳作定位船。从经济角度考虑，宜选用自航开底泥驳或泥石船。

4）自动翻石船运抛

自动翻石船运抛也是深水防波堤采用的粗抛方法，一次抛填量为 300 m³ 左右。因其属于专用船，抛填费用较高，一般只在无开底泥驳时才采用。一般用方驳改装而成，如图 11-17 为一自动翻石船示意图，方驳长 35.5 m，宽 9.2 m；甲板上安设簸箕形装石槽，槽底面积为 22 m × 7.4 m，槽的倾斜角小于石料与槽底的摩擦角；舱内设有压水舱，在满载吃水线以下，舱侧面设有进水阀。打开进水阀，水进入压水舱使船倾斜，石料自动滑入水中，无须用人力抛填。

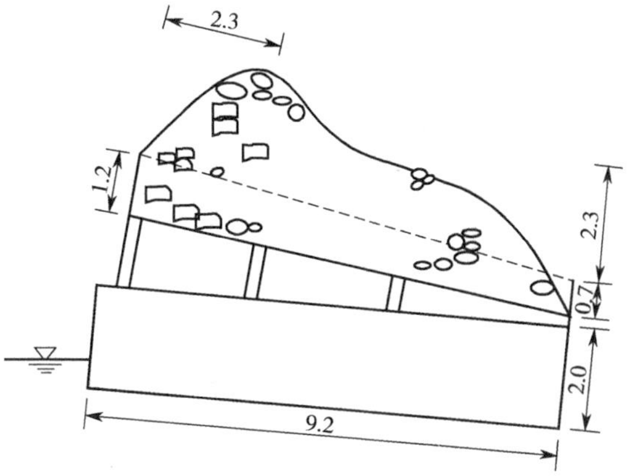

图 11-17　自动翻石船示意图（单位：m）

自动翻石船满载吃水较大，石料出运码头须有一定的水深。为使石料在翻倾过程中能顺利滑入水中，石料要装成圆弧形，槽开口处装至 0.7 m 高左右，并装成 1 : 0.5 坡度；槽后侧装至挡板顶，距挡板 2.3 m 处堆高至 2.3 m，装石后要使船向槽开口侧稍有倾斜。

5）吊机 - 方驳运抛

吊机 - 方驳运抛是辅助性的补抛方法，抛填效率低，只在用民船或方驳补抛抛不到施工高程时，才采用这种辅助性的补抛方法。方驳一般为 400~600 t，驳首安设陆用吊机，吊机要有足够的吊重和吊距。吊机应紧固在甲板上，为避免甲板因局部承受压力过大而变形，必要时，在安设吊机处，于舱内用方木或型钢支顶甲板。石料用网兜装并置于方驳甲板上。采用自动脱钩方法，逐渐进行吊抛。

6）起重驳船运抛

起重驳船（图 11-18）甲板上设有吊杆和控制吊杆俯、仰、旋转的支架。抛填作业时，石料装在舱内，吊杆吊抓斗从舱内抓取石料，由船纵向侧舷旋转，进行侧抛。抓斗可抓碎石或大块石，与网兜相比，无须摘、挂钩，生产效率高。石料装在舱内，与同吨位方驳相比，起重驳船装石量大、稳定性好、抗风浪能力强。可抛高度视船吨位（吃水）和吊杆起重能力而定。

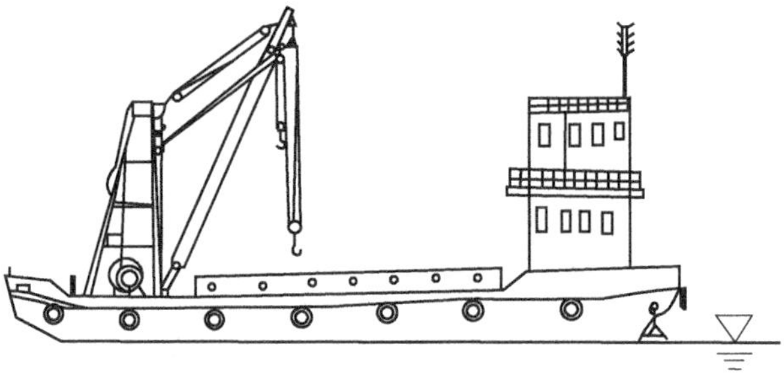

图 11-18 起重驳船

3. 水上施工的抛填要点

（1）定期测量抛填断面，初期可粗测，每 20 m 一个断面；后期应细测，每 5~10 m 一个断面。根据测量结果绘制断面图，按里程或区段控制需多抛或少抛的位置和再抛量。

（2）抛填时应经常对标、测水深，控制坡脚位置和边坡坡度，使其不超过允许误差。

（3）用开底泥驳或自动翻石船粗抛，均应根据水深和操作等情况，做抛填试验，测定石料堆集形态（底宽、顶宽、厚度、坡度）；用自动翻石船粗抛，尚需测定石料堆集点距翻卸时船位的距离。根据测定数据，确定翻石船初始驻船位置距抛石边线的距离和驻位的间距，使抛填不超出边线又能形成如图 11-19 所示的均匀层。

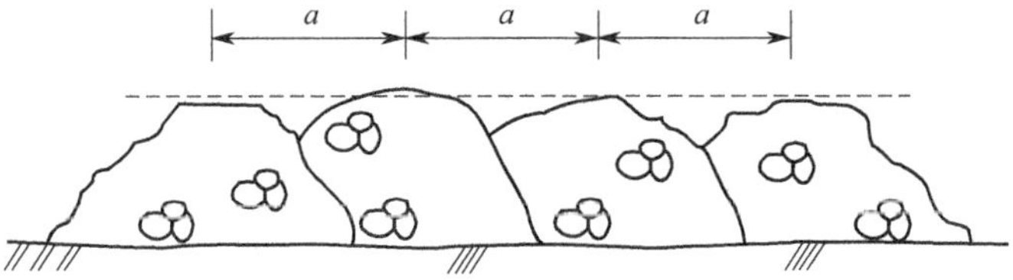

图 11-19 抛填后形成的均匀层

（4）用方驳或民船补抛、细抛时，船顺堤轴线方向驻位，用测绳控制移船，根据按设计线计算的水深值，测水深控制抛填高度，如图 11-20 所示。

（5）测水深用测锤分为轻型锤和重型锤。

（6）在软基上抛填堤心，一般应先抛填堤两侧的压载棱体，再抛填堤心；当有挤淤要求时，应从断面中间逐渐向两侧抛填。同时应根据堤的沉降和侧向变形，分层进行抛填。

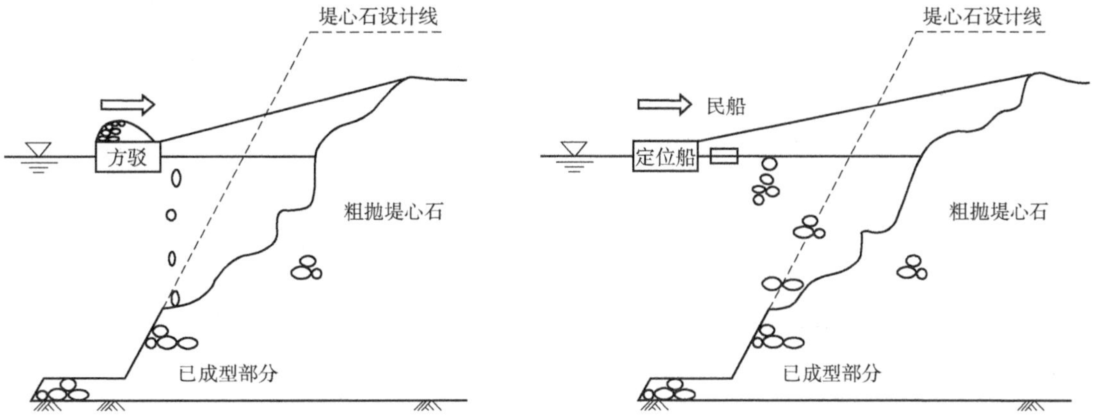

图11-20　民船或方驳细抛、补抛

11.2.3.2　爆破挤淤填石

爆破挤淤填石法的施工流程：施工准备→测量定位→抛填及加高石料→布药连接网络、警戒、起爆。具体方法如下。

1. 测量定位

在不受干扰、牢固可靠且通视好、便于控制的地方设立施工水准点及辅助施工基线，并进行标识。每次爆填完成后马上对"石舌"进行探摸，确定出石与泥分界线，便于确定每次石料进尺；在抛填石堤坡肩设置两对轴向标，以控制石堤抛填宽度和炮孔的位置；在堤头拉测绳，以控制轴向进尺。

2. 抛填加高石料

石料运输至爆炸抛填堤头后，采用挖掘机将堤头部分适当加高，并用机械配合人工整平场地，以便布药机正常作业。

3. 布药

通过测绳在抛石体坡脚淤泥侧设置炮位，并做好标识，用探管测实际淤泥深度及淤泥内是否有障碍物，以便调整孔位。陆上布药采用吊机，驻位堤头，将药包通过进药口放入布药器内，然后吊起布药器对准药孔位置，通过布药器顶部的小型振动锤将装药套管振动入泥，拔出时由于布药器底封口钢板受到阻力而自动打开，此时炸药包滑出装药套管从而完成布药过程。水上布药采用方驳吊机组进行。为防止提升装药器时向上带起药包及药包上浮，应预先在装药套管开孔使海水通过小孔灌满套管，减小套管内外水压差。施工时可通过水位和装药套管表面的刻度对药包埋入淤泥深度进行控制。

4. 侧坡拓宽爆填

完成堤头爆填后，需对堤身两侧进行侧爆填，以便加宽堤身和整形，达到设计断面的要求。侧爆填施工方法与堤头爆填基本相同。一般情况下，堤身侧爆填可在堤头爆填完成100 m后开始，堤身侧爆填每次处理长度一般以50 m左右为宜。

采用爆破挤淤填石法，施工后应对抛填体的着底深度和宽度进行检验，必要时，两侧壅起的淤泥包应予以清除。

11.2.3.3 土工织物充填袋

土工织物充填袋是在筑堤、海岸防冲刷等工程中应用广泛的一种袋状制品，使用高强编织土工织物或机织土工织物缝制，并由砂性土、固化土等进行填充。

土工织物充填袋筑堤施工的主要流程：袋体缝制→袋体铺放→充填→分层填筑成堤心断面。

1. 土工织物充填袋筑堤施工方法

1）袋体缝制

使用工业缝纫机进行袋体缝制。袋体长度一般为 20 m 左右，宽度由堤心断面尺寸决定，还应预留 3% 的富余部分。袋体的层间厚度通过拉筋控制，充灌口直径 30 cm，袖口长度 40 cm，间距一般为 300 cm。

2）袋体铺放

在对基层杂物进行清理之后开始袋体铺放，铺放方法有人工铺放和专用船牵引铺放两种，前者适用于陆上、浅水区或潮差段，后者适用于深水区域。

3）充填

袋装砂充填是利用泥浆泵和高压水泵切割冲吸砂，经输泥管水力输送填入编织袋，泥沙中的水通过编织袋空隙排出，袋内的砂经不断排水形成砂性固结体，依次充填的袋体交叉叠置成堤心断面。袋装固化土充填是利用充灌设备（由自航甲驳、发电机、搅拌机、混凝土泵和长臂钩机组装而成）实施的，充灌设备乘潮在拟建堤的一侧安全距离以外（30 m 左右）抛锚驻位，当潮位满足取土条件时，钩机取淤泥后经料仓输入至搅拌机，掺入一定比例的拌合料（水泥、固化剂和水）搅拌均匀，通过事先接好的输送管道导入混凝土泵充填至袋体内，当固化土固结强度达到 0.03 MPa（48 h 左右），再依次充填袋体，交叉叠置成堤心断面。袋体充填宜采用先充填四周，再充填中心的顺序。为使充填紧密，可在充填时采用踩踏或木棒拍打袋体的方式进行疏导。在充填过程中还应注意充填压力，避免袋体破裂，充填完成后使用铅丝扎牢袖口。

2. 土工织物充填袋筑堤施工控制要点

（1）对土工织物应逐批、逐卷进行检查验收。对其主要物理力学性能应按批抽样检验。

（2）宜用强度不低于 150 N 的尼龙线，采用“包缝”或“丁缝”形式缝制袋体。

（3）当充填材料为粉细砂时，应控制其含泥量不大于 10%；当充填材料为固化土时，应对海水和淤泥取样进行有机物含量、pH 值等物理化学分析，经配合比设计和室内试验，验证其匹配性。另外，对搅拌的均匀性和含水率进行控制。

（4）充填袋铺放应逐层定位，以保证堤心断面不小于设计轮廓线；上、下层袋体应错缝 3 m 以上，不应有“通缝”，同层相邻袋体之间的缝宽不超过 2 cm。

（5）充填工艺的顺序为充填→并浆→二次充填→达到规定厚度，袋体充填的饱满度宜控制在 85% 左右。

（6）对袋体表面进行检查，如发现存在破损，应及时修补。

堤心断面形成之后应及时理坡，并根据设计要求按时完成护面层和护底的施工，施工流水应根据具体施工条件安排，对于大风浪的区域还应采取措施以防止“风损”。

11.2.4　垫层石施工

堤心石抛完验收后，要尽快地进行垫层石的施工，特别是外坡，以提高堤身的抗浪能力。抛填垫层石与抛填堤心石一样，按水上、陆上施工条件的不同，其抛填方法也不尽相同。垫层石抛填后，尚须进行理坡处理。

11.2.4.1　抛填垫层石

水上施工抛填垫层石的方法有方驳 - 钩机运抛和方驳 - 吊机吊抛，具体抛法与抛填堤心石相似。块石重在 200 kg 以下时，水下部分用方驳 - 钩机运抛，并尽可能乘潮多抛。块石重在 200 kg 以上时，水上、水下部分一般可用方驳 - 钩机运抛和方驳 - 吊机吊抛。

如块石重量过大，人力搬不动而无法装网兜，可用专门索具、梅花瓣抓斗进行单块石吊抛。垫层块石一般大而重，抛填应遵循“宁低勿高”的原则，局部低凹处可在理坡时边理、边补。

11.2.4.2　理坡

垫层石重量常设计为护面块体重量的 1/20~1/10。垫层的理坡要求与垫层石重量、护面块体类型有关，重为 50~100 kg、100~200 kg 的垫层块石，其理坡后的允许高差分别为 ±20 cm、±30 cm；四脚空心方块的垫层石宜铺砌，其水上、水下部分的允许高差分别为 ±5 cm、±10 cm。

垫层块石理坡的方法有滑轨法、滑线法和坡度架法三种，如图 11-21 所示。

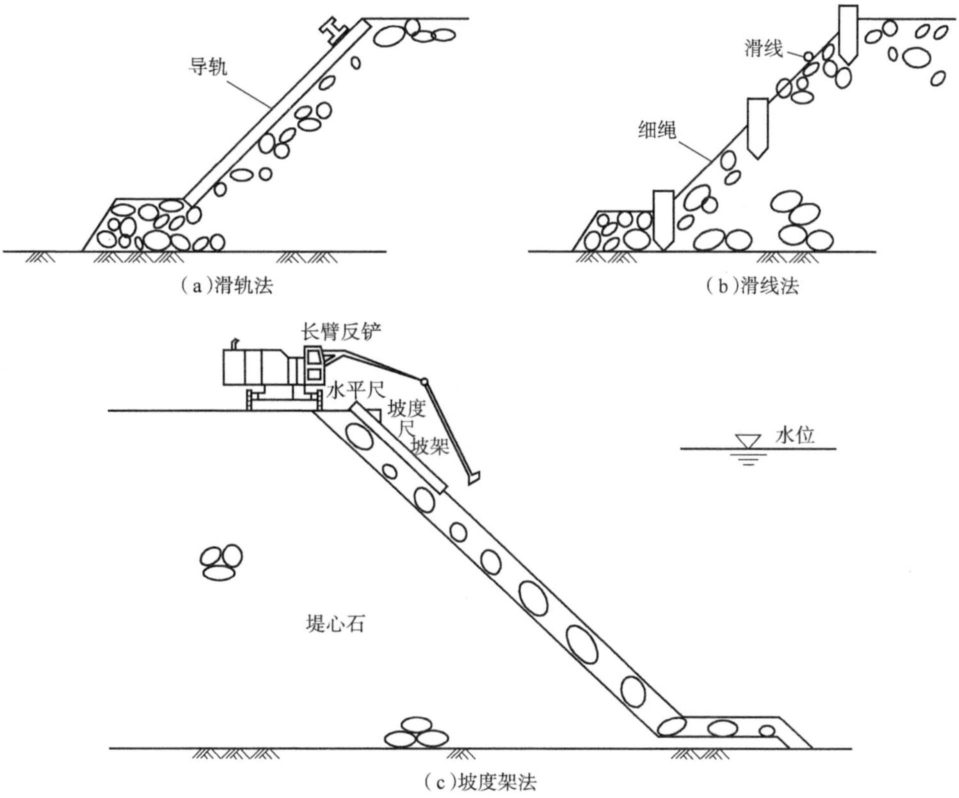

图 11-21　理坡方法

滑轨法是在坡面上安导轨，导轨间距为 6 m 左右，滑轨为 ϕ75~100 mm 的细钢管或 8 kg/m 的轻轨，以滑轨底为准，去高补低，自上而下移动滑轨理坡。高出多余的块石向坡下扒去，低下的不足块石，陆上推进施工时，水上部分从陆上运料填补；水下部分用方驳作定位指挥船，由驳船运料补；水上施工时，水上、水下部分均由驳船运料补，水上部分搭跳板搬运，水下部分用方驳作定位指挥船。用滑轨法理 50~100 kg 重垫层石，速度快且质量好。

滑线法是在坡面上埋设排桩，排桩间距取 5 m 左右，排桩上设有细绳，滑线置于两细绳之间，以滑线为准，去高补低，自上而下移动滑线理坡。具体方法同滑轨法。

坡度架法是在坡面上安放并固定坡度架，坡度架的间距为 5 m 左右，长臂钩机坐在坡肩上，司机参照坡度架所示坡度，去高补低，自上而下理坡。

对于平整度要求高且重量较大的垫层块石，通常采用规则的块石，用吊机配以特别夹具，水上部分由陆上人员进行铺砌，水下部分由潜水员在水下进行铺砌。

11.2.5 抛填压脚棱体与护底

压脚棱体可采用块石或与护面相同的护面块体。如采用块石，其重量一般按护面块体重量的 1/10~1/5 设计，因重量较大，抛理均比较困难；如护面为四脚空心方块或栅栏板，应注意其常因块石压脚棱体表面凹凸不平而易向坡脚滑移。压脚棱体的抛填或吊安方法，与垫层石或护面块体的施工方法基本相同。

护底由于厚度较小且远离堤心，通常采用水上用民船或方驳 - 钩机进行抛填，其具体抛填方法与水上抛填堤心石相同，但应勤测水深，控制其抛填厚度。

11.2.6 护面层施工

护面形式有大块石（抛填、安放、干砌）、浆砌块石、安放人工块体和充填模袋混凝土。其中干砌、浆砌块石护面层与一般类似工程项目的施工基本相同，本节仅叙述大块石、人工块体和模袋混凝土护面层的施工。

11.2.6.1 大块石护面

大块石护面具有价格较低、施工方便和护面效果好等优点。块石质量一般为 200~300 kg，最高可达到 800~900 kg。垫层石理坡后，应尽快抛填、安放护面大块石，以满足斜坡式建筑物的抗浪能力。抛填护面大块石与抛填垫层石一样，因陆上、水上施工条件的不同，其抛填方法也不尽相同。

水上部分可用自卸汽车运石料，直接卸入网兜内或卸至坡肩，用装载机装入网兜内，再用吊机吊盛石网兜定点吊抛，也可将卸至坡肩的护面大块石用反铲挖掘机直接抛填。

水下部分除所用吊机有足够能力时采用吊机定点吊抛外，其抛填方法与水上施工的抛填方法相同。

除此之外，也可采用吊机配专用索具或梅花瓣抓斗进行单块石吊抛方法。

抛填、安放时，宁低勿高，抛填后进行测量检查，对于少数不符合设计要求的地方，采用吊机配专用索具或梅花瓣抓斗将超高处的大块石移开，补到低凹处。

水上施工通常采用方驳、反铲挖掘机和方驳、吊机吊抛，具体抛法与抛填 200 kg 以上垫层石的方法相同。

11.2.6.2　人工块体护面

目前用作护面层的人工块体有四脚空心方块、栅栏板、扭王字块体、扭工字块体和四脚锥体等。通常，前三种为单层，后两种为双层。

安放人工块体护面的施工，先定安放图案，再根据安放图案选择安放方法。

1. 安放图案

人工块体的安放图案有规则安放和随机抛填两种，需要根据块体外形、对称情况、施工可能性和消浪要求确定采用何种图案。

（1）对于外形对称的四脚空心方块和栅栏板，采用规则安放，安放应靠紧、稳固。四脚空心方块的安放示意图如图 11-22（a）所示。

（2）对于扭王字块体，可采用规则安放或定点随机安放。定点随机安放时块体宜斜向放置于坡面，使块体的一半杆件与垫层接触，但块体的摆向不宜相同。扭王字块的规则安放示意图如图 11-22（b）所示。

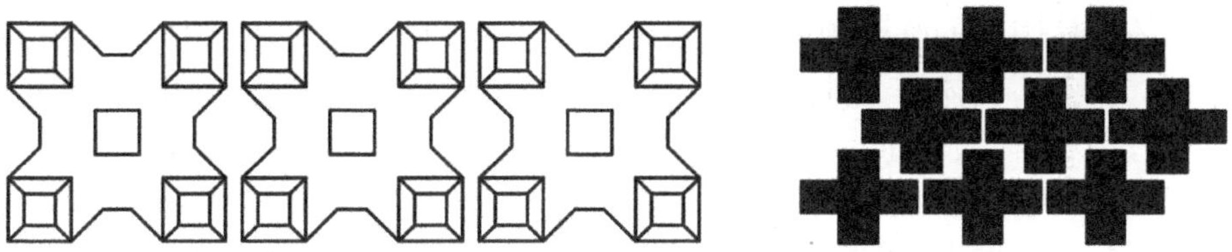

（a）四脚空心方块　　（b）扭王字块体

图 11-22　四脚空心块体、扭王字块体规则安放示意图

（3）对于扭工字块体，分为水上和水下部分来选择安放图案。水上部分的安放图案，规则安放，全部块体的竖杆朝向坡脚，也可以定点、定量随机抛填，上层块体尽量有 60% 的竖杆朝向坡脚，而且先按理论计算量的 95% 进行抛填，后用余下的 5%“填平和补漏”；水下部分的安放图案，因无法规则安放，一般按理论计算量，定点、定量随机抛填。当选择规则安放时，应使垂直杆件安放在坡面下方，并压在前排的横杆上，横杆置于垫层块石上，腰杆跨在相邻块的横杆上。

（4）对于四脚锥体，下层块体采用正放形式，并按两脚朝向坡脚和一脚朝向坡脚进行逐列相间摆放。上层块体一般正放，当下层块体间空隙较小时也可倒放，但倒放数不应超过上层块体总数的 20%。

扭工字块体和四脚锥体（两层）随机抛填时，定点间距（m）计算公式如下。

单块抛填时，水平方向间距：

$$a=\frac{10}{\sqrt{\frac{N}{2}}} \tag{11-1}$$

沿坡度方向间距：

$$b=a\frac{m}{\sqrt{m^2+1}} \tag{11-2}$$

数块成簇抛填时，水平方向间距：

$$a=\frac{10}{\sqrt{\frac{1}{2}\frac{N}{N'}}} \tag{11-3}$$

沿坡度方向间距：

$$b=a\frac{m}{\sqrt{m^2+1}} \tag{11-4}$$

式中 N——100 m² 护面层的块体抛填个数；

N'——成簇抛填的块数；

m——斜坡坡度为 1 ∶ m。

2. 安放方法

在抛填垫层块石的过程中，为避免因风浪而遭受破坏，应分段由下而上安放人工块体，及时用护面层覆盖垫层石。根据施工条件的不同，人工块体的安放，亦分为水上施工和陆上推进施工。除选择适宜的施工设备外，尚需选择块体的运输方式和吊安方式。

人工块体需从附近的临时预制场运输至施工现场。陆上推进施工时，块体陆运至堤上安放地点；水上施工，块体需先陆运至出运码头，再转水运至安放现场。陆运用汽车或平板拖车。汽车宜用容量大、载重大的大平板汽车，块体可规则摆放也可不规则摆放，通常可装多层，装卸采用吊机完成。水上用方驳运送。块体上驳，采用起重船吊安时，用陆上吊机将块体吊装在专门的方驳上；用方驳、吊机吊安时，用方驳上的吊机将块体吊装在方驳或另配备的方驳上。

安放方式包括一钩吊一块和一钩吊数块，具体安放方式与吊安设备的起重能力有关。表 11-2 给出了部分块体一钩吊数块的吊法。

表 11-2 部分块体一钩吊数块吊法

安放方法	块体种类	吊法
随机抛填	扭工字块体、四脚锥体、扭王字块体	配备相应质量的吊索，吊设在竖杆或朝上杆的吊耳，一钩吊一簇
规则安放	四脚空心方块	块体摆放整齐，用型钢卡具卡住，一钩吊 2（或 4）块
	扭王字块体	按安放图案和相互连续性，用型钢吊架，一钩吊 3 块

水上安放施工，可用起重船或吊机 - 方驳安放块体。用起重船时，宜用起重能力大、旋转式起重船，块体装在方驳上，方驳依靠起重船系泊。用吊机 - 方驳时，吊机固定在方驳的船艏，吊机大小由块体重量和吊距确定，块体装在方驳甲板或另配的方驳上，一般 30~50 t 吊机配 600 t 方驳，100 t 以上吊机配 700~1 000 t 方驳。

陆上推进施工，采用吊机安放块体，如吊机起重能力小时，坡脚部分块体可辅以水上施工。

11.2.6.3 模袋混凝土护面

土工模袋由化纤长丝直接织成，模袋内填充混凝土。

施工流程：基层处理→模袋铺放→模袋充灌→坡顶和坡脚防护。

1. 施工方法

（1）对于土坡应按设计规定进行修坡或挖泥，坡面应平整无杂物；对于抛石的坡面，理坡后再用碎石整平。

（2）模袋铺放宜按先上游、后下游，先深水、后浅水，先标准段、后异型段的次序进行。将模袋卷在 DN50（公称直径 50 mm）钢管上，运至铺放地点按设计位置沿坡面自上而下铺放，为防止模袋在充灌混凝土过程中出现下滑现象，在坡顶应设定位桩及拉紧装置。对于水下模袋，铺放后应及时用砂袋或碎石袋临时压载定位。

（3）模袋充灌一般有两种方法，一种是混凝土拌合站供灰，罐车运输，泵车充灌；另一种是混凝土拌合船供灰，泵车充灌。充灌混凝土时应自上而下逐排口充灌，每排口应从模袋与已充灌模袋搭接的一侧开始向另一侧逐口充灌。水上灌口充灌结束后应将袖口处理干净后塞入灌口，并进行缝合和冲洗；水下灌口充灌结束后直接用铅丝封紧袖口即可。

（4）坡顶宜用浆砌块石或填土覆盖保护。坡脚宜设置压脚棱体或护脚块体，对受冲刷的岸坡应采取防冲刷措施。

2. 施工控制要点

（1）混凝土充灌口应设置在模袋上层，间距取 3~4 m，充灌口直径为 30 cm，袖口长度取 40 cm。模袋长度由工程护坡长度决定，宽度一般取 10 m，同时还应考虑 3% 的充灌收缩量以及由于坡面不平而造成的模袋有效覆盖长度的减少等因素。

（2）卷模袋时应将模袋卷紧，两个侧边卷齐。

（3）新铺设模袋与已充灌完毕的模袋相邻边应有 15~20 cm 的搭接，以保证模袋混凝土之间拼缝严密。

（4）充灌模袋混凝土时除应满足混凝土一般要求之外，还应重点控制混凝土的流动性和骨料的最大粒径。混凝土坍落度不宜小于 200 mm，充灌压力以 0.2~0.3 MPa 为宜，充灌速度宜控制在 10~15 m^3/h。为保证混凝土连续充灌，还应及时进行疏导工作。

11.2.7　挡浪墙施工

挡浪墙包括现浇混凝土和浆砌块石两种形式。现浇混凝土挡浪墙的施工要点。

（1）除按设计要求分段外，可采取分层浇筑和防止出现温度应力裂缝的措施。

（2）浇筑胸墙顶混凝土，应按设计高程预留一部分，待沉降稳定后续浇至设计高程。

（3）现浇混凝土可采用汽车、罐车或搅拌船运供，吊机、吊罐或泵车浇筑。胸墙施工后方可做坡肩处的护面层。

11.2.8　宽肩台式防波堤施工

宽肩台式防波堤的最大特点是初始堤身断面临海侧在稍高于设计高水位处具有一个一定宽度的肩台（戗台），在波浪的作用下容许发生变形，直至外坡达成一个动态平衡剖面。这种结构形式适用于具有足够大量开山石的情况。

11.2.8.1　宽肩台斜坡堤施工特点

宽肩台斜坡堤施工工艺流程为：基础挖泥→堤心石填筑→护面块石抛填→压脚棱体抛填。石料的规格只有两种，即较重和较轻的开山石，没有人工护面块体。堤顶的高度足够，也不必做防浪墙结构。

1. 基础挖泥

基础挖泥与传统抛石斜坡堤的挖泥没有区别，挖泥高程根据施工地点的地质情况而定，在泥层过厚的情况下，为了减少挖泥量，可以留有一定厚度的泥层（5 m 以内），利用堤身自重进行挤淤处理。

2. 堤心石填筑

由于宽肩台斜坡堤的肩台设置在设计高水位以上，因此便于用陆上设备采用推进法逐步向外海填筑。在施工过程中，边抛填边用推土机整平，挖掘机理坡。由于堤身宽度足够，因此堤身本身就可以作为施工通道。

由于堤身断面尺寸的允许偏差比常规式斜坡堤要宽，所以施工期间正常的风浪对完成堤身断面的影响也较小，因而就大大提高了施工的进度。

3. 护面块石抛填

护面块石抛填分两次进行：第一次填至设计高水位以上 2 m；第二次待堤心石填至堤顶抛填完成。护面块石的抛填全部在堤上完成，挖掘机理坡。为了保证施工中的堤身安全，尽量减少堤心的暴露时间，施工中采取护面块石的抛填紧跟堤心石的施工进行，滞后距离控制在 30 m 以内。

4. 压脚棱体抛填

斜坡堤的主体断面完成以后，抛填压脚棱体。压脚棱体的主要作用是维持堤身及护面块石的稳定，保证护面块石的体积平衡。

5. 宽肩台斜坡堤堤头施工

宽肩台斜坡堤堤头施工中最重要的是控制以下两点。

1）堤头外坡与堤身外坡的连接

因为防波堤的堤头是要求静态稳定的，而堤身外坡则是可以变形的，所以在施工中不但要控制二者初始断面的平顺连接，保证工程的外观质量，同时还要保证在堤身外坡发生变形后，不致造成堤头的护面层向堤身方向坍塌。采取的措施是充分利用现场开采的较大块石进行堤头护面。这样，即使有少量堤头护面块石向堤身方向滚落，其造成的后果也较人工护面块体要小，且维护方便。

2）堤头护坡块石的质量及堤头防护

为保证堤头的稳定，要尽可能利用现场材质较好且重量较大的块石做护面。同时，作为储备，可另备部分人工块体，摆放在堤头及其两侧，以备不时之需。

11.2.8.2 宽肩台式斜坡堤施工质量控制要点

由于宽肩台斜坡堤通常只有两种块石规格（不包括堤头部分），施工工序简单，施工质量相对来说比较容易控制。需要重视的有如下两点。

（1）宽肩台堤的外坡是允许变形的，堤身应分段抛填，在施工中及时对初始断面进行检验，并绘成图纸。在整个工程竣工验收时，只要被冲蚀部分的坡面线不超过平衡坡面线，即认为其是合格的。

（2）在施工中通常利用抛填至水面上一定高度的堤心石顶面作为施工通道，然后把运来的大块石用推土机推至肩台。应避免把堤顶面的细石料推入肩台，造成护面块石空隙被堵塞，影响肩台的消浪作用。

11.3 直立堤施工

直立堤施工主要包括基础施工、堤身施工和挡浪墙施工。

11.3.1 直立堤施工要点

直立堤分重力式和桩式两种类型，其中重力式直立堤断面与重力式码头相似；桩式直立堤断面与板桩码头类似。直立堤在施工安排上要重点考虑风浪的影响及其在施工过程中的稳定问题。

对于图 11-5(g)所示的桩式直立堤，沉钢管桩应安排在非大浪季节进行，并要及时抛填桩两侧的棱体，以提高抗浪能力。

下面以图 11-5(a)所示标准断面的沉箱重力式直立堤叙述水上施工主要程序。

施工从工程一端开始，先开挖基槽，同时预制沉箱、护底混凝土块体；接着基床抛石、夯实、整平；然后出运、安放沉箱、向沉箱内填料、抛填安放护底块石或混凝土块体；最后浇上部结构混凝土。

安放沉箱之前的各工序之间应衔接紧凑，并加强检查，一旦发现基槽、基床回淤超标，应及时处理。沉箱安放后，应立即向沉箱内灌满水，待经历 1~2 个低潮位后，复测位置，确认符合质量标准后，及时填充箱内填料，同时抛填、安放护底块石或混凝土块体。沉箱内填料后，其稳定性基本上不受风浪影响。

11.3.2 基础施工

11.3.2.1 基槽开挖

(1)基槽开挖的尺寸应符合设计要求，对非岩石地基，开挖的超宽、超深基槽允许偏差列于表 11-3。

表 11-3 非岩石地基水下基槽开挖的允许偏差

挖泥船抓斗	平均超深(m)		每边平均超宽(m)	
	Ⅰ、Ⅱ类土	Ⅲ、Ⅳ类土	Ⅰ、Ⅱ类土	Ⅲ、Ⅳ类土
4 m^3 以下	0.5	0.5	1.5	1.5
4~8 m^3	0.8	0.5	2.0	2.0
8~13 m^3	1.0	0.8	2.5	2.2
13~18 m^3	1.5	1.0	3.0	2.5

注：1. 当水深大于 20 m 或采用 18 m^3 以上抓斗时，其平均超深和平均超宽允许值可适当放宽；
2. 链斗式挖泥船开挖基槽的平均超深允许值为 400 mm，平均超宽允许值为 1 500 mm。

(2)在易回淤区段挖槽或基槽开挖深度较大时，应分层、分段开挖，其分段长度和分层厚度可根据土质和施工能力确定，以避免回淤和塌坡。

(3)当基槽挖至设计高程时，应核对土质，当发现土质与设计情况不符时，应会同设计单位研究解决。

(4)每段基槽开挖完成后应及时检查验收，并应及时进行基床抛石施工。

11.3.2.2 基床抛石

（1）抛石施工前应对基槽进行检查，若基槽尺寸发生显著变化，要及时采取措施处理。当基槽底部回淤沉积物的厚度大于 0.3 m，且含水率小于 150%，或其湿重度大于 12.6 kN/m^3 时，应进行清淤。

（2）基床抛石的高程应预留夯沉量，其量值可根据试夯确定。基床最上一层抛石的高程不宜高于施工控制高程。

（3）用于抛石基床的块石，不应成片状；应无严重风化，无裂纹。用于夯实基床块石的单轴饱和极限抗压强度不低于 50 MPa；用于不夯实基床的不低于 30 MPa。

11.3.2.3 基床夯实与整平

抛石基床的整平应进行粗平和细平，整平范围和允许偏差列于表 11-4。

表 11-4 抛石基床的整平范围和允许偏差

整平阶段	适用部位	整平范围	高程允许偏差（mm）
细平	堤身构件和压肩方块基床顶面	堤身构件和压肩方块边线向外加宽 0.5 m	±50
粗平	基床细平层下部基床的整平和基床肩部	基床细平层下部基床的整平和细平范围的内外两侧的坡肩	±150

基床夯实可采用重锤夯实和爆炸法夯实施工。基床整平可采用潜水员水下轨道法整平和水下整平船、深水整平平台的机械化整平，整平工艺与重力式码头抛石基床的整平相同。

11.3.3 堤身施工

（1）每段基床整平完成后应及时安放堤身构件。

（2）堤身构件如沉箱、圆筒、方块等的安放应分段控制安放位置和堤段长度。

（3）沉箱、圆筒构件安放后应及时进行舱格内的抛填，抛填时，同一沉箱各舱格宜同步进行。抛填块石时应采取措施防止砸坏构件边角。

（4）堤身构件安放后应及时进行堤前护底块石的抛填或人工块体的安放。

（5）直立堤堤身构件安放的允许偏差和构件安放缝宽的最大允许值应符合现行行业标准《防波堤设计与施工规范》（JTS 154—1）的规定。

11.3.4 挡浪墙施工

（1）挡浪墙施工应在地基基础的沉降基本稳定后进行。

（2）挡浪墙施工应按设计分段进行，当采取分层浇筑时，要采取措施处理好施工缝。施工缝宜留置在防浪墙断面突变处以上 500~1 000 mm 处。

（3）顶高程较低的防浪墙趁低潮施工时，应保持在水位以上进行混凝土的浇筑和振捣，并采取措施防止混凝土在初凝前被水淹没、淘刷。

（4）当挡浪墙采取预制安装结构时，应采取措施保证挡浪墙施工期的稳定性。

（5）现浇挡浪墙施工的允许偏差应符合现行行业标准《防波堤设计与施工规范》（JTS 154—1）的有关规定。

11.4　护岸施工

护岸施工方法可参照防波堤施工方法，本节不再过多叙述，仅介绍护岸施工工艺流程及施工要点。

11.4.1　斜坡式护岸

11.4.1.1　施工工艺流程

斜坡式护岸施工工艺流程如图 11-23 所示。

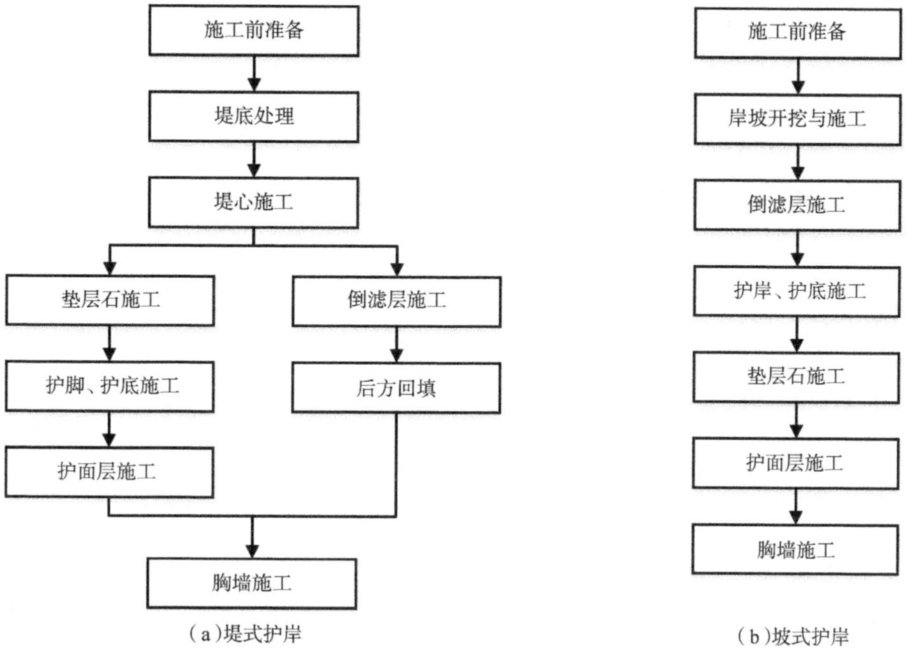

图 11-23　斜坡式护岸施工工艺流程

11.4.1.2　施工要点

（1）岸坡开挖与削坡应从上到下分段、分层进行，保证岸坡稳定平整，不得贴坡，严禁向航道内弃土。

（2）砂垫层应分段施工、分段验收，验收合格后应及时进行上部覆盖施工。

土工织物垫层铺设前应对砂垫层整平，铺设应拉紧平整，不得起褶皱。铺设完成后及时压载。

（3）护岸的堤身、护底及护脚施工应分段、分层呈阶梯状进行。

铺设软体排时应平整，位置准确，不得发生漂移，不得有皱褶。

堤身抛填应按设计要求的顺序、分段、分层和加荷速率进行。当有挤淤要求时，抛填应从堤轴线向两侧进行。

每段堤心石在抛填完成后应及时理坡并覆盖垫层和护面，受风浪影响的施工区域，堤心石和垫层石的暴露长度不应超过 50 m。

（4）倒滤层施工应分段、分层由坡脚向坡顶进行，每段、每层的推进面应相互错开一定距离。受风浪影响时，倒滤层后应及时回填覆盖。

土工织物倒滤层铺设后应及时覆盖保护层并进行回填施工。

（5）后方回填应分层进行，人工夯实分层厚度不宜大于 200 mm，机械夯实或碾压密实分层厚度不宜大于 400 mm。

（6）现浇上部结构的施工应在堤身基本稳定后进行，并应预留后期沉降量。

11.4.2 直立式护岸

直立式护岸施工工艺流程可参照码头施工工艺流程，本节不再叙述，施工要点如下。

1. 水下基槽开挖

水下基槽开挖与直立堤基槽开挖无大异，施工应分段进行，为防止回淤，每段开挖验收合格后应及时进行下道工序的施工。

2. 水下基床抛石和夯实

水下基床抛石和夯实应分段、分层进行，每层厚度应大致相等，并不宜大于 2.0 m。当采用爆炸法密实抛石基床时，爆夯的沉降量宜为抛石厚度的 10%~20%。

3. 水下基床整平

沉箱基床整平宜分粗平和细平，整平后允许偏差为 ±50 mm；方块基床整平宜分粗平、细平和极细平，整平后允许偏差为 ±30 mm。

4. 构件的安放

方块的安放应分段、分层进行，并控制每段长度；沉箱的安放宜趁落潮时进行，基床面上的水深宜小于沉箱高度。沉箱安放后应及时进行箱内抛填，抛填过程中各舱格内的抛填料高度应大致相等。

5. 胸墙（挡浪墙）的施工

胸墙（挡浪墙）的施工宜在后方回填完成后进行。

11.4.3 直立式护岸

直立式护岸施工工艺流程可参照码头施工工艺流程，本节不再叙述，施工要点如下。

1. 水下基槽开挖

水下基槽开挖与直立堤基槽开挖无大异，施工应分段进行，为防止回淤，每段开挖验收合格后应及时进行下道工序的施工。

2. 水下基床抛石和夯实

水下基床抛石和夯实应分段、分层进行，每层厚度应大致相等，并不宜大于 2.0 m。当采用爆炸法密实抛石基床时，爆夯的沉降量宜为抛石厚度的 10%~20%。

3. 水下基床整平

沉箱基床整平宜分粗平和细平，整平后允许偏差为±50 mm；方块基床整平宜分粗平、细平和极细平，整平后允许偏差为±30 mm。

4. 构件的安放

方块的安放应分段、分层进行，并控制每段长度；沉箱的安放宜趁落潮时进行，基床面上的水深宜小于沉箱高度。沉箱安放后应及时进行箱内抛填，抛填过程中各舱格内的抛填料高度应大致相等。

5. 胸墙(挡浪墙)的施工

胸墙(挡浪墙)的施工宜在后方回填完成后进行。

11.5　防波堤部件的三维数字化展示

本节以某集装箱码头配建的斜坡式防波堤为例,该斜坡式防波堤总长 1 102 m,堤心结构为抛石斜坡堤,内外坡采用扭王字块护面,堤顶为 0.9 m 厚混凝土板(兼做路面),典型断面如图 11-24 所示,运用 BIM 技术和虚拟仿真技术进行三维数字化展示,扫描表 11-5 中的二维码,即可观看了解斜坡式防波堤各部件的所在位置和三维构型。

表 11-5　斜坡式防波堤三维数字化展示表

部件序号	部件名称	二维码
1	防波堤堤心	
2	防波堤垫层	
3	防波堤护面	
4	防波堤堤顶	
5	部件整体拆分图	

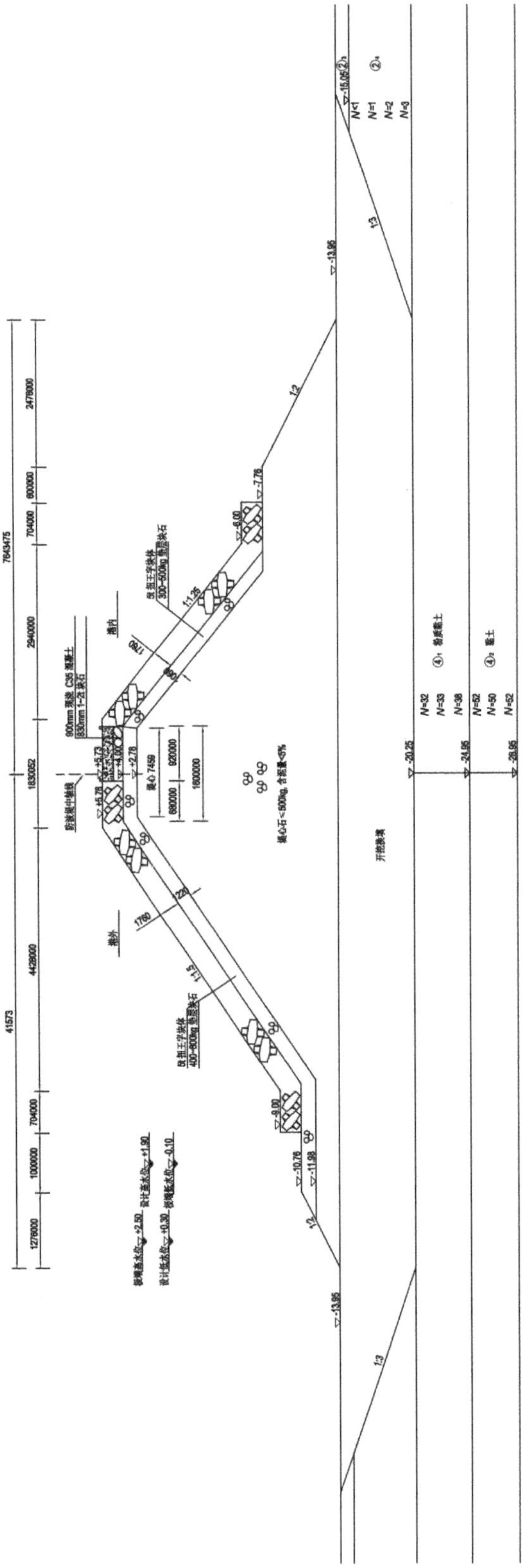

图 11-24 斜坡式防波堤断面图

第 12 章　施工管理

12.1　概述

水运工程施工管理应在确保施工安全和质量的前提下，协调和处理好安全、质量、工期、成本等的关系，对施工全过程进行系统控制，实现施工管理的各项目标。水运工程施工应做好现场调查、图纸会审与设计交底、施工组织设计及施工方案编制、施工技术交底与安全交底、典型施工、工序质量控制、隐蔽工程验收、工程交工验收和工程保修等环节的管理工作。

12.1.1　水运工程项目组成及特性

12.1.1.1　工程项目的组成

工程项目是指在限定的资源、时间等约束条件下，具有特定目标的一次性的工程任务。工程项目都有一定的时间、质量、功能要求，且为一次性的任务。

1. 建设项目

按照同一个总体设计进行建设，全部建成后才能发挥所需综合生产能力或效益的基本建设单位。例如：一个港口、一个修造船厂、一条公路等。

2. 单项工程

建设项目的组成部分，在施工图设计阶段一般具有独立设计文件，建成后能够独立发挥生产能力和效益的工程。例如：港口工程中的码头、航运枢纽中的船闸等。

3. 单位工程

单项工程的组成部分，一般指具备独立施工条件，建成后能够发挥设计使用功能的工程。例如：码头工程中的码头水工建筑物等。

4. 分部工程

单位工程的组成部分，一般指构成工程结构的主要组成部位。例如：重力式码头的基础工程等。

5. 分项工程

分部工程的组成部分，一般指工程施工的主要工序或工种。例如：重力式码头基础工程中的基槽开挖。

12.1.1.2　工程项目的特性

1. 工程项目的不可重复性

工程项目的不可重复性决定了完成项目、达到目标的一次性，也称为项目的单件性。工程项目不同于工厂里其他产品的反复加工和批量生产，不同于这些生产加工过程所具有的重复性；一次性的施工过程，稍有计划不周和管理控制上的失误，即可造成局部甚至整个项目无可挽回的损失，很难有纠正的机会。因此，项目经理的选择、人员的配备、机构的设置等是工程项目管理的首要问题。

2. 工程项目的制约性

工程项目的单件性和施工过程的一次性,决定了项目的制约性。工程项目的施工,首先是在时间上的制约和限制,开工、竣工都有时限,超越工期意味着项目管理一定程度上的失败。从开工到竣工的时限内,又要划分成若干特定阶段、设置若干节点,每个阶段和节点都有明确的时间要求,都对应着不同的特定目标,又都决定着下一阶段时限的完成,甚至对整个工期有着重大的影响。此外,工程项目的施工还受资源(费用、设备、人员、地域等)的限制,应符合工程质量和功能的规定。

3. 工程项目施工条件的特殊性

任何一个工程都不可能是其他已有工程施工条件的重复,包括建筑物、自然条件、进度、工程量等,各有其特殊性。工程项目的施工,受自然环境、季节等特殊性的限制和安全事故等的威胁。这些制约既是管理的必要条件,又是不可逾越的限制。正是在这些条件的制约下,充分地利用这些条件达到项目的既定目标,方能彰显出管理的重要性。

4. 工程项目管理的综合性

施工过程的不可重复性,为项目施工每个环节的严密管理提出要求。项目的各个阶段,既有明显的界限,又相互有机地衔接,互为条件和目的,不能间断。这就决定了项目管理的连续性、全面性和全过程性。由于社会生产力的发展,社会的专业化分工更加精细,项目实施的不同阶段逐步由专业单位或独立部门分包完成;大量的劳务分包也已成为几乎所有工程都采用的一种模式。在这样的情况下,必然对工程项目管理提出全面、全过程、综合管理的更高要求。

12.1.2 施工管理的任务与内容

工程项目施工管理的任务可以概括为:有效地利用既定的资源,在规定的合理工期限制内,按照既定的质量要求,以合理的低成本安全地建成工程项目,使其实现设计的功能,在各项预定条件下,实现项目总目标。工程项目不同阶段有着不同的阶段性目标。阶段性目标的实现,是总目标实现的保证,因此阶段性目标是项目总目标的手段性目标,两者是一个不可割裂的有机整体,共同组成了项目的目标系统。阶段目标必须服从于和受控于项目总目标。管理者的任务就是有效地利用既定的条件(人力、财力、物力资源,时间、空间条件等)逐一地实现阶段目标,最终保证项目总目标的实现。

在工程项目施工管理的全过程中,主要有以下几个方面的内容。

1. 合同管理

合同管理是指签订施工总承包合同、专业承包合同、劳务分包合同,以及此类合同文件的准备、关键条款的定夺、合同谈判、签订等,合同执行过程中的变更、修改、矛盾协调处理、索赔等管理工作。

2. 进度控制

进度控制包括进度计划的编制、实施、检查、调整;施工方案的确定、实施;与业主、监理、设计、分包间的协调。

3. 质量控制

质量控制包括确定、分解、落实质量目标及其保证措施;确定质量控制点及其阶段目标;

质量保证体系的建立及其作用的发挥、检查；对设计图纸的理解、检查、提出修改意见；对进场材料、设备的质量检查和复验；工序质量检查验收、隐蔽工程验收、阶段质量验收，质量问题处理等。

4. 成本控制

项目的施工阶段，是费用发生的主要阶段。因此，在这一阶段中对费用控制更要给予足够的重视。费用主要发生在设备、材料采购和工程施工上。施工阶段的费用控制应采取组织、经济、技术（工序和工艺的优化）、合同措施等进行多方面的综合控制。

5. 安全与环境管理

安全与环境管理包括项目的安全生产责任制度建设、安全生产管理机构建立、项目全员的安全教育、项目的安全检查、安全技术管理、安全生产应急响应与事故处理（编制应急响应预案及建立应急救援机制，比如消防应急救援制度，并经常进行消防安全教育及演练）等。特别要强调的是，以上各项安全管理工作更要落实到分包队伍中去。要针对工程项目和所处环境的特点制定切实可行的环境保护、维护职工健康和文明施工的措施，并将其落实到位。

6. 技术管理

技术管理是对所承包工程的各项技术活动和构成施工技术的各项要素进行计划、组织、指挥、协调和控制的总称。主要有：熟悉图纸、设计交底，施工组织设计编制和施工技术交底；规范、规程的学习、执行与检查；工程变更洽商、各种试验检验、技术问题的处理；试验研究、技术改造、技术革新、技术培训；技术文件、技术信息、技术档案、技术标准的管理和技术责任制的建立等。

7. 信息管理

信息管理是指对有关项目的信息收集、整理、处理、储存、传递与应用等的一系列工作。信息管理的目的是及时地捕获信息，有计划、有分析地交流和沟通信息，以保证决策者能及时、准确、畅通地获得相应的信息，据此做出决策和指挥。为了达到应用信息的目的，需要构建项目的信息管理系统。

12.1.3　施工管理的基本工作

12.1.3.1　确定总目标和分目标

工程项目的总目标，即预期该工程最终实现的效果，包括工程的功能、必须完成的工程量、工程的质量标准、总工期、总投资额等。在确认工程的总目标（总目标是合同所规定的）之后，围绕着总目标确定某一方面的目标，或者对总目标分解在这一方面的目标加以确认，并将该目标再分解落实到该方面工作的各个阶段中去，确认各阶段（或项目的各节点）的目标，层层分解，落实到操作层，形成总目标下的一个子目标群。

比如，对于防波堤工程的质量目标，按照合同规定和现行行业标准《水运工程质量检验标准》（JTS 257），确认整个防波堤工程的总体质量目标，然后细化不同部位、不同阶段的质量目标。地基与基础部分：基槽开挖、抛石、夯实、整平等；堤身结构工程：堤身的抛填、堤身构件的预制、安装等；护面结构工程：人工块体的预制、安装护面；堤顶结构工程：压顶块体的预制安装、混凝土胸墙、防浪墙的施工等。

对每个阶段还可进一步细化，确定（或确认）质量目标，并制定相应的达到目标的具体（可操作的、量化的）标准。

12.1.3.2 制定方案和具体措施

确定目标之后需要提出达到目标和满足相应标准要求的方案，对方案进行筛选和优化，并确定实施方案的具体措施。其中重要的是要明确各部门的责任，分工明确、责任清楚、各负其责、奖罚分明。更要把责任明确落实到分包单位中去。责任分工不能有空白，以杜绝工作无人负责；但也要尽量少交叉，以防止互相扯皮。

12.1.3.3 方案的动态实施

将经过比选和优化的方案付诸实施，在实施的过程中应跟踪检查，及时掌握情况，可以通过现场调查、查看、听取汇报、统计报表等及时掌握方案和措施实施的效果和出现的问题，不断进行总结。并对照所确认的目标和标准及时加以改进和调整，保证目标的实现。为了及时掌握工程进展的情况，要建立起一套科学的信息反馈和管理系统，包括会议汇报制度、统计报表制度、工程档案管理制度，大型工程有必要建立起计算机管理的工程信息库，及时传递、储存、处理工程信息。

12.1.3.4 组织和协调工作

组织和协调工作包括建立管理的组织机构，确定项目经理，制定规章制度，明确各方面的关系，在项目经理的领导下，各司其职，开展各项工作。

项目的不同阶段、不同部门、不同层次之间，存在着许多结合部，结合部往往是需要协调的重点。施工阶段是工作量最大，投入的人力、财力、物力最多，管理、协调、配合难度最大的阶段，通常情况下工序交叉很难避免，工程施工在时间上和空间上难免会出现一些相互间的干扰乃至矛盾，尤其是工程中大量的劳务分包，在质量上、进度上、安全上都有大量的问题需要协调。及时、有效的协调工作是工程项目管理中的一项至关重要的内容。各种协调中，以人际关系的协调最为重要，项目经理在人际关系的协调中处于核心地位。为了更好地进行人际关系协调，通常采取定期和不定期召开协调会、调度会的方式，由业主或项目经理主持，各有关单位派有决策权的代表参加。会上要讨论和协调的问题由工程项目经理部提前以书面文件通知各与会单位。协调会上讨论和决议的事项，形成书面纪要文件，各方签字、共同遵循执行，并作为奖罚和以后检查落实的依据，归档备查。

12.1.4 实现施工有效管理的基本条件

（1）项目经理要有与其承包工程相适应的技术、管理能力，配备得力的项目管理班子，组建团结一致、人际关系和谐的项目经理部。具有与其责任相符的充分的授权保证，项目经理要有足够的独立行使职权的权威，降低行政干预和其他干扰。项目经理部的核心领导，特别是项目经理的人事安排要稳定，力戒频繁变动。

（2）与项目的设计、监理，特别是业主，合作良好、关系融洽、沟通密切、配合默契。

（3）有一份双方充分认同、遵照执行的合同。

（4）工期科学、合理，进度计划切合实际，交底清楚、执行严格。

（5）配备一个高效率的调度指挥系统，建立并落实一套高效、合理的管理机制，指令下达、信息反馈渠道畅通，纵横沟通及时，不开无准备的会议，会风好、效率高，凡决定、安排布置的事项，有检查、有处理、有奖罚。

（6）构成工程项目的要素，如人员、材料、船机装备、工程款（预付、进度款）等及时到位。

（7）建立起一套公平、合理、能促进效率提升的分配和奖罚制度。

（8）经过充分研究确定的合理可行的施工工艺和方案。

上述条件习惯被称为人员、机械设备、材料、施工方法、环境（简称为人、机、料、法、环）条件。

12.2　水运工程施工准备工作

施工准备工作是项目施工管理的一个重要组成部分，是组织施工的前提，是顺利完成工程施工任务的关键；其基本任务是为拟建工程的施工建立必要的技术和物质条件，统筹安排施工力量和布置施工现场。施工准备工作也是施工企业搞好目标管理、推行技术经济承包的重要依据；同时还是工程施工和设备安装顺利进行的根本保证。认真做好施工准备工作，对于发挥企业优势、合理供应资源、加快施工速度、提高工程质量、规避风险、安全施工、降低工程成本、增加企业经济效益、赢得企业社会信誉、实现企业现代化管理等具有重要意义。

施工项目开工前，施工单位应按施工组织设计做好工程开工前的各项现场施工准备工作，符合开工条件后应向建设单位或监理单位申请开工。施工项目开工应具备下列基本条件。

（1）临时设施满足工程开工需要。

（2）测量控制网、施工基线和水准点等已通过验收。

（3）施工人员、施工船舶、机械设备、仪器仪表和工程材料等已按要求进场，满足开工需要。

（4）施工技术准备满足开工需要。

（5）已取得施工许可。

12.2.1　施工准备工作的分类

12.2.1.1　按工程项目施工的范围分类

一般可分为全场性的施工准备、单位工程施工条件准备和分部（项）工程作业条件准备三种。

1. 全场性施工准备

全场性施工准备是以一个水运工程的施工工地为对象而进行的各项施工准备。其特点是施工准备工作的目的、内容都是为全场性施工服务的，不仅要为全场性的施工活动创造有利条件，而且要兼顾单位工程施工条件的准备。它更多的是战略性层面上的总体性、全面性的考虑和准备，要全面顾及与业主、监理、政府监督部门的关系，要考虑与工程范围内的并行施工单位的协调，对分包队伍的安排等，头绪多、关系复杂。

2. 单位工程施工条件准备

单位工程施工条件准备是以一个建筑物或构筑物为对象而进行的施工条件准备工作。其特点是准备工作的目的、内容都是为单位工程施工服务的，不仅为该单位工程在开工前做好一切准备，而且要为分部（项）工程做好施工准备工作，起到承上启下的作用。

3. 分部(项)工程作业条件准备

分部(项)工程作业条件准备是以一个分部(项)工程或具有突出特点的季节施工为对象而进行的作业条件准备。其特点是具体、细密、极具操作性。

12.2.1.2 按工程所处的施工阶段分类

施工准备按工程所处的施工阶段一般可分为开工前的施工准备和各施工阶段前的施工准备两种。

1. 开工前的施工准备

开工前的施工准备是在拟建工程正式开工之前所进行的一切施工准备工作。其目的是为拟建工程正式开工创造必要的施工条件。它既可能是全场性的施工准备,又可能是单位工程施工条件的准备。

2. 各施工阶段前的施工准备

各施工阶段前的施工准备是在拟建工程开工之后,每个施工阶段正式开工之前所进行的一切施工准备工作。其目的是为下一个施工阶段正式开工创造必要的施工条件。如沉箱码头施工,一般可分为基槽挖泥、基床抛石、基床夯实、基床整平、沉箱预制、出运下水拖航、安放、上部结构、附属工程、后方回填等施工阶段,每个施工阶段的施工内容不同,所需要的技术条件、资源条件、组织要求和现场布置等方面也不同,因此在每个施工阶段的过程中和将要结束时都要考虑为下一阶段开工创造有利条件,而下一阶段开工之前,都必须做好相应的施工准备工作。

12.2.2 施工准备工作的内容

工程项目施工准备工作内容,通常包括技术准备、物资准备、劳动组织准备、施工现场准备和施工场外准备。

12.2.2.1 技术准备

技术准备是施工准备的核心。由于任何技术的差错或隐患都可能引起人身安全或工程质量和安全事故,造成生命、财产和经济的巨大损失,因此必须认真地做好技术准备工作。

1. 熟悉、审查(自查)施工图纸和学习工程的初步设计文件

1)熟悉、审查设计图纸的目的

(1)为了能够按照设计图纸的要求,顺利地进行施工,生产出符合设计要求的水运工程建筑物或构筑物。

(2)为了能够在拟建工程开工之前,使从事施工技术和经营管理的工程技术人员充分地了解和掌握设计图纸的设计意图、技术要求和结构与构造的特点、难点、关键点。

(3)通过审查发现设计图纸中存在的问题和错误,提出施工建议,使其在施工开始之前改正,为拟建工程的施工提供一份准确、齐全的设计图纸。

(4)充分掌握图纸,尽可能详细地对施工操作人员进行施工交底,使操作者理解施工内容。

2)熟悉、审查(自查)设计图纸的内容

(1)拟建工程的位置、工程总平面布置以及建筑物或构筑物的设计功能和使用要求。

(2)设计图纸是否完整、齐全,总平面图与其他结构图在几何尺寸、坐标、标高、说明等

方面是否一致，技术要求是否正确。

(3)设计图纸与说明书在内容上是否一致，以及设计图纸与其各专业组成部分之间有无矛盾和错误。

(4)工程配套投产的先后次序和相互关系，以及设备安装图纸与其相配合的土建施工图纸在坐标、标高上是否一致，掌握土建施工质量是否满足设备安装的要求。

(5)地基处理与基础设计同拟建工程地点的工程水文、地质等条件是否一致，以及建筑物或构筑物与地下建筑物或构筑物、管线之间的关系。

(6)明确掌握拟建工程的结构形式和特点，复核主要承重结构的强度和稳定性是否满足要求，设计图纸中的工程复杂、施工难度大和技术要求高的分部(项)工程或新结构、新材料、新工艺，对照承包人现有施工技术水平和管理水平能否满足工期和质量要求，并研究采取可行的技术措施加以保证。

(7)明确建设期限、分期分批投产或交付使用的顺序和时间，以及工程所用的主要材料、设备的数量、规格、来源和供货日期。

(8)明确建设、设计和施工等单位之间的协作与配合关系，以及建设单位可以提供的施工条件。

(9)在审查、熟悉、掌握图纸的基础上，研究落实施工交底的计划、步骤和要求。

3)熟悉、审查设计图纸的程序

该程序通常分为自审阶段、会审阶段和现场签证等三个阶段。

(1)自审阶段。施工单位收到拟建工程的设计图纸和有关技术文件后，应尽快地组织有关工程技术人员熟悉和自审图纸，写出自审图纸记录。自审图纸记录应包括对设计图纸的疑问和对设计图纸的有关建议。

(2)会审阶段。一般由建设单位主持、设计单位和施工单位参加，三方进行设计图纸会审。图纸会审时，首先由设计单位的工程主要设计人向与会者说明拟建工程的设计依据、意图和功能要求，并对特殊结构、新材料、新工艺和新技术提出设计要求；然后施工单位根据自审记录以及对设计意图的了解，提出对设计图纸的疑问和建议；最后在统一认识的基础上，对所探讨的问题逐一地做好记录，形成图纸会审纪要，由建设单位正式行文，参加单位共同会签、盖章，作为与设计文件同时使用的技术文件和指导施工的依据，以及建设单位与施工单位进行工程结算的依据。

(3)现场签证阶段。在拟建工程施工过程中，如果业主提出增加附加工程、改变设计或发现施工的条件与设计图纸的条件不符，或者发现图纸中仍然有错误，或者因为材料的规格、质量不能满足设计要求，或者因为施工单位提出了合理化建议，需要对设计图纸进行及时修订，应遵循技术核定和设计变更的签证制度，进行图纸的施工现场签证。如果设计变更的内容对拟建工程的规模、投资影响较大，要报请项目的原批准单位批准。在施工现场的图纸修改、技术核定和设计变更资料，都要有正式的文字记录，归入拟建工程施工档案，作为指导施工、竣工验收和工程结算的依据。

2. 原始资料的调查分析

为了做好施工准备工作，除了要掌握有关拟建工程的设计书面资料外，还应该进行拟建工程的实地勘测和调查，获得有关数据的第一手资料，这对于拟定一个先进合理、切合实际的施工组织设计是非常必要的，因此应该做好以下几个方面的调查分析。

1)自然条件的调查分析

自然条件的调查分析主要内容有气温、雨、雪、风(台风)、雾和雷电等情况;地质构造、土的性质和类别、地基土的承载力、地震级别和烈度等情况;水位、波浪、海流、泥沙运动等情况;地下水位的高低变化情况,含水层的厚度、流向、流量和水质等情况;土的冻结深度和冬雨季的期限等情况。

2)测量控制点的调查分析

测量控制点的调查分析要掌握高程、平面控制网和控制基点的情况。

3)技术经济条件的调查分析

技术经济条件的调查分析主要内容有:施工水域与避风锚地位置,地方建筑施工企业状况,当地可利用的地方资源(材料、船机设备)状况,工地供电和交通运输状况,地方劳动力和技术水平状况,当地生活供应和医疗卫生状况,当地消防、治安状况和施工单位的力量状况等。

3. 编制施工组织设计

编制施工组织设计是施工准备工作的重要组成部分,也是指导施工现场全部生产活动的技术经济文件,是对施工全过程实行科学管理的重要手段。编制施工组织设计,可以全面分析项目的施工条件,拟定合理的施工方案,确定施工顺序、施工方法、劳动组织,制定技术组织措施,统筹合理地安排工程进度计划;可以预计施工过程中可能出现的各种情况,可以把设计与施工、总包与分包、技术与经济、质量与进度、总体与局部、专业与辅助等方面的关系协调起来。实践证明,只要施工组织设计编制得合理,并在施工过程中得到认真贯彻执行,工程的质量、工期、安全就能达到合同规定的要求,成本就能得到有效控制。因此,必须根据拟建工程的规模、结构特点和建设单位的要求,在原始资料调查分析的基础上,编制出一份能切实指导该工程全部施工活动的施工组织设计。

4. 编制施工图预算和施工预算

施工图预算是技术准备工作的主要组成部分之一,是按照施工图确定的工程量、施工组织设计所拟定的施工方法、建筑工程预算定额及其取费标准,由施工单位编制的确定建筑安装工程造价的经济文件,它是施工企业签订工程承包合同、工程结算、银行拨付工程价款、进行成本核算、加强经营管理等方面工作的重要依据。

施工预算是根据施工图预算、施工图纸、施工组织设计或施工方案、施工定额等文件进行编制的,它直接受施工图预算的控制。它是施工企业内部控制各项成本支出、考核用工、“两算”(施工图预算和施工预算)对比、签发施工任务单、限额领料、基层进行经济核算的依据。

12.2.2.2 物资准备

材料、预制构件、船机设备是保证施工顺利进行的物质基础,这些物资的准备工作必须在工程开工之前完成。根据各种物资的需要量计划,分别落实货源,安排运输和储备,使其满足连续施工的要求。

1. 物资准备工作的内容

物资准备工作主要包括建筑材料的准备、构(配)件和制品的加工准备、船机设备等的准备和生产工艺设备的准备。

1)建筑材料的准备

根据施工预算进行分析,按照施工进度计划要求,按材料名称、规格、使用时间、材料储备和消耗定额进行汇总,编制出材料需要量计划,为组织备料、确定仓库、场地堆放所需的面积、组织运输、选择出运码头等提供依据。

2)构(配)件、制品的加工预制准备

根据施工预算提供的构(配)件、制品的名称、规格、质量、数量,确定加工预制方案和供应渠道以及进场后的储存地点和方式,编制需要量计划,确定预制场,为组织运输、确定存放场地等提供依据。

3)施工船机设备的准备

根据施工方案,安排施工进度,确定施工船机的类型、数量、进场时间和调度安排,编制施工船机的需要量计划、准备工作船码头、施工船舶临时停靠水域以及避风锚地等。

4)生产工艺设备的准备

按照拟建工程生产工艺流程及工艺设备布置图,提出工艺设备的名称、型号、生产能力和需要量,确定分期分批进场时间和保管方式,编制工艺设备需要量计划,为组织运输、确定堆场面积提供依据。

2. 物资准备工作的程序

(1)根据施工预算、分部(项)工程施工方法和施工进度的安排,拟定材料、构(配)件及制品、施工船机和工艺设备等物资的需要量计划。

(2)根据各种物资需要量计划,组织货源,确定加工、供应地点和供应方式,签订物资供应合同。

(3)根据各种物资的需要量计划和合同,拟定运输计划和运输方案。

(4)按照施工总平面图的要求,组织物资按计划时间进场,在指定地点,按规定方式进行验收、储存或堆放。

12.2.2.3 劳动组织准备

1. 建立拟建工程项目的领导机构——项目经理部

根据拟建工程项目的规模、结构特点和复杂程度,确定拟建工程项目施工的领导机构人选和名额;坚持合理分工与密切协作相结合;选择有施工经验、有创新精神、有工作效率的人组成领导机构;认真执行因事设职、因职选人的原则。

2. 建立精干的施工班组

施工队或班组的建立要认真考虑专业、工种的合理配合,技工、普工的比例要满足合理的劳动组织,要符合流水施工组织方式的要求,确定建立施工队或班组(是专业施工队组,或是混合施工队组),要坚持合理、精干的原则;同时制定出该工程的劳动力需要量计划。

3. 集结施工力量、组织劳动力进场

工地的领导机构确定之后,按照开工日期和劳动力需要量计划,组织劳动力进场。同时要进行安全、防火和文明施工等方面的教育,办好各方面要求的手续,并安排好职工的生活。

4. 向施工队、班组及工人进行施工组织设计、计划和技术交底

交底的目的是把拟建工程的设计内容、施工计划和施工技术等要求,详尽地向施工班组和工人讲解交代。这是落实计划和技术责任制的好办法。

交底要在单位工程或分部(项)工程开工前及时进行,以保证工程严格地按照设计图

纸、施工组织设计、安全操作规程和施工验收规范等要求进行施工。

交底的内容有工程的施工进度计划、月(旬)作业计划;施工组织设计,尤其是施工工艺、质量标准、安全技术措施、降低成本措施和施工验收规范的要求;新结构、新材料、新技术和新工艺的实施方案和保证措施;图纸会审中所确定的有关部位的设计变更和技术核定等事项。交底工作应该按照管理系统逐级进行,由上而下直到工人班组。

交底的方式有书面形式、口头形式和现场示范形式等。

班组及工人接受施工组织设计、计划和技术交底后,要组织其成员进行认真的分析研究,弄清关键部位、质量标准、安全措施和操作要领。必要时应该进行示范,并明确任务及做好分工协作,同时建立健全岗位责任制和保证措施。

5. 建立、健全各项管理制度

工地的各项管理制度是否建立、健全,直接影响其各项施工活动的顺利进行。有章不循的后果是严重的,而无章可循更是危险的。为此必须建立、健全工地的各项管理制度。通常有工程质量检查与验收制度、工程技术档案管理制度、建筑材料(构件、配件、制品)的检查验收制度、技术责任制度、施工图纸学习与会审制度、技术交底制度、职工考勤与考核制度、工地及班组经济核算制度、材料出入库制度、安全操作制度、机具使用保养制度等。

12.2.2.4 施工现场准备

施工现场是施工的全体参加者为达到优质、高速、低消耗的目标,而有节奏、均衡连续地进行战术决战的活动空间。施工现场的准备工作,主要目的是给拟建工程的施工创造有利的施工条件和物资保证。

1. 做好施工场地的控制网测量

按照设计单位提供的工程总平面图及给定的永久性坐标控制网和水准控制基桩,进行施工区施工测量,设置厂区的永久性经纬坐标桩、水准基桩和建立施工区工程测量控制网。

2. 搞好"三通一平"

1)路通

施工现场的道路是组织物资运输的动脉。拟建工程开工前,必须按照施工总平面图的要求,修好施工现场的永久性道路以及必要的临时性道路,形成完整畅通的运输网络,为建筑材料进场、堆放创造有利条件。

2)水通

水是施工现场的生产和生活不可缺少的。拟建工程开工前,必须按照施工总平面图的要求,接通施工用水和生活用水的管线,使其尽可能与永久性的给水系统结合起来,做好地面排水系统,为施工创造良好的环境。

3)电通

电是施工现场的主要动力来源。拟建工程开工前,要按照施工组织设计的要求,接通电力和电讯设施,做好其他能源(如蒸汽、压缩空气)的供应,确保施工现场动力设备和通信设备的正常运行。

4)平整场地

按照建筑施工总平面图的要求,首先拆除场地上妨碍施工的建筑物或构筑物,然后根据施工总平面图规定的标高和土方竖向设计图纸,进行挖(填)土方的工程量计算,确定平整场地的施工方案,最后进行平整场地的工作。

3. 做好施工现场的补充勘探

对施工现场做补充勘探的目的是进一步寻找地下管道、暗沟等地下障碍物，核实发包人提交的地质资料的准确性和真实性，以便及时拟定处理障碍物的方案，并予以实施，为基础工程施工创造有利条件。

4. 建造临时设施、设置消防和保安设施

按照施工总平面图的布置，建造临时设施，为正式开工准备好生产、办公、生活、居住和储存等临时用房。

按照施工组织设计的要求，根据施工总平面图的布置，建立消防、保安等组织机构和有关的规章制度，布置安排好消防、保安等措施。

5. 施工船机进场，组装、调试施工机具

按照施工船机需要量计划，组织施工船机进场，根据施工总平面图将施工机具安置在规定的地点。对于固定的机具要进行就位、搭棚、接电源、保养和调试等工作。对所有施工船机都必须在开工之前进行检查和试运转。

水上施工项目开工前应选定施工船舶避风港或避风锚地。

6. 做好建筑构(配)件、制品和材料的储存和堆放

按照建筑材料、构(配)件和制品的需要量计划组织进场，根据施工总平面图规定的地点和指定的方式进行储存和堆放。

7. 及时提供建筑材料的试验申请计划、进行新技术项目的试制和试验

按照建筑材料的需要量计划，及时提供建筑材料的试验申请计划。例如，混凝土或砂浆的配合比和强度等试验、钢材的机械性能和化学成分等试验。

按照设计图纸和施工组织设计的要求，认真进行新技术项目的试制和试验。

8. 做好冬雨季施工安排

按照施工组织设计的要求，落实冬雨季施工的临时设施和技术措施。

12.2.2.5　施工场外准备

施工准备除了施工现场内部的准备工作外，还有施工现场外部的准备工作。其具体内容如下。

1. 材料的加工和订货

建筑材料和某些建筑制品需要外购时，应提前与加工、生产单位联系，签订供货合同，保证及时供应对于施工项目的正常生产非常重要。对于协作项目也是这样，除了要签订协议书之外，还必须做大量的实施准备工作。

2. 做好分包工作和签订分包合同

由于施工单位本身的力量所限，有些专业工程的施工、安装和运输等均需要向外单位委托。根据工程量、完成日期、工程质量和工程造价等内容，考察分包单位，根据资质要求选定合格分包商，与分包单位签订分包合同，保证按时实施，同时要对他们进行必要的质量、进度、安全等方面的教育和办好各方面要求的手续。

3. 向监理人及时提交开工申请报告

准备工作就绪后，应该按合同要求及时填写开工申请报告并上报监理和发包人批准。

综上所述，不仅在拟建工程开工之前从零开始做好施工准备工作，而且随着工程施工的进展，在各施工阶段开工之前也要做好施工准备工作。各项施工准备工作不是分离的、孤立

的，而是互为补充、相互配合的。为了落实各项施工准备工作，加强对其检查和监督，必须根据各项施工准备工作的内容、时间和人员，编制出施工准备工作计划。为了提高施工准备工作的质量，加快施工准备工作的速度，承包人必须主动加强与发包人、设计和监理人之间的协调沟通工作，建立健全施工准备工作的责任制度和检查制度，使施工准备工作有领导、有组织、有计划和分期分批地进行，贯穿整个生产过程的始终。

12.3 施工组织设计

施工组织设计是以施工项目为对象编制的，用以指导施工的技术、经济和管理的综合性文件，是对施工活动的全过程进行科学管理的重要手段。其基本任务是根据国家有关技术政策、建设项目要求、施工组织的原则，结合工程的具体条件，确定经济合理的施工方案，对拟建工程在人力和物力、时间和空间、技术和组织等方面统筹安排，以保证按照既定目标，优质、低耗、高速、安全地完成施工任务。

水运工程施工项目开工前应编制施工组织设计。施工单位应严格按照批准的施工组织设计和施工方案进行施工。如果施工过程中需要对施工组织设计或施工方案进行较大修改或调整，应按原审批程序进行报批。

12.3.1 概述

12.3.1.1 施工组织的原则

1. 连续性原则

施工过程各阶段、各工序的进行，在时间上应紧密衔接，不允许发生各种不合理的中断。按连续性原则组织施工，可以缩短建设周期，避免不必要的等待及窝工，提高劳动生产率。保持施工过程的连续性可通过组织各项工作间的平行流水和立体交叉作业来实现。

2. 均衡性原则

施工各阶段在人工、机械设备、材料消耗、资金使用上应保持一定比例，各工段的负荷也应保持相对稳定，不发生时紧时松的现象。均衡施工能充分利用机械设备和工时，避免由于突击赶工面造成损失，也有利于保证工程质量。

3. 协调性原则

施工各阶段、各工序之间在施工能力上应相互协调，不发生脱节和比例失调现象。具有协调性的施工组织，可避免施工过程中不必要的停顿和等待，提高机械和设备的利用率，缩短工期。

4. 经济性原则

在组织施工时，应在保证技术要求的前提下，讲求经济效益。科学地组织施工的根本目的，在于以最小的劳动消耗取得最大的施工生产成果。因此，连续性原则、协调性原则和均衡性原则，最终要以经济性原则作为衡量标准。

12.3.1.2 施工组织的方式

考虑工程项目的施工特点、工艺流程、资源利用、平面或空间布置等要求，其施工可以采用依次、平行、流水等组织方式。

1. 依次施工

依次施工也称顺序施工，指将拟建工程划分为若干个施工过程，每个施工过程按施工工艺流程顺次进行施工，前一个施工过程完成后，后一个施工过程才开始施工。

2. 平行施工

当有若干施工任务时，由多个施工队施工，在同一时间、不同的空间，各个任务同时开工，平行生产，直到任务完成。

3. 流水施工

将拟建工程项目中的每一个施工任务分解为若干个施工过程，并按照施工过程成立相应的专业工作队，各专业队按照施工顺序依次完成各个施工任务的施工过程，同时保证施工在时间和空间上连续、均衡和有节奏地进行，使相邻两专业队能最大限度地搭接作业。

为说明三种施工组织方式及其特点，以某港辅助作业区拟建三幢结构相同的建筑物为例，其编号分别为Ⅰ、Ⅱ、Ⅲ，各幢建筑物的基础工程均可分解为挖土方、浇混凝土基础和回填土三个施工过程，分别由相应的专业队按施工工艺要求依次完成，每个专业队在每幢建筑物的施工时间均为 5 周，各专业队的人数分别为 10 人、16 人和 8 人。三幢建筑物基础工程施工的不同组织方式如图 12-1 所示，施工组织方式的比较见表 12-1。

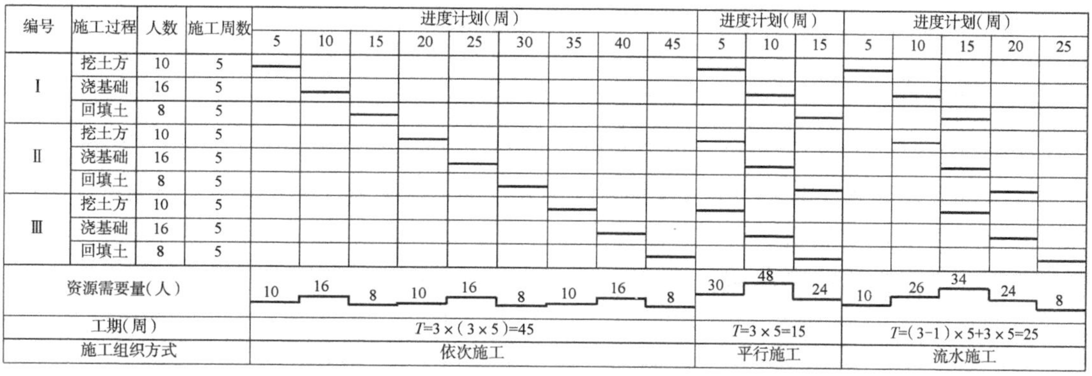

图 12-1　施工组织方式比较图

表 12-1　施工组织方式比较表

特点	依次施工	平行施工	流水施工
1	没有充分地利用工作面，工期长	充分地利用工作面，工期短	最大限度地利用工作面，工期比较短
2	如果按专业成立工作队，则各专业队不能连续作业，有时间间歇；劳动力及施工机具等资源无法均衡使用	如果每一个施工对象均按专业成立工作队，则各专业队不能连续作业；劳动力及施工机具等资源无法均衡使用	各工作队实现了专业化施工；劳动力及施工机具等资源能够均衡使用
3	如果由一个工作队完成全部施工任务，则不能实现专业化施工，不利于提高劳动生产率和工程质量	如果由一个工作队完成一个施工对象的全部施工任务，则不能实现专业化施工，不利于提高劳动生产率和工程质量	专业工作队能够连续施工，相邻专业队的开工时间最大限度地搭接，有利于提高劳动生产率和工程质量

续表

特点	依次施工	平行施工	流水施工
4	单位时间内投入的劳动力、施工机具、材料等较少	单位时间内投入的劳动力、施工机具、材料等成倍地增加	单位时间内投入的劳动力、施工机具、材料等较为均衡
5	有利于资源供应的组织	不利于资源供应的组织	有利于资源供应的组织
6	施工现场组织管理比较简单	施工现场组织管理比较复杂	有利于文明施工和科学管理

12.3.1.3 施工组织设计的作用

工程建设的不同阶段，有不同的施工组织设计。在初步设计阶段，由设计单位编制施工条件、方法和进度设计，作为编制工程概算的依据；在施工正式开工之前，由承包人根据已批准的施工图设计和招标文件，编制施工阶段的施工组织设计，用来直接指导工程施工。因此，施工组织设计的作用可以概括如下。

（1）确定施工技术方案，合理安排人力、机械设备和材料的使用，解决工期、质量和费用间的矛盾，以确保按照合同规定，又好、又快、又省和安全地完成施工任务。

（2）协调施工过程中各施工队伍、各施工工种间的关系。

（3）明确职责，保证工程质量和工程进度。

（4）预见施工中可能会出现的问题，并预先拟定解决的措施。

12.3.2 施工组织设计的编制及审批

按编制对象，施工组织设计可以分为施工组织总设计、单位工程施工组织设计和施工方案，其编制的内容、编制程序和批准程序有所差异，但基本原理是相同的。施工组织总设计是以若干单位工程组成的群体工程或特大型项目为主要对象编制的施工组织设计，对整个项目的施工过程起统筹规划、重点控制的作用。单位工程施工组织设计是以单位（子单位）工程为主要对象编制的施工组织设计，对单位（子单位）工程的施工过程起指导和制约作用。施工方案是以分部（项）工程或专项工程为主要对象编制的施工技术与组织方案，用以具体指导其施工过程。

由多个不同类型单位工程组成的大型建设项目，宜编制施工组织总设计和单位工程施工组织设计。施工组织总设计应该对整个施工项目的实施进行全面安排和部署，并应保障项目的主体工程、辅助工程和公用工程的相互衔接与配套。分部（项）工程或专项工程施工方案应在施工组织设计的基础上编制；危险性较大的分部（项）工程应单独编制安全专项施工方案；采用新材料、新结构、新技术和新工艺的项目应编制专项施工方案，必要时进行试验验证。

12.3.2.1 编制原则

施工组织设计应根据工程特点、安全和质量要求、工期要求、施工环境和施工条件，对项目的施工组织、施工进度计划、施工顺序、施工方案、资源配置和保证施工安全与工程质量的技术组织措施等进行安排和部署，并应具有针对性、指导性和可操作性。因此，施工组织设计的编制必须遵循工程建设程序，并应符合下列原则。

（1）符合施工合同或招标文件中有关工程进度、质量、安全、环境保护、造价等方面的要求。

（2）积极开发、使用新技术和新工艺，推广应用新材料和新设备。

（3）坚持科学的施工程序和合理的施工顺序，采用流水施工和网络计划等方法，科学配置资源，合理布置现场，采取季节性施工措施，实现均衡施工，达到合理的经济技术指标。

（4）采取技术和管理措施，推广建筑节能和绿色施工。

（5）与质量、环境和职业健康安全三个管理体系有效结合。

12.3.2.2　编制程序

无论是施工组织总设计、单位工程施工组织设计，还是分部（项）工程施工方案或专项工程组织方案，其编制程序的规定原则及其所体现的基本原理是完全相同的，仅表现形式有所差异。为避免重复，仅以施工组织总设计为例，编制程序如图 12-2 所示。

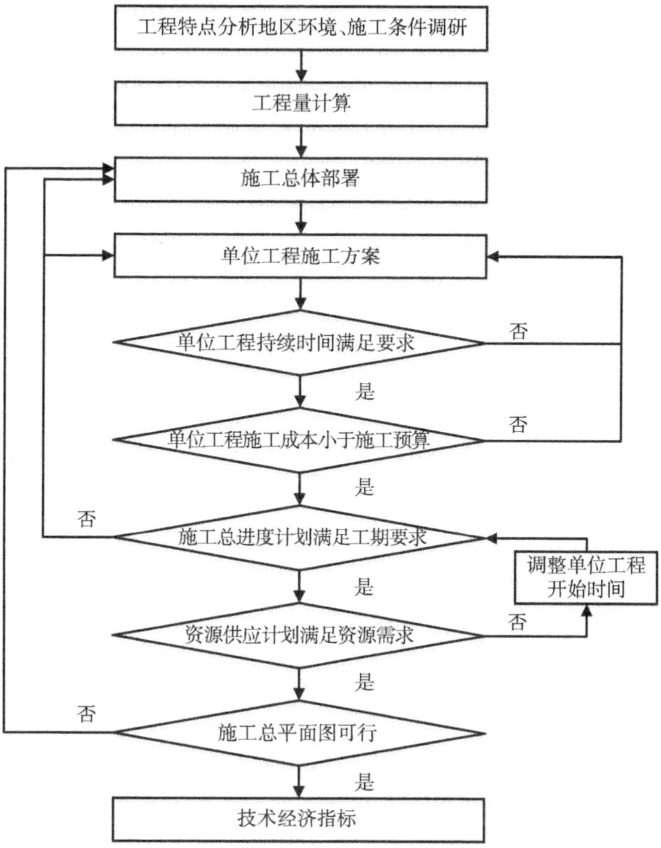

图 12-2　施工组织总设计编制程序

12.3.2.3　施工组织设计文件编制的内容与要求

1. 编制依据

编制依据即编制施工组织设计依据的主要文件、技术标准和报告等的名称、代号或文号。

2. 工程概况

施工项目的工程名称、地理位置、工程内容、建设规模、主体结构形式、主要尺度或建设技术标准，按类别列表对主要工程数量进行统计汇总。

3. 自然条件

根据设计文件资料和现场调查报告，对影响工程施工的气象、水文、地质和地理特征等自然条件进行概述和重点分析。

4. 施工的特点与难点

结合工程特点、自然条件和合同条件对施工的特点、难点和关键点进行分析，确定关键节点、重点和难点问题的对策。

5. 施工总体安排及施工进度计划

根据总工期和节点工期要求、施工的特点与难点和现场条件等，对工程的总体施工顺序、总工期目标、主要节点工期、施工关键线路和施工进度计划等进行总体安排部署，绘制形象进度图和网络图，确定关键途径，并阐述保障进度计划的技术组织措施。

6. 施工现场平面布置

综合工程特点和现场实际，对施工现场总平面和临时工程的位置等进行统一布置；绘制现场总平面布置图，标明施工场地、施工水域、临时工程、施工道路、水电管线及主要设施的位置和范围，并简述布置的理由和实施计划。

7. 施工组织

绘制项目管理组织机构、施工区段划分及施工队伍配备的组织框图，确定项目职能部门和施工队伍负责人员名单，明确岗位职责等。

8. 施工方案

阐明施工方案的总思路，对关键项目的施工方案进行重点说明；确定主要分部（项）工程的施工顺序、施工方法、工艺流程、质量控制标准、操作要点和机械设备配备；编制危险性较大的分部（项）工程和采用“四新”的施工项目的专项施工方案。

9. 施工测量与施工观测

根据工程特点确定施工测量的内容、方法、仪器和人员配备等，并布设测量控制网；根据工程特点确定施工观测的项目、制定观测方案，明确观测的内容、方法、控制标准和观测频率等。

10. 资源及资金需求计划

用表格形式列出工程施工所需主要资源及资金需求计划，明确名称、数量、规格、性能、要求及使用时间。

11. 施工技术、质量保证措施计划

根据企业质量体系文件，结合项目经营特点，建立现场质量体系，绘制质量体系管理框图；结合工程特点确定质量管理点及管理措施，编制技术交底、典型施工、隐蔽工程验收和沉降位移观测等技术管理计划，质量检测计划和主要试验检测计划。

12. 安全生产、职业健康保证措施计划

根据企业职业健康质量体系文件，结合项目管理特点，建立项目安全生产管理体系，绘制安全生产体系管理框图；结合工程特点确定危险源及管理措施，编制安全技术交底、安全防护措施计划和安全应急预案；根据施工条件和施工船舶性能，选定船舶避风锚地，选定通航线路、划定水域范围、确定停泊位置及间距，提出拖轮配备计划。

13. 文明施工、环境保护、节能减排措施计划

结合工程特点、施工环境和施工条件，制定文明施工措施计划和节能减排措施计划；在

对环境因素分析的基础上，制定相应的环境保护措施计划和环境事件应急预案。在敏感区域和国家专项保护区施工，制定相应的专项保护措施计划。

14. 特殊天气季节施工保证措施

结合工程特点、施工环境和施工季节，制定相应的雨天、夜间、冬季低温、台风季节和汛期的施工保证措施计划，制定防止工程遭受破坏、保证施工人员和施工船机安全的措施及应急预案。

15. 施工风险防范措施

结合工程特点、合同条件和施工环境、列举并评估各种可能发生的风险，细述防范对策和管理措施。

16. 附图

附图主要包括大型模板加工、施工平台、施工栈桥等图纸。

12.3.2.4　施工组织设计的报批程序

施工组织设计应由施工单位技术负责人审批，分包工程的施工组织设计应由总包单位审批，并应按要求送监理单位或建设单位审查。

分部（项）工程施工方案，经施工单位技术负责人审批后送监理单位审查。危险性较大的分部（项）工程应单独编制安全专项施工方案，并应按有关规定报审。

12.3.3　施工组织设计的动态管理

12.3.3.1　施工组织设计的评价

施工组织设计的评价分两个阶段进行：评审阶段和实施阶段。评价的主要方式有会议评审和会签两种。

1. 评审阶段的评价

1）符合性

符合性涉及法律法规和标准规范、施工合同、勘察设计文件等。

2）适应性

适应性涉及地区环境条件、现场施工条件、工程特点等。

3）可靠性

可靠性涉及编制依据、现场调研成果、工法或施工工艺、施工设备的性能指标、资源供给、组织结构、保证措施计划等。

4）先进性

先进性涉及应用新技术的情况、工法或施工工艺的纵向横向比较、施工设备的性能指标比较、施工要达到的技术经济指标的比较等。

5）完整性

完整性主要是指涵盖的内容应齐全。

2. 实施阶段的评价

主要采用对比法，通过计划与施工过程实际统计结果的对比分析，获得对施工组织设计实施效果的评价。通常采用定量评价法，评价的指标主要有：实物指标、工期指标、价值指标和劳动量指标等。

1）实物指标

实物指标包括总工程量、已完工工程量、完成百分比、材料消耗量、材料节约量、节约百分比等。

2）工期指标

工期指标包括总工期、计划工期、节点工期、单位（分部、分项）工程工期、施工进度、施工过程持续时间、施工效率和工期超前（落后）百分比等。其中：

施工效率＝工程量／施工过程持续时间

3）价值指标

价值指标包括中标价、施工图预算、预算成本、实际成本、直接费分解（材料费、人工费、船机费）、单位成本、船机设备投资、项目盈亏额（或百分比）等。其中：

预算成本＝直接费×（1+综合费率）

直接费＝定额直接费×（1+其他直接费率）

单位成本＝完成该工程的实际成本／全部工程量

4）劳动量指标

劳动量指标包括计划人工使用量、计划机械使用量、实际人工使用量、实际机械使用量、最高（最低、平均）劳动强度、不均衡指数、机械化程度、单位工程劳动消耗量、人均施工产值等。其中：

机械化程度＝机械完成的实物量／全部实物量 ×100%

单位工程劳动消耗量＝全部劳动总量／全部工程量

实施阶段的评价比较复杂，通常需要采用一定的技术手段。例如，对工期指标中施工进度的评价，可采用的方法有：横道图比较法、列表比较法、S形曲线比较法、双S形曲线比较法等。

单一指标的好坏，不能说明施工组织设计及其实施效果的好坏，需要进行综合评价。通常采用综合指标分析法，即以上述多指标分析为基础，将各指标值按照一定的计算方法进行综合后得到一综合指标进行评价。具体方法是：先选择参加评价的核心指标，计算指标值，然后根据各指标在评价中的重要性定出权重值，按权重累加，即得出综合指标。这种评价方法既可用于不同项目施工组织设计的评价比较，也可用于编制阶段同一项目不同方案的比选。各施工企业可依据自身的具体情况制定统一的评价标准。

12.3.3.2 施工组织设计的实施

施工组织设计的实施涉及很多问题，这里重点介绍交底和典型施工。

1. 施工组织设计交底

分部（项）工程施工前向施工作业班组和施工作业人员进行施工技术交底和安全交底。施工技术交底和安全交底通知书应有施工作业班组和施工作业人员的签认。

施工技术交底应至少包括以下内容。

（1）施工任务及施工图纸。

（2）施工条件、施工方法、工艺流程和操作要点。

（3）工序质量控制要点和质量标准。

（4）施工记录和自检记录要求。

施工安全交底应至少包括下列内容。

（1）施工作业特点、危险源和危险因素。

（2）安全操作规程和安全技术措施。

（3）职业健康和环境保护措施。

（4）生产安全应急预案。

交底是宜贯施工组织设计的最重要的形式，也是实施的重要环节。交底的形式可以灵活多样，如讲课式、研讨式和模拟式等。最终达到的目的是让相关人员了解施工组织设计的全貌，熟悉并掌握自己职责范围内的全部内容，澄清各种问题，做到对如何实施施工组织设计心中有底。

交底应遵循由全局到局部、由粗到细、由浅到深的原则，应紧密结合现场实际情况，应以施工流程为控制主线，并强调针对性。交底应全面彻底，交底的方式应规范。

2. 典型施工

典型施工是施工管理的重要手段，其目的是多种多样的。针对施工组织设计，其目的主要表现为以下两个方面：一是确定施工控制参数；二是给具体施工操作人员做示范，是施工组织设计交底工作的延续和具体化。为确定施工控制参数而进行的典型施工，具有科学研究的性质，应有明确的技术路线、计划方案和验证手段。

下列类型项目应进行典型施工。

（1）采用新材料、新结构、新技术和新工艺的项目。

（2）需要通过试验确定施工方法和施工工艺的项目。

（3）需要通过施工验证质量控制指标的项目。

（4）需要进行样板施工的项目。

（5）设计有特殊要求的项目。

典型施工后应编写典型施工总结，通过典型施工确定的施工方法、施工工艺和质量控制指标应报监理单位批准。

12.3.3.3　施工组织设计的检查与调整

项目施工过程中，应对施工组织设计的执行情况进行检查、分析并适时调整。

1. 施工组织设计的检查

检查反映计划和目标的主要指标的完成情况，一般采用比较法检查。检查的内容包括进度、质量、材料消耗、机械使用和成本费用等。检查的主要原则是：把对主要指标数值的检查同其相应的施工内容、施工方法和施工进度的检查结合起来，发现其中的问题，为进一步分析原因提供依据。

施工总平面图合理性检查，重点关注施工总平面布置是否适应施工生产的新变化和新要求、是否能够完全满足施工进展的需要以及是否有改进和优化的余地。

2. 施工组织设计的修订或调整

当项目施工过程中，发生以下情况之一时，施工组织设计应及时进行修改或补充。

（1）工程设计有重大修改。

（2）有关法律、法规、规范和标准的实施、修订和废止。

（3）主要施工方法有重大调整。

（4）主要施工资源配置有重大调整。

（5）施工环境有重大改变。

经修改或补充的施工组织设计应重新审批后实施。

12.3.3.4 施工进度计划

施工进度计划是以拟建工程为对象，规定各项工程内容的施工顺序和开工、竣工时间的施工计划，是施工组织设计的中心内容之一，它要保证建设工程按合同规定的期限交付使用。

施工进度计划分为四个层次：施工总进度计划、单位工程施工进度计划、分部（项）工程进度计划和季度（月、旬、周）进度计划。

编制施工进度计划应从实际出发，注意施工的连续性和均衡性，按合同规定的工期要求，做到好中求快，讲求综合经济效果。施工进度计划的编制步骤：划分施工过程、计算工作量、确定劳动量和机械台班数量、确定各施工过程的持续施工时间（天或周等）、编制施工进度计划的初始方案、检查和调整初始方案。

施工进度计划的表示方法有多种，常用的有横道图和网络图。

1. 横道图

用横道图表示施工进度计划，一般包括两个基本部分，即左侧的工作名称及工作的持续时间等基本数据部分和右侧的横道部分。图 12-3 为用横道图表示的某重力墩式码头施工进度计划，该计划明确地表示出各项工作的划分、工作的开始时间和完成时间、工作的持续时间、工作之间的相互搭接关系，以及整个工程项目的开工时间、完工时间和总工期。

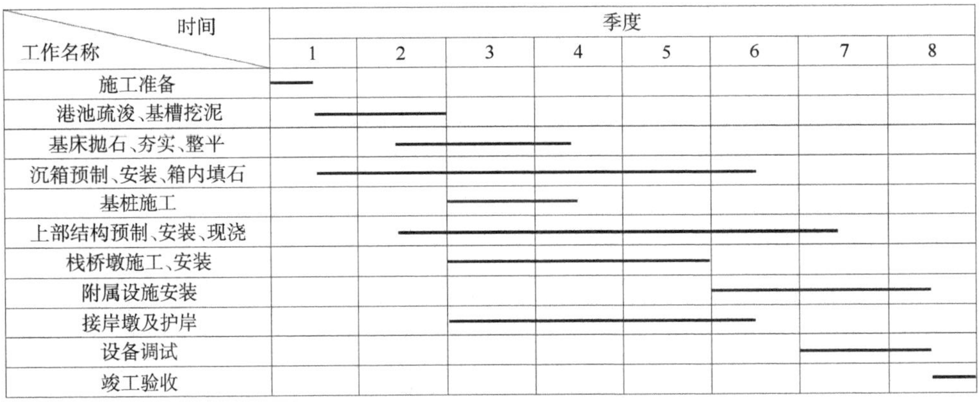

图 12-3 横道图进度计划示例

利用横道图表示工程进度计划，存在以下缺点：不能明确地反映出各项工作之间错综复杂的相互关系，在计划执行过程中，当某些工作的进度由于某种原因提前或拖延时，不便于分析其对其他工作及总工期的影响程度，不利于工程进度的动态控制。不能明确地反映出影响工期的关键工作和关键线路，也就无法反映出整个工程项目的关键所在，不便于进度控制人员抓住主要矛盾。不能反映出工作所具有的机动时间，看不到计划的潜力所在，无法进行最合理的组织和指挥。不能反映工程费用与工期之间的关系，不便于缩短工期和降低工程成本。

2. 网络图

施工进度计划用网络图来表示，可以使建设工程进度得到有效控制。国内外实践证明，网络计划技术是用于控制建设工程进度的最有效工具。总的说来，网络计划可分为确定型和非确定型两类。如果网络计划中各项工作及其持续时间和各工作之间的相互关系都是确定的，即为确定型网络计划，否则为非确定型网络计划。在一般情况下，施工进度控制主要应用确定型网络计划，如图 12-4 所示。

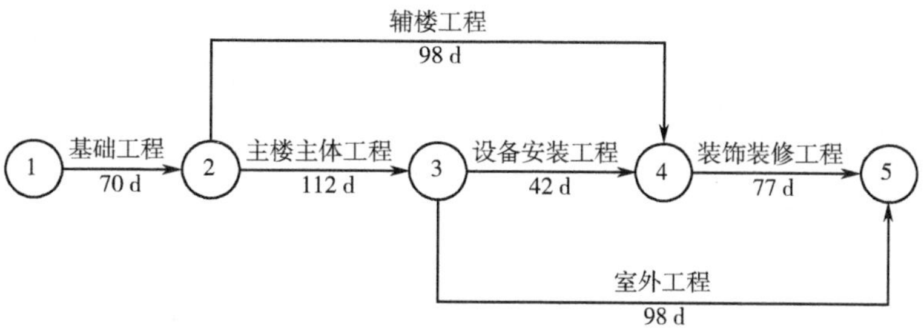

图 12-4　网络计划图示例

对于确定型网络计划，除双代号网络计划和单代号网络计划外，还根据工程实际的需要，派生出时标网络计划、搭接网络计划、有时限的网络计划等。

与横道图计划相比，网络计划能够明确表达各项工作之间的逻辑关系，对于分析各项工作之间的相互影响及处理它们之间的协作关系具有非常重要的意义。同时，通过网络计划时间参数的计算，可以找出关键线路和关键工作，明确各项工作的机动时间，并可以用计算机进行计算、优化和调整。

12.4　流水施工原理

流水施工是一种科学、有效的施工组织方式，它可以充分利用工作时间和操作空间，减少非生产性劳动消耗，提高劳动生产率，保证施工连续、均衡、有节奏地进行，对提高工程质量、降低造价、缩短工期有着显著的作用。

流水施工进度计划主要用横道图表示。某基础工程流水施工的横道图如图 12-5 所示，图中横坐标表示流水施工的持续时间，纵坐标表示施工过程的名称或编号，*n* 条带有编号的水平线段表示 *n* 个施工过程或专业工作队的施工进度安排，其编号①，②，…表示不同的施工段。

施工过程	施工进度(d)						
	2	4	6	8	10	12	14
挖基槽	①	②	③	④			
垫层		①	②	③	④		
砌基础			①	②	③	④	
回填土				①	②	③	④

图 12-5　某基础工程流水施工进度计划

12.4.1　流水施工参数

为说明组织流水施工中各施工过程在时间和空间上的开展情况和相互依存关系，引入描述工艺流程、空间布置和时间安排等方面的状态参数——流水施工参数，其主要包括工艺参数、空间参数、时间参数等。

12.4.1.1 工艺参数

工艺参数是在组织流水施工时，用以表达流水施工在施工工艺方面进展状态的参数，包括施工过程、流水强度。

在组织流水施工时，根据施工组织及计划安排需要，将计划任务划分成的子项称为施工过程，一般用 n 表示，它是流水施工的主要参数之一。流水强度（或流水能力）是指某施工过程（专业工作队）单位时间内完成的工程量。

12.4.1.2 空间参数

空间参数是在组织流水施工时，用以表达流水施工在空间布置上开展状态的参数，包括工作面和施工段。工作面是指供某专业工种的工人或某种施工机械进行施工所需要的活动空间。施工段（流水段）用 m 表示，将施工对象在平面或空间上划分成若干个劳动量大致相等的施工段落。划分施工段的目的是组织流水施工。

由于施工段内的施工任务由专业工作队依次完成，因而在两个施工段之间容易形成一个施工缝。同时，由于施工段数量将直接影响流水施工的效果。施工段划分一般应遵循以下原则。

（1）同一专业队在各施工段上的劳动量应大致相等，相差幅度不宜超过 10%~15%。

（2）每个施工段要有足够的工作面，满足合理劳动组织的要求。

（3）施工段的界限应最大限度利用结构界线，或者设在对建筑物结构整体性能影响较小的部位。

（4）应满足合理组织流水施工的要求，段数过多，降低施工速度，延长工期；段数过少，不利于充分利用工作面，造成窝工。

（5）对于多层和高层建筑物，既分施工段又分施工层。各专业队依次完成第一施工层各施工段任务后，再转入第二施工层的施工段上作业，以此类推，以确保相应专业队在施工段与施工层之间连续、均衡、有节奏地施工。

12.4.1.3 时间参数

在组织流水施工时，用以表达流水施工在时间安排上所处状态的参数，包括流水节拍、流水步距和流水施工工期等。

1. 流水节拍

流水节拍（t）是指某个专业施工队在一个施工段上的施工时间。流水节拍是流水施工的主要参数之一，它表明流水施工的速度和节奏性。流水节拍小，其流水速度快，节奏感强；反之则相反。流水节拍可按照定额计算法和经验估算法进行计算。

确定流水节拍必须考虑到专业队组织方面的限制和需求，应考虑到工作面条件的限制，应考虑到机械设备的实际负荷能力可提供的数量。对于有特殊技术限制的工程，如受水位影响的水工工程等，考虑技术操作等方面的问题，必须考虑到材料和构配件的供应能力的影响和限制，并且应首先确定主导施工过程的流水节拍，以它为依据，确定其他施工过程的流水节拍。

2. 流水步距

流水步距（K）是指组织施工时，两个相邻的专业施工队相继投入工作的最小时间间隔。流水步距的数目取决于参与流水的施工过程数。如果施工过程数为 n，则流水步距的总数为(n-1)个。

流水步距的大小取决于相邻两个施工过程(或各专业工作队)在各个施工段上的流水节拍及流水施工组织方式。确定流水步距,应满足以下基本要求。

(1)满足相邻两个专业队在施工顺序上的制约关系。

(2)保证各专业工作队在各个施工段上都能连续作业。

(3)使相邻专业工作队在开工时间上能够合理搭接。

(4)保证工程质量,满足安全生产。

3. 流水施工工期

流水施工工期(T)是指施工对象的全部流水施工完成的总时间,即从第一个专业队投入流水作业开始,到最后一个专业队完成最后一个施工过程的最后一段工作退出流水作业为止的整个持续时间。

12.4.2　流水施工的基本组织方式

在流水施工中,由于流水节拍的规律不同,决定了流水步距、流水施工工期的计算方法等也不同。按流水节拍的特征将流水施工分类,如图 12-6 所示。

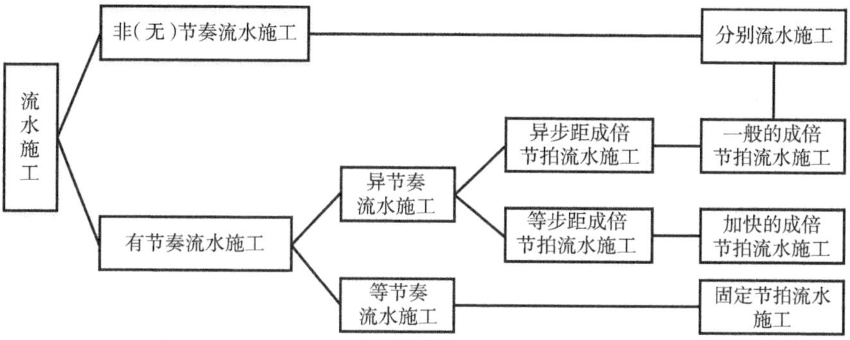

图 12-6　流水施工分类

1. 有节奏流水施工

有节奏流水施工是指在组织流水施工时,每一个施工过程在各个施工段上的流水节拍都各自相等的流水施工,它分为等节奏流水施工和异节奏流水施工。

2. 等节奏流水施工

等节奏流水施工是指在有节奏流水施工中,各施工过程的流水节拍都相等的流水施工,也称固定(全等)节拍流水施工。

3. 异节奏流水施工

异节奏流水施工是指在有节奏流水施工中,每一个施工过程在各个施工段上的流水节拍都各自相等,而不同施工过程之间的流水节拍不尽相等的流水施工。在组织施工时,可采用等步距异节奏流水施工和异步距异节奏流水施工两种方式。

4. 等步距异节奏流水施工

等步距异节奏流水施工是指在组织异节奏流水施工时,按每个施工过程流水节拍之间的比例关系,成立相应数量的专业工作队而进行的流水施工,也称加快的成倍节拍流水施工。

5. 异步距异节奏流水施工

异步距异节奏流水施工是指在组织异节奏流水施工时，每个施工过程成立工作队，由其完成各施工段任务的流水施工，也称一般的成倍节拍流水施工。

6. 非节奏流水施工

非节奏流水施工是指在组织流水施工时，全部或部分施工过程在各个施工段上的流水节拍不相等的流水施工。这也是流水施工中最常见的一种。

12.4.3 有节奏流水施工

12.4.3.1 等节奏流水施工

1. 等节奏流水施工的特点

等节奏流水施工是最理想的流水施工方式，其特点如下。

（1）所有施工过程在各个施工段上的流水节拍均相等。

（2）相邻施工过程的流水步距相等且等于流水节拍，$K=t$。

（3）专业工作队数＝施工过程数，即每一个施工过程成立一个专业工作队完成相应施工过程所有施工段上的任务。

（4）各个专业工作队在各施工段上能够连续作业，施工段之间没有空闲时间。

2. 间歇时间与提前插入时间

间歇时间是指相邻施工过程因工艺要求或组织安排而增加的额外等待时间，分为工艺间歇时间（G）和组织间歇时间（Z）。提前插入时间（C）是指相邻专业施工队在同一施工段上平行工作的时间。在工作面资源允许情况下，提前进入施工可以缩短流水工期，但提前插入的现象不宜过多，否则会影响施工。

3. 等节奏流水施工的工期计算

对于有间歇时间和提前插入时间的等节奏流水施工，其流水施工工期可按下式计算：

$$T=(m+n-1)t+\sum G+\sum Z-\sum C=(m+n-1)K+\sum G+\sum Z-\sum C \quad (12\text{-}1)$$

式中 T——流水施工工期；

m——施工段数目；

n——施工过程数目；

t——流水节拍；

K——流水步距（等节奏流水施工中，$K=t$）。

其余符号意义如前所述。

【例 12-1】某分项工程分为支模板、绑钢筋、浇混凝土三个施工过程，流水节拍都为 3 d。在平面上划分两个施工段（Ⅰ、Ⅱ），钢筋绑扎提前插入 2 d 施工，钢筋绑扎完成后需要间歇 1 d 才能浇混凝土。计算流水施工工期并绘制流水施工进度计划图。

解：等节奏流水施工 $m=2$；$n=3$；$t=K=3$ d；

提前插入时间 $C_{1,2}=2$ d；组织间歇时间 $Z_{2,3}=1$ d；

流水施工工期

$$T=(m+n-1)t+\sum G+\sum Z-\sum C=(2+3-1)\times 3+1-2=11\text{ d}$$

绘制等节奏流水施工进度计划图，如图 12-7 所示。

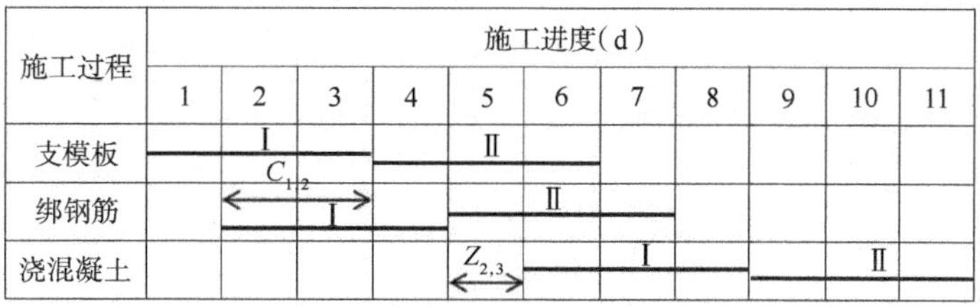

图 12-7　等节奏流水施工进度计划图

12.4.3.2　异节奏流水施工

1. 等步距异节奏流水施工（加快的成倍节拍流水施工）

1）等步距异节奏流水施工的特点

（1）同一施工过程在其各个施工段上的流水节拍均相等；不同施工过程的流水节拍不相等，但其值为倍数关系。

（2）相邻专业队的流水步距相等，且等于流水节拍的最大公约数 K。

（3）专业工作队数 > 施工过程数，即有的施工过程只成立 1 个专业队，而对于流水节拍大的施工过程，可按其倍数增加相应专业队数目。

（4）各个专业队在施工段上能够连续作业，施工段之间没有空闲时间。

2）等步距异节奏流水施工工期的计算步骤

（1）计算流水步距，流水步距等于流水节拍的最大公约数。

（2）计算专业施工队总数目 n'

$$n' = \sum b_i \qquad (12\text{-}2)$$

式中　b_i——第 i 个施工过程的专业施工队数，$b_i = t_i / K$；

t——第 i 个施工过程的流水节拍；

K——流水步距，K= 流水节拍的最大公约数。

（3）确定流水施工工期：

$$T = (m + n' - 1)\ K + \sum G + \sum Z - \sum C \qquad (12\text{-}3)$$

式中符号意义同前所述。

3）绘制加快的成倍节拍流水施工进度计划图

在加快的成倍节拍流水施工进度计划图中，除表明施工过程的编号或名称外，还应表明专业工作队的编号。在表明各施工段的编号时，一定要注意有多个专业工作队的施工过程，各专业工作队连续专业的施工段编号不应该是连续的，否则无法组织合理的流水施工。

【例 12-2】某分项工程分为支模板、绑钢筋、浇混凝土三个施工过程，流水节拍分别为 6 d、4 d、2 d。在平面上划分六个施工段①～⑥。按加快的成倍节拍组织流水施工，计算流水施工工期并绘制流水施工进度计划图。

解：施工段数目 $m = 6$，流水步距 K= 最大公约数（6，4，2）=2 d；

各施工过程专业施工队数：支模板 $b_1 = t_1 / K = 6/2 = 3$，绑钢 $b_2 = t_2 / K = 4/2 = 2$，浇混凝土 $b_3 = t_3 / K = 2/2 = 1$；专业施工队总数目 $n' = \sum b_i = 3 + 2 + 1 = 6$。

流水施工工期

$$T=(m+n'-1)\ K=(6+6-1)\times 2=22\ \mathrm{d}$$

绘制加快的成倍节拍流水施工进度计划图，如图 12-8 所示。

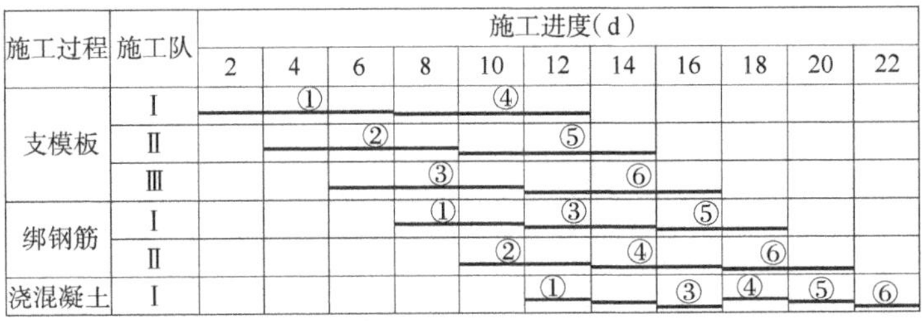

图 12-8 加快的成倍节拍流水施工进度计划图

2. 异步距异节奏流水施工(一般的成倍节拍流水施工)

每个施工过程成立工作队，由其完成各施工段任务的流水施工，也称一般的成倍节拍流水施工。计算方法同非节奏流水施工。

12.4.4 非(无)节奏流水施工

在组织流水施工时，经常由于工程结构形式、施工条件不同等原因，各施工过程在各施工段上的工程量有较大差异，或因专业工作队的生产效率相差较大，各施工过程的流水节拍随施工段的不同而不同，且不同施工过程之间的流水节拍又有很大差异。这时，流水节拍虽无任何规律，但仍可利用流水施工原理组织流水施工，使各专业工作队在满足连续施工条件下，实现最大搭接。这种非(无)节奏流水施工方式是水运工程流水施工的普遍方式。

12.4.4.1 非节奏流水施工的特点

(1)各施工过程在各施工段的流水节拍不全相等。

(2)相邻施工过程的流水步距不尽相等。

(3)专业工作队数等于施工过程数。

(4)各专业工作队能够在施工段连续作业。

12.4.4.2 非节奏流水施工的流水步距计算

在非节奏流水施工中，通常采用累加数列、错位相减取大差的方法计算流水步距。其步骤如下。

(1)对每一个施工过程在各施工段上的流水节拍依次累加，求得各施工过程流水节拍的累加数列。

(2)将相邻施工过程流水节拍累加数列中的后者错后一位，相减后求得一个差数列。

(3)在差数列中取最大值，即为两个相邻施工过程的流水步距。

12.4.4.3 非节奏流水施工工期

非节奏流水施工工期按下式计算：

$$T=\sum K+\sum t_n+\sum G+\sum Z-\sum C \tag{12-4}$$

式中 $\sum K$——各个施工过程间的流水步距之和；

$\sum t_n$——最后一个施工过程在各施工段上的流水节拍之和。

其余符号意义同前所述。

【例 12-3】某分项工程由支模板、绑扎钢筋、浇混凝土、拆模板组成，划分为四个施工段①～④。各施工过程在各施工段上的持续时间见表 12-2。混凝土浇筑完毕 2 d 后才能拆模板，试组织流水施工。

表 12-2　持续时间(d)

施工过程	施工段			
	①	②	③	④
A 支模板	3	4	3	2
B 绑扎钢筋	5	6	4	5
C 浇混凝土	6	5	4	6
D 拆模板	3	2	2	3

解:(1)计算流水步距 K:

先求出累加数列

3	7	10	12
5	11	15	20
6	11	15	21
3	5	7	10

再对 A、B 的累加数列错位相减，在差值中取算术最大值为 K_{AB}

$$\begin{array}{rrrrrr} & 3 & 7 & 10 & 12 & \\ - & & 5 & 11 & 15 & 20 \\ \hline \end{array}$$

$$K_{AB}=\max\{3 \quad 2 \quad -1 \quad -3 \quad -20\}=3\ \text{d}$$

同理可得

$$K_{BC}=5\ \text{d},\ K_{CD}=14\ \text{d}$$

(2)计算流水施工工期:

$$T=\sum K+\sum t_n+\sum G+\sum Z-\sum C=(3+5+14)+(3+2+2+3)+2+0-0=34\ \text{d}$$

(3)绘制非节奏流水施工进度计划图，如图 12-9 所示。

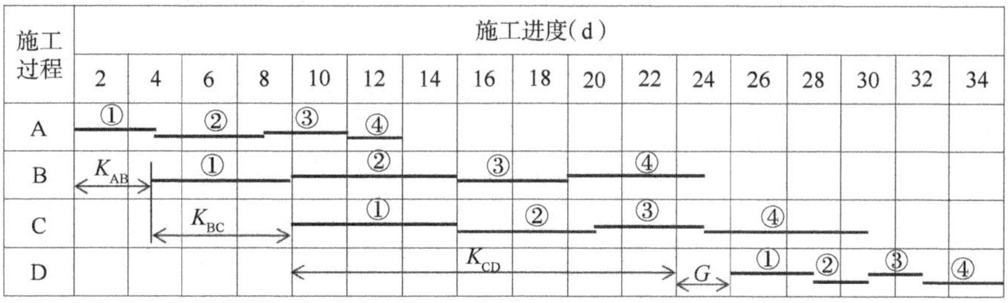

图 12-9　非(无)节奏流水施工进度

第13章　BIM技术在水运工程施工中的应用

13.1　概述

BIM(Building Information Modeling,建筑信息模型,简称BIM)作为一项对建筑业科技进步产生重大影响的新的信息技术,已在业界得到普遍关注。BIM的作用是使工程项目信息在规划、设计、施工和运营维护的各阶段实现充分共享、无损传递,使工程技术和管理人员能够对各种建筑信息做出高效、正确的理解,为多方参与协同工作提供坚实基础,并为建设项目从概念到拆除全生命期中各参与方的决策提供可靠依据。

应用BIM技术,可大幅度提高工程的集成化程度,促进生产方式向协同化转变。施工BIM应用,能够支撑工业化建造,优化施工方案,集成工程管理信息,促进工程项目实现精细化管理,提高工程质量,降低成本和安全风险。水运工程施工BIM应用,是BIM技术在水运工程各施工分项中的具体实践,具有鲜明的时效性和实践性特征。

13.1.1　基本概念

1.BIM

BIM是在建设工程及设施全生命期内,对其物理和功能特性进行数字化表达,并依此设计、施工、运营的过程和结果的总称。

2.BIM技术(BIM Technology)

BIM技术是一种应用于工程设计、建造、管理的数据化工具。通过参数模型集成各种项目的相关信息,使其在项目策划、运行和维护的全生命期过程中进行共享和传递,使工程技术人员对各种工程信息做出正确理解和高效应对,为设计团队以及包括建筑运营单位在内的各方建设主体提供协同工作的基础,在提高生产效率、节约成本和缩短工期方面发挥重要作用。

3. 工业基础类(Industry Foundation Class,简称IFC)

IFC包含各种建设项目设计、施工、运营各个阶段所需要的全部信息的一种基于对象的、公开的标准文件交换格式。

4.BIM模型(BIM Model)

BIM模型基于建筑信息模型所产生的建筑数字化模型，BIM模型的信息由几何信息和非几何信息两部分组成。

5. 几何信息(Geometric Information)

几何信息是工程模型内部和外部空间结构的几何表示。

6. 非几何信息(Non-geometric Information)

非几何信息是除几何信息之外的所有信息的集合。

7.BIM 资源(BIM Resources)

BIM 资源是指在工程建设过程中,所需各种生产要素的集合。BIM 资源主要包括 BIM 环境资源、BIM 人力资源和 BIM 信息资源三个方面。

8.BIM 环境资源(BIM Environmental Resources)

BIM 环境资源一般是指 BIM 项目实施过程中所需的软硬件技术条件,如 BIM 实施所需的各类专业 BIM 软件、笔记本电脑、台式计算机和服务器、移动端配置以及工作空间的设置等。

9.BIM 人力资源(BIM Human Resources)

BIM 人力资源是指参与 BIM 技术工作的所有人员统称。根据应用领域不同, BIM 技术人员可分为 BIM 标准管理人员、BIM 软件开发人员、BIM 工程应用人员、BIM 培训人员;根据应用程度不同, BIM 技术人员可分为 BIM 操作人员、BIM 技术主管、BIM 项目经理、BIM 战略总监。

10.BIM 信息资源(Information Resources)

BIM 信息资源一般是指企业在 BIM 实施过程中积累并经过标准化处理,形成可重复利用的信息总称。信息资源一般以知识库的形式体现,如 BIM 模型库、BIM 构件库、BIM 数据库等。

11.BIM 协同平台(Project Collaboration Platform)

BIM 协同平台指工程实现建造过程中项目内部及项目间的所有参与方之间协同工作的软硬件环境,具备工作成果的归档、共享、发布、交付及审核功能。

12.BIM 实施计划(BIM Execution Plan,简称 BEP)

BIM 实施计划分为"合同前"BEP 和"合作运营期"BEP。"合同前"BEP 主要响应雇主的信息要求,即在设计和建设中纳入承包商的建议,"合作运营期"BEP 主要响应合同交付细节。

13. 信息交换(Information Exchange)

通过特定的格式和精度,在一系列预先定义阶段的任意一个阶段,形成或传递结构化的信息集合。

14. 资产信息管理(Asset Information Management)

管理与资产相关的用户数据和信息,以保证用户目标和结果的质量。

15. 模型细度(Level of Development,简称 LOD)

模型元素组织及其几何信息、非几何信息的详细程度。

13.1.2　BIM 应用的发展环境

1975 年,"BIM 之父"——佐治亚理工学院的 Chuck Eastman 博士首次提出了 BIM 概念,它具有信息完备性、信息关联性、信息一致性的内涵,具备可视化、协调性、模拟性、优化性和可出图性的特点。20 世纪末,随着 IFC 标准的引入,我国逐渐开始接触 BIM 概念。2002 年之后,我国陆续开展 BIM 相关研究和应用, BIM 技术及其价值在我国得到了广泛认可,并逐渐深入应用于工程建设项目中,如图 13-1 所示。在转型经济引发的绿色发展和数字经济引发的数字科技深度融合的背景下,我国工程建设领域的 BIM 应用,呈现出远高于世界平均水平的应用速度、应用深度和应用规模。

	设计阶段	建造阶段	运维阶段
关键任务	建立模型	完善和利用模型	应用和维护模型
本质问题	定义和沟通	成本和进度	价值和安全
价值聚集	提高效率 稳定质量 预知风险	→ 降低成本 缩短工期 控制施工风险	→ 提升管控能力 固定资产维护 控制运营风险

图 13-1　BIM 任务价值框图

在水运工程领域,应用 BIM 开展技术优化和项目管理的设计施工企业越来越多,在码头、船闸、人工岛等大型项目中,BIM 应用价值逐渐体现。可以说,BIM 技术在我国水运工程建设行业的应用有着极大的需求和广阔前景。另外,应用 BIM 技术可以搭建水运基础设施施工过程的虚拟仿真实验系统平台,如天津大学肖忠教授团队建成的"基于 BIM 技术的梁板式高桩码头施工过程的虚拟仿真实验"和"基于 BIM 技术的沉箱重力式码头施工过程的虚拟仿真实验"平台,网址为 http://8.210.94.147:6901/#/projectEntry,结合三维可视化技术、信息技术、多媒体技术、交互界面技术、虚拟场景技术、计算机仿真模拟技术和网络技术,通过构建三维虚拟施工场景,使学生能随时随地在网页客户端按照码头施工全过程的逻辑顺序,以"搭积木的形式"虚拟建造码头,并在三维虚拟场景中通过交互界面的问答形式使学生掌握施工工序的技术要点,通过交互界面中施工视频的观看,做到虚实结合,成果在港口航道与海岸工程专业多个核心课、实习实践课和课程设计中应用,为全国其他兄弟院校相关课程的教学提供了一个免费共享教学平台。

13.1.3　水运工程施工 BIM 应用特点

13.1.3.1　构件标准化低

水运工程设计构件的尺度很难做到标准化,施工设备的标准化程度也偏低。施工组织设计,要充分考虑自然条件的变化和影响范围,采取有针对性的计划和措施来克服施工过程中可能遇到的各种困难。

13.1.3.2　可视化价值不显著

水运工程中隐蔽工程多,但是项目决策者一般对隐蔽工程的关注度不高,更为关注暴露在外的工程实体。而隐蔽工程对质量控制的要求更高,必须重视施工组织的空间布置和施工时间安排,使得各工序间有序衔接。

13.1.3.3　施工方法针对性强,BIM 策划要求高

水运工程施工方法具有极强的针对性,BIM 策划的应用目标、应用内容、实施路径更为重要。

13.1.3.4　设备选型影响工程成败，施工模拟需求迫切

水上施工作业面窄，施工过程中又常常需要船舶和大型起重运输机械配合。大型专业化设备的选择、操作及机械状态，对于施工质量都有很大的影响。施工工艺和工序模拟，可以提前发现实施风险，优化施工方案，减少不必要的返工和浪费，是 BIM 应用的重要方向之一。

13.2　水运工程施工 BIM 应用策划

一个项目中引入 BIM 技术，需要在应用前根据项目特点和应用环境，进行详细周密的策划，开展准备工作。水运工程施工 BIM 应用策划包括确定 BIM 应用目标、明确 BIM 应用内容、约定 BIM 模型标准、制定 BIM 应用计划、明晰信息交互方式和创建应用基础条件等内容。

团队在策划 BIM 应用时，应有选择的确定 BIM 应用领域，并遵循“最大化效益，最小化成本和由此带来的影响”这一基本原则来制定详细计划。如果由业主牵头并得到设计方的支持，为整个工程项目制定了一个全生命期 BIM 策划，那么施工团队可以据此制定施工 BIM 策划并与项目其他参与方互相配合。

13.2.1　确定 BIM 应用目标

BIM 应用策划的第一步也是最重要的步骤，就是确定 BIM 应用的总体目标，以此明确 BIM 应用为项目带来的潜在价值。

施工阶段应用目标一般包括缩短项目施工周期、提高施工生产效率和质量、降低各种工程变更、获得重要的设施运行数据、提升项目团队技能等。BIM 目标的定义必须具体、可衡量。表 13-1 是某个建设项目所定义的 BIM 目标案例。

表 13-1　某建设项目定义的 BIM 目标案例

序号	BIM 目标	涉及的 BIM 应用
1	评估变更带来的成本变化	工程量统计，成本分析
2	提高设计各专业效率	设计审查，3D 校审，协同设计
3	施工进度控制	建立 4D 模型
4	施工方案优化	施工工艺模拟，施工工序模拟
5	试运行管理	构建运营模型

从广义来说，BIM 目标可划分为三个层次等级：技术应用层面、项目管理层面和企业管理层面。

13.2.1.1　技术应用层面实现 BIM 目标

一般指为提高技术水平而采用一项或几项 BIM 技术，利用 BIM 的强大功能完成某项工作。例如：利用 BIM 模型结构化功能，对模型中构件进行划分并进行材料统计，最终达到材料管理的目的；利用 BIM 模拟功能，对沉桩全过程进行模拟，提前发现碰桩、碰船风险，优

化施工平面布置和沉桩顺序，达到提升施工效益的目的。从目前 BIM 应用情况看，技术应用层面的 BIM 目标最易实现，所产生的经济效益和影响最明显，只有在技术领域内大量实现 BIM 应用，才有可能在管理领域采用 BIM 的思维方式。

13.2.1.2 项目管理层面实现 BIM 目标

项目管理层面实现 BIM 目标主要指 BIM 技术必须和项目管理紧密结合在一起，成为工程师手中的工具，通过强大功能的示范作用，逐渐代替或部分代替传统工具，为项目管理发挥作用。BIM 既是一种工具，也是一种管理模式，建设项目采用 BIM 技术的根本目的是更好地管理项目。基于 BIM 技术的工程项目管理系统，可有选择性地开发项目前期管理模块、招投标管理模块、进度管理模块、质量管理模块、投资控制管理模块、合同管理模块、物资设备管理模块、后期运行评价管理模块等内容应用。

13.2.1.3 企业管理层面实现 BIM 目标

水运工程建设企业正在加快从职能化管理向流程化、协同化管理模式的转变，基于 BIM 技术的信息化管理平台将会促进业务管理的标准化、流程化、协同化，成为管理创新的驱动力。

13.2.2 明确 BIM 应用内容

定义可量化的 BIM 目标后，就可以据此识别与之对应的潜在 BIM 应用内容。BIM 目标和 BIM 应用并非一一对应关系，有些 BIM 目标对应于某一个 BIM 应用点，也有些 BIM 目标需要若干个 BIM 应用点共同完成。根据清晰的目标描述，对 BIM 应用点进行评估与筛选，以确定每个潜在 BIM 应用点是否付诸实施。

（1）为每个潜在 BIM 应用点设定责任方与参与方。

（2）评估每个 BIM 应用点参与方的实施能力，包括其资源配置、团队成员的知识水平、工程经验等。

（3）评估每个 BIM 应用点对项目各主要参与方的价值和风险水平。

（4）综合上述因素，通过讨论，对潜在 BIM 应用点进行确定。

项目团队可以采用优先级的形式标识每个 BIM 应用点的价值，完成 BIM 应用内容的筛选，见表 13-2。

表 13-2 BIM 应用内容筛选示例

BIM 应用	应用价值	实施者	对实施者的价值	需要的条件			需要额外的资源	是否应用	备注
				资源	能力	经验			
水工结构建模	中	结构工程师	中	中	低	低		是	
钢结构建模	高	结构工程师	高	高	中	中	需要购买专门钢结构建模软件	否	在施工阶段对业主价值很大

续表

BIM 应用	应用价值	实施者	对实施者的价值	需要的条件			需要额外的资源	是否应用	备注
				资源	能力	经验			
管网综合建模	高	总体工程师	高	中	高	高		是	可由项目经理负责
		电气工程师	中	中	高	高		是	
		给排水消防工程师	高	低	高	高	需要培训		
		暖通工程师	高	中	高	高			
施工模拟	高	施工组织设计人员	高	中	高	高	需要购买软件		
		施工管理者	高	中	高	高			

在确定将要应用的 BIM 应用点时，要强调模型信息的全生命期应用，也就是 BIM 策划要从一开始就要为信息模型的潜在用户标识出 BIM 应用方法。BIM 成功应用的关键是项目团队成员清晰认识和理解所建模型信息的用途，工程团队应选择适合项目实际情况、对项目工程效益提升有帮助的 BIM 应用点（具体应用内容详见本章第 4 节）。一个 BIM 应用点是一个独立的任务或流程，通过将其纳入项目应用，为项目带来效益。需要指出的是，BIM 应用的范围、内容和深度还在不断扩展，并不是一成不变的，未来还会有新的 BIM 应用出现。

13.2.3　约定 BIM 模型标准

模型的质量直接决定 BIM 应用的优劣，无论是上游承接过来的还是本阶段新创建的 BIM 模型，都需要在建模规则和操作标准上事先达成统一的约定，以确保内部和外部模型的一致性、合理性和准确性。

13.2.3.1　模型协作要求

1. 确定统一的文件结构和命名规则

设计阶段模型多以专业为主线进行目录组织，而施工和运维阶段，则多以区域为主线的目录结构。文件命名一般采用由连接符连接多个字段的方式，每个字段赋予特定含义，便于管理和查询。

2. 确定统一的模型拆分规则

模型拆分需要考虑 BIM 应用的目的、建模工作量、准确性和建模成本的平衡，做到既要满足 BIM 应用，又不过度建模，避免造成工程量的浪费。

3. 确定统一的模型色彩规则

为了方便项目参与方协同工作时易于理解模型的组成，通过对不同专业和系统模型赋予不同的模型颜色，有利于直观快速识别模型。各构件使用事先约定的颜色进行绘制，对发现问题的构件多使用红色进行标记。

4. 确定统一的度量单位和坐标系统

不管施工模型创建采用集成模型还是分散模型的方式，项目施工模型都宜采用全比例尺和统一的坐标系、原点和度量单位（一般采用国际单位）。当采用自定义坐标系时，应通过坐标转换实现模型集成。

5. 确定统一的 BIM 和 CAD 信息交换标准

如果应用 IFC 标准，应明确应用 IFC 标准的具体版本。目前水运工程的国际信息交换标准正在由中国交通建设集团牵头编制，主要目标是拓展 IFC 标准在水运工程中应用，可望为 BIM 模型全生命期发挥作用创造良好基础。

13.2.3.2 模型细度划分

《建筑信息模型施工应用标准》GB/T 51235 对模型细度给出了规定，施工模型及上游的施工图设计模型细度等级代号见表 13-3。深化设计模型和施工过程模型的细度标准，可由各项目参与方共同协商策划，或请第三方 BIM 咨询，编制达成共识的技术文件，作为策划文件内容，以指导 BIM 具体工作。

表 13-3 施工模型及上游的施工图设计模型细度等级代号

名称	代号	形成阶段	名称	代号	形成阶段
施工图设计模型	LOD300	施工图设计阶段	施工过程模型	LOD400	施工实施阶段
深化设计模型	LOD350	深化设计阶段	竣工验收模型	LOD500	竣工验收阶段

13.2.3.3 模型更新与共享

模型更新是保证 BIM 模型信息数据准确有效的重要途径，一般应遵循以下原则。

（1）已出具设计变更单，或通过其他形式已确认修改内容的，需及时更新模型。

（2）需要在相关模型基础上进行相应 BIM 应用的，应用前需根据实际情况更新模型。

（3）模型发生重大修改的，需立即更新模型。

除此之外，模型应至少保证每 60 d 更新一次。

模型共享是指上游 BIM 模型能够对下游 BIM 应用发挥数据传递作用，而非每个阶段都是各自重新创建所需模型，尽管不同阶段模型应用侧重点不同。同时一个阶段的 BIM 模型，应满足工程项目相关方协同工作的需要，支持工程项目相关方获取、应用及更新信息。用于共享的模型应满足下列要求。

（1）模型与设计保持一致。

（2）模型数据已经通过审核、清理。

（3）模型数据是经过确认的版本。

（4）模型数据内容和格式符合数据互用要求。

13.2.3.4 模型交付形式

1. 设计单位交付模型

设计方完成施工图设计，同时提交业主 BIM 模型，通过审查后交付施工阶段使用。设计单位交付模型一般应满足下列要求。

(1)所提交的模型,必须都已经经过碰撞检查,无碰撞问题存在。

(2)严格按照策划的建模要求创建模型,深度等级达到 LOD300。

(3)严格保证 BIM 模型与二维 CAD 图纸包含信息一致。

(4)根据约定的软件进行模型构建。

(5)所有模型在提交前清除未使用项,删除所有导入文件和外部参照链接。

2. 施工单位交付模型

施工方完成施工安装,同时提交业主 BIM 模型,即为竣工模型,通过审查后将其交付运维阶段,作为试运行方在运营阶段 BIM 实施的模型资料。施工单位交付模型一般应满足下列要求。

(1)所提交的模型,必须都已经经过碰撞检查,无碰撞问题存在。

(2)严格按照策划的建模要求创建模型,在施工图模型 LOD300 深度的基础上深化到 LOD500 等级。

(3)严格保证 BIM 模型与二维 CAD 竣工图纸包含信息一致。

(4)深化设计内容反映至模型。

(5)施工过程中的临时结构反映至模型。

(6)竣工模型在施工图模型基础上添加施工信息、安装信息和产品信息。

13.2.4 明晰信息交互需求

13.2.4.1 信息交换需求

让团队成员,特别是信息创建方和信息接收方,了解信息交换内容,对于 BIM 应用至关重要,应采取规范文件的方式,在项目初期定义信息交换的内容和细度要求。

下游 BIM 应用受上游 BIM 应用产生信息的影响,如果下游需要的信息在上游没有创建,则必须在本阶段补充。所以,项目组要分清责任,但没有必要在每次信息交换过程中包含全部的信息元素,应根据需要定义支持 BIM 应用的必要模型信息。

每个项目可以定义一张总的信息交换定义表,也可以根据需要按照责任方或分项 BIM 拆分成若干个,但应保证各项信息交换需求的完整性、准确性。

信息交换需求的定义可参考如下过程:从流程总图中标识出每个信息交换需求;确定项目模型元素的分解结构;确定每个信息交换的输入、输出需求;为每项信息交换内容确定责任方;对比分析输入和输出内容。

定义 BIM 信息交换需求一般应考虑如下因素:信息接收方的意愿,以及与信息创建方的合作默契程度;信息详细程度;注释用于未被描述清楚的内容;用于组织模型元素的建筑元素分类标准。

13.2.4.2 信息交互方式

BIM 的精髓在于通过信息交互实现协同工作。信息交互采用协同管理平台来替代移动存储介质的方式。不使用协同的平台,没有真正意义上的 BIM,靠单打独斗的使用 BIM 的各项应用,线下还依然采用传统的工作方式,只会增加管理的烦琐程度和管理成本。信息交互采用平台方式,可选的平台软件有国外 Autodesk 公司的 BIM360、Bentley 公司的 ProjectWise、Trimble 公司的 VicoOffice、Dassault 系统等,国内广联达公司的广联云、云建信公司的 4D-BIM 等。这些平台软件多数为文件级协同,比文件级协同更细化的是数据级协同。选择何种协同等级,取决于参与成员的技能和管理水平。

13.2.5 创建应用基础条件

BIM 应用基础条件包括:合同条款、应用计划、沟通方式、基础技术环境以及质量控制过程等。这些 BIM 应用基础条件都是 BIM 策划的一部分,也应该包含在 BIM 策划文档里,具体如下。

1. 组织职责和人员安排

系统性地定义每个项目参与方的职责,对于每一个要实施的 BIM 应用都需要指定参与方,并安排人员负责。

2. 项目交易方式和合同

尽管在任何一种项目交易方式下都可以策划并应用 BIM,但集成化程度高的项目交易方式更有助于实现 BIM 应用的目标。策划团队应明确项目交易方式对 BIM 实施的影响,为项目提供界定各方职责的参照规则和标准。

3. 沟通程序

应制定信息沟通程序和会议沟通程序,包括模型访问程序、模型版本管理程序、会议议程等。

4. 技术基础设施

需要确定实施 BIM 所需的硬件、软件、空间和网络等基础设施。

5. 模型结构和质量控制

制定与模型结构和质量控制相关的工作方法、规则、措施,以保证 BIM 模型对于所选用的每个 BIM 应用都是可用的。

6. 重要的项目参考信息

应审核和记录对 BIM 应用有价值的重要项目信息,包括项目总体信息、BIM 特定的合同要求和主要联系人等。

13.3 水运工程施工 BIM 应用管理

13.3.1 BIM 应用管理模式

目前国内 BIM 组织实施模式大略可归纳为:设计主导管理模式、咨询辅助管理模式、业主自主管理模式、施工主导管理模式 4 类。

13.3.1.1 设计主导管理模式

设计主导管理模式是由业主委托一家设计单位,将拟建项目所需的 BIM 应用要求等以 BIM 合同的方式进行约定,由设计单位建立 BIM 设计模型,并在项目实施过程中提供 BIM 技术指导、模型信息的更新与维护、BIM 模型的应用管理等,施工单位在设计模型基础上建立施工模型,如图 13-2 所示。

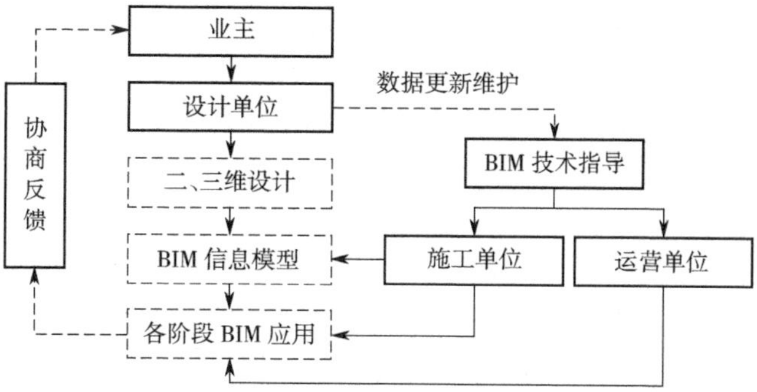

图 13-2　设计主导管理模式图

设计方驱动模式应用最早，也较为广泛，各设计单位为了更好地表达自己的设计方案，通常采用 3D 技术进行建筑设计与展示，特别是大型复杂的建设项目，以期中标。但在施工及运维阶段，设计方的驱动力下降，对施工过程中以及施工结束后业主关注的运维等应用考虑较少，导致业主后期施工管理和运营成本较高。

13.3.1.2　咨询辅助管理模式

业主分别同设计单位签订设计合同、同 BIM 咨询公司签订 BIM 咨询服务合同，先由设计单位进行设计，BIM 咨询公司根据设计资料进行三维建模，并进行设计、碰撞检查，随后将检查结果及时反馈以减少工程变更，此即最初的 BIM 咨询模式，如图 13-3 所示。有些设计企业也在推进应用 BIM 技术辅助设计，由 BIM 咨询单位作为 BIM 总控单位进行协调设计和施工模拟，BIM 咨询公司还需对业主方后期项目运营管理提供必要的培训和指导，以确保运营阶段的效益最大化。

此模式侧重基于模型的应用，如模拟施工、能效仿真等，而且有利于业主方择优选择设计单位并进行优化设计，利于降低工程造价。缺点是业主方前期合同管理工作量大，参建各方关系复杂，组织协调难度较大。

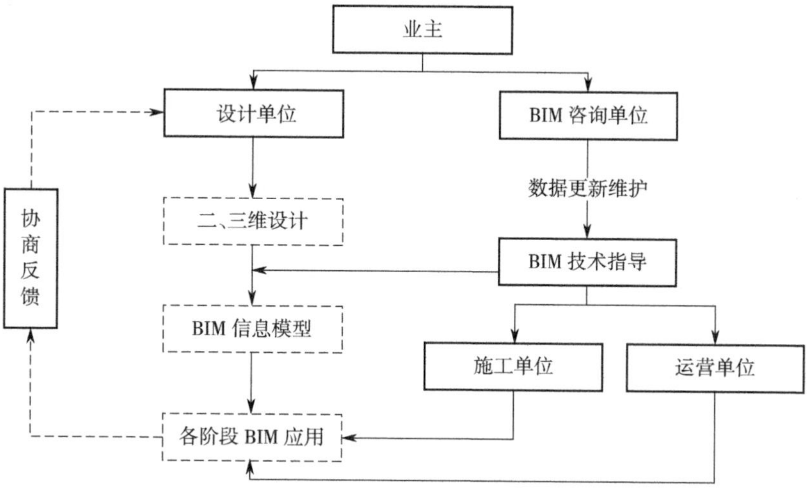

图 13-3　咨询辅助管理模式图

13.3.1.3 业主自主管理模式

在业主自主管理的模式下，初期建设单位主要将BIM技术集中用于建设项目的勘察、设计以及项目沟通、展示与推广。随着对BIM技术认识的深入，BIM的应用已开始扩展至项目招标投标、施工、物业管理等阶段。

1. 在设计阶段

建设单位采用BIM技术进行建设项目设计的展示和分析，一方面，将BIM模型作为与设计方沟通的平台，控制设计进度。另一方面，进行设计错误的检测，在施工开始之前解决所有设计问题，确保设计的可实施性，减少返工。

2. 在招标阶段

建设单位借助BIM的可视化功能进行投标方案的评审，提高投标方案的可视性，确保投标方案的可行性。

3. 在施工阶段

采用BIM技术中的模拟功能进行施工方案模拟并进行优化，一方面提供了一个与承建商沟通的平台，控制施工进度；另一方面确保施工的顺利进行，保证投资控制和工程质量。

4. 在物业管理阶段

前期建立的BIM模型集成了项目所有的信息，如材料型号、供应商等，可用于辅助建设项目维护与应用。

业主自主管理模式如图13-4所示，是由业主方主导，组建专门的BIM团队，该团队负责BIM实施，并直接参与BIM具体应用。该模式对业主方BIM技术人员及软硬件设备要求都比较高，特别是对BIM团队人员的沟通协调能力、软件操作能力有较高的要求，且前期团队组建困难较多，成本较高，应用实施难度大，对业主方的经济、技术实力有较高的要求。

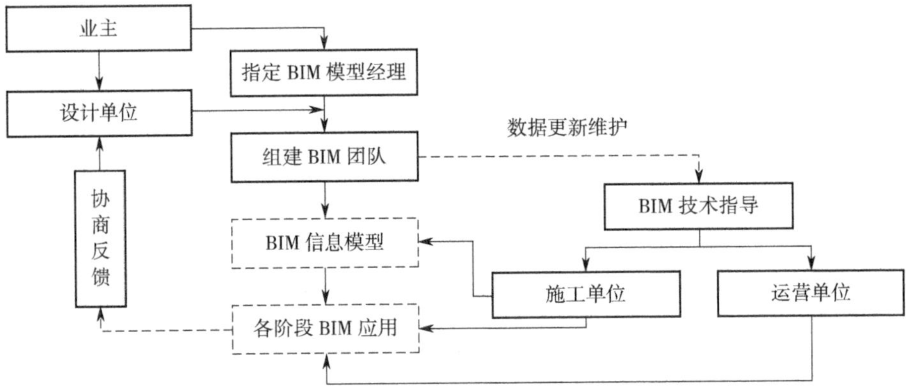

图13-4 业主自主管理模式图

13.3.1.4 施工主导管理模式

施工方主导管理模式是随着BIM技术不断成熟应用而产生的一种模式，其应用方通常为大型承建商。承建商采用BIM技术的主要目的是辅助投标和辅助施工管理。

在竞争的压力下，承建商为了中标，采用BIM技术和模拟技术来展示施工方案的可行性及优势，从而提高竞争力。另外，在大型复杂建筑工程施工过程中，施工工序通常也比较复杂，为了保证施工的顺利进行、减少返工，承建商采用BIM技术进行施工方案的模拟与分析，在真实施工之前找出合理的施工方案，同时便于与分包商协作与沟通。

此模式主要面向建设项目的招投标阶段和施工阶段，当工程项目投标或施工结束时，施工方的 BIM 应用驱动力则降低，对于适用于整个生命期管理的 BIM 技术来说，其 BIM 信息没有很好的传递，施工过程中产生的信息将会丢失，失去了 BIM 技术应用本身的意义。

从项目 BIM 应用实施的初始成本、协调难度、应用扩展性、运营支持程度以及对业主要求等 5 个角度，可以得出表 13-4 所示的四种应用模式的特征对比。四种模式的适用情形和适用范围，见表 13-5。

表 13-4　四种 BIM 应用管理模式特征及功能和效用对比表

BIM 应用管理模式	特征					功能和效用		
	初始成本	协调难度	应用扩展性	运营支持程度	对业主要求	适用工程阶段	效用	目前应用程度
设计主导	较低	一般	一般	低	较低	设计	最小	最广泛
咨询辅助	中	较大	丰富	高	低	全过程	最大	稳步发展
业主自主	较高	大	最丰富	高	高	全过程	最大	较少
施工主导	较低	一般	一般	低	较低	投标和施工	最小	较少

表 13-5　四种 BIM 应用管理模式的适用情况表

BIM 应用管理模式	特点	适用情况
设计主导	合同关系简单，合同管理容易；业主方实施难度一般；对设计方的 BIM 技术实力有考验；设计招标难度大，具有风险性	信息模型建立简单的项目；适用于中小型规模、BIM 技术应用较为成熟的项目；大部分情况下，项目竣工后交由第三方运营管理
咨询辅助	BIM 咨询单位一般具有较高的 BIM 技术水准，有利于 BIM 技术应用；有利于项目全过程效益的发挥；业主协调工作量大大减少	适用的项目范围、规模大小较为广泛；项目竣工后交由第三方运营管理，也可业主自营
业主自主	业主方自建 BIM 团队，专业技术要求较高；项目建设期结束后，参建人员转而进入后期运营管理；要求业主方有 BIM 实施愿景	适用于规模较大，专业较多，技术复杂的大型工程项目；大部分情况下，业主方自建或自营
施工主导	前期无法介入；一般局限在施工过程，且模型精度不高；一般为特大型企业才主动推动 BIM 应用	适用于工程总承包项目等

在工程项目参与各方中，业主处于主导地位。在 BIM 实施应用的过程中，业主是最大的受益者，因此业主实施 BIM 的能力和水平将直接影响 BIM 实施的效果。业主应当根据项目目标和自身特点选择合适的 BIM 实施模式，以保证实施效果，真正发挥 BIM 信息集成的作用，切实提高工程建设行业的管理水平。

13.3.2　BIM 应用流程和应用计划

13.3.2.1　BIM 应用流程

施工 BIM 应用一般从施工图设计开始，经过深化设计、施工过程管理，最终形成竣工模型。施工 BIM 应用总流程图如图 13-5 所示。

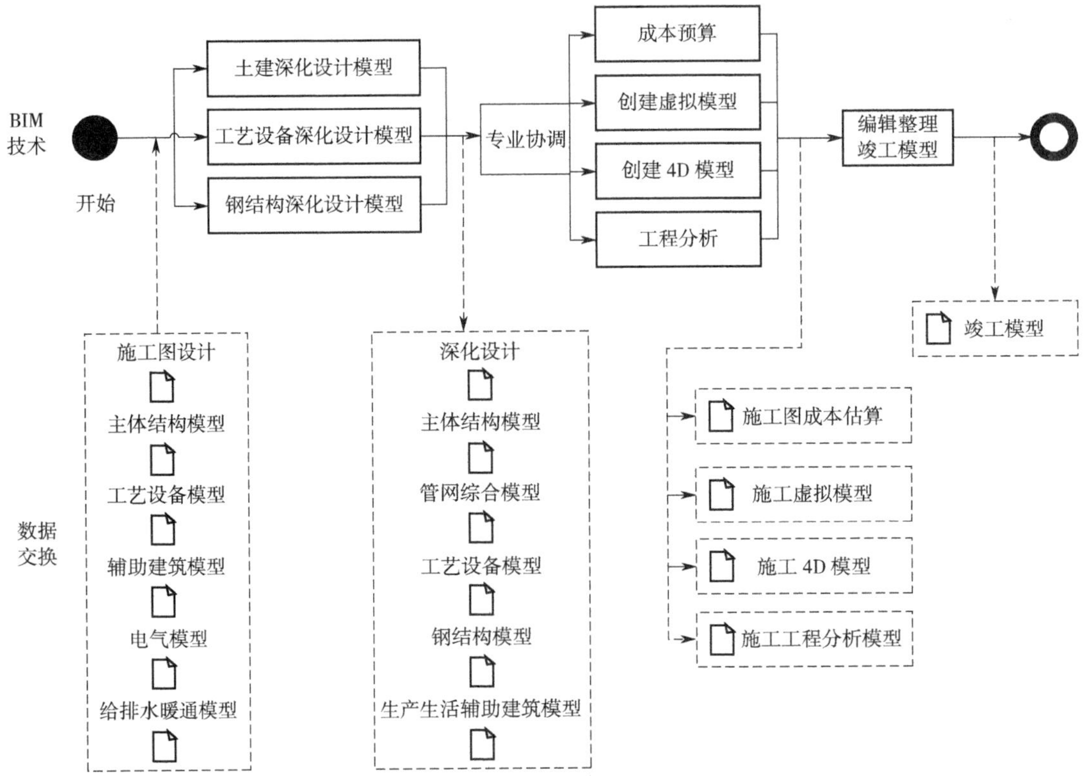

图 13-5 施工 BIM 应用总流程图

13.3.2.2 BIM 应用计划

1. 编制总体 BIM 应用计划

根据量化的 BIM 目标,编制总体应用计划框架。框架涉及组织计划、综合进度计划、经济计划、物资供应和设备采购计划、质量管理计划、应变计划、交付计划等。对各分项计划提出明确的工期、费用和质量目标,确定完成项目目标所需的各项任务范围,明确各项任务所需的人力、物力、财力并确定预算,保证项目顺利实施和目标实现。

2. 任务分解计划

将项目的 BIM 应用目标分解后,设立为独立的 BIM 子目标,作为分解计划内容。

(1)BIM 应用组织计划,目的是建立一个健全的组织机构,使任何人、人和事、事和物的关系有一个相对稳定的形式,人人都有合适的工作岗位、明确的责任和权限,保证项目高效管理。

(2)进度计划,是把参与项目 BIM 应用的单位所承担的任务进行安排和部署,解决局部与整体、当前与长远、各个局部之间以及“长线”与“短线”等方面的关系,确保项目各项工作按计划安排的日程顺利完成。

(3)经济计划,包括劳动工资计划、设施采购计划、降低成本计划、资金使用计划、利润计划等。

(4)交付计划,根据 BIM 合同要求,对模型验收的时间、依据、标准、程序及向业主交付的日期等内容,制定详细计划,作为交付计划的指导性文件。

13.3.3　BIM 应用评估

BIM 应用评估包括项目实施前的可行性评估和实施后的效果评价两种。

13.3.3.1　可行性评估

项目接手时，宜对项目背景、工程概况、设计目标、BIM 应用目标和条件进行总体评估，把握项目总体情况，为 BIM 实施的可行性做出预测性评价。

1. 收集和整理项目有效信息

通过正式渠道收集有关项目历史资料、技术文件和审批文件，调查相关政治、经济、技术、法律的信息，对 BIM 应用有关的问题进行分析预测。

2. 确认项目目标与 BIM 目标的量化

根据获取的信息，首先明确项目 BIM 应用的具体目标，并在识别项目目标时，明确下列问题：业主真正应用 BIM 的目标是什么？是工期、成本还是质量？业主是在什么背景下提出 BIM 目标的？实现这些 BIM 目标的标准是什么？在什么条件下能实现这些 BIM 目标？目标间的关系如何？

3. 评估 BIM 资源的适应性

BIM 资源包括环境资源、信息资源和人力资源三个方面。事前对各参与方的 BIM 实施能力进行评估，包括各 BIM 资源与应用目标的匹配性进行评价，是 BIM 应用成功的关键。

13.3.3.2　实施后效果评价

BIM 应用效果评价方法包括定性评价和定量评价。定性评价是将 BIM 应用成果，从性质属性上进行评价，说明其对项目管理目标、项目管理过程的影响。对于工程质量影响，一般可采用定性评价的方法。定量评价是按照通常的经验预估和计量 BIM 应用成果，比对未使用和使用 BIM 后的差异。对于成本和工期的影响，一般可采用定量评价的方法。

13.4　水运工程施工 BIM 应用内容

水运工程施工 BIM 应用内容包括工程应用范围、技术应用内容和管理应用内容。

13.4.1　工程应用范围

理论上讲，水运工程所有施工范围，包括临时工程和永久工程，都可以应用 BIM 技术。只是目前水运工程 BIM 普及程度和应用深度尚处于起步和发展阶段，对于大型重点项目、复杂综合项目、新型结构项目，采用 BIM 应用较多。这也说明，施工 BIM 应用需要专业工程师和 BIM 工程师联手开发，找准结合点，实现水运工程品质提升。

具体来说，水运工程的码头、防波堤、防砂堤、护岸、船闸、干船坞、船台、滑道、航标、各类航道整治、疏浚、吹填、陆域形成、道路、堆场和设备安装等，其各分部分项工程均可采用 BIM 施工工艺模拟、设计深化和优化等应用，对于施工组织模拟、资源调配和过程管理适用于包括临时工程在内的整体工程范围。

一般水运工程施工 BIM 应用的工程范围和内容详见表 13-6。

表 13-6 水运工程施工 BIM 应用范围和内容一览表

工程名称	技术应用内容			管理应用内容			
	深化设计	预制加工	施工工艺模拟	进度管理	预算和成本管理	质量和安全管理	施工组织模拟
码头与岸壁施工	●	●	◎	●	◎	◎	●
桩基工程施工	●	●	◎	●	◎	◎	●
防波堤与护岸施工	●	●	◎	●	◎	◎	●
疏浚及陆域形成	◎	◎	●	●	●	●	●
地基处理	◎	◎	◎	●	◎	●	◎
翻车机房工程	●	◎	◎	◎	●	●	●
港口道路及堆场	◎	◎	◎	◎	◎	◎	●
生产辅助工程	●	◎	◎	◎	●	◎	◎
给排水消防暖通	●	◎	◎	◎	●	◎	◎
电气工程	●	◎	◎	◎	◎	◎	◎
船闸工程	●	◎	◎	●	●	●	●
航道整治工程	◎	◎	◎	◎	◎	●	●
工艺管线集成综合排布	●	◎	◎	◎	◎	●	◎
装卸设备安装	◎	◎	●	●	◎	◎	◎
皮带机工程施工安装	●	◎	●	◎	◎	◎	◎
导助航工程施工	◎	◎	◎	◎	◎	◎	◎
施工现场临时设施规划	◎	◎	◎	◎	◎	◎	●

注：●为应用价值较高的选项，◎为应用可选项。

13.4.2 技术应用内容

水运工程施工 BIM 应用中，属于技术应用范畴的内容包括深化设计、预制加工、施工工艺模拟等。

13.4.2.1 深化设计

水运工程施工中的现浇混凝土深化设计、高桩梁板安装深化设计、钢结构深化设计、管线综合深化设计等宜应用 BIM。现浇混凝土深化设计应用内容包括二次结构设计、预留孔洞设计、节点设计、预埋件设计等；高桩梁板安装深化设计内容包括预制构件布置、拆分、设计以及节点设计等；钢结构深化设计包括节点设计、预留孔洞、预埋件设计、专业协调等内容；管线综合深化设计包括设备布置及管理、管线综合检查、净空控制、预留预埋定位等内容。

13.4.2.2 预制加工

预制加工包括基桩、梁、板预制构件生产和钢结构构件加工等内容。基桩、梁、板预制构件生产的应用内容细分为工艺设计、构件生产、成品管理等；钢结构构件加工中的应用内容细分为技术工艺管理、材料管理、生产管理、质量管理、成品管理等。加工模型宜从深化设计模型中获取加工依据，预制加工成果信息应附加或关联到模型中，并建立编码体系。

13.4.2.3　施工工艺模拟

当施工难度大或采用新技术、新工艺、新设备、新材料时，宜应用 BIM 进行施工工艺模拟，具体内容包括水运工程施工中的土方工程、大型设备整机上岸或安装、超长基桩的沉桩过程、深基坑临时支撑工程等。

13.4.2.4　软件功能要求

各技术应用对 BIM 软件功能要求详见表 13-7。

表 13-7　施工 BIM 技术应用软件功能要求一览表

<table>
<tr><th>类型</th><th>应用细项</th><th colspan="3">BIM 软件功能要求</th></tr>
<tr><td rowspan="4">深化设计</td><td>现浇混凝土结构</td><td>二级结构设计</td><td rowspan="2">模型的碰撞检查</td><td rowspan="3">孔洞预留；节点设计；预埋件设计；设计图生成</td></tr>
<tr><td>梁板安装</td><td>预制构件拆分、设计计算</td></tr>
<tr><td>钢结构</td><td colspan="2">钢结构零部件设计</td></tr>
<tr><td>管线综合</td><td colspan="3">管线综合；参数复核计算；厂家产品对应的模型元素库</td></tr>
<tr><td rowspan="2">预制加工</td><td>基桩梁板预制构件生产</td><td colspan="3">创建、存储、读取混凝土预制构件库；记录、管理、展示加工生产和质检信息；输出仓储、运输及工程安装所需信息</td></tr>
<tr><td>钢结构构件加工</td><td colspan="3">加工模型分批计划管理；按工艺方案要求形成加工工艺文件；将工艺参数传输给加工设备；将生产和质量验收信息关联到模型中</td></tr>
<tr><td rowspan="4">施工工艺模拟</td><td>土方工程</td><td colspan="3" rowspan="4">将施工进度计划以及成本计划等相关信息与模型关联；
进行时间冲突和空间冲突检查；施工过程有关计算分析及设计；对项目所有冲突进行完整记录；输出模拟报告以及相应的可视化资料</td></tr>
<tr><td>大型设备安装</td></tr>
<tr><td>超长基桩的沉桩过程</td></tr>
<tr><td>深基坑临时支撑工程</td></tr>
</table>

13.4.3　管理应用内容

管理应用内容包括施工组织模拟、进度管理、预算与成本管理、质量与安全管理等。

13.4.3.1　施工组织模拟

施工组织中的工序安排、资源配置、平面布置、进度计划以及临时设施布置等宜应用 BIM。工序安排模拟应根据施工内容、工艺选择及配套资源等，明确工序间的搭接、穿插等关系，优化项目工序安排；资源配置模拟应根据施工进度计划、合同信息以及各施工工艺对资源的需求等，优化资源配置计划；平面布置模拟应结合施工进度安排，优化各施工阶段运输设备和船机布置、现场临时设施布置及施工道路布置等。施工组织模拟完成后，应根据模拟成果对工序安排、资源配置、平面布置等进行协调和优化，并将相关信息更新到模型中。

13.4.3.2　施工进度管理

施工进度管理细分为进度计划编制和进度控制两部分内容。进度计划编制 BIM 应用，应根据项目特点和进度控制需求进行，具体包括工作分解结构创建、计划编制、与进度相对应的工程量计算、资源配置、进度计划优化、进度计划审查、形象进度可视化等内容。

进度控制 BIM 应用过程中，应对实际进度的原始数据进行收集、整理、统计和分析，并将实际进度信息附加或关联到进度信息模型。具体包括实际进度和计划进度跟踪对比分析、进度预警、进度偏差分析、进度计划调整等内容。

13.4.3.3 预算与成本管理

施工图预算BIM应用中，应在施工图设计模型基础上补充必要的施工信息进行施工图预算，应用内容包括工程量清单项目确定、工程量计算、分部分项计价、工程总造价计算等。

成本管理BIM应用中，应根据项目特点和成本控制需求，编制不同层次、不同周期及不同项目参与方的成本计划。对实际成本的原始数据进行收集、整理、统计和分析，并将实际成本信息附加或关联到成本管理模型。应用内容包括成本计划制定、进度信息集成、合同预算成本计算、多算对比、成本核算、成本分析等。

13.4.3.4 质量与安全管理

质量管理与安全管理BIM应用，应根据项目特点和质量与安全管理要求，编制不同范围、不同时间段的质量管理与安全管理计划，根据施工现场的实际情况和工作计划，对质量控制点和危险源进行动态管理。

质量管理中的质量验收计划确定、质量验收、质量问题处理、质量问题分析等宜应用BIM，安全管理中技术措施制定、实施方案策划、实施过程监控及动态管理、安全隐患分析及事故处理预案等宜应用BIM。

13.4.3.5 软件功能要求

各管理应用对BIM软件功能要求详见表13-8。

表13-8 施工BIM管理应用软件功能要求一览表

类型	应用细项	BIM软件功能要求
进度管理	进度计划编制	接收、编制、调整、输出进度计划等；工程定额数据库；工程量计算；进度与资源优化；进度计划审批流程
	进度控制	进度计划调整；将实际进度信息附加或关联到模型中；不同视图下的进度对比分析；进度预警；进度计划变更审批
预算成本	施工图预算	导入施工图模型，创建施工图预算模型；编制招标预算工程量清单、招标控制价、投标预算工程量清单与报价单；支持现行行业标准《水运工程工程量清单计价规范》(JTS 271)和地方的工程量清单计价规范及定额，支持企业定额导入；生成工程量清单项目和确定综合单价；输出招标预算工程量清单、招标控制价、投标预算工程量清单与投标报价单；输出施工图预算模型
	成本管理	导入施工图预算；编制施工图预算成本；编制并附加合同预算成本；附加或关联施工进度信息；附加或关联实际进度与实际成本信息；按进度、部位、分项、分包方等分别生成材料清单、施工预算报表、成本核算分析等
质量安全	质量管理	根据质量验收计划，生成质量验收检查点；支持施工质量验收国家和行业标准；在相关模型元素上附加或关联质量验收信息、质量问题及其处置信息；支持基于模型的查询、浏览及显示质量验收、质量问题及其处置信息；输出质量管理需要的信息
	安全管理	根据安全技术措施计划，识别安全风险源；基于模型进行施工安全交底；附加或关联安全隐患、事故信息及安全检查信息；支持基于模型的查询、浏览及显示风险源、安全隐患及事故信息；输出安全管理需要的信息
施工组织模拟		工作面区域模型划分；将施工进度计划及资源配置计划等相关信息与模型关联；进行空间冲突检查、时间冲突检查和净空检查；对项目所有冲突进行完整记录；输出模拟报告以及相应的文档资料

13.5　水运工程 BIM 协同应用

13.5.1　BIM 多实施主体协同

传统管理模式按照全生命期的不同阶段来划分，即每个阶段由不同的项目参与方来完成。传统工程管理组织中，信息内容的缺损、扭曲、过载以及传递过程的延误和信息获得成本过高等问题，严重阻碍了项目各参与方的信息交流和传递，在大型工程建设过程中尤其突出。不同参与方的经验和知识难以有效集成，不同阶段产生的大量资料和信息难以得到及时的传递和沟通，容易出现信息失效、内容短缺、信息内容扭曲、信息量过载、信息传递延误、信息沟通成本过高等一系列问题，加大了项目控制难度，造成工程工期拖延、成本增加及工程质量得不到保证等众多问题。传统模式下"分工合作"导致的问题主要有：设计各专业间协调和设计深度不够，施工过程中各参与方信息交流不畅，工程变更频繁等。

基于 BIM 的工程项目管理，以 BIM 模型为基础，为水运工程全生命期过程中各参与方、各专业合作搭建了协同工作平台，改变了传统的组织结构及各参与方的合作关系，为项目业主和各参与方提供项目信息共享、信息交换及协同工作的环境，从而实现了真正意义上的协同工作。

13.5.1.1　设计施工协同

在设计施工总承包模式下，施工单位在施工图设计阶段就可以介入项目，根据自己以往的施工经验，与设计单位共同商讨施工图是否符合施工工艺和施工流程的要求等问题，提出设计初步方案的变更建议，然后设计方做出变更以及进度、费用的影响报告，由业主审核批准后确定最终设计方案。

13.5.1.2　各专业设计协同优化

基于 BIM 的项目管理在设计过程中，各个专业如总图、结构、工艺、给排水及消防、导助航等在同一个设计模型文件中进行，多个工种在同一个模型中工作，可以实时地进行不同专业之间以及各专业内部间的碰撞检测，及时纠正设计中的管线碰撞、几何冲突问题，从而优化设计。因此，施工阶段依据在 BIM 指导下的完整、统一的设计方案进行施工，就能够避免诸多工程接口冲突、施工变更、返工等问题。

13.5.1.3　施工环节之间不同工种的协同

BIM 模型能够支持从深化设计到构件预制，再到现场安装的信息传递，将设计阶段产生的构件模型供生产阶段提取、深化和更新。例如，将 BIM3D 设计模型导入专业的构件分析软件如 Tekla，完成配筋等深化设计工作。同时，自动导出数控文件，完成模具设计自动化、生产计划管理自动化、构件生产自动下料工作，实现构件设计、深化设计、预制构件、加工、预安装一体化管理。

13.5.1.4　总包与分包的协同

BIM 技术能够搭建总承包单位和分包单位协同工作平台。由于 BIM 模型继承了建筑工程项目的多个维度信息，可以视为一个中央信息库。在建设过程中，项目各参与方在此中央信息库的基础上协同工作，可将各自掌握的项目信息进行处理，上传到信息平台，或者对信息平台上的信息进行有权限的修改，其他参与方便可以在一定条件下通过信息平台获取所需要的信息，实现信息共享与信息高效率、高保真率地传递流通。

以BIM技术为基础的工程项目建设过程是策划、设计、施工和运营集成后的一体化过程。事实上，在工程管理全过程的各个阶段，每一个阶段的结束与下一个阶段的开始都存在工作上的交叉与协作，信息上的交换与复用。而BIM模型则为建设工程中各阶段的参与主体提供了一个共享的工作平台与信息平台。所有工作都基于BIM数字模型与平台完成，保证信息输入的唯一性，这是一个快速、高效的过程。在施工过程中，还可以将合同、进度、成本、质量、安全等信息集成至BIM模型中，形成整体工程数字信息库，该信息库随着工程项目生命延续而实时扩充项目信息，每个阶段各参与方都能够根据需要，实时、高效地利用各类工程信息。

13.5.2 BIM纵向产业链协同

13.5.2.1 施工到运营的信息模型数字化集成交付

1. 数字化集成交付概述

数字化集成交付即在工程三维模型的基础上，以工程和设备的数字化表达为手段，集成了规划、设计、施工和运营各阶段建设信息的建筑信息模型文件传递。

施工阶段及此前阶段积累的BIM数据最终是需要为建筑物、构筑物增加附加值的，需要在交付后的运营阶段再现或再处理交付前的各种数据信息，以便更好地服务于运营。国家档案行业现行标准规范仅描述了将纸质竣工档案通过扫描、编目整理，形成传统档案的数字化加工、存储，未能实现结构化、集成化、数字化、可视化的信息处理。

在集成应用了BIM技术、计算机辅助工程（Computer Aided Engineering，CAE）技术、虚拟现实、人工智能、工程数据库、移动网络、物联网以及计算机软件集成技术，引入建筑业国际标准《工业基础类》，通过建立构件、设备模型，可形成一个面向构件、设备的全信息数据库，实现信息模型的综合数字化集成。

2. 数字化集成交付特点

数字化集成交付的工程竣工档案，具有可视化、结构化、智能化、集成化的特点，采用全数字化表达方法，对建设工程进行分类创建三维模型，关联各种属性信息。集成交付需要一个基于BIM的数据库平台，通过该平台提供网络环境下多维模型的操作。其主要特点体现在如下几方面。

1）智能化

要求工程三维模型与施工工程信息高度相关，可快速对构件信息、模型进行提取、加工，利用二维码、智能手机、无线射频等移动终端实现信息检索交换。

2）结构化

集成交付系统在网络化的基础上，对信息的异构环境进行集成、统一管理，通过构件编码将构件及其关键信息提取出来，实现数据的高效交换和共享。

3）集成化

通过对各阶段信息进行综合，并与模型集成，可达到工程数据信息的集成管理。

3. 数字化集成交付的应用

通过基于BIM的集成交付平台，将工程和设备实体与虚拟的BIM一起集成交付给业主,实现设备安装过程和运营阶段信息集成共享,提高信息使用效率。

数字化集成交付模式下构件属性信息的分类可参考表 13-9。

表 13-9　构件属性信息分类表

信息分类	构件编码	几何信息	技术信息	产品信息	建造信息	维保信息	关联信息
构件信息内容	自动生成构件结构化编码	模型尺寸	材料	名称	进场日期	调试记录	上下游信息
		系统	材质	品牌	安装方式	使用年限	控制关联
		区域位置	技术参数	生产厂家	安装日期	保修年限	—
		形状颜色	—	生产日期	操作单位	维保频率	—
		详图	—	供应商信息	—	维保单位	—
		二维表达	—	价格	—	备品信息	—
备注		可编辑扩充					

13.5.2.2　设施设备管理 BIM 应用

目前，BIM 技术在水运工程运维阶段的管理应用案例较少,对于港口机械设备、船闸机械设备的物业式专业化托管,尚处于探索阶段,但 BIM 技术在其中发挥的集成、可视、智能管理作用,正在逐步得到更多项目应用的验证和发扬。设施设备管理 BIM 应用可以分为以下主要模块:基于 BIM 的维护与维修管理、基于 BIM 的灾害与应急管理、基于 BIM 的运营与模拟管理、基于 BIM 的资产与资源管理。

详细功能组织结构图如图 13-6 所示。

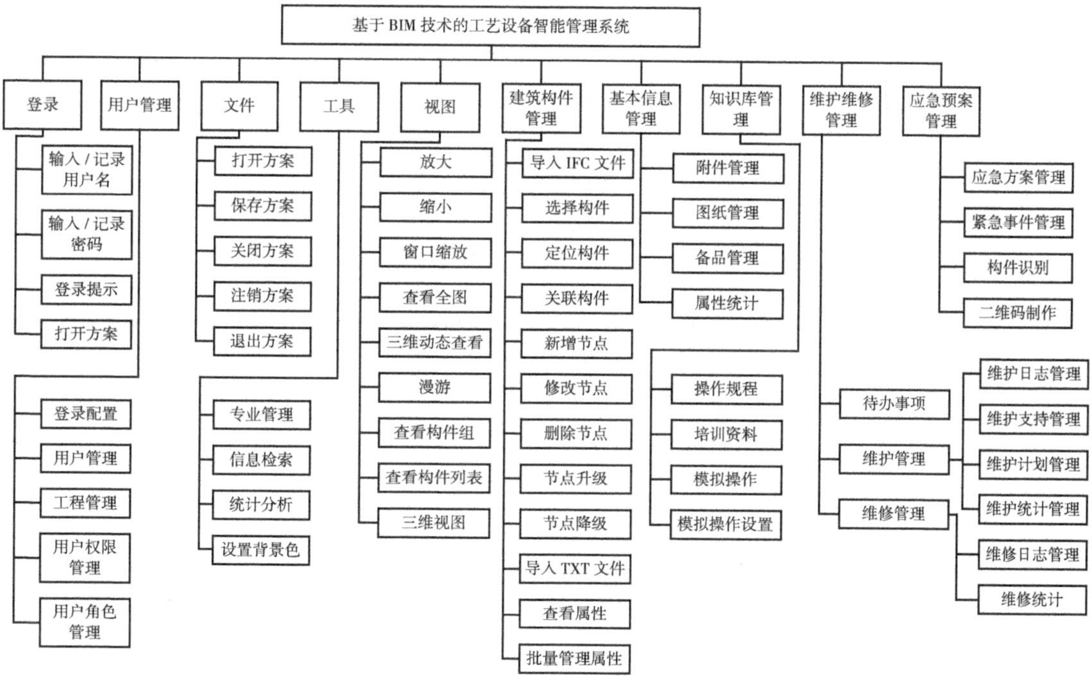

图 13-6　设施设备管理系统结构图

13.5.3 BIM协同平台应用

BIM技术应用的根本目标之一，就是解决工程数据的互联互通和多参与方的信息共享问题，进而支持项目的协同工作。BIM协同平台主要是指以支持BIM数据集成管理和协同工作为核心功能的软件。目前除了根据项目或公司需要定制开发外，可供选择的BIM协同平台主要有：AutoDesk公司的BIM360、Bentley公司的ProjectWise、Dassault公司的Enovia、云建信公司的4D-BIM、广联达公司的广联云等。

13.5.3.1 BIM协同平台选择的主要因素

选用BIM协同平台，除了技术、商务因素外，尚需注意以下几点。

1. 数据安全性

有些BIM平台将BIM数据存储在企业外部，甚至是国外。项目应结合自身业务数据的安全、保密需求选用。

2. 系统实用性

BIM协同平台实用性有多方面的考量，主要包括：数据集成能力，及支持的输入数据格式和输出数据格式是否满足需求；较好的网络环境支持，及网络传输速度及稳定性是否满足需求；模型轻量化的支持，即模型浏览速度和使用体验是否满足需求；移动设备的支持，即是否能方便地将工程数据带到现场，是否方便地将现场数据上传至系统。

3. 系统经济性

不同于一般软件收费模式，很多BIM协同平台是按需（存储空间、使用时间）收费的。需综合考虑BIM协同平台价格和收费模式，提升系统使用性价比。

13.5.3.2 BIM协同平台主要功能和应用经验

现阶段，大多数BIM协同平台从产品到部署实施都还处于发展初期和探索应用阶段。目前商业化的BIM协同平台很多，对那些通过工程实践应用证明、在技术和商务各方面衡量有一定合理性的，归纳其主要功能和应用经验，见表13-10。

表13-10 常用BIM协同平台的主要功能和应用一览表

平台名称	主要功能	应用经验
BIM360（AutoDesk公司）	BIM360由BIM360 Glue、BIM360 Layout、BIM360 Filed、BIM-360Plan、BIM360 Docs、Building Ops六个模块组成，后三个在国内应用很少；BIM360 Glue是设计协同平台，主要功能为BIM模型聚合、浏览、批注、碰撞检测、问题处理等；BIM360 Layout是一款施工现场放样软件，通过与测量机器人联动，用BIM数据直接驱动放样；BIM360 Filed是施工现场管理平台，包含质量安全计划、现场文档管理、设备调试及交付等功能；BIM360 Plan是生产计划管理平台，是对P3、P6定制的项目计划有效补充；BIM360 Docs是新增的一项文档管理服务模块，为文档的发布、共享、查看和标记提供管理功能；Building Ops是一款支持手机移动端和浏览器客户端的运营维护解决方案	了解云平台各功能模块，选择适合项目实际的功能；加强人员培训，强化应用流程的使用功能；错峰进行模型上传，使用VPN保障上传；研发新工法新发明，加强应用的广度
Project Wise（Bentley公司）	一款项目协同工作系统，主要功能：文档存储与管理功能、文件使用功能、协同工作、搜索功能、沟通消息及工作流程管理等，还可以与微软的SharePoint进行集成，与其他管理系统（File NET，SAP）进行数据集成，提供了程序的二次开发包	开发定制功能强大，对自身特点的梳理要求很高，包括需求目标、组织架构、协同工作流程等；需要强化培训推广流程管理

续表

平台名称	主要功能	应用经验
Enovia（Dassault 公司）	一套基于 B/S 架构的异地多项目协同管理系统，实现了项目管理与 BIM 信息的集成整合，以及单一数据源的信息共享，用于服务整个项目。主要功能：时间管理（工作任务分解、项目进度、事件流程的自定义和跟踪处理），成本管理（资源利用与使用效率、成本跟踪、人员的任务分配与工作量统计），质量管理（2D/3D 协同校审、模型碰撞检查、历史版本记录与可视化对比），商业智能与大数据分析，高度灵活的可定制能力与拓展接口	将时间、成本、质量三者有机结合，形成一个整合的 BIM 项目管理系统；可实现数据级协同，对机械制造等高精度、高协同的工作指导性更强大；施工仿真应用功能强大
4D-BIM（云建信公司）	一款基于云平台的、支持多参与方协同工作、支持多数据格式交互的施工过程管理系统。从整体 BIM 中提取或创建不同细度的 4D 模型，可支持从整体宏观、局部中观到精细微观等多层次 4D 工程管理，有效解决大规模、区域性和长线工程的 BIM 应用和展示问题。系统应用涵盖建筑、桥梁、公路、地铁和设备安装等多个工程领域	可实现对主流建模软件格式的兼容；能够针对国内项目管理特点进行针对性开发；国内知识产权，适用于保密性高的项目
广联云（广联达公司）	一个以建设工程项目为核心，依托云计算技术和互联网技术，面向建设工程项目各参与方的工程项目数据管理及多方协同平台，主要功能：工程项目数据存储及管理，项目云平台工作流，权限管理、文件安全管控，支持多终端，云端文档浏览，本地数据与云端同步	解决了 BIM 模型和工程图纸的交接问题；可对版本进行管理和历史追溯；可实现文档在线浏览、校审批阅和归档管理；可实现 BIM 数据的关联、共享和及时更新

第 14 章　水运工程施工技术与管理课程思政建设

14.1　课程思政教学实践目的和教学方法

思政引领力可为教育强国提供价值导向，将课程思政融入水运工程施工技术与管理课程，可以让学生认识到什么为“大国工匠”精神，如何自主创新，如何打造世界级的超级工程，可以加强学生对所学专业的认同和了解，让他们感受到大国工程的魅力、大国重器的惊艳和大国工匠的担当，培养学生的家国情怀、团结精神、社会责任感和工程伦理精神。

在教学过程中贯穿课程思政教学实践，可让学生直面体会实际工程攻关克险的难点，让学生充分了解水运实际工程的最新发展；可拉进学生和优秀大国工程师的距离，让学生体会同行前辈的优秀品质，使学生从内心深处感悟大国工匠精神，自主创新的重要性等关键问题；可将水运工程最新技术发展的讲解贯穿于教学中，进一步提升教学效果。建议探索和创新的适用于本课程的思政建设模式和方法路径包括：绪论中结合水运工程领域的超级工程“港珠澳大桥工程”等的技术难点，观看相关视频，并讨论，介绍大国工匠们如何克服艰难、自主创新、创造“新世界七大奇迹”的，每个同学将自己对港珠澳大桥遇到的技术难题和解决方法，形成总结文档和心得体会，教师带领同学们进行讨论交流；之前天津大学往届学生在此方面的实践是学生们总结很好，感悟颇深，均表示收获满满，学生们对代表水运工程目前最高水平的超级工程港珠澳大桥等有了比较全面的理解，对水运工程从事的工作也有了直观的认识，体会到了大国工匠精神；各章节结合最具有代表性的工程进行讲解和讨论，让学生感受到我国水运工程从业人员的团结、奋斗和创新精神，家国情怀和社会责任感，如船闸工程结合长江三峡五级船闸（世界水位差最高），航道整治工程结合长江口深水航道整治工程（世界最大的河口航道整治工程）；通过各种交流方式，举办“同行优秀前辈有话说”，学生与同行优秀前辈面对面，邀请优秀水运工程师现身说法，促进学生和水运工程一线人员的交流，传递优秀品质；主动将行业新技术引用到课程中，使学生体会到行业的发展和变革，将BIM 技术与课程教学相结合，使学生直观理解码头的施工过程、码头的隐蔽部分，并提高学生的学习兴趣，开阔眼界；指导学生一块建设水运领域的大国工程、大国重器和大国工匠库。

将课程思政教学实践融入课程教学，既要注重基本专业理论知识的讲解，又要与最新的水运工程相结合，让学生在了解我国水运工程的最新技术的同时，感受到水运工程建设中我国大国工匠体现出来的业务精湛、不怕吃苦、勇于奉献、勇于创新、做事系统化、精益求精的精神，将学科专业知识与学生的思想政治教育有机融合，促使学生在榜样力量的感召下树立正确的价值观，培养其爱岗敬业，积极上进，勇于担当和奉献的品质，使学生具有家国情怀和专业使命，为祖国的“交通强国”和“一带一路”建设培养优秀的水运工程建设者。与最新的水运工程相结合的讲授，以及结合水运工程最新前沿的课程报告，可拓宽学生的专业视野，可学习最新的水运施工新技术,新理论和新的管理理念。基于 BIM 技术的水运工程施工过程的虚拟仿真线上教学平台以及平时教师在课堂上结合信息化技术的讲解,可充分推动行业最新的信息化技术与教育教学的深度融合,激发学生的学习乐趣,使学习不再枯燥,在三维可视化中动态的认识原来枯燥的抽象概念。

14.2　典型思政教学案例

我国水运货物吞吐量和基础设施数量已连续多年保持世界第一,建设了一大批世界瞩目的超级工程,培养了一批成绩卓越的大国工程师。各章节可结合最具有代表性的工程让学生感受到我国水运工程人的团结、奋斗和创新精神,家国情怀和社会责任感。

1. 典型案例 1

绪论中可结合港珠澳大桥超级工程介绍水运工程的发展。港珠澳大桥工程被英国卫报评为“现代世界的七大奇迹之一”,是世界最长跨海大桥,建有世界上最长最深的海底隧道, 2018 年 10 月 23 日习近平主席出席并宣布大桥正式开通,习近平总书记强调,港珠澳大桥的建设创下多项世界之最,非常了不起,体现了一个国家逢山开路、遇水架桥的奋斗精神,体现了我国综合国力、自主创新能力,体现了勇创世界一流的民族志气。这是一座圆梦桥、同心桥、自信桥、复兴桥。大桥建成通车,进一步坚定了我们对中国特色社会主义的道路自信、理论自信、制度自信、文化自信,充分说明社会主义是干出来的,新时代也是干出来的! 学生可观看央视纪录片《超级工程:港珠澳大桥》,如图 14-1 所示,网址 http://jishi.cctv.com/2013/03/27/VIDE1364350721508626.shtml,并讨论代表水运工程目前最高水平的世纪工程所面临的水运施工和管理上的技术难题,让学生学习大国工匠们如何一一破解、如何创新的。通过观看其他相关纪录片,如图 14-2 所示,林鸣院士谈自主创新的重要性,并通过深入讨论、辩证和总结,学生们可体会到核心技术是买不来的,必须自主创新,攻关克险。

图 14-1 《超级工程:港珠澳大桥》纪录片

图 14-2 林鸣院士谈自主创新的重要性

2. 典型案例 2

结合长江口深水航道整治工程讲解航道整治建筑物。长江口深水航道治理工程位于长江口南港和北槽河段，全长 92.2 km、底宽 350~400 m、深 12.5 m。该项工程于 1998 年开始建设，是 20 世纪 90 年代中国最大的一项水运工程，于 2011 年 5 月通过国家竣工验收。学生通过观看央视纪录片《船行如歌，江海直达——奋战长江口》，如图 14-3 所示，网址：https://tv.cctv.com/2012/01/08/VIDE1359974773785787.shtml，并讨论世界最大的河口航道整治工程所面临的水运施工和管理上的技术难题，让学生学习大国工匠们如何一一破解、如何创新的。如图 14-4 所示，纪录片中长江口航道管理局总工程师范期锦深情讲述如何不惧失败，守正创新，解决工程卡脖子问题，推进新结构的应用，谢世楞院士讲述长江口治理的难度，并高屋建瓴地给出解决思路。课下每个同学总结该工程遇到的技术难题和解决方法，并通过深入讨论、辩证和总结，学生们定会感悟到：纵使西方人断言长江口工程不能治理，但中国人民仍团结一心，攻克难题，铸造这一伟大奇迹，深刻体会到学习知识和自主创新的重要性，继承老一辈的大国工匠精神，不断创新，实干兴邦的重要性。

图 14-3 《奋战长江口》纪录片

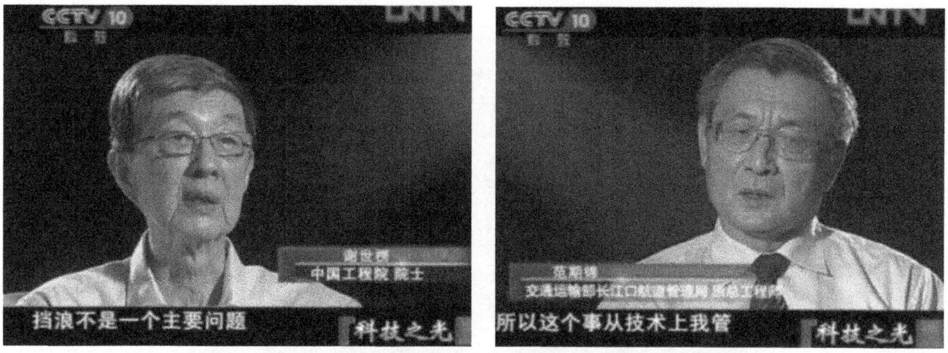

图 14-4 范期锦总工和谢世楞院士谈长江口创新

14.3 水运工程领域大国工程、大国重器和大国工匠库建设

引导学生以大国工程、大国重器、大国工匠为选题，通过调研详细了解相关资料，通过设计电脑或手绘一张海报，展现国内外水运工程取得的成绩，解决的技术难题，工程人展现的奉献、敬业和攻关克难的钻研精神，并制作 PPT 文档，讲解录屏，构建水运工程领域大国工程、大国重器和大国工匠库，可将优秀作品进行张贴宣传，起到思政教育作用。天津大学往届学生的大国工程、大国重器、大国工匠海报示例如图 14-5 至图 14-10 所示。我们从天津大学港口航道与海岸工程专业 2019 级至 2023 级本科生构建的水运工程领域大国工程、大国重器和大国工匠库中挑选了 83 份作品，电子版请扫二维码查看。

往届学生制作的大国工程、大国重器和大国工匠库海报图示例

图 14-5 大国工程——港珠澳大桥人工岛工程

图 14-6　大国工程——深中通道工程

图 14-7　大国重器——天鲲号

图 14-8　大国重器——一航津桩

图 14-9　大国工匠——谢世楞院士

图 14-10 大国工匠——范期锦总工

参考文献

[1] 中交第一航务工程局有限公司. 港口工程施工手册 [M]. 2 版. 北京：人民交通出版社股份有限公司，2015.

[2] 刘家豪. 水运工程施工技术 [M]. 北京：人民交通出版社，1998.

[3] 周福田，张贤明. 水运工程施工 [M]. 北京：人民交通出版社，2004.

[4] 宋向群，王文渊. 水运工程施工 [M]. 北京：人民交通出版社股份有限公司，2018.

[5] 中华人民共和国交通运输部. 水运工程施工通则：JTS 201—2011[S]. 北京：人民交通出版社，2011.

[6] 中华人民共和国交通运输部. 码头结构施工规范：JTS 215—2018[S]. 北京：人民交通出版社股份有限公司，2018.

[7] 中华人民共和国交通运输部. 水运工程施工安全防护技术规范：JTS 205—1—2008[S]. 北京：人民交通出版社，2008.

[8] 中华人民共和国交通运输部. 水运工程混凝土结构设计规范：JTS 151—2011[S]. 北京：人民交通出版社，2011.

[9] 中华人民共和国交通运输部. 水运工程质量检验标准：JTS 257—2008[S]. 北京：人民交通出版社，2008.

[10] 中华人民共和国交通运输部. 水运工程混凝土施工规范：JTS 202—2011[S]. 北京：人民交通出版社，2011.

[11] 中华人民共和国交通运输部. 水运工程混凝土质量控制标准：JTS 202—2—2011[S]. 北京：人民交通出版社，2011.

[12] 中华人民共和国交通运输部. 疏浚与吹填工程施工规范：JTS 207—2012[S]. 北京：人民交通出版社，2012.

[13] 中华人民共和国交通运输部. 水运工程地基设计规范：JTS 147—2017[S]. 北京：人民交通出版社股份有限公司，2017.

[14] 中华人民共和国交通运输部. 水运工程地基基础施工规范：JTS 206—2017[S]. 北京：人民交通出版社股份有限公司，2017.

[15] 中华人民共和国交通运输部. 水运工程塑料排水板应用技术规程：JTS 206—1—2023[S]. 北京：人民交通出版社股份有限公司，2023.

[16] 中华人民共和国交通运输部. 水运工程土工合成材料应用技术规范：JTJ/T 148—2020[S]. 北京：人民交通出版社股份有限公司，2020.

[17] 中华人民共和国交通运输部. 船闸总体设计规范：JTJ 305—2001[S]. 北京：人民交通出版社，2001.

[18] 中华人民共和国交通运输部. 船闸水工建筑物设计规范：JTJ 307—2001[S]. 北京：人民交通出版社，2001.

[19] 中华人民共和国交通运输部. 船闸输水系统设计规范：JTJ 306—2001[S]. 北京：人民交

通出版社，2001.
[20] 中华人民共和国交通运输部. 船闸闸阀门设计规范：JTJ 308—2003[S]. 北京：北京大学出版社，2003.
[21] 中华人民共和国交通运输部. 船闸启闭机设计规范：JTJ 309—2005[S]. 北京：人民交通出版社，2006.
[22] 中华人民共和国交通运输部. 船闸电气设计规范：JTJ 310—2004[S]. 北京：人民交通出版社，2004.
[23] 中华人民共和国住房和城乡建设部，中华人民共和国国家质量监督检验检疫总局 . 内河通航标准：GB 50139—2014[S]. 北京：中国计划出版社，2014.
[24] 中华人民共和国住房和城乡建设部. 堤防工程设计规范：GB 50286—2013[S]. 北京：中国计划出版社，2013.
[25] 中华人民共和国交通运输部. 航道工程设计规范：JTS 181—2016[S]. 北京：人民交通出版社股份有限公司，2016.
[26] 中华人民共和国交通运输部. 航道整治工程施工规范：JTS 224—2016[S]. 北京：人民交通出版社股份有限公司，2016.
[27] 中华人民共和国住房和城乡建设部，中华人民共和国国家质量监督检验检疫总局. 钢结构设计标准：GB 50017—2017[S]. 北京：中国建筑工业出版社，2017.
[28] 中华人民共和国交通运输部. 水运工程测量规范：JTS 131—2012[S]. 北京：人民交通出版社，2012.
[29] 中华人民共和国水利部. 水工钢筋混凝土结构设计规范：SL/T 191—2008[S]. 北京：水利电力出版社，2008.
[30] 刘永绣. 板桩和地下墙码头的设计理论和方法 [M]. 北京：人民交通出版社，2006.
[31] 王银献，刘军. 地下连续墙设计施工与案例 [M]. 北京：中国建筑工业出版社，2014.
[32] 顾明如，杜成斌，马志华，等. 高挡土板桩墙整体分析模型与施工实践 [M]. 北京：科学出版社，2017.
[33] 中华人民共和国交通运输部. 防波堤设计与施工规范：JTS 154—1—2011[S]. 北京：人民交通出版社，2011.
[34] 中华人民共和国交通运输部. 港口及航道护岸工程设计与施工规范：JTJ 300—2000[S]. 北京：人民交通出版社，2000.
[35] 马振宇，贾丽炯. 水利工程施工 [M]. 北京：北京理工大学出版社，2014.
[36] 重庆大学，同济大学，哈尔滨工业大学. 土木工程施工 [M]. 3 版. 北京：中国建筑工业出版社，2016.
[37] 中华人民共和国住房和城乡建设部，中华人民共和国国家质量监督检验检疫总局. 建筑施工组织设计规范：GB/T 50502—2009[S]. 北京：中国建筑工业出版社，2009.
[38] 中国建设监理协会. 建设工程进度控制 [M]. 北京：中国建筑工业出版社，2005.
[39] 中华人民共和国住房和城乡建设部，中华人民共和国国家质量监督检验检疫总局. 建筑信息模型施工应用标准：GB/T 51235—2017[S]. 北京：中国建筑工业出版社，2017.
[40] 李云贵. 建筑工程施工 BIM 应用指南 [M]. 2 版. 北京：中国建筑工业出版社，2017.
[41] 丁烈云. BIM 应用·施工 [M]. 上海：同济大学出版社，2015.

[42] 上海市政工程设计研究总院（集团）有限公司. 中国市政设计行业 BIM 指南 [M]. 北京：中国建筑工业出版社，2017.

[43] BIM 工程技术人员专业技能培训用书编委会. BIM 设计施工综合技能与实务 [M]. 北京：中国建筑工业出版社，2016.

[44] 本书编委会. 中国建设行业施工 BIM 应用分析报告（2017）[M]. 北京：中国建筑工业出版社，2017.

[45] 陆泽荣，刘占省. BIM 技术概论 [M]. 北京：中国建筑工业出版社，2016.

[46] 肖忠，李婧，钱原铭. BIM 技术在高校虚拟仿真实验教学中的应用 [J]. 教育教学论坛，2022（11）：5-8.